요한복음 강해설교

John's Expository Preaching

KB193311

요한복음 강해설교

John's Expository Preaching

Copyright © 도서출판 파피루스 2023

초판 1쇄 발행 2023년 1월 3일

지은이 I 민남기
펴낸이 I 민남기

펴낸곳 I 파피루스(Papyrus)
등 록 I 1998년 7월 1일 제 1998-000005호
주 소 I 광주광역시 남구 백운로 107(백운동)
전 화 I 062-652-5004
팩 스 I 062-672-1438

디자인 I 참디자인

ISBN 979-11-955669-4-5 (03230)

값 33,000원

요한복음
강해설교

John's Expository Preaching

민남기 지음

파피루스

목차

IV. 십자가와 승귀를 통한 예수님의 자기 계시(13:1~20:31)

V. 결문(21:1~25)

추천사

김요섭

| 역사신학, 총신대학교 신학대학원 교수 |

존경하는 민남기 목사님께서 이번에 출간하신 요한복음 강해설교는 30년이 넘는 목회와 오랜 학문적 연구가 종합된 사역의 귀한 열매이다. 이 책에는 목사님께서 교회 강단에서 여러 번에 걸쳐 선포한 설교 내용을 기반으로 요한복음의 전체 본문에 대한 심도 있는 주해적 분석과 실제 상황을 토대로 한 예화와 적용점들이 잘 녹아있다. 특히 요한복음 각 장과 절을 파편적으로 주석하여 설교한 것이 아니라 일관되고 탄탄한 신학적 관점에 따라 해석하고 적용했다는 점에서 이 강해설교의 탁월함과 유용성이 선명하게 나타난다. 다른 모든 성경과 마찬가지로 요한복음은 구원의 은혜와 그 은혜에 따른 삶의 변화를 가르치는 하나님의 계시이다. 특히 요한복음은 사도 요한의 증거를 바탕으로 예수님의 말씀과 행적, 그리고 그에 대한 제자들과 무리들의 반응을 현장감 있게 전해준다. 요한복음의 생동감은 이 성경을 기독교를 처음으로 접하는 초신자들에게 가장 먼저 일독을 권할 수 있게 한다. 그러나 다른 한편 요한복음은 예수의 그리스도이심, 즉 예수 그리스도의 신성과 하나님이심을 직접적으로 가르쳐주는 복음서로써 남다른 신학적 깊이를 지니고 있기 때문에 가장 신학적인 복음서라고 불리기도 한다. 요한복음을 해석하고 설교할 때 그 어떤 경우보다도 더 심도 있는 신학적 이해와 분석이 필요한 이유가 여기에 있다. 민남기

목사님의 강해설교는 성경 본문을 정확하게 해석하는 데 충실하면서도 그 해석을 위한 타당하며 일관된 개혁신학적 관점을 잘 적용하고 있는 탁월한 작품이다. 저자가 서론에서 밝히고 있듯이 이 강해설교를 꿰뚫고 있는 신학적 관점은 삼위일체 하나님의 은혜와 예수 그리스도를 통해 확증된 구원의 복음이다. 이는 가장 복음적이면서도 가장 개혁주의적인 성경 해석의 관점이라고 할 수 있다. 각 설교에 포함된 실제적인 예화와 적용점들은 요한복음이 전하는 은혜를 더 뚜렷하고 선명하게 만들어 준다. 73편으로 구성된 민남기 목사님의 이 강해설교집을 통해 복음을 처음 접하는 초신자로부터 요한복음의 깊이를 맛보고자 하는 신학생들과 목회자들까지 큰 유익을 얻을 수 있으리라 기대한다.

* * *

송병현

| 구약신학, 백석대학교 신학대학원 교수, 『엑스포지멘터리 성경 주석』 저자 |

본서는 요한복음에 관한 여러 번역본을 폭넓게 비교하면서, 그 내용들을 탁월하게 파악한 학자이자 동시에 목회자에 의해서 쓰였다. 그래서인지 이 책은 요한복음이 신학적으로 심도 있고 깊이 있는 내용임에도 불구하고, 누구나 쉽게 읽고 이해할 수 있도록 쓰였다. 또한 본문의 의미를 파악하고 제시하는 것에만 그치지 않고, 적용점을 분명히 밝혀주어, 더 생생하고, 입체감 있게 우리가 순종하고 따라가야 할 그리스도인의 삶의 모습을 분명하게 제시한다. 그리고 무엇보다 이 책의 백미는 삼위일체 하나님을 독지와 만나게 하려는 사도 요한의 마음이 저자의 마음속에도 고스란히 녹아들어 있다는 점이다. 그만큼 요한복음에 대한 저자의 오랜 연구와 묵상이 잘 녹아 있는 책이다. 하나님을 알고 그분과 인격적인 교제를 하기 원하는 사람들이 있다면, 주저 없이 이 책을 적극적으로 추천한다.

* * *

권호덕

| 조직신학, 전 백석대학교 신학대학원 교수 |

이번에 민남기 목사님이 참으로 좋은 성경강해서 하나를 저술해 출간했다. 민 목사님은 나의 대학 입학 동기이니 거의 50년 지기이다. 항상 부지런하고 진지하며 무슨 일이든지 치밀하게 처리하는 좋은 습관을 지니고 있으며 책임감이 강한 장로교 목사이다.

민 목사님은 평소에 요한복음을 좋아했고 깊이 연구하기를 즐겨했다. 아마 미국 카슨 교수의 영향인 것 같다. 이 강해서는 그의 목회 사역의 산물이라는 점에서 더욱더 의의가 크다. 그는 오랜 기간 동안 교회 성도들에게 요한복음 강해설교를 했는데, 이는 성도들에게 복음 진리를 자세히 쉽게 설명해 주고 싶었기 때문이다. 그는 자기가 돌보는 양떼들에게 좋은 꼴을 먹여주려고 성경을 신실하게 연구하는 목회자이다.

특별히 돋보이는 것은 요한복음 8장에 나오는 '나는 그이다'라는 구절에 대한 해석이다. 민 목사님은 이것이 보어가 없는 '나는 나이다'(ego eimi)임을 알아차렸다. 사실 이 구절은 모세에게 나타나 자기를 계시하신 하나님이 자기 이름을 히브리어로 "에히예 아쉬르 에히예"라고 말씀하신 내용과 관계한다. 우리말 번역에는 '스스로 있는 자'로 되어 있는데, 사실 이 번역은 2% 모자라는 번역이다. 70인경은 "ἐγώ εἰμι ὁ ὤν"(나는 존재하고 있는 자이다)라고 번역되어 있다. 영역 성경에는 "I am that I am"이라고 번역되어 있고, 독일어는 "Ich bin, der Ich bin"이라고 번역되어 있는데, 요한복음 8장의 ego eimi와 관계하는 것이다. 한 마디로 예수께서는 여기서 유대인들에게 모세에게 나타나신 그가 바로 자신임을 암시하신 것이다. 민 목사님은 여기서 그리스도의 신성을 확인하는데 좋은 해석으로 보인다. 그리고 요한복음 17장에 나오는 예수 그리스도의 대제사장 기도를 '최고의 지식'으로 설명하면서 성부와 성자에 대한 지식과 삼위일체 하나님을 해석하고 있는데, 이것은 평신도들이 이해하기 쉽게 설명해 놓은 것이다.

한 사람의 목회자가 평생 설교한 내용을 설교집으로 출간하는 것도 큰 의미가 있지만, 민남기 목사님처럼 성경 하나를 잘 강해해서 책으로 저술하는 것은 더욱 바람직하게 보인다. 이 책은 동료 목사님들에게도 큰 도움이 되겠지만 평신도들에게 많은 은혜를 끼칠 것으로 보인다. 선한 영향이 널리 퍼지기를 기원한다.

* * *

김추성
| 신약신학, 합동신학대학원대학교 교수 |

일반적으로 요한복음을 다른 복음서보다 쉬운 책이라고 생각한다. 그러나 요한복음은 결코 쉬운 책이 아니다. 사실상 요한복음은 연구하면 할수록 그 깊이와 넓이를 가늠하기 어려울 정도로 심오한 책이다. 요한복음의 신학은 사실상 너무나 깊어 난해할 정도이다. 현대 그리스 성도들이 사도 요한을 최고의 신학자로 부르는 이유가 충분히 납득이 간다. 존경하는 민남기 목사님의 오랜 연구와 집념이 드디어 결실을 보게 되었다. 저자는 유학 시절, 카슨 박사님의 요한복음 강해에 깊은 영향을 받고 그의 요한복음 주석을 오랫동안 연구하고 소화하여 목회 현장에서 강해설교를 하였다. 카슨 박사님의 요한복음 주석은 불후의 명작이다. 요한복음에 대한 주석은 다른 주석들보다 훨씬 많이 출판되었으나 카슨 박사님의 요한복음 주석은 모든 주석을 뛰어넘는 탁월한 주석이다. 나 역시 유학 시절 카슨 박사님의 요한복음 강의를 들으며 여러 차례 울컥할 정도의 깊은 감동을 하였었다. 그의 영감 넘치는 강의를 잊을 수 없다. 그런

데, 민 목사님은 이러한 대학자의 심오한 주석을 오랫동안 곱씹으며 충분히 소화해서 성도들에게 설교하였다. 참으로 이 책은 탁월한 강해설교의 모범을 보여준다. 무엇보다도 이 책은 신학적으로 건전하다. 저자는 철지하게 본문 연구에 오랜 세월 매진하였다. 탁월한 적용과 예화들은 놀라운 감동과 은혜를 선물한다. 이 책은 요한복음의 심오한 사상들을 명쾌하고 이해하기 쉽게 풀어나간다. 또한 이 책에는 목회자의 따뜻한 삶이 녹아 있다. 일평생 주님과 동행한 삶의 흔적들이 여기저기 남아 있어 그 실천적 유익을 배가시켜 준다. 강해설교가자칫하면 지루해질 수 있는데 이 책은 매우 흥미진진하다. 성도들에게 요한복음을 이해하는 데 큰 도움을 줄 뿐만 아니라 목회자들의 강단을 풍성하게 도와줄 수 있을 것이다. 기쁜 마음으로 적극 이 책을 추천한다.

저자 서문

나는 1992년 트리니티복음주의신학대학원(Trinity Evangelical Divinity School)에 유학 중에 카슨(D. A. Carson) 교수의 『요한복음 강해설교』(John's Expository Preaching)를 수강하면서 크게 감동을 받고, 이를 계기로 요한복음 강해설교에 심취하게 되었다. 카슨 교수는 오전 4시간에 걸쳐서 설교 한 편을 강의하고, 오후 4시간에 걸쳐서는 강의한 내용을 중심으로 질문을 받으며 강의를 진행했다. 카슨 교수의 설교 한편은 본문이 방대하고 요한복음 전체를 꿰뚫는 내용을 담고 있어서 주일낮예배 설교에서 4~5회에 걸쳐서 설교할 수 있는 많은 내용이 담겨 있었다. 카슨 교수는 대학자이면서도 목회 경험이 있어서 설교가 뜨겁고 은혜로우며 감동적이었다.

나는 목사 안수를 받고 동해안 최북단 전선에서 3년간의 육군 군목과 주문진에서 6년간의 담임목사의 목회를 사면하고 신학교 졸업 후 9년 만에 유학을 떠났기 때문에 신학 이론보다는 목회의 현장에 필수인 강해설교에 관심이 더 많았다. 그런 나는 미국의 유명한 설교자들이 강사로 왔던「설교 심포지엄」에도 관심이 많았는데, 그중에 휘튼대학교(Wheaton College) 대학교회의 교목이자 프리칭 더 워드 강해설교 시리즈(Preaching the Word Series)의 편집장인 켄트 휴즈(R. Kent Hughes) 목사의 설교 예화 사용에 대한 강의는 큰 도전이 되었다.

미국에서 유학을 마치고 돌아와서 2년간을 신학교에서 가르치다가 25년 전에 광주대성교회에 부임하였다. 그동안 주일낮예배에서 요한복음 전체를 116회의 강해설교로 두 번에 걸쳐서 설교를 하였는데, 처음에 빠졌던 본문도 두 번째 설교에서 다 보충하여 설교 원고로 다시 작성하고 더 다듬으면서 116편의 강해설교를 73편으로 정리하여 본서로 출간하게 되었다. 카슨 교수의 『요한복음 주석』(The Gospel According to John)은 내 강해설교의 큰 수원지였고, 그의 『요한복음 14~17장의 강해설교; 예수님의 고별 설교와 고별 기도』(The Farewell Discourse and Final Prayer of Jesus; An Exposition of John 14-17)는 내 강해설교의 지침서였다. 이 책은 카슨 교수의 『요한복음 주석』을 주교재로 사용하여 작성되었고, 매튜 헨리(Matthew Henry)의 『주석』(A Commentary on the Whole Bible, John〔Vol. 5〕)』을 부분적으로 참고하였다.

그동안의 목회를 되돌아보면, 처음에 가파른 상승세로 부흥했던 목회가 갑자기 지도력 교체과정의 홍역을 앓으면서 많은 고통을 겪기도 했지만, 그때 말씀을 붙들고 씨름하고 기도하다가 주일낮예배에서의 요한복음 강해설교를 통해 다시 일어서는 목회의 원동력이 되었던 것처럼, 말씀 선포를 사명으로 알고 기쁨으로 전하는 동역자들과 평신도 지도자들이 이 책을 함께 읽고 들으면서 새 힘을 얻어 삼위일체 하나님을 더 깊이 알아가고 그분과의 관계가 더욱 친밀해지며 그분께 더 큰 영광을 돌릴 수 있는 원동력이 되기를 간절히 바란다. 특히 인간의 거듭남, 영생, 유일하신 참 하나님, 진리이신 예수 그리스도, 보혜사 성령 등 복음의 핵심 내용을 담고 있는 요한복음을 문맥을 따라 강해한 요한복음 강해설교는 진리를 찾고 있는 구도자들을 영원한 하나님의 집(14:2~3)으로 안내하는 좋은 나침반이 될 것이다.

나는 요한복음을 설교하면서 본문을 비교적 넓게 잡아, 본문의 정확한 의미를 찾기 위해 여러 가지 번역본을 인용하며 주석하여 핵심 내용을 소개하되 본문의 단락을 따라서 전개하였고, 단락의 마지막에 적용을 첨가해서 본문의 말씀을 오늘을 사는 그리스도인의 삶에 그대로 적용하도록 돕고자 고심했다. 본문과 연관된 예화도 시작과 마지막에 소개해서 구체적인 이해와 적용에 도움이 되도록 실례를 제시하였다. 특히 요한복음에서 강조하는 삼위일체 하나님을 소개하는 본문은 놓치지 않고 함께 연결하여 삼위일체 하나님을 더 깊이 알아가도록 증거함으로 영생을 얻기 위한 요한복음의 기록 목적(20:31)을 드러내도록 부단히 애썼다.

나는 유학 시절 카슨 교수가 요한복음 17장 3절(영생은 곧 유일하신 참 하나님과 그가 보내신 자 예수 그리스도를 아는 것이니이다)을 신구약 성경을 통틀어 최고의 복음이라고 정리해주었을 때 무릎을 치며 공감을 했었다. 영생은 유일한 참 하나님과 그가 보내신 예수 그리스도와 함께 인격적으로 관계를 맺는 지식이라는 것이다. 요한복음에서 말씀이신 그리스도는 태초부터 하나님 아버지와 함께 계셨고(1:1, 16:32), 하나님 아버지 품 속에 계시며(1:18), 예수께서 아버지 안에 계시고 아버지가 예수 안에 상호 내주하여 계신다(14:10~11). 요한복음은 아버지와 아들은 신격이 다르고 구별된 두 분이신데 온전히 하나라고(10:30) 말하며, 예수 그리스도와 하나님 아버지는 서로 나누어질 수 없는 한 분으로 계심을 강조한다. 예수께서 아버지로부터 받아서 우리에게 부어주신 진리의 성령은 영원히 우리와 함께하시고, 우리 속에 거하시며(14:16~17), 성령께서 우리와 함께 거하실 때 하나님 아버지와 하나님의 아들 예수께서 우리와 함께 거하신다(14:23)고 말한다. 사도 요한이 성령 충만함을 받아 증언하고 기록한 요한복음을 통하여 삼위일체 하나님을 더 잘 알 수 있다는 것은 큰 은혜가 아닐 수 없다.

니고데모가 처음에 예수께서 말씀하신 거듭남을 다시 태어나는 것(to be born again)으로 이해했지만, 예수님은 위로부터 나는 것(to be born from above)으로, 즉 성령에 의해서(3:6), 하나님에 의해서 나는 것(1:13)으로 말씀하셨다. 예수님을 영접하고 그분의 이름을 믿는 자가 바로 하나님께로부터 난 자이고(1:12~13), 하늘에서 내려온 자(3:13) 즉, 위로부터 오시는 이(3:31)를 믿는 자가 거듭난 자이다. 하늘에서 내려온 인자의 들림을 믿어 영생을 얻는 것이 바로 거듭남이며(3:14~15), 이는 구체적으로 인자 예수님의 십자가에 달려 죽으심을 믿는 것이 거듭남이라(12:32~33)고 더 분명하게 말씀했다. 요한복음은 거듭난 자들이 영생을 얻고(3:15~16), 하나님 나라에 들어간다(3:5)고 강조한다.

요한복음의 저자 사도 요한은 네로 황제 때 끓는 대야 속에 던져졌지만, 기적적으로 살아났고, 주후 80년에 대도시 에베소에서 요한복음을 기록했고, 그후인 85~95년 사이에 에베소에서 요한1, 2, 3서를 기록했으며, 도미티안 황제에 의해서 밧모섬의 광산에 유배되어 95년에 요한계시록을 기록했고, 96년 트라얀 황제 때 로마 원로원에 의해 석방되어 에베소의 감독으로 돌아와 침상에서 편안하게 숨을 거두었다.

사도 요한은 열두 제자 가운데 순교자로 죽지 않은 유일한 제자로, 예수께서 골고다의 십자가에 달리셨을 때도 그 곁에 있었고, 예수님의 어머니 마리아까지 대신 위탁받아 돌본 예수께서 가장 사랑한 그 제자였다. 사도 요한은 무덤에서도, 디베랴 호숫가에서도 가장 먼저 예수님을 알아보고 증언했고, 예수께서 가장 사랑하셨던 세 명의 제자 그룹에 항상 포함되었고, 공관복음서와 사도행전에서 사도 베드로와 가장 가깝게 우정을 공유한 경험을 가진 제자였다. 주후 80년 나이가 무르익었을 때 유대인들, 헬라인들, 모든 사람들에게 나사렛 예수를 하나님의 아들 그리스도라고 증거하여 영생을 얻게 할 목적으로 요한복음을 기록하며 자신의 이름도 밝히지 않고, 예수께서 사랑한 그 제자라고 기록한 것도 성경의 권위를 드러내고자 함이었다. 사도 요한은 이미 공관복음서를 읽었고, 마지막 복음서인 요한복음을 기록하면서 그의 모든 지식을 총동원하여 성령의 감동으로 가장 깊이 있는 복음서를 기록했다. 십자가에 달려 죽으신 예수님의 옆구리를 로마 군인이 창으로 찔러서 "피와 물"이 쏟아져 나오는 장면을 직접 목격하고 참되게 증언한 증언자가 누구라고 언급이 없지만, 그는 요한복음 전체에 책임 있는 인물이었던 "사랑하는 제자"인 사도 요한이었다(19:34~35). 이 증언자가 사랑하는 제자 사도 요한이었다는 사실은 21장 24절에서도 다시 확인되었다. 그래서 사랑하는 제자 사도 요한은 예수께서 하신 말씀과 행하신 일들을 누구보다도 세밀하게 잘 기록할 수 있었다.

공관복음의 저자들은 세례 요한에 대하여 흔들리는 갈대와 같은 믿음이라고 냉정하게 지적했고, 분봉 왕 헤롯에 의해서 옥에서 목이 잘려 순교하는 비극적인 장면까지 기록했지만, 사도 요한은 세례 요한에 대해 부정적이거나 슬픈 이야기는 한마디도 언급하지 않았고, 세례 요한을 참 빛이신 예수님에 대한 증언자(1:7)라고 하면서 구체적으로 '하나님의 어린 양'(1:29, 36), '성령으로 세례를 베푸시는 분'(1:33), '하나님의 아들'(1:34, 49)이라고 참되게 증언한 말을 소개했다. 사도 요한은 세례 요한에 대한 예수님의 평가를 인용하여 '요한이 진리에 대하여 증언하였느니라.'(5:33)라고 한 마디로 높이 평가하였다. 세례 요한의 사후에도 그가 예수님을 증언한 복음을 들은 많은 사람이 그의 증언을 통하여 예수를 믿었다(10:41~42)고 사도 요한은 놀랍게 평가했다. 75세의 사도 요한이 일찍 순교한 자신의 스승 세례 요한을 평가한 말씀에 비추어서도 사도 요한은 관대하고 품위 있는 신앙인격을 겸비한 예수님의 증언자로 우리 그리스도인의 최고의 롤 모델이다.

책을 출판하면서 감사할 것이 많이 있지만, 먼저, 사랑하는 광주대성교회 성도들이 어려운 요한복음 강해설교를 끈기를 가지고 두 번이나 은혜롭게 잘 들어주어서 무엇보다도 감사드린다. 특히나 지난해는 무엇보다도 인플레이션으로 인해 고물가의 어려웠던 시기였음에도 불구하고 성도들과 함께 새 예배당 건축을 시작하였는데, 이제 다가온 대망의 새해에 역사적인 입당을 앞두고 「요한복음 강해설교」를 출판하게 된 것이 더욱 가슴 설레며 감사하다.

특별히 요한복음을 전공한 박정식 교수가 73편이나 되는 이 책의 원고를 자세히 읽고 세밀하게 교정해준 것과 추천사를 정성스럽게 써주신 김요섭 교수, 송병현 교수, 권호덕 교수 그리고 김추성 교수에게 깊은 감사를 드린다.

마지막으로, 최전방, 어촌 목회, 유학생, 이민 목회, 담임 목회에 오르가니스트로 늘 묵묵히 함께해준 사랑하는 아내 정신복과 아버지가 가는 곳 어디라도 묵묵히 동행해준 사랑하는 아들 경훈이와 토론토에 사는 딸 지영이에게도 감사의 마음을 전한다.

Soli Deo Gloria!

2023. 1. 새 예배당 입당을 기도하며

민 남기

헌사

이 책을 유학 중 마지막 학과목을 듣는 중에 97세로 하나님의 부르심을 받으며
"나는 하늘나라에 간다. 나를 위하여 찬송을 불러다오!"라고 유언을 남겨서
애잔하게 생각나는 사랑이 많으셨던 믿음의 할머님께 드립니다.

I
/
서문
(1:1~18)

1. 태초부터 계신 말씀(1:1~5)

마태복음과 누가복음은 예수님의 탄생에서 시작했습니다. 마가복음은 예수님의 공생애 사역에서 시작했습니다. 요한복음은 예수의 나심이나 공생애 사역의 시작보다 더 훨씬 이전의 복음의 출발점인 그리스도의 존재의 근원에서 시작했습니다. 그리스도의 존재의 기원을 동정녀 마리아에게서의 탄생 이전으로, 아니 만물의 창조 이전으로 소급하여 올라가서, 그리스도는 영원한 태초부터 말씀으로 계셨고, 그 말씀이 하나님 아버지와 함께 계셨고, 그 말씀은 하나님이시라는 놀라운 진리에서 시작했습니다. 그래서 우리는 요한복음의 시작에서 그만 숨이 멈춰지는 것 같은 감동과 전율을 느낍니다.

공관복음이 다 기록된 후에 사도 요한은 15~20년이 지나고 자신의 나이도 75세쯤에 주후 80년에 소아시아의 대도시 에베소에서 요한복음을 기록하면서 사람들 특히 유대인들, 헬라인들, 모든 사람들에게 나사렛 예수를 하나님의 아들 그리스도라고 증거하여 영생을 얻게 할 목적으로 심혈을 기울여 기록했습니다. 사도 요한은 이미 공관복음서를 읽었고, 마지막 복음서인 요한복음을 기록하면서 그의 모든 지식을 총동원하여 성령의 감동으로 가장 깊이 있는 복음서를 기록했습니다.

그리스도는 만유 창조 사역에서 하나님께서 이르신 대로 말씀으로 만물을 창조하신 분이십니다. 그 말씀은 세상에 온 참 빛이신데 세상은 빛을 싫어하고 어두움을 좋아하여 참 빛을 배척하였지만 참 빛이신 예수님을 영접하여 하나님의 자녀가 되는 권세를 얻은 사람들이 있었습니다. 이것을 가능하게 한 '참 빛'과 '말씀'의 오심은 말씀이 육신이 된 성육신하신 예수님 탄생 사건인데 사람들은 그에게서 아버지의 독생자의 영광과 은혜와 진리가 충만한 것을 보았습니다. 사도 요한이 가장 감동적으로 기록한 태초부터 계신 말씀이신 그리스도에 대한 본문의 말씀을 들으면서 함께 은혜를 나누고자 합니다.

첫째로 태초에 계신 말씀은 하나님과 함께 계셨습니다(1~2).

1~2절에서 "1. 태초에 말씀이 계시니라. 이 말씀이 하나님과 함께 계셨으니, 이 말씀은 곧 하나님이시니라. 2. 그가 태초에 하나님과 함께 계셨고"라고 태초에 말씀이 하나님과 함께 계셨고 그 말씀이 곧 하나님이라고 했습니다. 현대인의 성경에서 "1. 우주가 존재하기 전에 말씀 되시는 그리스도가 계셨다. 그분은 하나님과 함께 계셨으며 바로 그분이 하나님이셨다. 2. 그리스도는 맨 처음부터 하나님과 함께 계셨고"라고 말씀이신 그리스도가 계셨고, 그분은 하나님과 함께 계셨고 그분이 바로 하나님이시라고 말씀을 그리스도라고 분명하게 번역했습니다.

1절과 2절에 나오는 "태초에 말씀이 계셨고, 그 말씀이 하나님과 함께 계셨으니"라는 말에서 태초는 말씀이 존재하기 시작한 태초를 말합니다. 창세기 1장 1절에서 "태초에 하나님이 천지를 창조하시니라."는 구절에서 '태초에'는 천지가 창조된 시작의 때를 말합니다. 본문 1장 1절의 태초(arche; beginning)는 만물의 시작, 만유의 시작, 기원이라는 의미입니다. 3~4절에서 하나님께서 태초에 말씀을 통하여 만물을 창조하셨기 때문에 그 말씀은 만물의 기원자였고 그 만물이 창조되기 이전에 이미 말씀이 계셨습니다. 이 태초는 잠언 8장 22~25절에서 만세 전, 땅과 바다와 산이 생기기 전 태초를 말합니다. 말씀이신 그리스도는 모든 만유 창조 이전 태초부터 말씀으로 계셨고, 하나님 아버지와 함께 계셨습니다.

"태초에 말씀이 계시니라"에서 '계시니라'(en; was)는 이미 존재하는 것을 나타내는 의미로 이미 태초에 말씀이 존재해 있었다는 것입니다. 아리우스

(Arius)가 이 말씀에 대하여 "'말씀'이 존재하지 않았던 때가 있었다"라고 하며 말씀의 영원하고 완전한 하나님이심을 부인하고자 한 사실에 대하여 '말씀이 존재하지 않았던 때'와 일치하는 그 '때'를 찾을 수 없다고 카슨(D. A. Carson) 교수가 명쾌하게 정리했습니다. 말씀은 하나님이시기에 태초부터 하나님 아버지와 함께 계셨습니다. 웨스트민스터 신앙고백서는 삼위일체 하나님에 대하여 '성자는 영원히 성부에게서 나셨다'(the Son is eternally begotten of the Father.), '하나님 한 분 안에 한 본체와 한 능력과 한 영원성을 가지신 삼위가 계시니, 곧 성부 하나님, 성자 하나님, 그리고 성령 하나님이시다.'(In the unity of the Godhead there be three persons, of one substance, power, and eternity: God the Father, God the Son, and God the Holy Ghost.)라고 말합니다. 말씀이신 성자 하나님이 영원히 성부 하나님에게서 나셨는데, 하나님 한 분 안에서 영원히 삼위로 계시기 때문에 말씀이신 그리스도는 영원 전부터 영원까지 하나님이십니다. 성자 하나님이신 말씀은 영원히 존재하여 계시고 하나님과 함께 계시는 하나님이십니다. 현대인의 성경 미가서 5장 2절에서 "여호와께서 말씀하신다. '베들레헴 에브라다야, 너는 유다에서 가장 작은 마을 중의 하나이지만 너에게서 이스라엘을 다스릴 자가 나올 것이다. 그는 영원 전부터 있는 자이다.'"라고 선지자는 이스라엘을 다스릴 왕이 영원 전부터 존재하시는 분이시라고 했습니다. 요한계시록 22장 13절에서 "나는 알파와 오메가요 처음과 마지막이요 시작과 마침이라."라고 예수께서 자신이 영원하신 하나님이심을 분명하게 말씀하셨습니다.

'말씀'은 우선 요한복음에서 자주 인용하고 있는 구약성경을 말합니다. 구약성경에서 '말씀'은 하나님의 능력의 창조행위(창 1:3 이하), 계시(렘 1:4), 그리고 구원(시 107:20)과 연결되어 있습니다. 하나님께서 선지자들에게 말씀하셨고, 하나님께서 말씀으로 천지 만물을 창조하셨고, 말씀으로 구원하시고 또 심판하셨습니다. 하나님의 '말씀'은 창조와 계시와 구원에 있어서 하나님의 강력한 자기표현이었습니다. 그 '말씀'이 요한복음에서 의인화되어 하나님의 궁극적인 자기 계시인 하나님 자신의 '아들'에게 '말씀'이라는 명칭을 사용한 것은 정확합니다. 하나님의 아들 그리스도를 말씀이라고 표현한 것은 유대인들뿐만 아니라 이방인들에게 풍부한 울림과 감동을 주었습니다. 하나님의 아들 그리스도를 하나님이시라고 표현한 것은 요한복음만이 가지고 있는 탁월한 장점입니다. 말씀이 하나님이었기 때문에 태초부터 하나님 아버지와 함께 계실 수 있었고, 하나님의 품 속에 거하실 수 있었고, 하나님과 한 분으로 존재할 수 있었습니다. 말씀이 태초부터 하나님 아버지와 함께 계실 수 있기 위하여 하나님이셔야 했습니다. 그런데 "이 말씀은 곧 하나님이시니라."라는 구절에서 하나님 앞에 정관사가 없는 것은 정확합니다. 만약에 이 구절의 하나님 앞에 정관사가 있다면 말씀만이 하나님이셔야 하고 말씀 이외에 어떤 신적인 존재도 존재할 수 없다는 말이 된다고 카슨(D. A. Carson) 교수는 정리했습니다. 그러면 "이 말씀이 하나님과 함께 계셨으니"라는 표현은 틀린 말이 된다는 것입니다. 우리 하나님은 단일신이 아니고 삼위일체 하나님이십니다. 성부 하나님이 하나님이시고, 말씀이신 성자 예수님도 하나님이시고, 성령 하나님도 하나님이어서 한 하나님으로 존재하십니다. 2절의 "그(말씀)가 태초에 하나님과 함께 계셨고"라는 구절은 1절 중간 말씀의 반복으로 말씀이 하나님 아버지와 함께 계셨다는 사실이 확실하다는 사실을 강조합니다. "하나님이신 말씀은 방금 내가 태초에 말씀이 계셨고 하나님과 함께 계셨다고 말한 그분이다."

적용 태초부터 말씀으로 계신 그리스도는 하나님 아버지와 함께 계셨던 하나님이심을 믿으시길 바랍니다.

둘째로 만물은 말씀으로 말미암아 창조되었습니다(3).

3절에서 "만물이 그로 말미암아 지은 바 되었으니 지은 것이 하나도 그가 없이는 된 것이 없느니라."라는 구절에서 말씀은 창조 사역에서 하나님의 실행자로서 하나님의 뜻을 이루는 대리자였습니다. 창세기 1장 3절에서 "하나님이 이르시되, 빛이 있으라 하시니 빛이 있었고"라고 했듯이 하나님은 말씀하셨고, 말씀은 빛을 창조했습니다. 창세기에서 계속해서 "하나님이 이르시되"(6, 9, 14, 20, 24, 26, 29)라고 말씀하셨고, '말씀'은 하나님이 말씀하신 대로 만물을 다 창조했습니다. '말씀'이 하나님을 대리하여 존재하는 모든 것을 창조한 주체였습니다. 여기서 말씀으로 말미암은 창조에서 적극적으로 말하자면 "만물이 그로 말미암아 지은 바 되었으니"이고, 소극적으로 말하면 "지은 것이 하나도 그가 없이는 된 것이 없느니라."입니다.

NIV 성경에서 "지은 바 되었고"(were made)에서는 과거 시제가 사용되고, 지은 것(has been made)에서는 현재완료가 사용된 것은 전자는 창조의 행위를 말하지만, 후자는 창조된 상태를 말합니다. 만물이 말씀으로 말미암아 창조되었고, 지은 바 된 만물은 결코 말씀이 없이는 지은 바 되지 않았습니다. 창세기에서 존재하게 된 모든 만물은 하나님이 말씀하심으로써 창조되었습니다. 말씀은 하나님이 말씀하신 대로 모든 피조물을 창조했습니다. 레온 모리스(Leon Morris) 교수는 시간과 천지가 창조되기 전에 말씀이신 그리스도는 이미 존재하셨다는 것은 말씀이신 하나님이 피조된 존재가 아니라는 사실을 증거한다고 했습니다. 말씀은 창조된 피조물 속에 포함되지 않으며 전능하신 창조주십니다. 태초에 말씀으로 계셨던 그리스도께서 만물을 창조하셨다는 것은 신약 성경의 공통된 주제입니다. 1장에서 사도 요한은 선재하신 그리스도를 말씀이라고 하며 그로 말미암아 만물이 창조되었다고 말했고, 사도 바울은 골로새서 1장 16~17절에서 "16. 만물이 그에게서 창조되되 하늘과 땅에서 보이는 것들과 보이지 않는 것들과 혹은 왕권들이나 주권들이나 통치자들이나 권세들이나 만물이 다 그로 말미암고 그를 위하여 창조되었고 17. 또한, 그가 만물보다 먼저 계시고 만물이 그 안에 함께 섰느니라."라고 만물과 이 세상의 권세들까지 그리스도로 말미암아 창조되어 유지되고 있다고 말씀하셨습니다. 히브리서 1장 2~3절에서 "2. 이 모든 날 마지막에는 아들을 통하여 우리에게 말씀하셨으니 이 아들을 만유의 상속자로 세우시고 또 그로 말미암아 모든 세계를 지으셨느니라. 3. 이는 하나님의 영광의 광채시요 그 본체의 형상이시라. 그의 능력의 말씀으로 만물을 붙드시며…"라고 하나님께서 그 아들을 통하여 만물을 지으셨고 그의 능력의 말씀으로 만물을 붙들고 계신다고 했습니다. 요한계시록 3장 14절에서도 "아멘이시요 충성되고 참된 증인이시요 하나님의 창조의 근본이신 이가 이르시되"라고 예수 그리스도를 아멘이시오 충성되고 참된 증인이시오 창조의 근본이시라고 했습니다.

적용 말씀이 만물을 창조하고 유지하는 전능하신 창조주이심을 믿으시길 바랍니다.

셋째로 말씀 안에 생명과 빛이 있습니다(4~5).

4~5절에서 "4. 그 안에 생명이 있었으니 이 생명은 사람들의 빛이라. 5. 빛이 어둠에 비치되 어둠이 깨닫지 못하더라."라고 하여 이 말씀 안에 생명이 있고 이 생명이 사람들의 빛이라는 요한복음의 중요한 주제인 그 말씀 안에 생명(zoe; life)이 있다는 놀라운 말씀입니다. 말씀이신 예수님 안에서 생명이 있어서 그를 믿는 자에게 생명을 주십니다. 5장 26절, "아버지께서 자기 속에 생명이 있음 같이 아들에게도 생명을 주어 그 속에 있게 하셨고"에서 하나님과 '말씀'의 관계는 아버지와 아들의 관계와 동일하고, 하나님의 아들 예수님 안에 생명이 있다는 것입니다. 1장 4절과 5장 26절에서 하나님 안에 있는 생명이 있음 같이 그 아들 예수님 안에 생명이 있습니다. 하나님 아버지는 영원 전에 흙으로 빚은 아담에게 자신에게 있는 생명을 주어서 산 사람이 되게 하였고, 아들 안에도 생명이 있어서 아들은 죽은 자를 살리고 부활의 생명을 주십니다. 고린도전서 15장 45절에서 "기록된 바 첫 사람 아담은 생령이 되었다 함과 같이 마지막 아담은 살려 주는 영이 되었나니"라는 말씀처럼 마지막 아들 예수님 안에 생명이 있어서 죽은 자를 살려주시고, 그를 믿는 자들에게 부활의 생명을 주십니다. 예수께서 죽은 나사로를 불러서 살려주신 것같이 장차 그 안에서 잠자는 자들의 이름을 불러서 부활의 생명을 주실 것입니다. 예수께서 10장 27~28절

에서 선한 목자의 음성을 듣고 따르는 자신의 양들에게 영생을 주신다고 했습니다.

'말씀 안에 생명'은 구원의 생명이 아니라 창조와 연관된 생명이라는 것입니다. '말씀' 안에 내재된 '생명'은 창조 때 사람들에게 주어져서 사람들의 빛이 되었습니다. 사람들의 빛은 우리가 하나님의 형상을 따라 지음을 받은 사람들의 본질적인 속성이 되었습니다. 더 나아가 이 빛은 성육신한 예수님이 오심과 결부되어 주어진 구원의 빛이 되었습니다. 사도 요한은 말씀 안에 있는 생명과 사람들의 빛에 대하여 요한복음 전체를 통하여 구원과 연관하여 말씀하고 있습니다.

5절의 빛과 어둠은 원래 도덕적인 의미가 아니라 창조 때의 빛과 어둠을 말하며 어둠은 빛의 부재를 말합니다. 그런데 창세기의 첫 번째 창조에서 하나님이 "빛이 있으라."라고 말씀하실 때까지는 "흑암이 깊음 위에 있었다."라고 했습니다. 하나님의 말씀대로 "빛이 어둠을 비치되"라는 창조의 역사가 일어나자 빛은 어둠을 물러가게 했고, 참 빛이 세상에 오셔서 죄악의 어둠을 계속 비치고 있습니다. 그런데도 "어둠이 깨닫지 못하였다."라고 했고, 새번역 성경은 "어둠이 그 빛을 이기지 못하였다."라고 했는데 어둠은 빛을 깨닫지도 못하고 이길 수도 없습니다. 요한복음을 자세하게 읽어보면 빛과 어둠이라는 반대되는 이중성의 의미가 담겨있습니다. 요한복음에서 어둠은 빛의 부재일 뿐만 아니라 적극적인 죄악이고 예수 그리스도를 믿지 않는 불신앙입니다. 빛은 창조만이 아니라 구원과 결부된 계시입니다. 성육신한 말씀인 그리스도가 세상에 가져온 빛을 미워하며 살아가는 유대인들은 자신들의 행위가 악하여 자신들의 행위가 드러나는 것을 원하지 않아서 어둠을 사랑하고 빛을 미워한다(요 3:19~20)고 했습니다. 사도 요한은 말씀 속에서 창조의 빛만이 아니라 구원의 빛도 함께 보기를 원하며 요한복음을 기록했습니다. 말씀 안에 있는 생명을 얻기 위하여 말씀이 성육신한 예수 그리스도를 영접하여 믿어야 합니다.

사랑하는 성도 여러분이여!

말씀이신 그리스도는 태초부터 말씀으로 계셨고, 하나님 아버지와 함께 계셨습니다. 말씀이신 그리스도는 하나님이시라고 사도 요한은 처음부터 탁월하게 기록했습니다. 말씀을 통하여 만물을 창조하신 말씀이신 그리스도는 창조주시고 성육신하신 우리의 구원자이십니다. 우리는 영원 전부터 말씀으로 계셨고 말씀으로 만물을 창조하신 예수 그리스도를 나의 주님과 나의 하나님으로 믿어서 생명을 얻어 빛 가운데서 살아가는 하나님의 자녀가 될 수 있기를 바랍니다.

2. 우리는 하나님의 자녀가 되어야(1:6~13)

　하나님께서 모든 사람에게 증언하여 예수님을 믿게 할 증언자로 먼저 세례 요한을 보내셨습니다. 요한복음에서 예수님에 대한 증언과 전도는 세례 요한에게서 시작되었습니다. 본문에서 참 빛이신 예수님에 대한 증언자로 하나님께서 세례 요한을 보내셨습니다. 세례 요한은 예수님의 친척이고, 예수님보다 6개월 먼저 태어난 동년배이고, 어머니 태중에서 어머니가 예수님을 주님으로 찬양했을 때 기뻐 뛰었고, 예수님에게 요단강에서 세례를 주었고, 성령이 예수님에게 강림하시는 장면도 목격했고, 예수님이 하나님의 아들이시라고 증언하는 하나님의 음성도 들었습니다. 그래서 세례 요한이 예수님을 하나님의 아들이라고 사람들에게 공생애 시작부터 당당하게 증언했습니다. 그런데 말씀이신 하나님이 육신이 되신 놀라운 일이 자기 백성들인 유대 땅에서 일어났지만, 유대인들은 예수님을 알지 못하였고 영접하지도 않았습니다. 그러나 세례 요한이 전하는 복음을 듣고 예수 그리스도를 영접하는 사람들이 있었는데 이들은 하나님의 자녀가 되는 권세를 받았습니다. 하나님의 자녀는 태어나는 것이 아니고 복음을 듣고 성령으로 예수님을 하나님의 아들로 믿어서 된다고 했습니다. 이 시간 우리는 예수님의 증언자나 복음 전도자나 말씀 설교자가 전하는 말씀을 듣고 복음을 믿어서 하나님의 자녀가 되는 은혜를 들으며 함께 나누고자 합니다.

첫째로 우리는 사람들이 예수님을 영접하도록 반드시 예수님을 증언해야 합니다

(6~8).

6절, "하나님께로부터 보내심을 받은 사람이 있으니 그의 이름은 요한이라." 여기서 요한은 예수님이 사랑한 제자 사도 요한이 아니라 세례 요한을 말합니다. 하나님께로부터 보내심을 받은(apostello; to send) 사람은 요한이고, 15절, "요한이 그(예수님)에 대하여 증언하여 외쳐 이르되 '내가 전에 말하기를 내 뒤에 오시는 이가 나보다 앞선 것은 나보다 먼저 계심이라 한 것이 이 사람을 가리킴 이라' 하니라."에서 요한은 세례 요한이고, 사도 요한은 본문에서 아직 세례 요한의 제자였습니다. 20절, "요한이 드러내어 말하고 숨기지 아니하니 드러내어 하는 말이 '나는 그리스도가 아니라' 한대"에서 요한은 세례 요한이고, 26절, 28절, 29절, 32절, 35절, 40절의 요한은 다 하나님께로부터 예수님의 증언자로 보내심을 받은 세례 요한을 말합니다.

세례 요한이 하나님께로부터 받은 놀라운 소명은 6절의 "하나님께로부터 보내심을 받았다"라는 말씀에 근거하고 있습니다. 세례 요한이 하나님께로부터 빛의 증언자 사명을 받았다는 것은 그가 모세와 같이 하나님으로부터 보내심을 받았다는 놀라운 사실입니다. 출애굽기 3장 14절에서 "스스로 있는 자가 나를 너희에게 보내셨다"라고 모세가 이스라엘 백성에게 자신은 하나님께서 보내신 자라고 너무도 당당하게 말했던 것처럼 세례 요한도 하나님으로부터 보냄을 받은 예수님에 대한 증언자라고 사도 요한은 당당하게 기록했습니다. 세례 요한은 하나님으로부터 위임받은 예수님의 증언자라는 사명을 놀랍게도 끝까지 잘 감당했습니다.

7~8절에서 "7. 그가 증언하러 왔으니 곧 빛에 대하여 증언하고 모든 사람이 자기로 말미암아 믿게 하려 함이라. 8. 그는 이 빛이 아니요, 이 빛에 대하여 증언하러 온 자라."라고 세례 요한의 사명은 참 빛이신 예수님을 증언하는 것이라고 구체적으로 말씀하고 있습니다. 세례 요한은 예수님의 증언자로 놀라운 권세와 사명을 받았습니다. 하나님으로부터 세례 요한에게 빛에 대하여 증언하라고 보내심을 받은 대로 그는 예수님을 증언했습니다. 증언은 법적인 용어

로 목격하고 들은 어떤 사실에 대하여 그대로 증언하는 것이 핵심입니다. 요한복음에서 특별히 세례 요한이 예수님을 증언하는 내용이 많습니다. 우리를 위한 하나님의 축복은 하나님께서 예수님에 대한 증언자들의 증언을 통하여 주셨습니다. 특히 1장 29절에서 34절 사이에서 세례 요한이 예수님에 대하여 놀랍게 증언하고 있습니다. "보라, 세상 죄를 지고 가는 하나님의 어린 양이로다."(29), "그는 성령으로 세례를 베푸는 이인 줄 알라."(33), 그리고 "내가 보고 그가 하나님의 아들이심을 증언하였노라."(34)라고 세례 요한은 예수님을 하나님의 아들이시라고 다양하게 증언했습니다. 예수님이 하나님의 아들이시라는 세례 요한의 증언을 통하여 자신의 두 제자 안드레와 사도 요한이 예수님을 바로 따라나섰습니다(37). 이것은 세례 요한의 예수님에 대한 증언이 아주 효과적이었다는 실증입니다. 세례 요한의 어머니 엘리사벳이 마리아가 이제 막 예수님을 잉태하고 자신의 집에 찾아왔을 때 "내 주의 어머니가 내게 나아오니 이 어찌 된 일인가!"(눅 1:43)라고 마리아의 태중의 아기 예수를 자신의 주님으로 찬양했을 때, 그가 어머니 태중에서 함께 기뻐 뛰었다고 했는데(44), 바로 그가 세례 요한입니다. 누가복음 1장 15~16절에서 "이는 그(세례 요한)가 … 모태로부터 성령의 충만함을 받아 이스라엘 자손을 주 곧 그들의 하나님께로 많이 돌아오게 하겠음이라."라고 천사장 가브리엘이 세례 요한의 아버지 제사장 사가랴에게 세례 요한이 성령의 충만함을 받아 예수의 증언자가 되어 많은 사람을 하나님께로 돌아오게 할 것이라고 미리 알려주었습니다. 세례 요한은 예수님의 친척으로서 모태로부터 성령이 충만하여 예수님을 찬양할 정도로 예수님을 제대로 알았습니다. 세례 요한은 요단강에서 예수님에게 물로 세례를 주고 기도할 때 하늘이 열리고 성령이 비둘기같이 예수님에게 내려오시는 놀라운 장면을 보았고, 또 하나님께서 직접 "이는 내 사랑하는 아들이요 내 기뻐하는 자라"(마 3:17)라고 말씀하시는 하나님 아버지의 음성도 들었을 정도로 예수님의 증언자로 가장 적합했습니다.

세례 요한이 예수님에 대하여 증언하는 목적은 7절에서 "모든 사람이 자기로 말미암아 믿게 하려" 함이었습니다. 하나님께서 세례 요한을 빛의 증언자로 보내신 것은 그의 증거로 인하여 모든 사람이 예수를 그리스도로 믿게 하기 위함이었습니다. 세례 요한의 예수님에 대한 증언은 열두 제자들과 예수님을 만난 사람들의 증언으로 이어졌고, 우리들의 전도로까지 계속되고 있습니다. 세례 요한의 증언은 사복음서에서 예수님의 공생애의 시작과 함께 이루어졌다는 점에서 죽은 아벨과 마찬가지로 "그가 죽었으나 그 믿음으로써 지금도 말하고"(히 11:4) 있습니다. 지금까지 예수님이 하나님의 아들이심을 믿는 모든 사람은 세례 요한이 예수님을 하나님의 아들이시라고 믿어서 구원 얻게 할 목적으로 선포한 말씀의 덕을 보고 있습니다.

8절은 세례 요한은 빛에 대하여 증언하러 온 사람이지 참 빛은 아니라고 말씀합니다. 요한복음에서 '빛'은 창조만이 아니라 구원과 결부된 계시입니다. 빛은 죄악의 어두움을 물러가게 하고, 구원의 빛을 가져다주는 예수님을 말합니다. 세례 요한은 빛이 아니고 빛의 증언자였습니다. 우리 그리스도인의 증언의 내용은 세례 요한처럼 첫째도 마지막도 예수 그리스도여야 합니다. 5장 33절에서 사도 요한은 다시 한번 그의 스승 세례 요한에 대하여 예수님의 말씀을 인용하여 "요한이 진리에 대하여 증언하였느니라."라고 잘 정리했습니다. 세례 요한은 빛에 대한 자신의 증언을 통하여 많은 사람들이 그리스도를 믿게 할 목적으로 증언했는데, 그가 죽은 후에도 그렇게 이루어졌습니다. 10장 41~42절에서 "41. … '요한은 아무 표적도 행하지 아니하였으나 요한이 이 사람(예수님)을 가리켜 말한 것은 다 참이라.' 하더라. 42. 그리하여 거기서 많은 사람이 예수를 믿으니라."라고 하며 세례 요한의 청중들은 그가 죽은 후에도 세례 요한의 예수님에 대한 참된 증언을 기억하고 예수님을 하나님의 아들 그리스도(20:31)로 믿었다고 언급했습니다. 세례 요한의 예수님에 대한 참된 증언을 통하여 많은 사람이 예수 믿고 구원받았습니다. 예수님에 대한 전도자의 증언을 그대로 받아들이고 믿어 영생의 삶을 살아가게 하는 것이 전도의 목적입니다. 사도 요한은 예수님에 대한 여러 증언을 들은 사람들이 그를 믿어서 하나님의 자녀가 되는 최고의 특권을 누린다고 했습니다.

적용 우리도 온 천하 만민에게 복음을 전파하는 전도자의 사명을 예수님으로부터 받았다(막
16:15)는 사실을 믿고 예수 그리스도를 전파할 수 있길 바랍니다.

둘째로 우리의 복음 전도에도 사람들은 예수님을 잘 영접하지 않습니다(9~11).

9절은 "참 빛 곧 세상에 와서 각 사람에게 비추는 빛이 있었나니"라고 세상의
모든 사람을 비추는 참 빛이 세상에 왔음을 말씀합니다. 참 빛은 말씀이신 하
나님을 서술하는 표현입니다. "말씀"이자 "빛"이신 분이 창조와 구별되는 어떤
행위를 통해서 세상에 왔다는 것을 의미합니다. 이것은 14절에서 말씀이신 하
나님이 육신이 되어 예수 그리스도로 세상에 오심을 염두에 두고 말씀하는 것
입니다. "빛"이 세상에 왔다면 그것은 빛의 고유한 처소가 세상 밖에 있다는 것
입니다. "빛"은 이 세상에 속하지 않고 세상은 어둠으로 규정됩니다. 원래부터
이 세상에 속한 것들은 하나님에 대하여 철저하게 적대적입니다. "참 빛"이 세
상에 오심은 말씀의 성육신으로 말미암아 세상에 오신 객관적 계시로서의 빛
입니다. 그 빛이 각 사람을 비추어 사람을 두 부류로 나눕니다. 다시 말해서 빛
을 미워하는 자들은 세상이 보여주는 것과 같이 자신들의 행위가 그 빛에 의해
서 드러나지 않도록 하기 위하여 도망치지만, 어떤 사람들은 빛이신 말씀을 받
아들여서 빛 가운데로 나와서 자신들의 행위가 하나님의 뜻을 따라 살아가고
있다는 사실을 드러낸다는 것입니다(3:21). 참 빛이신 예수님이 세상에 오셔서
모든 사람을 비추는 참 빛입니다. 참 빛은 어둠을 물러가게 하고, 빛 가운데
서 살아가게 합니다.

10~11절에서 "10. 그가 세상에 계셨으며 세상은 그로 말미암아 지은 바 되었
으되 세상이 그를 알지 못하였고 11. 자기 땅에 오매 자기 백성이 영접하지 아
니하였으나"라고 말씀이시고 참 빛이신 그리스도께서 육신이 되어 세상에 오
셨는데도 그로 말미암아 지음 받은 세상은 그를 알지 못하였고 영접하지 않았

습니다. 3절에서 만물이 말씀으로 말미암아 지음 받아 존재했는데, 10절에서 세상은 말씀으로 말미암아 지음 받은 만물 가운데 좁은 영역입니다. 요한복음에서 사도 요한은 세상에 대하여 몇 가지 의미를 부여해 설명합니다. 첫째, 3장 16절에서 "하나님이 세상을 이처럼 사랑하사"라고 긍정적인 의미로 사용했고, 둘째, 1장 9절에서 "참 빛이 세상에 와서"라고 중립적인 의미로 사용했고, 셋째, 1장 10절에서 "세상이 그를 알지 못하였고"라고 세상을 부정적인 의미로 서술했습니다. 요한복음에서 세상은 대부분이 예수 그리스도에게 속하지 않고 대적하는 부정적인 의미로 사용되었습니다. 8장 23절에서 "예수께서 이르시되 너희(유대인들)는 아래에서 났고 나는 위에서 났으며 너희(유대인들)는 이 세상에 속하였고, 나는 이 세상에 속하지 아니하였느니라."라고 예수님을 그리스도로 믿지 아니하는 유대인들은 세상에 속하였다고 했습니다. 9장 39절에서 "예수께서 이르시되 '내가 심판하러 이 세상에 왔으니 보지 못하는 자들은 보게 하고 보는 자들은 맹인이 되게 하려 함이라' 하시니"라고 예수님을 그리스도로 믿지 아니하는 유대 사회를 오히려 시각장애인이라고 예수께서 비난하셨습니다. '이 세상'으로 표현된 '세상'은 성육신한 예수 그리스도가 세상에 왔는데도 그를 믿지 않고 영접하지 않은 사람들(특히 유대인들)을 말합니다. 본문 11절에서 "자기 땅에 오매 자기 백성이 영접하지 아니하였으나"라는 말씀대로 유대인들은 하나님의 가족이었고, 그들의 땅은 하나님의 집이었기 때문에 자기 땅이라고 말씀하셨는데, 그들은 예수님을 그리스도로 알지 못하고 영접하지 않았습니다. 사도 요한이 말한 '세상'이라는 말속에 예수 그리스도를 믿는 사람들이 전혀 포함되지 않습니다. 왜냐하면, 믿음을 가진 사람들은 이 세상에 속하지 않고 하나님께 속한 사람들이기 때문입니다. 예수 그리스도를 믿는 사람들은 세상으로부터 택함을 받은 성도들입니다. 하나님은 세상에 있는 하나님의 택한 백성들에게 예수님을 증언하여 구원하여 내시고자 복음 전도자들을 계속해서 파송하시며, 그들이 회개하고 돌아오기를 오래 참고 기다리고 계시다는 것입니다(벧후 3:9).

적용 우리가 복음을 전파했는데도 사람들이 예수 그리스도를 영접하지 않아도 전혀 낙심하지 말고 소망 가운데 계속하여 전파할 수 있기를 바랍니다.

셋째로 우리의 복음 전도로 예수님을 영접하는 사람은 하나님의 자녀가 됩니다 (12~13).

12절에서 "영접하는 자 곧 그 이름을 믿는 자들에게는 하나님의 자녀가 되는 권세를 주셨으니"라고 하여 예수님을 하나님의 아들 그리스도로 영접하는 자들에게 하나님은 하나님의 자녀가 되는 권세를 주셨음에 대해 말씀합니다. 12절에서 "영접하는 자"(lambano; to receive)를 설명하면서 "그 이름을 믿는 자"라고 말합니다. "이름"은 표식 이상의 의미가 있는데 그 사람의 성품이고 더 나아가 그 사람 자신을 의미합니다. 그 이름을 믿는다고 말하는 것이 진정한 그리스도인이라는 사실을 보증해주지는 않습니다. 왜냐하면, 믿는다고 말하지만, 고난이 닥치면 믿음에서 떠나버리는 사람들이 있기 때문입니다. 예수님의 이름을 믿는 자는 예수님의 말씀에 순종하고, 예수님을 그리스도로 고백하며, 예수님을 온전히 신뢰하고, 예수님께 충성하는 것으로 이어져야 합니다. 이렇게 이어지는 전체가 예수님을 영접하여 맞아들인다는 의미입니다. 예수 그리스도를 영접하는 자 즉 예수 그리스도에 대한 믿음을 가진 자들에게 하나님은 "하나님의 자녀가 되는(ginomai; to become) 권세"를 주셨습니다. 미국에서 시민권자가 된다는 것은 놀라운 특권이고, 한국에서 외국인 노동자들이 한국 국적을 갖는다는 것은 놀라운 특권을 갖는 것으로 추방되지 않고 정당한 대우를 받으며 살 수 있는 권한입니다. 하나님의 자녀가 되는 권세는 우리가 예수님을 나의 주님으로 믿을 때, 예수 그리스도께서 우리 죄를 용서해주시고 하나님께서 우리에게 하나님의 자녀가 되게 하는 특권을 주신 것을 말합니다. 요한복음에서 아들을 믿는 자는 하나님의 자녀가 된다고 했는데, 오직 독생자 예수님만이 하나님의 아들이라고 했습니다. 예수님은 하나님 아버지에게서 나신 유일한 독생자시지만, 우리는 예수 그리스도를 주님으로 믿어서 하나님의 양자된 아들들이 되었습니다. 우리는 예수 그리스도를 영접하고 믿어서 하나님의 자녀가 되는 것입니다.

13절에서 "이는 혈통으로나 육정으로나 사람의 뜻으로 나지 아니하고 오직 하나님께로부터 난 자들이니라."라고 예수님을 영접한 사람은 하나님께로부터 난 사람이라고 정리했습니다. 하나님의 자녀가 되는 권세는 자연적인 혈통이나 인간적인 결정(육정) 다시 말해서 성적 욕망의 산물이나 아버지와 어머니의 뜻으로 된 것이 아니고 오직 하나님께로부터 난 것이라고 했습니다. 하나님께로부터 난 것은 요한복음 3장에서 위로부터 난 것이고, 거듭난 것이고, 성령으로 난 것입니다. 요한복음 3장에서 성령으로 나는 거듭남은 위로부터 나는 것이고, 하나님께로부터 나는 것이고, 하나님의 말씀으로 나는 것이고(벧전 1:23, 약 1:18), 하나님께로부터 나신 인자 예수님의 십자가에 달려 죽으신 것을 믿는 것이고, 예수님을 하나님의 독생자로 믿는 것입니다. 오직 하나님께로부터, 위로부터, 성령으로, 새롭게 거듭나야만 예수 그리스도를 나의 주님으로 영접하고 믿을 수 있습니다. 바울 사도는 로마서 10장 13~15절에서 "누구든지 주의 이름을 부르는 자는 구원을 받으리라."라고 하면서 이를 위하여 먼저 전도자를 보내야 하고, 전도자가 가서 전파해야 하고, 전도자가 전파하는 복음을 사람들이 듣고 믿어 주의 이름을 불러서 구원을 받는다고 했습니다. 로마서 10장 17절, "그러므로 믿음은 들음에서 나며 들음은 그리스도의 말씀으로 말미암아 있느니라."라는 말씀처럼 보냄을 받은 전도자들이 전하는 복음을 우리가 듣고 성령으로 믿어서 구원을 얻어 하나님의 자녀가 되는 권세를 얻는다고 했습니다.

사랑하는 성도 여러분이여!

우리는 온 천하 만민과 땅 끝까지 복음을 전하라고 예수님으로부터 전도자로 보냄을 받았습니다. 우리의 복음 전도에도 사람들은 냉소하여 믿지 않고 조롱하고 핍박하기도 합니다. 예수께서 여러 표적을 통하여 복음을 전했는데 유대인들은 예수님을 대적하고 배척하며 오히려 죽이려고 했습니다. 수많은 복음 전도자들이 복음을 전하다가 순교를 당하기도 했습니다. 그러나 우리는 전혀 낙심하지 맙시다. 우리가 전하는 복음을 하나님의 택한 백성들이 들을 때 성령께서 역사하여 예수 그리스도를 자신의 구주와 주님으로 영접하고 믿어서 구원받은 하나님의 자녀가 되는 권세를 얻습니다. 우리 모두 예수님으로부터 온 천하 만민과 땅 끝까지 복음 전도자로 보냄을 받은 전도자라는 사명을 명심하고 하나님의 택한 백성들이 우리가 전하는 복음을 듣고 믿어서 구원받는 기적을 일으킬 수 있기를 바랍니다.

3. 말씀이 육신이 되신 예수님(1:14~18)

어느 여성도가 새벽기도회에 참석했다가 경험한 일입니다. 그녀는 새벽기도회에 갔는데 깨어보니 중환자실이었습니다. 며칠 후에야 정신이 들었습니다. "아하, 하나님께서 나를 살리셨구나. 코끝에 호흡을 주신 것이… 하나님께서 나를 이 세상에서 아직도 필요로 하시는구나."라는 확신이 왔습니다. "내가 주님을 위하여 할 일이 있구나!"라는 생각에 이르자, 감사의 눈물이 나고 이제 일어나면 주께서 맡겨주신 일들을 힘차게 해야겠다는 마음이 불같이 일어났습니다. 그리고 성도들이 병문안을 왔습니다. 어떤 때는 누워서 일어나질 못하고 심방 온 성도들을 맞았습니다. 그런데 놀라운 일이 일어났습니다. 성도들의 얼굴이 너무나 아름답다는 사실이었습니다. 생명이 있다는 것이 이렇게 신비할 수가 있단 말인가! 모두가 개성 있고 생명이 넘쳐흘러 에덴동산의 생명수 강가를 뛰어다니는 아름다운 주님의 사람들로 보였습니다. 그간 나를 미워하고 핍박했던 성도들의 얼굴에도 이전에 못 보았던 생기가 넘쳐흘렀습니다. 참으로 아름답게 보였습니다. 살갗에 흐르는 생명의 윤기는 말로 표현할 수 없는 아름다움이었습니다. 피카소의 그림이나 미켈란젤로의 그림이라 할지라도 어찌 이런 생명의 환희를 낼 수 있단 말인가! 지난 세월 사람들을 미워했던 자신이 너무 부끄러웠습니다. 아무것도 아닌 것을 가지고 가슴앓이를 하면서 얼마나 많은 밤을 새웠던가! 죽음의 문턱까지 간 것이 이렇게 감사할 수가 없었습니다.

말씀이신 하나님이 성령에 의하여 동정녀 마리아에게 잉태되어 베들레헴에 나셨습니다. 성육신한 예수님은 마리아를 통하여 태어나신 완전한 인간이시며 동시에 하나님의 아들이십니다. 그가 바로 하나님의 독생자 예수 그리스도이십니다. 말씀이신 창조주가 사람이 볼 수 있는 사람의 모습으로 피조 세계에 오셨다는 사실이 놀라운 일입니다. 예수 그리스도는 독생자의 영광을 가지시고 은혜와 진리가 충만해서 우리가 그의 은혜와 진리로 말미암아 구원을 얻습니다. 하나님 품 속에 독생하신 예수 그리스도가 그의 계시의 말씀을 통하여 하나님을 나타내셨습니다. 우리는 예수께서 하신 계시의 말씀을 통하여 하나님을 알아서 영생을 누려야 합니다. 말씀이 육신이 되신 예수님이라는 제목의 말씀을 들으면서 함께 은혜를 나누고자 합니다.

첫째로 말씀이 육신이 되신 예수님은 제자들 가운데 거하셨습니다(14~15).

14절에서 "말씀이 육신이 되어 우리 가운데 거하시매 우리가 그의 영광을 보니 아버지의 독생자의 영광이요, 은혜와 진리가 충만하더라."라고 말씀이신 하나님이 육신이 되어 독생자의 영광을 가지시고 제자들 가운데 거하셨다는 사실을 사도 요한이 증언하고 있습니다. 하나님이신 말씀이 육신이 되어 그 제자들 가운데 거하셨던 분은 17절에서 예수 그리스도라고 말씀합니다. "말씀이 육신이 되었다(the Word became fresh)"라고 했을 때 동사의 형태는 단순 과거형으로 과거의 한 명백한 시점에 일회적 행동으로 이루어졌다는 것을 말합니다. 태초부터 계신 말씀이신 하나님이 육신이 되었다는 것은 우리의 죄성을 제외하고 우리와 똑같은 인간이 되셨다는 것입니다. 성육신하신 예수님은 죄가 없으신 완벽한 인간이십니다. 성령께서 마리아에게 임하여 그의 태중에 잉태된 아기 예수께서 죄에 오염되는 것을 막으셨습니다. 말씀이신 하나님의 성육신은 나사렛 예수께서 하나님이시면서 동시에 사람이시다는 것인데, 이것이 성령의 역사와 하나님의 능력에 의해서 이루어진 놀라운 신비입니다. 말씀이신 하나님의 성육신은 성자 하나님이 완전히 인간이 되셨다는 것으로 하나님의 신성을 하나도 잃어버리지 않았다는 것을 의미합니다. 성령이 마리아에게 임하여 잉태하여 나신 예수 그리스도에게 인성과 신성의 놀라운 연합이 신비롭게 이루어졌습니다. 말씀이신 하나님이 마리아의 몸에 잉태하여 성육신한 예수님으로 유대 땅 베들레헴에서 나셨고, 제자들은 그 독생자를 눈으로 보며 공생애 동안 그와 동행했습니다.

15절에서 세례 요한은 "내 뒤에 오시는 이가 나보다 앞선 것은 나보다 먼저 계심이라."라고 놀랍게 외치며 증언했는데, 다시 30절에서도 동일하게 세례 요한은 "내 뒤에 오는 사람이 있는데 나보다 앞선 것은 그가 나보다 먼저 계심이라."라고 예루살렘 당국자들이 보낸 유대인들에게 잘 증언했습니다. 세례 요한은 말씀이 육신이 되신 독생자 예수님의 영원성을 분명하게 증언했습니다. 말씀이신 하나님이 사람이 되어 이 땅에 예수님으로 나신 것은 하나님의 형상대로 창조된 인간을 구원하시는 데 꼭 필요했습니다. 예수 그리스도는 완전히 인간이시며 동시에 하나님으로 죄가 없으신 거룩하신 분이십니다. 사도 요한은 본문에서 '말씀이 육신이 되어 우리 즉 제자들 가운데 거하셨다'라고 말씀합니다. 여기서 헬라어의 거하신다(skenoo; to settle)는 동사는 '말씀이 우리 가운데 자신의 장막을 쳤다' 또는 말씀이 '자신의 장막에서 살았다'라는 뜻입니다. 헬라어를 사용하는 유대인들이나 헬라어 성경을 읽는 사람들에게 이 동사는 성전이 건축되기 전에 하나님이 이스라엘을 만났던 장막을 뜻하는 '스케네'(skene)를 떠올리게 했습니다. 이 장막은 하나님의 명령으로 세워졌습니다. 사도 요한은 과거 이스라엘 백성이 출애굽 하면서 광야에서 증거의 장막을 쳤을 때 하나님의 영광이 그 위에 충만하게 임하였던 사건을 염두에 두면서 하나님께서 말씀이 육신이 되신 예수님에게 오셔서 거처를 정하여 그와 함께 거하셨다고 한 것입니다. 예수 그리스도는 하나님께서 지상에 현존하셨던 장소였고, 예수 그리스도는 구약의 장막이나 성전을 대신하여 하나님의 영광이 충만하게 임하셨던 곳입니다. 말씀이 육신이 되었을 때 하나님은 성육신한 예수님을 통하여 자기 자신을 분명하게 나타내셨다는 사실을 독자들에게 말하고 있습니다. 성육신한 '말씀'이신 예수님은 사람들 가운데에 말씀과 표적으로 하나님의 영광을 나타내셨습니다. 예수께서 베들레헴에 나셨을 때도 하나님의 영광은 그 위에 충만하게 임했고, 천군과 천사들이 하늘에서 놀랍게 그를 찬양했습니다.

사도 요한은 말씀이 육신이 되어 이 땅에 나신 예수 그리스도에게서 하나님의 독생자의 영광을 본다고 했습니다. 독생자라는 말씀은 하나님에게서 나신 유일한 아들로서 아브라함의 아들 이삭을 연상시키면서 하나님의 본체와 능력과 영원성에 있어서 하나님 아버지와 동등한 하나님의 아들이시다는 것입니다. 성육신한 독생자에게 나타난 영광은 아버지가 자신이 가장 사랑하는 유일한 독생자에게 허락한 영광이고, 그 아버지는 바로 하나님 자신입니다. 예수 그리스도가 이 땅에 마리아에게서 나셨을 때 하나님의 영광이 그에게 임하였고, 세례 요한에게 요단강에서 세례를 받으셨을 때 성령이 비둘기 같이 임하여 하나님의 영광이 그에게서 드러났고, 변화산 위에서도 영광의 광채를 발하시며 모세와 엘리야와 더불어 말씀하셨을 때도 그 영광이 드러났습니다. 예수님의 영광은 그가 행하신 '표적들'에서 나타났고, 그의 십자가의 죽음과 부활과 승천의 높아지심을 통하여 최고로 나타났습니다. 또한, 예수께서 가나의 혼인 잔치에서 물이 변하여 포도주가 되는 표적을 행하였을 때 그의 영광을 나타내셨고(2:11), 죽은 나사로를 살리심으로 마르다가 하나님의 영광을 보게 했습니다(11:40). 성육신한 예수님의 영광을 본 '우리'는 예수께서 이 땅에 계셨을 때에 실제로 그를 본 제자들이었고 복음서 저자들이었습니다. 영광의 예수 그리스도를 믿는 믿음을 가진 제자들이 성육신한 예수님에게서 독생자의 영광을 보았습니다. 스데반은 성령이 충만하여 하늘을 우러러 주목하여 하나님의 영광과 심지어 부활 승천하신 예수께서 하나님 우편에 서신 것을 보았습니다. 믿음이 없는 유대인 당국자들은 영광의 예수님을 보고서도 오히려 예수님을 참람한 자라고 배척하고 죽이려고 했습니다. 이것은 예수 그리스도가 하나님의 독생자의 영광을 가지신 하나님이심을 믿음으로 바라보아야 제대로 예수님을 바라보는 것이고, 제대로 알고 믿는 것임을 보여줍니다. 성육신한 말씀이신 예수님에게 나타난 독생자의 영광은 은폐성이 있어서 잘 알아보기 어려웠는데 믿음의 눈을 가진 제자들은 그 영광을 제대로 보고 증언했다는 것은 놀랍습니다.

적용 말씀이 육신이 되신 예수께서 세상 끝날까지 우리 안에 장막을 치시고 함께 거하심을 믿으시길 바랍니다.

둘째로 예수 그리스도는 은혜와 진리가 충만한 분입니다(16~17).

16~17절에서 "16. 우리가 다 그의 충만한 데서 받으니 은혜 위에 은혜러라. 17. 율법은 모세로 말미암아 주어진 것이요 은혜와 진리는 예수 그리스도로 말미암아 온 것이라."라고 예수 그리스도는 은혜와 진리가 충만한 분이시므로 그로부터 은혜와 진리가 우리에게 온다고 했습니다. 이미 14절 마지막에서 성육신한 말씀 즉 하나님의 독생자에게 나타난 하나님의 영광이 '은혜와 진리가 우리 안에 충만하게 될 것이라'고 했습니다. 모세에 의해 주어진 율법은 예수 그리스도의 오실 것을 약속하는 말씀이라면 예수 그리스도가 오심으로 대표적인 구속의 은혜가 성취되어 우리에게 주어졌습니다. 율법 언약은 하나님으로부터 주어진 예비적인 은혜의 선물이지만 지금은 예수 그리스도 안에서 실현된 은혜와 진리라는 또 다른 은혜의 선물로 대체되었습니다. 구약의 성도들은 율법에서 장차 예수 그리스도가 오신다는 약속을 믿어 구원받았습니다. 신약의 성도들은 그 약속의 성취로 이 땅에 오신 예수 그리스도의 십자가와 부활을 믿어서 구원받았습니다. 구약의 율법은 예수 그리스도가 오실 것을 약속하셨다면 신약의 복음은 그 약속의 성취로 오신 예수 그리스도를 믿어서 놀라운 은혜를 받아 구원을 받게 했습니다.

17절에서 "은혜와 진리는 예수 그리스도로 말미암아 온 것이라"(KJV; grace and truth came by Jesus Christ)라고 하신 말씀은 예수 그리스도가 오리라고 예언한 율법의 약속보다는 그 약속 성취로 오신 예수 그리스도에 의해서 은혜와 진리가 우리에게 찾아왔다는 것입니다. 하나님의 독생자 예수 그리스도가 이 땅에 오심으로 말미암아 하나님의 은혜와 하나님의 진리가 우리에게 찾아왔고, 우리를 향한 하나님의 새 언약이 그대로 이루어져 우리가 구원받았습니다. 예수 그리스도는 진정한 은혜와 진리가 충만하심으로 우리에게 은혜 위에 은혜를 주실 수 있는 분이십니다. 우리도 성경 말씀을 통하여 은혜와 진리가 충만한 예수 그리스도가 바로 나의 주님이시고 나의 하나님이심을 도마와 같이 믿고 신앙 고백하여야 은혜와 진리를 충만하게 받습니다.

사도 요한은 출애굽기 33~34장의 모세가 시내산에 올라가서 범죄한 이스라엘 백성들을 용서하시고 지키신 하나님의 영광을 본 사건을 연상하며 말하고 있습니다. 출애굽기 34장 6절에서 "여호와께서 그의 앞으로 지나시며 선포하시되 '여호와라, 여호와라, 자비롭고 은혜롭고 노하기를 더디하고 인자와 진실이 많은 하나님이라."라고 모세는 하나님께서 은혜와 진리가 많으시다고 말했습니다. 은혜(charis; grace)는 하나님이 시내산에서 금송아지 우상숭배로 범죄한 이스라엘 백성들에게 조건 없이 부어주신 사랑으로 그들을 용서하여 주신 것이고, 진리(aletheia; truth)는 하나님께서 이스라엘 백성과 맺었던 언약 백성에 대한 언약을 신실하심으로 끝까지 지켜서 그들을 약속의 땅에 들어가게 하여 구원하신 것입니다. 이것은 하나님이 모세에게 보여주신 하나님의 은혜와 진리였고, 제자들이 예수님에게서 본 독생자의 영광이었습니다. 시내산에서 하나님께서 모세에게 보여주셨던 하나님의 사랑하심과 신실하심이 범죄한 이스라엘을 용서하시고 구원하여 약속의 땅에 들어가서 하나님의 언약 백성으로 구원하신다고 모세가 말했다면, 이제 하나님의 독생자 예수 그리스도가 오셔서 그의 십자가와 부활의 영광으로 은혜와 진리를 충만하게 베풀어서 하나님의 백성들이 죄 용서와 구원을 받아 새 언약 백성이 되게 하여 온전히 구원하신다고 사도 요한은 말합니다. 하나님의 은혜와 진리가 충만한 하나님의 독생자 예수 그리스도가 이 땅에 오심으로 말미암아 하나님의 구속의 은혜가 우리에게 나타났고, 그의 십자가와 부활이라는 은혜와 진리가 우리를 하나님의 새 언약 백성으로 온전히 구원하셨다는 것입니다. 예수 그리스도가 우리에게 주신 그 은혜와 진리가 우리를 온전하게 구원하셨다는 사실을 말합니다.

적용 우리는 예수 그리스도께서 그의 십자가로 우리에게 주신 은혜와 진리로 온전히 구원받았음을 믿을 수 있기를 바랍니다.

셋째로 예수 그리스도께서 하나님을 나타내셨습니다(18).

18절에서 "본래 하나님을 본 사람이 없으되 아버지 품 속에 있는 독생하신 하나님이 나타내셨느니라."라고 하나님 아버지 품 속에 독생하신 하나님, 예수 그리스도께서 하나님을 나타내셨다고 했습니다. 품 속은 친밀함과 사랑과 앎이라는 분위기를 말합니다. 아기가 엄마의 품 속에 있고 아내가 남편의 품 속에 있다고 말하는데 아주 가깝고 친근하며 사랑스러운 관계를 나타낼 때 사용하는 말입니다. 하나님 아버지와 가장 친밀하고 잘 아시는 하나님의 품 속에 계신 예수께서 하나님을 나타내신다고 했습니다. 우리가 예수께서 하신 계시의 말씀을 통하여 하나님을 알고 믿을 수 있습니다. 사도 요한이 "본래 하나님을 본 사람이 없다."라고 말했는데, 이것은 모세와 이사야가 하나님을 보았다고 말한 것과 어떻게 조화할 수 있느냐는 것입니다. 모세가 하나님의 영광을 본 사건(출 33~34장)도 사실 모세가 하나님의 영광의 배후를 보았다(출 33:23)고 브루스(F. F. Bruce) 박사는 해석했습니다. 이사야 선지자가 성전에 가득한 하나님의 옷자락만을 보았던 것(사 6:1)인데 여호와 왕을 뵈었다(사 6:5)고 생생하고 놀라운 현장감을 가지고 이렇게 표현했다는 것입니다. 구약성경의 일관된 전제는 사람이 하나님을 볼 수 없다는 것이고 죄인인 인간이 영광의 하나님을 보면 죽는다는 것이었습니다(출 33:20). 시내산과 요한계시록에서 사람들은 영광의 하나님을 볼 수는 없으되 뇌성 소리나 많은 물소리와 같은 하나님의 음성을 들었다고 했습니다. 사도 요한은 하나님 아버지와 함께 계셨고, 하나님 아버지의 품 속에 계시고, 하나님 아버지와 한 분으로 계시는 독생자 예수 그리스도께서 그의 말씀으로 하나님 아버지를 나타내셨다고 합니다. 여기서 나타내셨다(exegeomai; to explain)는 뜻은 묘사하고, 이야기하고, 설명하고, 알리신다는 뜻입니다. 하나님 아버지와 함께 계셨고, 하나님 아버지에게서 나셨고, 하나님 아버지 안에 계셨고, 아버지와 한 분으로 계시고, 하나님의 품 속에 가장 친밀하게 사랑받았던 예수 그리스도께서 이 땅에 오셔서 하나님 아버지를 우리에게 선포하여 알게 하셨습니다. 성육신하신 말씀이신 독생자께서 그의 말씀 계시를 통하여 우리에게 하나님을 알게 하셨고, 아들을 알고 하나님 아버지를 알아 영생에 이르게 하셨습니다.

14장 7절, "너희가 나를 알았더라면 내 아버지도 알았으리로다. 이제부터는 너희가 그를 알았고 또 보았느니라."와 14장 9절, "나를 본 자는 아버지를 보았거늘 어찌하여 아버지를 보이라 하느냐?"에서 예수님은 예수님을 알면 하나님을 알고, 예수님을 본 자는 아버지를 보았다고 예수님과 하나님이 한 분이시라고 말씀하셨습니다. 5장 19절에서 "… '내가 진실로 진실로 너희에게 이르노니 아들이 아버지께서 하시는 일을 보지 않고는 아무 것도 스스로 할 수 없나니 아버지께서 행하시는 그것을 아들도 그와 같이 행하느니라.'"라고 독생자 예수께서 이 땅에 오셔서 아버지께서 하신 말씀을 말하고, 아버지께서 행하신 일을 행하며, 하나님 아버지를 사람들에게 알게 하고 영광을 드러내신다고 했습니다. 5장 17절에서 "예수께서 그들에게 이르시되 '내 아버지께서 이제까지 일하시니 나도 일한다.' 하시매"라고 하나님 아버지께서 하시는 구원 사역을 예수께서 이 땅에서 이루고 계신다고 유대인들에게 말씀하셨습니다. 17장 3절에서 "영생은 곧 유일하신 참 하나님과 그가 보내신 자 예수 그리스도를 아는 것이니이다."라고 하시며 하나님 아버지를 알고 하나님이 보내신 예수 그리스도를 아는 사람은 영생을 얻는다고 말씀했습니다. 하나님 아버지와 예수 그리스도를 아는 지식이 함께 연결되어 있음을 말씀합니다. 성육신한 말씀이신 예수 그리스도께서 하신 계시의 말씀을 통하여 하나님을 더 잘 알아갈 수 있기를 바랍니다.

사랑하는 성도 여러분이여!

말씀이 육신이 되신 독생자 예수 그리스도는 영광의 하나님이시고, 은혜와 진리가 충만한 분이십니다. 우리는 독생자의 충만한 은혜와 진리를 통하여 구원을 받았습니다. 하나님 아버지 품 속에서 계셨던 예수 그리스도가 이 땅에 오셔서 계시의 말씀을 통하여 하나님을 잘 나타내셨습니다. 예수께서 외치셨던 말씀을 통하여 우리가 하나님과 예수 그리스도를 알아서 영생을 얻었습니다. 말씀이 육신이 되어 나신 독생자 예수 그리스도의 계시 말씀과 그 풍성한 은혜와 진리를 통하여 주신 온전한 영생을 더 풍성하게 누리는 우리가 될 수 있기를 바랍니다.

II

/

말씀과
행위를 통한
예수님의
자기 계시
(1:19~10:42)

A. 예수님의 공생애 사역의 서막(1:19~51)

4. 내 뒤에 오시는 분이 그리스도시다(1:19~28)

　　예루살렘의 산헤드린 공회에서 제사장들과 레위인들을 사절단으로 베다니에서 많은 사람에게 세례를 베풀고 있던 세례 요한에게 보냈습니다. 세례 요한은 제사장 사가랴의 아들로 성령이 충만하여 놀랍게 참 빛이신 예수님을 증언하였습니다. 본문에서 유대인 사절단이 세례 요한에게 "네가 누구냐?"라고 물었고 세례 요한은 '나는 그리스도가 아니다.'라고 분명하게 부인했습니다. 사절단이 다시 '네가 말라기 선지자가 오리라고 예언한 엘리야 선지자냐?'라고 물었고, 세례 요한은 이어 '나는 엘리야 선지자가 아니다.'라고 말했습니다. 사절단이 다시 '너는 모세가 오리라고 예언한 그 선지자냐?'라고 물었을 때도 세례 요한은 '나는 그 선지자도 아니다.'라고 대답했습니다. 그 사절단 중의 바리새인이 '그러면 너는 어찌하여 세례를 베푸느냐?'라고 물었을 때 세례 요한은 하나님께서 물로 세례를 주라고 하여 세례를 주지만 내 뒤에 오시는 분은 성령으로 세례를 주시는 분이시다라고 자신의 뒤에 오시는 분을 높이며 그분을 바라보도록 증거했습니다. 자신은 그리스도가 아니라고 부인하고 예수님을 드러내어 높이는 세례 요한의 증언들을 들으면서 함께 은혜를 나누고자 합니다.

첫째로 유대인들은 세례 요한이 그리스도인지 알고자 했습니다(19~21).

19절에서 "유대인들이 예루살렘에서 제사장들과 레위인들을 요한에게 보내어 '네가 누구냐?' 물을 때에 요한의 증언이 이러하니라."라고 예루살렘에서 유대인 지도자들이 갈릴리 베다니로 세례 요한에게 사절단을 보내서 '네가 그리스도냐?'라고 물었습니다. 예루살렘에서 찾아온 유대인 사절단을 향하여 세례 요한은 '나는 그리스도가 아니다'라고 주저하지 않고 분명하게 대답했습니다. 요한복음에서 세례 요한이 참 빛이신 예수님에 대하여 사람들에게 증언했을 때에 예루살렘에서 유대인들이 사절단을 세례 요한에게 보내서 '당신이 그리스도냐?' 또는 '당신은 말라기 선지자가 오리라고 예언한 엘리야냐?' 또는 '당신이 모세가 오리라고 예언했던 그 선지자냐?'라고 직설적으로 물었습니다. 세례 요한은 분명하게 '아니다'라고 반복해서 대답했습니다.

'유대인들'이라는 표현이 1장 19절에서 처음으로 등장하여 70번 넘게 나오지만, 그 표현의 의미는 다양하게 사용되었습니다. 4장 22절에서는 예수께서 "이는 구원이 유대인에게서 남이라."라고 사마리아 여인에게 말하며 유대인을 아주 긍정적인 의미로 사용했습니다. 4장 9절에서 수가성 여인은 "당신은 유대인으로서 어찌하여 사마리아 여자인 나에게 물을 달라 하나이까?"라고 예수님을 유대인이라고 차별적인 의미로 사용했습니다. 12장 11절에서 "나사로 때문에 많은 유대인이 가서 예수를 믿음이러라."라고 많은 유대인이 다시 살아난 나사로 때문에 예수 그리스도를 믿었다고 했습니다. 8장 30절에서 "이 말씀을 하시매 많은 사람이 믿더라."라고 예수의 말씀을 듣고 유대인들이 처음에 그를 믿었지만, 나중에 변절하여 믿음에서 떠나 40절에서 그들이 예수를 죽이려고 했고, 44절에서 진리가 그들 속에 없어 거짓말하고 살인하는 마귀의 자식들이 되어 버렸고, 52절에서 예수님을 향하여 귀신이 들렸다고 하며 돌로 치려고 한 부정적 의미로 사용되었습니다. 7장 1절에서 "그 후에 예수께서 갈릴리에서 다니시고 유대에서 다니려 아니하심은 유대인들이 죽이려 함이러라."라고 지리적인 의미로 '유대'를 말하고 또 예수님을 대적하고 죽이려는 '유대인들'이라고 부정적으로 말했습니다. 유대인들에 대한 가장 일반적인 의미는 유대 지도자들 또는 당국자들을 말하며 그들은 적극적으로 예수님을 반대하고 대적하여 참람한 죄목으로 십자가에 못 박아 죽였던 악한 사람들입니다. 예루살렘의 유대인 지도자들은 예수님을 적극적으로 대적하던 구심점이었고, 1장 10절에서 말하는 '세상'의 그 구체적인 실체였습니다. 그렇지만 19장 38~42절에서 아리마대 사람 요셉과 니고데모는 유대의 지도자로서 예수의 제자가 되어 유대인들을 두려워하지 않고 당당하게 빌라도 총독의 허락을 받아 예수님의 시신을 십자가에서 내려다가 유대인의 장례법대로 정중하게 새 돌무덤에 장사한 위대한 유대인 신앙인이었습니다.

"예루살렘의 유대인들"은 산헤드린 공회원들을 가리키며 제사장들과 레위인들을 베다니의 세례 요한에게 사절단으로 보내서 그가 그리스도인지 물어보았습니다. 산헤드린 공회는 대체로 대제사장 가문에 의해서 주도되었기 때문에 예루살렘에서 보낸 사절단이 "제사장들과 레위인들"로 구성되었습니다. 그들은 제의적인 정결의 문제에 관심을 갖고 있었는데 요단강에서 세례 요한이 주는 세례에도 관심을 두고 있었습니다. 레위인들은 레위 지파에 속했지만 레위인인 아론 가문의 후손이 아니었기 때문에 제사장이 될 수는 없었습니다. 예수님 당시에 레위인은 주로 성전의 음악과 성전 경비를 담당하며 성전 예배를 도왔습니다. 세례 요한도 레위인이었고 제사장의 아들이어서 당시에 상당한 영향력이 있었는데 그가 요단강에서 세례를 베풀었을 때 많은 사람이 그에게 몰려들었습니다. 예루살렘에서 보낸 사절단이 베다니의 세례 요한에게 와서 어떤 질문을 했는지는 구체적으로 알 수 없지만 세례 요한이 "나는 그리스도가 아니라"라고 직설적으로 대답한 것을 보면 그 질문이 무엇인지 짐작할 수 있습니다. 주후 1세기에 팔레스틴에서 메시아를 기다리는 대망 사상은 한껏 무르익어 있었습니다. 어떤 사람들은 다윗의 가문에서 메시아를 대망하였고, 어떤 사람들은 선지자이며 대제사장인 메시아를 대망하였습니다. 요단강에서 제사장의 아들 세례 요한이 많은 사람에게 회개의 세례를 베풀고 큰 관심을 끌었지만 세례 요한은 기름 부음을 받은 그 메시아가 아니라고 정직하게 대답했습니다.

요한복음의 저자는 세례 요한이 20절에서 "드러내어 말하고 숨기지 아니하니 드러내어 하는 말"이라고 강조한 후에 "나는 그리스도가 아니라"라고 분명하게 말하였다고 자기가 그리스도가 아니라고 확실히 부인한 말조차도 그리스도 예수님에 대한 적극적인 증언의 일부로 보았습니다. 유대인 사절단은 세례 요한에게 다시 21절에서 "또 묻되 '그러면 누구냐? 네가 엘리야냐?' 이르되 '나는 아니라.' 또 묻되 '네가 그 선지자냐?' 대답하되 '아니라.'"라고 그는 유대인들이 말하는 그 사람이 아니라고 대답했습니다. 세례 요한이 회개의 긴급성을 단호하게 외쳤다는 점에서 엘리야 선지자와 분명하게 닮은 점이 있지만, 예루살렘에서 보낸 사절단에게 자신은 분명하게 엘리야 선지자가 아니라고 대답했습니다. 신명기에서 하나님의 말씀을 대변하게 될 "모세와 같은 선지자"(신 18:15~18)의 약속 성취로 종말에 오실 그 선지자도 아니라고 세례 요한은 대답했습니다.

적용 우리는 예수님을 대적하는 사람에게도 오직 예수님이 그리스도시라고 증언하기 바랍니다.

둘째로 세례 요한은 자신을 광야에서 외치는 자의 소리라고 자신을 증언했습니다 (22~24).

22~23절은 "22. 또 말하되 '누구냐? 우리를 보낸 이들에게 대답하게 하라 너는 네게 대하여 무엇이라 하느냐?' 23. 이르되 '나는 선지자 이사야의 말과 같이 주의 길을 곧게 하라고 광야에서 외치는 자의 소리로라' 하니라."라고 예루살렘의 사절단은 세례 요한이 반복해서 아니라고 부정하는 대답이 아니라 좀 더 분명한 긍정의 대답을 듣고자 했습니다. 세례 요한은 유대인들이 대망하던 종말에 나타날 중요한 인물들 중 어느 한 사람도 아니라고 대답했기 때문에 사절단은 세례 요한이 자기 자신에 대하여 무엇이라고 말하는지 알고 싶었습니다.

세례 요한은 이사야 40장 3절 말씀을 인용하여 "주의 길을 곧게 하라고 광야에서 외치는 자의 소리로라."라고 거침없이 대답했습니다. 세례 요한은 광야에서 주의 길을 곧게 하라고 외치는 자의 소리라고 말했습니다. 이사야 선지자는 언약 백성이 포로 생활로부터 귀환할 수 있게 하기 위하여 작은 산들과 골짜기들을 평탄하게 하고 굽은 길들을 곧게 하는 등 유대 광야로 가는 길을 정비하라고 비유적으로 요구했습니다. 그러나 이사야서에서조차도 포로 생활의 끝은 지리적으로 예루살렘으로의 귀환보다 훨씬 더 본질적으로 더 큰 사건인 시온으로 귀환 즉 새 하늘과 새 땅으로의 귀환을 예표했습니다. 이사야 40~66장은 시온(예루살렘)에 좋은 소식을 알리는 것으로 시작하여 계속해서 고난받는 종에 의해서 실현되는 언약 백성의 구속과 그 절정인 새 하늘과 새 땅을 미리 바라보게 했습니다. 복음서의 저자들은 이사야서에서 예언한 주의 길을 예비하여 광야의 외치는 자의 소리가 예수님의 오심을 예비하여 회개하라고 외치며 물로 세례를 준 세례 요한에게서 성취된 것으로 해석했습니다. 세례 요한은 이사야 선지자의 예언대로 자신은 그리스도 예수의 길을 예비하여 광야에서 외치는 소리라고 겸손하게 대답했습니다.

24절에서 "그들은 바리새인들이 보낸 자라."라고 예루살렘 사절단의 구성원들이 바리새파 사람들이라고 해석하는 것은 헬라어 관사를 본문에 넣어서 해석한 것으로 옳지 않다고 카슨(D. A. Carson) 교수는 주장하면서 '사절단에 있는 일부 바리새인들이 그에게 물었다.'라고 번역하는 것이 좋다고 했습니다. 왜냐하면, 당시에 바리새인들은 산헤드린 공회를 주도할 정도로 세력이 강하지 못하였고, 그들이 예루살렘에서 주도적으로 제사장들과 레위인들을 사절단으로 파견했을 가능성도 희박하다는 것입니다. 당시에 제사장들과 레위인들은 사두개인들이었습니다. 바리새인들은 산헤드린 공회와 예루살렘의 다른 유대 지도층들을 주관하지 못하였지만, 상당한 영향력을 가지고 있어서 공식적인 사절단에 바리새파의 일부 사람이 포함되었을 가능성은 있습니다. 바리새인들은 율법의 세세한 부분들을 자신들이 이해한 대로 극도로 꼼꼼하고 치밀하게 지켰고, 율법의 구전 전승을 발달시키고 정립하는데 몰두하였습니다. 그들은 단순한 전통 고수주의자들이 아니라 어떤 점에서 새로운 도전들과 상황들에 대처하기 위한 혁신주의자들이었습니다.

적용 우리도 자신을 겸손히 낮추고 예수 그리스도만을 높이며 증언할 수 있기를 바랍니다.

셋째로 세례 요한은 자신의 뒤에 오시는 이가 그리스도라고 증언했습니다(25~28).

예루살렘의 사절단에 포함된 바리새인들이 세례 요한에게 던졌던 질문은 그들의 관심사 중에 하나를 반영합니다. 25절에서 "또 물어 이르되 '네가 만일 그리스도도 아니요 엘리야도 아니요 그 선지자도 아닐진대 어찌하여 세례를 베푸느냐?"라고 묻습니다. 바리새인들의 관심사는 세례 요한이 어떤 권세로 사람들에게 세례를 베푸느냐는 것이었습니다. 일부 유대교 집단들에서 유대교로 회심한 개종자들에게 '개종자 세례'가 행해지고 있었습니다. 유대교 개종자 세례는 지원자들이 스스로 세례를 행하였습니다. 그런데 세례 요한은 요단강에서 회개하는 사람들에게 직접 세례를 베풀었습니다. 세례 요한의 혁신적인 세례 조치에 함축되어 있던 권한 문제는 적어도 일부 바리새인들에게서 요한의 세례가 종말 때 오시리라던 분이 큰 권세로 베푸는 예식일 가능성이 있다고 생각했던 것과 관련이 있습니다. 바리새인들은 세례 요한이 선포하는 하나님 나라를 위하여 사람들을 준비시키기 위하여 유대 백성들에게 세례를 베풀고 있는 것을 알고 있었지만, 그가 무슨 권세로 이렇게 세례를 베풀고 있는지 알고자 했습니다. 세례 요한이 물세례를 주는 것에 대한 합당한 권세가 무엇인지 바리새인들이 두루 생각하다가 그는 부인하지만, 그가 종말론적인 인물이 아닐까 하는 의구심을 가졌습니다. 세례 요한이 개인적으로 회개하는 자에게 세례를 베풀어서 거룩한 남은 자들을 믿음으로 불러내고자 했던 것은 예수께서 추구하셨던 인종과 민족을 초월하여 믿음으로 들어가는 하나님 나라 백성들을 찾는 일과 일치하는 일이었습니다.

26~27절에서 "26. 요한이 대답하되 '나는 물로 세례를 베풀거니와 너희 가운데 너희가 알지 못하는 한 사람이 섰으니 27. 곧 내 뒤에 오시는 그이라. 나는 그의 신발끈을 풀기도 감당하지 못하겠노라' 하더라."라고 세례 요한은 자신이 물로 세례를 베풀지만, 자신의 뒤에 오시는 예수께서 성령으로 세례를 주실 분이라고 초점을 예수께로 옮겨서 그분을 돋보이게 했습니다. 이미 오셨지만, 유대인들이 알지 못하는 자신의 뒤에 오시는 분에게로 관심의 초점을 맞추게 하려는 전략이었습니다. 33절에서 하나님께서 자신에게 물로 세례를 주라고 하셨다면서 성령으로 세례를 베푸실 분에게로 넘어가며 예수님을 증언했습니다. 세례 요한은 뒤에 오시는 분의 신발끈을 풀기도 감당하지 못하겠다고 하면서 제자나 노예가 하는 일에 자기 일을 비교하는 겸손함까지 드러냈습니다.

28절에서 "이 일은 요한이 세례 베풀던 곳 요단강 건너편 베다니에서 일어난 일이니라."라고 베다니는 예루살렘 동쪽 마리아와 마르다와 나사로의 마을로 알려진 장소와 다른 요단강 동편 지역입니다. 여기 베다니는 카슨(D. A. Carson) 교수에 의하면 어떤 성읍이 아닌 이스라엘 북동쪽에 있던 한 지역 바타네아(Batanea)를 말하며 예수께서 공생애 말기에 유대의 대적들이 그를 죽이려고 했을 때 잠시 물러나 있었던 곳입니다(10:39~40). 예수님의 생애는 베다니에서 시작되어 베다니에서 끝났는데 세례 요한은 "보라, 세상 죄를 지고 가는 하나님의 어린 양이로다."라고 외친 말씀대로 하나님의 어린 양이신 예수께서 자기 백성을 위하여 희생제물로 죽어야 한다는 사실을 알리고자 했습니다. 예루살렘의 사절단 앞에서 세례 요한은 자신의 뒤에 오시는 분이 그리스도 예수시라고 놀랍게 증언했습니다.

사랑하는 성도 여러분이여!

세례 요한이 유대인 지도자들에게 자신은 그리스도가 아니요, 엘리야도 아니요, 그 선지자도 아니라고 하면서 자신의 뒤에 오시는 예수님이 그리스도시라고 놀랍고 당당하게 증언했습니다. 자신은 단지 그리스도 예수의 오심을 준비하는 회개의 세례자라고 증언하며 자신은 예수 그리스도의 신발끈조차 풀수 없는 종이라고 겸손하게 낮추었습니다. 우리도 예수님만이 그리스도라고 세례 요한처럼 증언하고 그분을 높여서 모든 사람의 시선을 예수 그리스도께로 향하게 하는 겸손한 예수님의 증언자로 살아갈 수 있기를 소원합니다.

5. 세례 요한이 증언한 예수님(1:29~34)

미국의 명문대학을 졸업한 다섯 명의 젊은이가 에콰도르 선교사로 파송 받았습니다. 그들은 아내를 후방에 남겨둔 채 단 한 명의 기독교인도 없는 아우카 인디언 마을로 갔습니다. 1956년 1월 8일 피트 선교사는 아내에게 긴급 무전을 쳤습니다. "흥분한 인디언들이 몰려오고 있다. 기도해달라." 그리고 연락은 끊겼고, 이튿날 구조대원과 가족들이 현장에 도착했을 때 다섯 명의 미국 젊은 선교사들은 싸늘한 시신으로 변해있었습니다. 복음을 거부한 인디언들에게 순교를 당했습니다. 20대의 선교사 부인들은 울부짖으며 한 가지 다짐을 했습니다. "남편들이 이루지 못한 선교 과업을 우리가 완수하자." 그 아내들이 아우카 마을로 이주해가서 복음을 전했습니다. 40여 년이 지난 90년대에 그 마을은 '복음의 땅'으로 변했습니다. 선교사를 살해했던 다섯 명의 인디언 중 네 명이 목사가 되었고, 1천 명의 주민들이 그리스도인이 되었습니다. 그때 피트 선교사의 부인이 젊은 선교사들의 용기 있는 활동을 담은 '아우카 선교사 이야기'라는 책을 펴냈는데 피트 선교사 부인은 제가 트리니티복음주의신학대학원(TEDS)에서 공부할 때 엑스포지터스(Expositors) 성경주석의 누가복음 저자 월터 라이펠드(Walter L. Liefeld) 교수님의 사모님이셨습니다. 순교의 씨앗, 복음의 씨앗은 한 번 뿌려놓으면 반드시 꽃을 피우고 열매를 맺습니다.

세례 요한은 사가랴 제사장의 아들로 태어나 나실인으로 자랐습니다. 하나님의 명령으로 요단강에서 회개하는 자들에게 물로 세례를 베풀었습니다. 세레 요한은 자신의 뒤에 오시는 메시아의 길을 예비하며 요단강에서 예수님에게도 물로 세례를 베풀었습니다. 그런데 세례 요한은 요단강에서 올라오는 예수님에게 하늘에서 성령이 비둘기 같이 내려와 머무는 장면을 보고, 또 하늘에서 나는 "이는 내 사랑하는 아들이요 내 기뻐하는 자라"라는 음성을 듣고 예수님이 '오실 그분'임을 알게 되었습니다. 세례 요한이 예수님에 대하여 증언한 말씀을 들으면서 함께 은혜를 나누고자 합니다.

첫째로 예수님은 세상 죄를 지고 가는 하나님의 어린 양입니다(29~30).

29절에서 "이튿날 요한이 예수께서 자기에게 나아오심을 보고 이르되 '보라, 세상 죄를 지고 가는 하나님의 어린 양이로다.'"라는 말씀에 이어서 세례 요한은 자신에게 나오는 예수님을 보고서 구체적으로 '하나님의 어린 양'(29, 36), '성령으로 세례를 베푸시는 분'(33), '하나님의 아들'(34)이라고 놀랍게 증언했습니다.

'이튿날'은 세례 요한이 예루살렘에서 파견된 유대인 사절단에게 자신과 예수님에 대한 답변의 증언을 한 그다음 날을 가리킵니다. 이날은 2장에 나오는 가나의 혼인 잔치가 시작되어 흥이 돋우어지는 날이었습니다(2:1). 얼마 전에 요단강에서 자신에게 세례를 받고 성령이 비둘기같이 하늘에서 내려와 머물렀던 예수님께서 자신에게 다시 나아오심을 보고 세례 요한은 깜짝 놀라서 "보라, 세상 죄를 지고 가는 하나님의 어린 양이로다."라고 사람들에게 증언했습니다. 우리는 하나님의 어린 양이라는 표현이 예수 그리스도를 말씀하시는 것으로 잘 알고 있지만, 예수님의 십자가와 부활 사건 이전에는 이 표현이 무엇을 의미했는지 제대로 알지 못했습니다. 하나님의 어린 양이라는 말은 하나님과 특별한 관계를 가진 어린 양이라는 말이고, 더 나아가 하나님이 주신 어린 양이라는 말로서 사람을 죄에서 구원하는 일을 하나님께서 주도적으로 시작했다는 의미가 있습니다. 세상 죄를 지고 가는 하나님의 어린 양이라는 말은 세상의 죄를 제거하고 없애는 일이 하나님에 의해서 시작되었다는 의미입니다. 하나님의 어린 양은 세상의 모든 죄를 지고 가기 위해서 하나님께서 보내신 양이라는 말입니다. 하나님의 어린 양이라는 표현은 요한복음의 저자가 예수님에 대해서 처음으로 사용한 용어입니다.

세례 요한이 예수님을 '세상 죄를 지고 가는 하나님의 어린 양'으로 말하는 것은 레위기 16장에 나오는 이스라엘 백성들의 모든 죄를 지고 광야로 도망가는 염소인 아사셀(21~22)의 의미에서 그 뜻을 찾을 수 있습니다. 단지 레위기에서는 염소를 말했는데, 1장에서는 어린 양으로 말했습니다. 하나님의 어린 양은 창세기 22장에서 모리아 산에서 이삭을 대신하여 번제물로 드려진 어린 양(13)의 의미도 있습니다. 어린 양은 분명히 죄를 대신 지고 속죄의 희생제물로 이해된 레위기에 나오는 속건제물(레 14:25, 28~29)의 의미도 참고할 수 있습니다. 어린 양은 이사야 53장에 나오는 우리 모두의 허물과 죄악을 대신 담당하여지시고 도수장으로 끌려가 징계를 받아 죽으신 어린 양(5~7)이라는 의미에서도 고난받는 종 예수님의 모습이 있습니다. 어린 양은 출애굽 직전에 그의 피를 집의 좌우 문설주와 인방에 발라 심판의 사자가 그 집의 피를 보고 건너뛰어 지나가 그들을 구원한 유월절 어린 양(출 12:5, 7, 13)의 피 흘림을 통한 구원의 의미도 있습니다. 고린도전서 5장 7절에서 사도 바울은 "우리의 유월절 양 곧 그리스도께서 희생이 되셨느니라."라고 예수 그리스도께서 유월절 어린 양으로 우리 대신 죽어서 우리를 죄에서 구원해 내셨다고 기록합니다. 요한계시록에서 일찍 죽임을 당하신 어린 양은 일곱 눈과 일곱 뿔을 가지고 계시는 승리자로 두루마리 책의 일곱 인을 떼시기에 합당한 분이신데 그분은 십자가에서 죽으시고 부활 승천하셔서 장차 심판주로 오셔서 찬양과 예배를 받으실 승리의 예수 그리스도(계 5:1, 6, 12~13; 7:10~11)십니다.

세례 요한이 증언한 '세상 죄를 지고 가는 하나님의 어린 양'은 하나님 아버지에 의해서 창세 전부터 하나님께서 택하신 백성을 구속하기 위하여 십자가에서 하나님의 어린 양으로 속죄의 희생제물로 죽으신 예수 그리스도를 말합니다. 예수님은 세상의 모든 허물과 죄를 대신 지시고 십자가에서 죽으셨다가 부활 승천하여 승리하신 어린 양 예수 그리스도십니다.

30절에서 "내가 전에 말하기를 내 뒤에 오는 사람이 있는데 나보다 앞선 것은 그가 나보다 먼저 계심이라 한 것이 이 사람을 가리킴이라."라고 세례 요한은 예수님이 역사의 무대에서 자신보다 뒤에 태어나셨지만, 자신보다 먼저 계신 분이라고 말했습니다. 예수님은 세례 요한보다 6개월 뒤에 태어나셨고, 세례 요한에 의해서 요단강에서 세례를 받으셨습니다. 26~27절에서도 "26. … 너희 가운데 너희가 알지 못하는 한 사람이 섰으니 27. 곧 내 뒤에 오시는 그이라."라고 세례 요한 뒤에 태어나신 예수님에 대하여 말했고, 15절에서 "내 뒤에 오시는 이가 나보다 앞선 것은 나보다 먼저 계심이라 한 것이 이 사람을 가리킴이라."라고 예수님은 세례 요한보다 이 땅에 나중에 나셨지만 세례 요한보다 먼저 계셔서 자신보다 훨씬 능가하는 분이라고 말했는데, 1장 1절에서 영원한 태초부터 말씀으로 계셨던 하나님이셨습니다.

적용 예수님은 영원 전부터 말씀으로 계셨던 하나님이시고, 우리를 죄에서 구속하신 하나님의 어린 양이심을 믿으시길 바랍니다.

둘째로 예수님은 성령으로 세례를 주시는 분입니다(31~33).

31~33절에서 "31. '나도 그를 알지 못하였으나 내가 와서 물로 세례를 베푸는 것은 그를 이스라엘에 나타내려 함이라' 하니라. 32. 요한이 또 증언하여 이르되 '내가 보매 성령이 비둘기 같이 하늘로부터 내려와서 그의 위에 머물렀더라. 33. 나도 그를 알지 못하였으나 나를 보내어 물로 세례를 베풀라 하신 그이가 나에게 말씀하시되 성령이 내려서 누구 위에든지 머무는 것을 보거든 그가 곧 성령으로 세례를 베푸는 이인 줄 알라 하셨기에'"라고 세례 요한은 하나님의 말씀대로 성령이 하늘에서 예수님 위에 내려와서 머문 것을 보고서 하나님께서 말씀하신 대로 그가 성령으로 세례를 베푸는 분이심을 알았습니다. 세례 요한은 요단강에서 예수님에게 물로 세례를 줄 때까지도 그가 '오실 그 분' 즉 메

시아이신 줄 알지 못했습니다. 세례 요한이 그 시점에 알고 있었던 모든 것은 '너희는 주의 길을 준비하라. 그의 오실 길을 곧게 하라'(막 1:3)고 말씀을 전하며 물로 세례를 베푸는 사역(31)이었습니다. 세례 요한의 사역은 하나님께서 '오실 그분을 이스라엘에게 나타내려 함이라'라는 말씀처럼 오실 그분을 이스라엘에게 나타내는 것이었습니다. 세례 요한이 예수님이 오실 그분이신지를 어떻게 알게 되었는지를 32~33절에서 자세하게 알려주고 있습니다. 자신에게 물로 세례를 주라고 말씀하신 하나님께서 성령이 비둘기같이 내려와 머무는 사람이 오실 그분 즉 메시아라고 알려주었습니다. 세례 요한이 물로 예수님에게 세례를 주고 나서 하늘이 열리고 성령이 비둘기같이 예수님 위에 내려와 머무는 것을 보았습니다. 세례 요한이 보았다는 것은 완료시제로서 성령이 비둘기 같이 강림하여 머무는 것을 확실하게 목격했다는 확증을 말합니다. "예수께서 세례를 받으시고 곧 물에서 올라오실새 하늘이 열리고 하나님의 성령이 비둘기 같이 내려 자기 위에 임하심을 보시더니"(마 3:16)라고 예수님도 성령이 자신 위에 내려와 임하심을 보았고, 또 하늘에서 하나님이 "이는 내 사랑하는 아들이요 내 기뻐하는 자라"(17)라고 말씀하시는 하나님의 음성도 들었습니다. 성령이 비둘기 같이 예수님 위에 내려와 머문 것은 예수께서 오실 그리스도이심을 알려주신 하나님의 계시였습니다. 33절에서 하나님께서 세례 요한더러 예수님에게 물로 세례를 주라고 말씀하셨고, 세례 요한은 예수님 위에 성령이 내려와 머문 것을 보고서 그가 성령으로 세례를 베푸시는 분임을 알았습니다.

사도행전에서 "하나님이 나사렛 예수에게 성령과 능력을 기름 붓듯 하셨으매"(행 10:38)라는 말씀처럼 하나님께서 예수님에게 성령과 능력을 놀랍게 부어주셨습니다. 하나님께서 예수님에게 성령을 한량 없이 주신다고 했습니다 (3:34). 하나님께서 예수님에게 성령을 한량 없이 부어주셔서 하나님의 말씀을 능력 있게 선포하게 하셨습니다. 이사야 61장 1절에서 "주 여호와의 영이 내게 내리셨으니 이는 여호와께서 내게 기름을 부으사 가난한 자에게 아름다운 소식을 전하게 하려 하심이라."라고 장차 오실 선지자적인 인물에게 하나님은 성령을 부어주시겠다고 약속하셨습니다. 예수님은 나사렛 사람들에게 하나님의 성령이 자신에게 부어져 가난한 사람에게 복음을 선포하는 사람이며 이사야 선지자의 예언이 성취된 사람이 자신이라고 알려주었습니다(눅 4:18~19). 32절에서 성령은 예수님 위에 내려와 머물렀다고 했고, 33절에서 예수님은 성령으로 세례를 베푸시는 분이시라고 했습니다. 16장 7절에서 예수께서 아버지께로 가서 성령을 보내신다고 했는데, 15장 26절에서 예수님은 아버지로부터 성령을 받아서 제자들에게 보내신다고 했습니다. 사도행전 2장 33절에서 오순절에 예수께서 약속하신 성령을 아버지께 받아서 제자들에게 부어주셨다고 했습니다. 예수님은 성령을 우리에게 보내주시는 하나님이시고 성령세례를 주시는 분이십니다. 그 종말의 때는 요엘 선지자가 예언한 대로 첫 번째 오순절에 예수께서 남종과 여종들에게 성령을 부어주셔서 성령세례를 받은 그들이 예수님을 주님이라고 부르며 구원을 받았다고 했습니다(행 2:16~21). 세례 요한은 예수께서 성령으로 세례를 베푸시는 하나님이시고, 오실 그분 즉 그리스도가 바로 예수님이라고 증언했습니다. 세례 요한은 요단강에서 예수님에게 물로 세례를 베푸시면서 예수님이 성령으로 세례를 베푸시는 분이시라고 확신했습니다.

예수님은 우리에게 성령을 보내주셔서 그를 우리의 구주와 주님으로 믿어 새 생명으로 거듭나게 했습니다. 이것이 바로 성령세례입니다. 예수님이 진리의 성령을 우리에게 보내주어서 진리의 말씀을 깨닫게 하고 믿게 하고 진리로 인도하며 죄와 더불어 싸워 이기게 합니다. 예수께서 우리에게 보내신 보혜사 성령은 우리의 연약함을 도와서 하나님의 뜻대로 살아가게 하십니다. 예수께서 우리에게 약속하신 성령을 보내주어서 성령의 은사를 가지고 교회를 섬기게 합니다.

적용 예수께서 우리에게 보내주신 성령으로 하나님을 아버지로 믿고, 예수님을 주님으로 믿으며 성령의 은사로 교회를 섬길 수 있기를 바랍니다.

셋째로 예수님은 하나님의 아들이십니다(34).

34절에서 "내가 보고 그가 하나님의 아들이심을 증언하였노라' 하니라."라고 세례 요한은 성령이 예수님 위에 내려서 머무른 것을 보고서 예수께서 하나님의 아들이심을 확신하고 증언하였습니다. 여기서 '내가 보고 증언하였다'라는 문장에서 '보다'(heoraka; have seen)와 '증언하였다'(memartuireka; have testified)는 두 동사는 완료시제로서 성령이 예수님 위에 내려와 머무는 것을 세례 요한이 보았고, 예수님이 하나님의 아들이시라는 말씀을 듣고서 확신하여 계속하여 증언하였다는 것입니다. 나사렛 예수님은 말씀이 육신이 되신 하나님의 아들이시고, 하나님의 독생자의 영광을 가지신 아들이십니다. 하나님의 아들이신 예수님은 태초에 말씀으로 존재하셨고, 하나님 아버지와 함께 거하셨고, 하나님은 그를 통하여 천지 만물을 창조하셨습니다. 예수님은 세상 죄를 지고 가는 하나님의 어린 양으로 우리 대신 죽으셨다가 사흘 만에 다시 살아나셨습니다. 예수님은 말씀이신 하나님인데 그 말씀이 육신이 되어 하나님의 독생자의 영광과 능력으로 제자들 가운데 거하셨습니다. 예수님은 하나님 아버지에게서 영원 전에 나셔서 하나님의 품 속에 거하시며 하나님과 한 분으로 계시는 하나님의 아들이십니다. 예수님은 하나님 아버지의 보냄을 받아 하나님 아버지께서 택한 백성을 구속하시기 위하여 이 땅에 하나님의 아들로 오셨습니다. 말씀이 육신이 되어 하나님의 아들로 오셨는데 그는 우리 대신 십자가에 달리신 인자 예수님이십니다.

사랑하는 성도 여러분이여!

세례 요한은 예수님을 세상 죄를 지고 가는 하나님의 어린 양이시고, 성령으로 세례를 베푸는 분이시고, 그리고 하나님의 아들이시라고 놀랍게 증언했습니다. 세례 요한이 예수님에 대하여 이렇게 놀랍게 계속해서 증언한 데는 성령이 예수님 위에 내려와 머무시는 장면을 보고, 하늘에서 이는 내 사랑하는 아들이시라고 말씀하시는 하나님의 음성을 듣고서 예수님을 그리스도로 알아보았기 때문입니다. 세례 요한의 예수님에 대한 증언은 놀라운 구원하는 능력이 있습니다. 우리도 세례 요한과 같이 하나님의 아들이시며 인자이신 나사렛 예수님을 우리의 구주와 주님으로 믿고서 아직도 이 비밀을 알지 못하는 사람들에게 당당하게 증언하여 구원해 낼 수 있기를 소원합니다.

6. 제자들을 부르신 예수님(1:35~51)

우리가 개인적으로 하나님의 부르심을 받았는지를 정확하게 확인할 수 있는 물리적인 방법은 없습니다. 부르심에 대한 유일한 확증은 하나님을 믿는 믿음을 통해서 얻어집니다. 오직 우리의 마음속에 거하는 성령만이 부르심을 확증해 주십니다. 성경은 하나님이 어리석은 사람, 약한 사람, 멸시받는 사람 등 '부정적 자질의 사람들'도 부르셨다는 사실을 여러 곳에서 알려 줍니다. 모세가 이스라엘의 지도자로 하나님의 부르심을 받았을 땐 추방당한 80세의 늙은 목자였고, 다윗이 이스라엘 왕으로 하나님의 부르심을 받았을 땐 양치는 목동이었고, 요셉이 총리로 부름 받았을 땐 이민자 노예이며 죄수였고, 다니엘이 총리로 부름 받았을 땐 포로 청년이었습니다. 하나님께서 중요한 사람들을 부르실 때 부정적인 측면까지도 다 사용하십니다.

공관복음에서 예수께서 제자들을 부르셨을 때 그들은 자신의 생업 즉 물고기 잡는 일이나 세금을 거두는 일 등을 버리고 예수님을 따랐습니다. 본문은 제자들이 예수님과 처음 대면의 만남이 이루어진 상황을 기록하고 있습니다. 본문에서 세례 요한이 제자들과 함께 있다가 그들 곁을 지나가시는 예수님을 보고서 '하나님의 어린 양이다.'라고 증언했고, 자신의 두 제자가 그 증언을 듣고 예수님을 따라나섰습니다. 그뿐만 아니라 예수께서 빌립을 부르시고, 빌립이 또 나다나엘에게 바로 나사렛 예수를 증언하여 나다나엘을 예수님께로 인도하는 장면은 압권입니다. 예수께서 자신에게 찾아오는 제자들 특히 요한의 아들 시몬을 가리켜 장차 베드로라 불리게 될 것을 말씀하셨고, 나다나엘을 향하여 간사함이 없는 진실한 이스라엘인이라고 칭찬하셨습니다. 예수님 자신은 인자로 하나님의 큰일을 이루실 환상을 예고했습니다. 예수께서 자신을 찾아오는 세례 요한의 두 제자를 향하여 '너희는 무엇을 찾느냐?'라고 물으신 진지한 질문은 오늘 우리들을 향하여 묻고 있는 질문이기도 합니다. 예수께서 몇 사람을 처음 만나 제자로 부르시는 장면을 들으면서 함께 은혜를 나누고자 합니다.

첫째로 예수께서 세례 요한의 두 제자와 시몬을 제자로 부르셨습니다(35~42).

세례 요한은 지나가시는 예수님을 향하여 자신의 제자들에게 "하나님의 어린 양이로다."(36)라고 증언했습니다. 세례 요한의 증언을 들은 두 제자 안드레와 또 다른 한 사람이 예수님을 따라나섰다고 했습니다. 많은 주석가들은 다른 한 제자를 사도 요한이라고 잘 지적했습니다. 39절에서 두 제자가 세례 요한의 증언을 듣고 예수께로 따라나서서 예수님을 만난 시간이 10시라고 구체적인 시간까지 기록한 것은 예수님을 처음 만났던 두 제자의 증언이 또렷하고 생생하다는 것입니다. 세례 요한이 스스로 '오실 그분'의 길을 예비하는 전령으로 그리스도를 높여서 증언했기 때문에 두 제자는 오실 그분에게로 향했습니다. 세례 요한이 '오실 그분'이 바로 나사렛 예수시라고 밝혔을 때 두 제자가 예수님을 따라나섰습니다. 두 제자가 자신의 스승인 세례 요한보다는 예수님의 장래가 더 유망함으로 인하여 예수님을 따라나선 것이 아닙니다. 세례 요한의 말씀에 충실하여 예수님을 따라나섰습니다. 본문 37절에서 두 제자가 '예수를 따르거늘'(개역개정)이라고 했고, 새번역에서는 '예수를 따라갔다'라고 번역했고, 영어 번역에서는 '그들이 예수님을 따라갔다'(KJV & NIV & NASB; they followed Jesus.)라고 번역했습니다. 두 제자가 세례 요한이 증언하는 말씀을 듣고 예수님을 따라나섰습니다. 이것은 세례 요한의 두 제자가 "예수님의 제자가 되어 예수님을 따라갔다"라고 해석할 수 있습니다. 안드레와 사도 요한은 나사렛 예수님을 하나님의 아들로 믿고 예수님을 따라나섰습니다.

예수께서 자신을 따르는 두 제자에게 38절에서 '무엇을 구하느냐?'(개역개정), '너희는 무엇을 찾고 있느냐?'(새번역), '무엇을 원하느냐?'(현대인의 성경)라고 물어보신 질문의 의미는 두 가지입니다. 먼저는 '너희가 무슨 생각을 하고 나를 따라오느냐?'라는 물음이었고, 또 하나는 '너희가 너희의 삶에서 진정으로 나에게 원하는 것이 무엇이냐?'라는 물음이었습니다. 예수님께서 오늘 우리에게도 '너희가 무슨 생각과 목적을 가지고 나를 따라오려느냐?'라고 묻고 계십니다. 그때 두 제자는 예수님께 '랍비여, 어디 계시오니이까?'(개역개정), '선생님, 어디에 머물고 계십니까?'(현대인의 성경)라고 물었습니다. '랍비'라는 호칭은 '나의 큰 자'를 의미하지만, 당시의 제자들은 자신의 '스승'을 부를 때 흔히 '랍비'라는 용어를 사용했습니다. 예수님도 당시에 이 랍비라는 호칭으로 불렸고, 자신이 학자였던 니고데모도 예수님을 랍비라고 불렀고, 세례 요한의 제자들도 자신의 스승을 랍비라고 불렀습니다. 두 제자는 예수께서 어려운 신학적인 질문을 자신들에게 물으셨지만, 예수님께서 현재 머무는 곳이 어디인지를 물었습니다. 39절에서 예수님은 '와서 보라'라고 두 제자를 자신이 머무는 곳으로 불렀습니다. 두 제자는 기쁨으로 예수님께 나아가서 예수님과 함께 거하며 친밀한 시간을 가졌습니다. 그 시간이 10시로 우리 시간으로 오후 4시였습니다.

안드레는 예수님이 하나님의 아들이시고 세상 죄를 지고 가는 어린 양이라는 세례 요한의 증언을 그대로 믿었습니다. 사도 요한이 요한복음을 쓸 당시에 베드로는 많은 유대인과 이방인에게 이미 널리 알려진 인물이었고 그의 동생 안드레는 덜 알려졌습니다. 안드레가 자신의 형 시몬에게 "우리가 메시야를 만났다."라고 증언하여 그의 형 시몬을 예수님께로 인도하였더니 "네가 요한의 아들 시몬이니 장차 게바(아람어; 반석)라 하리라."라는 말씀을 듣고 시몬 베드로가 되었습니다. 이것은 예수님께서 장차 시몬 베드로를 어떤 사람으로 세우실 것인가를 선언한 말씀입니다. 안드레가 자신의 간증을 통하여 형제에게 예수님을 소개한 최초의 제자였습니다.

적용 예수께서 안드레의 형 시몬을 만나 베드로라는 이름을 주었는데 장차 교회를 세우는 반
석으로 세우실 것을 선언했습니다. 우리도 예수님을 만나서 진실한 그리스도인으로, 거
룩한 성도로, 구원받은 하나님의 자녀로 세워질 수 있기를 바랍니다.

둘째로 예수께서 빌립과 나다나엘을 칭찬하며 부르셨습니다(43~49).

43~44절에서 "43. 이튿날 예수께서 갈릴리로 나가려 하시다가 빌립을 만나
이르시되 '나를 따르라' 하시니 44. 빌립은 안드레와 베드로와 한 동네 벳새다
사람이라."라고 예수께서 요단강 건너편 베다니에서 갈릴리 호수 동북쪽 연안
에 있는 어부들의 마을 벳새다를 거쳐서 서쪽 갈릴리로 가시려다가 빌립을 만
나서 자신을 따르라고 부르셨습니다. 사도 요한은 요한복음에서 열두 제자 명
단에 나오는 빌립에 대해서 비교적 자세하게 기록했습니다. 6장 5절 이하에서
예수께서 디베랴 호숫가에서 몰려오는 군중들을 보시고 빌립에게 '어디서 떡
을 사서, 이 사람들을 먹이겠느냐?'라고 물었고, 빌립은 조금씩 먹더라도 이백
데나리온의 떡이 부족하겠다고 대답했습니다. 12장 21절에서 22절에 보면 명
절에 예루살렘에 예배하러 온 헬라인들이 빌립에게 청하기를 "선생이여, 우리
가 예수를 뵈옵고자 하나이다."라고 하면서 빌립에게 친근감을 드러내며 요청
했습니다. 14장 8절과 9절에서 빌립은 도마의 질문에 자신이 하나님께로 가는
길이라고 답하시는 예수님께 "주여 아버지를 우리에게 보여 주옵소서. 그리하
면 족하겠나이다."라고 감각적인 요청을 했습니다. 빌립은 예수님의 부활 승천
후 예루살렘의 다락방에서 부활의 주님을 본 사도들 중의 한 사람으로 이름이
올라 있습니다(행1:13). 이러한 내용을 살펴보면 빌립은 상당히 사려 깊고 계산
이 빠르며 헬라인들에게 친근감을 주었고 구약 성경에도 깊은 지식을 가지고
있었지만, 하나님을 말씀이 아니라 육신의 눈으로 보고자 하는 감각적인 사람
이기도 했습니다.

빌립은 본문 43절에서 예수님의 부름을 받고 예수님의 제자가 되었다고
했는데, 카슨(D. A. Carson) 교수는 '그가 갈릴리로 나가려 하시다가'(NASB; He

purposed to go into Galilee)로 해석하여 아마도 안드레의 전도로 빌립이 예수님께 나왔다고 해석했습니다. 빌립은 나다나엘에게 구약성경 구절에서 말씀하는 메시아가 바로 나사렛 예수님이시라고 증언했습니다. 빌립이 전도한 나다나엘(하나님이 주신다는 뜻)은 열두 제자 중에 바돌로매(돌로매의 아들)의 정식 이름입니다(눅 6:14). 갈릴리 벳새다 사람 빌립이 갈릴리 가나 출신 나다나엘에게 45절에서 모세의 율법에서 기록하고 선지자들이 오리라고 예언한 그분이 바로 '요셉의 아들, 나사렛 예수'라고 증언했습니다. 1세기 팔레스틴에서 사람을 소개할 때는 고향과 아버지의 이름을 대면서 사람을 소개했습니다. 빌립의 나사렛 예수님에 대한 증언을 들은 나다나엘은 "나사렛에서 무슨 선한 것이 나겠느냐?"라며 나사렛과 예수님을 동시에 무시했습니다. 나사렛은 갈릴리 북쪽에 위치하여 적군들이 먼저 침략하는 곳이고 여자들이 적군에게 제일 먼저 짓밟혀서 사생아들이 제일 많이 태어난 곳이었습니다. 나사렛 사람이라는 것은 이방인의 피가 섞인 천박한 동네라고 무시하는 말이었고, 그들은 옆 동네인 갈릴리 사람들에게도 멸시를 당했습니다. 유대인들이 예수를 나사렛 예수라고 말하면서 하나님의 아들이심을 부인하고 멸시하는 의미로 사용했습니다. 나사렛 사람이라고 하는 것은 예수께서 베들레헴에서 태어난 다윗 왕의 가문 사람 메시아라는 사실을 의도적으로 고려하지 않게 하고 나사렛에서 자란 것만을 강조해서 천박하게 여기며 무시하는 것입니다. 나다나엘은 나사렛 옆 갈릴리 가나 사람이기 때문에 나사렛에 대해서 잘 알았습니다. 그리스도인들을 무시하여 1세기에 유대인들은 그리스도인들을 나사렛 이단으로 매도했습니다(행 24:5).

빌립은 구약성경을 인용한 자신의 증언을 무시하는 나다나엘의 부정적인 반응에도 포기하지 않고 끝까지 그에게 "그러지 말고 한번 예수님께 와서 보라"라고 하면서 예수님께로 끈질기게 초청했습니다. 이러한 빌립의 끈질긴 증언을 들은 나다나엘은 예수님께 나아가 예수님을 개인적으로 만나 탐구해보려고 했습니다. 예수님은 냉소적인 편견에 사로잡힌 나다나엘을 향하여 47절에서 "보라, 이는 참으로 이스라엘 사람이라. 그 속에 간사한 것이 없도다."라고 간사함이나 속임이 없는 이스라엘 사람이라고 칭찬했습니다. 나다나엘은 그 성품이 정직한 이스라엘인이었습니다. 자신을 단번에 꿰뚫어 보시는 초자연적인 능력을 가지신 예수님을 향하여 나다나엘은 48절에서 "예수님, 저를 어떻게 아십니까?"라고 놀라서 물었고, 예수께서 나다나엘에게 "빌립이 너에게 전도하려고 부르기 전에 네가 무화과나무 아래 있을 때에 이미 보았노라."라고 대답해 주었습니다. 나다나엘은 요셉의 아들 나사렛 예수님이 멸시받고 배척받아야 할 천박한 사람이 아니고 자신의 모든 것을 꿰뚫어 보시는 하나님의 아들이심을 알았습니다. 나다나엘은 의심이 제거되어 나사렛 예수님을 향하여 '랍비여, 당신은 하나님의 아들이시오 당신은 이스라엘의 임금이로소이다.'라고 고백했습니다. 나다나엘은 예수님을 메시아와 하나님의 아들로 믿는 신앙의 진전을 이루었습니다.

적용   예수께서 나다나엘을 간사함과 속임이 없는 진실한 이스라엘 사람이라고 칭찬하여 불러서 제자 삼아 주셨습니다. 예수께서 우리들도 다 칭찬하여 부르셨다고 믿고, 예수님께 순종하는 제자로 따라갈 수 있기를 바랍니다.

셋째로 예수님은 자신을 인자라고 제자들에게 알려주었습니다(50~51).

50~51절에서 "50. 예수께서 대답하여 이르시되 '내가 너를 무화과나무 아래에서 보았다 하므로 믿느냐? 이보다 더 큰 일을 보리라.' 51. 또 이르시되 '진실로 진실로 너희에게 이르노니, 하늘이 열리고 하나님의 사자들이 인자 위에 오르락 내리락 하는 것을 보리라.' 하시니라."라고 예수님의 초자연적인 능력보다도 훨씬 더 큰 이적들을 인자에게서 볼 것이라고 했습니다. 그것은 하늘이 열리고 하나님의 사자들이 인자 위에 오르락 내리락하는 환상을 보게 되리라는 것이었습니다. 나다나엘은 하나님의 말씀이 아니고 초자연적인 능력에 기초한 아직 불안한 신앙이었습니다. 여기서 더 큰 일의 의미는 나다나엘의 고

향 가나의 혼인 잔치에서 물이 변하여 포도주가 되는 기적 등을 보게 될 것이라는 말씀입니다. 51절의 말씀을 자세하게 보면 나다나엘이 보게 될 진짜 큰일은 족장 야곱(이스라엘)이 보았던 하늘 사닥다리 비전을 제대로 깨닫는 것이었습니다. 예수님이 나다나엘에게 진실로 진실로(truly truly, Amen Amen)라고 하신 말씀은 히브리어에서 확실함과 확고부동함을 의미하는 표현입니다. 야곱의 사닥다리는 땅에서 하늘까지 이어져서 하나님의 천사들이 그리로 내려오고 올라가서 사닥다리를 통하여 하나님과 교통했습니다. 이 야곱의 사닥다리가 무엇을 의미하는지 본문 51절의 말씀이 주어지기 전까지 해석하기 어려웠습니다. 예수께서 나다나엘에게 하늘이 열리고 하나님의 사자들이 인자 위에 오르락 내리락 하는 것을 보는 것이 예수님이 말씀하신 하나님의 큰일이었습니다. 인자(the Son of Man)라는 말씀은 예수님이 자신에 대하여 사용한 말이고 십자가와 연관되어 있습니다. 예수께서 인자로 십자가에 달려 죽으시고 다시 살아나는 것이 진정한 큰일입니다. 인자에 대해서 신약성경에서 가장 잘 설명한 본문이 3장 14절이라고 카슨(D. A. Carson) 교수는 말했습니다. 먼저 3장 14~15절부터 보면 "모세가 광야에서 뱀을 든 것 같이 인자도 들려야 하리니, 이는 그를 믿는 자마다 영생을 얻게 하려 하심이니라."라고 했습니다. 이 말씀은 하나님의 아들이 이 땅에 사람의 아들인 인자로 오셔서 십자가에 달려 죽는 것을 믿는 사람이 영생을 얻는다는 것입니다. 51절에 하나님의 사자들이 인자 위에 오르락 내리락 하는 것을 보리라는 것은 사실 예수님의 십자가의 죽으심과 부활을 통하여 인간이 하나님과 화해하고 교통하고 하나님께 나아가게 되는 길이 열리게 된다는 환상입니다. 인자의 십자가의 죽으심과 부활을 믿음으로 말미암아 인간이 하나님께 나아가게 되는 것이 바로 하나님의 큰일입니다. 빌립은 나다나엘과 함께 예수님께 나아와 예수님을 하나님의 아들이시고 이스라엘의 임금이시라는 정치적인 메시아이심을 고백했습니다. 그러나 예수님은 자신이 인자라고 말씀하셨습니다. 예수님이 십자가에 달려죽으시고 부활하신 인자이심을 믿음으로 영생을 얻는 것이 하나님의 큰일입니다. 제자들은 공생애 초기라서 인자 예수님을 통하여 인간이 하나님께 나아가게 되고 하나님과 교통하게 된다는 사실까지는 믿지 못했지만, 예수님의 부활 후에 이 사실을 믿게 되었습니다(2:22).

사랑하는 성도 여러분이여!

예수님은 안드레와 사도 요한에게 '너희가 무슨 생각을 하고 나를 따라오느냐?'라고 물었습니다. 이것은 우리가 우리 자신의 영광이 아니라 하나님의 영광을 위하여 예수님을 따르며 섬겨야 함을 말한 것입니다. 안드레의 형제 시몬에 대한 예수님의 증언이 베드로를 대 사도가 되게 했습니다. 빌립의 나다나엘에 대한 끈질긴 전도가 나다나엘이 예수님의 제자가 되게 했습니다. 나 자신이 가까운 형제들에게 예수님을 끈질기게 증언하는 것이 놀라운 기적을 일으킵니다. 우리의 예수님에 대한 분명한 증언에 성령이 역사하십니다. 예수님은 시몬에게 게바 즉 베드로라는 뜻의 이름을 주시고, 성령을 그에게 충만하게 부어 교회의 반석이 되어 예루살렘 교회를 세우게 하셨습니다. 예수님은 나다나엘에게 그 속에 간사함이 없는 진실한 이스라엘인이라고 하시며 진실한 이스라엘인으로 살아가라고 칭찬해주셨습니다. 우리는 진실한 그리스도인, 거룩한 성도, 구원받은 하나님의 자녀로서 인자 예수님을 우리 형제들에게 증언하여 그들도 제자가 되어 살아갈 수 있기를 바랍니다.

B. 초기 사역: 표적들, 일들, 말씀들(2:1~4:54)

7. 변화시키시는 예수님(2:1~11)

곱사등이로 55년을 살아오다가 기도원에서 치유받은 백기현 교수(1951년생)의 영상을 봤습니다. 그분은 사춘기에 철이 들면서 부끄러움을 알았고, 27세에 대학교수(성악)가 된 후에는 스스로 오페라단장이 되었지만, 오페라 출연을 피해 가며 열등감을 감추고 살았다고 합니다. 1998년부터는 세상적 욕심으로 오페라 이순신을 창작하여 국내외 공연을 하다가 수많은 채무를 지고 자살을 시도하던 중에, 2005년 2월 4일 동료 교수의 권면으로 찾아간 기도원 부흥회(장향희 목사, 논산 도곡 기도원)에서 하나님의 은혜로 55년간 굽었던 등이 펴지고, 1971년에 병원 수술실에서 감염되었던 간염과 선천적으로 앓았던 안검하수로 내려앉았던 눈까풀도 치유 받는 하나님의 기적을 체험했습니다. 백기현 교수가 감사와 기쁨에 못 이겨 하나님을 찬양하고 간증하는 집회 영상을 감동적으로 봤습니다. 백기현 교수의 학력은 공주사대부고, 서울음대 및 동대학원을 졸업하고, 비엔나국립음대에서 수학했고, 당시 대전중앙교회 권사로 공주대학교 음악교육과 교수와 공주대학교 교수 신우회 회장 등을 역임하고 있었습니다.

본문은 예수께서 그의 다섯 제자와 함께 참석하신 갈릴리 가나의 친척 혼인 잔치에서 포도주가 떨어져서 신랑이 아주 난처한 상황에 빠졌을 때 물로 포도주를 만들어 해결해 준 놀라운 표적 사건입니다. 신랑의 난처한 상황을 아신 예수님의 어머니 마리아가 예수님께 그 어려운 상황을 알렸고, 어머니는 예수님께 책망을 받으면서도 하인들에게 예수께서 무슨 말씀을 하시든지 그대로 순종하라고 알려주었습니다. 그런데 예수께서 하인들에게 돌 항아리에다 물을 채우라고 말씀하셨고, 하인들은 예수님의 말씀대로 항아리 아귀까지 물을 채웠습니다. 예수님은 그 항아리의 물을 떠서 연회장에게 갖다 주라고 말씀하셨고, 하인들은 예수님이 말씀하신 그대로 순종하여 물을 떠다가 연회장에게 가져다주었더니 물이 변하여 포도주가 되는 놀라운 표적이 일어났습니다. 가나의 친척 혼인 잔치에서 행하신 표적은 예수께서 요한복음에서 처음으로 행하신 기적이었고, 제자들은 이 기적을 통하여 드디어 예수님을 하나님의 아들 그리스도로 믿었습니다. 가나의 혼인 잔치에서 물이 변하여 포도주 되게 하신 예수님께서 우리를 어떻게 변화시키실 수 있는지 몇 가지로 살펴보며 함께 은혜를 나누고자 합니다.

첫째로 예수께서 가나의 친척 혼인 잔치에 참석하셨습니다(1~2).

1절의 "사흘째"는 예수께서 나다나엘과 대화를 하신 후 사흘째 되던 날을 말합니다. 갈릴리 나사렛에서 북쪽으로 14.4km 떨어진 가나에서 있었던 친척 결혼식에 예수님과 제자들이 초청을 받았습니다. 유대인은 결혼식 날에 신랑이 친구들과 함께 신부를 데리러 신부의 집으로 갑니다. 그들이 신부의 집으로 가고 있는 사이 그 집에 와 있는 그 집의 손님들은 저녁 늦게까지 음식을 대접받으며 신랑을 기다립니다. 마침내 신랑이 자정 30분쯤 전에 신부의 집에 도착합니다. 이때 신랑은 휘황찬란한 등불 아래 신부 친구들에 의해 인도되어 신랑을 마중하러 나온 하객들에 의해 영접을 받습니다. 신부의 집에서 예식 절차가 끝나면 신랑은 다시 그의 친구들과 함께 화려한 행렬을 이루어 횃불에 휩싸인 채 신부를 데리고 자기 부모님의 집으로 돌아옵니다. 이때부터 정식 결혼식이 행해지고 새로운 만찬이 베풀어집니다. 신랑과 신부가 함께 도착하기 전 신랑

집에서는 신랑의 일행이 오기를 기다리며 온종일 춤과 여흥으로 잔치를 즐깁니다. 신랑의 집에 신랑과 신부가 당도하면 정식 결혼 잔치가 거행되면서 신랑과 신부 중 신부가 먼저 환한 횃불 아래 신랑의 집으로 인도되어 들어갑니다. 신부는 신랑과 단둘이 있게 될 때까지 베일(veil)을 머리에 쓰고 얼굴을 가리고 있으며, 하객들은 특별한 결혼 예복이나 잔치옷을 입었습니다. 신랑 집의 혼인 잔치는 신랑이 신부를 데려온 후 일주일 혹은 그 이상 계속해서 진행되었습니다. 이 잔치는 연회장의 주관으로 진행되었고 포도주는 손님들을 위한 기본 메뉴로 그들의 여흥을 돋우는 데 가장 중요한 역할을 했습니다.

예수께서 제자들과 갈릴리 가나의 혼인 잔칫집에 초청을 받은 것은 그 집이 마리아의 친척 집이었기 때문입니다. 이것은 예수께서 당시 유대 사회에서 정상적인 활동을 하며 사는 평범한 사람이었다는 사실을 보여줍니다. 예수께서 이미 자신의 제자들을 거느릴 만큼 사람들의 눈에는 잘 보이지 않는 영적 권위를 확보해 가고 있었음도 동시에 보여주고 있습니다. 예수님이 사람을 만나고, 사람들의 행사에 참석하여 말씀을 하시고, 표적을 행하신 것이 예수님 사역의 일부분이었습니다. 예수님은 오히려 적극적으로 사람들의 삶에 들어가 그들이 직면한 어려운 문제를 해결해 주시면서 자신이 하나님의 아들이심을 나타내어 그들이 자신을 하나님의 아들 그리스도로 믿게 했습니다. 예수님이 갈릴리 가나에서 친척의 혼인 잔치에 참석하신 것은 예수님이 완전한 인간이신 나사렛 예수심을 보여주셨습니다.

예수님은 태초부터 말씀으로 계셨던 하나님이셨고, 하나님 아버지의 품 속에 독생하셨던 하나님이셨고, 하나님 아버지와 함께 계셨는데 이 땅에 요셉과 마리아의 아들 나사렛 예수로 오셔서 하나님 아버지를 사람들에게 나타내어 자기 백성을 구원하는 일을 하셨습니다. 가나의 친척 혼인 잔치에 초청을 받아 제자들과 함께 참석하신 것은 예수님이 마리아의 아들이시며 동시에 나사렛의 예수라는 평범한 인간이심을 보여주었습니다. 1장에서 예수께서 말씀이신 하나님이 육신이 되어 이 땅에 오신 나사렛 예수님을 드러내셨다면, 2장에서 친척의 혼인 잔치에 참석하신 예수님은 완전한 인간이시지만 표적을 행하신 하나님의 아들이심을 동시에 보여주셨습니다.

적용 가나의 친척 혼인 잔치에 제자들과 함께 참석하신 나사렛 예수님은 완전한 인간이시고 하나님의 아들이심을 믿으시길 바랍니다.

둘째로 예수님은 자신의 말에 순종하는 사람들의 문제를 해결해 주셨습니다(3∼10).

가나의 친척 혼인 잔치가 한참 흥을 돋우는 중에 포도주가 떨어져서 신랑이 난처해지는 불상사가 발생했습니다. 어머니 마리아는 혼인집의 잔치 상황을 꼼꼼하게 살피던 중에 포도주가 떨어지는 어려운 상황에서 자신의 아들 예수님께 조용하지만 분명하게 포도주가 떨어졌다고 말씀했습니다.

3절에서 "… 예수의 어머니가 예수에게 이르되 '저들에게 포도주가 없다.' 하니"라고 마리아가 아들 예수님에게 난처한 상황을 알렸습니다. 마리아는 자신의 아들 예수님을 하나님의 아들로 믿고 따르며 찬양했던 위대한 믿음의 어머니였습니다. 가나의 친척 혼인 잔치에서 사람들에게 흥을 돋우는 포도주가 떨어지는 심각한 상황에서 마리아가 그 어려운 문제를 아들인 나사렛 예수님께 말씀드려 해결하고자 했던 것은 예수님을 하나님의 아들로 믿었던 위대한 믿음의 발로였습니다.

그런데 예수님은 4절에서 "예수께서 이르시되 '여자여! 나와 무슨 상관이 있나이까? 내 때가 아직 이르지 아니하였나이다."라고 예수님은 의외로 퉁명스럽게 자기 어머니에게 대답했습니다. 예수께서 자신의 어머니를 향하여 '여자여!'(여인이여)라고 불렀는데 이것은 그리스도 예수께서 자신이 하나님의 아들이라는 영적인 권위를 암시하며 자신의 어머니를 불렀던 호칭이라고 봅니다. 예수님은 성육신(成肉身)하신 분으로서 육신적으로는 마리아의 아들이었지만 동시에 하나님의 아들이셨습니다. "포도주가 없다"라는 문제를 예수님께 알렸던 마리아는 예수님의 신성을 이미 인정하고 포도주가 떨어진 혼인집의 심각한 문제를 예수님께 가지고 와서 해결해 주기를 바랐습니다. 사실 마리아는 남편 요셉이 이미 별세해서 가정사를 아들 예수님께 의존해서 해결하며 살아오고 있었고, 친척 혼인 잔칫집에서 포도주가 떨어진 문제도 예수께서 해결해 주기를 바라며 말했습니다. 마리아가 친척 혼인집에 "포도주"가 떨어진 문제의 해결책을 강구해 달라고 예수님께 알린 것이 분명한데 예수님은 "내 때" 즉 자신의 십자가 죽음과 높아지심의 때가 아직 이르지 않았다고 대답하며 포도주 떨어진 것과 자신과 무슨 관계가 있느냐고 어머니를 퉁명스럽게 책망했습니다. 예수님은 자신의 때가 아직 이르지 않았다고 대답하셨습니다. 어머니 마리아는 예수께서 자신을 책망하는 대답이 자신의 요구를 거절한 것으로 생각하지 않았습니다.

5절, "그의 어머니가 하인들에게 이르되 '너희에게 무슨 말씀을 하시든지 그대로 하라' 하니라."에서 마리아의 말은 적어도 마리아가 예수님의 신성을 믿었을 뿐 아니라 예수께서 이적을 행할 능력이 있다고 확신하고서 끝까지 인내하며 예수님을 믿고 신뢰하고 있었다는 사실을 보여줍니다. 예수님은 어머니 마리아의 계속된 끈질긴 요구에 거부감을 나타내지 않으시고 잔칫집에 포도주가 떨어진 난처한 문제를 해결할 수 있다고 믿는 믿음에 응답해주셨고, 오히려 제자들이 자신을 하나님의 아들 그리스도로 믿게 했습니다. 예수님은 결례용 두세 메트레테스(80~120리터)를 담을 수 있는 돌 항아리 여섯 개가 그곳에 놓여있는 것을 보시고, 7절에서 '항아리에 물을 채우라'라고 하인들에게 명령하였습니다. 하인들은 예수께서 명령하신 그대로 즉시로 순종하여 항아리에 아귀까지 물을 가득 채웠습니다. 이 말씀의 핵심은 예수께서 말씀하셨고, 하인들은 즉시로 순종하였다는 것입니다. 마리아의 믿음은 아무것도 모르는 잔칫집 하인들로 하여금 예수 그리스도와 그의 능력을 경험할 수 있는 자리로 이끌어주었습니다. 어떤 한 사람의 출중한 믿음은 또 다른 사람들을 믿게 하는 역동성을 지니고 있다는 것이 오늘날에도 계속되는 믿음의 원리입니다.

예수께서 두로와 시돈 지방에 가셨을 때 가나안 여인이 예수님께 찾아와서

"주 다윗의 자손이여 나를 불쌍히 여기소서. 내 딸이 흉악하게 귀신 들렸나이다."라고 자신의 귀신 들린 딸을 고쳐 달라고 요청했을 때 예수께서 그 유명한 말씀을 하셨습니다(마 15:21~28). "나는 이스라엘 집의 잃어버린 양 외에는 다른 데로 보내심을 받지 아니하였노라."라고 약간의 인종차별적인 뉘앙스의 대답을 하셨을 때 그 가나안 여인도 계속해서 물러서지 않고 "주여, 저를 도우소서."라고 간청했고, 예수님은 다시 "자녀의 떡을 취하여 개들에게 던짐이 마땅하지 아니하니라."라고 퉁명스럽게 거절했습니다. 그런데도 그 가나안 여인은 포기하지 않고 "주여, 옳소이다마는 개들도 제 주인의 상에서 떨어지는 부스러기를 먹나이다."라고 계속 끈질기게 예수님께 매달렸습니다. 그제야 예수께서 "여자여, 네 믿음이 크도다. 네 소원대로 되리라' 하시니 그 때로부터 그의 딸이 나으니라."라고 가나안 여인의 믿음을 칭찬해주시며 그의 딸의 귀신 들림을 고쳐 주셨습니다.

예수님은 8절에서 "이제는 떠서 연회장에게 갖다 주라"라고 말씀하셨고, 하인들은 "갖다 주었더니"라고 예수님의 말씀이 떨어지기가 무섭게 물을 떠다가 연회장에게 가져다주었습니다. 하인들도 마리아처럼 예수님을 믿고 예수님의 말씀에 그대로 순종했습니다. 예수님을 하나님의 아들로 믿는 사람은 이러한 단순한 믿음을 가지고 순종하다가 결국 큰 기적을 경험하게 됩니다. 마리아의 믿음과 예수님의 말씀에 하인들의 즉각적인 순종으로 혼인 잔칫집에 물이 변하여 포도주가 되는 표적이 나타났습니다. 어떤 경우에는 잔치 중에 포도주가 떨어졌다고 하객들이 신랑을 고소했다고 할 정도로 심각한 문제였는데, 예수께서 그 난처한 문제를 해결해 주셨습니다. 10절에서 "말하되 '사람마다 먼저 좋은 포도주를 내고 취한 후에 낮은 것을 내거늘 그대는 지금까지 좋은 포도주를 두었도다.' 하니라."라고 연회장이 신랑에게 '좋은 포도주를 남겨두었다'라고 오히려 칭찬했습니다. 포도주가 충분함으로 혼인 잔치는 계속되었고, 참석한 사람들은 그 좋은 포도주를 마시고 흥을 돋우며 기뻐하였습니다. 이것은 천국 혼인 잔치의 풍성함과 즐거움을 예표하고 있습니다. 물은 유대 율법과 관습으로 이루어진 옛 질서를 상징하는데 물이 변하여 포도주가 되는 기적은 예수께서 바로 유대 사회의 그 옛 질서를 하나님 나라의 더 나은 새 질서로 변화시키실 것을 상징적으로 보여주었습니다.

적용 우리도 나사렛 예수님을 하나님의 아들로 믿고 우리의 어려운 문제를 예수님께 아뢰어서 끝까지 예수님의 말씀에 그대로 순종하여 응답을 받으시길 바랍니다.

셋째로 첫 번째 표적은 제자들이 예수님을 하나님의 아들로 믿게 했습니다(11).

예수님의 말씀에 그대로 순종한 하인들에 의하여 물이 변하여 포도주가 되는 첫 표적이 가나의 혼인 잔치에서 일어났고, 제자들은 포도주 기적 사건을 통하여 예수님을 하나님의 아들 그리스도로 믿었습니다. 표적(semeion; sign or miracle)은 특히 요한복음에서 강조하는 단어로 예수님을 그리스도나 하나님의 아들로 믿도록 의도하여 행해진 기적을 말합니다. 여기 2절과 11절에서 말하는 제자들은 1장의 말씀에 근거해서 다섯 명으로 안드레, 시몬 베드로, 빌립, 나다나엘 그리고 익명의 제자 사도 요한(1:35)을 말합니다. 예수님의 영광은 십자가에서, 부활에서, 그리고 승천과 높아지심에서 나타났습니다. 장차 그리스도의 재림과 심판으로 말미암아 그리스도의 영광은 더욱 드러나게 될 것입니다. 가나의 혼인 잔치에서 물이 변하여 포도주 되게 하는 표적으로 예수께서 하나님의 아들이시라는 영광을 얻었고, 연회장은 신랑을 칭찬했고, 제자들은 예수님을 하나님의 아들 그리스도로 믿어 영생을 얻게 되었습니다(11, 20:31). 첫 번째 표적은 다섯 제자들이 예수께서 하나님의 아들 그리스도이심을 믿어 영생을 얻게 하는 결과를 가져왔고, 이것이 바로 가나의 혼인 잔치에서 행한 표적의 목적이고 요한복음을 기록한 목적입니다(20:31).

사랑하는 성도 여러분이여!

예수께서 하나님의 아들 그리스도이심을 믿는 사람들에게 물이 변하여 포도주가 되게 한 것처럼 하나님은 우리를 거듭난 하나님의 자녀로 변화시켜 주셨습니다. 예수님은 말씀이신 하나님이 육신이 되신 완전한 인간이시고 동시에 하나님의 아들이십니다. 우리도 위대한 믿음의 여인 마리아처럼 예수님께 책망을 받으면서도 예수님을 하나님의 아들로 끝까지 믿고 우리의 어려운 문제를 예수님께 아뢰어서 물이 변하여 포도주가 되는 표적의 역사를 계속 일으킵시다. 하나님의 아들이신 예수님은 그를 믿고 계속해서 따르도록 우리를 변화시키시는 분이십니다. 우리는 나사렛 예수님을 변화시키시는 하나님으로 믿어서 날마다 문제의 해결함을 받으며 놀라운 영생을 누리는 하나님의 자녀로 살아갈 수 있기를 소망합니다.

8. 성전을 자신의 몸으로 대체하신 예수님(2:12~22)

얼마 전 이스라엘과 팔레스타인 사람들과의 전쟁은 동예루살렘 셰이크 자라 지역에 이스라엘 정착촌 건설이 주된 원인이었지만, 직접적인 원인은 예루살렘 알 악사 모스크에서 라마단 기간에 스피커를 유대인 통곡의 벽 쪽으로 크게 틀어놓고 기도하다가, 이스라엘 사람들이 안식일에 기도하는데, 모스크 밖으로 나는 소리를 중단해달라고 했는데도 계속 이어지자 이스라엘 사람들이 그 스피커를 끊어 기도 소리가 나지 않게 강제로 중단해버린 것이었습니다. 이에 팔레스타인 사람들이 반발하자, 이스라엘 군인들이 알 악사 모스크까지 들어가서 공격하면서 2명이 죽고 200명의 부상자가 나오면서 전쟁으로 발전했습니다. 유대인들은 지금도 남아 있는 예루살렘 성전의 통곡 돌벽 사이에 기도문을 꽂고 고개를 앞뒤로 흔들며 열정적으로 기도합니다. 솔로몬이 예루살렘 성전을 헌당하며 어디서든지 성전을 향하여 기도하면 하나님께서 들으시고 응답하여 달라고 기도했던 그 기도를 믿고 지금도 기도하고 있는데 이것은 사실 미신행위입니다.

예수께서 유월절에 예루살렘 성전에 올라갔을 때 성전을 장사하는 시장터로 만든 유대인들을 내쫓으시며 깨끗하게 정화하셨습니다. 19절에서 "너희가 이 성전을 헐라. 내가 사흘 동안 일으키리라."라는 놀라운 말씀을 하시면서 예수님 자신의 몸이 성전이라고 말씀했습니다. 예수께서 유월절에 구약의 성전을 자신의 몸으로 대체하는 놀라운 말씀을 하셨습니다. 오늘날도 많은 사람이 예배당 건물을 성전이라고 자꾸만 구약식으로 말하기를 좋아합니다. 저는 예배당을 건축하면서도 성전 건축이라고 말하지 않고 예배당 건축이라고 말합니다. 솔로몬 성전은 하나님이 임재하여 거하시고 하나님의 이름을 두신 곳이었지만, 예루살렘 성전은 주후 70년 로마군에 의해서 완전히 파괴되었습니다. 신약성경에서 말하는 성전은 두 가지인데 예수께서 말씀하셨던 예수님의 부활하신 몸이 바로 하나님이 거하시는 성전이고, 그리스도와 연합된 성도들의 모임인 교회가 바로 하나님이 거하시는 성전입니다. 예수께서 본문에서 성전을 자신의 몸으로 대체하신 말씀을 들으면서 함께 은혜를 나누고자 합니다.

첫째로 예수께서 예루살렘에서 유월절을 지키셨습니다(12~13).

12~13절에서 "12. 그 후에 예수께서 그 어머니와 형제들과 제자들과 함께 가버나움으로 내려가셨으나 거기에 여러 날 계시지는 아니하시니라. 13. 유대인의 유월절이 가까운지라. 예수께서 예루살렘으로 올라가셨더니"라고 예수께서 나사렛 가나의 친척 혼인 잔치에서 물이 변하여 포도주가 되게 하는 표적을 행하신 후에 그 어머니와 동생들과 제자들과 함께 가버나움으로 가셨습니다. 가버나움은 가나에서 북동쪽으로 25km쯤 떨어진 거리에 갈릴리호숫가 북쪽에 있으며, 예수께서 그의 공생애 사역을 시작하신 곳으로 제자들과 함께 거하시면서 많은 말씀을 하시고 표적을 행하셨던 주무대입니다. 그런데도 예수께서 가족들과 함께 가버나움으로 내려가셨다가 유월절이 가까이 다가오자 가버나움을 떠나 예루살렘으로 올라가셨습니다. 여기에 언급된 제자들은 1장에서 언급된 다섯 명의 제자들이었고, 예수님의 형제들은 요셉과 마리아에게서 태어난 예수님의 동생들이었습니다. 예수께서 유월절에 예루살렘에 올라가셨다는 말씀은 공관복음에서는 공생애의 마지막에 한 번 언급했지만, 요한복음에서는 세 번을 언급하고 있습니다. 본문 13절에서 가장 먼저 주후 28년에 예수께서 유월절을 지키려 예루살렘에 올라갔다고 기록했고, 6장 4절에서 "마침 유대인의 명절인 유월절이 가까운지라."라고 두 번째로 기록했고, 11장

55절에서 예수께서 "유대인의 유월절이 가까우매 많은 사람이 자기를 성결하게 하기 위하여 유월절 전에 시골에서 예루살렘으로 올라갔더니"라고 예수께서 세 번이나 유월절을 지키기 위하여 예루살렘에 올라가셨다고 했습니다. 특별히 "유대인의 유월절"이라고 기록한 것이 갈릴리 사람들과 디아스포라 히브리인들은 유대의 거주민들을 유대인들이라고 불렀기 때문에 사도 요한은 유월절을 '유대인의 유월절'이라고 불렀습니다. 그래서 예수께서 유대에 있는 예루살렘에 유대인의 유월절을 지키러 올라갔다고 말하는 것이 아주 부합합니다. 유월절을 기념하는 예식은 음력 니산월(3월 말이나 4월 초의 보름) 제14일에 거행했습니다. 원래 유월절은 여호와께서 정해준 대로 어린 양의 피를 문설주와 인방에 바른 집은 죽음의 천사가 건너 넘어갔고, 피가 없는 집들은 죽음의 사자가 그 집의 장자를 쳐서 죽였습니다. 이 일로 애굽은 나라 전체가 극심한 경악과 혼란에 빠졌고, 그 틈에 유대인들은 애굽의 종살이에서 해방되었습니다. 예수께서 유월절 예식을 지키러 예루살렘에 올라가서 성전을 정화한 사건을 공관복음에서는 마지막 유월절에 행하였다고 기록하지만, 요한복음에서는 첫 번째 유월절에 행하였다고 기록하고 있습니다. 학자들 가운데 예수께서 성전 청결 사건을 두 번 행하였다고 정리하는 사람이 많습니다.

신명기 16장 1절과 17절에서 모세는 모압 평지에서 출애굽 2세들에게 "1. 아빕월을 지켜 네 하나님 여호와께 유월절을 행하라. 이는 아빕월에 네 하나님 여호와께서 밤에 너를 애굽에서 인도하여 내셨음이라. … 16. 너의 가운데 모든 남자는 일 년에 세 번 곧 무교절과 칠칠절과 초막절에 네 하나님 여호와께서 택하신 곳에서 여호와를 뵈옵되 빈손으로 여호와를 뵈옵지 말고, 17. 각 사람이 네 하나님 여호와께서 주신 복을 따라 그 힘대로 드릴지니라."라고 유대인 남자는 일 년에 세 번 유월절과 오순절과 초막절을 예루살렘 성전에 올라가서 지키라고 명령했습니다. 예수님은 이스라엘 백성들이 하나님의 은혜로 출애굽한 역사를 기념하기 위한 유월절에 유대인 남자로서 예루살렘 성전에서 유월절을 지키려고 올라가셨습니다. 유대인들이 유월절에 예루살렘 성전에 자신을 성결하게 하기 위하여 갔으나 사실 만민이 기도하는 집인 성전을 장사하는 소굴로 만들어버린 유대인들을 예수께서 성전에서 내쫓으셨습니다. 이 일로 유대인들의 예수님에 대한 반감은 극에 달하였고, 결국 이 일에서부터 시작하여 예수께서 십자가에 달려 죽으셨습니다. 예수님은 유월절에 예루살렘 성전에서 가장 중요한 복음의 핵심인 자기 자신이 누구인지 분명하게 드러내어 선포했습니다.

적용　　예수께서 인자로서 구약의 말씀대로 그대로 순종하여 사셨던 것처럼 우리도 하나님의 말씀에 그대로 순종하여 살아갈 수 있기를 바랍니다.

둘째로 예수께서 성전을 깨끗하게 하셨습니다(14~17).

14절에서 "14. 성전 안에서 소와 양과 비둘기 파는 사람들과 돈 바꾸는 사람들이 앉아 있는 것을 보시고"라고 예수께서 유월절에 예루살렘 성전에 들어가셔서 성경 말씀대로 유대인 남자로서 성전세를 내시고 유월절을 지키려 하셨습니다. "소와 양과 비둘기"는 유월절에 성전의 희생 제사에서 사용되었고, 멀리서 유대의 예루살렘을 향하여 오는 디아스포라 유대인들을 위하여 처음엔 기드론 시내 건너편에 이러한 제물을 파는 장소가 있었습니다. 예수께서 유월절에 예루살렘으로 올라가셨을 때 성전 제사에 쓸 이러한 제물을 성전 뜰 즉 성전의 가장 바깥뜰인 이방인의 뜰에서 팔고 있었습니다. 또한, 이방인의 뜰에서 유대인 환전상들이 탁자를 놓고 성전세로 드릴 두로의 은화를 바꾸어주고 있었습니다. 로마 제국의 전역에서 디아스포라 유대인들이 명절이 되면 예루살렘으로 몰려들었고 그들이 가진 주화는 다양했습니다. 20세 이상의 유대인이 바쳤던 성전세는 가장 순도가 높은 두로의 은화로 드려야 했습니다. 성전세는 일 년에 한 번 '반 세겔'을 내게 되어 있었는데, 두로의 '스타테르' 또는 4드라크마짜리 은화의 절반에 해당했기 때문에, 두 명의 유대인이 합쳐서 한 개의 은화로 바꾸어 성전세를 드렸습니다. 환전상들이 이방인의 뜰에서 다양한 주화를 받고 일정한 수수료를 받으며 두로의 은화로 환전해주는 영업을 하고 있었습니다. 그렇게 성전 안의 이방인의 뜰에서 제물을 팔고 환전해주면서 유대인들이 성전을 장사하는 소굴과 성전세를 바꾸어주며 돈을 버는 강도의 소굴로 만들어버렸습니다.

15~16절에서 예수께서 "15. 노끈으로 채찍을 만드사 양이나 소를 다 성전에서 내쫓으시고 돈 바꾸는 사람들의 돈을 쏟으시며 상을 엎으시고 16. 비둘기 파는 사람들에게 이르시되 '이것을 여기서 가져가라. 내 아버지의 집으로 장사하는 집을 만들지 말라' 하시니"라고 장사하는 유대인들을 거기서 쫓아내시며 성전을 정화하셨습니다. 성전의 제사장 당국자들이 상인들로부터 뇌물을 받고 이방인의 뜰에서 장사하는 것을 허락해주었다는 증거는 없지만, 암묵적인 재가가 없이 성전에서 장사하는 것은 불가능한 일로 봅니다. 상인들이 만민이 기도하는 성전에서 버젓이 장사해서 기도할 수 없게 만들었다는 것이 심각한 문제였습니다. 예수께서 본문 16절에서 유대인 상인들에게 "내 아버지의 집으로 장사하는 집을 만들지 말라."라고 소리쳤습니다. 엄숙하고 경건한 분위기속에서 조용히 기도하는 소리만이 들려야 하는 곳에서 소와 양과 비둘기가 울어대고 있었고, 사람들이 통회 자복하며 거룩한 경배와 길게 간구하는 소리가 들려야 하는 곳에서 시끄럽게 사고파는 흥정 소리가 요란하게 귓가에 들렸을 때, 예수님은 견딜 수 없었을 것입니다. 예수께서 유대인 상인들에게 내 아버지 집을 장사하는 집으로 만들지 말라는 말씀은 요란함이나 마음을 산만하게 하는 데서 벗어나 진심으로 하나님을 예배하라는 선지자적인 초대였습니다. 예수님이 노끈으로 채찍을 만드사 양이나 소를 다 성전에서 내쫓으시고 돈 바꾸는 사람들의 상을 엎으신 행동은 강력했지만 잔혹하지는 않았습니다. 하나님의 아들 예수께서 성전을 깨끗하게 하셔서, 이방인 신자들이 방해받지 않고 이방인의 뜰에서 맘껏 기도하도록 하게 하고자 함이었습니다.

17절에서 "제자들이 성경 말씀에 '주의 전을 사모하는 열심이 나를 삼키리라' 한 것을 기억하더라."라고 제자들은 시편 69편 9절의 "주의 전을 사모하는 열심이 나를 삼키리라"라는 말씀을 기억했는데, 언제 기억했는지에 대하여는 설명하지 않았습니다. 시편 69편은 저자인 다윗이 성전을 사모하는 열심 때문에 대적들로부터 겪은 무자비한 박해로 인하여 하나님께 부르짖었던 것을 보여줍니다. 다윗의 성전을 사모하는 열심과 헌신을 그의 대적들이 전혀 이해하거나 공감하지 못했기 때문에 다윗을 삼킨다는 것입니다. 이것은 다윗의 위대한 자손 예수님의 성전을 사모하는 열심과 헌신 때문에 예수께서 고난을 당하게 되리라는 선지자적인 예언의 말씀입니다. 성전을 깨끗하게 하고자 하는 예수님의 성전 정화 사건은 가장 우선적으로 하나님과 성도가 희생 제물을 통하여 만나는 구심점으로서의 역할을 하는 곳으로 지정된 성전에서 순전한 기도와 예배가 드려지며 하나님과 성도의 올바른 관계가 이루어져야 한다는 예수님의 열심을 제자들이 증언해주고 있습니다. 예수님의 성전에 대한 이러한 열심이 당연히 유대인들의 박해를 일으킬 수밖에 없었고, 예수님은 삼켜질 수밖에 없었습니다. 여기서 예수님의 삼켜짐은 죽으심을 의미합니다. 제자들은 예수께서 부활하신 후에야 이 말씀의 의미를 깨달았습니다.

적용　예수님은 우리가 예배당에서 장사하고 이름 날리며 힘을 행사하는 것이 아니라, 제대로 기도하고 믿음으로 예배하기를 원하신다는 사실을 믿으시길 바랍니다.

셋째로 예수께서 성전을 자신의 몸으로 대체하셨습니다(18~22).

18~20절에서 유대인들이 예수님께 질문하여 "18. 이에 유대인들이 대답하여 예수께 말하기를 '네가 이런 일을 행하니 무슨 표적을 우리에게 보이겠느냐?' 19. 예수께서 대답하여 이르시되 '너희가 이 성전을 헐라. 내가 사흘 동안에 일으키리라.' 20. 유대인들이 이르되 '이 성전은 사십육 년 동안에 지었거늘 네가 삼 일 동안에 일으키겠느냐?' 하더라."라고 예수께서 유대인들에게 놀라운 말씀으로 대답하셨습니다. 여기서 예수님과 맞서고 있는 '유대인들'은 성전 당국자들이거나 산헤드린 대표자들이었습니다. 유대인 당국자들은 예수님께

감히 장사하는 자들을 내쫓으시며 성전을 규제하는 권세를 가진 사람처럼 행세하는 것을 정당화할 수 있는 어떤 표적을 요구하였습니다. 이 유대인들은 합법적인 당국자들이었기 때문에 성전 안에서 이처럼 담대하게 말씀하시고 행동하시는 예수님에 대하여 무슨 자격으로 그런 당당한 행동을 하는 것인지에 대하여 정당하게 물었습니다. 유대인들은 예수께서 혹시 하늘로부터 보내심을 받은 선지자일 가능성을 열어두고서 조심스럽게 질문했습니다. 유대인들이 자신들을 만족시켜줄 수 있는 표적을 요청한 것은 사실 하나님을 자신들의 입맛에 맞게 길들이고자 하는 불순한 의도였습니다. 하나님은 유대인들의 입맛대로 움직이는 분이 아니십니다. 유대인들은 예수님의 성전 정화 사건의 의미를 사실 성경에서 그 해답을 찾아야 하는데, 어리석게도 예수님의 표적을 통하여 찾고자 했습니다. 그러나 예수께서 놀라운 답변을 하셨는데 "너희가 이 성전을 헐라. 내가 사흘 동안에 일으키리라."라는 말씀은 유대인들이 도무지 이해할 수 없는 말씀이었고, 제자들마저도 부활 이후에야 이해할 수 있는 말씀이었습니다. 예수께서 대답하신 답변을 표면적으로 들으면 성전 당국자들에게 예루살렘 성전을 허물라고 요청하면서 자신은 그 성전을 사흘에 다시 짓겠다는 약속처럼 들립니다. 유대인들은 '성전을 허물라'는 예수님의 황당한 요구를 들어줄 수도 없었고 실제로 완패였습니다. 왜냐하면 예수님은 이 대답을 통하여 자신에게 성전을 정화할 권세가 있다는 사실을 증명해 줄 강력한 "표적"을 실제로 보여주겠다고 제안하고 있기 때문입니다. 완전히 파괴된 성전을 사흘에 다시 일으킬 수 있는 분이라면 성전을 규제하는 권세가 그에게 있다고 판단할 수밖에 없기 때문입니다. 유대인들이 "사십육 년 동안" 건축 중인 성전 건물을 "삼 일 동안에" 다시 지을 수 있다는 예수님의 말씀을 믿지 못하는 것은 당연했습니다. 유대인들은 그들의 눈에 보이는 건물에 초점을 맞춤으로써 예수께서 말씀하시는 성전의 의미를 놓쳐버렸습니다. 예루살렘 성전은 주전 19년에서 주후 63년까지 82년 동안 건축되었지만, 완성 후 7년이 지난 주후 70년에 로마의 디도 장군에 의해서 완전히 파괴되어버렸습니다.

21~22절에서 "21. 그러나 예수는 성전된 자기 육체를 가리켜 말씀하신 것이라. 22. 죽은 자 가운데서 살아나신 후에야 제자들이 이 말씀하신 것을 기억하고 성경과 예수께서 하신 말씀을 믿었더라."고 사도 요한은 사람들이 이해하지 못한 예수님 말씀의 의미를 명확히 하고자 드디어 여기에서 설명하고 있습니다. 사도 요한은 예수께서 성전을 실체로 지칭한 것은 "자기 육체" 즉 육신이된 말씀 그 몸이었다(1:14)고 설명합니다. 14장 10~11절에서 성육신하신 예수께서 아버지 안에 거하시고 아버지께서 예수 안에 거하시며 유일하게 아버지와 상호내주를 즐기시는 분이시라고 말씀했습니다. 그러므로 예수님의 육신의 몸은 유일하게 하나님 아버지를 나타내시는 곳이기 때문에 사람들에게 하나님의 나타남의 구심점이고, 이 땅에서 하나님이 살아 있는 처소이고, 구약의 성전이 의미했던 모든 것의 성취이며, 참된 예배의 중심입니다. 이 성전 안에서 궁극적인 희생 제사가 드려진 것인데, 그것은 참된 성전인 예수 그리스도께서 죽어서 장사된 후에 사흘 만에 죽은 자 가운데서 다시 살아나는 것이었습니다. "자기 육체"라는 어구는 오직 십자가에 못 박혀서 장사된 후에 죽은 자 가운데서 다시 살아난 예수님의 부활하신 몸을 가리켰습니다. 예수께서 성전을 정화하시고 죽으셨다가 부활하신 후에 성전을 자신의 부활하신 몸으로 대체해서 말씀하신 것을 사도 요한과 제자들이 이해했습니다. 사도 요한이 예수께서 유월절에 성전을 정화하시면서 하셨던 "너희가 성전을 헐라. 내가 사흘에 다시 일으키리라"라는 말씀의 의미를 제자들은 하나도 이해하지 못하였다고 솔직하게 고백했습니다. 그런데 예수께서 부활하신 후에 제자들은 성령을 충만하게 받아서 예수님의 말씀이 생각나고, 깨달아져서 드디어 성전을 사흘에 일으키리라는 말씀의 의미가 이해되었습니다.

솔로몬이 건축한 성전에 대하여 열왕기상 9장 3절에서 "여호와께서 그에게 이르시되 '네 기도와 네가 내 앞에서 간구한 바를 내가 들었은즉 나는 네가 건축한 이 성전을 거룩하게 구별하여 내 이름을 영원히 그 곳에 두며 내 눈길과 내 마음이 항상 거기에 있으리니"라고 놀라운 약속을 주셨습니다. 솔로몬이 건축한 성전은 하나님이 임재하시는 곳이며, 하나님의 이름이 거하시는 곳이며, 백성들의 기도를 들으시고 용서하시는 곳이었습니다. 그런데 예수님은 성전을 본문 21절에서 자신의 부활하신 몸으로 대체해서 말씀하셨습니다. 우리가 십자가에서 죽으셨다가 부활하신 예수님의 몸이 하나님이 거하시는 성전과 성령의 전임을 믿을 때 하나님이 우리 안에 아버지로 거하시고, 예수께서 우리 안에 주님으로 거하시고, 성령이 우리 안에 충만하게 거하십니다. 오히려 나를 대신하여 십자가에 죽으시고 부활하신 예수님의 이름으로(14:13) 아버지께 기도할 때 아버지께서 들으시고 응답하십니다. 바울 사도는 예수님을 자신의 주님으로 믿고 예수님의 지체 된 성도들인 교회가 바로 하나님의 성전이라고 했습니다. 고린도전서 3장 16절에서 "너희는 너희가 하나님의 성전인 것과 하나님의 성령이 너희 안에 계시는 것을 알지 못하느냐?"라고 교회가 바로 하나님의 성전이며 성령이 거하시는 전이라고 말씀했습니다. 마태복음 18장 20절에서 "두세 사람이 내 이름으로 모인 곳에는 나도 그들 중에 있느니라."라고 두세 사람이 예수님의 이름으로 모이는 교회가 바로 성전이고 예수님은 그 가운데 계십니다.

사랑하는 성도 여러분이여!

교회당 건물은 성전이라고 말하는 것은 옳지 않습니다. 교회의 건물은 예배당입니다. 우리들이 예배당에 모여서 삼위일체 하나님을 예배할 때 성삼위일체 하나님이 우리 안에 거하십니다. 예수님은 성전을 자신의 부활하신 몸으로 대체해서 자신의 육체가 성전이라고 말씀하셨습니다. 예수님의 부활하신 몸이 성전이고, 예수께서 우리의 주님과 머리 되시고 우리는 그의 몸인 교회라는 사실을 믿을 때 구원받은 우리들이 교회이며 성전입니다. 하나님이 우리 안에 거하셔서 주장하시고, 인도하시고, 온전하게 구원하시는 우리들이 거룩한 성전임을 믿으시길 바랍니다.

9. 사람의 마음을 아시는 예수님(2:23~25)

영국 템즈 강변에 한 거지 노인이 살고 있었습니다. 그는 낡은 바이올린을 연주하며 구걸하고 있었는데, 그의 연주는 사람들의 관심을 끌지 못했습니다. 그때 웬 낯선 외국인이 그를 측은히 바라보며 말하기를 "지금 제가 돈이 없습니다. 그러나 저도 바이올린을 좀 다룰 줄 아는데 대신 몇 곡만 연주해 드리면 안 되겠습니까?"라고 요청했고, 거지 노인은 그에게 바이올린을 건네주었는데, 그가 바이올린의 활을 당기자 놀랍도록 아름다운 선율이 흘러나왔습니다. 그 아름다운 바이올린 소리를 듣고 많은 사람들이 모여들었고, 거지 노인의 모자에는 순식간에 돈이 쌓이게 되었고, 연주가 끝나자 사람들의 우렁찬 박수가 쏟아졌습니다. 그때 누군가가 "저 사람이 그 유명한 파가니니다!"(Niccolò Paganini, 1782~1840, 이탈리아)라고 외쳤는데, 그는 바이올린 명연주자로서 런던에 연수차 왔다가 잠시 산책을 하는 중이었습니다. 낡은 바이올린이라도 누구의 손에 의해서 연주되느냐에 따라서 그 소리는 크게 달라집니다. 우리네 삶도 악기와 마찬가지로 전능하신 창조주 하나님의 손에 붙들려 하나님이 인도하시는 대로 살아가면 진정으로 아름다운 향기를 발할 수 있습니다.

예수께서 유월절 기간에 예루살렘에 올라가 그곳에 거하시며 시장터로 변해버린 성전을 정화하시고 또 "너희가 이 성전을 헐라 내가 사흘 동안에 일으키리라."라는 아주 충격적인 말씀을 주셨습니다. 성경에 기록되지 아니한 표적을 행하시며 자신이 하나님의 아들 그리스도이심을 증거 하셨습니다. 예루살렘에 유월절 절기를 지키러 온 많은 순례자들이 예수님이 행하신 표적을 보고 예수님을 믿었습니다. 그러나 자신이 행한 표적을 보고서 믿음을 가진 유대인들의 믿음을 예수께서 온전히 인정하지 않았고, 그들을 온전히 신뢰하지도 않았습니다. 표적을 보고 믿는 믿음은 제대로 된 믿음이라고 보기 어렵습니다. 진정한 믿음은 예수 그리스도에 대한 성경 말씀을 통하여 믿는 믿음이어야 합니다. 예수님은 자신에 대한 그 누구의 증언도 받을 필요가 없었습니다. 왜냐하면, 예수님은 사람의 마음을 다 아시기 때문입니다. 사람의 마음을 아시는 예수님이라는 제목의 말씀을 들으면서 함께 은혜를 나누고자 합니다.

첫째로 유월절에 많은 유대인들이 예수께서 행하시는 표적을 보고 그를 믿었습니다 (23).

23절에서 "유월절에 예수께서 예루살렘에 계시니 많은 사람이 그의 행하시는 표적을 보고 그의 이름을 믿었으나"라고 예수께서 유월절 기간에 예루살렘에 계시면서 먼저 성전을 깨끗하게 정화하셨고, 많은 유대인들이 보는 데서 표적을 행하셨는데 그 표적이 무엇인지에 대해서 말하고 있지 않지만, 많은 유대인들이 그 표적을 보고서 예수님을 믿었다고 했습니다. 예수님은 성경에 기록되지 아니한 많은 표적도 행하셨는데, 특별히 유월절에 예루살렘에서 많은 순례자들이 모인 데서 표적을 행하셨습니다. 유대인 남자들과 개종한 이방인들과 완전히 개종하지 않은 이방인들까지도 일 년에 세 번씩 유월절, 오순절, 그리고 초막절에 절기를 지키러 예루살렘에 올라가야 했는데, 예수님 당시에 이 유월절에 예루살렘에 모인 사람들이 13만 명이었다고 추정합니다.

유대인 당국자들은 예수를 그리스도라고 믿지 않았지만, 원래가 표적을 좋아하는 유대인들과 순례자들이 유월절에 예루살렘에서 예수께서 행하시는 표적을 보고서 믿었는데, 그들의 믿음은 아주 초보적인 믿음이었습니다. 예수님은 표적을 보고서 믿는 믿음의 위험성에 대해서 여러 번 언급하셨습니다. 예수께서 표적을 구하는 바리새인들을 향하여 깊이 탄식하셨고(막 8:11~12), 더 나아가 예수께서 4장 48절에서 "너희는 표적과 기사를 보지 못하면 도무지 믿지 아니하리라."라고 책망하셨습니다. 예수께서 표적을 보고서 믿고자 하는 유대인들의 바람직하지 못한 태도를 지적하셨습니다. 6장에서 오병이어로 오천 명을 먹이시고 열두 광주리가 남는 표적을 행했을 때, 많은 사람들이 예수님을 모세가 예언한 그 선지자라고 말하며 억지로 그들의 왕을 삼으려고 했을 때, 예수님은 혼자 조용하게 산으로 피신했습니다. 많은 유대인들이 표적을 보고서 예수님을 그들의 정치적인 메시아로 삼고자 했으나 예수님은 정치적인 그리스도가 아니고 구원의 주님이셨기 때문에 그들을 피하셨습니다. 예수께서 원하시는 제자의 믿음은 하나님의 말씀에 근거해서 예수님을 하나님의 아들과 인자이시며 그들의 주님으로 믿고 따르는 것이었습니다. 20장 29절에서 "예수께서 이르시되 '너는 나를 본 고로 믿느냐 보지 못하고 믿는 자들은 복되도다.'"라고 하나님의 말씀인 성경을 보고서 하나님의 아들 예수 그리스도를 믿고 따르는 진정한 믿음을 축복하셨습니다. 로마서 10장 17절에서 "그러므로 믿음은 들음에서 나며 들음은 그리스도의 말씀으로 말미암았느니라."라고 하신 말씀처럼 예수 그리스도의 말씀을 듣고 그 말씀에 나오는 대로 하나님의 아들이신 예수 그리스도를 자기 주님으로 믿는 믿음이 진정한 믿음입니다.

예수님의 열두 제자들도 제자가 되는데 긴 훈련과정을 거쳤습니다. 베드로는 그의 형제 안드레의 전도로 예수를 그리스도로 믿었는데, 가나의 혼인 잔치에서 물이 변하여 포도주가 되는 놀라운 표적을 보고서 예수님을 하나님의 아들 그리스도로 믿었습니다. 그리고 가이샤랴 빌립보 지방에서 베드로는 예수님을 향하여 "주는 그리스도시요 살아계신 하나님의 아들이시니이다."라고 놀라운 신앙고백을 했고, 예수님은 하늘에 계신 하나님 아버지께서 베드로에게 신앙고백을 하게 하셨다고 베드로를 칭찬하셨습니다. 그런데 예수께서 제자들에게 자신이 예루살렘에 올라가서 인자로 유대의 종교당국자들에게 고난을 받고 죽임을 당하고 제삼일에 살아나야 할 것을 말씀하셨을 때, 베드로는 하나님의 아들이신 예수님의 고난과 죽음과 부활을 만류하다가 "사탄아 내 뒤로 물러가라"는 책망을 받았습니다. 그 후 성만찬을 제정하는 예식에서 예수께서 베드로에게 "내가 진실로 진실로 네게 이르노니 닭 울기 전에 네가 세 번 나를 부인하리라."라는 경고를 했음에도 "주를 위하여 내 목숨을 버리겠나이다."라고 장담하며 전혀 대비하지 않고 있다가 산헤드린 공회에서 예수께서 마지막 심문을 받는 그 결정적인 순간에 예수께서 내려다보고 있는 곳에서 예수님을 세 번이나 모른다고 부인하며 넘어져 버렸습니다. 그러나 부활하신 예수께서 디베랴 호숫가에서 베드로에게 "요한의 아들 시몬아, 네가 이 사람들보다 나를 더 사랑하느냐?"는 질문을 세 번이나 던져서 예수님을 주님으로 사랑한다고 베드로가 신앙고백 하면서 비로소 제자의 믿음을 회복했습니다. 베드로는 오순절에 성령을 충만하게 받고서 제자의 능력도 회복했습니다. 예수님의 제자가 된다는 것은 수많은 훈련과정을 거쳐서 하나님의 말씀대로 예수님의 고난과 죽음과 부활을 제대로 믿고 자기 십자가를 지고 예수님을 따라갈 때 비로소 가능합니다. 사람들이 십자가에 죽으시고 부활하신 예수님을 자신의 주님으로 믿고 자기 십자가를 지고 묵묵히 흔들리지 않고 따라가면서 제자가 되어갑니다. 제자가 되는 것은 하나님의 말씀을 통하여 하나님과 성령께서 오랫동안 믿게 하시고 도우셔야 가능한 일입니다.

적용 우리도 수많은 훈련과 시험을 견뎌내고 어려운 고난을 이겨내면서도 예수님을 나의 주님으로 믿고서 묵묵히 변함없이 예수님을 따라가는 제자가 될 수 있기를 바랍니다.

둘째로 예수님은 유대인들을 아셨기 때문에 그들을 신뢰하지 않았습니다(24).

24절 상에서 "예수는 그의 몸을 그들에게 의탁하지 아니하셨으니…"라고 예수께서 행하신 표적을 보고서 예수를 믿었던 유대인들에 대하여 예수께서 전적으로 신뢰하지 않고 회의적인 반응을 드러내셨습니다. '의탁하다'(episteuen; entrust)는 '믿는다'나 '신뢰하다'와 같은 뜻인데, 하나님의 아들이신 예수님은 유대인들의 중심을 아시고 그들의 표적을 보고 믿은 믿음이 제대로 된 변함없는 믿음이 아니라는 사실을 알았기 때문에 그들을 신뢰하지 않았습니다. 유월절에 예루살렘에서 예수께서 행하신 표적을 보고서 많은 유대인들이 예수를 믿었지만, 예수님이 진정으로 누구신지에 대한 성경을 통한 정확한 이해가 없이 막연하게 표적만을 보고서 믿는 믿음은 견고하지 않다는 것을 아셨습니다. 표적을 보고서 믿은 많은 유대인의 믿음은 단순하고 초보적이며 시련을 당하면 금방 흔들리는 거짓 믿음임을 예수님은 아셨습니다. 예수님은 유대인들의 사악함과 표리부동함을 잘 아셨습니다. 예수께서 그들을 진정한 자신의 제자로 신뢰하기 위해서는 오랜 시간 그들의 신앙이 변함없이 성장해야 했습니다. 이처럼 예수께서 유대인들을 신뢰하지 않은 것은 그가 제자들을 제대로 아신다는 사실에 근거합니다. 예수께서 오병이어의 표적 후에 자신은 하늘에서 내려온 생명의 떡이며 자신의 살을 먹고 자신의 피를 마시는 사람이 영생을 얻는다는 어려운 말씀을 길게 하셨는데, 6장 66절에서 "그 때부터 그의 제자 중에서 많은 사람이 떠나가고 다시 그와 함께 다니지 아니하더라."라고 표적을 보고 믿었던 유대인들이 예수께서 어려운 말씀을 길게 하시자 예수님을 떠나가 버렸습니다. 그들은 예수님의 말씀을 통하여 예수님을 제대로 믿어야 했음에도 표적을 보고서 순간적으로 믿었다가 예수님의 말씀이 어려워서 이해하지 못하자 예수님을 떠나 버렸습니다. 예수께서 그 유대인들을 신뢰하였더라면 예수님은 오히려 우스운 사람이 되었을 것입니다. 예수님이 그들을 신뢰하지 않았던 이유에 대하여 이어서 설명합니다.

24절 하에서 "… 이는 친히 모든 사람을 아심이요"라는 말씀은 하나님의 아들이신 예수님의 전지성을 알려주는 표현입니다. 예수께서 유월절에 예루살렘에서 행하신 표적이 예수님의 전능성을 드러낸 것이라면, 모든 사람을 아신다는 것은 예수님의 전지성을 알려주는 말씀입니다. 예수께서 1장에서 안드레의 전도로 베드로가 예수님께 나아왔을 때 "네가 요한의 아들 시몬이니 장차 게바라 하리라."라고 말씀하셨고, 나다나엘이 예수님께 나아옴을 보시고 "보라, 이는 참으로 이스라엘 사람이라. 그 속에 간사한 것이 없도다."라고 말씀하셨습니다. 이런 것들을 통하여 인간의 내면을 꿰뚫어 보시는 예수님의 신적인 통찰력과 전지성을 알 수 있습니다. 예수님은 사람의 마음까지도 다 아시는 하나님의 아들 그리스도이심을 드러내셨습니다. 예수님은 자신이 행한 표적을 보고서 예수님을 믿고 따르는 많은 유대인들의 표리부동한 마음을 다 아셨습니다. 예수께서 행하신 표적을 보고 많은 유대인이 믿었지만, 예수께서 자신이 하늘에서 내려온 생명의 떡이라는 어려운 말씀에 그들이 예수님을 떠나갈 것을 내다보고 아셨습니다. 훗날 종려주일에 나귀 새끼를 타시고 예루살렘에 입성하시는 예수님을 향하여 많은 유대인들이 종려나무 가지를 흔들며 "호산나, 찬송하리로다. 주의 이름으로 오시는 이, 곧 이스라엘의 왕이시여!"라고 하며 환호했지만, 얼마 후에 빌라도 총독에게 예수께서 심문을 받고 있었을 때 빌라도를 향하여 "십자가에 못 박으소서!"라고 소리쳤던 표리부동한 사람들로 변할 것도 예수께서 이미 아셨습니다. 예수님은 하나님이 창세 전에 선택하시고 예정하신 자기 백성들을 다 아셨고, 그들을 십자가에서 구속하셨습니다. 예수님은 모든 사람을 다 아시는 하나님의 아들이십니다.

적용 우리는 표적이나 체험 등을 근거하지 않고 예수께서 하나님의 아들이시며 인자이시다는 성경 말씀에 근거하여 나의 주님으로 믿고 따라가며 섬길 수 있기를 바랍니다.

셋째로 예수님은 사람에 대하여 그 누구의 증언을 필요로 하지 않았습니다(25).

25절에서 "또 사람에 대하여 누구의 증언도 받으실 필요가 없었으니 이는 그가 친히 사람의 속에 있는 것을 아셨음이니라."라고 예수님은 사람의 생각만이 아니라 사람의 속성까지도 완전히 다 아시기 때문에 사람에 대하여 다른 그 누구의 증언을 받으실 필요가 없었습니다. 표적을 보고서 예수님을 믿은 많은 유대인들이 예수님을 정치적인 메시아로 알고 예수님을 따르려는 그들의 깊은 내면까지도 다 아셨습니다. 심지어 예수님의 열두 제자들까지도 예수님의 오른편과 왼편에 앉는 문제를 가지고 서로 다투는 것을 다 아셨습니다. 예수님은 자신의 표적을 보고 자신에게 다가오는 많은 유대인들에 대하여 다른 그 누구의 그 어떤 증언이 없어도 다 아셨습니다. 왜냐하면, 예수님은 그들의 심중을 다 아셨기 때문입니다. 예수님은 다른 종교지도자들과는 달리 많은 사람의 아첨하는 말에 넘어가시거나, 칭찬하는 말에 유혹되거나, 순진해서 속절없이 당하는 그런 분이 아니십니다. 예수님은 열두 제자 중에 한 사람 가룻 유다가 자신을 배신하여 팔 것을 이미 아셨습니다. 예수님은 자신의 열두 제자들이 자신을 버리고 다 흩어져 자신을 혼자 둘 때가 올 것이라고 예언했는데, 예수께서 붙잡혔을 때 제자들은 예수님을 버리고 다 흩어졌습니다.

예수님은 우리의 마음을 다 아시기 때문에 우리가 솔직하게 죄를 고백하고 예수님이 우리의 주님이심을 믿으면서 살아가는 것이 더 중요합니다. 열왕기상 8장 39절에서 "주는 계신 곳 하늘에서 들으시고 사하시며 각 사람의 마음을 아시오니 그들의 모든 행위대로 행하사 갚으시옵소서. 주만 홀로 사람의 마음을 다 아심이니이다."라고 하나님만이 우리의 마음을 다 아시고 우리가 회개할 때 사하신다고 했습니다. 예레미야 17장 9절에서 "만물보다 거짓되고 심히 부패한 것은 마음이라. 누가 능히 이를 알리요마는"이라고 하면서 만물보다 거짓되고 부패한 것은 사람의 마음이라고 했습니다. 사도 요한은 요한1서 1장 8~9절에서 "8. 만일 우리가 죄가 없다고 말하면 스스로 속이고 또 진리가 우리 속에 있지 아니할 것이요. 9. 만일 우리가 우리 죄를 자백하면 그는 미쁘시고 의로우사 우리 죄를 사하시며 우리를 모든 불의에서 깨끗하게 하실 것이요."라고 우리가 죄인이라고 자백하고 예수님을 나의 주님이시라고 믿고 고백하며 살아갈 때 우리가 깨끗하게 죄를 용서받아 구원받는 삶을 살아갈 수 있습니다.

사랑하는 성도 여러분이여!

우리는 표적을 보고서 믿는 믿음이나, 체험을 통하여 믿는 믿음이나, 책을 통하여 믿는 믿음이 아니라, 성경 말씀을 통하여 예수 그리스도께서 하나님의 아들이시고 인자로서 나의 주님이심을 믿고 신앙 고백하여 따라가는 구원받은 제자로 살아갈 수 있기를 바랍니다. 예수님은 우리의 모든 것을 다 아시는 하나님이심을 믿으시고 바울 사도처럼 "죄인 중에 제가 괴수입니다."라고 고백하거나 베드로처럼 "나는 죄인이로소이다. 나를 떠나소서."라고 진솔하게 고백하며 예수님을 나의 주님으로 믿고 묵묵히 따라가는 예수님의 제자들로 살아갈 수 있기를 소원합니다.

10. 사람은 거듭나야 영생을 얻습니다(3:1~15)

유대의 산헤드린 공회원인 니고데모가 여러 표적을 행하시고 큰 화제를 일으키시는 예수님께 밤중에 찾아가서 그분이 하나님에게서 오신 선생님인지 확인하고자 했습니다. 사실 니고데모는 당시 유대 최고 산헤드린 공회원으로 이스라엘의 선생(10)이었습니다. 오늘날로 말하면 국회의원에다 신학 교수입니다. 당시 유대인들은 율법을 지켜야 구원을 얻을 수 있고, 유대인으로 태어나야 배교자나 극악무도한 자를 제외하고 다 천국에 들어간다고 생각했습니다. 유대인들은 여러 가지 표적을 행하여 유대인들 사이에 큰 반향을 일으키시며 하나님을 친아버지라고 부르는 예수님을 참람한 죄인이라고 정죄하고 배척했습니다. 그런데 예수께서 지식과 사회적 지위와 사람됨과 능력을 겸비한 니고데모에게 물과 성령으로 거듭나지 아니하면 하나님 나라에 들어갈 수 없다고 놀라운 말씀을 하셨습니다. 대단한 권세를 가진 학자였던 니고데모는 사람이 거듭나야 하나님 나라에 들어간다는 예수님의 말씀을 제대로 이해하지 못했습니다. 니고데모는 사람이 늙어서 어떻게 다시 날 수 있느냐고 예수께 물었습니다. 사람들은 거듭나는 것을 제대로 이해하지 못하기 때문에 거듭나는 것에 관심이 없습니다. 본문을 통하여 사람은 반드시 거듭나야 영생을 얻는다는 말씀을 들으며 함께 은혜를 나누고자 합니다.

첫째로 사람이 거듭나는 것은 성령으로 나는 것입니다(1~8).

유대인의 관원인 니고데모는 예수님께서 행하시는 여러 표적에 대한 소식을 듣고 예수님이 누구신지 알아보기 위하여 밤중에 은밀하게 예수님을 찾아 갔습니다. 2절에 보면 니고데모는 예수께서 많은 표적을 행하시는 것은 하나님께서 함께하시는 증거이고, 이것이 바로 예수께서 하나님께로부터 오신 선생님이시라며 질문했습니다. 그런데 예수님은 그 질문에 대답하지 않으시고 바로 3절에서 '사람이 거듭나지 아니하면 하나님 나라를 볼 수 없고', 5절에서 '사람이 물과 성령으로 나지 아니하면 하나님 나라에 들어갈 수 없고', 6절에서 '육으로 난 것은 육이고, 영으로 난 것은 영이라'라고 신앙에 있어서 가장 중요한 거듭남과 성령으로 나는 것을 말씀하셨습니다. 사실 거듭난다(gennethe anothen; to be born again or to be born from above)는 말은 '나다'(gennethe; to be born)와 '다시' 또는 '위로부터'(anothen; again or from above)라는 두 단어가 결합한 단어입니다. '거듭난다'라는 말은 먼저 '다시 태어난다'(to be born again)라는 의미로 부모에게서 다시 태어나는 것을 말하고, 나중은 '위로부터 난다'(to be born from above)라는 의미인데 이것은 성령에 의해서 새 생명으로 나는 것, 다시 말해서 하나님에 의해서 나는 것을 의미합니다. 6절에 보면 "육으로 난 것은 육이요, 영으로 난 것은 영이니"라고 번역돼 있는데, NLT 성경(New Living Translation Bible)의 번역이 참 잘 되어 있습니다. '사람은 단지 육신의 생명을 줄 수 있지만, 성령은 하늘로부터 오는 새 생명을 주십니다.'(Humans can produce only human life, but the Holy Spirit gives new life from heaven.) 성령이 우리에게 하늘로부터 오는 새 생명을 주시는 것, 다시 말해서 영적인 생명을 주시는 것을 거듭나는 것이라고 말씀합니다. 하나님이 다스리는 하나님 나라를 보고 그 나라에 들어가기 위하여 사람은 개인적으로 반드시 거듭나야 합니다. 다시 말해서 하늘로부터 나는 새 생명으로 즉, 부활의 새 생명으로 나야 하나님 나라에 들어갈 수 있습니다.

1장 12~13절에는 "영접하는 자 곧 그 이름을 믿는 자들에게는 하나님의 자녀가 되는 권세를 주셨으니 이는 혈통으로나 육정으로나 사람의 뜻으로 나지 아니하고 오직 하나님께로부터 난 자들이니라."라고 예수님을 영접하는 사람에게 하나님의 자녀가 되는 권세를 주시는데, 영접하는 자는 하나님에게서 난 사람이라고 했습니다. 하나님으로부터 난 사람은 성육신한 말씀이신 예수님을 영접하거나 그의 이름을 믿어서 하나님의 자녀가 된 사람입니다. 사람이 거듭나는 것은 사람에게 영적인 새 생명을 주는 성령의 신비스러운 역사(work) 즉 하나님의 신비스러운 역사(work)입니다. 거듭남은 하나님이 하시는 일로서 사람이 할 수 있는 일이 아닙니다. 8절에 보면 바람이 어디서부터 와서 어디로 가는지 알 수 없는 것처럼 성령으로 난 거듭난 사람도 알 수 없습니다. 성령에 의해서 영적인 새 생명으로 나는 것은 위에서부터 다시 말해서 하나님으로부터 나는 것인데 유대인의 관원 니고데모는 전혀 이해하지 못하고 땅에서 부모에게서 다시 태어나는 것으로 이해했습니다. 5절에서 예수께서는 거듭나는 것을 물과 성령으로 나는 것이며 위에서부터 영적인 새 생명으로 나는 것이라고 다시 설명했습니다. 물과 성령으로 난다는 것은 영적인 새 생명으로 나서 죄로부터 깨끗하게 씻어졌다는 의미입니다.

물과 성령으로 나는 것을 크게 두 가지로 해석합니다. 하나는 물세례와 성령세례를 받아야 하나님의 나라에 들어갈 수 있다는 해석입니다. 다른 하나는 에스겔 36장 25~27절에서 25절의 '맑은 물을 너희에게 뿌려서 너희로 정결하게 하되'라고 나와 있는데, 이것은 더러운 죄에서 깨끗하게 씻는다는 말입니다. 26~27절의 '새 영을 너희 속에 두고, 새 마음을 너희에게 주되, 너희 육신에서 굳은 마음을 제거하고 부드러운 마음을 줄 것이며'라고 해서 성령으로 난 사람은 성령이 그 마음을 변화시켜서 새 마음과 새 생명을 주신다는 말씀입니다. 물과 성령으로 나는 것은 죄에서 깨끗하게 씻어진 생명으로 나는 것이고 새로 변화된 생명으로 나는 것입니다.

예수께서 모든 유대인은 하나님 나라에 들어간다고 믿었던 유대인의 관원 니고데모에게 말씀하신 것은 사람이 개인적으로 거듭나야 하나님 나라에 들어갈 수 있다는 것이었습니다. 거듭나는 것은 성령에 의해서 새 생명으로 나는 것이고, 하나님에 의해서 영적으로 나는 것이고, 영적으로 죽었던 자가 영적인 새 생명으로 살아나는 것입니다. 유대인들도 하나님 나라에 들어가려면 유대인의 특권과 지위에 상관없이 개인적으로 반드시 거듭나야 한다는 것이 예수님의 말씀입니다. 이것은 유대인 산헤드린 공회원인 니고데모에게는 참으로 충격적인 말씀이었습니다. 예수님은 유대인들도 성령에 의해서 거듭나는 근본적인 변화가 있어야 하나님 나라에 들어갈 수 있다는 것이었습니다. 이 성경 말씀은 오늘날에도 그대로 적용이 됩니다. 우리도 성령으로 거듭나야 하나님 나라에 들어갈 수 있습니다.

적용 우리도 성령으로 하나님의 말씀을 듣고 믿어서 거듭난 그리스도인이 되길 바랍니다.

둘째로 사람이 거듭나는 것은 인자의 십자가에 죽으심을 믿는 것입니다(9~14).

니고데모는 9절에서 사람에게 성령으로 나는 것이 과연 가능한 것인지를 예수님께 물었습니다. 예수님은 10절에서 니고데모에게 유대인 성경학자로서 이러한 거듭남을 알지 못하느냐고 책망하셨습니다. 11~12절에서 예수께서 유대인들이 거듭남을 알지 못하는 것은 예수님의 말씀을 '받아들이지 않고', '믿지 않아서'라고 말씀하셨습니다. 13절에서 예수께서 거듭나는 것을 구체적으로 예수님을 하늘에서 나신 인자로 믿는 것이라고 말씀합니다. 예수께서 자신이 '하늘에서 내려온 인자' 즉, 하나님에게서 나신 인자라고 말씀하십니다. 16절에서 예수께서 자신을 하나님의 독생자라고 말씀하고 있습니다. 16절에서 독생자(monogenes; His only begotten Son; KJV, NASB)는 하나님에게서 나신 유일한 아들이라고 말씀합니다(17:8). 예수님은 신격에 있어서는 성자 하나님이시고, 또 존재에 있어서는 완전한 하나님이십니다(1:1, 18). 거듭난 사람은 예수님을 하나님에게서 나신 인자와 하나님의 독생자로 믿습니다. 성령으로 거듭난 것은 예수님을 인자와 독생자로 믿는 믿음에서 확인합니다.

민수기 21장 4~9절에서 호르 산 아래서 출애굽 한 이스라엘 백성이 에돔 사람들의 반대로 지름길인 에돔 땅을 통과해서 갈 수 없고 한참을 돌아서 먼 길로

가야 한다는 사실로 인하여 하나님과 모세를 원망했습니다. 그때 하나님께서 불 뱀을 이스라엘 백성들에게 보내서 불평 원망하는 백성을 물어 많은 사람이 죽고 상하게 했습니다. 이스라엘 백성들은 하나님과 모세를 원망하며 범죄한 것을 회개했습니다. 하나님은 모세에게 놋 뱀을 만들어 장대 위 나무에 매달아 놓았고, 장대 위에 높이 달린 놋 뱀을 쳐다보는 사람마다 다 고침을 받고 살아났습니다. 14절의 말씀이 성경에서 인자에 대해서 가장 잘 설명하는 구절이라고 카슨(D. A. Carson) 교수가 지적했습니다. 14절에서 "모세가 광야에서 뱀을 든 것 같이 인자도 들려야 하리니"(must be lifted up; NIV)라는 말씀은 호르 산 아래 장대에 놋 뱀이 달린 것처럼 하나님에게서 나신 인자가 반드시 십자가에 달려 죽으셔야 하는 것을 말합니다. '들려야 하리니'라는 말씀은 12장 32~33절에서 "내가 땅에서 들리면 모든 사람을 내게로 이끌겠노라.' 하시니 이렇게 말씀하심은 자기가 어떠한 죽음으로 죽을 것을 보이심이러라."라는 말씀에서 인자가 땅에서 들리는 것이 인자 예수께서 십자가에 달려죽으시는 것을 말씀하신 것입니다. 말씀이신 하나님이 육신이 되어 이 땅에 인자로 오셔서 우리 대신에 십자가에 죽으신 것을 믿는 것이 바로 거듭난 것입니다. 이것이 영적으로 죽었던 자가 바로 영적으로 새로 살아나는 거듭남입니다.

야고보서 1장 18절에서 "자기의 뜻을 따라 진리의 말씀으로 우리를 낳으셨느니라."라고 하나님께서 진리의 말씀으로 거듭나게 했다는 것입니다. 베드로전서 1장 23절에서 "너희가 거듭난 것은 썩어질 씨로 된 것이 아니요, 썩지 아니할 씨로 된 것이니 살아 있고, 항상 있는 하나님의 말씀으로 되었느니라."라고 우리가 거듭난 것은 하나님의 말씀으로 된 것이라고 했습니다. 우리가 인자 예수께서 우리 대신 십자가에 달려 죽으셨다는 하나님의 말씀을 듣고 믿을 때(11~12), 성령께서 우리 안에 역사해서 예수 그리스도를 인자와 독생자로 믿어서 거듭나게 하신 것입니다.

거듭나는 것은 예수께서 하늘 위 다시 말해서 하나님에게서 나신 인자이심을 믿는 것입니다. 14절에서 내가 죽어야 할 그 죽음을 대신해서 인자이신 예수께서 십자가에 달려 죽으시는 것을 믿는 것이 바로 거듭나는 것입니다. 십자가에 달려 죽으셨다가 사흘 만에 살아나신 예수께서 인자이심을 믿는 것이 바로 새로운 출생의 거듭남입니다. 16절에서 예수께서 하나님의 사랑 때문에 이 세상에 오신 하나님의 독생자이심을 믿는 것이 거듭남입니다. 하나님에게서 나신 인자이신 예수께서 십자가에 달려죽으신 것을 믿는 것이 바로 성령에 의해 거듭난 것입니다. 다시 말해서 하나님이신 예수님을 바로 나의 죄를 대신해서 십자가에 달려 죽으신 인자로 믿는 것이 거듭남입니다. 우리가 하나님의 독생자 예수께서 나의 죄를 대신하여 십자가에 달려 죽으신 인자이심을 믿고 있다면 우리는 이미 거듭난 그리스도인입니다.

적용 우리가 인자 예수님의 십자가의 대속적 죽음을 믿고 있다면 이미 거듭난 성도가 되었음을 믿으시길 바랍니다.

셋째로 사람이 인자 예수님의 십자가 죽음을 믿어서 거듭나야 영생을 얻습니다(15).

거듭난 결과에 대하여 3절에서 하나님 나라를 볼 수 있고, 5절에서 하나님 나라에 들어갈 수 있다고 했습니다. 거듭난 결과에 대하여 15절에서 '이는 그를 믿는 자마다 영생을 얻게 하려 하심이니라.', 16절에서 '… 이는 그(독생자)를 믿는 자마다 멸망하지 않고 영생을 얻게 하려 하심이라'라고 했습니다. 3, 5절에서 하나님 나라를 보고 들어가는 것과 15, 16절에서 영생을 얻는 것은 같은 뜻입니다. 하나님 나라에 들어가는 것은 하나님 나라에서 영원한 부활의 생명을 누리는 영생을 의미합니다. 영생은 우리가 부활의 생명을 가지고 하나님 나라에서 하나님의 자녀로 하나님을 영원히 섬기며 사는 것입니다. 성령에 의해서 거듭난 사람은 성령이 우리에게 주신 새 생명으로 이미 출생하여 영생의 삶을 살아가고 있습니다. 성령에 의해서 거듭난 사람은 예수님을 영접한 하나님의 자녀로 살아가는 것이고, 예수님을 인자로 믿어 영생 얻은 자로 살아가는 것입니다. 거듭나서 영생을 얻는 자는 성령에 의한 새로운 출생을 한 자들로 영원히 하나님 나라에서 하나님을 섬기며 살아가게 될 것입니다.

본문 11절과 12절에서 니고데모는 처음에 사람이 거듭나야 영생을 얻는다는 예수님의 말씀을 받아들이지 못하고 믿지 못하여 그냥 돌아갔습니다. 예수님을 하나님에게서 나신 인자로 믿지 못하고 돌아갔던 니고데모는 얼마 후에 산헤드린 공회에서 예수님을 변호하는 자로 반쯤 변화되었습니다. 7장 51절에서 니고데모가 "우리 율법은 사람의 말을 듣고 그 행한 것을 알기 전에 심판하느냐?"라고 산헤드린 공회원들에게 예수님을 직접 옹호하는 자로 나섰습니다. 그런데 예수께서 십자가에 달려 죽었을 때 니고데모는 예수님의 제자 아리마대 사람 요셉과 함께 예수님의 시신을 십자가에서 내려다가 씻기고 향품을 발라 돌무덤에 장사지내는 거듭난 예수님의 제자가 되어 있었습니다. 니고데모가 안식일 바로 전 황혼에 서둘러서 "몰약과 침향 섞은 것을 백 리트라쯤 가지고 온지라"(요 19:39)라는 말에서 예수님의 제자가 된 모습을 확인할 수 있습니다. 니고데모가 처음엔 사람이 거듭나야 하나님 나라에 들어간다는 예수의 말씀을 받아들이지 못하고 믿지 못하여 거듭나지 못했지만, 예수께서 인자로 십자가에 달려 죽었을 때 그를 믿은 거듭난 예수님의 제자가 되어 유대인과 죽음도 두려워하지 않고 예수님을 따랐습니다. 니고데모가 예수님을 인자로 믿는 거듭난 그리스도인이 되는 데 상당히 오랜 시간이 걸렸습니다.

사랑하는 성도 여러분이여!

사람은 성령으로 거듭나서 인자 예수님의 십자가의 대속적인 죽음을 믿어야 영생을 얻은 하나님의 자녀가 됩니다. 거듭난 자는 인자 예수께서 나를 대신해 십자가에 죽으신 것을 믿는 그리스도인입니다. 성령으로 거듭난 성도는 이미 하나님 나라의 백성이 되었고, 하나님과 함께 사는 영생을 얻었습니다. 성령으로 거듭난 성도는 니고데모처럼 유대인과 죽음도 두려워하지 않고 예수님을 끝까지 따라가는 예수님의 제자입니다. 거듭난 사람은 물이 포도주로 변한 것처럼 자연인에서 새 생명을 가진 그리스도인으로 변화된 사람입니다.

인자 예수님을 나의 주님으로 믿어서 영생을 누리는 거듭난 성도로 살아갈 수
있기를 소망합니다.

11. 독생자를 믿는 것이 영생입니다(3:16~21)

성령에 의해 거듭난 사람은 인자(the Son of Man)의 들림을 믿어서 영생을 얻습니다. 예수님은 자신을 인자라고 말하고 하나님을 아버지라고 불렀는데 본문에서 독생자와 하나님이라는 용어가 사용된 것으로 봐서 사도 요한이 기록한 내용입니다. 인자의 들림을 믿는 것이 거듭남이라는 예수님의 말씀에 이어서 사도 요한은 하나님이 세상을 매우 사랑하셔서 독생자를 보내주셨는데 들림을 받은 인자 예수님이 바로 하나님의 독생자(His only begotten Son)라고 했습니다. 하나님이 우리를 매우 사랑하여 보내주신 독생자 때문에 우리가 구원을 받았고 영생을 얻었습니다. 하나님의 독생자라는 말의 뜻은 무엇일까요? 인자 예수님을 하나님의 독생자로 믿어 영생을 얻는다는 말씀과 독생자를 믿지 않아서 정죄를 받는다는 말씀은 무슨 뜻일까요? 3장은 거듭난 사람이 인자의 들림을 믿음으로 영생을 얻는다고 하며 거듭남의 가장 큰 특징은 성령으로 하늘에서 나신 인자 예수님의 들림을 믿는 것이라고 했습니다. 본문에서 들림을 받은 인자 예수님을 하나님의 독생자로 믿는 사람은 영생을 얻는다고 사도 요한이 기록했습니다. 3장 1절에서 15절의 말씀은 예수께서 니고데모와의 대화에서 거듭남의 믿음에 대하여 설명한 말씀이고, 16절에서 21절은 사도 요한이 인자 예수님을 하나님의 독생자시라고 첨부한 말씀이고, 22절에서 30절은 세례 요한이 그의 제자들과 더불어 예수님의 세례에 대하여 하셨던 말씀이고, 31절에서 36절은 사도 요한이 예수께서 하늘로부터 오신 분이라고 첨부한 말씀입니다. 본문에서 사도 요한이 들림을 받은 인자 예수님을 독생자로 믿어야 영생을 얻는다는 말씀을 들으면서 함께 은혜를 나누고자 합니다.

첫째로 인자 예수님이 하나님의 독생자이십니다(16).

창세기 1장 1절, "태초에 하나님이 천지를 창조하시니라"에서 하나님을 엘로하(eloha)라는 단어의 복수의 어미를 가진 엘로힘(elohim)으로 표현했고, 26절에서 "하나님이 이르시되 '우리의 형상을 따라 우리의 모양대로 우리가 사람을 만들고'"라고 그 하나님을 '우리'라는 복수로 말씀했습니다. 하나님은 창세 전부터 성부 하나님과 성자 하나님과 성령 하나님이 한 하나님으로 존재하십니다. 그런데 이 하나님이 신명기 6장 4절에 보면 "이스라엘아 들으라. 우리 하나님 여호와는 오직 유일한 여호와시니"라고 우리 하나님은 한 분(echad; one, 하나)이시라고 표현했습니다. 우리 하나님은 영원히 삼위로 계시면서 한 분으로 존재하시는 신비한 분입니다. 물론 하나님이 한 분이라는 말을 영어 성경에서 하나(one)라고 번역해 놓았는데 원래 히브리어는 복수의 의미로 사용한 하나님(elohim)입니다. 성부 하나님이 완전한 하나님이시고, 성자 하나님이 완전한 하나님이시고, 성령 하나님이 완전한 하나님이신데 한 분 하나님으로 존재하고 계십니다. 웨스트민스터 신앙고백에서는 하나님이 한 분이라는 말을 영어의 한 분인 단일성(unity)이라고 번역했습니다. 라틴어에서도 '하나'라는 말에 단수(unus)와 복수(unum)의 의미로 나누어져 있어서 삼위일체 하나님에서 하나님 한 분이라는 말은 복수의 의미가 사용되었습니다.

거듭남의 믿음은 인자의 들림을 믿어서 영생을 얻는 것이라고 3장 14~15절에서 인자의 들림에 초점을 맞추어 믿음을 설명했습니다. 16절에서 하나님이 세상을 이처럼 사랑하신 것은 구체적으로 두 가지인데, 먼저는 말씀이신 하나님이 성육신하여 이 땅에 오신 것이고, 나중은 인자의 들림인 독생자가 십자가에서 죽으신 것인데, 둘 다 세상을 향한 하나님의 사랑 때문이었습니다. 하나님께서 세상에 보내신 독생자와 그 독생자의 들림을 믿어 영생을 얻는 것이 3장의 주제입니다. 사도 요한은 하나님께서 세상에 독생자를 보내시고, 그 독생자가 들려서 죽으신 것 자체가 하나님의 사랑이라고 말씀합니다. 하나님의 독생자라는 말은 하나님에게서 나신 유일한 아들이라는 의미입니다. 여기서 우리가 이해하기 어려운 말은 '나신'이라는 말입니다. '성자 하나님은 영원히 성부 하나님에게서 나셨다'라고 웨스트민스터 신앙고백에서 정의했습니다(the Son is eternally begotten of the Father). 1장 1절에 보면 "태초에 말씀이 계시니라. 이 말씀이 하나님과 함께 계셨으니 이 말씀은 곧 하나님이시니라."라고 했습니다. 태초부터 말씀으로 계셨던 성자 하나님은 하나님 아버지와 함께 계셨습니다. 성자 하나님은 태초라는 영원 전부터 말씀으로 존재하여 계셨습니다. 1장 14절에서 말씀이 육신이 되어 우리 가운데 거하시는 분이 예수님이시라고 했습니다. 1장 18절에도 예수님을 "아버지의 품 속에 독생하신 하나님"이시라고 말씀합니다. 예수님은 성부 하나님과 가장 가까이 계셨던 분입니다. 하나님의 아들이 하나님 아버지에게서 나셨다는 말은 사람이 어머니 뱃속에서 태어났다는 것과는 완전히 다릅니다. 아이가 어머니 뱃속에서 태어날 때 우리는 영어로 태어나다(be born)는 단어를 써서 그때부터 그 아이가 존재했다고 이해합니다. 독생자 예수께서 영원히 성부 하나님에게서 나셨다는 말은 독생자가 아버지에게서 아이가 태어나는 것처럼 나셨다는 뜻이 아닙니다. 하나님의 독생자(His only begotten Son)라고 할 때 아버지에게서 나신(begotten) 유일한 아들이라는 말로서 성자 예수님은 영원부터 하나님 아버지의 유일한 아들로 존재하셨다는 뜻입니다. 하나님의 독생자는 하나님 아버지의 유일한 아들로서 영원 전부터 존재하셔서 영원까지 존재하신다는 것입니다. 1장 14절에는 "말씀이 육신이 되어 우리 가운데 거하시매 우리가 그의 영광을 보니 아버지의 독생자의 영광이요 은혜와 진리가 충만하더라."라고 말씀이 육신이 되신 예수님이 바로 하나님 아버지의 독생자의 영광을 가진 아들이라고 했습니다. 독생자 예수께서 태초부터 영원하신 말씀으로 계시다가 육신이 되어 이 땅에 오신 분이십니다. 독생자 예수님은 존재의 형태가 말씀에서 육신으로 바뀌었습니다. 예수님이 처음부터 하나님으로 존재하셨다는 말씀은 1장 1절과 18절에서 드러나 있고, 3장 16절에서 예수님은 하나님 아버지와의 관계에서는 하나님의 독생자시라고 하나님 아버지와 위격이 다른 하나님의 아들이시라고 말씀했습니다.

16절에서 "하나님이 세상을 이처럼 사랑하사 독생자를 주셨으니 이는 그를 믿는 자마다 멸망하지 않고 영생을 얻게 하려 하심이라."라고 하나님이 세상을 매우 사랑하여 하나님의 독생자를 세상에 보냈다고 했습니다. 하나님 아버지께서 하나님을 알지 못하던 세상을 사랑하여 가장 사랑하는 독생자를 세상에 보내주셨습니다. 요한복음에서 세상은 상당히 부정적인 의미로 사용되고 있으며 하나님을 알지 못하고 예수를 영접하지 않고 예수를 대적하고 반역했던 불신자들을 말했습니다. 그런데도 하나님 아버지께서 이러한 세상을 매우 사랑하여 가장 사랑하는 독생자를 보내주셨다고 했습니다. 사도 요한이 하나님 아버지께서 세상을 매우 사랑하였다는 것은 세상이 하나님의 사랑을 받을만해서가 아니라 "하나님은 사랑이시라"(요일 4:16)라는 지극히 놀라운 진리의 결과입니다. 1장 9~12절에서 "9. 참 빛 곧 세상에 와서 각 사람에게 비추는 빛이 있었나니 10. 그가 세상에 계셨으며 세상은 그로 말미암아 지은 바 되었으되 세상이 그를 알지 못하였고 11. 자기 땅에 오매 자기 백성이 영접하지 아니하였으나 12. 영접하는 자 곧 그 이름을 믿는 자들에게는 하나님의 자녀가 되는 권세를 주셨으니"라고 사도 요한은 빛이신 예수께서 자신이 창조한 자기 세상에 왔으나 세상은 그 빛을 알지 못하고 영접하지 아니하였다고 세상의 악함을 지적했습니다. 그런데 세상에 예수님을 영접하는 하나님의 자녀들이 있다고도 말씀했습니다. 세상이 하나님을 알지 못하고 예수님을 영접하지 않았음에도 하나님이 세상을 사랑하신 이유가 세상이 크고 아주 많은 사람이 살고 있기 때문이 아니라 세상이 너무나 악하기 때문이라고 카슨(D. A. Carson) 교수는 설명했습니다. 모든 믿는 자들이 처음에 세상에 속하였다가 복음을 듣고 독생자 예수 그리스도를 믿어 세상에서 택함을 받은 하나님의 자녀들이 되었다고 했습니다. 하나님의 자녀들도 세상에서 처음 복음을 들었을 때 세상에 속한 자들이었고, 세상을 매우 사랑하는 하나님의 사랑 때문에 독생자 예수를 믿어 세상에서 영생으로 나올 수 있었습니다. 우리들도 과거에 세상에서 허물과 죄로 죽었던 사람들로 세상에 속한 자들이었는데 하나님께서 보내신 독생자를 믿어서 구원을 받았습니다. 15장 19절에서 "너희가 세상에 속하였으면 세상이 자기의 것을 사랑할 것이나 너희는 세상에 속한 자가 아니요, 도리어 내가 너희를 세상에서 택하였기 때문에 세상이 너희를 미워하느니라."라고 예수님을 하나님의 독생자로 믿는 사람들은 세상에 속하였다가 복음을 듣고 세상에서 택한 자로 살아났기 때문에 세상 사람들의 미움을 받고 있다고 했습니다. 그래서 우리는 하나님의 그 놀라운 사랑으로 인하여 십자가에 달려서 죽으신 그 분이 바로 하나님의 독생자라는 복음을 당당하게 전하여 세상에서 하나님의 자녀들을 구원하여 내야 하는 책임이 있습니다. 이 악하고 타락한 세상을 사랑하시는 하나님 아버지의 사랑이 하나님의 독생자 예수님을 이 세상에 보냈습니다. 독생자 예수님을 우리가 믿는 것은 우리가 세상을 사랑하시는 하나님의 사랑을 받아들이는 것입니다. 우리들이 할 수 있는 일은 독생자 예수 그리스도를 믿어서 하나님 아버지의 사랑을 받아들이는 것입니다.

적용　우리의 죄를 대신 지시고 십자가에 달려 죽으신 인자 예수님이 바로 하나님의 독생자이심을 믿으시길 바랍니다.

　　둘째로 하나님의 독생자를 믿는 사람은 영생을 얻고 믿지 않는 사람은 심판을 받습니다 (17~18).

　　17~18절에서 "17. 하나님이 그 아들을 세상에 보내신 것은 세상을 심판하려 하심이 아니요 그로 말미암아 세상이 구원을 받게 하려 하심이라. 18. 그를 믿는 자는 심판을 받지 아니하는 것이요 믿지 아니하는 자는 하나님의 독생자의 이름을 믿지 아니하므로 벌써 심판을 받은 것이니라."라고 십자가에 달려 죽으신 인자 예수님이 바로 죄 없으신 하나님의 독생자시라고 믿으면 영생을 얻고 (16), 구원을 받는다(17)고 했습니다. 그런데 십자가에 달려서 죽으신 인자 예수

님을 하나님의 독생자로 믿지 않는 사람은 벌써 심판을 받았다고 했습니다. 하나님이 그의 독생자를 세상에 보내신 목적은 세상을 정죄하려 하심이 아니고 독생자로 말미암아 세상이 구원받게 하려 함이었습니다. 5장 27절에서 하나님 아버지께서 인자 예수님께 심판하는 권세를 이미 주셨다고 했고, 9장 39절에서 인자 예수께서 세상을 심판하러 오셨다고 말씀하셨는데, 본문 17절에서 인자 예수님으로 말미암아 세상이 구원받게 하려고 오셨다고 다르게 말씀하셨습니다. 이것은 이미 하나님을 알지 못하여 정죄 받아 하나님의 진노가 임하고 멸망을 기다리는 세상에 인자 예수께서 하나님의 독생자를 영접하고 믿는 하나님의 자녀들을 구원하시러 오셨다는 것입니다. 사도 요한은 18절에서 세상이 독생자를 믿고서 정죄 받지 않는 하나님의 자녀들과 독생자를 믿지 않아 심판을 받은 불신자들로 나누어져 있다고 했습니다. 불신자들은 독생자의 이름을 믿지 아니함으로 벌써 정죄를 받은 사람들이라고 했습니다. 독생자가 세상을 구원하러 오시기 전부터 세상은 구주가 필요했는데, 독생자가 세상의 구주로 세상에 오셨는데도 그를 믿지 아니함으로 그들에게는 독생자를 믿지 않는 죄가 더하여졌습니다. 하나님의 독생자를 믿지 않는 사람들은 벌써 18절에서 정죄(심판)를 받았고, 36절에서 하나님의 진노가 그들 위에 머물러 있다고 했습니다.

적용 허물과 죄로 죽었던 우리도 하나님의 사랑으로 우리를 구원하러 이 땅에 보내신 독생자 예수님을 믿어서 구원받은 하나님의 자녀로 살아갈 수 있기를 바랍니다.

셋째로 어둠을 사랑하여 어둠에 거하여 빛으로 나오지 않는 사람은 심판을 받습니다 (19~21).

19~20절에서 "19. 그 정죄는 이것이니 곧 빛이 세상에 왔으되 사람들이 자기 행위가 악하므로 빛보다 어둠을 더 사랑한 것이니라. 20. 악을 행하는 자마다 빛을 미워하여 빛으로 오지 아니하나니 이는 그 행위가 드러날까 함이요."

라고 정죄 받는 자들은 어둠을 사랑한 사람이라고 했습니다. 세상에 하나님의 독생자를 믿는 사람이 있는가 하면 믿지 않는 사람도 있습니다. 그 중간의 사람이 없다는 것이 본문의 내용입니다. 독생자를 믿지 않는 사람은 정죄를 받은 것이라고 했습니다. '정죄하다'(krisis; judgment)는 단순히 심판하다는 뜻이라기 보다는 '정죄하다' 또는 '평결하다'는 의미로 봐야 합니다. NASB에서는 정죄라는 말을 심판(the judgment)이라고 해서 재판장이 내리는 판결로 번역했고, NIV 에서는 배심원들이 내리는 평결(the verdict)이라고 번역했습니다. 이 두 가지가 다 재판과 관련된 말로서 독생자를 믿는 자들은 더는 정죄가 없다는 것이고(롬 8:1), 독생자를 믿지 않는 사람은 마지막에 받을 정죄의 판결을 이미 받았다고 했습니다.

독생자를 믿어서 죄에서 건짐을 받아 다시 살아난 것이 구원이고, 그 독생자와 영원히 함께 사는 것이 바로 영생입니다. 독생자를 믿는다는 것은 진리이신 예수님을 따라서 사는 것이고 빛이신 예수께로 나와서 예수님과 함께 산다는 말씀입니다. 더 나아가 하나님 아버지와의 관계 속에서 독생자를 믿는 것을 말합니다. 21절에서 "진리를 따르는 자는 빛으로 오나니 이는 그 행위가 하나님 안에서 행한 것임을 나타내려 함이라 하시니라."라고 진리를 따르는 하나님의 자녀들은 빛이신 예수님께로 나와서 영원히 빛 가운데 거하여 산다는 것입니다. 인자 예수님을 독생자로 믿지 않은 사람은 어두움에 계속해서 거하는 사람입니다. 이 세상 사람들은 빛보다는 어두움을 더 사랑하여 어두움에 거합니다. 하나님의 독생자를 믿지 않는 사람은 어두운 죄악 가운데 거하는 사람들이고, 그런 사람들은 이미 하나님에게서 분리되어 영원한 심판을 받은 사람들입니다. 예수를 믿지 않는 것이 죄(요 16:9)고, 예수님이 없는 어두운 곳에서 영원히 살아가는 것이 바로 지옥입니다. 예수님을 믿지 않는 사람은 빛이신 예수님에게로 나오기를 두려워하며 어둠을 사랑하며 어둠에 거하여 살아갑니다. 계속해서 어두움 가운데 거하여 살면서 자신의 죄악이 드러나는 것을 싫어하는 것이 바로 심판받은 증거입니다. 자신의 죄를 회개하고 십자가에 달려 죽으신 인자 예수님을 하나님의 독생자로 믿는 것이 거듭남이고, 성령으로 난 사람이고, 하나님에게서 난 사람입니다.

사랑하는 성도 여러분이여!

하늘에서 나신 인자 예수께서 십자가에 달려 죽으셨는데 그가 바로 나의 죄때문에 죽으신 하나님의 독생자이심을 믿어서 영생을 얻으실 수 있기를 바랍니다. 하나님의 독생자 예수께서 십자가에 달려 죽으시고 부활하셨는데 바로 나의 허물과 죄를 대신 지시고 죽으시고 부활하여 나를 죄에서 구원하여 주셨습니다. 하나님 아버지께서 죄악 세상을 사랑하여 독생자를 세상에 보내신 것때문에 우리가 독생자 예수님을 믿어서 구원을 받았습니다. 우리는 세상을 사랑하여 독생자를 우리에게 보내주신 하나님 아버지의 사랑을 받아들여서 독생자 예수님을 그대로 믿을 수 있기를 바랍니다.

하나님을 알지 못하고 예수를 믿지 않아 정죄 받아 죽어가는 우리의 가족들이 아직도 많습니다. 하나님의 독생자 예수님이 바로 우리의 구원의 주님이시라는 사실을 그들에게 증거하여 그들도 믿어서 구원 얻을 수 있기를 바랍니다. 하나님 아버지의 사랑으로 이 땅에서 오신 독생자 예수님을 우리의 믿지 않는 가족들에게 증거하여 하나님 아버지께서 우리를 구원하시고자 하는 그 뜻대로 우리의 온 가족들을 다 구원하여 낼 수 있기를 바랍니다.

12. 그는 흥하고 나는 쇠하여야(3:22~30)

어떤 큰 오르간 연주회가 열리게 되어 있었는데, 오르간을 펌프질할 사람이 갑작스러운 사고로 나오질 못하게 되어 난처한 상황에 빠졌습니다. 한 유명한 작곡가가 자신이 그 오르간 펌프질을 하겠다고 자원했습니다. 그러자 옆의 동료가 "왜 그런 보잘것없는 천한 일을 하려고 하십니까?"라고 묻자, 그 작곡가는 "나는 음악을 지극히 사랑하기 때문에 내가 음악을 위해서 할 수 있는 일이라면 어떠한 일도 전혀 초라하지 않습니다."라고 대답했습니다. 마찬가지로 우리가 예수님을 사랑한다면 그를 섬기는 가운데 할 수 있는 어떤 일도 결코 보잘것없는 일은 없습니다. 예수님의 이름으로 행하는 봉사의 일이라면 가장 적고 미미한 일이라도 결코 작은 일이 아닙니다.

본문에서 예수께서 유월절에 성전을 정결하게 하시고 자신의 부활한 몸이 성전을 대체할 것이라는 놀라운 말씀을 주신 후에 자신의 제자들과 함께 유대 근교에서 세례를 베풀었는데 세례 요한은 사마리아의 살렘에서 세례를 베풀었습니다. 그런데 더 많은 사람이 예수님께로 모여들었다고 세례 요한의 제자들이 그에게 보고했습니다. 어떤 신학자는 세례 요한은 죄 사함의 물세례를 베풀었고, 예수님은 성령세례를 베풀었다고 주장하기도 합니다. 그러나 예수께서 유대 근교에서 세례를 베푼 것은 예수님의 제자들이 베푼 것이라고 정리함으로 예수님의 세례도 성령세례가 아니라 물세례였음을 알게 됩니다. 본문의 내용은 공관복음에 전혀 기록되지 아니한 그 이전의 내용이었습니다. 여기서 물세례와 관련하여 더 많은 사람이 예수님에게로 몰려가서 예수님의 명성과 자신의 명성이 비교되었음에도 세례 요한은 오히려 제자들에게 자신은 그리스도가 아니고 그리스도 앞에 보내심을 받은 자라고 말했습니다. 세례 요한은 자신을 신랑으로 인하여 기뻐하는 신랑의 친구라고 말하며 "예수님은 흥하여야 하겠고 자신은 쇠하여야 하리라"라고 하면서 철저하게 예수 그리스도를 높이고 예수님께 영광을 돌렸습니다. 세례 요한이 예수님을 향하여 "그는 흥하여야 하겠고 나는 쇠하여야 하리라"(30)라고 말하며 예수님을 높이는 놀라운 말씀을 들으면서 함께 은혜 나누려고 합니다.

첫째로 예수께서 유대 땅에서 세례를 베푸셨습니다(22).

22절에서 "그 후에 예수께서 제자들과 유대 땅으로 가서 거기 함께 유하시며 세례를 베푸시더라."라고 예수께서 유월절에 예루살렘 성전에 들어가서 성전을 정결하게 하셨고, 자신의 부활한 몸이 성전을 대신하여 하나님을 만나는 곳이 될 것임을 놀랍게 말씀하셨고, 가나의 친척의 혼인 잔칫집에 가서 물이 포도주가 되는 이적을 행하셨고, 다시 제자들과 함께 유대 근교에 가서 거기에 유하시며 세례를 베풀었습니다. 그런데 많은 사람이 예수께로 나아와 세례를 받았습니다.

여기에서 우리가 세례 요한이 1장 33절에서 예수께서 성령으로 세례를 베푸실 것이라고 한 것과, 예수님께서 3장 5절에서 사람이 물과 성령으로 거듭난다고 하시고, 7장 37~39절에서 성령을 보내실 것이라고 하신 말씀에 근거해서 세례 요한은 회개의 물세례를 베풀었고, 예수님은 거듭남의 성령세례를 베풀었다고 해석하기에는 상당한 무리가 있습니다. 그 이유는 4장 2절 말씀에 의하면 예수께서 유대 근교에서 사람들에게 세례를 베푸신 것이 아니라 예수님의 제자들이 사람들에게 세례를 베풀었다고 기록한 말씀에 비추어보았을 때 예수님의 제자들이 물세례를 베풀었다고 해석하는 것이 자연스럽기 때문입니다.

물세례를 침례라고 주장하는 침례교인들은 물속에서 침례를 받으면서 죄로 죽었던 사람이 다시 살아났다고 하면서 예수 그리스도를 믿는 사람이 물에 들어갔다가 다시 나오는 의식을 행하며 강가에 나가서 침례를 행하며 온 성도들이 함께 찬송을 부르고 좋아하기도 합니다. 이와는 달리 물을 뿌리는 물세례가 옳다고 주장하는 장로교인들의 차이가 있지만 다 가능하고 예수 그리스도를 주님으로 믿는 사람들이 성부와 성자와 성령의 이름으로 세례를 받는 것이 중요합니다. 로마서 6장 3절에서 "무릇 그리스도 예수와 합하여 세례를 받은 우리는 그의 죽으심과 합하여 세례를 받은 줄을 알지 못하느냐?"라고 말씀하신 대로 세례는 예수 그리스도의 십자가에 죽으심이 나를 위한 것임을 믿어서 죄 씻음을 받아 옛사람이 죽고, 그리스도와 연합하여 새사람이 된 것에 대한 증표입니다. 중요한 것은 우리의 죄가 물속에 들어갔다가 나온다고 해서 씻어지는 것이 아니라, 하나님의 독생자 예수께서 십자가에 달려죽으심이 바로 나를 위한 것임을 믿어서 죄를 용서받는 것이 중요한 것이고, 그 증표가 세례입니다. 우리가 죄를 용서받기 위하여 요단강에 들어가서 침례를 받는 것보다 예수 그리스도의 십자가의 보혈이 바로 나를 위한 것이고, 예수 그리스도께서 나의 주님이 되심을 믿고, 사람들 앞에서 믿음으로 살겠다고 서약하고 성삼위일체 하나님의 이름으로 세례를 받는 것이 중요합니다.

제가 트리니티복음주의신학대학원(TEDS)에 유학중일 때 시카고시 아래 인디아나주 해몬드시에 있는 제일침례교회의 주일성경공부와 낮예배에 참석해 본 적이 몇 번 있습니다. 그 교회는 담임목사가 주일 성경공부를 본당에서 가르치고 이어서 바로 그 자리에서 주일낮예배를 인도했는데 예배시간에 예수 그리스도를 믿도록 결단 초청을 해서 예수 그리스도를 믿겠다고 앞으로 나온 사람들에게 바로 강대상 뒤 2층에 올라가서 부목사들이 침례를 주었고 커튼 뒤에서 침례를 주는 장면을 설교 시간에 그대로 보여주었습니다. 우리 장로교회들은 교회에 출석해서 6개월 이상 출석한 사람에게 학습문답을 하고 학습을 준 다음에 6개월 이상 신앙생활을 잘 지켜보고 지도해서 세례 문답을 하고 예수 그리스도를 자신의 주님으로 믿기로 서약을 한 후에 삼위일체 하나님의 이름으로 물로 세례를 준 다음에 세례교인으로 인정합니다. 제가 동해안 최북단 전선에서 군목으로 복무하면서 매주 토요일에 한 달간을 장병들에게 세례 문답 공부를 하고 예수 그리스도를 자신의 주님으로 고백하는지 제가 다섯 명씩 한꺼번에 불러서 차례로 질문하여 '예'라는 대답으로 신앙을 확인한 후에 사단 내의 군목들이 함께 세례를 주었습니다. 그때 신앙고백의 질문에 '예'라고 대답을 하지 못하면 다음에 예라고 대답이 될 때 세례를 받자고 세례를 주지 않았던 적이 있습니다.

본문에서 예수께서 유대 근교에서 공생애의 전도사역을 시작하여 그의 제자들이 세례를 주었다고 했습니다. 사도 요한은 세례 요한이 옥에 갇히기 전에 예루살렘 근교에서 세례 준 사역도 언급하고 있습니다.

적용 예수 그리스도의 십자가에 죽으심이 나를 위한 것임을 믿고, 예수님을 나의 주님으로 믿어서 그리스도와 연합하는 새 사람의 표시로 세례를 받아 예수 그리스도와 연합된 새로운 그리스도인으로 살아갈 수 있기를 바랍니다.

둘째로 세례 요한은 많은 사람이 예수께로 가는 것을 기뻐했습니다(23~26).

23절에서 "요한도 살렘 가까운 애논에서 세례를 베푸니 거기 물이 많음이라. 그러므로 사람들이 와서 세례를 받더라."라고 했는데 살렘 가까운 '애논'은 세겜 부근의 '살렘'이거나 벳산에서 남쪽으로 9.6km 거리의 '살렘'이라고 볼 수 있는데 둘 다 요단강으로 가는 사마리아 지역에 있었습니다. '애논'은 샘들을 의미하며 살렘 지역에 많은 물이 있었고, 예수님의 공생애 사역이 시작되었을 때 세례 요한이 옥에 갇히기 전에 많은 물이 있는 이곳에서 물로 계속 세례를 주었습니다.

24절에서 요한이 아직 옥에 갇히지 않은 시점을 여기서 굳이 언급하고 있는 것은 공관복음의 저자들이 예수님의 광야 시험 후에 요한의 투옥을 기록하고 있지만 사도 요한은 예수님의 갈릴리 사역 이전에 세례 요한이 물세례를 베푸는 것을 의도적으로 기록하고 있습니다. 특별히 마가복음 1장 14절에서 "요한이 잡힌 후 예수께서 갈릴리에 오셔서 하나님의 복음을 전파하여"라는 말씀에 근거하여 세례 요한이 옥에 갇힌 후에 예수께서 갈릴리에서 공생애 사역을 시작한 것으로 기록하며 그 전에 예수께서 유대 근교에서 행한 사역과 세례 요한이 사마리아 지역에서 물세례를 준 사실에 대하여 공관복음은 전혀 기록하지 않았습니다.

25~26절에서 "25. 이에 요한의 제자 중에서 한 유대인과 더불어 정결예식에 대하여 변론이 되었더니 26. 그들이 요한에게 가서 이르되 '랍비여, 선생님과 함께 요단 강 저편에 있던 이 곧 선생님이 증언하시던 이가 세례를 베풀매 사람이 다 그에게로 가더이다.'"라고 요한의 제자가 한 유대인과 정결예식에 대하여 변론하고 나서 세례 요한에게 와서 많은 사람들이 예수님께로 세례를 받으러 간다고 세례 요한을 예수님과 비교하여 질투를 자극하는 충동적인 보고를 했습니다. 세례 요한의 제자와 한 유대인의 정결예식에 대한 논쟁은 구약에서 물로 목욕하여 정결하게 하는 것이 세례 요한의 물세례보다도 더 정결하다고 주장한 것이었고, 그 결과 많은 사람이 예수님에게로 가는 것으로 인하여 예수님의 세례가 세례 요한의 세례보다 더 나은 것이라는 논쟁을 불러일으켰습니다. 철없는 제자들이 세례 요한에게 와서 요한과 예수님을 비교하여 자극한 일에 대하여 세례 요한은 전혀 흔들리지 않았고 자신은 그리스도가 아니라고 하면서 예수 그리스도만을 높이고 예수님께 영광을 돌렸습니다. 사도 요한은 31절에서 예수님에 대하여 "위로부터 오시는 이는 만물 위에 계시다"라고 말씀했고, 세례 요한에 대하여 "땅에서 난 이로 땅에 속하다"고 분명하게 서로 비교할 수 없는 분으로 정리하여 기록했습니다. 세례 요한의 제자들은 이 사실을 제대로 알지 못했습니다. 세례 요한은 자신을 예수님과 전혀 비교할 수 없다는 사실을 알았고 예수 그리스도에게 영광을 돌리며 그의 길을 예비하고 그를 증언하는 역할을 잘 감당했습니다.

적용 예수 그리스도가 그 어떤 사람들과 비교할 수 없는 하늘에서 나신 하나님의 아들 독생자

이심을 믿고 우리는 예수 그리스도의 종과 증언자로 살아갈 수 있기를 바랍니다.

셋째로 세례 요한은 예수님만을 증언하고 높였습니다(27~30).

27~30절에서 "27. 요한이 대답하여 이르되 '만일 하늘에서 주신 바 아니면 사람이 아무 것도 받을 수 없느니라. 28. 내가 말한 바 나는 그리스도가 아니요 그의 앞에 보내심을 받은 자라고 한 것을 증언할 자는 너희니라. 29. 신부를 취하는 자는 신랑이나 서서 신랑의 음성을 듣는 친구가 크게 기뻐하나니 나는 이러한 기쁨으로 충만하였노라. 30. 그는 흥하여야 하겠고 나는 쇠하여야 하리라' 하니라."라고 세례 요한은 자신의 제자들이 예수님과 자신을 비교하여 시기하도록 충동질하는 것에 전혀 흔들리지 않았고, 예수께서 세례 주시는 일과 많은 사람이 예수께로 가는 일도 하늘에서 주신 일이시라고 당당하게 말씀했습니다. 오히려 세례 요한은 자신이 그리스도가 아니라고 두 번째로 정직하게 대답했습니다. 이미 1장 19~23절에서 세례 요한은 예루살렘에서 유대인 당국자들이 보낸 사람들에게 자신은 그리스도가 아니고, 엘리야 선지자도 아니며, 그 선지자도 아니고 이사야 선지자가 예언한 대로 '광야에서 주의 길을 곧게 하기 위하여 외치는 자의 소리'라고 증언했습니다. 세례 요한이 자신은 신랑의 들러리이며 신랑의 앞에 가는 전령으로 예수님의 길을 예비하고 예수님을 증언하는 자이며, 신랑 되신 예수님을 진정으로 높이고 기뻐하는 신랑의 진정한 들러리라고 겸손하게 말했습니다. 예수님은 흥하여야 하겠고 자신은 쇠하여 한다고 말씀하시며 예수님께서 흥하는 일 즉 그의 제자들과 구원자들이 많아지는 일로 인하여 세례 요한은 시기 질투하는 사람이 아니라 참으로 기뻐하는 자라고 자기 제자들에게 알려주었습니다. 베드로가 가이사랴 빌립보에서 예수님께 십자가를 지지 말라고 만류했던 것에 비하면, 세례 요한이 예수께서 세상 죄를 지고 가는 하나님의 어린 양이 되어 흥하여야 하겠다고 말한 것은 놀라운 예언 능력이었습니다. 세례 요한은 일찍이 1장 35~37절에서 자신의 두 제자와

함께 섰다가 지나가시는 예수님을 보고서 "보라, 세상 죄를 지고 가는 하나님의 어린 양이로다."라고 말하여 두 제자 안드레와 사도 요한이 예수님을 따라가 예수님의 제자가 되게 했습니다. 세례 요한은 1장 27절에서 자신은 자신의 뒤에 오시는 예수님의 신발 끈을 푸는 종의 일조차도 제대로 감당하지 못하겠노라고 겸손하게 고백했습니다. 세례 요한은 1장 7절에서 빛이신 예수님을 증언하는 증언자였는데 예수님을 향하여 구체적으로 "세상 죄를 지고 가는 하나님의 어린 양이시고, 성령으로 세례를 베푸시는 분이고, 하나님의 아들이라."라고 탁월하게 증언했습니다. 예수 그리스도께서 하나님의 아들로서 십자가에 달려 죽으셔서 자기 백성들을 죄에서 구속하는 구원의 주님으로 흥왕하실 것을 세례 요한은 내다보고 예언하며 증언했습니다. 세례 요한은 참으로 놀라운 예수님의 증언자였습니다. 세례 요한은 예수 그리스도에 대한 증언자로서 자신의 위치를 잘 지켰습니다. 세례 요한은 예수께서 흥하는 일로 인하여 진정으로 기뻐했습니다. 훗날 예수님도 세례 요한에 대하여 '진리에 대하여 증언한 사람이라'(5:33)라고 평가했고, 사도 요한도 그의 스승인 세례 요한에 대하여 정리하며 '세례 요한이 예수님에 대해 말하는 것은 다 참이었고 많은 사람이 세례 요한의 예수님에 대한 증언을 통하여 예수를 믿었다'(10:41~42)라고 놀랍게 평가했습니다.

사랑하는 성도 여러분이여!

십자가에 죽으시고 부활하신 예수 그리스도께서 나의 주님이 되심을 믿어서 예수 그리스도와 연합된 새로운 사람 즉 그리스도인으로, 새 언약의 백성으로, 세례교인으로 살아갈 수 있기를 바랍니다. 우리는 예수 그리스도의 종으로, 주님의 몸 된 교회의 일꾼과 직분자로 자신의 사명을 묵묵히 감당하며 자신의 위치를 지키면서 충성하며 살아갈 수 있기를 바랍니다. "그는 흥하여야 하겠고 나는 쇠하여야 하리라"라는 세례 요한의 겸손한 신앙고백이 나의 신앙고백이 되어 예수님을 높이고 예수님의 영광을 위하여 살아갈 수 있기를 바랍니다. 예수님께 인정받는 신랑 예수님의 들러리가 되어 예수님으로 인하여 기뻐하고 즐거워하며 살아가는 우리 모두가 될 수 있기를 바랍니다.

13. 예수님은 누구신가?(3:31~36)

인생의 침체기에 빠진 한 청년이 있었습니다. 그는 어느 중고 서점에서 낡고 헤어진 성경책 한 권을 발견했습니다. "이 책이 얼마죠?"라고 그는 탁자에 앉아 있던 주인 여자에게 물었습니다. 그녀는 찬찬히 청년을 훑어보더니 "읽겠다고 약속하면 거저 드리죠!"라고 말했습니다. 그 청년은 약속했고, 그리고 약속대로 성경책을 읽고 또 읽었습니다. 그러자 여러 일이 갑자기 잘 풀리기 시작했습니다. 그는 마침내 새 성경책을 샀고, 하루 이틀 뒤에 그 낡은 성경책을 집어 들었는데 이상한 일이 일어났습니다. 마치 손이 전기에 감전이라도 된 것처럼 깜짝 놀랐고, 성경책은 그에게 그렇게 말하는 것 같았습니다. "나를 다른 사람에게 전해 주시오." 며칠 후 청년은 몹시 곤경에 빠진 한 남자와 이야기를 나누게 되었는데 그에게 성경 속에 도움이 있을 것 같다고 말하며 그에게 그 성경책을 건네주었습니다. 그로부터 1년 후 청년은 다시 그 남자를 만났습니다. 이번엔 그 남자는 행복해하고 자신감이 넘쳐 있었으며 그 성경책이 자신의 인생을 변화시켜 주었다고 청년에게 말했습니다. 성경은 사람에게 새로운 진리를 깨닫게 하고, 구원의 소망을 주며, 새로운 활력이 넘쳐나게 합니다.

사도 요한은 본문 31~36절의 마지막 결론에서 예수님은 하늘로부터 오신 분으로 하나님께서 보내신 분이신데 그는 하늘에서 보고 들은 것을 사람들에게 말씀하셨고, 그 말씀을 듣고 예수님을 하나님의 아들로 믿는 사람이 영생을 얻는다고 정리했습니다. 하나님이 보내신 예수께서 하나님의 말씀을 하실 수 있었던 것은 그가 아버지로부터 성령을 한량 없이 받았기 때문입니다. 3장 마지막 결론에서 십자가에 달려 죽으신 인자 예수님을 하나님의 아들로 믿는 자들에게는 영생이 있고, 믿지 않는 자들은 영생을 보지 못하고, 오히려 하나님의 진노가 그들 위에 머물러 있다고 했습니다. '예수님은 누구신가?'라는 말씀을 들으면서 함께 은혜를 나누고자 합니다.

첫째로 예수님은 하늘로부터 나셔서 하늘에서 보고 들은 것을 말씀하셨습니다 (31~33).

31절에서 "위로부터 오시는 이는 만물 위에 계시고 땅에서 난 이는 땅에 속하여 땅에 속한 것을 말하느니라. 하늘로부터 오시는 이는 만물 위에 계시나니"라고 사도 요한은 예수님을 위로부터 오신 분이시라고 말하다가 다시 하늘로부터 오신 분이라고 연결하여 말하며 만물 위에 계시는 예수님의 초월성을 말씀했습니다. 세례 요한은 땅에서 나서 하나님의 보냄을 받은 사람(1:6)이었지만 땅에 속하여 땅의 것을 말하는 사람으로 위에서부터 나신 예수님과는 비교할 수 없다고 했습니다. 31절의 "위로부터"(anothen; above) 나신 분이라는 말을 제대로 이해하기 위하여 3절에서 같은 뜻으로 사용된 "거듭나는"(gennethe anothen; born again or born from above)이라는 말의 뜻을 살펴봐야 하는데, 니고데모는 거듭남을 다시 나는 것(born again)으로 이해했지만 예수님은 거듭남을 '위로부터 나는 것'(born from above)이라는 뜻으로 말씀하셨습니다. 다시 말해서 예수님은 '거듭나는 것'은 '위로부터 나는 것'이라는 뜻으로 '위로부터 나신 분을 믿는 것'이라고 정리했습니다. 사도 요한은 '위로부터 오신 분'을 '하늘로부터 오신 분'으로 병행해서 말씀했는데, 유대인들은 '하나님'이라는 말 대신에 '하늘'이라는 단어를 사용한 것으로 봐서 하늘로부터 나신 분은 하나님에게서 나신 분이시라는 뜻으로 이해할 수 있습니다. 하나님의 독생자라는 단어에 나타난 의미대로 그는 하나님에게서 영원 전에 나신 분이시라는 뜻으로 창조주이시고 초월자시라는 뜻입니다. 13절에서 예수님은 "하늘에서 내려온 자 곧 인자 외에는 하늘에 올라간 자가 없느니라."라고 자신이 하늘에서 내려온 인자로서 하늘에 올라간 자라고 정리했습니다. 예수님은 하늘에서 나서 하늘에 올라가신 분이십니다. 바울 사도는 고린도전서 15장 47절에서 '첫 사람은 땅에서 났으니 흙에 속한 자이거니와 둘째 사람은 하늘에서 나셨느니라'라고 첫 사람 아담을 비롯한 사람들은 땅에서 나서 흙에 속하지만, 예수님은 하늘에서 나신 분이라고 우리 사람들과 달리 하나님에게서 나신 하나님이시라고 말씀했습니다. 모든 사람은 땅에서 태어난 사람들인데 오직 예수님은 위로부터, 하늘로부터 다시 말해서 하나님 아버지에게서 나신 분이십니다. 사도 요한은 위로부터 난 예수님과 땅에서 난 세례 요한을 감히 서로 비교할 수 없다는 것입니다. 세례 요한의 제자들은 그들의 선생님을 메시아라고 생각하고 있었는데 사도 요한은 세례 요한이 이 땅에서 나신 이 세상에 속하는 사람이라고 정리했습니다. 사실 세례 요한이 외치고 증거 한 메시지도 단순히 회개하고 하나님께로 나오라는 것이었습니다. 예수님은 하늘에서 오신 분으로 하늘에서 친히 보고 들은 것을 그대로 땅에서 증언하였는데 그의 증언을 받는 사람이 거의 없었다고 했습니다.

예수님은 니고데모와의 대화에서 자신을 보는 사람들에게 자신이 단순히 사람의 아들이 아니라 바로 하나님에게서 나신 인자라고 하시면서 인자의 들림을 믿는 것이 영생이라고 증거 했습니다. 그런데 거듭나지 않은 사람들은 32절에서 예수의 증거를 받아들이지 않는다고 했습니다. 1장 11절에서도 예수께서 "자기 땅에 오매 자기 백성이 영접하지 아니하였으나"라는 말씀처럼 세상의 사람들이 예수님을 영접하지 아니하고 예수님의 말씀을 받아들이지 않는다고 사도 요한은 세상의 불신앙을 설명했습니다. 1장 12절에서 "영접하는 자 곧 그 이름을 믿는 자들에게는 하나님의 자녀가 되는 권세를 주셨으니"라는 말씀처럼 예수께서 증언하신 말씀을 받아들여서 예수님을 하나님의 아들로 믿는 사람들이 하나님의 자녀가 된다고 했습니다. 예수님을 믿은 그들이 하나님의 자녀이고, 하나님에 의해서 난 거듭난 사람들이고, 33절에서 하나님이 이들을 참되다고 확인했습니다. 32절에서 세상은 대체적으로 예수님의 증언을 받아들이지 않지만, 33절에서 일부 믿는 자들은 "친히 보고 들은 것"에 대한 예수님의 증언을 받아들임으로써 하나님께서 이들을 참되다고 인정하셨습니다. 왜냐하면, 하나님께서 이 땅에 보내신 예수님은 하나님의 말씀을 하늘에서 보고 들은 그대로 이 땅에서 전하셨기 때문입니다. 17장 8절에서 "나는 아버지께서 내게 주신 말씀들을 그들에게 주었사오며 그들은 이것을 받고 내가 아버지께로부터 나온 줄을 참으로 아오며 아버지께서 나를 보내신 줄도 믿었사옵나이다."라고 예수님은 하늘에서 하나님 아버지께서 자신에게 주신 말씀들을 사람들에게 그대로 주었다고 했습니다. 예수님은 하나님의 품 속에 거하시는 하나님으로서 하늘에서 하나님이 말씀하시고 행하는 모든 것들을 친히 보고 들은 대로 완벽하게 땅에서 그대로 말씀하시고 행하셨기 때문에 하나님의 자녀들은 그 말씀을 그대로 받아들이고 믿었습니다. 그 이유는 예수님이 전한 말씀이 진리성과 확실성 두 가지를 다 갖추고 있었기 때문입니다. 예수님을 믿는 것은 예수님을 보내신 하나님을 믿는 것이고, 반대로 예수님을 믿지 않는 것은 사실 예수님을 보내신 하나님을 믿지 않는 것입니다.

적용　많은 사람이 예수님의 말씀을 믿지 않지만 우리는 예수님의 말씀을 하나님의 말씀으로 받아들여서 하나님으로부터 참되다고 인정을 받을 수 있길 바랍니다.

둘째로 예수님은 하나님의 보냄을 받고 오셔서 하나님의 말씀을 하셨습니다(34).

34절에서 "하나님이 보내신 이는 하나님의 말씀을 하나니 이는 하나님이 성령을 한량 없이 주심이니라."라고 예수님은 하나님께서 보내신 분으로 하나님 아버지로부터 성령을 한량 없이 받아서 하나님의 말씀을 전하셨습니다. 하나님은 구약시대에 여러 선지자를 보내시면서 그들에게 성령을 일시적이고 제한적으로 주셔서 하나님께서 주신 말씀을 전하게 하셨습니다. 하나님은 아브라함에게 성령을 주셔서 탁월한 믿음의 조상으로 살아가며 하나님의 약속을 그대로 믿고 순종하게 하셨습니다. 하나님은 모세를 불러서 성령을 주셔서 이스라엘 백성들을 애굽에서 인도하는 지도자로서의 능력을 주셨습니다. 하나님은 성막과 성막 안에 여러 성물들을 제작할 유다 지파의 브살렐에게 성령을 충만하게 부어주어 금과 은과 놋과 나무를 제작하고 조각하는 은사를 주셨고, 단 지파의 오홀리압에게 성령을 충만하게 주어서 조각과 세공과 수 놓는 은사를 주셨습니다. 하나님은 선지자들과 제사장들과 왕들에게 다 특색이 있지만 제한된 능력을 행사하도록 일시적이고 제한된 성령을 주셨습니다. 스룹바벨 성전 건축을 독려한 학개 선지자와 스가랴 선지자가 동시대에 성전 건축을 포로에서 귀환한 이스라엘 백성들에게 말씀했습니다. 그런데 스가랴 선지자는 성전 건축이 힘과 능력으로 되는 것이 아니고 하나님의 성령으로 되는 것이라고 말씀하셨고, 장차 예수 그리스도의 죽으심으로 말미암아 주님의 몸된 교회가 세워질 것이라는 놀라운 메시아 예언을 탁월하게 선포했습니다. 학개 선지자와 스가랴 선지자가 받은 성령의 분량이 서로 다르다는 것입니다. 바울 사도가 에베소서 4장 7절에서 "우리 각 사람에게 그리스도의 선물의 분량대로 은혜를 주셨나니"라고 말씀한 것처럼 하나님은 믿음의 분량대로 성령을 각기 다른 분량으로 주셨습니다.

그러나 하나님은 하나님의 말씀을 전하고 능력을 행하여 하나님을 알게 하는 예수님에게 한량 없이 무제한으로 성령을 주셨습니다. 예수님은 그의 존재가 본래 태초부터 계신 말씀이셨습니다(1:1). 말씀이셨던 예수께서 하나님의 말씀을 전하실 때 예수님과 같이 능력 있는 말씀을 전하는 사람이 없었다고 유대인들이 증언했습니다. 7장 46절에서 "아랫사람들이 대답하되 '그 사람이 말하는 것처럼 말한 사람은 이 때까지 없었나이다.' 하니"라고 유대인 당국자들에게서 보냄을 받은 아랫사람들이 예수님의 말씀을 듣고 와서 당국자들에게 보고한 내용입니다. 요한복음에서 예수님은 하나님을 "나를 보내신 이"라고 말씀하시며 하나님 아버지께서 자신을 세상에 보내셨다고 셀 수도 없이 많이 말씀하셨습니다. 하나님이 세상을 사랑하셔서 독생자를 이 땅에 보내주셨습니다. 하나님께서 자신이 보낸 예수님이 하늘에서 보고 들은 그대로 하나님의 말씀을 능력 있게 선포하시도록 성령을 한량 없이 무한하게 주셨습니다. 예수께서 한량 없이 무한하게 받으신 성령으로 그가 친히 보고 들은 하나님의 말씀을 전하고 능력을 행하였을 때 권세 있는 하나님의 말씀이 선포되었고 놀라운 표적이 일어났습니다. 아버지께서 보내신 아들에게 무한한 성령을 주신 것은 그가 하나님의 말씀을 전하고 능력을 행하여 하나님의 뜻을 이루기 위함이었습니다. 예수님은 한량 없는 성령과 함께 무한한 능력과 권세를 받았습니다. 17장 2절에서 "아버지께서 아들에게 주신 모든 사람에게 영생을 주게 하시려고 만민을 다스리는 권세를 아들에게 주셨음이로소이다."라고 하나님 아버지께서 아들에게 만민을 다스리는 권세를 주셨습니다. 예수님은 하나님 아버지와 함께 성령을 우리에게 충만하게 부어주십니다(14:26, 15:26). 예수님은 성령을 부어 주시고 생명을 주시는 하나님이십니다. 예수께서 하나님 아버지의 보냄을 받은 것은 하나님의 뜻을 이 땅에서 이루기 위해서였습니다. 예수님은 하나님과 동일한 본체와 능력과 영원성을 가지고 계시는 하나님이시기 때문에 하나님의 뜻을 이룰 수 있는 분입니다. 예수님은 하나님이시며, 동시에 하나님의 아들입니다. 하나님 아버지께서 보내신 인자 예수님께 성령을 한량 없이 주셨기 때문에 그가 전하는 말씀은 능력과 권세가 있었습니다. 그러므로 예수 그리스도께서 그가 친히 보고 듣고 전하신 하나님의 말씀은 진리입니다.

적용 우리가 예수께서 친히 보고 들은 말씀을 한량 없이 받으신 성령으로 전한 말씀을 진리로 믿으시길 바랍니다.

셋째로 예수님을 하나님의 아들로 믿는 사람은 영생을 얻습니다(35~36).

35~36절에서 "35. 아버지께서 아들을 사랑하사 만물을 다 그의 손에 주셨으니 36. 아들을 믿는 자에게는 영생이 있고 아들에게 순종하지 아니하는 자는 영생을 보지 못하고 도리어 하나님의 진노가 그 위에 머물러 있느니라."라고

아버지께서 아들을 사랑하여 그에게 성령을 한량 없이 무한하게 주시고 만물을 그의 손에 맡겨주셨는데 그 아들을 믿는 자에게 영생이 있고, 순종하지 않는 자에게는 진노가 있다고 했습니다. 삼위일체 하나님 간의 관계는 사랑의 관계입니다. 하나님의 아들은 하나님 아버지의 전권대사로서 아버지께서 선택한 백성을 구속하시려고 오셨고, 온전한 대변인으로 아버지를 증언하시기 위하여 오셨고, 계시자로서 하나님과 하나님의 나라를 계시하시러 오셨습니다. 36절의 말씀은 3장 전체의 결론의 말씀인데 믿는 자에게는 영생이 있고, 순종하지 않는 자에게는 하나님의 진노가 그들 위에 머물러 있다고 했습니다. 예수님을 영접하는 자, 인자의 들림을 믿는 자, 독생자를 믿는 자, 하늘에서 나신 분이시고 하나님의 보내심을 받은 분을 하나님의 아들로 믿는 자에게 영생이 있다고 했습니다. 거듭나는 것은 위에서 나는 것이고, 성령으로 나는 것인데, 그것은 위로부터 오신 분이자 하늘로부터 오신 인자의 들림을 믿는 것이라고 했습니다. 영생은 인자의 재림으로 말미암아 영광의 부활 몸으로 살아나 온전하게 완성될 것이지만, 예수님을 하나님의 아들로 믿는 믿음을 가진 자들은 이미 내세의 생명이 있습니다. 그러나 하나님의 아들에게 순종하지 아니하는 자 즉 아들을 영접하지 않는 자, 인자의 들림을 믿지 않는 자, 독생자를 믿지 않는 자는 영생을 보지 못한다고 했습니다. 왜냐하면, 하나님의 진노가 그들 위에 머물러 있기 때문입니다. 18절에서 "… 믿지 아니하는 자는 하나님의 독생자의 이름을 믿지 아니하므로 벌써 심판을 받은 것이니라."라고 독생자를 믿지 아니하고 순종하지 아니하는 자는 이미 심판(정죄)을 받았다고 했습니다. 믿는 자들은 인자의 재림 때에 그들의 몸이 부활되면서 완성될 영생을 이미 누리고 있고, 믿지 않는 자들은 그들의 부활과 영벌의 심판에서 완성될 하나님의 진노 아래 이미 들어가 있습니다.

믿는다는 것은 바로 예수님의 말씀을 받아들이고, 말씀에 순종하는 것입니다. 하나님의 아들을 믿지 않는 것은 예수님께 순종하지 않는 것이고, 예수님이 증언한 말씀에 순종하지 않는 것입니다. "들어가지 못하는 것"(5)보다는 "보지 못하는 것"(3)이 훨씬 더 강한 부정입니다. 예수님을 영접하지 아니하고 예수님의 말씀을 받아들이지 않는 사람은 영생을 보지도 못한 사람입니다. 이미 믿는 사람은 이미 영생을 받은 사람이고, 믿지 않는 사람은 이미 심판을 받은 사람입니다.

사랑하는 성도 여러분이여!

예수 그리스도는 위로부터 나시고, 하늘로부터 나시고, 하나님에게서 나시고, 하나님의 보내심을 받은 하나님의 아들이십니다. 위로부터 나신 하나님의 아들 예수를 믿는 것이 바로 거듭난 것이고, 위로부터 난 것이고, 성령으로 난 것이고, 중생한 것이고, 영생을 얻은 것입니다. 성령을 한량 없이 받으신 예수께서 친히 보고 듣고 증언한 말씀을 우리는 진리의 말씀으로 그대로 믿고 순종하며 살아가시기를 바랍니다. 하나님에게서 나서 보내심을 받은 인자 예수님의 들림을 믿고, 십자가에 달려죽으신 인자 예수님이 바로 하나님의 독생자이심을 믿어서 영생을 누리는 우리가 될 수 있기를 바랍니다.

14. 생수를 마셔야 목마르지 않습니다(4:1~30)

어느 날 디 엘 무디(D. L. Moody) 목사님이 버스를 기다리고 서 있던 한 사람에게 전도했습니다. 무디 목사님은 온종일 전도하는 사람이었는데 버스를 기다리던 그 사람에게도 "예수 믿으시오."라고 말했습니다. "내가 예수를 믿건 안 믿건 당신이 무슨 상관이오."라고 서 있던 그 사람이 대꾸했습니다. 그래도 퉁명스럽게 무디 목사님은 "당신이 나에게 화내는 것은 좋지만 예수님은 믿어야 합니다."라고 계속 말했습니다. "당신, 왜 자꾸 나를 괴롭히는 거요."라고 그가 묻자, 무디 목사님은 "그것이 내 직업입니다."라고 주저하지 않고 대답했습니다. 그때 그 사람이 "아, 당신이 바로 무디 목사님이시군요."라고 대꾸하더랍니다. 이렇게 전도 받은 사람이 무디 목사님을 알아볼 정도로 무디 목사님은 어디에서나 전도하는 사람이었습니다. 전도하는 사람은 사도 바울처럼 헬라인에게나 야만인에게나 다 빚진 자라는 진지한 태도를 가져야 합니다. 누구에게도 복음을 반드시 전해야 합니다. 또 누구에게나 빚을 졌기에 복음의 빚을 갚아야 합니다.

수가성 여인은 인생의 갈증으로 방황하며 여섯 번째 남자와 더불어 살고 있었습니다. 사마리아 여인은 수가성 동네 사람들의 따가운 눈총을 피하여 뜨거운 대낮에 야곱의 우물에 물을 길으러 왔고, 예수님은 바로 그 시간에 세겜에 있는 야곱의 우물가에 앉아서 곤한 발걸음을 잠시 쉬며 물 길으러 오는 수가성 여인을 만나셨습니다. 예수께서 영혼이 목마른 수가성 여인에게 물 좀 달라고 요청하여 생수와 생수를 주는 자와 목마르지 않고 영생하는 생수로 대화의 주제를 바꾸어 넘어가면서 인간이 진정으로 어떤 생수를 마셔야 목마른 갈증을 해소하고 영생의 기쁨으로 살아갈 수 있는지를 분명하게 말씀해 주셨습니다. 오늘날 많은 사람은 물 기근과 물의 오염으로 죽어가고 있으며 생수 마시기를 갈망하고 있습니다. 오늘날 사람들은 생명과 직결된 양질의 생수를 찾아 마시는 것을 이전보다도 훨씬 더 중요하게 생각하고 더 많은 비용도 지불하려고 합니다. 예수께서 본문에서 사마리아 여인에게 생수를 마셔야 목마르지 않고 영생한다는 말씀을 하면서 자신이 바로 그 생수를 주시는 분이라고 말씀하셨는데 목마르지 않고 영생하는 생수가 무엇인지 오늘 본문의 말씀을 들으면서 함께 은혜를 나누고자 합니다.

첫째로 예수님을 그리스도로 믿는 것이 생수를 마시는 것입니다(1~15).

북쪽 이스라엘의 수도인 사마리아가 주전 722년에 앗수르 제국에 의해서 멸망 당한 후 많은 사마리아인들은 앗수르로 포로로 붙들려가고 사마리아에 남아 있었던 사람들은 앗수르인들의 사마리아 이주로 그들과 함께 거주하게 되면서 사마리아는 이방인의 피가 섞이게 되었습니다. 그래서 사마리아인들은 스룹바벨 성전 건축 공사에도 소외당하게 되면서 그리심 산에 자기들의 성전을 세우고 레위기 식의 제사를 드렸습니다.

예수님 당시에 이스라엘 백성들과 사마리아인들 사이에 대립과 갈등은 더욱 심화했습니다. 이스라엘 랍비들은 모든 사마리아인들이 부정하다고 규정하였고 사마리아인들의 식사 용기를 사용하는 것도 금하였고, 그들과 같이 식사하는 것도 엄격하게 금했습니다. 그런데 이러한 갈등과 대립 상황 속에서 예수께서 사마리아로 지나가시면서 피곤하여 야곱의 우물가에 잠시 앉아 있다가 한낮에 물 길으러 온 사마리아 수가성 여인에게 물을 좀 달라고 한 태도는 사마리아인의 입장에선 도무지 이해가 가지 않는 놀라운 돌발적인 행동이었습니다. 예수님은 야곱의 우물가에 앉아서 물 길으러 온 사마리아 여인에게 물을 좀 달라고 요청했습니다. 그리고 예수님은 야곱의 우물물에서 '네게 물을 달라하는 이가 누군지 알았더라면 그에게 생수를 달라고 했을 터인데'라고 말하면서 주제를 물에서 생수로 넘어가면서 대화를 계속하며, 수가성 여인이 여섯번째 남자와 사는 자기 자신을 돌아보게 했습니다. 수가성 여인은 여섯 번째 남자와 더불어 살고 있었지만, 그의 영혼은 만족이 없고 오히려 더 목말라 갈증을 느끼며 살아가는 불쌍한 여인이었습니다. 그러나 다행스러운 것은 이 수가성 여인이 메시아를 기다리는 믿음이 있었다는 사실을 25절에서 예수님과의 대화에서 분명하게 확인할 수 있다는 점입니다. 예수께서 야곱의 우물가에 앉아서 물 길으러 오는 수가성 여인에게 물을 좀 달라고 하면서 오히려 목마르지 않는 생수와 그 생수를 주시는 분과 영생하도록 솟아나는 샘물에 대해서 말씀하셨습니다. 이 수가성 여인은 야곱의 깊은 우물가로 날마다 뜨거운 대낮에 사람들의 눈총을 피해서 물 길러 오는 것도 사실 간단한 일이 아닌 아주 번거롭고 힘든 일이었기에 목마르지 않는 생수에 대해서 금세 관심을 두게 되었습니다. 13절에서 수가성 야곱의 우물은 인간이 마시고 또 마셔도 계속해서 목이 마르는 물이었습니다. 그러나 예수께서 말씀하시는 생수는 14절에서 영원히 목마르지 않고 영생하는 영혼의 생명수 물이고, 그 생수는 예수님이 주시는 생수였습니다. 그러나 15절에서 수가성 여인은 예수께서 주시는 생수를 정확하게 이해하지 못하여 육신이 다시는 목마르지 않아서 다시는 이 야곱의 우물에 물을 길으러 오는 번거로움과 사람들의 눈총도 한꺼번에 다 피할 수 있을 것으로 기대하며 말했습니다. 그러나 이어지는 예수님의 답변은 갑자기 16절에서 가서 네 남편을 데려오라는 것이었습니다. 예수님의 이 말씀이 예수께서 말씀하시는 생수가 육신의 목마름을 해소하는 야곱의 우물이 아니라 예수께서 주시는 영혼의 생수인 것을 말씀하는 것이었습니다.

예수께서 수가성 여인에게 말씀하신 생수는 성령이라고 해석하는 분들도 있습니다. 좀 더 넓게 해석하면 요한복음 3장에서 이미 말씀하신 성령에 의한 거듭남이라고 해석하기도 합니다. 예수께서 주시는 성령이 임하여 사람들은 거듭나게 되고, 영생하게 되어 영원한 목마름이 해소되어 다시는 목마르지 않게 됩니다. 예수께서 주시는 생수는 영혼의 생수이고 하늘의 샘물입니다. 사마리아 수가성 여인에게는 예수님이 누구인지를 제대로 아는 것이 바로 생수를 마시는 것이고 그것이 바로 영혼이 목마르지 않는 영생을 얻는 것입니다. 이것은 예수께서 보내시는 성령을 받아야 가능하고, 그래야 영생을 누리게 되고, 예수 그리스도를 알게 되는 것입니다.

적용 예수님을 만나지 못한 인생이 바로 타는 목마른 갈증으로 헤매는 사람들입니다. 영생하는 생수를 마시는 길은 오직 예수를 그리스도로 믿는 것입니다. 예수님을 하나님이 약속하신 그리스도로 믿어서 영생을 누릴 수 있기를 바랍니다.

둘째로 생수를 마시기 위해서는 회개하여 예수 믿고 하나님을 아버지로 섬겨야 합니다 (16~26).

수가성 여인은 처음에 예수님을 단순히 유대인 남자로 알아서 자신과 도무지 상종할 수 없고 자신과 교제할 수 없는 간격이 있는 사람으로 알았습니다. 그러다가 예수님이 야곱의 우물에서 영혼의 생수와 그 생수를 주시는 분으로 대화를 이어가면서 예수님을 야곱과 비교하는 대화로 이어졌습니다. 예수께서 수가성 우물가에서 영혼의 생수에 관심을 두게 하려고, 이 수가성 여인에게 16절에서 '가서 네 남편을 불러 오라'라고 말씀하시면서 상황의 전환을 시도하셨고, 17절에서 '나는 남편이 없나이다.'라는 솔직한 대답을 들으시고, 여섯 번째 남자와 더불어 살고 있으면서 남편이 없다는 말이 옳다고 오히려 인정해주셨습니다. 이것은 예수께서 이 여인에게 생수가 단순히 육신이 마시는 물이 아니라 목마른 영혼이 마시는 생수라고 전환을 시도하신 것입니다. 18절에 예수님은 수가성 여인이 과거에 남편이 다섯이 있었고, 지금 함께 사는 여섯 번째 남자도 그녀의 남편이 아니라는 대답이 참되다고 확인해 주셨을 때, 19절에서 이 수가성 여인은 자신의 모든 과거를 다 알아맞히시는 예수님을 향하여 '선지자'라고 놀랍게 고백하기에 이르렀습니다.

예수께서 메시아를 기다리고 있는 이 사마리아 수가성 여인에게 '가서 네 남편을 불러 오라.'고 하신 말씀은 사실 이 여인이 여섯 번째 남자와 함께 사는 사실을 회개하라는 말씀입니다. 예수님은 여섯 번째 남자와 함께 살고 있는 이 사마리아 여인에게 자신의 현재의 삶을 깨닫고 그 죄악에서 돌아서라는 회개를 재촉하셨습니다. 사람들이 자신의 죄에서 회개하고 죄에서 떠나야 믿음의 자리로 나갈 수 있습니다. 회개와 믿음은 서로 연속적으로 연결되어 있고 동시에 또는 연속적으로 일어납니다.

수가성 여인은 예수님께 믿음으로 넘어가기 전에 예배의 장소 문제로 예수님과 좀 민감한 논쟁을 하려고 했습니다. 그때 예수님은 수가성 여인에게 예배의 장소가 중요한 것이 아니라 하나님을 아버지로 알고 예배하는 것이 중요하다고 말씀하셨습니다. 24절에서 예수님은 그 유명한 말씀인 "하나님은 영이시니 예배하는 자가 영과 진리로 예배할지니라."라고 하나님을 영으로(en pneumati; in spirit) 진리로(en aletheia; in truth) 예배하는 것이 진정한 예배라고 말씀하셨습니다. 예루살렘이나 그리심 산이라는 예배의 장소가 중요한 것이 아니고 거듭난 심령으로 예수를 구원의 주님으로 믿고 하나님을 아버지로 예배하는 것이 바른 예배의 핵심입니다. 하나님을 아버지로 섬기는 예배를 드리기 위해서는 반드시 예수님을 메시아(그리스도)로 믿어야 가능합니다. 하나님을 아버지로 안다는 말씀은 하나님의 자녀가 되어 하나님을 아버지로 섬기는 것을 말씀합니다. 수가성 여인은 너무나 놀라운 말씀을 하시는 예수님께 25절에서 메시아 그가 오시면 모든 것을 알게 해주실 것이라고 대답했습니다. 26절에서 예수께서 가나안 여인에게 "네게 말하는 내가 그라(메시아)."라고 자신이 바로 이 사마리아 여인이 그렇게 오랫동안 기다리던 메시아(그리스도)라고 분명하게 말씀해 주셨습니다. 예수님이 "내가 바로 네가 말하고 있는 그 메시아(그리스도)다"라고 직설적으로 말하지 않는 이유는 당시의 사람들이 그리스도가 이스라엘을 로마의 압제로부터 해방시켜주실 정치적인 그리스도로 이해하고 있었기 때문에 그들이 오해하지 않도록 메시아라는 말을 직접적으로 사용하기를 자제하셨습니다. 사마리아 여인은 예수를 그리스도로 믿고 하나님을 아버지로 섬기면서 예수님이 주시는 생수를 마시고 영생을 누리게 되었고, 그 기쁨으로 물동이도 우물가에 그대로 두고 자신의 동네로 달려갔습니다.

적용　예수님은 우리에게 우리 자신이 죄인임을 깨닫고 예수 그리스도를 믿고 하나님을 아버지로 섬기는 믿음의 자리로 나오라고 요청하고 계십니다. 우리는 예수 그리스도를 믿고 하나님 아버지를 섬겨서 예수님이 주시는 영생의 생수를 마실 수 있기를 바랍니다.

셋째로 생수를 마신 사람은 나가서 다른 사람들에게 예수님을 그리스도라고 전도합니다(27~30).

예수께서 수가성 여인을 야곱의 우물가에서 만나서 '물 좀 다오.'라고 말하다가, '네게 물을 달라 하는 이가 누구인 줄 알았더라면 너는 그에게 생수를 달라고 하였을 터인데'라고 생수와 생수를 달라 하는 이로 넘어가서, 다시 '이 물을 마시는 자는 다시 목마르려니와 내가 주는 물을 마시는 자는 영원히 목마르지 아니하리라.'라고 말씀하시다가, '가서 네 남편을 불러 오라.'라고 말씀하면서 영원히 목마르지 않는 생수로 넘어갔습니다. 예수님은 대화를 물에서, 생수로, 다시 생수를 주시는 분에게로, 다시 영원히 목마르지 않는 생수로 넘어가며 복음을 전했습니다. 예수님은 수가성 여인에게 처음엔 예수님을 유대인 남자로, 다음에는 선지자로, 다시 메시아(그리스도)로 점진적으로 복음의 핵심으로 깊이 들어가 믿도록 전하셨습니다. 사마리아 수가성 여인은 자신의 과거까지 다 꿰뚫어 보시는 예수님을 자신이 그렇게도 오랫동안 기다리던 메시아(그리스도)로 드디어 믿게 되었습니다. 예수님을 그리스도로 믿었다는 것은 예수께서 전하신 말씀을 믿었다는 것입니다. 예수께서 사마리아에 찾아가서 복음을 전했던 이 수가성 여인은 드디어 예수를 그리스도로 믿고 하나님을 아버지로 알고 섬기는 진정한 구원받은 자가 되었습니다. 수가성 여인이 예수님의 말씀을 듣고 예수님이 바로 자신이 기다리던 그리스도이심을 믿고 너무나 감격한 나머지 물동이를 우물가에 그대로 두고 자기 동네로 달려가서 자신이 만난 예수님을 그리스도라고 자기 동네 사람들에게 그대로 전도했습니다. 수가성 여인의 이러한 놀라운 열정에는 이유가 있었습니다. 수가성 여인은 진정한 생수가 예수가 그리스도라는 사실, 예수께서 생수를 주시는 분이심을 알게 된 것입니다. 그 때 자신이 평소에 만나기를 꺼렸던 자기 동네 사람들에게 바로 찾아갔습니다. 수가성 여인은 자기 동네 사람들에게 자신의 과거를 다 꿰뚫어 보시고 말씀하시는 '그리스도께 와보라.'라고 자기 동네 사람들을 예수께로 초청했습니다. 수가성 동네 사람들은 그리스도를 만나 영생 얻은 수가성 여인의 간증에 감동을 받아 예수님께로 나아가 예수님의 말씀을 듣고 예수님을 유일한 구주(4:42)로 믿게 되었습니다.

　수가성 사람들은 수가성 여인의 전도를 듣고 예수님을 믿었습니다. 이 사람들이 예수님을 믿었다는 것을 결코 가볍게 여길 수 없습니다. 물론 예수님 자신의 증거가 수가성 여인의 증거보다도 더 능력이 있었던 것도 사실입니다. 그렇다고 수가성 여인의 감동적인 전도를 가볍게 여겨서는 안 됩니다. 수가성 동네 사람들이 예수님께 이틀을 더 머물러 달라고 요청한 것은 약속된 메시아이신 예수님에 대한 그들의 신뢰를 확신으로 바꾸고자 했던 것입니다. 예수께서 수가성 동네에 머물면서 자신을 증거한 말이 더 많은 사마리아 사람에게 예수 그리스도를 믿게 했습니다. 예수님의 증거는 수가성 여인의 전도를 업신여기는 것이 아니라 더 확실하고 굳건하게 하고자 함이었습니다. 수가성 여인의 사마리아 전도는 예수님의 전도로 이어졌고, 이것은 다시 빌립의 전도로 이어졌고, 다시 베드로와 요한의 전도로 이어졌습니다. 빌립은 이곳 사마리아에서 다른 사람들의 씨 뿌린 수고의 혜택을 누리고 거두었습니다(행 8:4~5). 복음은 예수님의 말씀대로 유대인에게 사마리아인에게로 땅 끝까지 이어져야 합니다.

사랑하는 성도 여러분이여!

　예수님을 만나지 못한 사람들은 목마른 갈증으로 오늘도 생수를 찾아 헤매고 있습니다. 인간이 예수 그리스도를 구원의 주님으로 만나는 것이 바로 생수를 마시는 것입니다. 우리가 예수께서 주시는 생수를 마시는 것은 예수 그리스도를 믿고 하나님 아버지를 섬기는 것입니다. 이 생수를 마시기 위해서는 하나님과 예수님을 알지 못했던 과거의 죄를 회개하고 예수 그리스도를 자신의 주님으로 믿어야 합니다. 예수님이 우리의 구원자시고 하나님이 우리의 아버지가 되심을 알지 못하는 사람들에게 복음을 전해서 영생을 얻게 하는 기적의 역사를 일으킬 수 있기를 바랍니다.

15. 영과 진리로 드리는 참된 예배(4:19~26)

예수께서 열두 제자들에게 이방인의 길로도 사마리아의 고을에도 가지 말고, 이스라엘 집의 잃어버린 양들에게로 가서 복음을 전하라고 말씀하셨습니다. 그런데 모든 사람의 마음을 아시는 예수께서 메시아를 기다리던 사마리아에 여섯 번째 남자와 살고 있었던 한 복잡한 여인을 찾아가셨습니다. 사마리아인들은 모세오경만을 정경으로 믿으며 그리심 산 예배를 고수하고 메시아라는 단어를 16세기에야 비로소 사용할 정도로 진리에 무디었습니다. 예수님 당시에 사마리아에 수가성 여인은 그 선지자와 메시아를 기다리며 살고 있었는데 예수께서 그 여인을 찾아 구원하러 사마리아에 가셨습니다. 예수께서 한낮에 우물가에 앉아서 물길으러 온 사마리아 여인에게 "물 한 모금만 주세요."라고 물에서 시작하여 생수로, 그리고 선지자와 메시아로 넘어가며 자신을 그 여인이 기다리던 메시아로 믿도록 말씀하셨습니다. 예수님은 수가성 여인에게 참된 예배는 장소의 문제가 아니라 아버지께 예배할 때가 이르렀고, 아버지께 참되게 예배하는 자들은 영과 진리로 예배해야 하며, 구체적으로 예수를 그리스도로 믿고 예배해야 한다고 말씀하셨습니다. 예수께서 수가성 여인에게 말씀하신 영과 진리로 하나님 아버지께 예배하는 참된 예배에 대한 말씀을 들으면서 함께 은혜를 나누고자 합니다.

첫째로 참된 예배는 메시아를 믿음으로 아버지께 예배하는 것입니다(19~22).

19절에서 예수님을 선지자로 인식한 수가성 여인은 사마리아인과 유대인 사이의 가장 중요한 논쟁거리인 예배하는 장소 문제를 예수님께 제기했습니다. 20절에서 수가성 여인이 "우리 조상들은 이 산에서 예배하였는데 당신들의 말은 '예배할 곳이 예루살렘에 있다' 하더이다."라고 예수님을 선지자로 인식하고서 예수님께 예배하는 장소에 대하여 난처한 질문을 제기하자 예수님은 그 여인에게 참된 예배에 대하여 말씀하셨습니다. 사마리아 여인은 이 낯선 유대인 선지자를 시험하여 유대인과 사마리아인 사이에 신학적으로 첨예하게 대립하는 예배 장소 문제를 제기하여 난처한 상황으로 유도했습니다.

유대인들과 사마리아인들은 다 하나님이 자신들의 조상들에게 주신 신명기 12장 5절, "오직 너희의 하나님 여호와께서 자기의 이름을 두시려고 너희 모든 지파 중에서 택하신 곳인 그 계실 곳으로 찾아 나아가서"의 하나님의 이름을 두시려고 택하신 곳을 찾아가 예배하라는 명령에 서로 상반된 결론을 끌어내서 각기 다른 장소에서 예배하고 있었습니다. 사마리아인들은 모세오경만을 정경으로 믿고 있었기 때문에 그리심 산 예배를 주장하며 그리심 산에서 예배하고 있었고, 유대인들은 구약성경을 다 정경으로 인정하여 믿고 있었기 때문에 예루살렘 성전을 하나님께서 인정하신 예배 장소로 믿고 있었습니다. 왜냐하면, 다윗은 하나님의 성전을 하나님께서 알려주신 대로 예루살렘에 짓기로 작정하였고, 하나님은 다윗에게 약속한 대로 솔로몬에게 오르난의 타작마당인 예루살렘에 성전을 건축하도록 인준해 주었기 때문입니다. 하나님께서 솔로몬이 건축한 예루살렘 성전에 영광으로 충만하게 임재하여 하나님의 이름을 두신 곳으로 인정해주셨습니다. 유대인들은 예루살렘 성전에서 드려지는 제사만을 인정하였고, 솔로몬 성전이 파괴되고, 스룹바벨 성전이 재건될 때까지 예루살렘 성전 터가 여전히 유일한 합법적인 예배의 장소였습니다.

이스라엘은 호세아 왕 때 앗수르에 의해서 사마리아가 멸망당하여 사마리아인들은 앗수르 제국의 여러 곳으로 강제로 이주당하였고, 대신에 앗수르 제국의 여러 지역의 이방인들이 사마리아와 그 주변 지역에 강제로 이주하여 와서 하나님 경외와 자기들의 신을 혼합하여 섬기는 혼합주의 신앙에 깊이 빠지면서 유일하신 하나님을 경외하는 신앙에서 멀어졌습니다. 헤롯은 무너지고 망가진 예루살렘 성전을 더 화려하고 웅장하게 재건하였습니다. 그렇지만 모세오경만을 정경으로 믿고 혼합주의에 빠졌던 사마리아인들은 예루살렘 성전에서 드리는 예배의 정통성을 하나도 인정하지 않고 그리심 산 예배만을 주장했습니다. 사마리아인들은 신명기 12장 5절에서 여호와께서 택하신 예배의 장소가 어디인지 찾기 위하여 믿음의 족장들의 기록을 찾았습니다. 아브라함이 약속의 땅인 가나안에 들어와서 세겜에서 처음으로 제단을 쌓아 하나님을 예배했고(창 12:5~6), 야곱도 세겜에서 제단을 쌓아 예배하였기에(창 33:20) 그곳을 예배의 장소라고 믿었습니다. 또한, 사마리아인들은 약속의 땅 가나안에 들어간 언약 공동체에게 축복을 선포한 장소가 그리심 산이라는 사실에 주목했습니다(신 11:29~30). 그래서 사마리아인들은 그리심 산에 성전을 짓고 거기서 하나님을 예배하며 그리심 산이 세계에서 최고의 산이라고 믿었습니다. 사마리아 성전은 주전 128년에 유대의 요한 히르카누스(John Hyrcanus)에 의해서 파괴된 후에도 사마리아인들은 계속해서 그리심 산에서 예배했습니다. 예수님 당시에도 이방인들의 피가 섞여서 이스라엘 민족의 정통성이 사라지고 혼합주의 신앙에 빠져있다는 이유로 유대인들은 사마리아인들을 무시하였고, 유대인들은 사마리아인들과 다른 예루살렘 성전에서 예배하고 있었습니다. 그런데 사마리아 여인은 각기 다른 역사적 전통을 가진 예배하는 장소 문제라는 난처한 문제를 선지자라고 인식한 예수님께 질문하여 난처함으로 유도하였으나 예수님은 지혜롭게 참된 예배를 말씀하셨습니다.

21~22절에서 "21. 예수께서 이르시되, '여자여, 내 말을 믿으라. 이 산에서도 말고 예루살렘에서도 말고 너희가 아버지께 예배할 때가 이르리라. 22. 너희는 알지 못하는 것을 예배하고 우리는 아는 것을 예배하노니 이는 구원이 유대인에게서 남이라.'"라고 사마리아 여인의 난처한 질문에 오히려 예수님은 놀랍게 지혜로운 답변을 하시며 참된 예배를 세 가지로 답변하셨습니다. 첫째, 먼저 예수님은 당시 유대인과 사마리아인이 예배의 장소를 서로 상반되게 주장하

는 예루살렘 성전과 그리심 산이 머지않은 종말의 시간에 폐기될 것이라고 알렸습니다(21). 둘째, 구원은 사마리아인에게서가 아니라 유대인에게서 나온다(22)는 사실을 분명히 했습니다. 사마리아인들은 모세오경만을 믿음으로 예배의 대상을 알지 못하지만, 유대인들은 구약 성경 전체를 정경으로 믿고 있었기 때문에 예배하는 대상이 하나님과 오실 메시아이심을 알고 있었습니다. 유대인들은 구약의 구원 계시의 흐름 속에 서 있었기 때문에 자신들이 예배하는 하나님을 알고 있어서 구원은 유대인에게서 나온다고 했습니다. 셋째, "아버지께 예배할 때가 이르리라."라는 말씀의 '때'(hora; the hour)는 요한복음에서 언제나 예수님의 십자가의 죽음과 부활과 높아지심의 때와 연관되어 있습니다. 예수께서 십자가에 죽으시고 부활하여 높아지는 때가 오면 "이 산에서도 말고 예루살렘에서도 말고 너희가 아버지께 예배하게 된다."라는 말씀입니다. 다시 말하면 예수 그리스도의 십자가를 믿음으로 죄 용서함을 받는 의인들이 드디어 하나님 아버지께 나아가 하나님 아버지를 예배하는 때가 온다는 것입니다.

참된 예배는 예루살렘이든지 그리심 산이든지 장소의 문제가 아닙니다. 참된 예배에서 예배하는 장소의 문제를 가지고 논쟁하는 것은 아무 유익이 없습니다. 예수께서 너희 사마리아인들은 알지 못하는 것을 예배한다고 하시며 그들은 예배의 대상을 알지 못한다고 말씀하셨습니다. 이 말씀은 사마리아인들이 모세오경만을 정경이라고 주장하여 계시의 흐름 밖에 서 있기 때문에 그들이 예배하는 대상은 참된 지식에 서 있지 못하다는 것을 말씀하는 것입니다. 반면에 예수께서 우리 유대인들은 아는 것을 예배한다고 말씀했습니다. 다시 말해서 유대인들은 구약성경 전체를 정경으로 믿고 있기 때문에 예배하는 대상인 하나님과 오실 메시아를 알고 예배했습니다. 유대인들은 구약의 구원 계시의 흐름 속에 서 있었기 때문에 자기들이 예배하는 하나님을 알았습니다. 그래서 "구원이 유대인에게서 남이라"라고 말씀하셨습니다. 이 말씀은 모든 유대인이 구원을 받는다는 주장을 말하는 것이 아닙니다. 사복음서 전체가 이러한 주장을 반박하고 있습니다. 유대인들이 그리스도이신 예수님을 믿지 않고 대적하여 참람한 죄인이라고 사형 판결하여 십자가에 못 박아 죽인 것 때문에 예수님을 믿지 않고 대적했던 유대인들에게 구원은 없습니다. 구원이 유대인에게서 남이라는 말씀은 약속된 메시아가 '유대인'에서 나온다는 의미도 아닙니다. 이 말씀의 취지는 구약성경 전체를 믿는 유대인이 하나님의 구원 계시의 흐름 속에 서 있어서 하나님과 예수 그리스도를 알 수 있다는 것입니다. 유대인들이나 사마리아인들의 궁극적인 권위는 그들 각자의 구약성경을 정경이라고 믿는 성경관에 있습니다. 예수님은 구원의 문제에서 모세오경만을 성경이라고 믿는 사마리아인들보다는 구약성경 전체를 성경으로 믿는 유대인들의 편에 섰습니다. 그렇지만 요한복음의 저자 사도 요한이 유대인들을 자주 신랄하게 비판하는 가장 주된 이유는 하나님이 보내신 예수님을 믿지 않았다는 것이고, 유대인에게나 이방인에게나 똑같이 구원은 유대인이 믿는 구약성경이 예언한 메시아로 말미암아 온다는 것입니다.

적용 구약성경의 예언대로 메시아로 오신 예수 그리스도를 믿어서 죄 용서함을 받은 우리 의인들이 하나님 앞에 나아가 하나님을 예배할 때가 왔다는 사실입니다.

둘째로 아버지께 참되게 예배하는 자들은 영과 진리로 예배해야 합니다(23~24).

23절에서 "아버지께 참되게 예배하는 자들은 영과 진리로 예배할 때가 오나니 곧 이 때라 아버지께서는 자기에게 이렇게 예배하는 자들을 찾으시느니라."라고 예수께서 참된 예배에 대하여 말씀하셨습니다. 예수님은 메시아를 믿고 아버지를 예배하는 자들은 영(en pneumati; in spirit)과 진리(en aletheia; in truth)로 예배할 때가 오고 있다고 말씀했습니다. 메시아이신 예수께서 이미 이 땅에 오심으로 예수님을 메시아로 믿는 사람들이 하나님 아버지께 예배하는 때가 왔다는 것입니다. 예수님을 알면 아버지를 알고(14:7), 예수께서 아버지 안에 계시고 아버지께서 예수님 안에 계시기(14:10, 17:21) 때문에 예수 그리스도를 믿으면 하나님을 아버지로 알고 예배할 수 있습니다. 예수께서 영과 진리로 예배할 때가 오리라는 것은 예수님의 십자가의 죽음과 부활과 높아지심의 때가 오고 있다는 것이며, 더 나아가 십자가 이전에도 예수님의 인격과 사역을 믿으면서 참된 예배를 드릴 수 있다는 것입니다. 참된 예배는 오직 예수 그리스도를 믿음으로, 예수 그리스도 안에서만 가능합니다. 그 이유는 예수님의 십자가를 믿어서 의인되어야 하나님 앞에 나아가 비로소 하나님을 예배할 수 있기 때문입니다. 바로 이런 이유로 아버지께 예배할 때가 오고 있을 뿐만 아니라 지금 이미 와 있다는 것입니다. 참된 예배자들은 영과 진리로 예수님을 믿고 하나님 아버지를 예배하는 성도들입니다. 거짓 예배자는 장소의 문제에 집착하여 예수 그리스도를 믿지 않고 하나님 아버지를 섬기지 않는 자들입니다. 어떤 특정한 예배 장소를 고집하지 않고 영과 진리로 하나님을 예배하는 성도들이 참되게 하나님을 예배하는 자들입니다.

24절, "하나님은 영이시니 예배하는 자가 영과 진리로 예배할지니라."에서 "영과 진리로"라는 어구의 의미는 "하나님은 영이시니"(God is spirit)라는 간단한 구절의 의미가 무엇을 의미하느냐에 달려 있습니다. 하나님은 하나의 영(a spirit)도 아니시고, 육체가 없는 형이상학적인 존재를 의미하는 것도 아니고, 인간이 영과 혼과 몸으로 구성되었다고 보았을 때 하나님의 존재가 영이시라는 것입니다. 웨인 그루뎀(Wayne A. Grudem) 교수는 영으로 예배하는 것은 몸이나 혼이 아닌 마음으로 예배하는 것이라고 말했습니다(눅 1:46~47). 영과 진리로 예배하는 자들은 성령으로 거듭난 심령으로 구원받은 감격을 가지고 하나님께 예배합니다. 하나님이 영이시다는 것은 하나님이 인간과 반대되는 신적인 존재로서 인간의 눈으로 볼 수 없고, 생명을 수여하며, 하나님은 자신을 계시하기 전에는 인간이 알 수 없는 존재시라는 것입니다. 하나님은 '빛'이시고 '사랑'이신 것과 마찬가지로 '영'이십니다. 하나님은 자신과 태초부터 함께 계셨던 그 말씀을 보내셨고, 그 말씀이 육신이 되어 이 땅에 예수 그리스도로 오셨고, 예수께서 사람들에게 선포한 계시의 말씀을 통하여 사람들은 하나님과 예수님을 알게 되었습니다.

영이신 하나님은 우리가 "영과 진리로"(in spirit and in truth)만 예배할 수 있습니다. "영과 진리로" 드려지는 참된 예배는 성령으로 거듭나서, 예수 그리스도의 구속을 믿어 의인되어 성경 계시의 말씀을 믿음으로 하나님을 예배하는 것입니다. 참된 예배는 본질적으로 하나님 중심적인 예배이며 더 나아가 예수 그리스도를 나의 주님으로 믿고 드리는 예배입니다. "영과 진리로" 아버지께 예배해야 한다는 것은 어떤 특정한 성소에 제한되지 않은 예배이며, 물이 바다를 덮음같이 성경 계시를 통하여 하나님을 아는 지식으로 충만하여 하나님께 드리는 예배입니다. "예배할지니라"는 말씀은 반드시 거듭난 심령으로 예수님의 십자가를 믿고서 하나님을 반드시 예배해야 한다는 것입니다.

적용 성령으로 거듭난 우리들이 의인이 되어 구원의 감격으로 하나님을 꼭 예배하길 바랍니다.

셋째로 참된 예배는 예수님을 그리스도로 믿고 하나님 아버지께 예배하는 것입니다 (25~26).

25~26절에서 "25. 여자가 이르되 '메시야 곧 그리스도라 하는 이가 오실 줄을 내가 아노니 그가 오시면 모든 것을 우리에게 알려 주시리이다.' 26. 예수께서 이르시되 '네게 말하는 내가 그라' 하시니라."라고 사마리아 여인이 예수님의 참된 예배에 대한 말씀을 듣고서 예수님을 선지자에서 그리스도(메시아)로 놀랍게 알게 되면서 그리스도가 오시면 이런 모든 문제가 다 해결될 것이라고 자신이 그렇게 기다리던 메시아에 대한 믿음을 예수님에게서 확인했습니다. 예수께서 처음부터 메시아를 기다리던 사마리아 여인의 믿음을 아셨고, 그를 만나러 사마리아 동네 야곱의 우물가에 그녀를 찾아가 기다리다가 물 길으러 온 그 여인에게 '물 한 모금만 다오'라고 말을 걸기 시작하여 놀랍게 생수와 선지자로 나갔다가 마침내 자신이 바로 그리스도라는 놀라운 복음을 전했습니다.

사마리아인들은 주후 16세기 이전에 메시아라는 용어를 사용하지 않을 정도로 진리에 대해 무지하였습니다. 그런데도 사마리아 여인은 우물가에서 예수님을 만나 그의 말씀을 듣고 참된 예배에 대하여 말씀하시는 그에게 메시아라는 용어를 사용했습니다. 사마리아 여인은 메시아라는 용어를 선지자의 역할에 걸맞게 진리를 계시해 줄 분으로 기다리고 있었습니다. 메시아를 기다리면서 동시에 자신의 동네에서 무시와 천대를 당하여 한낮에야 사람을 피하여 우물가에 물을 길으러 왔던 사마리아 여인은 자신에게 물 한 모금 달라고 하면서 자신의 모든 과거를 다 꿰뚫고 아시는 유대인 남자를 선지자라고 인식했지만 이제 그에게서 너무 놀라운 진리의 말씀을 듣고서 메시아가 오시면 다 알게 되리라고 말했는데 놀랍게도 예수께서 사마리아 여인에게 "네게 말하는 내가 그라"(ego eimi; I am)고 자신이 바로 그 메시아 즉 그리스도이신 하나님이라고 대답하셨습니다. 예수께서 평소에 유대인들에게 자신을 메시아라고 드러내지 않았는데 여러 남자와 복잡한 삶을 살면서도 메시아를 오랫동안 기다리던 사마리아 여인에게 자신을 분명하게 그리스도라고 드러내서 말씀해주셨습니다. 야곱의 우물가에서 사마리아 수가성 여인에게 물을 좀 달라고 요청한 그 유대인 남자 예수님이 바로 약속된 메시아시고, 그 선지자시고, 그녀에게 생수를 줄 수 있는 그리스도이신 하나님이십니다. 예수께서 자기 백성이 아닌 한 사마리아인에게 자신이 메시아 즉 그리스도라고 분명하게 밝힌 것은 요한복음을 기록한 목적(20:31)과 정확하게 일치합니다. 많은 유대인이 메시아를 정치적이고 군사적인 의미로 이해하고 있어서 예수님은 자신이 메시아라는 사실을 그들에게 말하기를 꺼리시고 신중하셨지만, 메시아를 오랫동안 기다리던 사마리아 여인에게는 분명하게 자신을 메시아라고 드러내 밝히 말씀하셨습니다. 이것은 나면서부터 시각장애인이었다가 예수님의 말에 순종하여 눈을 뜬 청년에게 자신을 인자로 드러내어 믿게 하여 구원해 주신 것과 같습니다. 사마리아 여인은 예수님을 그리스도로 믿어서 구원을 얻어 목마르지 않는 생수를 마시게 되었고, 더 나아가서 자기의 동네 사람들에게까지 예수님이 그리스도라고 증거하는 놀라운 예수님의 증인이 되었습니다. 하나님을 아버지로 예배하기 위해서는 반드시 예수 그리스도의 대속적인 죽음을 믿는 거듭남이 있어야 하고, 이어서 예수 그리스도를 아버지와 함께 예배해야 합니다.

사랑하는 성도 여러분이여!

우리가 예수 그리스도의 십자가와 부활을 믿음으로 의인 되어 비로소 하나님 아버지를 참되게 예배하게 되었습니다. 하나님은 영과 진리로 하나님을 예배하는 참된 예배자를 찾고 계십니다. 우리는 거듭남으로 예수를 그리스도로 믿고 하나님 아버지를 참되게 예배할 수 있기를 바랍니다. 예수 그리스도의 십자가의 죽으심이 나를 위한 것임을 믿는 거듭난 심령으로 성경 계시를 하나님의 말씀으로 믿으며 하나님 아버지를 예배하는 것이 참된 예배입니다. 꼭 예배당에 나와서 예배해야 하지만 불가피하다면 영상예배에라도 꼭 참석하여 예수 그리스도가 나의 주님이시고 하나님이 나의 아버지심을 믿고 예배하여 섬깁시다. 어렵고 힘든 상황 가운데서도 성령으로 거듭난 우리가 영과 진리로 뜨겁게 구원의 감격을 가지고 삼위일체 하나님을 참되게 예배하며 섬길 수 있기를 소원합니다.

16. 예수님의 말씀을 듣고 믿는 자가 더욱 많아
(4:27~42)

　여섯 번째 남자와 함께 살고 있었던 수가성 여인은 만족함이 없는 갈증의 인생이었습니다. 수가성 여인은 거칠고 험한 세상을 살아가고 있었지만, 메시아를 기다리는 믿음이 있었습니다. 예수님은 제자들과 함께 평소와 다르게 여리고로 해서 가버나움으로 올라가지 않고 사람들이 꺼리는 사마리아를 통과하는 험한 길을 선택했습니다. 그것은 예수께서 메시아를 기다리는 사마리아 수가성 여인을 찾아서 구원하기 위함이었습니다.

　수가성 여인이 대낮에 야곱의 우물가에 물 길으러 올 것을 아셨던 예수께서 한낮에 야곱의 우물가에서 수가성 여인을 기다리고 계셨습니다. 수가성 여인이 그 우물에서 물동이에 물을 길어서 이고 가려는 순간에 예수께서 그 여인에게 물 한 모금만 달라고 말을 거셨습니다. 유대인 남자로서 어떻게 사마리아 여자에게 물을 달라고 하느냐고 대답하는 그 여인에게 예수께서 네게 물을 달라 하는 이가 누구인 줄 알았더라면 그에게 생수를 달라고 했을 것이라며 계속 말씀을 이어가셨습니다. 이 물을 마시는 자마다 다시 목마르려니와 내가 주는 물을 마시는 자는 영원히 목마르지 아니하리라고 도전하셨고, 그 여자가 그런 물을 내게도 주어 목마르지 않게 해달라고 요청했습니다. 예수께서 수가성 여인에게 '가서 네 남편을 불러 오라'라고 말씀하셨고, '나는 남편이 없나이다.'라고 대답하는 그 여인에게 예수께서 지금 여섯 번째 함께 사는 남자가 네 남편이 아니라는 말이 옳다고 말했을 때, 그 여인은 자신의 삶을 꿰뚫어 보시는 예수님에게 선지자라고 말했습니다. 예수님께서 "하나님은 영이시니 예배하는 자가 영과 진리로 예배할지니라."라고 참된 예배에 대해서 말씀했을 때, 그 여인은 "메시아 곧 그리스도라 하는 이가 오실 줄을 내가 아노니 그가 오시면 이 모든 것을 우리에게 알려 주시리이다."라고 대답했고, 예수께서 그 여인에게 "네게 말하는 내가 곧 그니라."고 대답해 주시면서 예수께서 그 여인이 그토록 기다리던 그리스도가 바로 자신이라고 말씀해 주셨습니다. 수가성 여인은 마침내 야곱의 우물가에서 자신이 그렇게 기다리던 메시아를 만났고 그리스도 예수님을 자신의 구주로 믿고서 마침내 생수를 마시게 되었습니다. 수가성 여인이 그리스도 예수님을 직접 만나서 자신의 구주로 믿고 죄 용서함을 받고 구원받게 되었을 때 그 감격과 기쁨은 말로 표현할 수 없었습니다. 그 여인은 물을 길으러 이고 왔던 물동이마저 우물가에 그대로 놔두고 자신의 동네로 달음박질하여 달려가서 동네 사람들에게 자신의 부끄러운 과거까지 다 알아보시는 메시아를 야곱의 우물가에서 만났다고 하면서 메시아이신 예수께로 와서 보라는 놀라운 복음을 전했습니다. 수가성 사람들은 여섯 번째 남자와 함께 살면서 부끄러운 목마른 갈증으로 살아가던 이 여인이 그렇게 기쁨으로 간증하는 말을 듣고서 야곱의 우물가의 예수께로 나아갔습니다. 사마리아 여인이 자신의 과거를 다 알아보고 자기에게 메시아 곧 그리스도라고 말씀해 주셨던 예수님을 제대로 증거하여 자기 동네 사람들을 예수께로 인도했습니다. 예수님께 찾아간 수가성 사람들은 예수께서 수가성에 함께 유하시기를 청하였고, 예수님은 그들과 함께 거기서 이틀을 머무셨습니다. 수가성 사람들은 예수께서 직접 증거 하시는 말씀을 듣고서 예수님을 세상의 구주로 믿어서 구원 얻었습니다. 수가성 여인이 먼저 예수 그리스도를 자신의 구주로 믿고서 놀라운 기쁨과 감격으로 간증하며 자기 동네 사람들에게 예수 그리스도를 증거 하였습니다. 수가성 사람들은 처음엔 수가성 여인의 간증하는 말을 듣고 예수를 믿었지만, 나중엔 예수께로 나가서 예수님의 말씀을 직접 듣고서 예수님을 세상의 구주로 믿었습니다. 여기에 수가성 여인의 전도의 예가 한 가지 전도 모델이 될 수 있습니다. 자신이 예수님을 먼저 믿은 후에 분명하고 간단한 자신의 간증을 통하여 사람들을 예수 그리스도에게로 인도했습니다. 사마리아 수가성의 한 여인이 먼저 예수 믿고 자기 동네 사람들을 예수께로 인도하여 예수님의 말씀을 듣고 믿음에 이르게 하는 전도의 과정을 중심으로 몇 가지로 살펴보면서 함께 은혜를 나누고자 합니다.

첫째로 수가성 여인은 자신이 만난 예수님을 자기 동네 사람들에게 증거 했습니다 (27~30).

수가성 여인은 여섯 번째 남자와 함께 살고 있어서 뒤에서 수군거리는 자기 동네 사람들조차도 만나기를 꺼려 뜨거운 대낮에 물동이를 이고 야곱의 우물가에 물을 길으러 다녔습니다. 수가성 여인은 인생의 목마른 갈증으로 힘들게 살아가고 있었고 사람을 만나는 것조차도 꺼렸습니다. 한낮에야 사람이 없는 우물가에 혼자 물을 길으러 다녔습니다. 수가성 여인에게 놀라운 장점이 하나 있었는데 그것은 이 여인이 평소에 메시아를 기다리는 믿음이 있었다는 점입니다. 예수께서 자신을 기다리는 수가성 여인을 찾아가서 복음을 전하기 위하여 유대인들이 가기를 꺼리던 사마리아 길을 택해 야곱의 우물가에 찾아갔습니다. 유대인 남자였던 예수께서 사마리아 여자인 이 여인과 우물가에서 나누었던 대화는 제자들이 보기에 놀라운 것이었습니다. 왜냐하면, 예수님 당시에 남자가 여자와 더불어 얘기를 하는 것에 대한 유대인들의 편견은 잔혹했습니다. 랍비들은 여자들 심지어 자기 아내와 얘기를 많이 하는 것이 최고로 시간을 낭비하는 일이고, 모세오경을 공부하는 데서 가장 멀어지는 일이고, 지옥에 갈 수 있는 가장 큰 악으로 보았습니다. 어떤 랍비들은 그들의 딸에게 모세오경의 지식을 가르치는 것은 자기 딸을 창녀로 파는 것과 같은 음란을 가르치는 것과 같이 부적절한 것으로 여겼습니다. 이런 시대적인 상황에서 예수께서 처음으로 만난 사마리아 여인과 우물가에서 긴 얘기를 나누었던 장면은 제자들이 이해할 수 없는 놀라운 장면이었습니다. 예수님은 여자들에 대한 적대적 편견을 갖지 않으셨고 가끔 여자들과 더불어 자연스럽게 얘기를 나누셨습니다. 예수님은 사마리아 수가성 여인, 간음하다가 현장에서 잡힌 여인, 마르다와 마리아, 외아들이 죽어서 슬퍼하던 나인성 과부, 그리고 일곱 귀신 들렸던 막달라 마리아와도 말씀을 진지하게 나누셨고 복음을 전했습니다.

수가성 여인은 예수님의 말씀을 듣고 긴 대화를 나누면서 자신의 과거를 다 알아보시는 예수님을 바로 자신이 기다리던 메시아 그리스도로 믿었습니다. 수가성 여인은 메시아이신 그리스도 예수님을 만나 믿음으로 생수를 마신 그 감동이 너무 커서 물동이를 우물가에 그대로 버려두고 자기 동네로 달려가서 자기 동네 사람들에게 자신이 우물가에서 만난 예수님이 바로 메시아라고 놀랍게 증거 했습니다. 수가성 여인의 이러한 놀라운 열정에는 몇 가지 이유가 있었습니다. 첫째, 수가성 여인은 드디어 새로운 생수를 찾아서 기뻐했습니다. 여섯 번째 남자와 함께 살면서 항상 부끄러운 죄악에 빠져서 목마른 갈증으로 살았는데 그리스도 예수를 자신의 구주로 믿어서 죄를 용서받는 생수를 마시게 되었던 것입니다. 둘째, 수가성 여인은 영과 진리의 예배를 좋아해서 구약의 그리심 산의 의식적인 제사를 버리고 드디어 하나님을 아버지로 제대로 예배하게 되었던 것입니다. 셋째, 수가성 여인은 예수님을 만나서 구원받은 감격 때문에 자신이 평소에 만나기 꺼렸던 자기 동네 사람들에게 오히려 예수님을 메시아라고 증거 하고 싶은 전도의 열정이 생겨났습니다. 넷째, 수가성 여인은 예수님과 대화를 통하여 예수님을 일반적인 선지자에서 모세가 말한 바로 그 선지자로 믿게 되었습니다. 이에 수가성 여인은 자신의 과거를 다 아시고 말씀하시는 예수님에 대하여 증거 하면서 '와서 보라'고 강하게 자기 동네 사람들을 우물가에 앉아 계시는 예수님께로 초청했습니다. 수가성 사람들은 이 여인의 열정이 담긴 진술한 간증에 감동을 받고 야곱의 우물가에서 제자들과 말씀을 나누시는 예수님께로 달려 나갔습니다.

적용 우리도 예수님을 나의 구주와 주님으로 만난 기쁜 감격과 간증이 있어야 합니다. 아직도 창조주 하나님과 예수 그리스도를 알지 못하는 사람들에게 수가성 여인의 감격과 열정으로 예수 그리스도가 우리의 구주와 주님이심을 담대하게 증거 할 수 있기를 바랍니다.

둘째로 예수님을 증거 하는 전도자는 영생의 열매를 거두고 수고의 삯도 받습니다 (31~38).

예수께서 수가성 여인과 대화하는 동안에 제자들은 수가성 동네에 음식을 구하러 갔다가 음식을 구하여 예수님께 가지고 와서 드렸습니다. 이 때 예수님은 제자들이 알지 못하는 다른 음식이 있다고 말씀하시면서, 34절에서 그 음식은 하나님 아버지 뜻을 행하며, 하나님 아버지의 일을 온전히 이루는 것이라고 했습니다. 이것은 음식을 먹는 것보다 하나님의 뜻을 행하며, 하나님 아버지의 일을 온전히 이루는 것이 더 우선이라는 우선순위에 대한 말씀입니다. 하나님의 뜻을 행하는 것은 예수께서 인자로 십자가에 죽으시고 부활하는 것이고, 그 일을 온전히 이루는 것은 하나님의 구원계획을 완성하는 것이었습니다. 예수께서 십자가 위에서 '다 이루었다'고 말씀하시면서 그의 대속적인 죽음을 통하여 하나님의 구원계획을 다 이루셨음을 선언하셨습니다. 이것이 바로 예수님의 양식이었고, 예수님의 보냄을 받은 제자들의 양식이어야 함을 말씀합니다. 하나님이 택한 백성인 수가성 여인과 수가성에 있는 하나님의 택한 백성을 그의 구속사역을 통하여 구원하는 것이 예수님께서 그 때 해야 할 일이었습니다. 제자들이 가져다준 음식을 먹는 것보다 사마리아인들에게 자신이 그리스도이심을 증거 해서 구원해 내는 것이 예수님 자신의 생명을 유지하고 기쁨을 누리는 일임을 말씀하신 것입니다.

이어서 예수님은 씨를 뿌리고 추수하기까지는 4개월이 걸린다는 속담을 인용하고 있습니다. 예수님은 이미 복음의 씨를 뿌렸고 벌써 추수가 이루어지고 있다고 말씀했습니다. 예수께서 추수 때까지 4개월이 남아 있지만 구속사에서 추수는 이미 시작되었다고 지적하셨습니다. 예수님은 이미 아버지께서 주신 그 일을 하고 계시면서 구속사에 참여하고 계셨습니다. 거두는 자가 이미 고용되었고, 추수기는 이미 시작되었습니다. 이것은 사마리아인과 수가성 동네 사람들이 예수께로 나오고 있는 것을 두고 말씀하신 것입니다. 예수님의 종말론적 구원 사역이 이미 시작되었고, 씨 뿌리는 일과 거두는 일이 함께 이루어지고 있음을 말씀하신 것입니다. 다른 이들이 벌써 씨를 뿌리고 있다는 것은 세례 요한과 구약의 선지자들을 두고 한 말씀입니다. 예수님의 제자들도 씨를 뿌리고 거두는 일에 가담되어야 할 것을 말씀하신 것입니다. 씨를 뿌리고 거두는 일을 통하여 구원은 이미 시작되었습니다. 종말론적인 구원의 기쁨을 씨 뿌리는 자와 거두는 자가 함께 나누어야 할 것을 말씀하고 있습니다. 전도자들은 영생의 기쁨도 누리고 수고의 상급도 함께 받게 될 것입니다. 요한계시록 2장 10절에서 예수께서 "네가 죽도록 충성하라. 그리하면 내가 생명의 관을 네게 주리라."라고 말씀하셨습니다. 다니엘 12장 3절에 보면 "많은 사람을 옳은 데로 돌아오게 한 자는 별과 같이 영원토록 빛나리라"라고 했습니다. 하나님 나라에서 전도자들이 받게 될 상급에 대해서 본문도 분명하게 말씀하고 있습니다.

적용 우리도 씨를 뿌리고 곡식을 거두는 전도자의 반열에 들어서서 열심히 씨를 뿌리고 열매를 거둡시다. 우리도 영생의 기쁨과 만족을 함께 누리며 상급 받을 일을 기대하며 열심히 복음을 증거 하는 전도자가 될 수 있기를 바랍니다.

셋째로 수가성 동네 사람들은 예수님의 말씀을 듣고 예수님을 구주로 믿었습니다 (39∼42).

수가성 사람들은 처음에 수가성 여인의 전도를 듣고 예수를 믿었습니다. 이 사람들이 수가성 여인의 간증을 듣고 예수 그리스도를 믿었다는 사실을 결코 가볍게 여길 수 없습니다. 물론 예수 자신의 말씀이 수가성 여인의 간증보다도 더 능력이 있는 것도 사실입니다. 그렇다고 수가성 여인의 간증을 통한 전도를 가볍게 여겨서는 안 됩니다. 수가성 동네 사람들이 예수님께 그들과 함께 머물러 달라고 요청하는 것은 약속된 메시아이신 예수님의 말씀을 더 많이 듣고 더 분명하게 잘 믿고자 함이었습니다. 예수께서 수가성에 이틀을 더 머물면서 그들에게 말씀을 전하여 더 많은 사람들이 예수님을 그들의 구주로 믿게 했습니다. 예수님의 말씀 증거는 수가성 여인의 전도를 업신여기는 것이 아니라 더 확실하게 하고자 함이었습니다. 수가성 여인의 간증 전도는 예수님의 말씀 전파로 이어졌습니다.

41~42절에서 "예수의 말씀으로 말미암아 믿는 자가 더욱 많아 그 여자에게 말하되 이제 우리가 믿는 것은 네 말로 인함이 아니니 이는 우리가 친히 (예수님의 말씀을) 듣고 그가 참으로 세상의 구주신 줄 앎이라"라고 수가성 여인의 간증이 놀라운 결과로 열매 맺었습니다. 수가성 사람들이 예수님의 말씀을 직접 듣고 예수님을 세상의 구주로 믿었습니다. 사마리아인들이 유대인 예수님을 그들의 구주로 믿었다는 것은 놀라운 일입니다. 사도 요한은 요한복음에서 세상 죄를 지고 가는 예수님이 바로 이 세상의 구주이심을 분명하게 말씀했습니다. 사마리아인들이 예수님의 말씀 전파로 예수님을 그들의 구주로 믿었다는 것은 예수님의 말씀을 듣고 거절하고 대적한 유대인들을 뛰어넘는 참으로 놀라운 하나님의 역사였습니다.

사랑하는 성도 여러분이여!

수가성 여인은 여섯 번째 남자와 함께 살면서도 인생의 만족이 없이 목마른 갈증으로 부끄럽게 살아가고 있었습니다. 인생의 갈급함은 나사렛 예수님이 바로 우리의 구주이심을 믿을 때 우리가 죄를 용서받고 구원 얻는 생수를 마시므로 해결될 수 있습니다. 수가성 여인은 야곱의 우물가에서 예수님을 만나서 자신의 구주로 믿었고, 생수를 마시게 되는 감격을 누렸습니다. 수가성 여인은 자기 동네 사람들에게 자신의 죄를 용서 받고, 구원해 주신 예수님을 세상의 구주라고 간증했습니다. 수가성 동네 사람들이 예수님께 나와서 예수의 말씀을 이틀 동안이나 더 듣고서 예수님을 그들의 구주로 믿어서 구원을 받았습니다. 우리가 믿는 예수님은 세상의 유일한 구세주이십니다. 예수님을 자신의 구주로 믿어야 인생에서 새로운 생수를 마시는 기쁨을 누릴 수 있습니다. 우리 주변에 미전도인들이 예수님께로 초청되어 예수님의 말씀을 듣다가 구원 얻는 생수를 마실 수 있기를 바랍니다. 우리는 예수님을 나의 구주로 믿어서 생명수를 마시며 사는 그리스도인입니다. 우리의 열정적인 간증과 전도로 아직 믿지 않는 우리의 가족들과 이웃들과 친구들을 하나님을 예배하는 예배의 자리로 인도하여 강단에서 선포되는 말씀을 듣고 예수님을 자신의 구주와 주님으로 믿게 하는 기적의 역사를 다시 일으킬 수 있기를 바랍니다.

17. 왕의 신하의 아들을 고쳐주신 예수님(4:43~54)

　예수께서 사마리아의 수가성 여인의 동네에 들어가서 이틀을 머물면서 자신이 그리스도시라고 복음을 직접 전하여 그들이 자신을 그리스도와 세상의 구주로 믿게 한 후에 갈릴리로 가셨습니다. 갈릴리 사람들은 예수께서 명절에 예루살렘에서 행한 일을 직접 보았으므로 기쁨으로 그를 영접했습니다. 그런데 가버나움에 사는 왕의 신하가 그의 아들이 병들어서 거의 죽어가는 어려운 상황에서 갈릴리 가나에 오신 예수님께로 급하게 올라와서 가버나움으로 속히 내려와서 자기 아들을 고쳐 달라고 간청했습니다. 왕의 신하는 예수님이 가나의 혼인 잔치에서 물이 변하여 포도주가 되는 표적과 유월절에 예루살렘 성전에서 행하신 권세 있는 일을 들었습니다. 왕의 신하는 예수께서 행하시는 표적의 능력을 믿고 죽어가는 자기 아들을 살려달라고 간청했습니다. 왕의 신하는 끈질기게 예수님께 죽어가는 아들을 고쳐달라고 매달렸습니다. 그때 예수님은 그가 표적과 기적을 믿는 믿음을 가진 줄 아셨지만, 그 신하의 끈질긴 요청을 들으시고 '가라, 네 아들이 살아 있다'라고 말씀하셨고, 왕의 신하는 예수님의 말씀을 믿고 순종하여 가버나움으로 가다가 죽어가던 아들이 살아났다는 소식을 들었습니다. 이 일로 왕의 신하와 온 집안이 예수님을 하나님의 아들로 믿는 믿음을 가졌습니다. 본문을 통하여 왕의 신하가 고침을 받고자 하는 단순한 이적을 믿는 신앙에서 예수님을 하나님의 아들로 믿는 정상적인 믿음으로 성장하는 모습과 온 가정이 믿음에 이르는 장면을 살펴보며 함께 은혜를 나누고자 합니다.

첫째로 왕의 신하는 기적을 믿는 믿음으로 예수님께 찾아갔습니다(43~48).

왕의 신하라고 했을 때 이 왕은 주전 4년부터 주후 39년까지 갈릴리 분봉왕이었던 헤롯 안디바를 말하며 실제 왕은 아니었지만, 사람들은 그를 왕으로 여겼습니다. 왕의 신하가 이방인이라는 기록은 아무 곳에도 없으며 마태복음 8장 5~13절, 누가복음 7장 2~10절의 이방인 로마 백부장과는 달리, 병으로 죽어가던 사람도 하인이 아니라 자기 아들이었습니다. 왕의 신하는 자신이 사는 가버나움에서 34km 떨어진 갈릴리 가나로 죽어가던 자기 아들을 고쳐달라고 예수님을 찾아갔습니다. 마태복음 8장 7절에서 예수께서 "이르시되 '내가 가서 고쳐 주리라.'"라고 말씀하셨을 때 로마의 백부장은 "8. 대답하여 이르되 '주여 내 집에 들어오심을 나는 감당하지 못하겠사오니 다만 말씀으로만 하옵소서. 그러면 내 하인이 낫겠사옵나이다.'"라고 놀라운 믿음의 대답을 예수님께 했습니다. 이방인 백부장은 예수님의 말씀을 그대로 믿었기 때문에 예수께서 직접 자기 집에 오실 필요도 없이 예수께서 말씀만 한마디 해달라고 하면서 예수께서 자기 집에 오시는 것을 감당할 수 없다고 겸손하게 간청했습니다. 그래서 로마인 백부장은 예수님으로부터 '이스라엘 중 아무에게서도 이만한 믿음을 보지 못하였노라'라는 칭찬을 들었고 그 즉시 하인이 고침을 받았습니다.

예수께서 왕의 신하의 아들을 고쳐준 사건은 로마의 백부장의 하인을 고쳐준 사건과 전혀 다른 내용입니다. 본문 44절에서 "친히 증언하시기를 '선지자가 고향에서는 높임을 받지 못한다.' 하시고"에서 예수께서 선지자가 고국 또는 고향에서 존경을 받지 못한다는 격언을 인용하셨습니다.

예수께서 말씀하신 고향(patris; homeland or hometown)을 어디로 해석할 것인가에 대한 세 가지 해석을 소개합니다. 첫째, 예수께서 말씀하신 고향은 유대 또는 예루살렘을 가리킨다는 것입니다. 그러나 요한복음에서 예수님의 고향이 원래 갈릴리 나사렛이라(1:45~46)고 말하는데, 44절의 예수님의 고향을 유대나 예루살렘이라고 말하는 것은 옳지 않다는 것입니다. 본문에서 예수님의 고향을 직접 언급하지 않는데 고향을 나사렛이라고 단정하여 해석하면 문맥과 잘 맞지 않는다는 약점이 있습니다. 유대에 있는 예루살렘에서 유대인 당국자들이 예수님을 배척하고 대적했기 때문에 예수님은 유대의 예루살렘을 떠나 갈릴리로 가셨는데 갈릴리인들이 예수님을 환영했다는 것입니다. 유대에 있는 예루살렘은 유대인들이 대대로 물려받은 종교의 중심지로서 예수님의 영적인 고향이었고, 예수께서 실제로 태어난 곳이었습니다. 예수께서 유대를 떠나게 된 이유가 유월절에 예수께서 예루살렘 성전의 장사하는 사람을 쫓아내신 일 등으로 인하여 예수님에 대한 유대인 당국자들의 반대가 거세졌기 때문에 유대나 예루살렘에서 예수께서 존경을 기대할 수 없었습니다. 그러나 갈릴리인들은 예수께서 가나에서 행하신 표적이나 유월절에 예루살렘 성전에서 행하신 권세 있는 일을 보고 예수님을 환대했습니다. 예수께서 유대에서 갈릴리로 움직이신 것은 존경이나 높임을 받고자 한 동기에 의해서 움직였다는 것인데 하나님의 아들 예수 그리스도의 인격에 부합하지 않습니다. 이 해석의 다른 문제점은 성경이 예수님의 고향을 나사렛이라(7:41, 52)고 표현한 것과도 부합하지 않는다는 것입니다. 이 해석을 지지하는 사람들은 유대에서 때 이른 바리새인들과의 충돌을 피하기 위해서 갈릴리로 물러나셨다고 해석하지만, 핵심 쟁점에서 비켜 갔습니다. 둘째, 예수님의 고향은 갈릴리를 가리킨다고 보는 것입니다. 실제로 여기서 단지 갈릴리 지역을 가리키는 것이 아니라 사마리아 땅과 대비되는 유대 땅으로서의 갈릴리를 가리킨다는 것입니다. 예수님의 고향은 그가 떠나온 사마리아 땅과 대조되는 곳으로 갈릴리와 유대 모두를 포함하는 유대 땅입니다. 이것은 본문의 전후 문맥과 부합합니다. 조금 전에 사마리아 수가성 동네에서 아무런 제약도 없이 마음껏 복음을 전하였고 많은 사람이 예수님의 말씀을 직접 듣고 그를 그리스도와 세상의 구주로 믿고 진심으로 환영했습니다. 갈릴리에서는 사마리아에서와 같이 예수께서 환영받지 못하였고, 그들은 복음에 대하여 뜨뜻미지근하게 반응했습니다. 갈릴리인들은 예수님에게서 말씀을 듣는 것보다 표적과 기사를 보고자 했습니다. 갈릴리인들은 예수님의 말씀에 도전하였고(2:18, 20), 예수 믿는 제자처럼 보였던 사람들은 표적을 보고서 생겨난 가짜 회심자들이었습니다(2:23). 셋째, 예수님의 고향을 나사렛으로 해석하고 예수께서 나사렛에서 환영받지 못함을 아시고 나사렛 이외의 갈릴리로 가셨다는 것입니다.

45절에서 "갈릴리에 이르시매 갈릴리인들이 그를 영접하니, 이는 자기들도 명절에 갔다가 예수께서 명절중 예루살렘에서 하신 모든 일을 보았음이더라." 라고 예수께서 사마리아를 떠나서 갈릴리로 가셨을 때 갈릴리인들이 예루살렘에서 예수께서 행하신 권세 있는 일을 보았기 때문에 그를 환영했다는 것입니다. 예수께서 행하신 표적과 권세를 보고서 예수님을 환영했다는 것은 좋은 칭찬이나 평가가 아닙니다. 그들은 사마리아인들처럼 예수님의 말씀을 진지하게 듣고 예수님을 그리스도와 세상의 구주로 믿어야 했는데 단지 표적을 보고서 예수님을 환영하며 계속해서 표적과 기사를 구했습니다. 갈릴리인들은 사마리아인들처럼 그렇게 예수님의 말씀을 사모하지 않아서 예수님을 제대로 믿지 못하고 결국 예수님을 대적하고 핍박했습니다.

그러나 왕의 신하는 귀족의 신분이었지만 갈릴리 가나에 오신 예수님께로 올라가서 34km 거리의 가버나움의 자기 집으로 속히 내려오셔서 죽어가는 자기 아들을 고쳐 달라고 간청했습니다. 왕의 신하가 예수님께 하는 말을 들어보면 예수가 누구신지 알지 못한 채 별생각이 없이 자신의 죽어가고 있는 아들에 집중하여 고쳐 달라고 떼를 썼습니다. 왕의 신하는 예수께서 가나의 혼인 잔칫집에서 이적을 행하셨기에 능력의 예수께서 자기의 죽어가는 아들을 살릴 수 있겠다는 기대감을 가지고 예수님을 찾아왔던 것입니다.

47절에서 "그가 예수께서 유대로부터 갈릴리로 오셨다는 것을 듣고 가서 청하되 '내려오셔서 내 아들의 병을 고쳐 주소서' 하니 그가 거의 죽게 되었음이라."라고 왕의 신하는 예수께서 가버나움의 자기 집으로 내려오셔서 죽어가는 아들을 살려달라고 간청했습니다.

48절에서 "예수께서 이르시되 '너희는 표적과 기사를 보지 못하면 도무지 믿지 아니하리라.'"에서 주어 '너희'는 복수인칭대명사로 표현되어 예수께서 왕의 신하를 포함한 갈릴리 사람들 전체를 지칭해서 말하며 이들이 예수님을 환대하는 이유와 그들의 문제점을 예리하게 지적하셨습니다. 갈릴리 사람들이 예수님을 환대한 이유가 예수께서 행하신 표적과 기사를 본 것 때문이며 이것은 갈릴리 사람들의 믿음에 근본적인 문제가 있다는 지적이었습니다. 갈릴리에서 예수께서 하늘에서 내려온 생명의 떡이라는 말씀과 예수님의 살을 먹고 피를 마셔야 영생한다는 어려운 말씀을 듣고서 제자들 중 다수가 예수님을 버리고 떠났습니다(6:66). 20장 29절에서 제자들은 예수님을 직접 보지 않고서도 기록된 하나님의 말씀을 듣고 믿는 자들이 복이 있다는 말씀에 주목해야 합니다. 예수께서 왕의 신하의 믿음에 근본적인 문제가 있다는 사실을 지적하시며 그의 병든 아들을 치유하여 고쳐주심으로 자신이 하나님의 아들 그리스도이심을 증거하고자 하셨습니다. 예수께서 신하의 아들을 고쳐 주신 표적을 통하여 그들이 예수께서 하나님의 아들이심을 믿고 예수님의 말씀에 그대로 순종하는 믿음으로 나아가기를 바라셨습니다.

적용 예수님은 우리의 부족한 믿음을 책망해서라도 깨닫게 하여 제대로 된 믿음으로 나아가길 원하십니다. 성경 66권의 말씀을 정확무오한 하나님의 말씀으로 듣고 예수님이 하나님의 아들이시고 인자로서 나의 구주와 주님이심을 분명하게 믿을 수 있기를 바랍니다.

둘째로 왕의 신하는 아들을 치료받고 온 집안이 예수 그리스도를 믿었습니다(49~54).

49절에서 "신하가 이르되 '주여, 내 아이가 죽기 전에 내려오소서.'"라고 말한 것처럼 왕의 신하는 표적과 기사에도 별 관심이 없었고 죽어가는 자기 아들을 살려달라고 예수님께 간청했습니다. 왕의 신하는 예수께서 하나님의 아들이시고 그리스도이시라는 예수님의 신분과 말씀에 관심이 없었습니다. 박윤선 박사는 왕의 신하의 간청 속에 두 가지 문제점이 있다고 지적하였습니다. 첫째, 예수님의 능력이 거리나 시간에 제한이 있다는 뉘앙스가 담겨 있고, 둘째, 아들이 죽은 다음에는 고칠 수 없다는 예수님의 능력에 제한을 두고 있었다는 것입니다. 여기서 '주여'(개역개정, 개역, 현대인의 성경, NLT; Lord), '선생님이여'(새번역, NIV, KJV, NASB; Sir)라고 번역되어 있는데 그 신하가 아직은 예수님을 주님으로 믿는 믿음에 제대로 도달하지 못했다는 것입니다. 왕의 신하는 예수께서 이사야 선지자가 예언하여 처녀의 몸에서 잉태하여 태어나 세상 죄를 지고 가는 어린 양이라는 세례 요한의 말씀에도 전혀 관심이 없었습니다. 왕의 신하는 예수께서 하나님의 아들로서 권세 있는 분이시라는 것에 관심이 없었습니다. 왕의 신하는 오직 죽어가는 자기 아들이 예수께서 행하시는 기적의 능력으로 고침을 받는 것에 관심이 있었습니다. 왕의 신하는 예수님께 계속해서 간청하여 자기 아들을 치료하여 달라고 매달렸습니다. 그런데 50절에서 "예수께서 이르시되 '가라, 네 아들이 살아 있다.' 하시니 그 사람이 예수께서 하신 말씀을 믿고 가더니"에서 왕의 신하는 마침내 예수님으로부터 죽어가던 자기 아들이 살아 있다는 놀라운 대답을 얻어냈습니다. 왕의 신하는 예수님의 책망을 받고 예수님의 말씀을 그대로 믿고 순종하여 가버나움의 자기 집으로 내려갔습니다. 왕의 신하의 믿음은 예수님의 말씀을 그대로 순종하는 것이었습니다. 박윤선 박사는 신하의 믿음을 두 가지로 해석했습니다. 첫째, 순종하는 믿음이고, 둘째, 안심하는 믿음이었습니다. 처음엔 '아이가 죽기 전에 가버나움으로 내려오소서'라고 서두르는 믿음이었다면 나중의 믿음은 차분하게 안심하고 순종하여 그대로 내려가는 믿음이었습니다. 제대로 된 믿음은 사람들에게 서두르지 않는 차분함을 줍니다. '살아 있다'는 동사는 현재형으로 예수께서 말씀하시는 그 당시 아들이 살아 계속해서 활동하고 있었다는 것입니다. 살아 있다는 것은 그의 아들의 육신의 생명이 살아 있다는 사실을 강조하고 있습니다.

마태복음에서 예수님은 이방인 백부장이 그의 하인의 중풍병을 고쳐 달라고 하는 간청을 들으시고, 백부장의 믿음을 놀랍게 칭찬하신 후에 백부장에게 말씀하셨습니다. 마태복음 8장 13절에서 "가라 네 믿은 대로 될지어다."라고 예수님은 백부장의 믿음을 지적해주셨고, 백부장은 그 믿음대로 순종했습니다. 이방인 백부장은 그대로 예수님의 말씀대로 순종하여 자기 집으로 갔고,

백부장의 하인은 중풍병에서 예수님이 말씀하신 그 순간에 고침을 받았습니다. 그런데 예수께서 이방인 백부장에 비해 왕의 신하의 믿음이 있다고 칭찬하신 곳이 전혀 없습니다. 그러나 왕의 신하는 예수님의 말씀대로 순종하여 가버나움으로 가다가 그 아들이 살아났다는 소식을 듣고서 예수님을 하나님의 아들로 믿는 믿음이 생겨났습니다. 51절에서 그 "내려가는 길에서" 왕의 신하가 자기 집에서 자기 아들이 죽어가는 병에서 나아서 살아났다는 소식을 전하기 위하여 올라오는 종들을 만났습니다. 52절에서 왕의 신하가 그 하인들에게 자기 아들이 병에서 나은 시간을 물었더니 "그 낫기 시작한 때를 물은즉 '어제 일곱 시에 열기가 떨어졌나이다.' 하는지라."라고 어제 7시는 오후 1시인데 그 때부터 아들의 열기가 떨어지기 시작하여 나았다는 소식을 듣고 그 시각을 계산해보니 예수께서 '네 아들이 살아 있다'고 말씀하신 그 순간에 자기 아들의 열이 떨어져 병이 낫는 기적이 일어났다는 사실을 깨달았습니다. 그 신하는 표적과 기사를 믿는 믿음에서 예수님을 하나님의 아들 그리스도라고 정상적으로 믿게 되었습니다.

53절에서 "그의 아버지가 예수께서 '네 아들이 살아 있다' 말씀하신 그 때인 줄 알고 자기와 그 온 집안이 다 믿으니라."라고 왕의 신하와 그 온 집안이 예수께서 "네 아들이 살아 있다"라고 말씀하신 그 때 자기 아들이 정확하게 살아났다는 사실을 깨닫고서 예수를 하나님의 아들 그리스도로 믿었습니다. 예수께서 거리를 초월하여 말씀 한마디로 왕의 신하의 죽어가는 아들을 고쳐주신 것이 두 번째 표적이 되었습니다(54). 이것은 갈릴리에서 예수께서 하나님의 아들이심을 드러내신 두 번째 표적입니다. 이 표적으로 왕의 신하의 온 집안이 기적을 믿는 초보적인 믿음에서 정상적인 믿음으로 자라게 되었습니다.

사랑하는 성도 여러분이여!

우리도 왕의 신하처럼 아들이 죽어가는 것과 같은 절망적인 상황에 빠질 수 있습니다. 우리는 창조주 하나님과 예수 그리스도에 대한 정상적인 믿음이 없을 수 있습니다. 그럼에도 귀족인 왕의 신하나 로마의 백부장처럼 끈질기게 예수님께 찾아와서 매달려 "내 아들을 고쳐주세요. 내 하인을 살려주세요."라고 간구하며 매달립시다. 예수께서 전하신 하나님의 말씀을 그대로 믿고 순종하다가 죽어가는 아들이 살아나는 것같이 절망의 낭떠러지에서 건짐을 받으십시다. 우리도 온 가족이 함께 하나님의 말씀을 듣고 겸손하게 순종하여 놀라운 은혜를 받고서 예수 그리스도를 나의 구주와 주님으로 정상적으로 믿을 수 있기를 간절히 소망합니다.

C. 점증하는 반대: 더 많은 표적들, 역사들, 말씀들 (5:1~7:52)

18. 38년 된 병자를 고치신 예수님(5:1~18)

　예루살렘 성 북동쪽 양문 곁에 두 개의 베데스다 못이 직사각형으로 발굴되어 복원된 것을 예루살렘 성지순례 때 본 적이 있습니다. 하나는 가로가 50m, 세로가 40m인 못이고, 다른 하나는 가로가 50m, 세로가 60m인 상당히 큰 못이 두 개가 있었습니다. 그 베데스다 못에 치료의 신인 세라피스 신전이 있었고, 예수님 당시에 많은 병자들이 이곳에 찾아와서 병을 고치고자 물이 동할 때를 기다리며 연못가 행각에 누워 있었습니다. 고고학 발굴에 의하면 베데스다 못은 바위를 깎아서 못을 만들고 시멘트 같은 것을 돌 사이 이은 틈새에 발라서 물이 새 나가는 것을 막았고, 사람들은 계단을 통해 못으로 내려가서 물을 길어다가 먹었다고 합니다. 구약 시대에 예루살렘보다 100m가 높고 물이 풍부한 헤브론에서 수로를 만들어서 이곳으로 물을 끌어와 저장해서 사람들이 마셨습니다. 당시에 천사가 가끔 베데스다 못에 내려와 물이 동할 때 처음 물에 들어가는 사람의 병을 고쳐준다는 민간 신앙 때문에 많은 병자들이 베데스다 못가의 행각에 누워서 물이 동할 때를 기다리고 있었습니다. 본문의 38년 된 병자도 이 행각에서 많은 병자들과 함께 못의 물이 동할 때 먼저 그 물에 내려가서 자신의 다리 지체 장애를 고치려고 했습니다. 본문은 예수님이 아마 유대인의 칠칠절 또는 오순절 명절에 예루살렘에 올라가셔서 양들이 들어가는 양문 곁, '쌍둥이 물줄기의 집', 아람어로는 '은혜의 집'이란 뜻인 베데스다라는 못가의 행각에 누워있던 38년 된 병자를 찾아가셔서 "네가 낫고자 하느냐?"라고 물어보시고 "일어나 네 자리를 들고 걸어가라."라는 말씀 한마디로 고쳐주신 표적 사건을 기록하고 있습니다. 38년 된 병자는 예수님의 음성을 듣고 그 오래된 불치의 병이 바로 나아서 자신이 누웠던 자리를 손에 들고 걸어갔다고 했습니다. 그날이 안식일이었는데 유대인 당국자들은 안식일에 38년 된 병자를 고쳐서 걸어가게 한 것이 안식일 율법을 범했다고 예수님을 박해하면서 죽이고자 했습니다. 38년 된 병자를 고쳐주신 예수님이라는 제목의 말씀을 들으면서 함께 은혜를 나누고자 합니다.

첫째로 예수께서 38년 된 병자를 찾아가 말씀 한마디로 고쳐주셨습니다(1~9).

예수께서 베데스다 연못가에 38년 된 병자를 고친 사건은 요한복음의 세 번째 표적 사건입니다. 이 표적으로 예수께서 말씀 한마디로 바로 병자를 고쳐주시는 하나님의 아들이심을 드러내셨습니다. 많은 병자들이 자신의 질병을 세라피스라는 치료의 신을 통하여서 고쳐보고자 했거나, 물이 동할 때 천사가 내려와서 고쳐주신다는 민간 신앙으로 자신의 불치병을 고쳐보고자 베데스다 못가 행각에서 대기했습니다. 예수께서 베데스다 못가의 38년 된 병자에게 찾아가 고침을 받고자 하는 열망을 그의 입으로 말하게 하여 고쳐주셨다고 해석하기도 하지만 카슨(D. A. Carson) 교수는 예수께서 바로 그의 불치병을 말씀 한마디로 고치시는 하나님의 아들이심을 알리고자 하셨다(4:10, 6:32, 33)고 해석합니다.

3~4절에서 "3. 그 안에 많은 병자, 맹인, 다리 저는 사람, 혈기 마른 사람들이 누워 [물의 움직임을 기다리니 4. 이는 천사가 가끔 못에 내려와 물을 움직이게 하는데 움직인 후에 먼저 들어가는 자는 어떤 병에 걸렸든지 낫게 됨이러라.]"라고 당시 베데스다 못가에서 대기하는 환자들의 상황을 설명했습니다. 이 연

약한 병자들은 시각장애인, 다리 지체 장애인, 손발이 마른 중풍 병자들이었습니다. 예루살렘 성의 양문 곁에 베데스다의 두 개의 큰 못이 있고, 그 주위에 다섯 개의 행각에 많은 병자들이 물이 동하기만을 바라보며 누웠다가 물이 동할 때 먼저 물에 내려가서 고침 받고자 했습니다.

5절에서 "거기 서른여덟 해 된 병자가 있더라."라고 알려주는데 사람들이 매일같이 38년 된 병자를 이 행각에 데려다 놓았는지 아니면 물이 요동할 때라고 예상되는 날에만 행각에 데려다 놓았는지 정확하게 알 수 없지만, 후자일 가능성이 큽니다. 38년 된 병자는 다리 지체 장애인이거나, 다리 허약자이거나, 중풍 병자였을 것으로 추정합니다. 38년 된 병자도 움직이는 물에 먼저 들어가면 고침을 받는다는 민간 신앙을 믿고 있었지만, 자신을 물이 움직이는 베데스다 못에 옮겨줄 사람이 없어서 고침을 받지 못했다고 합니다. 예수님은 베데스다 연못가의 행각에 누워있는 많은 환자들 가운데 특별히 38년 된 병자에게 찾아가셔서 그에게 말을 먼저 걸어주셨습니다. 예수께서 38년 된 병자를 주권적으로 선택하셨지만 선택하신 이유에 대하여 설명은 없습니다.

6절에서 "예수께서 그 누운 것을 보시고 병이 벌써 오래된 줄 아시고 이르시되, '네가 낫고자 하느냐?'"라고 38년 된 병자에게 낫고자 하는 그의 열망을 물어보셨습니다. 38년 된 병자는 다리 지체 장애가 너무 오래되어 고치기가 힘들지만 그래도 베데스다 못의 물이 동할 때 혹시 물에 들어가 고침을 받을 수 있지 않을까 하는 막연한 기대를 가지고 거기서 기다리고 있었는데 갑자기 예수께서 그에게 다가와서 '네가 낫고자 하느냐?'라고 치료 '열망'을 물어보셨습니다. 이 환자의 질병의 원인은 14절에서 "보라 네가 나았으니 더 심한 것이 생기지 않게 다시는 죄를 범하지 말라."라는 말씀에 비추어보면 그의 개인적인 죄와 관련이 있었던 것으로 볼 수 있습니다.

38년 된 병자가 7절에서 "주여, 물이 움직일 때에 나를 못에 넣어 주는 사람이 없어 내가 가는 동안에 다른 사람이 먼저 내려가나이다."라고 예수님께 자신이 고침을 받고자 하나 그렇지 못한 사정을 장황하게 아뢰었습니다. 그런데

38년 된 병자는 고침을 받고서 유대인 당국자들로부터 고초를 면하고자 모든 책임을 자기를 고쳐주신 사람에게 떠넘기는 모습을 11절에서 보였고, 13절에서 자기를 고쳐주신 분의 이름조차 알지 못할 정도로 둔감한 사람이었고, 자기를 고쳐주신 분이 예수님이라는 사실을 성전에서 다시 만나서 안 후에 15절에서 유대인 당국자들에게 바로 고자질하며 알렸습니다. 이런 상황을 짐작해보면 예수님의 질문에 대한 7절의 병자 답변에서 나이는 들었지만 별로 지각이 없고 자신의 처지를 한탄하고 불평하면서 너무 뻔한 질문을 왜 하느냐고 퉁명스럽게 예수님께 대꾸한 것으로 보입니다.

7절의 "주여"(kyrie; Sir)는 선생님에 해당하는 단순한 경칭이지 예수님을 주님으로 알고 고백한 신앙고백이 아닙니다. 38년 된 병자는 9장에 나오는 나면서부터 시각장애인 청년이 예수님을 만나서 눈을 뜨고서 끝까지 예수님을 하나님께로부터 오신 분이라고 증언하다가 유대인들로부터 추방을 당하면서 자신을 찾아오신 예수님을 인자로 믿고 섬겨서 구원을 받은 청년과 대조되는 사람이었습니다.

8절에서 예수님은 그의 어려운 사정을 직접 들으시고 "일어나 네 자리를 들고 걸어가라."고 말씀해주셨고, 9절에서 "그 사람이 곧 나아서 자리를 들고 걸어가니라."라고 38년 된 병자가 예수님의 음성이 떨어지자 바로 나아서 그 자리에서 일어나 그가 누웠던 자리를 들고 걸어갔습니다. 이 자리는 일반적으로 짚으로 만든 자리로 아주 가벼워서 건강한 사람이라면 둘둘 말아서 쉽게 들고 갈 수 있었습니다. 고침 받은 38년 된 병자는 예수님의 명령을 받아서 어중간하게 병이 나아서 비틀거리며 갈지자로 걸어간 것이 아니라 자기 "자리"를 들고 갈 정도로 다리가 건강해졌습니다. "38년"이라는 긴 세월은 이 병이 치명적으로 중한 병이었다는 것을 증명해주는 것과 마찬가지로 이 병자가 자리를 들고 걸어간 것은 그가 온전히 나았다는 것이라고 시 케이 바레트(C. K. Barrett) 교수는 해석합니다. 38년 된 병자는 예수님의 말씀 한마디에 바로 일어나서 재활도 없이 병든 다리를 완벽하게 고침 받았습니다. 예수께서 불치의 오래된 중풍

병을 말씀 한마디로 깨끗하게 고쳐주셨습니다. 예수님의 말씀은 창조, 섭리, 치유, 구원, 부활의 능력이 있습니다. 예수님의 음성에는 놀라운 치유와 살아남과 사죄와 부활의 능력이 있습니다.

적용 예수님의 음성과 말씀은 병든 자를 고치시고, 죄를 용서하시고, 죽은 자를 살리시고, 잠자는 자들을 부활의 생명으로 다시 살리는 하나님의 말씀입니다. 우리 모두 예수님의 말씀을 듣고 치료받고, 응답받고, 구원받고, 부활의 몸으로 살아날 수 있기를 바랍니다.

둘째로 예수님은 안식일 문제로 유대인 당국자들의 박해를 받았습니다(10~18).

9절 마지막에서 10절에서 "9. ··· 이 날은 안식일이니 10. 유대인들이 병 나은 사람에게 이르되 '안식일인데 네가 자리를 들고 가는 것이 옳지 아니하니라.'"라고 간략하게 언급하여 예수님과 유대인 당국자들 사이에 안식일 문제로 결정적인 대결 구도가 시작되었음을 간략하게 알려주고 있습니다. 사도 요한은 예수께서 38년 된 병자를 고치신 표적 사건이 9절에서 안식일이었다고 간략하게 언급함으로써 유대인 당국자들과 안식일 문제로 격렬한 대결 구도를 설정했습니다. 예수께서 38년 된 중한 병자를 말씀 한마디로 고쳐주었을 때, 16절에서 유대인 당국자들은 너무도 오랫동안 고생하던 중환자를 고쳐주신 예수님을 칭찬하기보다는 안식일 율법을 범하였다고 오히려 박해했습니다.

공관복음에서 안식일에 예수께서 제자들과 함께 밀밭 사잇길로 가다가 제자들이 밀 이삭을 잘라 비벼서 먹음으로 바리새인들과 안식일 논쟁을 불러일으켰습니다(막 2:23~24). 예수께서 안식일에 병자를 고쳐주심으로 바리새인들과 안식일 논쟁을 다시 불러일으켰습니다(막 3:1~6). 예수님은 안식일 율법 문제로 유대인 당국자들과 치열하게 논쟁하고 대립하여 그들과 다른 견해를 드러냈고, 그들은 자기들과 다른 견해를 가진 예수님을 박해하여 죽이고자 했습니다. 유대인 당국자들은 안식일 율법을 전통적인 해석을 고수하면서 문자적인 안식일 준수를 주장했지만, 예수님은 안식일에 대하여 상당히 관대한 접근방식을 취했습니다. 예수님은 자신의 몸이 바로 구약의 성전 이상의 의미를 가진다(2:19~22)고 하면서 자신의 십자가의 죽음과 부활을 통하여 죄를 용서받고 영생을 얻으며 하나님께로 나아간다고 하면서 안식일을 비롯한 다른 율법의 문자적인 준수보다는 자신을 그리스도로 믿는 것이 중요하다며 율법을 그리스도 중심으로 재해석했습니다. 예수님은 안식일 율법 규정과 사람을 불쌍히 여기는 인도주의적 판단이 서로 충돌하는 경우에는 인도주의에 입각한 기본적인 고려를 우선해서 안식일 율법 규정을 폭넓게 적용했습니다.

17절에서 예수께서 안식일에 "내 아버지께서 이제까지 일하시니 나도 일한다."라는 놀라운 말씀으로 유대인 당국자들과 안식일 율법 논쟁을 잠재우셨지만 18절에서 유대인 당국자들은 이 말씀의 뜻을 이해하지 못하고 예수께서 하나님을 자신의 친아버지라고 말했다고 하면서 예수님을 더 죽이려고 했습니다. 38년 된 병자 치유사건을 통하여 예수님은 유대인들에게 자신이 병든 자를 고치시고, 죽은 자를 살리시는 하나님의 아들이심을 분명하게 알리고자 했습니다. 그런데도 유대인 당국자들은 자신들의 안식일 율법에 대한 문자적인 해석과 율법 전통 고수에 집착하여 오히려 예수께서 안식일을 범하고, 하나님 아버지를 자신의 친아버지라고 불렀다며 참람한 죄인이라고 예수님을 박해하며 죽이려고 했습니다.

구약성경에서는 안식일에 일하는 것을 금지했습니다. 안식일의 "일"에 대한 정의는 다양해서 잘 정리해서 살펴야 합니다. 본문의 "일"은 어떤 사람이 평소에 자신의 생업과 관련해서 늘 하던 일들을 안식일에 하는 것을 말합니다. 미쉬나(Mishnah)에 근거해서 랍비들은 안식일에 어떤 물건을 한 곳에서 다른 곳으로 가지고 가거나 옮기는 것을 포함하여 39가지 종류의 일을 분류해서 금했습니다. 구약성경의 기준에 따르면 고침 받은 38년 된 병자는 생계를 위해서 자리를 들고 걸어간 것이 아니었기 때문에 그가 율법을 범한 것인지는 분명하지 않다는 것입니다. 그러나 "장로들의 전통"에 따르면 안식일 금령으로 정해 놓은 39가지 종류의 일 중의 하나를 고침 받은 38년 된 병자가 위반했다는 것입니다. 예수님은 이 일로 유대인 당국자들에게 나중에 안식일을 범했다(18)고 비난받았습니다. 왜냐하면, 그날에 유대인 당국자들의 비난에 직면했던 사람은 안식일에 고침을 받아 자리를 들고 걸어간 38년 된 병자였지만 그가 자신의 병을 고쳐준 사람이 자리를 들고 걸어가라고 시켰다고 말함으로 그 책임을 예수님에게 떠넘겼기 때문입니다. 고침 받은 38년 병자에게 병을 고쳐주신 분이 누구인지 물었지만, 처음에 그는 알지 못한다고 대답했습니다. 그는 유대인 당국자들의 추궁이 두려워서 자신을 고쳐주신 분이 나중에 예수님임을 알고서 예수님께 책임을 다 전가하여 유대인 당국자들에게 고자질했습니다. 잠시 후에 성전에서 그는 자신을 고쳐주신 분이 예수님이라는 사실을 알고서 유대인 당국자들에게 알림으로써 자신의 책임을 예수님께 떠넘겼습니다. 14절에서 예수께서 38년 된 병자를 성전에서 만나서 "더 심한 것이 생기지 않게 다시는 죄를 범하지 말라."고 엄하게 경고했습니다. 사실 이 사람은 38년 동안이나 앓았던 중병을 고침을 받고서 성전에서 예수님을 다시 만났을 때 예수님께 감사하고 하나님께 영광을 돌려야 함에도 오히려 고자질하여 퉁명스럽고 둔감하고 무례하며 겁 많은 배은망덕한 사람임을 드러냈습니다. 유대인 당국자들은 39가지 금지된 일 중의 하나를 행하라고 말한 사람은 그 말을 듣고 안식일을 범한 사람보다 더 위험하다고 느끼고 안식일에 질병을 고쳐주시고 자리를 들고 걸어가게 하신 예수님을 안식일을 범했다고 더 박해했습니다.

17절에서 "예수께서 그들에게 이르시되 '내 아버지께서 이제까지 일하시니 나도 일한다' 하시매"라고 예수께서 유대인 당국자들의 적대적 박해에 대하여 자신을 변호하여 대답했습니다(apekrinato; answered; KJV & NASB). 예수께서 유대인 당국자들이 안식일 율법 문제로 자신을 고소한 일에 대하여 자신을 변호하는 준비서면과 같은 답변이었습니다. 창세기 2장 2절에서 "하나님이 그가 하시던 일을 일곱째 날에 마치시니 그가 하시던 모든 일을 그치고 일곱째 날에 안식하시니라."라고 하나님께서 일곱째 날에 자신의 창조 사역을 쉬시고 안식하셨습니다. 그런데 하나님께서 안식일에 하나님께서 창조하신 모든 우주 만물의 섭리하는 일을 쉬신다면 그 우주 만물을 누가 질서 있게 돌아가도록 주장하시겠는가? 하나님께서 안식일에도 모든 우주 만물을 섭리하고 계시며 하나님의 백성들을 계속 구원하고 계십니다. 하나님은 계속하여 일하시고 섭리하고 계시므로 안식일 율법을 범했다고 고소할 수 없다는 것입니다. 예수님께서도 계속하여 일하고 계시는 하나님 아버지의 일을 전제하고서 그 사실을 자신에게도 적용하여 "내 아버지께서 이제까지 일하시니 나도 일한다."라고 놀랍게 말씀하셨습니다. 예수께서 하시는 "일"은 38년 된 병자를 고치고, 그 자리를 들고 일어나 걸어가라고 말씀한 것을 포함하여 예수님의 구속 사역과 관련된 예수께서 행하신 모든 일이 다 포함이 된다고 카슨(D. A. Carson) 교수는 해석했습니다. 예수께서 안식일에 38년 된 병자를 말씀 한마디로 고쳐서 일어나 걸어가게 한 것은 하나님의 아들이시고 안식일의 주인이신 예수께서 그렇게 하라고 명령한 것이기 때문에 안식일 율법을 범한 것이 되지 않고, 예수께서 그렇게 행함으로 아버지와 같이 계속 일하고 계시다는 것입니다.

예수께서 하나님을 "내 아버지"라고 말씀하시면서(17~18) 자신이 하나님의 친아들임을 드러내셨습니다. 유대인 당국자들은 안식일 율법을 범한 중대한 범죄만으로도 예수님을 죽여야겠다는 생각을 품었습니다. 거기다가 하나님을 내 아버지라고 불러서 "자기를 하나님과 동등으로 삼은" 예수님의 행위는 거룩하고 무한하신 하나님과 유한하고 타락한 피조물인 인간 간의 구별에 도전하는 것이었기에 예수님을 더욱더 죽이고자 했습니다. 유대인 당국자들은 사도 요한이 요한복음에서 나사렛 예수님을 하나님이시라(1:1, 18; 20:28)고 말씀하는 진리의 말씀을 알지 못했습니다. 그들은 진리의 성령이 역사하는 거듭남이 없어서 예수님을 하나님이시고, 하나님의 아들 독생자이시고, 인자이심을 믿지 못했습니다. 예수님은 병든 자를 고치시고, 죽은 자를 살리시고, 잠자는 자를 불러 부활의 생명을 주실 하나님의 아들이십니다.

사랑하는 성도 여러분이여!

38년 된 병자를 향하여 "일어나(egeire; to rise) 네 자리를 들고 걸어가라"라는 예수님의 음성은 마지막 날에 있을 하나님의 아들 인자 예수님의 권세 있는 음성을 우리가 미리 경험하고 예감하게 했습니다. 25절에서 "진실로 진실로 너희에게 이르노니 죽은 자들이 하나님의 아들의 음성을 들을 때가 오나니 곧 이 때라 듣는 자는 살아나리라."라는 말씀은 예수님의 음성은 권세 있는 하나님 아들의 말씀이라 듣는 자들이 다 살아난다는 것입니다. 예수께서 죽어 무덤에 장사 되어 나흘이 지난 나사로를 향하여 큰 소리로 "나사로야 나오라"(11:43)라고 부르셨을 때 죽은 나사로가 즉시로 살아나서 무덤에서 수건을 쓰고 수의를 입은 채로 걸어 나왔습니다. 우리도 마지막 날에 인자 예수께서 재림하여 우리의 이름을 부르실 때 다 부활의 몸으로 살아나게 될 것입니다. 예수님의 말씀 한 마디의 음성은 병든 자를 고치시고, 죽은 자를 살리시고, 잠자는 자를 불러 부활의 생명을 주시는 권세 있는 말씀입니다. 우리 구원의 주님 인자 예수께서 큰 소리로 "나사로야 나오라"라고 부르시던 음성으로 우리의 이름을 부르실 때 그 다정한 음성을 듣고 영광의 부활 몸으로 살아나서 "아멘 주 예수여, 어서 오시옵소서."라고 주님을 찬양하며 영접할 수 있기를 중심으로 소망합니다.

19. 아들과 아버지의 사랑의 관계(5:19~30)

하나님 아버지는 아들을 사랑하여 하늘에서 아들에게 모든 것을 다 보여주셨고, 아들은 아버지께서 보여주신 모든 일들을 이 땅에서 그대로 말씀하시고 행하셨습니다. 아들은 아버지의 뜻대로 순종하여 아버지를 사랑하였습니다. 아들은 아버지에게서 독자적으로 그 어떤 일도 행하지 않으셨습니다. 예수님은 하늘에서 아버지께서 행하시는 것을 본 그대로 이 땅에서 많은 표적을 행하셨고, 38년 된 중풍 병자를 고치셨고, 심지어 죽은 자를 살리셨습니다. 아버지 속에 있는 생명이 아들에게도 있어서 병든 자를 고치시고 죽은 자를 살리셨습니다. 아버지는 그렇게 온전하게 순종하여 십자가에 달려 죽으신 아들에게 심판하는 권세를 주셨습니다. 아들은 마지막에 선을 행한 사람에게 생명의 부활을 주시고, 악을 행한 사람에게는 심판의 부활을 주실 것입니다. 아들이 아버지의 뜻대로 행하시는 심판은 의롭습니다. 아들과 아버지의 사랑의 놀라운 관계에 대하여 본문의 말씀을 들으면서 함께 은혜를 나누고자 합니다.

첫째로 예수님은 하나님 아버지께서 하신 일을 본 그대로 행하셨습니다(19~21).

19~20절에서 예수님은 하나님 아버지의 품 속에 아버지와 함께 계시면서 아버지께서 하늘에서 하시는 모든 일들을 오랫동안 본대로 육신이 되어 이 땅에 오셔서 그대로 행하셨습니다. 왜냐하면, 아버지는 아들을 사랑하시기 때문에 자신이 행하는 모든 것들을 아들에게 다 보여주셨기 때문입니다. 본문에 '왜냐하면'(gar; because)이라는 단어가 19~23절 사이에서 네 번(19, 20, 21, 22)에 걸쳐

서 나오는데 이것은 아들 권위의 근원이 아버지께 있다는 것을 밝히고 있습니다. 아버지께서 우주 만물을 창조하시고 섭리하시며 다스리는 것을 아들은 다 보았습니다. 아버지께서 자기 백성들을 택하셔서 구원하시고 섭리하시며 범죄한 죄인들을 심판하는 모든 것을 아들은 다 보았습니다. 아들에 대한 아버지의 사랑은 자신이 행하는 모든 것을 아들에게 끊임없이 나타내 보이는 것에서 드러났고(20), 아버지에 대한 아들의 사랑은 십자가를 지기까지 온전하게 순종하는 데서 드러났습니다(14:31). 아버지가 아들을 사랑한다는 것에 대하여 3장 35절에서 '아가파오'(agapao)라는 동사가 사용되었지만, 본문 20절에서 '필레오'(phileo)라는 동사가 사용되었는데 카슨(D. A. Carson) 교수는 두 단어가 의미상의 차이가 없다고 해석했습니다. 아버지와 아들의 사랑은 그 순전함에서 완벽하게 동일하지만, 각자가 사랑하는 방식은 서로 다릅니다. 아버지는 아들을 사랑해서 자신이 행하신 모든 것을 아들에게 다 보여주시고, 아들은 아버지를 사랑하여 아버지의 뜻에 온전하게 순종하셨습니다. 십자가에 달려 죽으시는 정점에서 예수 안에서의 하나님의 자기 계시는 다른 무엇보다도 삼위일체 하나님 안에서 아버지와 아들 상호 간의 사랑을 통해 최고로 드러났습니다. 아들은 아버지를 사랑하여 아버지의 뜻대로 완벽하게 순종하여 행하셨는데 그가 행한 모든 것은 아버지께서 원하시는 것이었습니다. 예수님은 14장 9절에서 "나를 본 자는 아버지를 보았다"라고 말씀하셨고, 본문 19절 마지막에 "아무것도 스스로 할 수 없나니 아버지께서 행하시는 그것을 아들도 그와 같이 행하느니라."라고 아들이 독자적으로 행하지 않는다는 것을 보여주었습니다. 그것은 예수께서 하나님 아버지의 아들이라는 완벽한 증거이기도 하며, 아들이 하나님이시라는 선언이기도 합니다. 왜냐하면, 아버지가 행하시는 것을 보고 그대로 행할 수 있는 분은 오직 아들이 아버지와 동일한 신성의 하나님일 때만 가능하기 때문입니다. 여기서 '아버지께서 아들에게 하라고 주신 그 일'은 아들이 사람을 구원하고 그들에게 영생을 주는 일(24)이었습니다. 예수님은 베데스다 연못가에서 38년 된 병자의 간절한 소원을 아시고 그에게 말씀하여 일어나 걸어가도록 고쳐주시면서 20절에서 '그보다 더 큰 일을 보이사 유대인들을 놀라게 할 것이라'라고 말씀하셨는데 '더 큰 일'은 죽은 자들에게 생명을 주시고, 최종적인 심판을 선언하는 일이라고 카슨(D. A. Carson) 교수는 해석했습니다.

21절에서 "아버지께서 죽은 자들을 일으켜 살리심 같이 아들도 자기가 원하는 자들을 살리느니라."라고 아버지께서 아들에게 자신이 행한 모든 것들을 다 보여주신 덕분에 아들은 이 땅에서 아버지가 행하신 것들을 그대로 행하셨습니다. 예수님이 아버지께서 보여주신 대로 말씀으로 죽은 자를 살리셨을 때 사람들은 놀랐습니다. 왜냐하면, 하나님만이 죽은 자를 살리실 수 있으시기 때문입니다(왕하 5:7). 하나님 아버지께서 죽은 자를 살리시는 능력을 본 그대로 예수님은 자신이 원하신 자를 살리심으로 자신이 하나님이심을 그대로 드러내셨습니다. 예수님은 하나님 아버지와 같이 자신이 원하는 사람을 살리시는 하나님이시고, 26절에서 아버지 속에 생명이 있음 같이 예수님에게도 생명이 있다고 했습니다. 이것은 하나님께서 사람을 흙으로 만들어서 사람에게 생기를 불어넣어 생명을 주시는 생명의 원천이 있으심 같이 예수님에게도 사람에게 생명을 주실 수 있는 생명의 원천이 있으십니다. 예수께서 죽은 자들을 살리시고, 죽은 자 가운데서 자신이 살아나셨을 때 유대인 당국자들은 놀라 감당하지 못했습니다. 예수님은 하나님 아버지만이 하실 수 있는 죽은 자를 살려내심으로 아버지께서 보여주신 그대로 행하심으로 자신이 하나님과 동등하신 하나님이심(18)을 드러내 보여주셨습니다. 더 나아가 하나님만이 하실 수 있는 심판을 아버지께서 아들에게 맡기심으로 예수께서 심판하시는 하나님이심을 그대로 드러내셨습니다(22). 예수님은 아버지께서 행하시는 모든 것을 본 그대로 죽은 자들에게 생명을 주시는 하나님이심을 드러내셨습니다. 예수님은 하나님 아버지께 그대로 순종하셨고, 아버지를 언제나 기쁘시게 해드릴 일만을 하셨고, 아버지께서 하시는 일을 본 그대로 이 땅에서 행하셨습니다. 아버지는 아들에게 있어서 주도하시고, 보내시며, 명령하시고, 위임하시며, 허용하시는 반면에, 아들은 아버지께 응답하고, 순종하며, 아버지의 뜻을 그대로 행하는 권세를 아버지로부터 받았습니다(17:2). 예수님은 하나님의 아들 독생자시고(1:49, 3:16), 하나님이라고 불릴 수 있는 유일한 분입니다(1:1, 18, 20:28). 예수께서 베데스다 못가의 많은 환자들 가운데 38년 된 환자 한 사람을 선택했듯이 자신이 살리고자 하는 사람도 자신이 선택하신다는 것입니다(5:21). 마지막 날에 예수께서 "살리시는" 예수님의 권세는 그가 자신의 말씀을 듣고 믿은 자들에게 주시는 영적인 생명을 말하며 장차 영광의 부활 몸으로 변화되는 온전한 영생까지를 말합니다.

적용 예수님은 아버지께서 행하신 모든 것을 본 그대로 행하시는 하나님의 아들이심을 믿으시길 바랍니다.

둘째로 하나님 아버지께서 아들에게 심판하는 권세를 주셨습니다(22~27).

22절에서 "아버지께서 아무도 심판하지 아니하시고 심판을 다 아들에게 맡기셨으니"라고 아버지께서 아들에게 심판하는 권세를 맡기셨다고 했는데, 27절에서 "또 인자됨으로 말미암아 심판하는 권한을 주셨느니라."라고 아들이 인자로 십자가에서 구속의 역사를 이루신 결과로 아버지께서 심판하는 권세를 아들에게 주셨다고 했습니다. 21절에서 아버지와 아들은 다 사람을 살리는 권세를 가지고 있지만, 22절에서 아버지는 아무도 심판하지 않고, 아들에게 심판하는 권세를 다 맡기셨다고 말씀합니다. 하나님 아버지는 온 세상의 심판주로 인정되어 왔고(창 18:25), 구약성경에서 언약 백성들의 삶과 그 주변에서 심판을 행사해오셨습니다. 마지막 날 최후의 심판을 아버지께서 아들에게 맡기셨습니다. 아들은 마지막에 자신을 보내신 아버지의 뜻대로 심판하신다(30)고 했기 때문에 아버지의 뜻이 심판에 그대로 반영되어 나타나게 될 것입니다. 예수님은 하나님의 아들이시며 인자로서 죽은 자를 살리시고, 영생을 주시며, 심판하는 권세를 가지신 하나님이십니다. 예수님은 우리의 구속주이시며 동시에 심판주이고 경배의 대상이신 하나님이십니다. 예수님은 자신을 자기 구세주로 믿는 사람을 구원하시지만 믿지 않는 사람을 심판하십니다.

3장 17~18절에서 하나님은 예수님을 하나님의 아들로 믿는 사람들을 구원하여 영생을 주시는 분이시지만, 그를 구세주로 믿지 않는 사람은 벌써 심판을 받았다고 말씀하고 있습니다. 9장 39절에서도 "예수께서 이르시되 내가 심판하러 이 세상에 왔으니"라고 해서 예수님은 우리의 구세주이시며 동시에 믿지 않는 사람들의 심판주시라고 말씀하셨습니다. 23절에서 아버지가 아들에게 심판하는 권세를 맡기신 이유는 아버지를 섬기는 것처럼 아들을 하나님으로 경배하고 섬기게 하기 위함이라고 했습니다. 아들을 공경하지 아니하는 사람은 그를 보내신 아버지도 공경하지 아니하는 것이라는 예수님의 말씀은 정당합니다. 아버지께서 아들에게 모든 심판을 맡긴 목적은 아들로 하여금 일에 있어서만이 아니라 경배를 받는 것에 있어서도 아버지와 하나가 되게 하기 위함이라고 했습니다. 예수님은 하나님 아버지와 같이 경배 받으시는 하나님이십니다. 예수님을 하나님과 동등하다고 판단한 것은 옳은 것이고, 아들에게 영광을 돌리는 것은 아버지에게 영광을 돌리는 것입니다. 빌립보서 2장 11절에서 사람들이 십자가에 죽으시고 부활 승천하신 예수님을 자신들의 입으로 주님이라고 시인하는 것이 아버지께 영광을 돌리는 것이라고 바울 사도는 정리했습니다.

24절에서 "내가 진실로 진실로 너희에게 이르노니 내 말을 듣고 또 나 보내신 이를 믿는 자는 영생을 얻었고 심판에 이르지 아니하나니 사망에서 생명으로 옮겼느니라."라고 예수님은 아버지께서 주신 말씀을 전하였으므로 그의 말씀은 하나님의 말씀인데 그 말씀을 듣고 하나님을 믿는 사람은 영생을 얻었고, 심판에 이르지 않고, 사망에서 생명으로 옮겨졌다고 했습니다. 예수께서 베데스다 못가에서 38년 된 병자를 자신의 말씀으로 고치셨던 것처럼 영생을 주고, 심판하는 것도 그의 말씀입니다. 8장 47절에서 "하나님께 속한 자는 하나님의 말씀을 듣나니 너희가 듣지 아니함은 하나님께 속하지 아니하였음이로다."라고 하신 말씀에서 "듣는다"라는 것은 믿음과 순종을 말하는데 아들을 보내신 아버지를 믿고 순종하는 사람은 생명을 얻었다고 했습니다.

본문에서 아들은 아버지와 아들과의 관계와 사랑에 대하여 말씀하시며 자신의 권위가 다 아버지에게서 기인한다고 계속해서 밝히면서 자신을 보내신 아버지를 계시하면서 자신을 보내신 아버지를 믿는 사람이 영생을 얻었다고 말씀했습니다. 23절에서 아들에게 심판하는 권세를 주신 것은 아들을 공경하게 하려 하심이라고 하면서, 24절에서 아들을 보내신 아버지를 믿는 사람이 영생을 얻는다고 했는데 아버지를 믿고 아들을 믿어야 한다는 사실을 밝히고 있습니다. 아들의 말씀과 행위는 곧 아버지의 말씀과 행위이기 때문에 아들을 믿는 것은 아들을 보내신 아버지를 믿는 것입니다. 아들이 전한 하나님의 말씀을 듣고 아버지를 믿는 사람은 영생을 얻었고, 심판에 이르지 아니한다고 했습니다. 17장 3절에서 "영생은 곧 유일하신 참 하나님과 그가 보내신 자 예수 그리스도를 아는 것이니이다."라는 말씀이 균형 잡힌 복음입니다. 믿는 사람은 부활의 생명을 경험할 마지막 날까지 기다릴 필요가 없습니다. 왜냐하면, 믿는 사람은 이미 영생을 얻었고, 사망에서 생명으로 옮겨졌기(has passed out of death into life) 때문입니다. 여기서 영생을 이미 얻었지만 28~29절에서 사도 요한은 여전히 부활의 생명을 기다리고 있다는 말씀에서 우리는 지금 '이미'와 '아직'의 사이에서 마지막 날의 부활 몸을 기다리고 있는 그리스도인입니다.

25절에서 "진실로 진실로 너희에게 이르노니 죽은 자들이 하나님의 아들의 음성을 들을 때가 오나니 곧 이 때라 듣는 자는 살아나리라."라는 말씀은 복음의 말씀을 듣는 사람들이 거듭나서 예수 그리스도를 믿고 하나님을 섬기는 사람들이 구원받아 살아나게 된다는 것입니다. 지금이 바로 복음의 말씀을 듣고 구원을 받고 영생을 얻을 때라는 사실을 알고 우리는 미전도인들에게 복음을 힘 있게 전해야 할 때입니다. 아들은 아버지께서 주신 생명을 가지고 하나님의 말씀을 듣고 믿는 사람들에게 생명을 주십니다. 27절에서 아버지는 인자가 십자가에 달려 죽으신 구속 사역을 이루시며 순종하신 아들에게 심판하는 권세를 주셨습니다. 심판은 선과 악을 구분하는 판단이 아니라 예수님을 하나님의 아들로 믿지 않는 악한 행위를 처벌하는 것입니다. 아버지는 아들에게 심판하는 권세를 이미 맡기셨기 때문에 그 권세를 가지고 계속해서 심판하신다고 22절에서 현재 완료형으로 말씀하셨습니다. 아버지는 아들에게 인자됨으로 말미암아 심판하는 권세를 주셨다고 했습니다. 예수께서 이 땅에 하나님의 아들과 인자로 오셔서 아버지께서 택한 백성의 죄를 대신하여 십자가에 달려 죽으심으로 인하여 우리를 죄에서 구속하셨습니다. 인자 예수님은 아버지께서 자신에게 주셔서 자신이 구속하신 하나님의 백성을 정확하게 아십니다. 아버지가 택하지 아니한 사람들도 정확하게 아십니다. 예수께서 구원할 자와 심판할 자를 정확하게 아십니다. 인자로 십자가에 달려 죽으신 예수님이 그를 믿는 자들을 구원하시고, 그를 믿지 아니하는 자들을 심판하는데 가장 적합하신 분입니다. 예수님은 우리의 구원자이시고, 우리의 심판자이십니다. 예수님은 인자로 그의 십자가에 달려 죽으심을 믿는 사람들을 구원하여 생명을 주시지만, 동시에 그의 대속적 죽음을 믿지 않는 사람을 심판하여 사망에 이르게 합니다. 예수보다 더 적합한 구원자와 심판자는 없습니다. 왜냐하면, 예수께서 인자로서 우리를 중보하여 십자가에 죽으시고 부활하셨기 때문입니다.

적용 인자 예수께서 장차 심판주로 오시는 날이 우리에게 영광의 구원의 날이 될 수 있기를 바랍니다.

셋째로 예수님이 하시는 심판은 의롭습니다(28~30).

28절에서 "이를 놀랍게 여기지 말라."라는 말씀은 앞 절들에 나오는 마지막 날에 아들의 음성이 무덤에 있는 모든 자들을 불러내실 것을 말씀합니다. 예수님의 말씀을 들은 사람들에게 영생을 주셨고, 마지막 날에 무덤에서 잠자는 자들을 불러내실 것입니다. 24절의 '영생을 얻었다'라는 동사는 현재형으로 계속해서 영생을 얻는다는 뜻이고, 25절의 '살아나리라'라는 동사와 28절의 '그의 음성을 들을 때가 오나니'라는 동사는 미래형으로 종말론적 구원을 말합니다.

6장 40절에서 "내 아버지의 뜻은 아들을 보고 믿는 자마다 영생을 얻는 이것이
니 마지막 날에 내가 이를 다시 살리리라 하시니라."라고 예수를 믿음으로 영
생을 누리는 거듭난 성도들이 마지막 날에 영광의 부활 몸으로 다시 살아나게
될 것입니다.

29절에서 선한 일은 예수님을 생명을 주시고 심판을 하시는 하나님으로 믿
는 것이고, 악한 일은 유대인들처럼 예수님을 하나님으로 믿지 못하고 대적하
고 배척하는 것입니다. 예수님을 믿는 선한 일을 한 성도는 마지막 종말론적
심판에서 온전히 부활의 생명으로 살아나게 될 것입니다. 이미 영생을 얻은 성
도들이 마지막 날에 생명의 부활을 누리며 심판에서 자유하게 될 것입니다. 그
러나 악한 일을 행한 사람은 빛보다 어두움을 더 사랑하여 어둠에 거하며 이미
심판을 받았기 때문에 심판의 부활로 나와서 하나님이 없는 바깥 어두운 곳으
로 영원히 쫓겨나서 이를 갈며 살게 될 것입니다.

30절에서 예수께서 아버지의 뜻대로 행하시는 심판은 의롭다고 했습니다.
왜냐하면, 아들이 말씀하고 행하는 다른 모든 것들과 마찬가지로 아들의 심판
도 아버지의 말씀과 뜻을 따라서 이루어질 것이기 때문입니다.

사랑하는 성도 여러분이여!

예수님은 하늘에서 하나님 아버지께서 하시는 모든 일들을 본대로 이 땅에
서 그대로 행하시고 말씀하셨습니다. 예수님은 인자로 아버지의 뜻에 순종하
여 십자가에 달려 죽으심으로 구속 사역을 이루셨습니다. 아버지는 아들의 인
자됨을 인하여 심판하는 권세를 아들에게 맡기셔서 아들을 공경하게 하셨습
니다. 예수님은 구속주와 심판주로서 마지막 심판에 가장 적합한 분이십니다.
죄 없는 하나님의 아들과 인자로 십자가에 달려 죽으신 예수님을 나의 구주와
주님으로 믿어서 영생을 누리길 바랍니다. 마지막 날에 인자 예수께서 우리의
이름을 부르실 때 그의 음성을 듣는 우리는 다 생명의 부활로 살아나게 될 것입
니다. 하나님 아버지의 뜻대로 행하시는 예수님의 심판은 온전히 의롭습니다.

예수께서 전하신 하나님의 말씀을 듣고 믿어 순종하여 예수님을 나의 주님으로 믿고 섬기다가 장차 영원한 부활의 생명을 누리는 우리 모두가 될 수 있기를 바랍니다.

20. 예수님에 대한 참된 증언들(5:31~47)

예수님은 자신에 대한 참된 증언이 사람을 구원하는 데 필요하다고 말씀했습니다. 예수님은 세례 요한이 먼저 자신을 사람들에게 증언하였고, 하나님 아버지께서 자신에게 맡기신 일들과 표적이 자신을 증언하였고, 하나님 아버지께서 자신을 증언하였고, 그리고 성경 말씀이 자신을 하나님의 아들 그리스도라고 참되게 증언하였다고 말씀했습니다. 많은 유대인들은 영생을 얻기 위하여 성경을 연구하면서도 정작 성경이 증언하고 있는 예수 그리스도를 믿지 않고 거절했습니다. 많은 유대인이 예수님에 대한 여러 증언을 믿지 않는 것은 유대인들이 가장 존경하고 믿는 모세를 배척하는 귀결이 되었습니다. 왜냐하면, 모세는 자신과 같은 선지자 그리스도가 오실 것을 예언했는데, 유대인들이 모세를 제대로 존경한다면 모세가 예언한 예수 그리스도를 영접했을 것이기 때문입니다. 유대인이 예수님을 거절한 것은 장차 모세에게 고발당하여 예수님의 심판을 받게 될 것입니다. 그렇지만 제자들은 예수님에 대한 참된 여러 증언을 통하여 예수님을 믿었습니다. 예수님에 대한 참된 증언들이라는 말씀을 들으면서 함께 은혜를 나누고자 합니다.

첫째로 세례 요한이 예수님을 증언하였습니다(30~35).

31절의 "내가 만일 나를 위하여 증언하면 내 증언은 참되지 아니하되"라는 말씀의 의미는 예수님 자신이 말한 선언들이 스스로 말한 것들이라면 그것은 거짓일 수밖에 없다는 것입니다. 왜냐하면, 예수님은 하나님 아버지께서 행하시고 말씀하신 것들만을 이 땅에서 말씀하시고 행하였기 때문입니다. 예수님의 증언은 하나님 아버지가 보여주시고 말씀하시고 행하신 것을 증언한 것이기 때문에 참이라는 것입니다.

32절에서 "나를 위하여 증언하시는 이가 따로 있으니 나를 위하여 증언하시는 그 증언이 참인 줄 아노라."라고 하신 말씀은 예수님을 위하여 증언하시는 이는 바로 하나님 아버지라는 것입니다. 하나님 아버지는 예수께서 자기 자신에 대하여 한 말씀들의 내용이 참되다고 확증해 주시기 위하여 예수님에 대하여 증언해주었습니다. 예수님은 자신이 하나님 아버지의 뜻을 내적으로 온전히 안다고 말씀했습니다. 8장 14절에서 "예수께서 대답하여 이르시되 '내가 나를 위하여 증언하여도 내 증언이 참되니 나는 내가 어디서 오며 어디로 가는 것을 알거니와 너희는 내가 어디서 오며 어디로 가는 것을 알지 못하느니라.'"라고 예수님은 자신이 어디서 왔다가 어디로 가고 있는지를 알고 말씀하셨기 때문에 그의 증언은 참되다고 했습니다. 예수께서 이 땅에서 말씀하시고 행하셨던 모든 증언들은 하나님 아버지의 뜻대로 말씀하시고 행하였기 때문에 예수님의 말씀과 하신 일들을 우리는 그대로 믿고 따를 수 있습니다.

1장 6절에서 세례 요한은 빛에 대하여 증언하도록 보내심을 받았다고 했고, 본문 33절에서 "세례 요한은 진리에 대하여 증언하였다"라고 하여 예수님은 자신을 증언한 세례 요한을 칭찬했습니다. 세례 요한은 사람들에게 예수님을 세상 죄를 지고 가는 어린 양이고, 성령으로 세례를 베푸시는 분이고, 하나님의 아들이시라고 증언했습니다. 세례 요한은 예수님에 대하여 공개적으로 그리스도라고 증언했습니다.

34절에서 예수님은 세례 요한의 자신에 대한 증언이 필요하지 않았지만, 세례 요한의 예수님에 대한 증언이 많은 사람을 구원받게 하는 데 필요하다고 증언했습니다. 예수님은 하나님 아버지께서 말씀하시고 행하신 일들을 그대로 말씀하시고 행하실 수 있는 하나님의 아들이었기 때문에 하나님의 아들임을 사람의 증언을 통하여 증명할 필요는 없었습니다. 세례 요한은 예수께서 자신에게 요단강에서 세례받고 나오실 때 성령이 비둘기같이 그 위에 임하여 머무는 것을 보았는데 하나님께서 그가 성령으로 세례를 베푸시는 하나님의 아들이라고 알려주었고, 세례 요한은 예수님이 성령으로 세례를 베푸실 하나님의 아들이라고 그대로 증언했습니다. 세례 요한의 증언은 많은 사람이 예수님을 믿어 구원하는 데 도움을 주었습니다. 이것이 세례 요한이 예수님에 대하여 증언한 목적이었습니다. 10장 41~42절에서 많은 사람이 바타네아(Batanea)에서 세례 요한이 예수님에 대하여 증언한 말은 참이었다고 간증하고, 세례 요한의 증언을 통하여 많은 사람이 예수님을 믿었다고 놀랍게 증언했습니다.

적용　우리도 세례 요한처럼 예수 그리스도를 우리의 주님이라고 증언하길 바랍니다.

둘째로 하나님 아버지께서 예수님께 맡기신 일들이 예수님을 증언하였습니다(36).

36절에서 "내게는 요한의 증거보다 더 큰 증거가 있으니 아버지께서 내게 주사 이루게 하시는 역사 곧 내가 하는 그 역사가 아버지께서 나를 보내신 것을 나를 위하여 증언하는 것이요."라고 하여 하나님 아버지께서 아들에게 맡기신 그 역사가 예수님이 하나님이 보내신 아들이심을 증언했다고 말합니다. 세례 요한의 증언보다도 하나님 아버지께서 예수님께 맡겨서 행하신 표적을 포함한 예수님의 사역이 예수께서 하나님의 아들이신 증거였습니다. 예수님이 행하신 사역의 정점에 인자의 들림(3:14)이라는 그의 십자가의 죽으심을 통하여 이루신 구속 사역이 있습니다. 예수께서 행하신 여러 가지의 표적들 즉 불치의 병자를 고치시고 죽은 자를 살리신 것이 예수께서 하나님의 아들 그리스도이심을 증언했습니다. 예수께서 행하신 표적들과 십자가와 부활은 하나님께 속하는 일이었고 하나님이 역사하신 일이었습니다. 아버지께서 아들에게 주신 생명을 가지고 예수께서 그를 믿는 자들에게 마지막 부활의 생명을 주시고, 믿지 않는 자들을 심판하시는 사역도 그가 인자이신 명백한 증거입니다.

적용　우리는 예수께서 행하신 표적과 사역을 통하여 예수께서 하나님의 아들 그리스도이심을 믿고 증언하길 바랍니다.

셋째로 하나님 아버지께서 예수님을 증언하였습니다(37~38).

37~38절에서 "37. 또한 나를 보내신 아버지께서 친히 나를 위하여 증언하셨 느니라. 너희는 아무 때에도 그 음성을 듣지 못하였고 그 형상을 보지 못하였 으며 38. 그 말씀이 너희 속에 거하지 아니하니 이는 그가 보내신 이를 믿지 아니함이라."라고 예수님은 하나님 아버지께서 친히 아들에 대하여 증언하셨는 데도 38절 마지막에 유대인들이 그 아들을 믿지 아니하였다고 했습니다. 예수 께서 요단강에서 세례 요한에게 세례를 받으시고 물에서 올라오실 때 하늘이 갈라지고 성령이 비둘기같이 예수님 위에 내려와 거하면서 하늘에서 소리가 났는데 마가복음 1장 11절에서 "너는 내 사랑하는 아들이라. 내가 너를 기뻐하 노라."라고 말씀하셨습니다. 예수님은 하나님이 사랑하시는 아들이라고 하나 님 아버지께서 직접 말씀하셨습니다. 그런데 요한복음에는 요단강에서 세례 요한이 예수님에게 세례 베푸시는 장면을 기록하지 않았는데 당시 독자들이 예수님이 요단강 세례 받으심에 대하여 너무 잘 알고 있었기 때문에 생략했다 는 것입니다. 1장 32절 이하에서 세례 요한은 성령이 예수님 위에 머무는 것에 대하여 아버지께서 이미 알려주신 대로 '그가 성령으로 세례를 베푸시는 분'이 시라는 사실을 알고서 예수님이 성령으로 세례를 베푸시는 분이시라고 당당 하게 증언했습니다.

38절 마지막에 나오는 하나님의 아들을 믿지 못한 것 때문에 37절에서 그들 이 말씀을 듣지 못하고, 하나님의 형상을 보지 못하고, 38절에서 하나님의 말 씀이 그들과 함께하지 못했다는 것으로 연결하여 해석해야 제대로 정리가 됩 니다. 예수님을 대적하는 유대인들은 하나님의 아들을 믿지 못하였기 때문에 37절 중간에서 예수님에 대한 하나님의 말씀을 듣지 못했습니다. 유대인들은 모세가 오리라고 예언한 그 선지자로 오신 예수님을 믿지 못하여 모세의 말씀도 믿지 못하였습니다. 유대인들은 하나님의 아들을 믿지 못하였기 때문에 37절 마지막에서 하나님의 형상을 보지 못하였습니다. 유대인들은 하나님 아버지 품에 독생하신 하나님이시며 말씀이신 하나님이 육신이 되신 예수님을 보지 못하고, 예수님 안에 거하시는 하나님 아버지를 보지 못하였습니다. 유대인들은 말씀이신 예수님을 믿지 않았기 때문에 38절에서 하나님의 말씀이 그들과 함께하는 놀라운 축복을 누리지 못했습니다. 유대인들은 예수님을 하나님의 아들로 믿지 못한 것이 원인이 되어 예수께서 하신 말씀을 듣지 못했고, 예수님 안에 거하시는 하나님을 보지 못했고, 말씀이 그들 안에 거하지 못했습니다. 유대인들은 하나님이 보내신 선지자들과 예수님이 계시하신 말씀을 믿지 못하여 하나님의 백성이 누리는 축복에서 멀어졌습니다.

적용 우리는 하나님 아버지께서 예수님을 하나님의 아들이라고 증언한 말씀을 그대로 믿으시길 바랍니다.

넷째로 성경이 예수님을 증언하였습니다(39~40).

39~40절에서 "39. 너희가 성경에서 영생을 얻는 줄 생각하고 성경을 연구하거니와 이 성경이 곧 내게 대하여 증언하는 것이니라. 40. 그러나 너희가 영생을 얻기 위하여 내게 오기를 원하지 아니하는도다."라고 하는데 이는 유대인들이 성경에서 영생을 얻는 줄 알고 성경을 열심히 연구했지만, 성경의 참된 내용을 깨닫지 못하고 연구했기 때문에 그 성경 연구로 생명을 얻어 예수님께 나오기를 원하지 않았다고 예수께서 역설했습니다. 예수님은 사람들이 아무리 열심히 성경을 연구한다고 할지라도 성경의 참된 내용을 깨닫지 못한다면 그러한 성경 연구로 그들이 생명을 얻지 못한다고 역설하셨습니다. 예수님은 "이 성경이 곧 내게 대하여 증언하는 것이니라."라고 말씀하셨습니다. 창세기 15장 6절에서 "아브람이 여호와를 믿으니 여호와께서 이를 그의 의로 여기시고"라고 말씀하셨는데 바울 사도는 이 말씀을 로마서 4장 20~22절에서 해석하면

서 아브라함이 하나님과 하나님의 약속으로 오신 예수 그리스도를 믿음으로 의로 여김을 받았다고 했습니다. 아브라함이 믿음이 없어 의심하지 않고 하나님과 하나님의 약속을 확실하게 믿음으로 의로 여기심을 받았다고 해석했습니다. 아브라함과 다윗의 자손으로 오신 예수 그리스도를 우리의 구주와 주님으로 믿는 것이 제대로 성경의 내용을 바르게 아는 것이고 그래서 영생을 얻게 되는 것입니다. 그러므로 유대인들이 영생을 얻기 위하여 예수님께로 나오기를 거절한다면 그것은 성경을 제대로 연구한 것이 아니라는 증거가 됩니다. 성경 말씀의 내용을 제대로 깨달아 연구하고 예수 그리스도를 믿는 것이 중요합니다. 예수님을 대적한 유대인들이 성경을 열심히 연구한 결과가 예수님이 전한 하나님의 말씀을 듣지 않아 예수님을 하나님의 아들로 믿지 못했고, 오히려 예수님을 참람한 자라고 정죄하여 십자가에 못 박았습니다.

적용 우리도 성경 말씀의 내용을 예수 그리스도 중심으로 깨닫고 믿을 수 있기를 바랍니다.

다섯째로 유대인들은 예수님에 대한 참된 증언을 거절했습니다(41~47).

본문 34절에서 예수님은 자신에 대하여 증언하는 사람의 증언을 취하지 않는다고 말씀하셨고, 다시 41절에서 자신은 사람에게서 인간적인 영광을 취하지 않는다고 덧붙였습니다. 그럼에도 세례 요한의 예수님에 대한 증언을 통하여 많은 사람이 구원을 받았습니다. 하나님 아버지께서 독생자 예수님을 세상에 보내신 것은 사람들이 그를 믿어 영생을 얻게 하려고 함이었습니다. 예수님에 대한 참된 증언을 듣고 어떤 사람들은 예수님을 영접하여 구원을 받았습니다. 예수께서 행하신 표적과 말씀을 통하여 자신이 하나님의 아들 그리스도이심을 드러내셨고, 사람들은 그 사실을 통하여 예수님을 믿어서 영생을 얻었습니다. 그러나 예수님을 대적하는 사람들은 예수님에 대한 증언을 듣고도 예수님을 믿지 않았습니다. 그들은 하나님의 영광을 구하지 않고 사람들에게서 영광을 취하며(44) 살았습니다. 모든 사람을 아시는 예수(2:24~25)께서 유대인들에게 하나님을 사랑하는 마음이 저들에게 없다는 사실도 아셨습니다. 유대인들은 하나님 아버지의 보냄을 받아서 이 땅에 오신 예수님에 대한 많은 증언에도 그를 영접하지 않고(43) 거절했습니다. 예수님이 하나님의 아들 그리스도이심을 부정하는 사람들이 받을 가장 무서운 심판은 그들이 그리스도를 믿지 않았다는 것이 아니고 43절에 보면 그들이 거짓 그리스도를 믿고 따르고 있었다는 것입니다. 예수 그리스도를 믿지 않고 거짓 그리스도를 따르거나 이단 교주를 믿고 따르는 사람들은 반드시 마지막에 무서운 심판을 받습니다. 예수님은 마지막 최후 심판에서 자신에 대한 많은 증언들이 있었음에도 불구하고 자신을 거절한 유대인들을 고발할 사람은 자신이 아니라 모세라고 분명하게 말씀했습니다. 왜냐하면, 모세는 자신과 같은 선지자 그리스도가 오실 것(신 18:15)이라고 분명하게 말씀했는데도 불구하고 유대인들은 모세가 예언한 그리스도를 믿지 않고 거절했기 때문에 모세가 그들을 고발할 수밖에 없다는 것입니다.

46~47절에서 "46. '모세를 믿었더라면 또 나를 믿었으리니 이는 그가 내게 대하여 기록하였음이라. 47. 그러나 그의 글도 믿지 아니하거든 어찌 내 말을 믿겠느냐?' 하시니라."라고 유대인들이 모세를 제대로 믿었더라면 모세가 예언한 그 선지자인 예수님을 믿었을 것이기 때문입니다. 유대인들이 모세가 오시리라고 예언한 그 선지자 예수 그리스도를 믿지 않는 것은 유대인들이 모세가 기록한 말씀을 믿지 않은 것과 마찬가지라는 것입니다. 유대인들이 모세가 오리라고 예언한 예수님을 거절한 것은 바로 모세를 배척한 것입니다. 유대인들이 믿고 따른 모세가 오리라고 예언한 그 선지자가 예수님임을 믿지 않는 것은 마지막에 모세로부터 고발당하고 예수님으로부터 심판을 받게 될 것입니다.

사랑하는 성도 여러분이여!

하나님의 아들이시며 인자이신 예수님을 우리의 구주와 주님이시라고 사람들에게 당당하게 증언하십시다. 우리의 예수님에 대한 증언을 믿는 사람들은 심판을 받지 않고 구원을 받게 될 것입니다. 우리가 예수 그리스도를 증언하는

데도 불구하고 영접하지 않고 거절한다면 마지막에 모세가 고발할 것이고 예수께서 무섭게 심판하실 것입니다. 예수 그리스도에 대하여 증언하는 여러 증언들을 그대로 믿고서 예수 그리스도를 하나님의 아들이시며 인자로서 나의 구주와 주님이시라고 당당하게 증언하여 구원 얻게 하는 역사를 계속해서 일으킬 수 있기를 바랍니다.

21. 오병이어로 오천 명을 먹이신 예수님(6:1~15)

갈릴리호숫가 언덕 위에서 이루어진 오병이어의 표적 사건이 일어난 시기는 예수께서 지키셨던 두 번째 유월절이 가까운 때였고, 장소는 호숫가 북동쪽 벳새다 언덕이었습니다(눅 9:10). 예수께서 산상보훈의 말씀을 선포하신 후에 산 위에서 가버나움 동네로 내려오셔서 나병에 걸린 환자들을 고쳐주셨고, 로마의 백부장 하인의 중풍병을 말씀 한마디로 고쳐주셨습니다. 가나의 예수님 친척 혼인 잔치가 베풀어진 가나에서 물이 변하여 포도주가 되게 하여 혼인 잔치를 흥겹게 하셨고, 예루살렘의 베데스다 연못가의 38년 된 중풍병자의 간절함을 확인하시고 말씀 한마디로 치유하여 걸어가게 하셨습니다. 예수님의 치유와 표적에 대한 소문을 듣고서 많은 사람들이 예수께서 제자들과 함께 머무셨던 벳새다 언덕 위로 몰려왔습니다. 그런데 유월절이 가까워져 오는 시기에 예수께서 언덕 위에 모여든 많은 사람들에게 자신이 생명의 빵이며 출애굽 때 주셨던 만나의 성취자로 오셨음을 드러내셔야 했습니다. 지금까지 여러 표적을 목격한 제자들 중에 그곳 벳새다 출신인 빌립에게 예수께서 "우리가 어디서 떡을 사서 이 사람들을 먹이겠느냐?"라고 물어보셨습니다. 언덕에 모인 무리들은 남자만 오천 명(마 14:21, 막 6:44, 눅 9:14)이었고, 여자와 아이들을 합하여 남자의 세 배 정도로 계산한다면 전체적으로 이만 명이 넘는 사람들이었는데, 언덕 위에서 그들의 저녁 식사를 갑자기 해결하는 일은 간단치 않았습니다. 오병이어의 표적 사건은 사복음서에서 다 나오는 유일한 이적 사건인데 중요한 세 사람의 인물은 요한복음에만 등장합니다. 그 사람은 예수님의 제자 빌립, 안드레, 그리고 오병이어의 도시락을 예수님께 드린 무명의 한 소년입니다. 예수께서 그 소년의 도시락을 받으시고 제자들을 통하여 사람들을 잔디밭에 오십 명씩, 백 명씩 둘러앉으라고 말씀하셨습니다. 무명의 가난한 한 소년이 예수께 드린 오병이어의 도시락을 들고 예수께서 하나님께 감사기도를 하시고(축사하시고) 직접(11) 사람들에게 원하는 대로 나누어 주어 모두가 다 배부르게 먹게 하였고, 남은 것이 열두 바구니가 되었습니다. 언덕 위에서 많은 사람들이 예수님의 말씀을 들느라고 저녁 무렵에 시장했는데 예상치 못한 저녁 식사를 배부르게 먹고서 이런 놀라운 기적을 행하신 분이 바로 모세가 오리라고 예언한 바로 그 선지자 메시아라고 하면서 억지로 예수님을 그들의 왕으로 세우고자 했습니다. 그러나 예수님은 그 자리를 떠나서 혼자 골란고원으로 떠나가셨습니다. 본문의 오병이어의 표적 사건을 통하여 우리에게 주는 의미가 무엇인지 함께 살펴보며 은혜 나누고자 합니다.

첫째로 예수님은 빌립에게 오천 명의 저녁 식사 먹는 문제를 물어보셨습니다(1~7).

예수님은 기적의 치유 소식을 듣고 벳새다 언덕까지 찾아온 많은 무리들에게 장시간 하나님의 말씀을 길게 선포하셨습니다. 벳새다 언덕 위에서 황혼이 몰려오는 저녁 무렵에 예수님은 그의 말씀을 듣고 시장한 이만 명의 사람들에게 저녁 식사를 해결해 주어야 했습니다.

6절에서 "이렇게 말씀하심은 친히 어떻게 하실지를 아시고 빌립을 시험하고자 하심이라."라고 기록했습니다. 벳새다는 성경에 두 곳이 나오는데 주로 갈릴리호숫가 동북쪽 지역을 말하며, 제자들 중에 베드로, 안드레, 빌립의 고향이었습니다. 예수님은 큰 무리에게 배고픈 시장기가 찾아올 저녁 무렵에 그 지역을 잘 알면서 머리가 좋고 계산이 빠른 빌립에게 먼저 물어보셨습니다. 1장 44절에서 "빌립은 안드레와 베드로와 한 동네 벳새다 사람이라"라고 했고, 빌립은 나다나엘에게 나사렛 예수님을 소개하여 그를 예수님께로 인도한 똑똑한 제자였습니다. 예수께서 많은 무리의 저녁 식사의 해결 방법을 빌립에게 물어본 이유는 세 가지가 있었습니다. 첫째, 빌립이 음식을 제공하는 책임을 맡고 있었다는 것이고, 둘째, 빌립이 벳새다 지역을 잘 알고 있었다는 것이고, 셋째, 빌립이 합리적이지만 믿음의 약함을 아시고 그의 믿음을 굳건하게 세워주시기 위하여 물어봤다는 것입니다. '시험하다'(peirazo; to test)는 뜻에 확인하다(confirm)는 뜻이 있습니다. 학교에서 시험을 보는 것도 성적의 진전을 확인하기 위해서 보는 것과 같습니다. 예수님이 빌립을 시험하신 의도는 가이사랴 빌립보에서 제자들에게 '너희는 나를 누구라고 하느냐?'라고 물어보셨던 것과 같은 질문이었습니다. 창세기 22장 1절에서 하나님이 아브라함을 시험하셨다는 것도 아브라함이 하나님을 진정으로 사랑하는지 백 세에 낳은 이삭을 더 사랑하는지 그의 믿음을 확인하려고 했습니다. 하나님은 성도들이 그들의 믿음에서 넘어지도록 시험하시는 것이 아니라 그들의 믿음을 연단하고 그들의 믿음을 확인하여 굳건하게 세우고자 시험하는 경우가 있습니다.

예수님께서 큰 무리의 저녁 식사 문제를 해결하고자 했을 때 분명하게 하나님의 아들이신 예수님이 이 문제를 해결할 능력을 믿고 있는지 빌립의 믿음을 확인하고자 시험하셨습니다. 7절에서 빌립의 대답은 머리 좋고 수치에 밝은 사람이 일반은총 수준에서 한 대답이었습니다. "각 사람으로 조금씩 받게 할지라도 이백 데나리온의 떡이 부족하리이다." 머리 좋아 계산이 빠른 빌립이 떡을 그곳에 모인 이만 명에게 먹이는데 최소한의 양으로 계산해도 이백 데나리온의 돈이 필요하다고 대답했습니다. 떡(빵)을 '조금씩'이라는 말은 다른 것이 없이 오직 떡만을 제공하는 아주 간단한 식사를 말합니다. 이것은 11절의 '그들의 원대로'나 12절에서 '그들이 배부른 후에'라는 말과 대조되는 개념입니다. 당시 한 데나리온은 노동자나 군인의 하루 품삯에 해당하는 비용입니다. 일주일에 육 일을 일한다면 이백 데나리온은 33주, 즉 팔 개월의 임금에 해당하는 거액의 돈입니다. 당시에 노동자의 팔 개월 치의 돈을 가지고 다니는 사람도 거의 없었고, 그 거액을 금방 내놓을 사람도 거의 없었습니다. 빌립의 대답은 예수님을 하나님의 아들이라고 믿으면서 저녁 식사를 예수께서 해결하실 것이라고 믿는 믿음이 전혀 보이질 않았습니다. 단지 빌립은 머리가 좋아 계산을 빠르게 잘하는 사람이었습니다. 빌립은 그의 똑똑한 머리가 오히려 예수님의 능력을 의지하는 데 방해가 되었습니다. 빌립은 그날 저녁 무렵에 예수께서 큰 무리들을 충분히 배부르게 먹이실 수 있는 하나님의 아들로 전혀 믿질 못했습니다. 빌립은 하나님의 아들 예수께서 언덕 위에서 많은 무리 앞에 서서 계신다는 사실을 전혀 고려하지 않았고, 이백 데나리온의 돈으로 저녁 식사를 해결하려고 했던 보통 사람이었습니다.

적용 우리의 개인적인 어려운 문제를 전능하신 하나님께서 그의 능력으로 해결할 수 있다고 믿고 의지하며 기도할 수 있기를 바랍니다.

둘째로 안드레는 오병이어의 도시락을 가진 한 소년을 예수님께 데려왔습니다(8~9).

안드레는 원래 세례 요한의 제자였다가 예수님의 제자가 되었고, 그의 형제 베드로에게 '우리가 메시야를 만났다'고 간증하여 형님을 예수께로 인도하여 예수님으로부터 '장차 너는 게바(반석)라 하리라'라는 놀라운 예언을 들으며 자신의 형님이 예수님의 제자가 되게 했습니다. 안드레는 예수님이 메시아이심을 처음부터 믿었던 제자였습니다. 9절에서 안드레는 예수님께 한 소년을 데리고 와서 "여기 한 아이가 있어 보리떡 다섯 개와 물고기 두 마리를 가지고 있나이다. 그러나 그것이 이 많은 사람에게 얼마나 되겠사옵나이까?"라고 뭔가 예수님의 능력을 기대하며 도시락을 가져온 한 소년을 데리고 왔습니다. 여기서 '한 아이'는 청소년을 말합니다. '보리떡 다섯 개와 물고기 두 마리'가 담긴 소박한 도시락에서 이 소년은 아마 평범한 가난한 가정의 소년이었습니다. 왜냐하면, 유대인들의 주식은 보통 밀가루 빵인데 보리 빵은 저렴하여 가난한 사람들의 주식이었기 때문입니다. 여기서 '물고기'는 작은 물고기 구운 것으로 빵과 함께 먹을 수 있는 반찬이었습니다. 안드레가 예수님을 하나님의 아들로 믿고서 도시락을 가져온 한 소년을 예수님께로 데리고 왔다는 것은 뭔가 예수께서 해결하실 것으로 믿기는 했으나 그 도시락의 양이 너무 적은 양이라서 오천 명이 다 먹을 수 있을 것으로는 기대하지 못했던 것입니다. 안드레는 빌립보다 더 깊은 신앙심을 가지고 있었지만, 예수님을 하나님의 아들로 믿어 완벽한 해결을 기대하는 신앙엔 도달하지 못했습니다. 안드레가 오병이어의 도시락을 가진 소년을 예수께 데리고 온 것은 그래도 놀라운 믿음이었습니다. 안드레는 하나님의 아들이신 예수께서 소년의 소박한 도시락으로 뭔가 많은 무리를 위하여 기적을 일으킬 수 있을 것으로 믿었지만 이만 명의 사람들을 충분하게 다 먹이고도 남는 기적을 일으킬 것으로는 제대로 믿지 못했습니다. 안드레가 가진 믿음의 한계는 예수님의 능력을 제한하고 아직 온전한 믿음에 도달하지 못했다는 점입니다.

적용 우리도 안드레를 넘어서 예수께서 우리의 먹는 문제, 우리 인생의 모든 문제를 온전하고 완벽하게 다 해결하실 수 있는 하나님으로 믿고 도움을 기도하여 응답받길 바랍니다.

셋째로 예수님은 소년의 오병이어의 도시락으로 오천 명을 먹이셨습니다(10~15).

10절에서 예수께서 제자들에게 무리를 잔디 위에 식사 대열로 정돈하여 앉게 했습니다. 마가는 오십 명씩, 또는 백 명씩 무리를 지어 앉게 했다(막 6:40)고 기록하고 있습니다. 시편 23편 1~2절, "여호와는 나의 목자시니 내게 부족함이 없으리로다. 그가 나를 푸른 풀밭에 누이시며 쉴만한 물 가로 인도하시는도다."라는 말씀이 자기 양들에게 부족함이 없이 채워주시는 선한 목자의 모습이 예수님의 오병이어의 표적 사건에서 증명되었습니다. 예수님 당시에 숫자는 남자만(마태) 계수하는 경향이 있었는데 여자들이 남자들보다 많고 아이들도 있었기 때문에 약 이만 명이 넘었을 것이라고 카슨(D. A. Carson) 교수는 해석합니다.

11절에서 "예수께서 떡을 가져 축사하신 후에"라는 말에서 '축사하다'(eucharisteo; to give thanks)는 말은 '하나님께 감사 기도하셨다'라는 뜻입니다. 카슨

(D. A. Carson) 교수는 예수께서 유대인의 감사기도의 일반적인 기도 형태를 사용했다면 다음과 같이 기도했을 것이라고 했습니다. "오, 주 우리의 하나님, 만유의 왕이시여, 땅으로부터 양식을 내시는 하나님께 감사하나이다." 예수께서 하나님께 "축사하다"라는 의미는 예수님이 하나님께 감사한 것이고, 양식을 "축복한" 것이 아니라는 뜻입니다. 예수께서 보리떡 다섯 개와 구운 물고기 두 마리의 도시락을 들고 하나님께 감사 기도하시고 난 다음에 무리를 지어 앉은 이만 명 가량의 사람들에게 모두가 다 원하는 대로 나누어 주었고, 그들은 충분히 배불리 먹었고 남은 것들을 모으니 열두 바구니가 되었습니다. 참으로 예수께서 그 도시락을 들고 하나님께 감사했을 때 놀라운 표적이 일어났습니다. 하나님께 감사하며 기도했을 때 이만 명이 먹고도 남는 기적이 일어났습니다. 적은 것이라도 우리가 하나님께 감사하는 데에 기적이 일어난다는 사실을 믿고 늘 하나님께 감사 기도합시다. 이렇게 해서 세상에 생명을 주는 참 떡이신 예수께서 광야에서 하늘로부터 양식으로 내려주었던 만나를 뛰어넘는 생명을 주실 것을 보여주셨습니다. 이 기적은 예수께서 자기 백성들에게 차고 넘치는 생명을 공급해 주시는 하나님이심을 보여주는 표적입니다.

12절에서 "남은 조각을 거두고 버리는 것이 없게 하라"라고 말씀하신 것은 사회적 책임을 다하기 위하여 남기는 것이 없게 하라는 것이었습니다. 한 소년의 소박한 한 끼 도시락이 예수의 손에 들려졌을 때 이만 명의 사람들이 매우 배부르게 먹고도 열두 바구니가 남는 표적이 일어났습니다. '열두 바구니'라는 말속에 담긴 의미가 있는데, 우리 주님은 이스라엘 열두 지파의 필요를 다 채우고도 남음이 있으신 분이시라는 뜻입니다.

14절에서 "이는 참으로 세상에 오실 그 선지자라 하더라."라는 말씀은 예수께서 행한 표적을 보고서 많은 사람이 예수님이 바로 모세가 예언한 그 메시아(신 18:15)라고 증언한 것입니다.

15절에서 "그러므로 예수께서 그들이 와서 자기를 억지로 붙들어 임금으로 삼으려는 줄 아시고 다시 혼자 산으로 떠나 가시니라."라고 놀라운 기적을 목격한 무리들이 메시아이신 예수님을 로마 압제의 정치적인 해방자로 억지로라도 삼으려고 하는 줄을 아신 예수님은 제자들끼리 먼저 배를 타고 갈릴리 호수를 건너가게 하시고 자신은 골란고원으로 물러나셨습니다.

적용 전능한 하나님을 믿고 감사하는 믿음에서 기적의 역사가 일어납니다. 우리도 우리가 가진 보리떡 다섯 개와 작은 물고기 두 마리의 소박한 도시락을 예수의 손에 드려서 놀라운 기적의 역사를 일으키는 마중물이 됩시다. 적은 것이라도 꼭 필요한 때 믿음으로 우리 주 예수님의 손에 드려서 놀라운 기적을 경험할 수 있기를 바랍니다.

사랑하는 성도 여러분이여!

한 소년이 드린 오병이어의 소박한 도시락이 예수님의 손에 들려졌을 때 이만 명이 충분히 먹고 남는 놀라운 기적이 일어났습니다. 6장에서 예수님은 하늘에서 내려온 생명의 떡으로 그의 살을 먹고 그의 피를 마시는 사람에게 영생을 주신다고 했습니다. 예수님은 그의 십자가와 부활을 믿는 그리스도인들에게 영생을 주시는 우리 주님이십니다. 광야에서 만나를 먹었던 이스라엘 백성들은 다 죽었지만, 예수님을 주님으로 믿는 사람은 죽지 않고 영생을 누린다는 것입니다. 이것이 6장 메시지의 핵심입니다. 오병이어의 표적 사건으로 예수께서 우리에게 영원하고 풍성한 생명을 주시는 우리 주님이심을 믿고 감사하여 가난한 한 소년의 도시락처럼 우리의 적은 것도 예수님의 손에 들려져서 기적의 역사를 일으키는 우리 모두가 될 수 있기를 소원합니다.

22. 풍랑 가운데 찾아오신 예수님(6:16~21)

벳새다 언덕에서 예수께서 오병이어로 오천 명을 배부르게 먹이셨을 때 유대인들은 억지로 예수님을 그들의 왕으로 삼고자 했으나 예수님은 골란고원으로 물러가셨고, 제자들은 선생님의 지시에 따라 갈릴리 호수에서 배를 타고 가버나움으로 향했습니다. 갈릴리 호수는 해발보다 195m가 낮고, 깊이는 45m 정도의 깊은 호수로 바다를 연상하게 할 정도로 거대하고, 동서의 넓이보다는 남북의 길이가 더 길고, 그 주위에 높은 산언덕이 병풍처럼 둘려 있습니다. 갈릴리 호수는 그 북쪽 눈 덮인 높은 헐몬산에서 흘러 내려오는 맑은 물로 거대한 호수를 이루고 있어서 성경에서 바다라고 기록하고 있습니다. 제자들은 그 밤에 갈릴리 호수 위에서 큰 파도가 휘몰아치고 아무것도 보이지 않아 흔들리는 배 위에서 위기감을 느끼며 두려움에 떨어야 했고 예수님은 어디에도 보이질 않았습니다.

본문 말씀은 마태복음 14장 22~33절, 마가복음 6장 45~52절에도 기록되어 있는데 마태복음이 가장 자세하게 기록하고 있고, 그다음이 마가복음이고, 요한복음이 제일 간단하게 기록하고 있습니다. 마태복음과 마가복음에서 물 위에 걸어오시는 예수님을 향하여 제자들이 유령이라고 소리치는 장면도 나옵니다. 제자들이 그 밤에 벳새다에서 출발하여 갈릴리 호수 서쪽 가버나움 쪽으로 거친 풍랑 속에서 4~5km 거리를 힘들게 노를 저었지만 성난 풍랑 때문에 더 이상 앞으로 나아갈 수 없는 어려운 상황에 빠진 것을 예수께서 보셨습니다. 그 제자들 가운데는 어부였던 베드로, 안드레, 야고보, 요한이 있어서 갈릴리 호수도 잘 알고 배도 잘 다룰 줄 알아서 거친 풍랑도 헤쳐서 나갈 줄 알았지만, 그 거친 풍랑에 더 이상 배가 움직일 수 없는 위급한 상황에 빠졌습니다. 그때 예수께서 칠흑같이 어두운 밤중에 노한 풍랑이 거칠게 휘몰아치는 갈릴리 호수의 캄캄한 물 위로 걸어서 제자들이 탄 배 가까이 오셨습니다. 제자들은 처음에 유령이 물 위에서 걸어오는 줄 알고 놀랐습니다. 그 때 예수께서 "내니, 두려워하지 말라"라고 다정하게 제자들에게 말씀하시며 안심시켰습니다. 제자들은 너무나도 기뻐서 예수님을 배 위로 영접하였고, 예수께서 배 위에 올라오자 풍랑은 곧 잠잠하여졌고, 그들은 가버나움에 안전하게 도착했습니다. 풍랑 위로 걸어오신 예수께서 하나님의 아들이시라는 말씀을 들으면서 함께 은혜를 나누고자 합니다.

첫째로 제자들은 갈릴리 호수 위에서 한밤중에 큰 풍랑을 만났습니다(16~18).

예수께서 벳새다 언덕에서 오병이어로 오천 명을 배부르게 먹이시고 나서 제자들을 갈릴리 호수 북서쪽 가버나움으로 배 태워 보내시고, 자신은 많은 사람이 내려가는 것을 언덕 위에서 내려다 보셨습니다. 갈릴리 호수 동편에는 골란고원이 높은 언덕처럼 버티고 있고, 서쪽에는 병풍이 둘러 처진 것처럼 깎아지른 높은 산이 자리 잡고 있습니다. 마치 두 개의 높은 산 사이 넓고 깊은 골짜기에 있는 갈릴리 호수는 밤이 되어 어두워지면 날씨가 가늠조차 하기 어렵게 수시로 변하곤 합니다. 저녁때가 되면 자주 예기치 않은 회오리바람이 높은 남동쪽의 골란고원 지대에서 세게 불어와서 낮에 데워진 덥고 습한 공기를 호수 위로 밀어 올림에 따라서 호수의 물은 격렬한 소리를 내며 큰 파도를 일으키곤 합니다. 베드로, 안드레, 빌립, 야고보, 요한과 같은 제자들은 이 갈릴리 호수에서 고기잡이하면서 잔뼈가 굳은 어부들이었습니다. 저녁 무렵에 갈릴리 호수에서 배를 타고 건너간다는 것은 예상치 못한 위험에 빠질 수 있다는 것을 제자들은 누구보다도 잘 알고 있었습니다. 예수님께서도 제자들이 그 밤에 갈릴리 호수 가운데서 무슨 일이 일어날지에 대하여 다 알고 계셨습니다. 갈릴리 호수를 잘 아는 제자들이 그 밤에 벳새다에서 가버나움으로 배 타고 건너가는 것을 주저했을 때 예수께서 "자, 어서 배를 타고 더 어둡기 전에 집으로 돌아가자."라고 제자들을 재촉하셨습니다. 베드로는 "선생님, 저녁 이 시간에 호수에서 배를 타고 돌아가는 것은 좋은 생각이 아닙니다."라고 말씀드렸고, 예수님은 "자, 어서 배를 타고 가자는데 너무 지체하며 말이 많구나.", 베드로는 "저녁에는 돌풍이 불 수도 있습니다.", 예수님은 "자, 어서 배를 타고 가자."라고 말씀하시면서 제자들에게 어두워지는데 속히 배를 타도록 재촉하셨습니다. 그래서 제자들끼리만 배를 타고 어두워져 가는데도 위험한 갈릴리 호수를 노를 저으며 배로 건너가고 있었습니다. 반면에 예수님은 그들의 왕으로 삼으려는 유대인들의 의도를 아시고 피하여 조용히 골란고원으로 물러가서 하나님께 기도하는 시간을 가지셨습니다.

문제는 제자들이 한밤중에 예수님의 재촉으로 배를 타고 갈릴리 호수를 건너가다 큰 풍랑을 만나서 노를 저어도 도저히 앞으로 나아갈 수 없는 위급한 상황에 빠져 호수 가운데 멈추어 선 것입니다. 제자들이 예수님의 재촉으로 배를 타고 가다가 큰 풍랑을 만나 호수 한가운데서 한밤중에 오도 가지도 못하고 갇혀 버렸습니다. 벳새다에서 출발하여 6~7시간 동안 폭풍 속에서 노를 저어서 4~5km 정도 갔는데, 호수 한가운데서 앞으로 나갈 수도, 뒤로 되돌아올 수도 없는 상황에 빠졌는데, 시간은 새벽 3시쯤 되었습니다. 제자들은 풍랑 속에서 밤새도록 노를 젓느라 녹초가 다 되었고 죽느냐 사느냐 하는 위중한 상황에 빠졌지만, 바로 예수님을 불러서 도움을 요청할 믿음마저도 사라졌습니다.

밤이 어두워져 가는 늦은 저녁에 배를 타고 갈릴리 호수 건너편으로 노 저어 가게 하셨던 예수님의 의도는 분명히 있었습니다. 사실 예수께서 이 밤에 제자들에게 풍랑 속에서도 하나님의 아들을 믿는 분명한 믿음에 거하게 하려고 배를 타고 가버나움에 가도록 재촉하셨던 것입니다. 제자들로 하여금 물 위로 걸어오셔서 풍랑을 잠잠하게 하시는 예수님을 보고서 예수께서 만물을 다스리시는 하나님의 아들이심을 분명하게 믿도록 하기 위함이었습니다. 골란고원에서 기도하시던 예수께서 풍랑이 몰아치는 호수에 갇혀서 당황하는 제자들을 생각하시고 갈릴리 호수 위의 지름길로 물 위로 걸어서 제자들에게로 다가서고 있었습니다. 일반은총에 익숙한 제자들은 풍랑이 거친 호수 위로 걸어오시는 예수를 보고 처음엔 감히 예수님이라고 생각조차 하지 못하고 유령이라고 소리쳤습니다. 신앙이란 상식, 합리적인 지성, 일반은총을 믿는 것이 아닙니다. 신앙이란 초자연적인 존재, 초월적인 것을 믿는 것입니다. 예수께서 오병이어로 오천 명을 배부르게 먹이시고 남기신 표적을 사람들 앞에서 행하여 그들에게 하나님의 아들이심을 드러내셨습니다. 예수님의 의도는 예수께서 물 위로 걸어오시는 것과 예수께서 풍랑을 잔잔케 하시는 것을 제자들이 보고, 예수께서 만물을 다스리시는 하나님의 아들로 믿게 하고자 함이었습니다. 유대인들은 기적을 보고 믿기를 좋아합니다. 예수님은 제자들이 자신의 오병이어의 표적과 물 위로 걸어오신 표적을 보고서 자신을 하나님의 아들 그리스도로 믿기를 원하셨습니다.

적용　예수님은 말씀으로 천지 만물을 창조하신 창조주시고, 말씀으로 만물을 붙들고 계시는 하나님의 아들이십니다. 우리는 풍랑이 거친 물 위로 걸어오신 예수님이 하나님의 아들 그리스도시고 나의 주님이심을 분명하게 믿을 수 있기를 바랍니다.

둘째로 예수님은 풍랑이 거친 호수로 걸어오셔서 제자들을 가벼움으로 인도했습니다
(19~21).

　캄캄한 한밤중에 제자들이 큰 풍랑이 거칠게 불어오는 갈릴리 호수 가운데 갇혀서 어찌할 줄 몰라 기진맥진하여 낙심하고 두려워하고 있었을 때, 그들의 배 가까이 한 사람이 물 위로 걸어오고 있었습니다. 한밤중에 풍랑이 세차게 휘몰아쳐 출렁거리는 배 위에서 두려워하고 있던 제자들은 점차 낙심하여 무서워서 두려움에 떨고 있었습니다. 한밤중에 제자들이 처음엔 캄캄한 어두움만이 가득하고 풍랑이 휘몰아치는 물 위에서 사람 같은 형상 하나가 걸어왔을 때 "유령이다"라고 소리치며 무서워했습니다. 조금 후에 20절에서 "내니 두려워하지 말라"라는 귀에 익은 예수님의 목소리를 알아듣고, 제자들은 그제야 안도의 한숨을 내쉬었습니다. 그들은 절박한 상황에서 예수님을 생각하지도 못하고 있었는데, 예수께서 먼저 그들에게 가까이 다가오셨습니다. 성미가 급한 베드로가 참지 못하고 마태복음 14장 28절에서 "주여! 만일 주님이시거든 나를 명하사 물 위로 오라 하소서."라고 소리쳤습니다. '만일'이라고 말하는 베드로의 말투 속에는 아직도 물 위로 걸어오는 예수님을 하나님의 아들로 확신하지 못하고 의심하는 마음이 배어있는 것을 알 수 있습니다.

용감한 베드로가 처음엔 예수님이 말씀하신 "배에서 내려 물 위로 걸어서 예수께로 가되"라는 상황처럼 두려움 없이 물 위로 잘 걸어갔습니다. 그런데 갑자기 풍랑이 자신에게 몰려오는 것을 보고 두려워하며 풍랑을 바라보는 순간에 베드로가 물속으로 빠져들어 갔습니다. 여기서 베드로의 두 가지 부족함이 보입니다. 첫째, 바람이 불고 풍랑이 몰아치는 어려운 상황에서 예수님을 바라보던 시선이 갑자기 몰려오는 거친 풍랑을 바라보고 두려워했다는 것입니다. 둘째, 예수님을 바라보고 믿었던 믿음에서 갑자기 몰려오는 거친 풍랑 때문에 의심이 생겼다는 것입니다. 마태복음 14장 31의 "믿음이 작은 자여! 왜 의심하였느냐?"라는 예수의 책망 속에서 베드로가 자신에게 몰려오는 풍랑을 보고, 예수께서 하나님의 아들이심을 순간적으로 의심하고 있었던 것을 알 수 있습니다. 베드로는 "예수님이 나를 물에 빠지지 않게 해 주실까?", "만약에 내가 물에 빠지면 예수께서 과연 건져 주실까?"라는 의심을 순간적으로 했습니다. 마태복음 14장 33절에서 "배에 있는 사람들이 예수께 절하며 이르되 '진실로 하나님의 아들이로소이다.' 하더라."라고 제자들이 거친 풍랑 위로 걸어오셔서 제자들의 배에 올라서 풍랑을 잠잠하게 하신 예수님을 제대로 하나님의 아들로 신앙 고백하며 섬긴 것이 핵심이었습니다.

본문 6장 20~21절에서 "20. 이르시되 '내니 두려워하지 말라' 하신대 21. 이에 기뻐서 배로 영접하니 배는 곧 그들이 가려던 땅에 이르렀더라."라고 거칠고 험한 풍랑 속에서 예수님은 제자들을 이끌고 가버나움에 마침내 도착했습니다. 여기서 '내니 두려워하지 말라'(ego … eimi; I am that I am …) (NASB; "It is I; do not be afraid.")라고 헬라어 원문에서 예수께서 다시 한번 제자들에게 자신을 하나님의 아들로 분명하게 드러내어 말씀하신 것을 볼 수 있습니다. 예수님은 그 어려운 상황에서 자신이 제자들에게 하나님의 아들이시라고 당당하게 말씀하셨습니다. 제자들은 거친 풍랑 위로 걸어오셔서 당황하고 있던 제자들의 배에 타서서 풍랑을 잠잠하게 하신 능력을 보여주신 예수님을 하나님의 아들로 다시 깨달아 알고 그들의 배 위로 예수님을 기쁨으로 영접하여 모셨습니다. 우리가 예수님을 하나님의 아들로 믿을 때 기쁨이 있고 예수님을 더 잘 예배하며 섬길 수 있습니다. 우리가 하나님의 아들과 인자이신 예수님을 나의 주님으로 믿을 때 온전한 믿음을 가지고 섬기게 됩니다. 예수께서 제자들이 탄 배에 기쁨으로 영접을 받으며 탔을 때 풍랑은 잠잠하여졌고, 그는 그 배를 그들이 가고자 했던 가버나움으로 그대로 인도하셨습니다. 예수께서 제자들을 재촉하여 배에 타게 하시더니 결국 예수께서 그 처음에 의도하신 대로 가버나움에 잘 도착하게 하셨습니다.

적용 우리도 신앙생활을 하는 중에 얼마든지 어려운 일을 만날 수 있습니다. 예수님의 재촉으로 배를 타고 가다가 한밤중에 큰 풍랑을 만난 제자들처럼 하나님의 말씀에 순종하여 살아가다가 얼마든지 무서운 풍랑을 만날 수 있습니다. 그 때 우리는 풍랑과 같은 어려운 상황을 바라보기보다는 살아 계신 하나님을 바라보며 끝까지 의지해야 합니다. 어려운 상황 속에서라도 우리의 신앙의 초점은 항상 하나님이어야 합니다. 하나님을 계속해서 바라보지 못하고 어려운 상황에 자꾸 집착한다면 더 큰 어려움에 빠질 수 있습니다. 하나님의 아들 예수께서 해결하실 수 있다는 분명한 믿음을 끝까지 가져야 합니다. 고난과 시련 속에도 하나님의 선한 뜻이 담겨 있습니다. 어려운 고난 속에서도 흔들리지 않는 예수님에 대한 견고한 믿음을 가져서 예수님의 놀라운 인도하심을 받을 수 있기를 바랍니다.

사랑하는 성도 여러분이여!

예수께서 병자를 고치시고, 죽은 자를 살리시고, 죄를 용서하시고, 만물을 창조하시고 다스리시는 하나님의 아들이십니다. 예수님의 말씀에 순종하다가 어려운 고난을 당하더라도 끝까지 견고한 믿음을 가지고서 해결함을 받을 수 있기를 바랍니다. 우리가 어려운 상황 가운데서도 낙심하여 절망하지 말고 예수 그리스도를 끝까지 바라보고 그분의 도움을 간절히 구하십시다. 우리가 어려운 상황에 부딪혀 우리의 믿음이 흔들리게 될 때 세상과 죄악에 더 빠질 수 있습니다. 우리는 질병을 고치시고, 죽은 자를 살리시고, 우주 만물을 다스리시고, 풍랑을 잔잔하게 하시고, 그리고 부활의 생명을 주시고, 하늘 아버지의 집으로 인도하시는 예수님을 하나님의 아들과 인자로 온전히 끝까지 믿으며 섬기다가 선하게 인도함을 받을 수 있기를 바랍니다.

23. 생명의 떡이신 예수님(6:22~59)

세계에 만연한 종교 다원주의적인 물결에 편승한 '다빈치 코드'라는 영화가 시중에 상영되고, 내셔널 지오그래픽(NATIONAL GEOGRAPHIC)에 의해서 「유다의 복음서」가 시중에 퍼진 것을 보면서 우리 그리스도인들은 큰 충격을 받았습니다. 「유다의 복음서」에 막달라 마리아가 예수께 입 맞추었다는 구절이 나오는데 입 맞춘 부분이 흐려져서 해독이 쉽지 않습니다. 댄 브라운(Dan Brown)이라는 소설가는 이것을 비약적으로 해석해서 막달라 마리아와 예수님 사이에 무슨 관계가 있었던 것처럼 상상하여 「다빈치 코드」라는 소설에서 아이를 낳았다고 황당하게 호도했습니다. 바울 서신에 너희는 거룩한 입맞춤으로 서로 문안하라는 구절이 여러 번 나옵니다(롬 16:16, 고전 16:20 등). 그리스도인들이 사랑스럽게 서로 동성 간에 볼에 입 맞추며 문안하라는 것이었습니다. 저도 미국에 가면 잘 아는 분들이 제게 와서 끌어안고 볼을 비비고 반갑게 인사를 나누기도 합니다. 한국 같으면 피할 텐데 그냥 그렇게 저도 인사를 나누며 반갑게 인사를 합니다. 악수하며 인사하고, 포옹하며 인사하고, 입 맞추며 인사하는 것은 그 사회의 문화입니다. 「다빈치 코드」와 「유다의 복음서」의 핵심 문제는 예수 그리스도의 신성을 부인한다는 데 그 심각성이 있습니다.

본문에서 "나는 하늘에서 내려온 생명의 떡이니 …"라는 표현은 요한복음에 나오는 "나는 … 이다"(ego … eimi)라는 그 유명한 은유적 표현 가운데 하나로서 예수께서 자신을 하나님이시라고 알리는 표현방식입니다. "나는 세상의 빛이니 나를 따르는 자는 어둠에 다니지 아니하고 생명의 빛을 얻으리라", "나는 선한 목자라 나는 내 양을 위하여 목숨을 버리노라.", "나는 부활이요 생명이니 나를 믿는 자는 죽어도 살겠고 살아서 나를 믿는 자는 영원히 죽지 아니하리니 이것을 네가 믿느냐?", "나는 길이요 진리요 생명이니 나로 말미암지 않고는 아버지께로 올 자가 없느니라.", "나는 포도나무요 너희는 가지니 저가 내 안에 내가 저 안에 있으면 이 사람은 과실을 많이 맺나니"라는 이러한 표현들은 다 예수께서 하나님이심을 알리시기 위한 표현방식입니다. 하늘에서 내려온 생명의 떡이신 예수님을 믿는 사람은 주리지도 목마르지도 않고, 죽지도 않고, 영생을 얻게 된다는 말씀입니다. 생명의 떡이신 예수님을 믿지 않는 사람은 주리고 목말라서 마지막에 심판을 받아 사망에 빠지게 된다는 말씀입니다. 예수님이 벳새다의 한 언덕 위에서 보리떡 다섯 개와 물고기 두 마리로 오천 명을 충분히 먹이시고 열두 광주리가 남는 표적을 행하셨을 때 이를 본 사람들은 예수님을 그들의 왕으로 삼으려고 했지만, 예수님은 그들에게서 피하셨습니다. 오병이어의 표적 사건은 예수께서 이 땅에 먹는 문제를 해결하러 오신 것이 아니고 생명을 주시기 위해서 오셨다는 사실을 분명하게 알려줍니다. 하늘에서 내려온 생명의 떡이신 예수님이라는 제목의 말씀을 들으면서 함께 은혜를 나누고자 합니다.

첫째로 예수님은 하늘에서 내려온 떡입니다(22~46).

출애굽기 16장에 의하면 만나는 작고 둥글며 서리 같이 세미한 것이라고도 하고, 깟씨 같은 크기의 희고 꿀 섞은 과자 같으며 그 맛은 기름 섞은 과자 맛 같다고 했습니다. 민수기 11장에 의하면 밤이슬이 내릴 때 만나가 하늘에서 내려온다고 했습니다. 하나님은 모세에게 만나를 항아리에 넣어 법궤 옆에 보관하도록 하셨는데, 이것은 하나님께서 광야 40년 동안에 이스라엘 백성들에게 만나를 내려주셔서 먹이시고 인도하신 하나님의 은혜를 기억하면서 하나님의 언약 백성으로 살아가도록 하기 위함이었습니다. 광야의 만나는 장차 하늘에서 내려와 세상에 생명을 주는 생명의 떡이신 예수 그리스도를 가리킨다고 예수께서 말씀하셨습니다. 6장 32절에서 하늘에서 내려온 떡은 모세가 준 것이 아니라 하나님 아버지께서 이스라엘 백성에게 주신 것이라고 하면서 하나님은 하늘에서 참 떡을 제자들에게 주셨다고 하면서 그 참 떡은 하나님께서 하늘에서 보내신 예수 그리스도라고 말씀했습니다. 광야에서 만나를 먹었던 이스라엘 백성들은 다 죽었지만, 생명의 떡이신 예수 그리스도를 믿는 그리스도인들은 영생을 누리게 된다고 했습니다.

예수께서 벳새다 언덕 위에서 보리떡 다섯 개와 물고기 두 마리로 오천 명을 충분히 먹이셨을 때 그 떡을 먹은 유대인들은 예수님을 그들의 왕으로 삼고자 했으나 예수님은 골란고원으로 피하셨습니다. 예수님은 사람들의 물질의 필요와 정치적 야심을 채워주는 왕이 아니라 영적인 갈급함을 해결하여 구원을 주시는 구세주이심을 드러내시고자 한 행동이었습니다. 예수님은 유대인들이 잘못된 동기를 가지고 예수님을 그들의 왕으로 삼고자 했을 때, 그들의 잘못된 의도를 정확하게 아시고 그들에게서 떠나셨습니다. 이것은 27절에서 예수께서 그들에게 썩는 양식을 위하여 일하지 말고 영생하도록 있는 양식을 위해서 일하라고 하시며 인자가 그를 따르는 자에게 양식을 주신다는 말에서 영생의 의미가 분명하게 그대로 드러났습니다. 우리가 교회에서 예수님을 믿고 따르는 신앙생활을 하는 것은 먹고 사는 문제 때문이 아니라 영생의 양식을 먹고 영생을 누리기 위함입니다. 본문 28~29절에서 하나님의 일은 하나님이 보내신 예수 그리스도를 믿는 것이라고 했습니다. 이것은 우리가 교회에서 하는 그 어떤 일이나 사업보다도 하나님께서 보내신 하나님의 아들이시고 인자이신 예수님을 믿고 따라가는 게 더 중요하다는 것을 말씀합니다. 예수님이 하늘에서 내려온 떡이라는 말씀(32, 33, 38, 41, 50, 51, 58)은 예수님은 하나님께서 우리에게 생명을 주시기 위해서 보내주신 하나님의 아들이시라는 말씀입니다.

45~46절에 의하면 예수님은 하나님 아버지에게서 오셔서 하나님 아버지를 본 그대로 가르치시고 하나님 아버지의 가르침을 받은 사람들이 예수님의 가

르침을 하나님의 가르침으로 받고 예수께로 온다고 말씀합니다. 왜냐하면, 예수님은 하나님 아버지와 함께 계셨고, 하나님 아버지의 품 속에 독생하신 하나님으로 하나님 아버지를 증거하고 하나님 아버지의 말씀을 가르치는 하나님의 아들이시기 때문입니다. 그러나 41~42절에서 보면 유대인들은 예수님을 단순히 요셉의 아들 나사렛의 목수로 알고 있었습니다. 예수님은 그 유대인들이 하나님께서 자신에게로 이끈 하나님의 택한 백성이 아니기 때문에 예수님을 하나님께서 보내신 하나님의 아들로 믿지 못한 것이라고 정리하셨습니다.

적용 예수님은 하나님께서 우리에게 영생을 주시기 위해서 보내주신 하나님의 아들이십니다. 예수님은 하나님 아버지를 증언하시고 하나님 아버지의 말씀을 가르치셨습니다. 예수님을 하나님께서 보내신 하나님의 아들로 믿고 그의 말씀을 하나님의 말씀으로 듣고 따라가는 사람은 영생을 얻는다는 사실을 믿을 수 있기를 바랍니다.

둘째로 우리는 생명의 떡을 먹어야 영생합니다(47~51).

구약의 제사 제도는 장차 오실 예수 그리스도에 대한 그림자와 예표였습니다. 레위기에 나오는 다섯 가지 제사 중에 레위기 2장에 나오는 두 번째 제사인 소제는 특별히 생명의 떡이신 예수 그리스도를 예표합니다. 소제를 드리는 방법은 세 가지였습니다. 첫째, 첫 이삭을 고운 가루로 빻아 기름을 섞어 유향과 함께 불사르는 것이었습니다. 둘째, 고운 가루와 기름을 섞어 전처럼 구워서 조각을 내어 드리는 것이었습니다. 셋째, 고운 가루와 기름을 섞어 솥에 넣어 삶아서 드리는 것이었습니다. 이 때 소금은 치되 누룩이나 꿀을 넣어서는 안 되고 소제를 드리고 남은 것은 제사장에게 돌렸습니다. 소제물은 일반인들의 일상 음식의 모양으로 만들어서 하나님께 드렸습니다. 소제는 하나님이 일반 음식의 공급자라는 사실을 드러낸 것이고, 모든 음식을 주심에 감사하는 것이고, 더 나아가 음식을 통하여 그들의 생명을 유지하게 해 주심에 감사하는 제사였습니다. 이 소제물의 고운 가루로 만든 떡은 바로 예수님을 가리킵니다.

예수님이 생명의 떡이 되셔서 우리의 죄를 해결하시고 우리에게 영생을 주신 것을 믿고, 구약의 백성들은 이 소제물을 하나님께 드려서 죄를 용서받고 하나님께 나아갔습니다.

본문 32절에서 예수님은 자신을 하늘에서 내려온 참 떡이라고 했고, 33절에서 세상에 생명을 주는 떡이라고 했고, 35절과 48절에서 예수께서 자신은 생명을 주는 떡이라고 하면서 35절에서 이 떡을 먹는 자는 굶주리지 않는다고 했고, 48절에서 생명의 떡이라고 했고, 50절에서 생명의 떡을 먹는 사람은 죽지 아니한다고 했고, 51절에서 생명의 떡을 먹으면 영생한다고 했습니다. 예수님은 우리에게 생명을 주시는 하나님이십니다. 이 말씀을 반대로 바꾸면 생명의 떡을 먹지 않으면 결코 살 수 없으며 영원히 죽게 된다는 것입니다.

51절에서 "이 떡을 먹으면 영생하리라."라고 했고, 47절에서 "진실로 진실로 너희에게 이르노니 믿는 자는 영생을 가졌나니"라고 하면서 생명의 떡을 먹는다는 것은 하나님의 아들이신 예수님을 믿는 것임을 분명하게 말씀합니다. 예수님을 하나님의 아들이시고 인자시라고 믿는 사람은 죽지 않는 영생을 얻고 이를 믿지 않는 사람은 죽어 사망에 처해 진다고 했습니다. 51절에서 하늘에서 내려온 살아 있는 생명의 떡을 먹으면 영생을 한다고 하면서 이 떡은 세상의 생명을 위한 살이라고 했습니다. 예수님은 하늘에서 내려온 살아 있는 떡(the living bread)이시라고 하고, 세상의 생명을 위한 자신의 살이라고 하면서 이 떡을 먹으면 영생한다고 말씀하셨습니다. 예수님을 하나님의 아들이고 인자라는 사실을 믿는 사람은 영생을 얻고, 믿지 않는 사람은 영생을 얻지 못합니다.

적용 우리가 예수께서 세상에 생명을 주시기 위하여 하늘에서 생명의 떡으로 오신 분임을 믿어서 만족함을 누리고 영생을 얻을 수 있기를 바랍니다.

셋째로 우리는 하늘에서 내려온 참된 양식을 먹고 참된 음료를 마셔야 영생을 얻습니다 (52~59).

예수님은 자신의 살(54)을 인자의 살(53)이라고 하며 참된 양식(55)(true food)이고, 자신의 피(55)를 인자의 피(53)라고 하며 참된 음료(55)(true drink)라고 말씀했습니다. 52절에서 유대인들은 예수님이 인자로 들려서 죽는다는 것을 믿지 못하며 자기의 살을 그들에게 주어 먹게 한다는 말씀을 전혀 믿지 못하여 서로 다투었다고 했습니다. 53절에서 인자의 살을 먹고 인자의 피를 마시지 않으면 그들 속에 생명이 없다고 하면서 예수께서 인자로 죄 없이 들려서 십자가에 죽으실 것을 믿지 못하는 유대인들은 영생이 없다고 말씀했습니다. 예수님은 생명의 떡이신 자신을 먹어야 영생을 얻는다는 말씀을 유대인들이 이해하지 못하고 서로 다툴 때 53절 이하에서 "내가 진실로 진실로 너희에게 이르노니 인자의 살을 먹지 아니하고 인자의 피를 마시지 아니하면 너희 속에 생명이 없느니라. 내 살을 먹고 내 피를 마시는 자는 영생을 가졌고 마지막 날에 내가 그를 다시 살리리니"라고 놀랍게 말씀하셨습니다. 예수님의 살과 피를 인자의 살과 인자의 피라고 말씀하시며 그것이 참된 양식이고 참된 음료라는 것입니다. 예수님이 바로 인자시고 세상의 사람들에게 영생을 주는 참된 양식이고 참된 음료라는 것입니다. 인자의 살을 먹고 인자의 피를 마신다는 말씀은 하나님의 아들 예수께서 십자가에 달려 살을 찢고 피를 흘려 죽으신 것을 믿는다는 것입니다(36, 40, 47). 생명을 주는 참된 양식을 먹고 참된 음료를 마셔야 우리가 영생을 얻는다는 것입니다. 예수님의 살을 먹고 예수님의 피를 마신다는 것은 하나님의 아들 예수께서 인자로 우리 대신에 십자가에 달려 죽으신 것을 믿는다는 것으로 그것을 믿는 사람은 생명을 얻어 영생을 누리고 예수께서 마지막 날에 그들을 다시 살리리라(44, 54)고 말씀했습니다. 예수님을 하나님의 아들이시며 동시에 십자가에 달려 죽으신 인자로 믿는 사람이 영생을 얻는다는 것입니다.

오병이어의 표적을 보고서 예수님을 단순히 먹는 문제를 해결하는 정치적인 메시아로 삼으려고 했던 유대인들은 예수님을 인자로 믿지 못해서 영생을 얻지 못하고 죽었습니다. 그러나 예수님이 하나님에게서 나신 하나님의 아들로서 십자가에 달려 죽으신 인자로 믿는 사람은 영생을 얻습니다. '예수님을 하나님의 아들이시고 인자로 믿느냐?' 아니면 '예수님을 하나님의 아들이시고 인자이심을 믿지 못하느냐?'가 '영생이냐' 아니면 '사망이냐'로 갈라놓는다는 사실을 기억해야 합니다.

본문에서 예수께서 영생을 얻는 몇 가지 부분을 말씀하고 있습니다.

첫째, 예수님을 하나님에게서 오신 하나님의 아들로 믿는 자가 영생을 얻는다고 했습니다. 54절에서 '인자의 살을 먹고 인자의 피를 마시는 자는 영생을 가졌다'라고 하시며 예수님이 인자로 우리를 위해서 죽으신 것을 믿는 사람은 영생을 얻는다고 했습니다.

둘째, 53절에서 인자의 살을 먹지 아니하고 인자의 피를 마시지 아니하면 너희 속에 생명이 없다고 하시며 예수님을 인자로 우리 대신에 십자가에 달려 죽으신 것을 믿지 못하면 생명이 없다고 했습니다. 예수님을 하늘에서 내려온 생명의 떡으로 먹는 사람은 예수님을 하나님의 아들로 믿는 것을 말하고, 먹지 아니하는 사람은 예수님을 하나님의 아들로 믿지 아니하는 것으로 말씀하고 있습니다.

셋째, 하나님께서 아들에게 주신 자에게 영생을 주신다고 했습니다. 37절에서 예수께서 "아버지께서 내게 주시는 자는 다 내게 올 것이요, 내게 오는 자는 내가 결코 내쫓지 아니하리라."라고 말씀했습니다. 하나님께서 선택하여 예수님께 주신 하나님의 택한 백성들을 하나님이 예수께로 가게 하여 그들이 예수께 나올 수가 있다고 했습니다. 39절에 보면 "나를 보내신 이의 뜻은 내게 주신 자 중에 내가 하나도 잃어버리지 아니하고 마지막 날에 다시 살리는 이것이니라."라고 하시며 하나님 아버지께서 선택하여 예수님께 주신 자들이 다 구원을 얻는다고 했습니다. 44절에도 "아버지께서 이끌지 아니하시면 아무도 내게 올 수 없으니 오는 그를 내가 마지막 날에 다시 살리리라."라고 하시며 하나님 아버지께서 주권적으로 예수께로 이끄는 선택한 백성을 마지막 때에 예수께서 다시 살리리라고 했습니다. 이것은 하나님께서 전적으로 우리를 구원해 주신다는 하나님의 절대적인 주권을 강조한 말씀입니다. 하나님께서 우리를 선택하여, 예수께 나아가게 하고, 믿게 해서, 하나님께서 우리에게 영생을 주신다고 말씀합니다. 우리의 영생은 인간이 예수님을 믿는 인간의 책임과 하나님이 선택하시고, 예수께로 이끌어서, 믿게 하시는 하나님의 주권이 함께 역사해서 이루어진다는 것입니다. 하나님께서 우리에게 영생을 주신다는 의미에서 영생은 하나님의 전적인 선물이고, 하나님의 절대적인 주권적인 역사라고 말할 수 있습니다. 구원이 마지막 날에 이루어진다는 말씀에서 종말론적 구원에서 절정을 이루게 될 것이고, 동시에 예수님의 재림으로 우리의 부활이 완성될 것입니다.

넷째, 인자의 살을 먹고 인자의 피를 마신다는 말씀은 하나님의 아들과 인자이신 예수님을 보고 믿는 것을 상징적으로 표현한 것입니다. 먹고 마신다는 말이 성찬식을 직접적으로 가리키지는 않지만, 성찬식의 의미를 가지고서 성찬식에서 하나님이시며 인자이신 예수께서 십자가에서 우리 대신에 죽어주신 사실을 믿고서 인자의 죽으심을 기념하여 떡을 먹고 포도주를 마신다는 의미도 담고 있습니다. 성찬식에서 인자의 살을 먹고 인자의 피를 마신다는 것은 인자 예수의 십자가의 죽으심이 나를 위한 것임을 믿고서 인자의 살과 인자의 피를 기념하며 떡을 먹고 잔을 마신다는 의미가 담겨있습니다. 우리가 인자 예수님의 대속적 죽으심이 나를 위한 것임을 믿고, 떡과 잔을 받을 때 예수께서 우리 안에 임재하시며 성령께서도 우리 안에 충만하게 거하신다는 것입니다.

사랑하는 성도 여러분이여!

"선생들아, 우리가 어찌할꼬?" "선생들이여, 내가 어떻게 하여야 구원을 얻으리이까?" 우리의 구원의 문제에서 우리는 겸손하고 진지해야 합니다. 예수님이 하늘에서 내려온 생명의 떡이라는 예수의 말씀을 믿지 못하는 유대인들이 너무 많았습니다. 64절에서 예수님의 제자 중에 믿지 아니하는 제자가 있었는데, 70절에서 예수님은 가룟 유다를 마귀라고 단적으로 지적했고, 믿는 제자들 중에서 예수님의 말씀이 너무 어렵다(60)고 하면서 예수님을 떠나서 물러가 다시는 그와 함께 다니지 않는 많은 사람이 있었다(66)고 했습니다. 예수님을 하나님의 아들과 인자로 믿어서 그 말씀을 듣고 따르며 영생을 얻는 것이 참으로 어려운 일입니다. 하나님께서 택한 백성들을 하나님께서 예수님께로 이끌어서 믿게 해야 영생을 얻을 수 있다는 말씀도 큰 위로가 됩니다. 예수님은 우리에게 영생을 주시기 위해서 하나님께서 우리에게 하늘에서부터 내려주신 생명의 떡입니다. 예수님은 십자가에 살을 찢어서 우리에게 참된 양식을 주었고, 피를 흘려서 참된 음료를 주셨는데 우리가 참된 양식을 먹고 참된 음료를 마셔야 참된 생명을 얻을 수 있습니다. 예수께서 하나님의 아들과 인자로서 십자가에 죽으시고 부활하신 우리의 주님이심을 믿어서 영생을 누리는 우리 모두가 될 수 있기를 바랍니다.

24. 영생의 말씀에 대한 반응(6:60~71)

　예수께서 벳새다 언덕 위에서 오병이어로 하나님께 감사하며 기도하여 이만 명을 먹이고도 열두 바구니가 남는 놀라운 표적을 행하셨습니다. 예수께서 제자들을 통하여 나누어주었던 빵과 물고기를 먹었던 많은 갈릴리 제자들은 예수님이 바로 모세가 예언한 그 선지자라고 말하면서 자신들의 정치적인 문제를 해결하기 위하여 예수님을 그들의 왕으로 추대하려고 했습니다. 이들은 예수님의 말씀에 귀를 기울이지 않고 자신들이 원하는 것을 예수님에게서 얻기 위하여 예수님을 찾았던 것입니다. 그러나 예수님은 그들의 의도를 정확하게 아시고 그들을 피하여 골란고원으로 가셨습니다. 예수께서 가버나움 회당에 들어가서서 자신은 하늘에서 내려온 생명의 떡이라고 말씀하시면서 자신의 살을 먹고 피를 마시면 영생을 얻는다고 가르치셨습니다. 인자의 살을 먹고 인자의 피를 마셔서 영생을 얻는다는 말씀은 하나님의 아들 예수께서 십자가에 달려 살을 찢고 피를 흘려 죽으신 것을 믿어서 영생을 얻는다는 영생의 말씀이었습니다(40, 47, 51). 이 사건은 예수께서 죽으셨던 마지막 유월절보다 한 해 전의 유월절에 일어난 일이며 예수님이 최후로 갈릴리에서 공개적으로 하셨던 사역이었습니다. 예수께서 가버나움 회당에서 이러한 영생의 말씀을 가르치셨을 때 그 말씀에 대한 반응은 제자 중에 많은 사람이 예수님을 떠나갔고, 열두 제자는 믿었지만, 그중 한 사람은 배신자로 드러났습니다. 영생의 말씀에 대한 반응을 중심으로 본문의 말씀을 살펴보며 함께 은혜를 나누고자 합니다.

첫째로 예수께서 가르치신 영생의 말씀에 대한 사람들의 반응은 여러 가지입니다 (60~65).

60절에서 "제자 중 여럿이 듣고 말하되 '이 말씀은 어렵도다. 누가 들을 수 있느냐?' 한대"라며 갈릴리 제자들은 예수님이 가르쳐주신 영생의 말씀이 어렵다고 수군거렸습니다. 여기에 언급된 제자들은 열두 사도와 구별되는 갈릴리 변방의 제자들을 말합니다. 변방의 제자들은 예수님을 권위 있는 랍비 정도로 여기고서 예수께서 가시는 곳마다 따라다녔던 무리에 합류한 사람들이었습니다. 이 갈릴리 변방의 제자들은 하나님 아버지께서 이끌어서 예수님께 주시고 성령으로 거듭나서 하나님이 보내신 하나님의 아들이 십자가에 달려 죽으신 것을 믿어서 구원받아 예수님을 계속 믿고 따르는 충성된 그리스도인이 아니었습니다. 예수님은 8장 31절에서 "너희가 내 말에 거하면 참으로 내 제자가 되고"라는 말씀을 하신 대로 자신의 말씀에 계속해서 거하는 사람들이 자신의 제자라고 밝히셨는데, 이 제자들은 예수님의 말씀에 계속 거하지 못했습니다. 왜냐하면, 이 제자들은 예수님이 가르쳐주신 말씀이 어려워서 그 말씀을 받아들일 수 있는 사람이 과연 있을까 하고 의구심을 품은 사람들이었기 때문입니다. 이 변방의 제자들은 예수님이 가르치신 영생의 말씀을 자신들이 받아들이기가 어려운 것으로 생각했기 때문에 계속해서 제자로 머물지 못했습니다.

갈릴리 제자들에게 61절에 나오는 대로 '걸림이 되는' 내용이 몇 가지 있었다고 카슨(D. A. Carson) 교수는 해석했습니다. 첫째, 그들은 예수께서 정치적인 메시아로 그들의 정치적인 문제를 해결해주실 줄 알았는데, 예수께서 인자의 살을 먹고 피를 마셔서 영생을 얻는 구원에 대하여 말씀하심으로 그들의 기대를 저버렸다는 것입니다. 둘째, 그들은 종교적인 문제에서도 그들 자신의 주권적인 권위를 포기할 준비가 되어있지 않았기 때문에 예수님의 말씀을 따르는 구원의 길에 들어설 수 없었다는 것입니다. 셋째, 이들은 예수께서 하나님의 보내심을 받고 오신 하나님의 아들로서 그들에게 생명을 주실 수 있는 권한을 가진 분으로 모세보다 더 크다는 사실에 반감을 품고 있었다는 것입니다.

넷째, 예수께서 자신이 하늘에서 내려온 생명의 떡이라고 하시면서 자신의 살을 먹고 자신의 피를 마시는 자는 영생을 얻는다는 말씀이 문자적으로 해석하여 모세오경에 어긋나기 때문에 그들이 받아들일 수 없는 걸림이 되었다는 것입니다. 사람의 생각과 마음을 아시는(64) 예수께서 자신의 살을 먹고 피를 마셔야 영생을 얻는다는 말씀이 갈릴리 변방의 제자들에게 여러 가지로 걸림이 되고 있다는 사실을 다 아셨습니다.

62절에서 예수께서 "그러면 너희는 인자가 이전에 있던 곳으로 올라가는 것을 본다면 어떻게 하겠느냐?"라고 했고, 38절에서 이미 '자신은 하늘에서 아버지의 보냄을 받고 내려왔다'라고 했는데, 이제 자신이 하늘 아버지께로 올라간다면 어떻게 하겠느냐고 갈릴리 제자들에게 물었습니다. 이것은 예수께서 하늘로 올라가는 길인 하나님의 아들이 십자가에 달려죽으시는 것을 갈릴리 제자들이 보았을 때, 어떤 반응을 보이겠느냐는 것입니다. 하나님의 아들이신 인자 예수께서 십자가에 달려 죽으시는 것을 베드로마저도 가이사랴 빌립보에서 반대했는데 하나님께서 보내신 하나님의 아들 예수께서 십자가에 달려 죽으시는 것을 갈릴리 제자들이 바라본다는 것은 도무지 믿을 수 없는 일로서 분노를 일으킬만한 내용이었습니다. 예수께서 자신의 십자가의 죽음을 인자의 들림이라(3:14)고 말씀하시고, 인자가 이전 곳으로 올라간다(62)고 말씀하시고, 인자가 아버지께로 간다(14:28, 16:17)고 말씀하셨는데, 이것은 하나님 계시의 중심이고 복음의 핵심입니다. 하나님의 아들 예수께서 모욕과 멸시를 당하여 십자가에 달려 죽는 바로 그 순간이 그가 영광을 받으시는 순간이고, 창세 전에 아버지와 함께 가졌던 영화(17:5)로 돌아가는 시간이었습니다. 갈릴리 변방의 제자들이 인자 예수께서 이전 곳으로 올라간다는 것을 깨달아 알아들을 수 없는 걸림이 되는 말씀에 어떻게 반응하느냐가 그들의 신앙과 영생이 결정되었습니다. 말씀이신 하나님이 사람의 아들로 나신 인자 예수님의 들림을 믿는 것이 성령의 거듭남이고, 하나님의 아들 예수님의 십자가에 달려 죽으심을 믿는 결과는 영생입니다.

63절에서 "살리는 것은 영이니 육은 무익하니라. 내가 너희에게 이른 말은 영이요 생명이라."라고 했는데 이 말씀을 현대인의 성경에서는 "생명을 주는 것은 하나님의 영이며 인간의 육체는 아무 쓸모가 없다. 내가 너희에게 한 말은 영적인 생명에 관한 것이다."라고 번역하였습니다. 예수께서 갈릴리 제자들에게 가르쳐주셨던 말씀은 인자의 살을 먹고 인자의 피를 마셔야 영생이 있다는 영생의 말씀을 문자 그대로 육신적인 의미로 이해하지 말고 상징적인 의미를 깨닫고 믿어야 영생이 있다는 것입니다. 갈릴리 변방의 제자들은 영생의 말씀을 육신적으로 이해하려고 했기 때문에 걸림이 되었고, 결국 예수님에게서 멀어졌습니다. 현대인의 성경은 이 의미를 좀 더 '생명을 주는 것은 하나님의 영'이라고 명백하게 번역했습니다. 구약에서 가장 분명한 특징 중의 하나는 성령이 생명을 준다는 것이었습니다.

3장에서 성령의 거듭남은 인자의 들림을 믿어서 영생을 얻는다고 이미 말씀했습니다. 육은 우리에게 영생을 주지 못하지만, 오직 성령이 우리에게 생명을 주신다고 대비하여 말씀했습니다. 성령은 이미 예수님 위에 임하여 계셨고 (1:32), 하나님 아버지께서 예수님에게 성령을 한량 없이 부어주셔서(3:34), 예수께서 하나님의 말씀을 아버지에게서 들은 대로 그대로 사람들에게 전하셨습니다. '예수께서 제자들에게 가르쳐주신 말씀(words)'은 믿음이 생겨나게 하는 (롬 10:17) 영이요 생명이라(영적인 생명)고 했습니다. 우리가 하나님의 말씀을 들을 때 성령이 우리 안에 역사해서 믿음이 생겨나게 하고, 영생을 얻게 한다는 것입니다. 예수께서 가버나움 회당에서 영생의 말씀을 가르쳐주셨을 때 그들이 그대로 받아들이고 믿었더라면 그들은 예수께서 하늘에서 내려온 생명의 떡이시고, 십자가 위에서 자신의 살과 피를 주어서 사람들에게 영생을 주시는 구원의 주님으로 믿어 영생을 얻었을 것입니다. 예수님의 말씀을 받아먹음이 없이는 예수 그리스도의 살과 피를 먹음도 없다는 것입니다. 왜냐하면, 예수님을 진정으로 믿는 것은 예수님의 말씀을 진정으로 믿는 것이기 때문입니다. 예수께서는 자신의 승천 또는 영광을 받으시는 것(62)과 성령의 오심(63)이 서로 연결되어 있다는 것을 확실하게 말씀하셨습니다. 예수님이 갈릴리 변방의 제자들에게 걸림이 되었던 영생의 말씀을 주셨던 것은 예수께서 승천하신 후에 성령과 예수님의 말씀을 통하여 제자들이 누릴 영생을 약속하시고자 하셨던 것입니다.

64절에서 "그러나 너희 중에 믿지 아니하는 자들이 있느니라.' 하시니 이는 예수께서 믿지 아니하는 자들이 누구며, 자기를 팔 자가 누구인지 처음부터 아심이러라."라고 예수께서 영생의 말씀을 놀랍게 선포하시며 듣는 자 중에 믿지 않는 사람들이 있는 것을 아셨습니다. 예수님은 믿지 아니하는 자와 자기를 팔 자가 누구인지 처음부터 다 아셨다고 했습니다(2:24~25). 예수님은 아버지께서 영원 전에 선택하여 자신에게 맡겨주신 자신의 양 떼가 누구인지, 자신이 목숨을 버려주어야 할 자신의 양 떼가 누구인지도 정확하게 아셨습니다.

65절에서 예수님은 "내 아버지께서 오게 하여 주지 아니하시면 누구든지 내게 올 수 없다."라고 하나님 아버지의 주도적인 역사로 자신이 선택하여 아들에게 오게 하신 사람들만이 영생의 말씀을 듣고 예수님을 믿고 따른다고 했습니다. 하나님 아버지께서 선택하시고, 하나님의 아들 예수께서 구속하신 하나님의 백성들은 원수들의 반대와 공격에도 불구하고 다 극복하고 이겨낼 수 있다는 확신을 주셨습니다.

적용 영생의 말씀을 듣고 믿지 못하는 자가 아니라 그 말씀을 들어 믿고 순종하는 우리가 될 수 있기를 바랍니다.

둘째로 제자들 가운데 영생의 말씀을 믿지 못하여 떠나가는 사람들도 있습니다(66).

66절에서 "그 때부터 그의 제자 중에서 많은 사람이 떠나가고 다시 그와 함께 다니지 아니하더라."라고 하셨는데 이는 갈릴리 변방의 제자 중에 많은 사람이 인자의 살을 먹고 인자의 피를 마셔야 영생을 얻는다는 어려운 영생의 말씀에 걸려 믿지 못하고 예수님을 버리고 떠나가 버린 것을 말합니다. 이들은

60절에서 인자의 살을 먹고 인자의 피를 마셔야 영생을 얻는다는 영생의 말씀을 오히려 모세오경에 어긋나서 도무지 용납할 수 없다고 생각하고 분노한 사람들이었습니다. 64절에서 그들은 예수님을 하나님께서 보내신 하나님의 아들로 믿지 아니한 사람들이었습니다. 그들은 예수께서 오병이어로 이만 명을 먹이시고 열두 바구니를 남기신 표적을 행하셨기에 그들의 정치적인 메시아가 되어 로마 압제로부터 해방하고 먹는 문제도 해결해주실 것으로 기대했지만 예수님은 그들이 원하는 것을 들어주시지 않았습니다. 예수님은 구원의 메시아로 오셔서 그를 믿고 따르는 제자들에게 영생을 주시는 일 외에 관심이 없었기 때문에 그들은 그들의 기대를 저버린 예수님을 버리고 떠나가 버렸습니다. 이 사람들이 원하는 신앙생활에서 중심을 이룬 것은 기복신앙입니다. 이런 사람들은 자신이 원하는 것을 얻기 위하여 교회에 나와서 신앙 생활하는 사람들로서 자신이 얻고자 하는 것을 얻지 못하면 교회를 떠납니다. 우리는 하나님이 우리에게 원하시는 것 중심으로 신앙생활을 하며 예수께서 주시고자 하는 영생의 의미를 제대로 깨닫고 받아 누려야 합니다. 예수께서 원하시는 영생을 위하여 기도하고 힘쓰며 신앙 생활해야 우리의 믿음이 성장하고 오래도록 바른 신앙생활을 할 수 있습니다.

적용 우리는 영생의 말씀을 믿지 못하여 예수님을 떠나지 말고 영생의 말씀을 제대로 듣고 기뻐하며 그대로 순종하며 영생을 누리시길 바랍니다.

셋째로 우리는 영생의 말씀을 믿고 예수님을 따르는 제자로 살아야 합니다(67~71).

67절에서 "예수께서 열두 제자에게 이르시되 '너희도 가려느냐?'"라고 물었습니다. 예수께서는 열두 제자에게 갈릴리 변방의 제자들처럼 떠나가려느냐고 뭔가 확실한 신앙고백을 기대하시며 물으셨습니다. '열두 제자'라는 단어가 요한복음에서 처음으로 나왔는데 열두 제자가 구체적으로 누구인지 어떻게 그들을 불렀는지는 자세하게 언급하고 있지 않습니다. 예수님은 자신의 열두 제자들이 누구인지 확실히 알고 계시기에 '너희도 가려느냐?'라고 물으신 것은 열두 제자들이 갈릴리 변방의 제자들과는 다르게 떠나지 않고 확실히 머무르고자 한다는 분명한 답변을 듣고자 하셨던 것입니다. 예수께서 영생의 말씀을 듣고 생겨난 제자들에게서 뭔가 확실한 신앙고백을 원하셨습니다. 여기서 우리는 예수님 곁에 남아 있는 사람들이 열두 제자들 외에 그리 많지 않았다는 것도 추측할 수 있습니다.

68절에서 "시몬 베드로가 대답하되 '주여, 영생의 말씀이 주께 있사오니, 우리가 누구에게로 가오리이까?'"라고 열두 제자 중에 제일 먼저 나서서 자신의 생각을 대답한 제자는 여느 때와 마찬가지로 베드로였습니다. 이것은 공관복음에서 가이사랴 빌립보에서 예수님의 질문에 대답한 베드로의 신앙고백을 연상하게 하지만 두 본문이 동일한 사건이라고 단정하기는 확실하지 않습니다. 여기서 베드로의 대답은 두 가지로 구분할 수 있습니다. 첫째, 예수님의 살을 먹고 예수님의 피를 마시는 사람이 영생을 얻는다는 영생의 말씀이 주님께 있는데 '주여, 우리가 다른 누구에게로 가오리이까?'라고 대답했는데, 이것은 베드로가 영생의 말씀을 제대로 이해한 것은 아니지만 예수님의 말씀이 '영이고 생명'이라는 예수께서 하셨던 말씀을 붙잡고서 이렇게 예수님께 대답했던 것으로 봅니다. 둘째, 69절에서 "우리가 주는 하나님의 거룩하신 자이신 줄 믿고 알았사옵나이다."라고 베드로가 예수님에 대하여 신앙고백을 다시 했던 것으로 봅니다.

요한복음에서 '믿다'와 '알다'는 자주 병행해서 나타나며 동의어로 사용되었습니다. 그러나 "예수께서 하나님을 아신다."라고 말하지만 "예수께서 하나님을 믿는다."라고 절대 말하지 않습니다. 의존의 뉘앙스가 있는 '믿다'라는 단어는 구속받아야 할 존재인 피조물에게 사용하는 것은 적절하지만 창조주의 주체이자 피조물의 구속주이신 예수님에게 사용하는 것은 적절하지 않습니다. 요한복음에서 '안다'라는 단어는 흔히 인격적인 대상을 안다는 뜻이며 이는 관계적인 앎을 의미합니다. 예를 든다면 17장 3절에서 "영생은 곧 유일하신 참 하나님과 그가 보내신 자 예수 그리스도를 아는 것이니이다."라는 말씀에서 '안다'라는 동사는 하나님과 예수 그리스도와 인격적인 관계를 맺는다는 의미로 사용되었습니다. 본문에서 '제자들은 예수님이 이러저러하다는 것을 안다'는 식으로도 자주 사용되었습니다. 예수께서 "하나님의 거룩하신 자"라는 말은 예수께서 세상 죄(1:29)를 효과적으로 다룰 수 있기 위해서 '거룩하신 자'일 수밖에 없습니다. 베드로와 열두 제자가 예수께서 선지자보다 더 크고, 모세보다 더 크신 '하나님의 거룩하신 분'으로 믿고 알았다는 것은 예수님에게서 메시아적 기대를 확신하고 믿었다는 것입니다.

예수께서 열두 제자들을 택하신 것이지 제자들이 예수님을 택한 것이 아닙니다. 그런데도 예수님은 열둘 중에서 한 사람은 예수님을 팔게 될 마귀라는 사실을 이미 알고 있었습니다. 마귀(diabolos; devil)라는 말은 '비방하는 자' 또는 '거짓 고소자'를 의미하지만, 어둠의 왕인 사탄을 가리킵니다. 하나님의 가장 큰 대적은 악한 자들의 배후에서 역사하기 때문에 마귀의 악의가 악한 자들의 악의가 된다는 것입니다. 예수께서 마귀의 제자가 가룟 시몬의 아들 유다라고 분명하게 지명했고, 그가 장차 예수님을 팔 자라고 예언했습니다. '가룟'이라는 말은 '그리욧 사람'을 가리킨다는 것이 가장 유력하고, 그는 예수님의 사역 초기부터 배신자라고 낙인이 찍혔습니다.

사랑하는 성도 여러분이여!

예수께서 가버나움 회당에서 많은 사람에게 하늘에서 내려온 생명의 떡이신 인자 예수님의 살을 먹고 인자의 피를 마셔야 영생을 얻는다는 영생의 말씀을 선포하셨습니다. 그런데 많은 갈릴리 변방의 제자들은 영생의 말씀이 자신들의 의도에 맞지 않으며, 영생의 말씀이 너무 어렵고 그들의 신앙에 걸림이 된다고 판단하면서 다 예수님의 곁을 떠나가 버렸습니다. 그러나 열두 제자는 영생의 말씀이 주님께 있는데 누구에게로 가느냐고 하면서 예수님이 그들의 죄를 해결하실 하나님의 거룩한 자 메시아로 믿고 신앙고백을 했습니다. 마지막 열두 제자 중의 한 사람 가룟 유다는 영생의 말씀을 도무지 믿지 못하고 오히려 예수님을 파는 배신자가 되었습니다. 예수께서 가르쳐주신 영생의 말씀대로 하나님의 아들 예수께서 십자가에 달려 피 흘려 죽으신 것을 우리가 믿으면 영생을 얻습니다. 영생의 말씀과 함께 성령께서 우리 가운데 역사하여 예수님을 하나님의 거룩하신 자신 줄 알고 믿으며 섬기며 살아갈 수 있기를 소원합니다.

25. 예수님에 대한 사람들의 태도(7:1~13)

예수님은 유월절에 벳새다 언덕에서 오병이어로 이만 명을 먹이시는 표적을 행하시고 나서 가버나움 회당에서 제자들에게 하늘에서 내려온 생명의 떡에 대한 어려운 말씀을 가르치셨습니다. '그 후에' 유대인 당국자들의 적대감 때문에 예수님은 '유대 지역'을 피하여 '갈릴리'에서 계속해서 1년간 공생애 마지막 사역을 하셨습니다. 왜냐하면, 5장 18절에 나오는 대로 유대인 당국자들은 예수께서 안식일에 베데스다 못가에서 38년 된 중풍병자를 고쳐서 안식일을 범하고, 더 나아가 하나님을 자신의 친아버지라고 말하여 참람한 죄인이라고 정죄하여 죽이려고 했기 때문입니다. 예수님은 자신의 때가 아직 이르지 아니한 줄 아시고 위험한 '유대 지역'을 피하여 갈릴리에서 자신의 사역을 하셨습니다. 예수님은 자신의 때를 기다리시며 신중을 기하여 가급적 위험 요소도 줄이면서 갈릴리에서 조심스럽게 다니시며 일하셨습니다. 그런데 예수님의 형제들이 예수께 찾아와서 세상 사람들에게 놀라운 표적을 나타내시라고 충고했습니다. 그의 형제들은 헛된 욕망을 가지고 있어서 예수님에게 갈릴리를 떠나 예루살렘으로 올라가서 많은 사람들에게 드러나 보이게 놀라운 사역을 하라고 충고했습니다. 사도 요한은 예수님 형제들의 헛된 요청을 5절에서 그들이 예수님을 믿지 않는 불신앙에서 나온 것이라고 한마디로 정리해버렸습니다. 예수님은 이런 세속적인 명성과 영광에 전혀 관심이 없으셨고 오히려 하나님의 택한 백성들을 찾아 구원하시는 일에 집중하셨습니다. 예수님을 믿지 않았던 그의 형제들, 예수님을 좋은 사람이라고 조용하게 말했던 사람들, 예수님을 속이는 사람이라고 악하게 말했던 사람들의 예수님에 대한 태도가 본문에 나오는데 함께 살펴보며 은혜를 나누고자 합니다.

첫째로 그 형제들이 예수님을 믿지 않았습니다(1~5).

1~2절에서 "1. 그 후에 예수께서 갈릴리에서 다니시고 유대에서 다니려 아니하심은 유대인들이 죽이려 함이러라. 2. 유대인의 명절인 초막절이 가까운 지라."라고 예수께서는 초막절이 가까웠을 때 유대인 당국자들을 피하여 갈릴리 지역에 다니셨습니다. 예수께서 두 번째 유월절이 가까워져 왔을 때 많은 사람 앞에서 오병이어의 표적을 행하셨습니다.

초막절은 포도나무와 감람나무를 거두어들이는 추수기인 양력 10월이었기 때문에 오병이어의 표적을 행하신 지 시간상으로 약 육 개월이 지났습니다. 구약의 초막절은 곡식을 뿌리고 추수하여 거두는 것과 연관이 있는데 이 때 포도와 감람나무 열매를 거두었습니다. 초막절은 이스라엘 백성들의 가장 큰 절기로서 광야 40년간의 장막 생활에서 하나님의 은혜로 보호와 인도하심을 받은 것을 감사하는 절기였습니다. 많은 이스라엘 백성들이 예루살렘에 모여들었고, 그들은 7월 15일에서 21일까지 7일간 초막(장막)을 세워서 거했고, 예루살렘 거민들은 집 지붕에 초막을 지어서 거했는데 제8일에 성회로 함께 모였습니다. 초막절에 실로암 물을 긷는 의식과 성전 여인의 뜰에 등불을 켜는 의식이 아주 유명했는데, 예수님도 그 의식에 대해서 언급했습니다. 초막절이 가까이 다가왔을 때 예수님은 자신을 죽이려고 하는 유대 지역을 피하여 갈릴리에서 열두 제자들과 함께 조용하게 공생애 사역을 하고 계셨습니다.

본문에 언급되는 예수님의 형제들은 마리아와 요셉의 아들들로서 예수님의 동생들을 말합니다. 예수님의 동생들이 4절에서 "스스로 나타나기를 구하면서 묻혀서 일하는 사람이 없나니 이 일을 행하려 하거든 자신을 세상에 나타내소서' 하니"라고 한 것처럼 동생들은 예수께 유대의 많은 제자들 앞에서 표적을 행하고 말씀을 전하여 세상의 많은 사람에게 자신을 나타내라고 권면했습니다. 이 말은 예수님 동생들이 예수님께 초막절에 많은 사람들이 모이는 유대의 예루살렘에 가서 표적을 행하고 능력의 말씀을 전하여 더 많은 제자들을 얻고 그 복음이 더 잘 전파되게 하라고 요청한 것입니다. 종교지도자가 자신의 뜻을 펼치는 것이 이스라엘 민족의 최고 명절인 초막절에 모두 모이는 예루살렘만큼 좋은 기회가 없다면서 그 때 예루살렘에 올라가서 예수님의 주장을 많은 사람들 앞에서 드러내라고 동생들이 강하게 요청했습니다. 많은 주석가들은 그 동생들이 예수님이 갈릴리에서 행하시는 표적과 행사들을 유대에 있는 많은 사람 앞에서 자신을 공개적으로(parresia; public) 나타내어(phanerow; to manifest) 세상에 예수님의 이름을 알리고 영광을 날리며 살아가라고 예수님에게 간곡하게 요청한 것으로 말합니다. 사탄도 광야에서 예수님을 시험할 때 세상의 영광을 가지고 살아가라고 하면서 세상에 자신의 이름을 드러내고 살아가라고 유혹했습니다. 그러나 예수님은 사탄을 향하여 '주 너희 하나님을 시험하지 말라'라고 단호하게 물리치셨습니다. 오늘날도 많은 사람이 그리스도인에게 세상에서 자신의 이름을 날리는 유명인이 되어 소위 세상에서 출세하여 경제적인 풍요로움을 누리며 살아가라고 유혹합니다.

예수님은 세상의 영광을 구하려고 이 땅에 오신 분이 아니었습니다. 동생들은 예수님의 삶을 전혀 이해하지 못했습니다. 예수님은 자신이 창조한 세상에 왔음에도 세상은 예수님을 영접하지 않고 배척하였고, 예수님에게 속하지 아니한 유대인 당국자들이라는 세상을 요한복음은 상당히 부정적으로 기록했지만, 세상에는 하나님의 택한 백성들이 살고 있습니다. 예수님은 이렇게 부정적인 의미가 담긴 세상에 자신의 이름을 알리고, 영광을 드러내는 데 관심이 없었고, 오히려 세상에 사는 하나님의 백성들을 구원하는 데 관심이 있었습니다. 누가복음 19장 10절에서 "인자가 온 것은 잃어버린 자를 찾아 구원하려 함이니라."라고 분명하게 예수께서 이 세상에 오신 것은 하나님의 택한 백성들을 구원하시기 위함이라고 말씀하셨습니다. 예수님도 자신을 가장 극적으로 나타내야 할 곳이 예루살렘이고 그 시점도 가장 사람이 많이 모이는 절기 때라는 사실을 아셨지만, 예수님은 놀라운 표적들을 통하여 세상에 자신을 나타내기를 원했던 동생들의 요청과는 다르게 치욕의 십자가를 통하여 세상에 자신을 드러내셨습니다.

이러한 형제들의 태도는 5절에서 "이는 그 형제들까지도 예수를 믿지 아니함이러라."라고 하는데, 이는 사도 요한이 그 동생들이 예수님을 하나님의 아들 그리스도로 믿지 못하는 불신앙 때문에 예수께서 세상에서 자신의 이름을 드러내며 세상의 영광을 구하여 살아가라고 요청했다고 그들의 의도를 꿰뚫어 본 것입니다. 예수님의 동생들은 예수님이 행하신 여러 표적을 보고 또 예수께서 전하셨던 말씀을 듣고서도 그것들이 무엇을 의미하는지 제대로 알지 못했기 때문에 예수님을 믿지 못하여 형님인 예수님을 자신들의 구주로 믿고 따르지 못했습니다. 이 시점에서 사도 요한이 예수님의 동생들이 예수님을 믿지 못하는 불신앙 상태였다는 사실을 확인하면서 예수께서 부활 승천하신 후에 그들이 예수님의 제자가 된 사실을 전제하지 않았습니다.

적용 예수 그리스도를 믿지 못하는 불신앙을 가지고 세상에서 이름을 내어 유명해지고 소위 출세하는 삶을 살기보다는 우리는 예수님처럼 하나님의 뜻을 따라서 하나님의 영광을 위하여 살아갈 수 있기를 바랍니다.

둘째로 세상은 자신들을 악하다고 증언한 예수님을 미워합니다(6~9).

6절에서 "예수께서 이르시되 '내 때는 아직 이르지 아니하였거니와 너희 때는 늘 준비되어 있느니라.'"라고 하는데 이는 예수께서 자신이 예루살렘에 올라가서 십자가에 달려서 죽어야 할 때가 아직 이르지 아니하여 올라가는 것이 제한이 있지만 예수님의 동생들은 그 초막절에 그들이 원하는 때에 언제든지 예루살렘에 올라갈 수 있다는 의미입니다. 그 동생들이 예수께서 "내 때가 이르지 아니하였다"라는 말을 들었을 때 당황하지 않았지만 "너희 때는 늘 준비되어 있다"라는 말을 동생들이 들었을 때 분개했을 수 있습니다. 왜냐하면, 그

동생들은 하나님의 정하신 뜻에 상관이 없다는 것일 수도 있고, 그들이 하는 일이 하나님 앞에서 별 의미가 없다는 뜻으로 들릴 수 있기 때문입니다.

8~9절에서도 "8. 너희는 명절에 올라가라. 내 때가 아직 차지 못하였으니 나는 이 명절에 아직 올라가지 아니하노라. 9. 이 말씀을 하시고 갈릴리에 머물러 계시니라"라고 예수님이 인자로 들려서 십자가에 달려 죽어야 할 때가 아직 이르지 않아서 예루살렘에 올라가지 않고 갈릴리에 머물러 계신다는 뜻이었습니다. 예수께서 인자로 십자가에 달려 죽으셔야 할 때는 이 초막절 다음에 찾아오는 그다음 해 유월절이었기에 아직 여섯 달이나 남아 있어서 초막절에 자신이 예루살렘에 올라갈 때가 아직 이르지 아니하여 갈릴리에 계속해서 머무시겠다는 뜻보다는 하나님 아버지의 정하신 뜻에 따라서 예루살렘에 올라가신다는 뜻이었습니다. 예수님은 동생들에게 "너희는 명절에 올라가라"라고 하였는데 그들이 초막절을 지키기 위하여 원하는 때에 언제든지 예루살렘에 자유롭게 올라갈 수 있다는 뜻이었습니다. 예수님은 하나님의 정하신 여섯 달 후의 유월절에 하나님의 뜻대로 순종하여 십자가에 달려 죽으셔야 하는 때가 아직 이르지 아니했음을 분명하게 아셨습니다. 예수님은 실제로 이 초막절에 예루살렘에 올라갈 때가 아직 다가오지 않았다고 말씀하고 있습니다. 8절의 '올라가다'(anabaino; to go up or to ascend)는 뜻은 예수께서 인자의 들림이라는 십자가의 죽음을 통하여 아버지께로 올라간다는 뜻으로 사용되고 있기 때문에 (3:13; 6:62; 20:17) 본문에서도 올라간다는 것은 아버지께로 올라가신다는 의미가 내포되어 있다고 카슨(D. A. Carson) 교수는 해석합니다. 예수께서 그의 동생들에게 예루살렘에 올라가라고 말했을 때도 이 말을 사용하셨고, 디아스포라 유대인들이 명절에 예루살렘으로 여행하여 올라간다는 세속적인 의미로도 사용했지만, 예수께서 예루살렘으로 올라가신다는 것은 그의 십자가의 죽음을 통하여 아버지께로 올라가신다는 의미를 분명하게 담고 있습니다.

7절에서 "세상이 너희를 미워하지 아니하되 나를 미워하나니 이는 내가 세상의 일들을 악하다고 증언함이라."라고 예수님의 동생들은 세상에 속한 자들이었기 때문에 그들에게는 하나님에 의해서 정해진 때라는 것이 존재하지 않습니다. 예수님은 동생들이 세상에 속해 있고 세상은 자기 사람들을 사랑하기 때문에 '세상이 그들을 미워하지 않는다.'라고 말했습니다. 예수님은 세상에 속하여 있지 않았을 뿐만 아니라 '세상의 일들이 악하다고 증언하였기' 때문에 세상은 예수님을 미워했습니다. 그의 동생들이 예수님에게 세상에 자신을 나타내라고 충고한 것은 아주 잘못된 충고였다는 사실과 그 이유를 7절에서 분명하게 밝혔습니다. 세상은 하나님의 말씀을 듣지 못하고, 하나님의 말씀이 그들에게 들려도 깨닫지 못하고, 그들 앞에서 놀라운 표적을 행하시고 말씀을 선포하는 성육신하신 말씀이신 예수님을 알아보지 못했습니다. 세상은 하나님이 정하신 때와 아무런 상관이 없는 자들이기 때문에 자기 뜻대로 마음대로 행동합니다. 하나님의 정한 때를 무시하고 자기 뜻대로 행동하는 세상의 모든 일들은 하나님의 영원한 계획 속에서 보잘것없는 것들에 불과합니다.

적용　하나님의 정하신 때와 하나님의 정하신 뜻에 따라서 예수님처럼 순종하는 우리들이 될 수 있기를 바랍니다.

셋째로 사람들이 예수님을 좋은 사람 또는 속이는 사람이라고 말합니다(10~13).

10절에서 "그 형제들이 명절에 올라간 후에 자기도 올라가시되 나타내지 않고 은밀히 가시니라."라고 예수님은 우리가 알지 못하는 하나님 아버지의 지시에 따라서 십자가에 달려 못 박혀 죽으시기 전에 마지막으로 갈릴리를 떠나 예루살렘으로 올라가셨습니다. 예수님이 은밀히 조용하게 예루살렘에 가신 것은 그의 동생들이 사람들에게 자신을 나타내라는 충고와는 정반대로 나타내지 않고 조용하고 은밀하게 조심스럽게 예루살렘에 올라가기 위함이었습니다.

11절의 '유대인들'은 유대인 당국자들로서 그들이 예루살렘에서 얼마 전에 그들이 안식일을 범하고 참람한 자라고 그들이 정죄했던 예수님이었기 때문에 초막절에 적대적인 의도를 가지고 그를 찾고 있습니다. 유대인 당국자들은 예수님을 체포하여 더 이상 사람들을 미혹하지 못하도록 예루살렘에 붙잡아 두려고 했습니다.

12절의 '무리'는 갈릴리 사람들과 명절에 예루살렘에 모여든 디아스포라 유대인들로서 예수님에 대하여 좀 더 온건한 태도를 취했던 사람들입니다. 이 무리는 예수님에 대하여 호기심과 기대감을 솔직하게 드러내며 관심이 있으므로 예수님이 누구신지에 대한 견해도 서로 나누어져 있었습니다. 예수님은 좋은 사람이라고 말하는 사람들은 베데스다 연못가에서 38년 된 중풍병자를 치료하여 구원하신 소식과 오병이어의 기적으로 많은 사람을 먹이신 표적의 놀라운 소식도 듣고 예수님을 좋은 사람이라고 평가했습니다. 이들 가운데 니고데모와 나면서 시각장애인으로 태어났다가 예수님을 만나 눈을 뜬 청년은 예수님을 하나님의 아들 그리스도로 믿어서 예수님의 제자가 되었고, 오순절 후에 이들 가운데 개종자가 많이 나왔습니다. 그러나 예수님이 사람들을 속이고 미혹하는 자라고 매도한 자들은 그리스도를 십자가에 못 박으라고 소리쳤고, 수많은 그리스도인과 바울 사도를 죽이려던 복음에 적대적이었던 유대주의자들을 말합니다. 13절에서 이 무리들은 유대인 당국자들이 예수를 그리스도라고 시인하는 사람을 출교하였기 때문에(9:22) 그들을 무서워하여 예수님에 대하여 공개적으로 말하는 사람들조차 없었다고 했습니다. 예수님에 대한 유대인 당국자들의 반감은 예수님을 따르는 제자들과 예수님을 유대인들이 생각했던 것보다 더 중요한 인물로 여기고서 자신들의 대화의 소재로 삼는 사람에게까지 핍박을 일삼아서 공개적으로 말하는 것조차 두려워할 정도였습니다.

사랑하는 성도 여러분이여!

예수 그리스도에 대한 믿음이 없이 불신앙 가운데 살아가는 사람들은 세상에서 자기 이름을 날리며 유명해지고 소위 출세하는 데 관심이 많습니다. 예수님은 아버지의 정하신 뜻에 따라서 순종하여 아버지께서 자신에게 맡겨주신 하나님의 백성들을 구원하는 데 집중하셨습니다. 예수님은 자신의 이름을 나타내는 것이 아니라 자신의 십자가를 사람들에게 드러내서 사람들을 구원하시고자 하셨습니다. 하나님의 영광과 주님의 몸 된 교회를 위하여 살아가는 그리스도인들은 하나님의 정하신 일에 그대로 순종하여 살아가려고 합니다. 예수께서 행하신 수많은 표적과 그가 전하신 말씀을 듣고 예수 그리스도를 나의 주님으로 믿고 순종하며 살아갈 수 있기를 바랍니다.

26. 초막절에 성전에서 가르치신 예수님(7:14~24)

초막절은 이스라엘 백성의 가장 큰 명절로 그들이 7일간 예루살렘 성전 마당이나 지붕에 초막을 짓고서 거기에 머무르며 제사장들이나 레위인들이 읽어주는 하나님의 말씀을 듣고 하나님 경외하는 것을 배우는 절기입니다. 그런데 예수님 생애의 마지막 초막절 기간에 예루살렘 성전에서 하나님의 말씀을 성전에 모인 사람들에게 가르치는 제사장들이나 레위인들이 없었습니다. 예수께서 마지막 초막절 중간에 하나님의 지시하심을 따라 갈릴리에서 자신을 죽이려는 유대인들을 두려워하지 않고 예루살렘 성전으로 올라가셨습니다. 예수께서 바로 초막절에 성전에서 많은 사람들에게 하나님의 말씀을 가르치셨습니다. 예수님은 초막절에 성전에 모인 사람들에게 하나님의 말씀을 가르쳐야 한다는 사실을 제대로 알려주셨고, 하나님의 말씀을 가르치지 않는 유대인들을 부끄럽게 하였으며, 자신이 바로 하나님의 말씀을 가르치러 오셨다는 사실을 알려주셨습니다. 성전에 모인 유대인들은 예수님의 유창한 가르침에 놀랐습니다. 유대인들은 예수님이 어디에서 태어났는지 그리고 누구에게도 배운 적이 없다는 사실도 알고 있었는데, 예수님의 가르침에 전혀 막힘이 없이 유창한 데 대하여 놀랐습니다. 예수께서 6개월 전 유월절에 베데스다 연못가에서 38년 된 중풍 병자를 안식일에 고쳤을 때 유대인들은 예수님이 안식일을 범하고 하나님을 자신의 친아버지라고 하여 참람한 죄를 범하였다고 죽이려 했습니다. 예수님은 이제 마지막 초막절에 성전에서 유대인들이 보는 곳에서 많은 사람들에게 하나님의 말씀을 당당하게 가르치셨습니다. 초막절에 성전에서 말씀을 가르치신 예수님에 대하여 몇 가지로 살펴보면서 함께 은혜를 나누고자 합니다.

첫째로 예수께서 초막절에 성전에서 하나님의 말씀을 가르치셨습니다(14~16).

모세는 모압 평지에서 여호수아를 자신의 후계자로 세우고 제사장들과 장로들에게 매 칠 년 초막절에 온 백성들을 모아놓고 하나님의 말씀 특히 신명기의 말씀을 낭독하라고 지시했습니다. 초막절은 이스라엘 절기 중에서 가장 많은 제물이 드려지고, 가장 많은 사람들이 성전에 모이는 이스라엘 백성에게 가장 큰 명절입니다. 모세는 초막절에 예루살렘 성전에서 가장 많은 사람들이 모였을 때, 신명기 말씀을 백성들에게 읽어서 백성들이 하나님의 말씀을 듣고 하나님을 경외하기를 배우게 하라고 지시했습니다. 신명기 31장 10~13절에서 모세가 모압평지에서 한 설교의 마지막 결론에서 매 칠 년 마지막 해 즉 빚을 탕감해주는 해 초막절에 예배 처소에 모인 온 백성들에게 제사장들과 레위사람들은 하나님의 말씀을 낭독하여 이스라엘 백성들이 하나님의 말씀을 듣게 하라고 했습니다. 느헤미야 8장 17~18절에서 바벨론 포로에서 해방되어 귀향한 귀향민들이 초막절에 예루살렘 성전에 모여 하나님의 은혜로 출애굽하여 구원받았음과 바벨론에서 귀향하여 해방되었음을 감사하며 기쁨으로 명절을 지켰는데, 대학자 에스라는 첫날부터 마지막날까지 모인 모든 이스라엘 백성들에게 하나님의 말씀을 읽어주며 가르쳤습니다.

14절에서 "이미 명절의 중간이 되어 예수께서 성전에 올라가사 가르치시니"라고 예수께서 초막절 명절의 중간에 갈릴리에서 예루살렘 성전에 올라가서 성전 뜰에서 많은 사람들에게 하나님의 말씀을 가르치셨습니다. 초막절 중간에 예수께서 예루살렘 성전에 올라가셨다는 것은 그 동생들이 그에게 초막절에 예루살렘에 올라가라고 했던 명절의 첫날이 아니었다는 사실을 알려주며, 37절에서 초막절의 마지막 날에도 예수께서 예루살렘 성전에서 계속 가르치셨다는 사실을 알려줍니다. 예수께서 예루살렘 성전 뜰에서 가르치신 것은 자신을 감출 수 있는 좋은 장소가 아니었지만, 예수님은 하나님의 지시하심에 따라서 성전 뜰에서 가르치셨습니다. 초막절은 모세가 지시한 대로 이스라엘 백성들이 하나님의 말씀을 듣고 배우는 절호의 기회였습니다. 그런데 당시 이스라엘 백성들의 제사장들과 레위인들은 초막절에 성전에서 하나님의 말씀을 가르치는 사명을 전혀 감당하지 못하고 오히려 예수님을 죽이려는데 혈안이 되었습니다. 예수님은 이러한 유대인 당국자들을 전혀 두려워하지 않고 초막절에 예루살렘 성전에서 모세를 통한 하나님의 지시하심을 따라서 하나님의 말씀을 당당하게 성전 뜰에 모인 무리들에게 가르치셨습니다.

　15~16절에서 "15. 유대인들이 놀랍게 여겨 이르되 '이 사람은 배우지 아니하였거늘 어떻게 글을 아느냐?' 하니 16. 예수께서 대답하여 이르시되 '내 교훈은 내 것이 아니요 나를 보내신 이의 것이니라."라고 예수님의 가르침에 놀란 유대인 무리들이 예수님께 글을 어떻게 아느냐고 질문하자 이에 예수님은 자신의 교훈은 자신을 보내신 아버지의 말씀이라고 대답하셨습니다. 마태복음 7장 28~29절에서 "28. 예수께서 이 말씀을 마치시매 무리들이 그의 가르치심에 놀라니 29. 이는 그 가르치시는 것이 권위 있는 자와 같고 그들의 서기관들과 같지 아니함일러라."라고 갈릴리 사람들이 예수님의 권세 있는 가르침에 놀랐던 것같이 본문 15절에서 예루살렘의 유대인들도 예수님의 가르침에 놀랐습니다. 예루살렘의 유대인들은 예수께서 랍비들에게서 정식 교육을 받지 못했는데도 성경 말씀에 정통하여 구약성경을 자유자재로 인용하시고 놀랍게 해석한다는 사실에 놀랐습니다. 5장 19~20절에서 예수님은 하늘에서 하나님 아버지께서 행하신 것을 보고 말씀하신 것을 들으시고 이 땅에 오셔서 그대로 행하시고 말씀하셨다고 했습니다. 예수님이 가르치신 말씀은 하나님 아버지에게서 들은 말씀을 그대로 이 땅에 오셔서 선포하셨기 때문에 그의 말씀은 아버지의 말씀이었습니다. 예수님은 모세와 여러 선지자들이 오실 그리스도에 대하여 예언하신 말씀이 자신에게서 그대로 성취된 것을 아시고 그대로 자신이 그리스도라고 선포하였고, 거기다가 성령의 능력으로 하나님의 말씀을 선포하

셨으니 그 말씀은 놀라운 권세 있는 말씀일 수밖에 없었습니다. 구약의 선지자들은 "여호와께서 이와 같이 말씀하시기를"이라고 선언하면서 하나님의 말씀을 외쳤지만, 예수님은 "내가 진실로 진실로 너희에게 이르노니"라고 하나님과 한 분으로 계시는 분으로 놀라운 권위로 말씀을 선포하시고 표적을 행하셨습니다. 예수님은 하나님 아버지께 무조건 순종하셨고, 아버지께서 행하시고 말씀하신 모든 것을 다 그대로 행하시고 말씀하셨습니다. 예수께서 38년 중풍 병자를 향하여 "일어나 네 자리를 들고 걸어가라"고 말씀하셨을 때 중풍 병자가 바로 일어나 걸어갔고, 죽어 장사지낸 지 나흘이나 지난 나사로를 향하여 "나사로야 나오라."고 말씀하셨을 때 죽은 나사로가 살아나오는 기적이 일어났습니다. 3장 14~15절에서 "14. 모세가 광야에서 뱀을 든 것 같이 인자도 들려야 하리니 15. 이는 그를 믿는 자마다 영생을 얻게 하려 하심이니라."라고 자신의 들림을 믿는 자가 영생을 얻는다고 말씀하셨고, 4장 24절에서 "하나님은 영이시니 예배하는 자가 영과 진리로 예배할지니라."라고 영과 진리로 하나님을 예배하라고 말씀하셨고, 5장 24절에서 "내가 진실로 진실로 너희에게 이르노니 내 말을 듣고 또 나 보내신 이를 믿는 자는 영생을 얻었고 심판에 이르지 아니하나니 사망에서 생명으로 옮겼느니라."라고 자신을 보내신 하나님 아버지를 믿는 사람이 영생을 얻는다는 놀라운 영생의 말씀들을 선포하셨습니다.

적용 우리는 예수님의 말씀을 하나님의 말씀으로 듣고 그 말씀대로 살아가는 영생의 삶을 살 수 있기를 바랍니다.

둘째로 사람이 하나님의 뜻을 행하려 하면 하나님의 말씀을 들어야 안다고 했습니다 (17~18).

17절에서 "사람이 하나님의 뜻을 행하려 하면 이 교훈이 하나님께로부터 왔는지 내가 스스로 말함인지 알리라."라고 사람이 하나님의 뜻을 행하려는 마음으로 하나님의 말씀을 들어야 하나님의 말씀을 안다는 뜻이었습니다. 예수님은 사람이 "하나님의 뜻을 행하려고 하면"서 예수님의 말씀을 들어야 하나님의 말씀인지 알 수 있다고 했습니다. 예수께서 가르치신 말씀이 하나님의 말씀인지 알기 위해서는 예수님의 말씀에 순종하려는 헌신적인 자세가 있어야 합니다. 다시 말해서 하나님의 말씀대로 순종하고자 하는 헌신된 자세로 하나님의 말씀을 들어야 그 말씀을 하나님의 말씀으로 알 수 있습니다. 하나님의 말씀에 순종하고자 하는 마음으로 들을 때 하나님은 그 사람의 눈을 열어주셔서 그 말씀을 하나님의 말씀으로 알게 하시는 놀라운 지식을 주십니다. 하나님의 뜻을 우리가 안다는 것은 참으로 어렵고 주관적인 경우가 많습니다. 우리가 하나님의 말씀에 순종하려는 헌신된 자세로 하나님의 말씀을 들을 때 우리가 하나님의 뜻을 알게 되고 하나님의 말씀도 알게 된다는 것입니다. 유대인들은 예수님의 말씀에 순종하려는 마음이 없었습니다. 유대인들은 예수께서 전하시는 말씀에 순종하려는 믿음도 없었습니다. 그들은 예수께서 가르치신 말씀을 배척하고 그에게 대적하려고 했습니다. 예수님의 말씀에 그대로 순종한 38년 중풍병자는 중풍병을 고치고 일어나 걸었고, 나면서부터 시각장애인이었던 청년도 예수님의 말씀에 순종하여 눈을 뜨고 유대인들에게 자신을 치료해주신 예수님을 증거하다가 출교당했으나 예수님을 인자로 믿어 구원을 받았습니다. 우리는 예수께서 가르치신 말씀을 하나님의 말씀으로 알고 그 말씀에 그대로 순종하여 살아가야 합니다.

18절에서 "스스로 말하는 자는 자기 영광만 구하되 보내신 이의 영광을 구하는 자는 참되니 그 속에 불의가 없느니라."라고 하여 가르치는 자의 참과 불의의 기준을 말씀하셨습니다. 하나님께서 주신 말씀이 아니라 자신의 말을 전하며 자신의 영광을 구하는 사람들은 거짓 선지자들입니다. 예수님을 대적한 유대인 당국자들에 대하여 5장 44절의 "너희가 서로 영광을 취하고 유일하신 하나님께로부터 오는 영광은 구하지 아니하니 어찌 나를 믿을 수 있느냐?"라는 말씀처럼 유대인 당국자들은 서로 자신의 영광을 구하는 자들이었기 때문에 예수님을 믿을 수가 없었습니다. 예레미야 선지자는 바벨론의 느부갓네살에게 항복하면 산다고 하나님의 말씀을 전하였지만, 유다의 왕은 바벨론 왕을 대적하여 싸우라는 거짓 선지자들의 예언을 믿고 따랐다가 비참한 예루살렘의 멸망을 가져왔습니다. 자신의 말을 하나님의 말씀이라고 전하는 사람들은 거짓 선지자들이고, 종교 사기꾼이고, 이단의 교주들입니다. 예수님은 하나님의 말씀을 전하셨고 아버지의 뜻을 이루기 위하여 전적으로 헌신하셨습니다. 예수님은 자신을 이 땅에 보내신 하나님 아버지의 말씀만을 전하고 그 아버지를 증거하고 그 아버지의 영광을 구하며 사셨습니다. 그래서 예수님은 참되시고 그 속에 불의가 전혀 없어서 우리는 그를 전적으로 신뢰할 수 있습니다.

적용 우리는 하나님의 말씀에 순종하려는 헌신된 믿음으로 말씀을 듣고 그대로 순종하여 하나님의 말씀대로 살아서 하나님의 영광을 크게 드러낼 수 있기를 바랍니다.

셋째로 예수께서 안식일에 사람을 고쳐주신 일은 옳은 일이었습니다(19~24).

19절에서 "모세가 너희에게 율법을 주지 아니하였느냐? 너희 중에 율법을 지키는 자가 없도다. 너희가 어찌하여 나를 죽이려 하느냐?"라고 유대인들은 존경하는 모세로부터 받은 율법을 소유하고 있었지만, 예수님은 그들 중에 율법을 지키는 자가 없다고 단적으로 지적했습니다. 그 이유가 유대인들이 예수님을 미워하여 죽이고자 하는 증오심이 있다는 것이었습니다. "너희가 어찌하여 나를 죽이려 하느냐?"라는 예수님의 말씀은 유대인 당국자들을 향하여 하신 말씀이었습니다. 예수님을 죽이고자 하는 유대인 당국자들의 시도(5:18, 7:1)는 무죄한 자를 죽이고자 하는 계획적인 살인에 해당하는 것이기 때문에 "살인하지 말라"는 율법의 제6계명을 어겼다는 것이고, 안식일에 할례를 행하여 제4계명인 안식일을 범했다는 것입니다. 성전에서 예수님의 말씀을 들었던 많은 사람들은 그때까지 유대인 당국자들의 악한 의도를 잘 몰랐고, 안식일에 할례를 행하는 것은 율법을 지키는 것이라고 믿었기 때문에 예수님을 향하여 즉각 반발하여 "당신은 귀신이 들렸도다. 누가 당신을 죽이려 하나이까?"라고 소리쳤던 것입니다. 이 무리들은 예수님이 과대망상에 사로잡혀 헛소리하고 있다고 생각했습니다.

예수님은 23절에서 6개월 전 유월절에 예루살렘에 와서 베데스다 연못가의 38년 된 중풍 병자를 안식일에 고쳐주신 일을 다시 상기하면서 안식일 문제를 제기했습니다. 예수께서 불치병 환자를 고쳐주신 일로 사람들에게 칭송을 받아야 했음에도 유대인들로부터 안식일을 범하였다고 책망받았습니다. 예수님은 아버지께서 일하시니 나도 일한다고 하면서 하나님을 자신의 친아버지라 불러서 유대인들로부터 참람한 죄를 지었다고 미움을 받았습니다. 유대인들은 안식일을 지키는 것이 모세에 의해서 율법으로 주어졌고, 할례는 아브라함에게서 시작되어 언약 백성의 아들은 태어난 지 8일 만에 할례를 행했는데 할례 의식이 안식일 율법보다 더 선행되었기 때문에 할례 의식을 안식일을 지키는 것보다 더 우위에 두었습니다. 안식일에 태어난 아들은 그다음 안식일에 할례를 행했으나 안식일을 범한 죄로 여기지 않았습니다. 유대인들은 할례에 대한 율법을 어기지 않기 위하여 안식일에 할례를 행하여 안식일을 범하면서도 정당하다고 생각했습니다. 예수님은 할례를 온전하게 하는 의식으로 보고서 육신의 한 부분을 온전하게 하기 위하여 제8일이 안식일이라 할지라도 할례를 행하는 것이 정당한 일이라면 "전신을 건전하게" 고쳐주신 불치의 환자를 살리는 일을 안식일에 한 것이 어떻게 불법이 되겠느냐고 반문했습니다. 예수님은 할례를 육신의 한 부분을 온전하게 하는 것이고, 불치병 환자를 고치는 것을 전신이 온전하게 하는 것으로 서로 연결해서 설명하면서 일부를 온전하게 하는 할례보다도 온몸을 온전하게 하는 치유를 더 중요시했습니다. 안식일에 할례를 행하는 것을 할 수 있다면 안식일에 전신을 온전하게 하는 치유도 할 수 있다고 예수께서 말씀하셨습니다.

24절에서 유대인 당국자들은 예수님을 흠모할 것이 없는 '외모'나 '외적인 조건들' 즉 나사렛 사람이나 갈릴리 사람 등을 가지고 판단하고 있었는데 예수님은 하나님의 말씀의 잣대를 가지고 공의롭게 판단하라고 말씀했습니다. 예수님은 바로 모세가 예언한 그 선지자이시고, 이사야 선지자가 예언한 고난 받는 종으로 우리를 죄에서 구원하러 오신 하나님의 아들과 인자로 믿어야 합니다. 예수님의 말씀을 들은 무리들은 하나님의 뜻에 순종하려는 믿음을 가지고 말씀을 들어서 예수님이 안식일을 범한 분이 아니라, 안식일과 할례의 참된 목적을 성취하러 오신 분으로 믿어야 했습니다.

사랑하는 성도 여러분이여!

예수께서 가르치신 말씀은 하나님의 말씀입니다. 하나님의 뜻에 순종하려는 헌신된 마음과 믿음으로 하나님의 말씀을 들어야 하나님의 말씀이 우리 귀에 들어오고 믿어지고 알게 되는 기적이 일어납니다. 우리는 하나님의 말씀대로 살아서 하나님의 영광을 높이 드러내야 합니다. 예수님은 하나님의 말씀을 온전하게 성취하여 우리를 구원하러 오신 구세주이시고, 우리를 날마다 주장하고 다스리시는 우리의 주님이십니다. 예수께서 가르쳐주신 말씀을 하나님의 말씀으로 듣고 배워서 하나님의 뜻대로 잘 살아가며 하나님의 영광을 더 높이 드러내며 살아갈 수 있기를 바랍니다.

27. 예수님을 그리스도로 믿어야(7:25~36)

예수님은 초막절 중간에 예루살렘 성전에 올라가셔서 하나님 아버지의 말씀을 가지고 놀랍게 가르치셨는데 예루살렘 거주 유대인들은 유대인 당국자들이 예수님을 그리스도라고 결론을 내린 것이라고 충동질했습니다. 성전 뜰에 모인 예루살렘 거주 유대인들은 유대인 당국자들이 잡고자 하는 사람이 바로 예수님이심을 알았습니다. 성전의 뜰에서 예수께서 하나님 아버지의 말씀을 외쳤을 때 유대인 당국자들과 예루살렘 거주 유대인들은 예수님을 대적했지만, 시골에서 온 많은 유대인들이 예수님을 믿었습니다. 많은 유대인들이 성전에서 예수님의 이름을 입에 담아 수군거리고 예수님을 믿는 사람들이 많아졌다는 소식을 듣고 유대인 당국자들은 예수님에 대한 체포영장을 성전 경비대에게 발부하여 예수님을 체포하도록 사주했습니다. 그런데 그들도 예수님의 말씀을 듣고 감동을 받아 예수님의 편에서 보고를 했습니다. 유대인 당국자들의 체포영장 발부 소식에 예수님은 자신이 하나님 아버지께로 조금 후에 돌아가신다고 말씀하셨습니다. 예수님은 자신을 이 땅에 보내신 하나님 아버지에게로 조금 후에 돌아가며 자신을 찾아도 도무지 만날 수 없다는 신비로운 말씀을 했으나 유대인들은 전혀 이해하지 못했습니다. 본문에서 예수님을 그리스도로 믿어야 한다는 말씀을 들으면서 함께 은혜를 나누고자 합니다.

첫째로 예수님은 아버지로부터 보내심을 받아 오셨습니다(25~29).

25~26절에서 "25. 예루살렘 사람 중에서 어떤 사람이 말하되 '이는 그들이

죽이고자 하는 그 사람이 아니냐? 26. 보라, 드러나게 말하되 그들이 아무 말도 아니하는도다. 당국자들은 이 사람을 참으로 그리스도인 줄 알았는가?"라고 예루살렘 거주 유대인들은 성전 뜰에서 공개적으로 말씀을 유창하게 외치시는 예수님에 대하여 유대인 당국자들을 교활하게 자극하는 질문을 던졌습니다. 성전 뜰에 모인 예루살렘 거주 유대인들은 예수님이 바로 유대인 당국자들이 죽이고자 하여 찾고 있는 그 사람이 아니냐고 서로 물으며 유대인 당국자들이 예수님을 체포하도록 자극했습니다. 초막절을 지키려고 시골에서 예루살렘에 올라온 유대인들은 유대인 당국자들이 예수님을 죽이려는 음모를 전혀 알지 못하고서 "누가 당신을 죽이려고 합니까?"(20)라고 예수님께 물었습니다. 예루살렘 거주 유대인들은 유대인 당국자들의 예수님을 죽이려는 음모를 알고 있었고 오히려 유대인 당국자들이 그 계획을 실행하도록 그들을 교묘하게 충동했습니다. "이 사람은 유대인 당국자들이 죽이려고 하는 그 사람이 아닌가? 왜 그 계획을 실행하지 않는가? 이 사람은 성전 뜰에서 공개적으로 당당하게 말하는데 유대인 당국자들은 아무 답변도 못한다. 그들도 이 사람을 참으로 그리스도인 줄 알고 있는 것이 아닌가!"(26) 예루살렘 거주 유대인들은 유대인 당국자들이 예수님에 대하여 그동안 수집한 여러 증거를 통하여 자기들끼리 예수님을 진짜 그리스도라고 결론을 내렸을 것이라고 그들의 말로 의견을 정리했습니다. 유대인 당국자들이 예루살렘의 유대인들로부터 모욕적인 말을 듣고서도 예수님을 체포하지 않는 것은 사실 아직 그의 때가 이르지 않아 예수님에게 손을 대지 못하게 하나님께서 막으셨기 때문이었습니다.

현대인의 성경 27절에서 "그러나 그리스도가 오실 때는 어디서 오실지 아무도 모른다고 했는데 우리는 이 사람이 난 곳을 알고 있지 않은가?"라고 예루살렘 거주 유대인들은 유대인 당국자들이 예수님을 그리스도라고 결론을 내렸어도 그들은 자신들의 편견 때문에 그리스도라고 믿을 수 없다는 반감을 드러냈습니다. 왜냐하면, 예루살렘 거주 유대인들은 그들은 그리스도가 오실 때에 그가 어디서 오는지 아는 사람이 없다고 했는데 자신들은 예수님이 어디서 왔는지 안다고 했습니다. 그들은 예수님이 단순히 나사렛 목수의 아들로 태어났고, 그의 가족들은 지금 가버나움에 살고 있고, 그가 한동안 순회 전도를 해온 것도 알았습니다. 그러나 예수님은 미가 선지자의 예언처럼 유대 땅 베들레헴에서 나셨고(미 5:2), 나사렛에서 자라셨는데 유대인들은 그의 출생지가 나사렛이라고 왜곡하고 무시했습니다. 예루살렘 거주 유대인들은 예수님을 겉으로만 보고 판단했기 때문에 예수님을 제대로 알지 못한 불행한 사람들이었습니다. 실제로 예루살렘 거주 유대인들은 예수께서 말씀이신 하나님이 육신이 되신 분이시고, 성령으로 처녀인 마리아에게 잉태하여 나신 하나님의 아들이시며, 아브라함과 다윗의 후손으로 나신다는 약속대로 베들레헴에서 나신 분이심을 전혀 알지 못했습니다. 예루살렘 거주 유대인들이 "우리는 이 사람이 어디서 왔는지 아노라"고 말했지만, 그것은 단순한 외적인 일부분을 아는 것이었고, 하나님의 아들이신 예수님이 어디서 나셨고 누구에게 의해서 보내심을 받았는지 전혀 알지 못했습니다.

현대인의 성경 28~29절에서 "28. 그때 성전에서 가르치고 계시던 예수님이 큰 소리로 말씀하셨다. '그렇다. 너희는 나를 알고 또 내가 어디서 온 것도 알고 있다. 그러나 나는 내 마음대로 온 것이 아니다. 나를 보내신 분이 따로 계신다. 그분은 참되신 분이시다. 너희는 그분을 모르지만 29. 나는 알고 있다. 이 것은 내가 그분에게서 왔고 그분은 나를 보내셨기 때문이다."라고 예수님은 크게 외치며 자신은 하나님의 보냄을 받고 오셨다고 말씀했습니다. 예수님은 편견에 사로잡힌 예루살렘 거주 유대인들에게 들을 수 있는 귀를 가지고 제대로 들으라고 말씀하셨습니다. 그들은 예수님을 단순히 나사렛 목수의 아들이라고 외적으로만 알았지, 그 이상은 모르고 있다는 사실을 예루살렘 거주 유대인들에게 알리셨습니다. 예수님은 자신의 마음대로 온 것이 아니고, 아버지께서 자신을 보내셨다고 두 번이나 말씀하셨습니다. 예수님은 자신이 아버지에게서 나셨다는 사실 즉 하나님의 아들이시라는 놀라운 사실도 말씀하셨습니다. 예수님은 하나님을 알고 있는데 그 하나님이 자신을 보내서 왔기 때문이라고 말씀했습니다. 자신을 보내신 아버지는 참되시다는 말씀은 신실하시다는 것이 아니라 실재하신다는 뜻이라고 카슨(D. A. Carson) 교수는 해석했습니다. 예수님의 말씀의 요지는 하나님이 존재하신다는 것이 아니라, 자신을 보내신 분이신 하나님이 진짜로 계시다는 것이고, 자신을 보내신 하나님은 진짜 하나님이시라는 것입니다. 예루살렘 거주 유대인들이 하나님께서 보내신 예수님을 알지 못한다면, 그들은 율법을 진정으로 이해하지 못한 것이고, 율법을 그들에게 주신 하나님을 알지 못한다는 것입니다. 왜냐하면, 예루살렘 거주 유대인들이 하나님을 진정으로 알았다면, 하나님이 보내신 하나님의 아들 예수님을 배척하였을 리가 없기 때문입니다. 예수님이 누구신지를 아는 사람은 진정으로 하나님을 아는 사람인 반면에, 예수님이 누구신지 알지 못하는 사람은 하나님을 알지 못하는 사람입니다. 참 하나님을 아는 사람은 하나님이 보내신 예수님을 알고 믿는다고 했습니다.

적용 우리는 예수님을 하나님 아버지께서 보내신 그리스도로 믿고 섬기시길 바랍니다.

둘째로 예수님을 그리스도로 믿어야 제대로 믿는 것입니다(30~31).

30절에서 "그들이 예수를 잡고자 하나 손을 대는 자가 없으니 이는 그의 때가 아직 이르지 아니하였음이러라."라고 진리를 성전에서 위험한 가운데서도 공개적으로 말씀하시는 예수님을 유대인 당국자들이 붙잡을 좋은 기회였지만, 아직 손을 대는 자가 없었습니다. 그것은 아직 예수님을 붙잡을 때가 이르지 않았기 때문이라고 본문이 말씀했습니다. 예수님이 하나님께로 돌아가야 할 때가 아직 이르지 아니한 줄 아시고 예수께서 하나님의 뜻을 이루시도록 더나아가 유대인들이 예수님을 붙잡지 못하도록 하나님께서 지키고 계셨습니다. 예수께서 성전 뜰에서 유대인 당국자들의 체포영장 집행에서 어떻게 벗어나셨는지에 대하여 말씀하고 있지 않습니다. 단지 예수께서 유대인들에게 붙잡혀 죽으셔야 할 때가 이르지 않았다고 했습니다.

31절에서 "무리 중의 많은 사람이 예수를 믿고 말하되 '그리스도께서 오실지라도 그 행하실 표적이 이 사람이 행한 것보다 더 많으랴?' 하니"라고 성전에서 예수께서 외치시는 말씀을 들은 많은 군중들 가운데 많은 사람이 예수님을 믿었다고 했습니다. 예루살렘 거주 유대인들과 유대인 당국자들은 예수님의 말씀을 듣고서 오히려 예수님을 죽이려고 하면서 편견으로 대적했으나, 시골에서 초막절을 지키려고 온 많은 사람들은 예수님을 믿었다고 했습니다. 많은 사람들을 예수님의 복음을 듣고 믿음으로 이끈 원인은 예수께서 행하신 표적 때문이라고 했습니다. 이사야 선지자는 그리스도가 오시면 시각장애인이 눈을 뜨고, 청각장애인이 듣게 되고, 다리지체 장애인이 뛰어 걷고, 언어장애인이 노래하게 될 것이고, 광야에서 물이 솟고, 사막에서 시내가 흐르게 되는 기적이 일어날 것이라(사 35:5~6)고 예언했는데 예수께서 오셔서 바로 이러한 놀라운 표적을 행하여 많은 사람이 그것을 보고 믿었습니다. 예수님은 하나님 외에는 행하실 수 없는 자연을 다스리는 권세까지도 행하셨고, 죽은 자를 살리시고 생명을 주시는 놀라운 능력도 행하셨습니다. 예수께서 행하신 표적을 보고 믿음에 이르는 방법은 좋은 믿음의 길이라고 보기는 어렵습니다.

로마서 10장 17절, "그러므로 믿음은 들음에서 나며 들음은 그리스도의 말씀으로 말미암았느니라."는 구절처럼 말씀과 함께 성령의 역사로 믿는 것이 좋은 믿음의 길입니다. 그런데 많은 무리는 예수님을 적극적으로 그리스도라고 고백하여 믿음으로 따르지 않고, 단지 "그리스도가 오시더라도 그가 행하실 표적이 이 사람이 행한 것보다 많겠는가?"라고 말하는 연약한 믿음을 드러냈습니다. 그들은 그들이 기대하던 메시아가 오신다고 하더라고 그의 신적인 능력이 예수님의 능력보다 크지 않을 것이라는 연약한 믿음을 드러냈지만, 예수님은 연약한 믿음도 귀하게 여기셨습니다. 복음 전파의 현장에서 복음을 듣지 않고 오히려 대적하는 사람들이 있지만, 복음을 듣고 믿는 사람들도 많습니다. 마가복음 16장 15~16절에서 "15. 또 이르시되 '너희는 온 천하에 다니며 만민에게 복음을 전파하라. 16. 믿고 세례를 받는 사람은 구원을 얻을 것이요, 믿지 않는 사람은 정죄를 받으리라."라고 우리들의 복음 전도에 믿지 않고 정죄 받는 사람이 나오지만, 믿어 구원 얻게 되는 사람도 생겨난다고 했습니다.

적용 우리는 사람들이 예수 그리스도를 믿는 믿음에 이르도록 복음을 계속 전파할 수 있기를 바랍니다.

셋째로 예수님은 자신을 보내신 아버지께로 가실 것을 말씀하셨습니다(32~36).

32절에서 "예수에 대하여 무리가 수군거리는 것이 바리새인들에게 들린지라. 대제사장들과 바리새인들이 그를 잡으려고 아랫사람들을 보내니"라고 성전 뜰에서 예수님의 말씀을 들었던 군중들 가운데 많은 사람이 예수님을 믿었다는 소문과 백성들 사이에 예수님의 말씀을 듣고 예수님의 이름을 입에 담아 수군거린다는 소식을 들은 대제사장들과 바리새인들은 분노하여 예수님을 잡으라는 체포영장을 성전 경비병들에게 주어 성전으로 보냈습니다. 유대인 당국자들은 예수님의 말씀을 들은 많은 유대인이 예수님의 이름을 그들의 입에 담아 말하고 믿고 존경하는 것 때문에 자신들의 권위가 떨어진 것이라고 염려하여 더 긴장했습니다. 그런데 그 경비병들이 성전에서 예수님의 말씀을 듣고 오히려 크게 감동되어 전혀 예수님에게 손을 대지도 못하고 돌아갔습니다. 46절에 보면 성전 경비병들이 성전에 가서 예수님의 말씀을 듣고 유대인 당국자들에게로 돌아가 보고하는 내용은 오히려 예수님의 편을 들어서 예수님의 말씀이 권세가 있고 놀라웠다고 보고하여 유대인 당국자들을 당황하게 했습니다.

33~34절에서 "33. 예수께서 이르시되 '내가 너희와 함께 조금 더 있다가 나를 보내신 이에게로 돌아가겠노라. 34. 너희가 나를 찾아도 만나지 못할 터이요 나 있는 곳에 오지도 못하리라.' 하시니"라고 예수님은 유대인 당국자들에 의해서 자신을 체포하라는 체포영장이 성전 경비대에게 발부되었다는 사실을 알고서 자신이 조금 후에 떠나가야 할 때가 임박한 것을 말씀했습니다. 예수께

서 자신을 보내신 이에게 돌아가는 수단인 십자가에 못 박혀 죽으실 때가 얼마 남지 않았다는 사실을 말씀했습니다. 이것은 하나님 아버지께서 자신에게 이미 정해 놓으신 일정이었고, 예수님은 그 때가 얼마 남지 않았다는 것을 아셨습니다. 예수님에게 있어서 죽음은 인생의 종말이 아니었고, 자신을 보내신 아버지께로 돌아가는 것이었습니다(17:5). 우리들도 예수님처럼 우리의 죽음을 비참한 인생의 종말이 아니라 영광의 하나님 아버지께로 돌아가는 것으로 알고 기대하며 기쁨으로 당당하게 준비하여 맞이할 수 있다면 죽음도 우리에겐 놀라운 축복이 될 것입니다.

35~36절에서 예루살렘 거주 유대인들은 예수께서 자신을 보내신 아버지께로 돌아가고 유대인들은 예수님을 찾아도 더는 만나지 못할 것이라는 말씀을 제대로 오해했습니다. 여기서 '너희는' 예수님을 적극적으로 반대했던 유대인들을 말하는데 그들은 예수님의 출신지와 활동무대에 대하여 다 알고 있었기 때문에 예수께서 어디로 가든지 마음만 먹으면 다 찾을 수 있다고 생각했습니다. 예수께서 그들이 찾지 못할 곳으로 간다는 것은 불가능하다고 생각했습니다. 예루살렘 거주 유대인들이 예수께서 하셨던 말씀에 대한 가장 유력한 해석은 예수께서 "헬라인 중에 흩어져 사는 자들에게로 가서 헬라인들을 가르치고자 한다."는 것이었습니다. 이것은 예수께서 디아스포라 유대인들에게 가서 헬라어를 사용하는 유대인들을 가르치고자 한다는 의미인지, 아니면 헬라어를 사용하는 헬라인들 즉 이방인들을 가르치고자 한다는 의미인지 불분명합니다. 유대인들은 예수께서 헬라어를 사용하는 이방인 개종자들에게 가서 가르치는 것으로 이해했을 가능성이 있다는 것입니다. 요한복음을 기록한 목적이 디아스포라 유대인들과 헬라어를 사용하는 개종자들에게 복음을 전할 의도로 기록됐다는 것과 서로 의미가 상통하기도 합니다.

사랑하는 성도 여러분이여!

예수님은 하나님 아버지께서 보내신 하나님의 아들 그리스도이십니다. 복음의 말씀을 듣고 대적하지 말고 예수님을 하나님께서 보내시고 하나님에게서 나신 하나님의 아들 그리스도로 믿을 수 있기를 바랍니다. 예수님은 유대인 당국자들이 자신을 붙잡아 죽이려고 체포영장을 발부한 위험한 상황에서도 하나님 아버지께로 돌아가신다는 놀라운 말씀을 하시며 자신의 십자가의 죽음을 준비하셨습니다. 우리는 죽음까지도 믿음으로 뛰어넘어서 하나님 아버지께서 보내신 예수님을 하나님의 아들 그리스도로 믿어서 영생을 누리시길 바랍니다.

28. 성령을 약속하신 예수님(7:37~44)

예수께서 승천하신 후 마가의 다락방에서 성령을 사모하며 기도하던 120명의 제자들에게 오순절에 성령이 충만하게 강림했습니다. 1903년 원산과 1907년 평양에서 하나님의 말씀을 듣고 회개하며 기도하던 성도들에게 성령이 충만하게 임했습니다. 1973년 여의도광장 빌리 그레함 전도집회에서 하룻밤에 백만 명이 모여 말씀을 듣던 성도들에게 성령이 충만하게 임했고, 저는 그때 찬양대원이었습니다. 1974년 여의도의 엑스플로 74대회에 성령이 충만하게 임하여 10만 명의 젊은이들이 선교사로 자원하는 서원이 있었습니다. 제가 고등학교 1학년 겨울방학 때 우리 교회의 학생부흥회에 강사로 김진택 목사님(당시 왕십리교회 부목사)께서 오셔서 말씀을 전하셨는데, 금요일 밤 마지막 설교에 큰 은혜를 받았는데 당시 고등부 담당 문경환 전도사님(뉴욕에서 목회하시다 소천)이 설교 후에 제 머리에 손을 얹고 안수하여 간절히 기도해 주었는데 성령이 충만하게 임했습니다. 신대원 1학년 때 차영배 교수님에게서 웨스트민스터 신앙고백의 삼위일체 하나님을 배우면서 심령이 뜨거워졌고, 미국 유학 중에 구약신학을 강의하며 하나님과 하나님의 약속을 중심으로 신구약 성경을 꿰뚫으시던 월터 카이저 주니어(Walter C. Kaiser, Jr.) 교수의 강의와 요한복음 강해설교 강의에서 긴 본문으로 강해설교를 가르치셨던 카슨(D. A. Carson) 교수가 신구약 성경의 최고의 복음 구절을 요한복음 17장 3절이라고 두 분이 약속이라도 하듯이 정리해주셨을 때 제 심령은 다시 뜨거워졌습니다.

예수께서 초막절 중간에 성전 뜰에서 말씀을 외치고 있었을 때 유대인 당국자들에 의해서 자신을 체포하라는 체포영장이 발부되었다(32)는 소식을 듣고 자신은 아버지께로 돌아가겠다고 하시며 자신을 죽이려는 자들이 올 수 없는 곳으로 가신다(33~36)고 말씀하셨습니다. 그 후에 초막절 7일간의 행사가 끝나고 마지막 여덟째 날 곧 큰 날 성회의 날에 예수께서 성전 뜰에서 다시 크게 말씀을 외쳤습니다. "누구든지 목마르거든 내게로 와서 마시라"고 목마름의 갈증을 가진 사람은 누구든지 자신에게 와서 물을 마시라는 복음 초청의 말씀을 외쳤습니다. 이 말씀은 물 붓는 의식으로 잘 알려진 초막절 행사와 잘 어울리는 말씀이었습니다. 그것은 영혼이 갈급한 사람이 예수님께 와서 예수님을 그리스도로 믿을 때 예수께서 그의 배에서 생수가 흘러넘치는 것 같이 그에게 성령을 충만하게 부어주시겠다는 약속의 말씀이었습니다. 예수님은 영혼의 갈증을 느끼며 자신에게 나아와 자신을 그리스도로 믿는 제자들에게 주실 성령에 대하여 말씀하셨습니다. 성령이라는 주제는 14~16장 예수님의 고별설교에 나오는 말씀입니다. 더 나아가 초막절에 매일 아침 실로암 못에서 물을 떠다가 성전에 물을 부어 드린 의식을 행했는데 이것은 첫째, 하나님께서 추수할 수 있도록 비를 충분히 내려주신다는 것, 둘째, 초막절 마지막 날 잔치의 마지막 날에 기쁨을 주신다는 것, 셋째, 마지막 날에 예수께서 성령을 부어주신다는 약속과 연관되어 있었습니다. 우리 영혼의 갈증을 가지고 예수님께 나아가 예수님을 그리스도로 믿는 사람들에게 예수께서 성령을 부어주신다는 약속의 말씀을 들으면서 함께 은혜를 나누고자 합니다.

첫째로 예수께서 그를 믿는 자들에게 성령을 약속하셨습니다(37~39).

37절에서 "명절 끝날 곧 큰 날에 예수께서 서서 외쳐 이르시되 '누구든지 목마르거든 내게로 와서 마시라.'"라고 말씀하셨습니다. 37절에서 명절 끝날은 초막절의 마지막 여덟째 큰 날로서 사람들은 초막절 칠 일간 생활하던 자기의 초막을 거두고 성회로 모이고 기쁨으로 집으로 돌아가는 날이었습니다. 초막절 칠 일간 매일 아침에 사람들은 실로암 연못에서 금 항아리에 물을 가득 채워서 제사장의 인도로 그 뒤를 따라 예루살렘 성전으로 운반해 갔습니다. 이 행렬이 성전 안뜰의 남쪽에 있는 수문에 도착하자마자 기쁠 때 부는 세 번의 나팔 소리가 울려 퍼지고 제사장들은 그 물 항아리를 들고 제단을 돌았고, 찬양대는 이에 맞추어 "할렐" 찬송(시편 113~118편)을 불렀습니다. 찬양대가 시편 118편을 부를 때, 모든 남자 순례자들은 버드나무와 화석류 나뭇가지 묶은 것들을 오른손에 든 채로 흔들었고, 왼손으로 귤(etrog)나무 열매를 든 채로 모두 "여호와께 감사하라."라고 세 번을 반복해서 외쳤습니다. 사람들은 초막절의 매일 아침 제사 때 실로암 연못에서 길어 온 금 항아리의 물을 은 대접에 부은 다음에 전제인 포도주와 함께 제단 위에 부어서 하나님께 드렸습니다. 유대인들의 사고 속에서 초막절에 행했던 성전 제단 위에 물을 부어드리는 의식에 두 가지 의미가 담겨 있습니다. 첫 번째로 광야 시대에 하나님께서 반석에서 목마른 이스라엘 백성들에게 물을 내어 주셨다는 것을 기념한 것이고, 두 번째로 예수께서 그를 믿는 그리스도인들에게 성령을 부어주신다는 의미와 연관되어 있었습니다.

생수는 목마름을 가지고 예수 그리스도에게 와야 마실 수 있다고 하시며 예수 그리스도가 생수를 주시는 분이라는 말씀입니다. 목마름을 가지고 예수께 나오는 자들에게 생수가 그 배에서 흘러넘친다고 했습니다. "누구든지 목마르거든 내게로 와서 마시라"라는 놀라운 복음을 성전 뜰에 모인 많은 사람들에게 크게 외쳤는데, 이 말씀은 이사야 55장 1절에서 "오호라, 너희 모든 목마른 자들아 물로 나아오라."라는 말씀을 연상하게 합니다. 여기서 '목마른 사람'은 빈부귀천이 없는 이방인까지 포함한 모든 사람을 말하며, 그 핵심은 목마른 사람은 스스로 그 갈증을 해소할 수 없다는 사실을 알고, 다시 말해서 자신이 타락한 죄인임을 알고 영적인 구원을 간절히 사모하는 사람을 말합니다. 예수께서 선포하신 말씀의 전체적인 의미는 분명합니다. 예수님은 초막절이 미리 보여주신 모든 것의 성취라는 것입니다. 이사야 선지자가 "목마른 자들"에게 물로 나아와서 마시라고 초청할 수 있었다면(사 55:1), 예수께서는 물을 찾아 나온 사람들에게 자신이 생수를 줄 수 있는 분이라고 놀랍게 선포했습니다. 이 말씀을 예수님께 직접 들었던 성전 경비대원들은 너무도 놀라서 체포영장을 집행하지도 못하고 예수님과 같이 놀라운 말씀을 전하는 사람은 지금까지 없었다고 유대인 당국자들에게 보고했습니다(45~46). 38절의 "생수의 강이 흘러나오리라"라는 말씀은 39절에서 "이는 그를 믿는 자들이 받을 성령을 가리켜 말씀하신 것이라."라는 가르침에서 생수는 자신이 죄인임을 깨닫고 구원을 사모하며 예수님께 나아와 예수님을 믿는 제자들이 받을 성령을 말씀하신 것이었습니다.

38~39절의 말씀에서 "38. 나를 믿는 자는 성경에 이름과 같이 그 배에서 생수의 강이 흘러나오리라 하시니 39. 이는 그를 믿는 자들이 받을 성령을 가리켜 말씀하신 것이라. (예수께서 아직 영광을 받지 않으셨으므로 성령이 아직 그들에게 계시지 아니하시더라)"라고 성령의 오심에 대해 말씀하셨습니다. 초막절에 칠 일 동안 매일 아침 실로암 연못의 물을 길어다 성전의 제단에 붓는 것은 바로 예수께서 성령을 부어주심으로 그 예언이 성취되었고, 물은 예수께서 부어주실 성령을 말했습니다. 물은 종종 성령을 가리키는 상징으로서 역할을 했습니다. 초막절의 물 붓는 의식은 예수께서 성령을 부어주심으로 그 예언이 그대로 성취되었습니다. 38절에서 그를 믿는 자는 생수의 강이 사람들의 배 속에서(마음속에서) 흘러나오리라고 했는데, 39절에서 이는 그를 믿는 자들이 받을 성령을 가리켜 말씀하신 것이라고 했습니다. 예수께서 성령을 부어주시는 분이심을 드디어 이제 말씀하셨습니다.

사도 요한은 약속된 성령이 하나님과 예수님으로부터 오실 것이라고 14~16장에서 반복해서 말씀했습니다. 38절의 현대인의 성경에서 "나를 믿는 사람은 성경 말씀대로 그 마음 속에서 생수의 강이 흘러 나올 것이다."라고 하여 생수가 예수 그리스도를 믿는 성도들의 마음 속에서 흘러 나온다고 잘 번역했습니다. 이 말씀의 정확한 의미는 예수 그리스도를 믿는 성도의 마음 속에서 계속

솟아나는 성령의 차고 넘치는 생명과 능력을 강조하는 말씀입니다. 생수의 근원이 예수시고, 예수 그리스도를 믿는 성도의 마음에 성령이 차고 넘친다는 것입니다. 39절에서 성령은 영혼의 갈증을 가지고 예수님께 나아와서 예수님을 믿는 자들에게 예수께서 성령을 보내주신다고 했습니다. 이것은 두 가지로 해석이 가능한데 하나는 예수님 당시에 예수를 그리스도로 믿었던 사람은 누구든지 다 성령을 받는다는 것이고, 다른 하나는 그 후에 예수를 그리스도로 믿게 될 사람도 누구든지 다 성령을 받는다는 것입니다.

37절과 38절에서 '목마른 자'와 '나를 믿는 자'가 병행을 이루고 있다는 것이 특이합니다. 목마름은 믿음을 갖기 이전의 어떤 사람의 구원에 대한 갈급한 구도자의 심령을 상징하는 반면에 그 사람이 믿는 자가 된 후에 그 마음의 목마름이 사라지게 된다는 것입니다. 요한복음에서 '나를 믿는 자'라는 표현이 41회나 등장할 정도로 자주 나오는데 예수 그리스도를 하나님의 아들이시며 인자로 믿는 것을 강조한 표현입니다. 예수 그리스도께서 하나님의 아들이시고 인자로 믿는 것이 3장 13~15절에서 거듭남이며 영생이라고 말씀하며 이것은 성령에 의해서 난 것이라고 3장 5~6절에서 말씀하셨습니다. "… 사람이 물과 성령으로 나지 아니하면 하나님의 나라에 들어갈 수 없느니라. 육으로 난 것은 육이요 영으로 난 것은 영이니"라고 물과 성령을 이미 연결해서 말씀했고, 거듭난 것이 하나님에게서 난 예수님을 인자로 믿는 것이며 이것은 바로 성령에 의해서 난 것이라고 말씀했습니다. 예수께서 오직 자신만이 참된 양식과 음료(6:55)시며, 즉 목마름을 영원히 해결할 수 있는 생수인 성령을 그들에게 줄 수 있다고 역설했습니다. 예수 그리스도를 믿는 자에게 생수가 차고 넘치게 솟아나게 되리라는 것을 성경이 약속했습니다.

38~39절에서 사도 요한은 물과 성령의 연결 관계를 명확하게 말씀했는데 물이 종종 성령을 가리키는 상징의 역할을 했습니다. 39절 하반절에서 "예수께서 아직 영광을 받지 않으셨으므로 성령이 아직 그들에게 계시지 아니하시더라."라는 말씀은 성령이 아직 존재하지 않았다거나 성령이 선지자들에게 역사

하지 않았다는 것이 아닙니다. 구약시대에도 성령은 특별한 개인들에게 임했고, 예수님 당시에도 예수 그리스도를 믿었던 제자들에게도 성령은 이미 임했습니다. 이것은 예수께서 십자가를 지시기 전에는 오순절 성령 강림과 같은 성령 강림이 아직 충만하게 주어지지 않았다는 것입니다. 성령 강림은 예수께서 부활 승천하여 그의 사역이 완성되고 하나님 아버지께로 올라가신 후에 성령을 하나님 아버지께 받아서 보내주심으로 성령이 강림하는 것을 말합니다. 사도행전 2장의 오순절의 성령 강림은 부활 승천 후에 예수께서 하나님 아버지께 올라가서 성령을 아버지에게서 받아서 제자들에게 충만하게 부어주심으로 내려오심이 이루어졌다고 베드로 사도가 증언했습니다.

적용 "누구든지 목마르거든 내게로 와서 마시라"라는 예수님의 말씀은 영혼의 갈급함을 느끼며 구도자로 살아가는 우리에게 주신 말씀입니다. 우리가 자신의 죄인 됨을 깨닫고 영혼의 갈급함을 느끼며 예수님께 나아가 예수님을 하나님의 아들 그리스도로 믿어서 성령을 충만하게 받을 수 있기를 바랍니다.

둘째로 우리는 예수님이 그리스도이심을 믿고 성령 충만을 사모하며 기도해야 합니다 (40~44).

40~42절에서 "40. 이 말씀을 들은 무리 중에서 어떤 사람은 '이 사람이 참으로 그 선지자라' 하며 41. 어떤 사람은 '그리스도라' 하며 어떤 이들은 '그리스도가 어찌 갈릴리에서 나오겠느냐? 42. 성경에 이르기를 그리스도는 다윗의 씨로 또 다윗이 살던 마을 베들레헴에서 나오리라 하지 아니하였느냐?' 하며"라고 예수님에 대한 사람들의 여러 가지 반응들을 소개하고 있습니다. 갈릴리 벳새다에서 예수께서 오병이어의 기적 사건으로 많은 사람을 먹이셨을 때, 사람들은 예수님을 모세가 예언한 그 선지자(신 18:15~18)가 틀림없다고 생각했습니다. 어떤 사람들은 확신은 없었지만, 예수님이 그리스도이실 것이라고 추측했습니다. 예루살렘 거주 유대인들은 베들레헴에 나서서 갈릴리에서 자라신 예

수님을 갈릴리 사람이라고 오히려 매도하고, 유대인 당국자들에게 속히 그를 체포하도록 충동하며 배척했습니다. 유대인 당국자들은 예수님을 오히려 참람한 자라고 대적하며 예수님과 그의 제자들을 더 박해하고 죽이려고 했습니다.

예수님을 그 선지자와 그리스도라고 고백하는 두 가지 신앙고백이 어떻게 다른지 구분하기가 쉽지 않습니다. 주후 1세기에 많은 유대인들은 하나님이 약속하신 그 선지자와 메시아는 별개의 인물로 생각했습니다. 초대교회의 그리스도인들에 의해서 비로소 예수께서 모세가 예언한 그 선지자시고, 다윗의 후손에서 나신 영원한 왕이시고, 선지자들이 예언한 고난 받는 종인 그리스도와 동일인이라고 믿었습니다. 복음서 저자들은 처음 시작부터 나사렛 예수가 하나님이 약속하신 대로 아브라함과 다윗의 후손으로 오셔서 베들레헴에서 나셨고, 나사렛에서 성장하신 임마누엘 그리스도라고 잘 기록했습니다. 그러나 많은 유대인들은 이러한 사실에 대해서 정확하게 알지 못했고, 믿지 못했고, 오히려 예수를 참람한 죄인이라고 대적하여 십자가에 못 박아 죽였습니다. 사도 요한의 독자들은 예수께서 하늘에서 내려오신 분이시고, 말씀이신 하나님이 육신이 되신 분이시고, 하나님 아버지의 품 속에 계신 하나님이시고, 그리고 하나님 아버지와 한 분으로 계신 분으로 알고 있었습니다.

그런데 43~44절에서 예수님을 어떻게 볼 것인지에 대하여 쟁론이 유대인들 사이에 생겨나고 격렬한 적대감이 더 일어났습니다. 43절에서 "예수로 말미암아 무리 중에서 쟁론이 되니"라고 견해가 서로 엇갈려 나누어졌습니다. 우리가 복음을 전할 때 예수님에 대한 반론과 쟁론이 제기되어도 논쟁에 휘말리지 말고 계속해서 그대로 복음을 전해야 합니다. 정치적인 계산이 빠른 대제사장들과 바리새인들은 예수를 잡고자 했으나, 30절에 아직 그의 때가 오지 않았기 때문에 '그에게 손을 대는 자'가 아직 없었습니다(44).

예수님을 그리스도로 믿고 성령 충만을 사모하며 기도하다가 오순절에 성령을 충만하게 받은 것은 이전과 전혀 다른 성령의 충만함이었고, 성령의 놀라운 은사와 놀라운 능력이 나타났습니다. 오순절에 성령의 충만함을 받은 베드로는 이전과 전혀 다른 놀라운 능력의 설교자였고, 전도자였고, 그리고 지도자였습니다. 예수께서 약속하신 성령을 받는 비결은 사람들의 박해와 반대와 모함에도 불구하고 예수께서 하나님의 아들 그리스도이시며 나의 구주와 주님으로 그대로 믿는 것입니다. 그리고 약속하신 성령이 우리에게 충만하게 강림하기를 사모하며 기도해야 합니다. 오순절에 성령이 강림하기 전에 예수께서 감람산 위에서 승천하신 후에 제자들은 10일간 마가의 다락방에 모여서 합심하여 기도하며 기다렸습니다. 그렇게 계속했더니 예수께서 약속하신 성령이 믿고 사모하며 기도하던 제자들에게 충만하게 임했습니다.

베드로는 성령을 충만하게 받고, 방언으로 설교하여 예수님의 십자가와 부활을 생생하게 증거하고, 부활하신 예수께서 우리의 주님이시라고 놀랍게 외쳤습니다. 설교를 들은 많은 사람은 회개하고 돌아와 예수님을 자신의 주님으로 믿었습니다. 밤중에 예수를 찾아와서 질문했던 니고데모가 성령의 거듭남으로 말미암아 예수님의 제자가 되어 산헤드린 공회의 출교를 두려워하지 않고, 예수의 시신을 십자가에서 내려다가 돌무덤에 장사지냈습니다. 바울은 처음에 예수님을 죄인이고 참란한 자라고 대적하고, 그 제자들을 박해했지만, 부활의 주님을 만나고 아나니아의 안수기도로 성령의 충만함을 받고, 예수님이 하나님의 아들이시고, 그리스도라고 놀랍게 증거하는 예수의 제자가 되었습니다(행 9:20, 22).

사랑하는 성도 여러분이여!

예수님은 지금도 영혼이 갈급한 구도자들을 자신에게로 오라고 초청하시며 자신을 하나님의 아들 그리스도로 믿어서 성령을 충만하게 받으라고 말씀하고 계십니다. 그러면 예수 그리스도를 믿는 제자들이 그 심령에 성령을 충만하게 받고 영생을 누리며 능력을 행하게 될 것입니다. 성령이 우리에게 충만하게 임하도록 우리는 성령 충만을 사모하며 하나님 아버지께 예수의 이름으로 기도하며 기다립시다. 성령은 우리의 믿음이 자라감에 따라 계속해서 충만하게 채워져야 합니다. 유대인 당국자들의 박해와 예루살렘 거주 유대인들의 모함에도 불구하고 예수 그리스도를 믿는 믿음을 끝까지 간직하고 예수님의 말씀대로 성령을 사모하고 기도하며 기다리던 제자들은 성령을 충만하게 받았습니다. 약속하신 성령의 충만함을 사모하며 기도하다가 받아서 날마다 성삼위일체 하나님을 더 잘 알고, 더 잘 예배하며, 주님의 몸 된 교회를 위하여 더 뜨겁게 충성하며 살아갈 수 있기를 바랍니다.

29. 유대인 당국자들의 불신앙(7:45~53)

유대인 당국자들에게서 체포영장을 받아서 성전으로 예수님을 체포하러 갔던 성전 경비대원들이 예수님의 말씀을 직접 듣고 와서 오히려 예수님을 옹호했습니다. 유대인 당국자들은 자신들의 지시에 반하는 행동을 한 경비대원들을 저주받은 자라고 모욕하고 무시했습니다. 이것은 유대인 당국자들이 편견과 허위 사실로 예수님을 배척하여 죽이려고 한 명백한 증거였습니다. 이것은 유대인 당국자들에게는 당면한 걸림돌이며 큰 장애였습니다. 그러나 니고데모는 이러한 살벌한 상황 가운데서도 유대인 당국자들의 절차상의 문제점을 날카롭게 지적하며 예수님을 옹호했습니다. 배척과 핍박 가운데서도 예수 믿는 믿음을 끝까지 드러내며 니고데모처럼 당당하게 살아갈 수 있다면 결정적인 순간에 주님을 위하여 더 나아가 주님의 교회를 위하여 크게 헌신하는 기회가 찾아온다는 것입니다. 유대인 당국자들의 불신앙과 경비대원들과 니고데모의 예수님을 옹호하는 신앙에 대한 말씀을 들으면서 함께 은혜를 나누고자 합니다.

첫째로 성전 경비대원들은 예수님의 말씀을 듣고 놀랍게 증언했습니다(45~46).

45~46절에서 "45. 아랫사람들이 대제사장들과 바리새인들에게로 오니 그들이 묻되 '어찌하여 잡아오지 아니하였느냐?' 46. 아랫사람들이 대답하되 '그 사람이 말하는 것처럼 말한 사람은 이 때까지 없었나이다.' 하니"라는 언급은 유대인 당국자들이 체포영장을 주어서(32) 보낸 성전 경비대원들이 예수님을

체포하러 갔다가 돌아왔을 때 예수님 체포에 대하여 이들이 서로 묻고 대답하는 장면입니다. 유대인 당국자들이 체포영장을 주어서 예수님을 잡아오라고 보낸 성전 경비대원들이 성전에서 예수님에 대한 사람들의 의견이 '그 선지자' 또는 '그리스도' 등 여러 가지로 나누어지자 예수님에게 손도 대지 못하고 빈손으로 돌아왔고, 당국자들은 '왜 예수님을 잡아오지 않았느냐?'라고 그 이유를 물으며 대답을 듣고 책망했습니다. 경비대원들은 '지금까지 예수님처럼 말한 사람은 없었나이다.'라고 성전에서 예수님의 말씀을 직접 듣고 군중들의 반응을 느낀 그대로 진솔하게 대답했습니다. 경비대원들은 돈만 주면 그 어떤 야만적인 일도 주저하지 않고 완수하는 사설 고용원들처럼 잔인하고 흉악한 사람이 아니었습니다. 성전 경비대원들은 레위인 중에서 선발된 사람들이었기 때문에 이미 종교적인 훈련을 받은 사람들이어서 예수님이 선포하신 말씀을 듣고 판단할 줄 아는 귀가 있었습니다.

사실 성전 뜰에서 예수님처럼 진리를 명쾌하게 설교해서 사람들에게 감동을 주는 설교자는 없었습니다. 37~38절에서 예수께서 성전 뜰에서 초막절 행사를 마치고 돌아가려는 많은 사람에게 "누구든지 목마르거든 내게로 와서 마시라. 나를 믿는 자는 성경에 이름과 같이 그 배에서 생수의 강이 흘러나오리라."라고 말씀하시는 예수님의 말씀에 큰 감동을 받았습니다. 성전 경비대원들이 소문으로 듣기에 얼마 전에 갈릴리 언덕에 모인 2만 명의 사람들이 저녁 식사 시간이 되어 허기를 느꼈을 무렵에 예수께서 한 소년의 오병이어의 도시락을 가지고 그 많은 사람을 무리 지어 땅에 앉게 하더니 하나님께 감사기도를 하시고 나누어주어 배불리 다 먹게 하고 열두 바구니가 남는 기적을 행하셨다는 놀라운 소식도 들었습니다. 예수께서 초막절을 맞아 예루살렘에 올라오시기 바로 전에 가버나움 회당에서 예수께서 "나는 생명의 떡이니 내게 오는 자는 결코 주리지 아니할 터이요, 나를 믿는 자는 영원히 목마르지 아니하리라."(6:35)라는 놀라운 말씀을 하셨다는 소문도 들었습니다. 예수님은 하나님께서 말씀하시던 말씀을 하늘에서 들은 그대로 자신을 하나님의 아들 그리스도로 믿는 사람은 구원을 얻는다는 구원의 복음을 선포했습니다. 성전 경비대원들은 예수님처럼 구원의 복음을 선포하는 사람을 본 적이 없었고 그런 복음을 들어본 적도 없었습니다. 예수님은 하나님 아버지로부터 한량 없이 받으신 성령으로 말씀을 선포하셨기 때문에 그 말씀에 권세가 있었습니다. 모세도 선지자들도 예수님처럼 이렇게 진리를 능력 있게 당당하게 선포한 사람은 아무도 없었습니다. 레위인 성전 경비대원들은 누구보다도 율법을 많이 배워서 말씀을 잘 알고 있었던 사람들이고 유대인 당국자들이 가장 신뢰하던 사람들이었는데, 그들이 성전에 가서 예수님의 말씀을 직접 듣고 와서 예수님의 말씀을 옹호하여 유대인 당국자들 앞에서 예수님을 높이 평가하며 칭찬했습니다. 성전 경비대원들은 예수님의 말씀에 대하여 좋게 평가할 아무런 이유도 없었습니다. 예수께서 자기 자신에 대해 증거 하는 말씀을 들었을 때 그들의 심령이 새로워졌고, 오히려 구원에 대하여 더 갈급해졌고, 도무지 그에게 손을 대서 체포할 수 없었습니다. 예수님이 선포하신 말씀은 악인들의 양심에도 놀라운 능력으로 역사했습니다. 유대인 당국자들은 예수님을 존경하는 듯한 경비대원들의 어떤 말이라도 용납하려고 하지 않았습니다. 성전 경비대원들이 순간적으로 진실하게 느낀 바를 정직하게 당국자들에게 보고하였지만, 당국자들은 그들의 편견 때문에 한마디도 들으려 하지 않았습니다. 성전 경비대원들이 예수님에 대하여 호감을 갖게 되리라고는 도무지 예상할 수 없었는데, 예수님의 말씀을 직접 듣고 와서 예수님에 대하여 유대인 당국자들과 전혀 다른 상반된 주장을 보고했습니다. 성전 경비대원들은 예수님의 말씀을 듣고 그동안 삐뚤어졌던 그들의 마음을 자성의 기회로 삼았습니다. "우리가 저렇게 놀라운 진리와 구원의 말씀을 권세 있고 당당하게 선포하는 분을 대적하여 박해하는 것이 과연 정당하다고 말할 수 있을까?" 하나님께서 성전 경비대원들로 하여금 유대인 당국자들에게 예수 그리스도에 대한 진실을 전하게 하였고, 당국자들에게 예수님에 대하여 바른 생각을 전하는 기회를 주셨습니다. 그런데 유대인 당국자들은 경비대원들의 보고로 예수님에 대한 바른 판단을 하고, 자신들의 과오를 돌아볼 수 있는 기회를 오히려 거절하고, 예수님을 향하여 더 강퍅하게 대적했습니다.

적용 우리는 하나님의 말씀을 그대로 듣고 예수 그리스도를 믿는 제자의 자리에 설 수 있기를 바랍니다.

둘째로 유대인 당국자들은 예수님을 옹호한 경비대원들을 저주했습니다(47~49).

47절에서 "바리새인들이 대답하되 '너희도 미혹되었느냐?'라고 바리새인들이 화내며 성전 경비대원들에게 분노하여 '너희도 미혹되었느냐?'라고 물었는데, 현대인의 성경에서 '너희도 꼬임에 빠졌느냐?'라고 더 실감나게 번역했습니다. 바리새인들은 성전 경비대원들이 예수님의 복음에 포용이 되었다면, 그들도 나사렛 시골뜨기 사기꾼 예수에게 미혹을 당한 것 즉 꼬임에 빠진 것이라고 매도했습니다. 왜냐하면, 당국자 중 한 사람 바리새인 니고데모가 바로 이어서 예수님의 말을 들어보지도 않고 심판하느냐고 당국자들에게 절차상의 문제점을 지적하며 이의를 제기하며 나섰기 때문입니다. 사람들은 성경의 복음을 주의 깊게 듣고 받아들여서 그리스도인이 된 것을 미혹되었다고 매도하기 좋아하는데 본문에서 당국자 바리새인들이 바로 그렇습니다. 우리 교회는 세상을 미혹하는 종교라고 처음부터 부정적으로 매도됐습니다. 복음을 듣고 자신이 죄인임을 깨닫고 예수 그리스도를 자신의 주님으로 믿었던 제자들은 세상으로부터 미혹된 자들이나 현혹된 자들로 매도되어 미움을 받아 왔습니다. 바리새인 당국자들은 성전 경비대원들을 교묘하게 칭찬하며 예수님에게서 멀어지도록 시도했습니다. "너희가 나사렛 예수의 말을 듣고 홀린 것이 아니냐? 그래 율법도 잘 알고 있는 너희 현명한 레위인들이 저 촌뜨기 사기꾼 나사렛 돌팔이 교사의 말을 듣고 미혹이 되었다니 너희의 지식이 저 시골 돌팔이 목수보다 더 낫지 아니하냐?"라고 경비대원들의 자존심을 세워주는 듯 말하면서 예수님에 대하여 나쁜 편견을 심어주려고 애를 썼습니다. 경비대원들은 자신들을 보낸 바리새인 당국자들이 자신들을 칭찬하는 말에 솔깃했습니다. 경비대원들은 유대인 당국자들의 신앙과 전통을 벗어나는 것은 개인적으로 감당하기 어려운 문제가 수반된다는 것을 잘 알았습니다. 바리새인 당국자들은 만약 경비대원들이 그리스도의 제자가 된다면 그들의 사회적 지위와 경제적 특권도 다 박탈당하고 당국자들과 적대적으로 살아가야 한다는 사실도 은근히 강조하며 압박했습니다.

48절에서 바리새인들은 "당국자들이나 바리새인 중에 그를 믿는 자가 있느냐?"라고 경비병들에게 단도직입적으로 물었습니다. 50절에서 사도 요한은 유대인 당국자들 중에 믿는 자로 니고데모를 직접 언급하고 있습니다. 니고데모는 밤중에 예수님을 찾아와서 예수님을 "하나님께로부터 오신 선생"이라(3:2)고 처음에 불렀습니다. 당국자들 중에 왕의 신하가 자신의 아들을 고쳐주신 예수님을 그와 그의 온 집이 다 믿었다(4:53)고 했습니다. 사도 요한은 실제로 나중에 "관리 중에도 그를 믿는 자가 많았다"(12:42)라고 기록하면서 그들은 단지 유대인들의 출교가 두려워 사람들 앞에서 예수님을 믿는다고 드러내어 말하지 못했다고 했습니다. 성전 경비대원들의 예수님의 권세 있는 가르침에 대한 우호적인 태도는 사실이었습니다. 예수 그리스도를 믿는 자들 중에 지혜로운 자들이나 출신이 좋은 자들이 그리 많지 않다는 것은 이미 알려진 사실입니다. 예수 믿는 것 때문에 모진 박해와 핍박을 감수해야 함에도 예수를 믿고 따르는 제자들은 계속해서 나왔습니다. 왜냐하면, 하나님은 약한 자들과 어리석은 자들과 무식한 자들과 멸시받는 자들을 택하여 그리스도인으로 세워서 강한 자들을 부끄럽게 하시기 때문입니다. 유대인 당국자들은 자신들이 미혹되지 않았다는 사실을 자랑하지만 그들의 자랑이 그들을 편견의 미혹에 빠뜨려서 제대로 예수 그리스도를 믿지 못하고 대적하는 자리에 깊숙이 빠지게 했습니다. 유대인 당국자들이 경비대원들의 예수님에 대한 우호적인 증언을 배척한 것에 대한 책임도 그들의 몫이었습니다. 만약에 우리 가족이 복음을 거절한다면 그 책임은 다 그의 몫입니다.

49절에서 "율법을 알지 못하는 이 무리는 저주를 받은 자로다."라고 유대인 당국자들이 예수 믿는 제자들을 저주받은 무리라고 경멸했습니다. 48절의 "당국자들과 바리새인들"과 49절의 "율법을 알지 못하는 이 무리"는 서로 대비됩니다. '무리'는 다수의 학식 있는 랍비들이 일반 백성들을 무시하며 부정적으로 바라본 방식을 정확하게 표현한 말입니다. 랍비들은 일반 백성을 멸시하여 "땅의 백성"이라고 불렀습니다. 원래 이 말은 이스라엘 민족 전체를 가리키는 명칭이었지만, 시간이 지나면서 지도자들과 대비되는 일반 백성을 가리키는 데 사용되었습니다. 나중에 포로 생활에서 돌아온 순수한 혈통의 유대인들과는 달리 포로기 동안에 사마리아와 유대에 정착해 살았던 혼혈된 주민들을 가리키는 명칭이 되기도 했습니다. 랍비들 사이에는 "땅의 백성"은 언제나 율법을 알지 못하는 사람들을 가리켰는데, 율법을 알지 못하는 땅의 백성은 무지와 불경건의 특징을 가지고 있는 것으로 이해했습니다. 그러므로 유대인 종교 당국자들이 성전 경비대원들이 예수님을 아직 체포하지 않고 돌아와서 옹호한 것을 알고서 분노를 그들에게 쏟아부으며, 그들이 저주받은 땅의 백성처럼 행동한 것이라고 말하면서 '이 무리는 저주받은 자로다.'라고 정죄하는 것은 별로 이상한 것이 아닙니다. 유대인 당국자들은 자신들의 의도와 지시에 따르지 않고 예수님을 옹호한 경비대원들을 향하여 반감을 드러내며 저주받은 자라고 멸시했습니다. 왜냐하면, 종교 당국자들은 경비대원들이 율법에 대한 무지로 인해 예수님께 쉽게 미혹되었다고 생각했기 때문입니다. 유대인 당국자들은 자신들의 전통과 지시에 따르지 않으면 누구라도 언제든지 멸시하고 배척했습니다.

적용 불신앙의 편견이 제자들을 멸시하고 배척한다는 사실을 기억하고 우리는 그것들을 뛰어넘어 바른 신앙으로 예수님을 믿고 끝까지 따라갈 수 있기를 바랍니다.

셋째로 유대인 당국자들은 니고데모의 합리적인 질문도 멸시했습니다(50∼53).

50~51절에서 "50. 그 중의 한 사람 곧 전에 예수께 왔던 니고데모가 그들에게 말하되 51. '우리 율법은 사람의 말을 듣고 그 행한 것을 알기 전에 심판하느냐?'"라고 유대인 종교 당국자들 중의 한 사람 니고데모가 유대인 당국자들에게 예수님을 직접적으로 옹호하는 것이 아니라 절차상의 문제점이 있음을 지적했습니다. 당국자들은 그리스도의 추종자들을 율법에 무지한 저주받은 자라고 멸시했습니다. 이에 니고데모가 절차상 다른 사람의 말을 들어보기도 전에 그 행한 것을 판결하는 것은 율법을 무시하는 것이라고 종교 당국자들의 행동에 절차상의 문제점이 있음을 비판했습니다. 니고데모가 제기한 문제점의 명시적인 근거가 될 만한 구약성경 본문 구절은 존재하지 않지만 전해져오는 랍비들의 규율 중에 비슷한 구절은 있습니다. 출애굽기 14장 15절에 대한 랍비의 주석에 따르면 "당사자의 말을 들어보지 않고서는 그 사람을 심판할 수 없다."라는 것입니다. 다시 말하면 가장 흉악한 범죄자라고 할지라도 "본인의 진술을 들어보기 전에는 정죄할 수 없다."라고 관원인 니고데모가 정당하게 지적했습니다. 하나님은 산헤드린 공회원인 니고데모를 세워서 당국자들의 악함과 모순을 내부적으로 분명하게 드러내게 하셨습니다. 니고데모는 다윗의 아들 압살롬의 참모 중에 후새와 같은 역할을 하며 산헤드린 공회의 음모를 어리석은 것으로 변모시켰다고 메튜 헨리(Matthew Henry)는 해석하며, 바벨론의 느부갓네살의 궁정에 다니엘이 있었고, 파사의 아닥사스다의 왕궁에 느헤미야가 있었던 것이라고 했습니다. 예수님은 밤에 자신을 찾아온 니고데모를 거듭나게 하여 산헤드린 공회원들 앞에서 결정적인 순간에 예수 믿는 자로 드러나게 하시고, 결국 자신의 제자로 세워서 자신의 십자가에 달린 몸을 십자가에서 내려다 돌무덤에 장사하는 결정적인 역할도 하게 하셨습니다.

52절에서 "그들이 대답하여 이르되 '너도 갈릴리에서 왔느냐? 찾아 보라. 갈릴리에서는 선지자가 나지 못하느니라.' 하였더라."라고 산헤드린 공회원들은 니고데모의 정당한 논리에 반박하여 대응하기 어려워서 감정적으로 면전에다 대놓고 니고데모를 멸시했습니다. "너도 갈릴리에서 왔느냐?"라고 말했는데 이것은 "니고데모여, 네가 이 시점에서 느닷없이 갈릴리 사람을 옹호하는 이상한 발언을 한 것은 너 자신의 출신성분이 형편없는 시골 변두리 갈릴리이기 때문이다. 성경을 찾아보라. 갈릴리에서 선지자가 나올 수 없느니라."라는 의미였습니다. 선지자 요나, 나훔 등 여러 선지자들이 갈릴리 출신이었습니다. 유대인 종교 당국자들은 갈릴리에서 온 보잘것없는 선생이었던 예수님의 가르침과 활동을 대항할 수 없는 것에 대한 좌절감으로 인하여 이런 막말을 했다는 것입니다. 여기서 선지자는 "그 선지자" 즉 "모세와 같은 선지자"를 가리켰을 가능성이 크다고 카슨(D. A. Carson) 교수는 해석했습니다. 산헤드린 공회원들은 유대 사람들이 갈릴리에 대해 품고 있었던 잘못된 편견을 반영해서 그 선지자가 갈릴리에서 나온다는 것을 믿을 수 없었습니다. 그러나 사실 예수님은 갈릴리 출신이 아니었고, 베들레헴에서 나셨는데도 예수님을 의도적으로 갈릴리 사람이라고 매도하며 당국자들은 자신들의 무지와 편견을 노출했습니다.

사랑하는 성도 여러분이여!

우리가 성경 말씀을 잘 들어보고 예수 그리스도를 믿어야 합니다. 예수 그리스도가 하나님의 아들 그리스도로서 우리의 주님이심을 제대로 잘 믿고 옹호하여 증거 해야 합니다. 세상 사람들은 우리들의 바른 신앙을 잘못된 신앙에 오염되었다고 비난하고, 우리가 좀 열심을 내면 극단적인 광신주의에 빠졌다고 비방합니다. 니고데모는 공회원이었음에도 유대인 당국자들의 잘못을 정당하게 지적하며 예수님의 제자로서 당당하게 살았습니다. 예수께서 십자가에 달려 죽었을 때 유대인 당국자들의 반대와 핍박도 두려워하지 않고 그의 시신을 십자가에서 내려다가 돌무덤에 장사지냈습니다. 우리도 니고데모처럼 결정적인 순간에 하나님의 영광을 위하여, 주님의 교회를 위하여 헌신하는 제자로 살아갈 수 있기를 바랍니다.

D. 전면적인 충돌들: 정점의 표적들, 행위들, 말씀들 (8:1~10:42)

30. 죄 없는 자가 먼저 돌로 치라(8:1~11)

　유대인 지도자들이 간음하다가 현장에서 잡힌 여인을 성전 바깥뜰에서 사람들에게 둘러싸여 말씀을 가르치시는 예수님께 데리고 와서 고발했습니다. 유대교 지도자들에게는 이 간음 사건을 가지고 사람들 앞에서 예수님을 꼼짝할 수 없는 함정에 빠뜨려서 체포하고자 하는 의도가 있었습니다. 모세의 율법은 죄를 정죄하고자 할 땐 반드시 두 사람 이상의 증인이 필요했음에도 불구하고 유대인 지도자들은 간음한 남자와 증인도 없이 여인만을 정죄하려고 데리고 갔던 것입니다. 유대인 지도자들은 간음한 여인 사건을 통하여 예수를 체포할 수 있는 어떤 빌미를 잡고자 했습니다. 유대 사회는 오랫동안 간음죄에서 남자보다 여자에게 훨씬 더 엄격했습니다. 예수님은 오히려 이 사건을 통하여 유대인 지도자들의 악한 마음을 꿰뚫어 보시는 하나님이심을 드러내셨습니다. 예수님은 현장에서 붙잡혀온 간음한 여인에 대해서도 놀라운 말씀을 하셨습니다. 간음한 여인 사건을 통하여 예수님은 사람을 정죄하시는 분이 아니라 구원하시는 분이심을 분명하게 드러내셨습니다. "너희 중에 죄 없는 자가 먼저 돌로 치라."라는 예수의 말씀을 들으면서 함께 은혜를 나누고자 합니다.

첫째로 유대인들은 율법으로 사람을 정죄했습니다(1~5).

예수께서 초막절 중간에 예루살렘에 올라오셔서 밤에는 베다니에서 보내고 낮에는 주로 예루살렘 성전에서 말씀을 가르치셨습니다. 예수께서 이른 아침에 성전에 들어가셨는데 백성들이 예수 주변에 몰려들었고 예수님은 바깥뜰에 앉아서 그들에게 말씀을 가르치셨습니다. 유대인 서기관과 바리새인 지도자들이 이른 아침부터 간음 중에 현장에서 붙잡힌 여인을 사람들에게 둘러싸여 가르치는 예수 앞에 세우고 아주 난처한 질문을 시작했습니다.

3~5절에서 "3. 서기관들과 바리새인들이 음행중에 잡힌 여자를 끌고 와서 가운데 세우고 4. 예수께 말하되 '선생이여, 이 여자가 간음하다가 현장에서 잡혔나이다. 5. 모세는 율법에 이러한 여자를 돌로 치라 명하였거니와 선생은 어떻게 말하겠나이까?'라고 난처한 질문을 하였습니다. 유대인 지도자들은 모세의 율법을 통하여 간음 사건을 예수님께서 어떻게 판단할 것인지를 질문했습니다. 모세의 율법에서 간음에 대한 구절은 레위기 20장 10절에서 "누구든지 남의 아내와 간음하는 자 곧 그의 이웃의 아내와 간음하는 자는 그 간부와 음부를 반드시 죽일지니라."라고 간음에 대하여 아주 엄하게 말씀했습니다. 신명기 22장 24절에서도 "너희는 그들을 둘 다 성읍 문으로 끌어내고 그들을 돌로 쳐죽일 것이니 그 처녀는 성안에 있으면서도 소리 지르지 아니하였음이요. 그 남자는 그 이웃의 아내를 욕보였음이라. 너는 이같이 하여 너희 가운데에서 악을 제할지니라."라고 간음에 대하여 두 사람을 다 아주 엄하게 처벌하라고 말씀했습니다. 유대인 지도자들이 간음하다가 현장에서 붙잡힌 여인을 데리고 예수님 앞에 세우고 모세의 율법에 비추어서 '선생은 어떻게 말하겠나이까?'라고 한 질문에 대하여 만약에 예수께서 첫째, '그 여인을 돌로 치지 말라'고 말씀하셨다면 예수께서 모세의 율법을 어기는 것으로 책잡히게 되고, 둘째, '그 여인을 돌로 치라'고 말씀하셨다면 유대인에게 사람을 죽일 권한이 없어 로마법을 어겨서 책잡히게 되어 있었습니다. 예수님이 유대인 지도자들에게 질문받았던 내용은 이렇게 대답하기 어렵고 난처한 질문이었습니다.

유대인 지도자들의 질문 가운데 예수님을 책잡고자 하는 숨겨진 나쁜 의도가 있었습니다. 유대인 지도자들의 질문에는 첫째, 예수님을 함정에 빠뜨리려는 나쁜 동기가 내재 되었습니다. 둘째, 간음한 남자를 놓아줌으로 유대인 지도자들이 먼저 모세의 율법을 어기는 잘못을 범했습니다. 여기에 대하여 카슨 (D. A. Carson) 교수는 먼저 '간음한 남자의 발이 빨라서 잡히기 전에 도망갔거나, 아니면 '고소자들이 성차별주의자라서 의도적으로 남자는 놓아주고 여자만 데려왔다'라고 해석했습니다. 셋째, 유대인 지도자들은 모세의 율법에서 처벌을 사랑과 용서보다 앞세우는 잘못된 견해를 가지고 있었습니다. 이 간음 사건을 예수님께 가지고 와서 난처한 질문을 통하여 오히려 유대인 지도자들이 사악하고 타락한 본성으로 가득 찬 죄인임을 드러냈습니다. 그 여인을 처벌하고자 하는 목적보다는 오히려 예수님을 함정에 빠뜨리고자 하는 사악한 교활함을 드러냈습니다. 유대인 지도자들은 간음하다가 현장에서 잡힌 여인보다 더 사악한 사람들이었습니다. 유대인 지도자들은 그들의 정확한 의도를 꿰뚫어 보시는 예수님의 예리한 안목에 당황하여 간음한 여인을 정죄하지도 못하고 예수 앞에서 스스로 물러갈 수밖에 없었습니다.

적용   남의 허물과 죄악을 보고 정죄하려는 태도로 살아가는 사람들이 바로 사악한 유대인 지도자들과 같은 사람들입니다. 우리는 남의 허물과 죄악을 지적하고 책망하려고 하지 말고 오히려 예수 그리스도 앞에서 내 허물과 부족함을 제대로 바라보고 자신을 성찰하며 겸손하게 살아갈 수 있기를 바랍니다.

둘째로 예수님은 죄인을 구원하시러 오신 하나님이십니다(6~11).

6~7절에서 "6. 그들이 이렇게 말함은 고발할 조건을 얻고자 하여 예수를 시험함이러라. 예수께서 몸을 굽히사 손가락으로 땅에 쓰시니 7. 그들이 묻기를 마지 아니하는지라. 이에 일어나 이르시되 '너희 중에 죄 없는 자가 먼저 돌로 치라' 하시고"라고 예수께서 유대인 지도자들이 자신을 시험에 빠뜨리고자 하

는 사악한 의도를 정확하게 아셨습니다. 예수님은 모세의 율법에 어긋나지도 않고 로마법을 어기지도 않는 명쾌한 대답을 해주셨습니다. 예수님은 유대인 지도자들에게 인간은 원초적인 죄인으로 누구도 심판할 수 없다는 사실을 지적하셨습니다. 예수님은 교활한 유대인 당국자들의 사악한 의도와 죄인 됨을 정확하게 꿰뚫어 보시는 하나님이심을 드러내셨습니다. 그러므로 유대인 당국자들이 그들의 죄를 자각하고 떠난 후에 죄를 심판할 수 있는 유일한 분이신 예수께서도 그 여인을 정죄하지 않으시고 그 여인에게 구속의 은혜를 베푸셨습니다. 예수님은 죄악에 대한 처벌보다는 죄악에 대한 용서와 사랑의 중요성을 깨우쳐주셨습니다. 예수님의 답변을 통하여 예수께서 하나님이시라는 사실과 구원자라는 사실을 제대로 밝히셨습니다. 죄악에 대한 판단은 하나님께서 하시는 것입니다. 죄악에 대한 판단과 정죄는 우리의 것이 아닙니다. 우리 인간의 몫은 사랑과 용서입니다. 우리가 형제의 허물과 죄악에 대하여 용서와 사랑을 보여주어야 합니다. 그것이 우리가 해야 할 일입니다.

그렇다면 6절에서 예수께서 손가락으로 땅에 쓰신 것이 무엇이었을까요? 전통적으로 교회가 따랐던 견해로는 예레미야 17장 13절을 기록했다는 것입니다. "무릇 여호와를 떠나는 자는 흙에 기록이 되오리니 이는 생수의 근원이신 여호와를 버림이니이다." 데렛(J. Duncan M. Derrett)이라는 학자는 예수께서 처음에 몸을 굽혀서 출애굽기 23장 1절의 "악인과 연합하여 위증하는 증인이 되지 말며"라고 쓰셨고, 두 번째로 출애굽기 23장 7절의 "거짓 일을 멀리 하며 무죄한 자와 의로운 자를 죽이지 말라. 나는 악인을 의롭다 하지 아니하겠노라."라고 쓰셨다는 것입니다. 이 주장은 간음한 여인을 그녀가 지은 죄에 비해서 과분하게 대우하는 것으로 보인다는 것입니다. 또 어떤 학자들은 예수께서 땅에 무엇을 쓰셨는가 하는 것은 부수적이고 하찮은 문제라고 주장했습니다. 가장 중요한 것은 예수께서 구부려 손가락으로 땅에 글을 쓰신 것 자체였고 그 행위가 상징적인 의미를 가진다는 것입니다. 예수께서 땅에 손가락으로 글을 쓰신 행위를 통하여 "성경에서 말씀하고 있는 자들은 바로 너희들이다."

라고 말씀하셨습니다. 예수께서 땅에 손가락으로 무엇을 썼는지에 대해서는 우리가 알지 못합니다. 어떤 면에서 예수께서 손가락으로 땅에 글을 쓰신 것은 예수님을 대적한 유대인 당국자들의 질문에 바로 대답하지 않고 지연하는 행동을 하고 계셨기 때문에 그들은 계속해서 예수님께 질문을 던졌을 것입니다. 예수께서 땅에 손가락으로 글을 쓰신 것이 아무리 모호하다 해도 예수께서 최종적으로 하시고자 했던 대답은 너무나도 명백합니다. '너희 중에 죄 없는 자가 먼저 돌로 치라.' 이 말씀은 신명기 13장 9절의 "너는 용서 없이 그를 죽이되 죽일 때에 네가 먼저 그에게 손을 대고 후에 뭇 백성이 손을 대라"는 말씀과 17장 7절의 "이런 자를 죽이기 위하여는 증인이 먼저 그에게 손을 댄 후에 뭇 백성이 손을 댈지니라. 너는 이와 같이 하여 너희 중에서 악을 제할지니라."라는 말씀에 근거를 둔 것이었습니다. 이 두 구절의 말씀에 의하면 범죄를 목격한 자들이 가장 먼저 돌을 던져야 했고, 목격자들은 범죄에 참여한 자들이어서는 안 된다는 것입니다. 예수께서 하신 말씀의 정확한 의미는 특정한 죄를 짓지 않은 자들만이 이 여자를 단죄할 수 있다는 것을 의미했습니다. 예수께서 이렇게 '너희 중에 죄 없는 자'라는 단순한 조건을 내신 것은 모세의 율법에 이의를 제기하지 않으면서도 유대인 지도자들이 들이대는 이중적인 잣대를 날카롭게 지적해서 그들의 양심을 강력하게 두들기며 공략하고자 함이었습니다. 예수께서 율법을 폐하러 오신 분이 아니라 완성하러 오신 그리스도이심을 보여주셨습니다.

적용   '너희 중에 죄 없는 자가 먼저 돌로 치라.'는 예수님의 말씀에 우리도 귀를 기울여야 합니다. 우리가 내 눈에 들보는 보지 못하고 남의 눈에 있는 티를 먼저 보고 말하는 사람들이 아닌지 성찰해 보아야 합니다.

9절에서 "그들이 이 말씀을 듣고 양심에 가책을 느껴 어른으로 시작하여 젊은이까지 하나씩 하나씩 나가고, 오직 예수와 그 가운데 섰는 여자만 남았더라."라고 이 간음 사건의 마지막 상황을 정리하고 있습니다. 많은 사본은 이 여인을 고소한 유대인 지도자들이 '양심에 가책을 느꼈다'라고 구체적으로 말하고 있지만, 그들이 예수님의 말씀에 오히려 자신들의 화인 맞은 양심에 가책을 느껴 그 자리를 어른으로부터 시작하여 젊은이까지 떠났다고 기록하고 있습니다. 예수님을 책잡아서 부끄럽게 하려던 유대인 지도자들이 오히려 예수의 말씀을 듣고서 스스로 부끄러움을 느껴서 그 자리를 떠났습니다. 많은 사람들 가운데 여자만 홀로 남게 되자 예수께서 그 여인에게 처음으로 말을 건넸습니다.

10~11절에서 "10. 예수께서 일어나사 여자 외에 아무도 없는 것을 보시고 이르시되 '여자여, 너를 고발하던 그들이 어디 있느냐? 너를 정죄한 자가 없느냐?' 11. 대답하되 '주여 없나이다.' 예수께서 이르시되 '나도 너를 정죄하지 아니하노니 가서 다시는 죄를 범하지 말라.' 하시니라."라고 예수께서 이 간음 사건의 마지막에 그 여인과 말씀을 나누셨던 대화가 기록되어 있습니다. '여자여'라는 호칭은 전적으로 상대방을 높이는 경어입니다. 예수님은 홀로 남겨진 이 여인에게 그녀가 죄를 지었는지에 대하여 묻지 않으시고 그 여인을 정죄하던 사람들이 있느냐고 물었습니다. 이 여인이 죄를 지었다는 사실은 11절 마지막에서 '가서 다시는 죄를 범하지 말라'는 말씀에 의해서 이미 전제되었습니다. 예수님의 질문에 대하여 이 여인은 '주여, 없나이다'라고 대답합니다. '주님'(kyrie)은 하나님(Lord)이시라는 말씀이기도 하지만 선생님(Sir)이라는 경칭을 의미하기도 합니다. 여기서 이 여인이 예수님을 하나님으로 알고 고백했다고 보기에는 아직 명확하지 않습니다. 11절에서 예수님은 비로소 유대인 지도자들에게 받았던 5절의 질문 '모세는 율법에 이러한 여자를 돌로 치라' 명하였거니와 '선생은 어떻게 말하겠나이까?'에 가장 가까운 대답인 '나도 너를 정죄하지 아니하노니'라고 놀랍게 말씀하고 있습니다. 예수님은 혼자 남겨진 간음한 여인을 향하여 그녀의 죄를 정죄하지 않았고, 간음한 죄를 없는 것처럼 무시하지도 않았고, 죄악 된 생활을 떠나라고 분명하게 말씀하셨고, 더 나아가 우리의 어떤 죄

도 용서해주실 준비가 되어 있음을 보여주십니다. 우리는 우리 죄를 자백하고 예수님을 나의 주님으로 고백하는 믿음이 필요합니다. 예수님은 간음하다가 현장에서 잡혀 온 여인을 비난하거나 정죄하지 않았습니다. 예수께서 자신이 이 땅에 오신 목적은 단호하게 사람을 정죄하기 위해서가 아니고 사람을 구원하기 위해서라는 것입니다. 12장 47절에서 "사람이 내 말을 듣고 지키지 아니할지라도 내가 그를 심판하지 아니하노라. 내가 온 것은 세상을 심판하려 함이 아니요, 세상을 구원하려 함이로라."라고 예수께서 이 땅에 오신 목적이 세상을 심판하려 하심이 아니고, 세상을 구원하려 하심이라고 했습니다. 예수님은 모든 것을 다 아시고 하나님 아버지와 마찬가지로 죄를 사하는 권세를 가지신 하나님이시고, 구원하시는 구원자이십니다.

로마서 3장 10~12절에서 "기록된 바 의인은 없나니 하나도 없으며 깨닫는 자도 없고 하나님을 찾는 자도 없고 다 치우쳐 함께 무익하게 되고 선을 행하는 자는 없나니 하나도 없도다."라고 하나님을 깨닫고 찾고 선을 행하는 자가 한 사람도 없다고 했습니다. 로마서 3장 23절에서 "모든 사람이 죄를 범하였으매 하나님의 영광에 이르지 못하더니"라고 우리 모두는 죄를 범하여 다 심판을 받아 죽었던 자들입니다. 디모데전서 1장 15절에서 "미쁘다, 모든 사람이 받을 만한 이 말이여. 그리스도 예수께서 죄인을 구원하시려고 세상에 임하셨다 하였도다. 죄인 중에 내가 괴수니라."라고 하여 우리의 죄에 대해 말씀하고 있습니다. 우리는 예수 믿고 하나님을 섬겨서 구원받은 성도가 되었지만, 아직도 내 속에 죄성으로 인하여 날마다 넘어지고 또 넘어지는 죄인들이며 죄인 중에 괴수라고 고백할 수밖에 없습니다. '죄인 괴수 오라 부르실 때 날 부르소서'라고 찬양할 수밖에 없습니다. 천로역정의 소설가 존 번연(John Bunyan)이 감옥에서 기록한 책 제목인 「죄인 괴수에게 넘치는 은혜」(Abounding Grace to the Chief of Sinners)가 바로 우리 자신을 두고 한 말입니다.

사랑하는 성도 여러분이여!

우리는 허물과 죄로 죽었던 죄인임을 깨닫고 예수 그리스도를 주님으로 믿는 믿음으로 살아가야 합니다. 바울 사도처럼 예수 그리스도 앞에서 나 자신을 죄인 중에 괴수라고 고백하며 예수님을 주님으로 믿으며 살아가야 합니다. 더는 죄를 범하지 말고 거룩한 성도로 날마다 살아가기 위하여 부단히 애를 쓰며 노력해야 합니다. 예수님은 인간의 모든 것을 다 아시고 죄를 용서하시고 구원하시는 하나님이심을 믿고 살아가시길 소원합니다.

31. 예수님은 세상의 빛이시라(8:12~20)

　미국의 다이빙 선수 그레그 루가니스(Gregory "Greg" Efthimios Louganis)는 올림픽에서 4관왕(서울올림픽 2관왕)을 차지한 전설적인 인물입니다. 그가 하루는 로스앤젤레스의 수영장에서 연습을 하고 주차장으로 가고 있는데 으슥한 곳에서 앳된 소년이 담배를 피우고 있었습니다. 그레그는 조심히 다가가 소년의 나이를 물었고 그는 12살이라고 대답했습니다. 그레그는 소년에게 담배를 피우는 이유를 물었습니다. "저는 수영선수가 꿈인데 제가 가장 좋아하는 수영선수가 담배를 엄청나게 피우거든요. 저는 그 사람의 모든 걸 닮고 싶어요." 소년이 말한 좋아하는 선수가 바로 자신임을 알고 그레그는 크게 놀랐습니다. 그레그는 유명한 애연가였고 또 담배 피우는 모습이 멋져서 여러 화보도 촬영한 전력이 있었습니다. 그레그는 자신의 운동 외의 모습도 많은 사람에게 영향을 줄 수 있음을 깨닫고 그날로 금연을 결심했는데 이후 한 토크쇼에서 자신이 살면서 한 가장 잘한 결정 중 하나가 그날 소년을 만난 뒤에 금연한 것이라고 말했습니다. 나의 작은 습관 하나도 빛 된 선한 영향력을 미칠 수 있다는 사실을 알고 경건한 그리스도인으로 살아갈 수 있다면 좋겠습니다.

　예수께서 유대인들에게 자신이 세상의 빛이라고 말씀하셨습니다. 그런데 유대인들은 빛 되신 예수님의 말씀을 믿고 따르지 않고 오히려 대적하고 배척하여 돌로 쳐서 죽이려고 했습니다. 예수께서 하나님이신 자신을 드러내는 '나는 ~이다'(ego eimi…; I am…) 용법으로 "나는 세상의 빛이니"라고 말씀하셨을 때 바리새인들은 구약의 율법에 나오는 두 사람 중인의 증언이 있어야 믿을 수 있다는 그들의 전통을 제시하며 예수님과 논쟁하며 예수님을 배척했습니다. 6장에서 "나는 하늘에서 내려온 생명의 떡이니 내 살을 먹고 내 피를 마시는 자는 생명을 얻으리라"라는 자기 계시의 놀라운 말씀을 이미 하셨습니다. 이어서 8장 12절에서 "나는 세상의 빛이니 나를 따르는 자는 어둠에 다니지 아니하고 생명의 빛을 얻으리라."라고 놀라운 말씀을 하셨습니다. 이것은 예수님을 하나님의 아들로 믿고 따르는 자는 어둠에 거하지 않고 빛 가운데서 생명을 얻고, 예수님을 믿지 않는 자는 죄 가운데서 하나님의 진노 아래 있다는 것입니다. 예수께서 세상의 빛이시라는 본문의 말씀을 함께 살펴보며 은혜를 나누고자 합니다.

첫째로 세상의 빛이신 예수님을 따라가는 사람은 생명을 얻습니다(12).

초막절에 예루살렘 성전 여인들의 뜰에서 거대한 네 개의 등불을 밝히고 (20), 그 불빛 아래에서 출애굽을 기념하는 의식을 펼치며 열정적인 축제를 했습니다. 레위인들로 구성된 오케스트라의 연주가 밤새도록 잔잔하게 울려 퍼지는 가운데 "경건하고 선한 삶을 살아온 사람들"은 타오르는 횃불을 자신들의 손에 들고서 계속해서 찬송을 부르며 춤을 추었습니다. 어떤 기록에서는 이런 행사가 초막절 내내 밤마다 이루어졌고 예루살렘 성전 경내에서 비쳐 나오는 불빛이 온 예루살렘 시내를 밝게 수놓았다고 합니다. 초막절에 성전의 불빛이 캄캄한 밤을 비추는 배경 속에서 예수께서 사람들에게 "나는 세상의 빛이니"라는 놀라운 말씀을 선포하셨습니다. 예수께서 하늘에서 내려온 생명의 떡으로서 그를 믿는 사람들에게 생명을 주신다고 말씀했는데 다시 예수께서 세상의 빛이라고 하며 그를 믿고 따르는 사람들이 생명의 빛을 얻으리라고 말씀하셨습니다. 출애굽의 여정에서 구름 기둥과 불기둥으로 인도하시면서 구름 속에 빛으로 임재하셨던 하나님께서 이스라엘 백성들을 약속의 땅 가나안으로 인도하셨고(출 13:21~22), 이스라엘 백성들을 멸하고자 하는 원수들로부터 보호해

주셨습니다(출 14:19~25).

시편 27편 1절에서 "여호와는 나의 빛이요 나의 구원이시니 내가 누구를 두려워하리요."라고 여호와가 빛이시고 구원이라고 말씀하고 있습니다. 시편 119편 105절에서도 "주의 말씀은 내 발에 등이요 내 길에 빛이니이다."라고 하나님의 말씀이 그 교훈을 소중히 여기는 성도들의 길을 인도하는 빛이시라고 말씀하고 있습니다. 1장 4절에서 "그(예수) 안에 생명이 있었으니 이 생명은 사람들의 빛이라"라고 했고, 1장 9절에서도 "참 빛 곧 세상에 와서 각 사람에게 비추는 빛이 있었나니"라고 예수가 생명이시고 세상의 빛이시라고 말씀하셨습니다. 3장 19~21절에서 "19. 그 정죄는 이것이니 곧 빛이 세상에 왔으되 사람들이 자기 행위가 악하므로 빛보다 어둠을 더 사랑한 것이니라. 20. 악을 행하는 자마다 빛을 미워하여 빛으로 오지 아니하나니 이는 그 행위가 드러날까 함이요. 21. 진리를 따르는 자는 빛으로 오나니 이는 그 행위가 하나님 안에서 행한 것임을 나타내려 함이라 하시니라."라고 빛보다 어둠을 더 사랑하고 악을 행하는 자는 정죄 받고, 진리를 따르는 자는 빛으로 나와서 그 행위가 드러나서 생명을 얻는다고 말씀했습니다. 예수께서 선언하셨던 말씀을 진리로 믿고 따르며 살아가는 성도들과 예수님 영접하기를 거절하고 죄악 가운데서 악을 행하고 살아가는 어둠의 자식들을 비교해서 말씀했습니다. 3장 36절에서 "아들을 믿는 자에게는 영생이 있고, 아들에게 순종하지 아니하는 자는 영생을 보지 못하고 도리어 하나님의 진노가 그 위에 머물러 있느니라."라고 예수님을 하나님의 아들로 믿고 영접하는 자들에게 생명이 있고, 예수님을 하나님의 아들로 믿지 않고 대적하는 자들에게 하나님의 진노가 있다고 말씀했습니다.

초막절에 큰 등불이 예루살렘 성전 여인의 뜰에 켜지고 레위인들이 연주하는 오케스트라의 음악에 맞추어서 사람들이 자신의 횃불을 들고서 밤새도록 춤추는 이스라엘 백성들을 향하여 '세상의 빛이신 예수님'을 믿고 따르는 자는 광야의 구름기둥과 불기둥을 따라서 약속의 땅 가나안에 들어갔던 것처럼 생명의 빛을 얻으리라고 예수께서 말씀했습니다. 생명의 빛은 생명을 낳는 빛으로 생명을 낳는 원천이 예수님에게 있고, 그 생명의 빛을 얻어서 영생을 누리게 된다는 것입니다. 예수께서 세상의 빛이시라는 놀라운 선언을 9장에서 나면서부터 시각장애인이었던 청년의 눈을 뜨게 하여 보게 하면서 사실 그대로 증명하셨습니다. 자신들이 본다고 하면서 예수님을 하나님의 아들로 믿지 못하는 유대인들은 눈이 멀어 빛을 보지 못한다고 예수께서 선언하셨습니다.

빛은 모든 사람이 잘 이해하는 이미지인데 빛의 의미를 네 가지로 정리할 수 있습니다. 빛이 하는 첫 번째 일은 드러내는 것입니다. 예수께서 하나님 아버지를 알려주시기 위하여 이 땅에 오셨습니다. 예수님은 "나를 본 자는 아버지를 보았거늘"(요 14:9)이라고 예수님이 하나님 아버지와 자신을 잘 드러내셨습니다. 빛의 두 번째 일은 드러낼 뿐만 아니라 따뜻하게 합니다. 어두움에서 악을 행하는 사람까지도 빛이신 예수님이 그들의 마음을 따뜻하게 하여 변화시키십니다. 영적인 변화에 대하여 예수님은 12장 46절에서 "나는 빛으로 세상에 왔나니 무릇 나를 믿는 자로 어둠에 거하지 않게 하려 함이로라."라고 했습니다. 빛의 세 번째 일은 드러내고 따뜻하게 할 뿐만 아니라 인도합니다. 우리는 출애굽 때 사막에서 이스라엘 백성을 인도했던 빛의 영광의 구름을 생각합니다. 우리가 믿음으로 예수께 나아와 그의 제자가 되어 그를 따른다면 예수님은 빛이 되어 우리를 생명으로 인도하실 것입니다. 빛이 하는 네 번째 일은 생명을 줍니다. 우리가 식물을 자라게 하고자 한다면 그 식물을 빛이 비춰는 양지에다 가져다 놓습니다. 마찬가지로 예수님의 말씀의 빛이 우리를 비추어서 우리에게 생명을 줍니다. 1장 4절에서 "그(예수) 안에 생명이 있었으니 이 생명은 사람들의 빛이라"라는 말씀은 예수를 믿고 따르는 제자들에게 생명을 주신다는 것입니다.

적용 우리가 예수님을 나의 주님으로 믿고 따라가며 생명을 누릴 수 있기를 바랍니다.

둘째로 세상의 빛이신 예수님을 거역하는 사람은 영원한 저주를 받습니다(13~20).

사도 요한은 '예수님이 세상의 빛이시라'라고 예수께서 선언하신 말씀을 인용하여 분명한 진리로 제시하고자 애썼습니다. 그러나 복음서에 보면 유대적인 색채가 짙어서 구약의 율법에 집착하는 유대인 당국자들이 예수님을 하나님의 아들로 믿지 못하고 계속해서 예수님과 갈등하고 대적했습니다. 유대인들은 자신들이 믿고 있는 전통과 율법에 비추어서 예수께서 세상의 빛이시라고 선언하셨던 말씀을 여러 가지로 변증하고 대적했습니다.

13절에서 먼저 "바리새인들이 이르되 '네가 너를 위하여 증언하니 네 증언은 참되지 아니하도다.'"라고 예수께서 선언하신 말씀을 바리새인들이 율법에 비추어서 반박했습니다. 모세의 율법에서는 살인죄뿐만 아니라 여러 가지 죄악에 대하여 두 사람 이상 증인의 증언을 요구했습니다. 바리새인들이 예수님의 말씀을 오해했습니다.

14절에서 예수님은 자신이 말하는 것은 아버지께서 자신에게 말씀하라고 주신 것들을 그대로 증언하는 것이기 때문에 다 참되다고 말씀하셨습니다. 예수님은 하나님에게서 와서 아버지에게로 돌아가는데 바리새인들은 그 사실을 전혀 알지 못해서 예수님의 말씀을 참되다고 말할 자격도 없었습니다.

15절에서도 예수님은 바리새인들이 예수님의 말씀을 인간적인 생각으로 판단했다고 말씀하십니다. 바리새인들은 예수님의 육신만을 보고 판단하고 있다는 것입니다. 말씀이신 하나님이 육신이 되어 독생자의 영광을 가지신 하나님의 아들이시고 인자이심을 전혀 믿지 못했다는 것입니다. 우리가 사람을 평가할 때 그 사람의 외모나 학벌이나 집안이나 재산을 가지고 판단하는 것은 외적으로 판단하는 것이지 신앙적으로 제대로 판단하는 것이 아닙니다. 우리가 그리스도인으로서 한 사람을 판단할 때 하나님을 사랑하고 사람을 사랑하는 뜨거운 마음이 있고, 주님의 몸 된 교회를 위하여 헌신하고자 하는 열정이 있는가를 봐야 합니다. 신앙적인 관점에서 사람을 바라봐야 합니다.

16~18절에서 예수님은 유대인 당국자들의 판단기준을 따라서 판단해도 자

신과 자신을 보내신 하나님과 함께 계시기 때문에 너희(바리새인의) 율법에서 두 사람 이상의 증인의 증언을 요구한다는 조항에 비추어 봐도 자신을 보내신 하나님 아버지와 자신 둘이 증언함으로 적합하다는 것을 말씀하십니다.

19절에서 "이에 그들이 묻되 '네 아버지가 어디 있느냐?' 예수께서 대답하시되 '너희는 나를 알지 못하고 내 아버지도 알지 못하는도다. 나를 알았더라면 내 아버지도 알았으리라."라고 예수께서 아버지와 함께 계신다는 놀라운 대답을 하셨습니다. 바리새인들은 단순히 예수님을 나사렛의 목수의 아들로만 알고서 판단하고 있었기 때문에 '네 아버지가 어디 있느냐?'라고 물었던 것입니다. 그러나 예수님은 자신이 하나님 아버지에게서 나신 하나님의 아들이시라(42)고 분명하게 말씀하셨습니다. 예수님을 하나님의 아들로 알았더라면 예수님을 이 땅에 보내신 하나님 아버지를 알았을 것이고, 예수님과 하나님 아버지는 한 분으로 계신 하나님이시라(10:30)는 사실도 알았다는 것입니다. 하나님의 아들이신 예수께서 하실 수 있는 대답입니다.

20절에서 예수께서 자신이 세상의 빛이시라는 말씀을 하신 곳이 헌금함 앞이라고 하셨는데, 그곳은 예루살렘 성전의 여인의 뜰 13곳에 설치된 쇼파르(나팔) 모양의 헌금함을 가리킨다는 것입니다. 13개의 헌금함은 용도가 새겨져서 각각의 용도에 따라서 나팔 모양의 헌금함에 헌금을 넣었습니다. 20절에서 "… 잡는 사람이 없으니 이는 그의 때가 아직 이르지 아니하였음이러라."고 예수께서 잡혀서 십자가에 달리실 때는 하나님 아버지의 정하신 때로 하나님 아버지께서 결정하신다는 사실을 말씀해 주고 있습니다.

예수님을 하나님의 아들로 믿지 못하고 대적하여 돌로 치려고 했던 바리새인들과 대제사장들을 비롯한 유대인 당국자들을 향하여 예수께서 8장 44절에서 살인자와 거짓말의 아비인 마귀의 자식들이라고 정죄했습니다. 예수님의 말씀을 믿지 못하고 계속해서 비판하고 욕하고 대적하고 돌로 치려고 하는 반기독교 세력들이 지금은 너무 많아져서 문제입니다.

하나님의 말씀이 영적인 풍성한 삶을 가져온 가장 좋은 예는 초대교회의 가장 위대한 신학자 가운데 한 사람 성 어거스틴(St. Augustine)의 회심과 관련된 사건일 것입니다. 어거스틴은 머리가 뛰어난 사람이었는데 젊었을 때 방탕한 생활을 했습니다. 어거스틴의 신앙의 어머니 모니카(Monica)는 그의 사랑하는 아들의 구원 문제가 큰 신앙의 짐이었고 그의 아들의 방탕한 삶이 어머니 모니카의 마음을 상하게 했습니다. 어거스틴이 나이가 들어갈수록 철학에서 철학으로 방황하며 그 자신은 죄악의 수렁에 더 빠져들어 가면서 그는 드디어 기독교에 대해서 생각하기 시작했고, 심지어 유명한 밀란의 설교자 암브로스(Ambrose of Milan)의 설교에 귀를 기울였습니다. 그러나 이러한 모든 것은 그가 성경 말씀으로 돌아오기까지 아무런 변화를 가져다주지 못했습니다. 어거스틴이 「참회록」(Confessions)에서 고백한 대로 어거스틴이 어느 날 벤치에 앉아서 자신의 영혼이 죽어 있음에 슬퍼하고 있었는데, 가까운 울타리에서 들려오는 어린이의 목소리를 들었습니다. 그 아이들이 "가져다 읽어라, 가져다 읽어라."는 가사의 찬송가를 부르고 있었습니다. 어거스틴은 자신이 가져온 성경 로마서를 펼쳐서 읽었는데, 그것은 로마서 13장 13~14절의 "낮에와 같이 단정히 행하고 방탕하거나 술 취하지 말며 음란하거나 호색하지 말며 다투거나 시기하지 말고 오직 주 예수 그리스도로 옷 입고 정욕을 위하여 육신의 일을 도모하지 말라."라는 말씀이었습니다. 어거스틴은 즉시로 그 말씀을 듣고 회심해서 그가 빠져 있던 죄악을 떠나서 그리스도인으로 새로운 삶을 시작했습니다. 예수 그리스도가 말씀이시고 또 생명이시라는 것처럼 어거스틴에게 새로운 생명인 하나님의 말씀인 성경을 통하여 성령의 역사가 찾아왔습니다.

사랑하는 성도 여러분이여!

예수님은 세상의 빛이십니다. 예수님 안에 생명이 있습니다. 예수님을 나의 구주와 주님으로 믿고 따르는 예수님의 제자들을 예수님은 생명의 빛 가운데로 인도하십니다. 우리가 예수님을 우리의 주님으로 알고 하나님을 우리의 아버지로 부르고 섬겨야 합니다. 이렇게 예수님을 우리의 주님이라고 부르고, 하나님을 우리의 아버지라 부를 때에 성령께서 우리 안에 역사해서 그렇게 믿게 하고 부르게 하신 것입니다. 우리의 믿지 않는 가족들 가운데 예수님을 하나님의 아들이시고 인자로서 나의 구주와 주님이시라는 사실을 분명하게 증언하여 알게 하고 믿고 따르게 하여 그들이 생명의 빛 가운데로 걸어갈 수 있기를 바랍니다.

32. 예수 믿지 않는 사람들에 대한 경고(8:21~30)

많은 유대인이 예수님에게서 직접 말씀을 듣고 많은 표적을 보았음에도 예수님을 하나님의 아들 그리스도로 믿지 못했습니다. 예수께서 자신을 하나님으로 드러내어 말하는 '나는 …이다.'(ego eimi; I am) 용법으로 "내가 바로 그다."라고 하나님 아버지께서 보내신 하나님의 아들 그리스도라고 반복하여 말씀하는 데도 유대인 당국자들은 "너는 누구냐?"라고 예수님께 계속 반문했습니다. 하나님의 말씀을 듣고 또 표적을 보고서도 예수님을 하나님의 아들로 믿지 못하여 대적하여 죽이려고 하는 것은 그 개인에게 큰 불행입니다. 예수님은 자신을 반복해서 하나님이 보내신 하나님의 아들 그리스도라고 증거하고 하나님께 들은 말씀을 사람들에게 말한다고 증언했습니다. 본문에서 예수께서 자신을 믿지 않았던 유대인들에게 들려주셨던 경고의 말씀을 통해 우리는 바른 믿음 안에 살아가야 합니다. 더 나아가 믿지 않는 가족들에게 복음을 전하여 그들이 예수님을 믿고 영생을 얻어 그리스도인의 참된 복을 함께 누리는 은혜가 임하길 바랍니다.

첫째로 우리가 예수 그리스도를 믿지 아니하면 죄 가운데서 죽을 것입니다(21~24).

21절에서 예수께서 "다시 이르시되"라고 말씀하신 것은 이미 앞에서 말씀하신 내용을 다시 연속성을 가지고 말씀하신다는 뜻입니다. 그것은 예수께서 떠나가신다고 하신 말씀을 다시 계속 말씀하시면서 좀 더 확대하여 자세하게 말씀하고 계시는 것입니다. 7장 33~34절에서 "33. 예수께서 이르시되 '내가 너희와 함께 조금 더 있다가 나를 보내신 이에게로 돌아가겠노라. 34. 너희가 나를 찾아도 만나지 못할 터이요 나 있는 곳에 오지도 못하리라.' 하시니"라고 예수 께서 자신을 보내신 아버지께로 떠나가신다고 하시면서 자신을 믿지 않는 유 대인들은 예수께서 가시는 곳에 오지 못한다고 경고하셨습니다.

본문 21~23절에서 "21. 다시 이르시되 '내가 가리니 너희가 나를 찾다가 너 희 죄 가운데서 죽겠고 내가 가는 곳에는 너희가 오지 못하리라.' 22. 유대인들 이 이르되 '그가 말하기를 내가 가는 곳에는 너희가 오지 못하리라 하니 그가 자결하려는가.' 23. 예수께서 이르시되 '너희는 아래에서 났고 나는 위에서 났 으며 너희는 이 세상에 속하였고 나는 이 세상에 속하지 아니하였느니라.'"라 고 예수께서 좀 더 심각하게 유대인들과 자신을 비교하여 자신을 믿지 않는 유 대인들이 자신이 가는 곳에 오지 못한다고 단정적으로 말씀하셨습니다. 그 이 유는 예수님은 위에서 오셨지만, 유대인들은 아래에서 왔고, 유대인들은 이 세 상에 속하지만 예수님은 이 세상에 속하지 아니하기 때문이라고 말씀하셨습 니다. 예수께서 하나님 아버지의 보냄을 받아 하늘에서 이 땅에 오셨지만, 유 대인들은 아래에서 왔다는 것은 지옥에서 왔다는 뜻이 아니라 하나님에 대하 여 의도적으로 반역하고 타락한 도덕적 질서 속에 있는 이 세상에서 왔다는 뜻 입니다. 예수께서 떠나가시는 곳에 유대인들은 올 수 없다고 예수께서 단정적 으로 말씀하셨을 때 유대인들은 예수께서 떠나가신다는 말씀을 이해하지 못 하여서 예수께서 자살하시는 줄로 오해하였습니다. 예수께서 떠나가신다는 말씀을 28절에서 인자의 들림 즉 십자가의 죽음으로 말씀하셨는데, 유대인들 은 이 말씀을 전혀 이해하지 못했습니다. 그래서 유대인들은 계속해서 예수님 이 아닌 다른 그리스도를 찾아다니다가 찾지 못하고 죄 가운데서 죽게 될 것이 고, 결국 예수께서 가시는 곳에 유대인들은 오지 못한다고 말씀했습니다. 유 대인들이 예수님이 아닌 다른 그리스도를 이 땅에서 계속해서 찾을 것이지만, 전혀 불가능하다는 것입니다. 왜냐하면, 유대인들은 참된 그리스도인 예수님 을 배척하고 다른 곳에 존재하지도 않는 그리스도를 찾으려고 하기 때문입니다. 결국, 유대인들은 자신들의 예수 믿지 않는 불신앙의 죄 가운데서 죽게 될 것입니다. 여기 21절의 죄(hamartia; sin)는 단수형으로 예수님 자신과 예수께서 보여주신 계시를 배척한 불신앙이라는 특정한 죄를 말하고 있다고 카슨(D. A. Carson) 교수는 해석했습니다(9:41).

22절의 유대인들은 예수께서 행하신 표적을 보고서 처음엔 하나님의 아들로 믿기도 했지만(2:23), 진실한 믿음이라고 보기 어려웠고(2:24~25), 나중에 유대인 당국자의 협박에 따라 그를 십자가에 못 박으라고 소리쳤던 사람들이었습니다. 예수님은 자살이 아니라 원수들의 손에 의해 폭력적으로 십자가에 매달려 죽임을 당하게 될 것이지만(28), 사실은 예수께서 하나님 아버지의 뜻에 순종하여 자원하여 자신의 목숨을 내려놓으신 방식으로(29, 10:18) 떠나가셨습니다.

24절에서 "그러므로 내가 너희에게 말하기를 너희가 너희 죄 가운데서 죽으리라 하였노라 너희가 만일 내가 그인 줄 믿지 아니하면 너희 죄 가운데서 죽으리라."라고 예수 믿지 않는 유대인들이 "만일 예수께서 그인 줄 믿지 아니하면", 그들은 죄 가운데 죽으리라고 말씀하셨습니다. 현대인의 성경 24절에서 "그래서 내가 너희는 너희 죄 가운데서 죽을 것이라고 말하였다. 만일 너희가 나를 그리스도로 믿지 않으면 너희가 정말 너희 죄 가운데서 죽을 것이다."라고 유대인들이 "만일 예수를 그리스도로 믿지 않으면" 그들의 죄 가운데서 죽으리라고 해석했습니다. 예수님을 대적하는 유대인들이 난 곳은 반역하는 곳이고, 도덕적으로 죄악으로 가득한 곳이고, 그들은 그들의 불신앙 때문에 죄 가운데서 죽게 될 것입니다. 24절의 '죄'(hamartiais; sins)는 복수형으로 죄들이라고 번역하는데 이것은 불신앙이라는 가장 근본적인 죄로부터 자라난 다양하고 더러운 형태의 부패함이라고 카슨(D. A. Carson) 교수는 해석했습니다. 예수께서 예수 믿지 않는 유대인들에게 "너희가 만일 내가 그인 줄 믿지 아니하면 너희 죄 가운데서 죽으리라."라고 죽음을 피할 수 없다고 했습니다. 그러나 이것은 유대인들이 '예수님을 하나님이 보내신 그 분으로 믿으면' 죄 가운데서 죽는 것을 피할 수 있다는 사실을 암시하기도 하는 것입니다.

여기서 "내가 그인'(ego eimi) 줄 믿지 아니하면"이라는 말을 현대인의 성경에서 "만일 너희가 나를 그리스도로 믿지 않으면"이라고 번역했습니다. 이 뜻은 '너희가 만일 내가 이 세상에 속하지 아니하였고 또는 위에서 났다는 것을 믿지 아니하면 너희 죄 가운데서 죽으리라.'가 좀 더 정확한 해석입니다. 28절에서 다시 "이에 예수께서 이르시되 '너희가 인자를 든 후에 내가 그인 줄을 알고"라고 예수께서 인자로 들려 십자가에 달려 죽으신 후에 "자신이 그인"(ego eimi) 줄 다시 말해서 예수께서 죄 없이 십자가에 달려 죽으신 인자이시라고 했습니다. 58절에서도 다시 한번 "예수께서 이르시되 '진실로 진실로 너희에게 이르노니, 아브라함이 나기 전부터 내가 있느니라.' 하시니"라고 예수께서 아브라함이 나시기 전부터 존재하신 "하나님이시라"(ego eimi)고 가장 놀랍게 직설적으로 말씀하셨습니다. 24, 28, 58절에서 '에고 에이미'(ego eimi)의 용법을 통하여 하나님이신 예수님은 "내가 그이다"라고 반복적인 선언을 통하여 예수님 자신이 하나님이 보내신 그 분이시고, 인자이시고, 그리스도시라고 말씀하셨습니다. 그러나 유대인들은 예수님의 말씀을 이해하지 못했고, 예수께서 말씀하신 아버지가 누구신지 깨닫지 못했습니다.

적용　예수님은 하나님이 보내신 하나님의 아들이시고, 우리 죄를 대신하여 십자가에 달려죽으신 인자이시고, 오리라고 예언된 그리스도이시고, 영원 전부터 존재하신 하나님이심을 믿어서 죄 가운데서 죽지 않고 구원받는 우리 모두가 될 수 있기를 바랍니다.

둘째로 우리가 예수 그리스도를 아버지께서 보내신 하나님의 아들로 믿어야 합니다 (25~27).

25~27절에서 "25. 그들이 말하되 '네가 누구냐?' 예수께서 이르시되 '나는 처음부터 너희에게 말하여 온 자니라. 26. 내가 너희에게 대하여 말하고 판단할 것이 많으나 나를 보내신 이가 참되시매 내가 그에게 들은 그것을 세상에 말하

노라.' 하시되 27. 그들은 아버지를 가리켜 말씀하신 줄을 깨닫지 못하더라."라고 하여 유대인들의 불신앙에 따른 무지에 대해 말씀하십니다. 유대인들은 예수께서 '에고 에이미'(ego eimi; I am)의 용법을 통하여 하나님이 보내신 그분이라고 말씀하시는 말의 뜻을 이해하지 못하고 "네가 누구냐?"고 반문하며 물었습니다. 그때 예수님은 "나는 처음부터 너희에게 말하여 온 자니라."(현대인의 성경; "내가 누군지 처음부터 너희에게 말하지 않았느냐?")라고 유대인들에게 대답하셨습니다. 유대인들은 아무리 '에고 에이미'(ego eimi; I am) 용법의 말씀을 이해하기 어렵다고 할지라도 예수님 자신이 하나님의 아들이시고, 인자이시고, 그리스도시고, 아버지의 말씀을 들은 대로 전하고, 아버지의 행하신 일을 본 그대로 일관되게 행한다고 계속 말씀하신 것을 들어야 했습니다. 예수께서 자신의 말을 제대로 이해하지 못하는 유대인들에게 거리낌 없이 오히려 "말하고 판단할 것이 많다."라고 말씀하셨습니다. 예수님의 사명은 자신을 보내신 아버지께 들은 것들을 세상에 그대로 "말하는" 것이었습니다. 3장 19절에서 "그 정죄는 이것이니 곧 빛이 세상이 왔으되 사람들이 자기 행위가 악하므로 빛보다 어둠을 더 사랑한 것이니라."라고 예수께서 세상에 왔으나 세상이 자신을 영접하지 아니하고, 그들의 행위가 악하므로 빛보다 어둠을 더 사랑하는 것을 책망할 수밖에 없었습니다. 예수께서 아버지께 받은 계시의 말씀을 전하고, 아버지께서 행하신 일들을 표적으로 보여주었음에도 유대인들이 자신을 믿지 아니하고 오히려 배척하고 죽이려 하는 데 대하여 그들의 심판을 말할 수밖에 없었습니다. 예수님은 세상에 와서 독자적으로 말씀하시거나 행동하시지 않고, 오히려 자신을 보내신 아버지의 말씀을 하늘에서 들은 대로 사람들에게 말씀하여(26) 하나님의 백성들을 구원하시고자 하셨습니다. 예수님을 세상에 보내신 아버지는 참되시기 때문에 그가 전하는 아버지의 말씀은 진리였습니다.

유대인들은 예수께서 말씀하신 "나를 보내신 이"가 "아버지" 하나님을 가리키는 것임을 깨닫지 못했습니다. 예수께서 베데스다 연못가에 38년 된 중풍 병자를 고치시고 나서 5장 16~19절에서 하나님을 자신의 친아버지라고 말씀했다고 유대인들로부터 미움을 받아 죽음의 위협을 받았습니다. 예수님은 처음부터 계속해서 사실대로 하나님을 자신의 아버지라고 말씀하며 하나님의 말씀을 전하고 표적을 행하셨습니다. 그런데도 유대인들은 예수께서 하나님을 "아버지"라고 말씀하시는 것을 깨닫지 못했습니다. 예수께서 하나님을 "나 보내신 이"(29, 5:24)라고 요한복음에서 39회나 말씀하여 하나님을 "아버지"라고 지칭했을 때 유대인들이 혼동했을 수도 있었습니다. 예수께서 하나님을 "나 보내신 이" 또는 "아버지"라고 분명하게 말씀하셨음에도 불구하고 유대인들은 예수님의 말씀을 이해하는 영적인 분별력이 정확하지 못해서 이해하지 못했습니다.

적용 우리는 예수님을 하나님께서 보내신 하나님의 아들이심을 분명하게 믿고, 예수께서 전하신 하나님의 말씀을 진리의 말씀으로 믿고 순종하며 살아갈 수 있기를 바랍니다.

셋째로 우리가 인자 예수님의 들림인 그의 십자가의 죽음을 믿어야 영생을 얻습니다 (28~30).

28~29절에서 "28. 이에 예수께서 이르시되 '너희가 인자를 든 후에 내가 그인 줄을 알고 또 내가 스스로 아무 것도 하지 아니하고 오직 아버지께서 가르치신 대로 이런 것을 말하는 줄도 알리라. 29. 나를 보내신 이가 나와 함께 하시도다. 나는 항상 그가 기뻐하시는 일을 행하므로 나를 혼자 두지 아니하셨느니라.'라고 예수님의 정체성과 사역에 대해 말씀합니다. 예수께서 누구신지와 그의 영광이 온전히 드러나게 되는 때는 "너희가 인자를 든 후에"(현대인의 성경; 너희가 나를 십자가에 못 박아 죽인 다음에야)라는 말씀처럼 예수께서 십자가에 달려 죽은 다음에 비로소 예수님이 그리스도시고, 인자이시고, 주님이시라는 사실이 드러나면서 그의 영광이 온전히 드러나게 되었습니다. "너희가 인자를 든 후"에서 '인자의 들림'은 12장 32~33절에서 "32. '내가 땅에서 들리면 모든 사람을 내게로 이끌겠노라.' 하시니. 33. 이렇게 말씀하심은 자기가 어떠한 죽음으

로 죽을 것을 보이심이리라."라고 인자 예수께서 십자가에 달려 죽으심을 말하는 것이며 인자의 들림은 유대인 당국자들과 빌라도 총독에 의한 것이었지만, 29절의 "나는 항상 그가 기뻐하시는 일을 행하므로"라는 말씀처럼 하나님 아버지의 기뻐하시는 뜻에 자원하여 순종함으로 이루어졌다는 것입니다. 인자 예수님은 그의 들림을 통하여 그가 아버지 앞으로 올라가서, 창세 전에 아버지와 함께 누렸던 영광으로 돌아갔습니다(17:5). "후에 내가 그인 줄을 알고"(ego eimi)라는 말씀처럼 예수님의 십자가를 통하여 분명하게 예수님이 누구신지 드러나 알려지게 되었습니다. 유대인들이 예수님을 십자가에 못 박은 후에 "내가 그이다"(ego eimi)라는 예수께서 하나님의 아들이시고, 인자이시고, 그리스도이심을 알게 되었습니다. 사람들이 예수님을 그들의 주님이라고 고백할 때 영광이 하나님께 돌아갔습니다. 28절의 말씀대로 예수께서 스스로 아무 것도 하지 않고, 오직 아버지께서 가르치신 대로 말씀을 증거하셨음을 사람들이 알게 되고, 아버지는 예수님과 함께하신다는 사실도 알게 되었습니다.

현대인의 성경 30절에서 "이 말씀을 듣고 많은 사람이 예수님을 믿었다."라고 예수님의 놀랍고 강력한 말씀을 듣고 십자가와 부활에 근거한 온전한 이해가 없이도 많은 사람이 예수님을 믿었습니다. 3장 14~15절에서 "14. 모세가 광야에서 뱀을 든 것 같이 인자도 들려야 하리니 15. 이는 그를 믿는 자마다 영생을 얻게 하려 하심이니라."라고 인자의 들림 즉 예수님의 십자가에 죽으심을 믿는 사람은 영생을 얻는다고 했습니다. 예수님의 십자가와 부활의 영광 후에 많은 사람이 그가 보내신 보혜사 성령을 받고서 예수님을 하나님의 아들과 그리스도로 믿게 되는 역사가 일어났습니다. 사울도 부활하신 예수님을 만나고, 아나니아의 안수기도로 성령을 충만하게 받았고, 다메섹의 회당에서 예수께서 하나님의 아들과 그리스도이심을 믿고 증거했습니다.

사랑하는 성도 여러분이여!

누구든지 예수님을 하나님의 아들과 인자와 그리스도로 믿지 않으면 그들의 불신앙의 죄 가운데서 죽임을 당하고 예수께서 가신 하나님 아버지의 집으로 들어가지 못합니다. 우리가 하나님의 아들이시며 인자이시고 그리스도이신 예수님을 나의 구주와 주님으로 믿게 될 때 영생을 얻습니다. 인자 예수께서 나를 대신하여 십자가에 달려죽으신 나의 주님이심을 분명하게 믿어서 하늘 아버지 집에 들어가는 영생을 누리시길 바랍니다. 예수 믿지 않아서 죄 가운데 죽어가는 불행한 사람들이 되지 말고, 오직 십자가에 달려 죽으신 인자 예수님을 나의 주님으로 믿어서 영생을 당당하게 누리는 행복한 사람이 될 수 있기를 소원합니다.

33. 진리가 너희를 자유롭게 하리라(8:31~41)

어미 소가 송아지 두 마리를 낳았습니다. 송아지는 어느덧 자라 큰 송아지가 농부에게 사정을 했습니다. "저에게 제발 코뚜레를 뚫지 말아 주세요." 농부가 대답하기를 "코뚜레를 뚫지 않으면 망아지처럼 되고 말 텐데." "아닙니다. 주인님! 그것은 낡은 생각입니다. 두고 보십시오. 코뚜레를 뚫지 않아도 곱절이나 일을 잘할 테니까요." 농부는 작은 송아지에게만 코뚜레를 뚫고 큰 송아지는 자신의 약속대로 코뚜레 없이 스스로 멍에도 메고 쟁기도 끌었습니다. 코뚜레를 뚫은 작은 송아지가 쉴 때도 큰 송아지는 더욱 힘을 내서 달구지를 끌기도 했습니다. 그런데 큰 송아지는 차츰 꾀가 나기 시작하자 일을 피하고 자신의 주인에게 뒷발질하기도 했습니다. 그러던 어느 날 큰 송아지가 보이질 않았습니다. 그 행방을 묻는 작은 송아지에게 주인은 이렇게 대답했습니다. "일도 안 하고 꾀만 부려서 도살장으로 보냈지." 진정한 자유는 진리 안에서 살아가는 삶이며, 결코 자신의 마음 내키는 대로 사는 것이 아닙니다. 우리 인간은 자기의 욕망에 따라서 자신이 원하는 대로 이끌려가는 삶을 살고자 합니다. 진정한 자유는 예수 그리스도 안에서 맘껏 하나님을 섬기며 기쁨으로 사명을 감당하며 살아가는 삶입니다.

예수께서 자신을 믿는 유대인들 가운데서 변하지 않는 참된 제자가 누구인지 구별하는 말씀을 하셨습니다. 본문에서 예수님께서 그 유명한 32절의 "진리를 알지니 진리가 너희를 자유롭게 하리라."라는 말씀과 36절의 "그러므로 아들이 너희를 자유롭게 하면 너희가 참으로 자유로우리라."라는 놀라운 말씀을 하셨습니다. 예수께서 본문에서 참된 제자가 누구인지, 예수께서 주신 자유가 무엇인지 분명하게 말씀하셨습니다. 유대인 제자들은 예수께서 자신들의 입맛에 맞는 말씀을 하셨을 때는 예수님을 믿었지만, 예수께서 그들의 편견에 반대되는 말씀을 하셨을 때는 반감을 보이며 예수님을 대적하여 오히려 믿음에서 떠나버렸습니다. 우리는 오늘 "진리가 너희를 자유롭게 하리라."는 말씀을 함께 들으면서 진리를 아는 믿음에 굳건하게 서서 예수님의 참된 제자로, 예수께서 주신 참 자유함을 누리는 제자로 살아가고자 합니다.

첫째로 우리가 진리를 알고 진리에 거해야 예수님의 제자가 되어 자유함을 누립니다 (31~32).

누가 예수님의 제자입니까? 목사, 장로, 권사, 집사가 예수님의 제자입니까? 몇 대째 기독교 신앙의 가문에서 자란 사람이나 모태 신앙으로 태어난 사람이 예수님의 제자입니까? 본문에서 예수 믿는 유대인들에게 누가 진정한 예수님의 제자인지 예수님의 말씀을 듣고 정리해보고자 합니다. 31절에서 '예수 믿는 유대인들'은 30절에서 말한 예수 믿는 많은 사람을 말합니다. 여기까지는 사도 요한이 예수 믿는 유대인들을 상당히 좋은 의미로 말했지만, 예수께서 유대인들에게 노예 생활과 자유에 대하여 말씀하시자 유대인들에게서 거부감이 일어나서 예수님을 대적하게 되면서 예수께서 그들을 부정적인 존재로 규정했습니다. 34절에서 예수께서 유대인들을 "죄의 종"이라고 했고, 37절에서 하나님의 말씀이 그들 안에 있을 곳이 없으며, 44절에서 "마귀의 자식들"이라고 정죄했고, 55절에서 "거짓말쟁이"라고 규정하고, 59절에서 자신들이 믿고 따랐던 예수님을 돌로 쳐서 죽이려고 했다고 적시했습니다. 사도 요한은 유대인들의 변덕스러운 믿음에 대하여 2장 23절에서도 예수께서 행하신 표적들을 본 유대인들이 예수의 이름을 믿었다고 했지만, 24~25절에서 그들의 믿음에 대하여 예수께서 신뢰할 수 없는 믿음이라고 일찍이 정리했습니다. 유대인들은 예수께서 행하신 표적을 보고서 생겨난 믿음이었지만, 말씀에 거하는 믿음으로 제대로 성장하지 못했습니다. 본문에서 예수께서 자신을 믿는다는 유대인들에게서 참된 믿음을 가짜 믿음에서 구분해주었고, 참된 제자를 변덕스러운 제자들과 구별하여 세우고자 하셨습니다.

31~32절에서 "… 너희가 내 말에 거하면 참으로 내 제자가 되고, 진리를 알지니 진리가 너희를 자유롭게 하리라."라고 했습니다. 여기서 "거하다"(meinete; to remain)는 '거하다, 머물다'라는 뜻으로 예수님의 말씀으로 살아가겠다는 확고한 결단이며, 어렵고 힘들더라도 끝까지 믿음을 지키며 살아가겠다는 다짐입니다. 말씀에 거하는 것은 하나님의 말씀을 지속적으로 듣고, 묵상하며, 지키며 살아가는 삶을 수반합니다. 시편 1편 2절은 "오직 여호와의 율법을 즐거워하여 그의 율법을 주야로 묵상하는도다."라고 복 있는 사람을 말씀에 거하는 제자로 말했습니다. 참된 제자는 예수께서 가르치신 말씀에 거하여 말씀을 사모하며 살아가는 사람입니다. 참된 제자는 그 어떤 반대와 갈등에도 예수께서 가르치신 말씀에 거하여 끝까지 지켜내는 믿음을 가지고 살아갑니다. 참된 믿음의 제자가 누리는 진정한 자유함의 영광이 따라옵니다. 참된 제자는 하나님의 말씀이 그들 안에 거하여, 그 말씀을 깨닫고, 그 말씀을 소중하게 여기고, 그 말씀에 순종하여, 그 말씀이 자신의 삶을 주장하고 다스리는 삶을 살아가는 사람입니다. 예수께서 가르치신 말씀 안에 거하는 제자들은 하나님이 그들의 아버지로, 예수께서 그들의 주님으로 주장하는 삶을 살아갑니다. 예수께서 자신을 믿는 유대인들에게 그 어떤 대가를 치러서라도 자신이 가르친 말씀에 거하는 참 제자가 되라고 말씀하셨습니다. 그렇지만 유대인들은 예수님에게서 자신들의 입맛에 맞는 말만을 들으려고 하면서 예수님의 제자 됨에서 점점 멀어져 갔습니다.

33절에서 유대인들은 "그들이 대답하되 '우리가 아브라함의 자손이라. 남의 종이 된 적이 없거늘 어찌하여 우리가 자유롭게 되리라 하느냐?'"라고 하며 자신들의 불신앙을 드러냈습니다. 유대인들은 예수님의 말씀에 무조건 따를 수 없으며, 그들의 참된 자유를 위하여 예수를 꼭 믿어야 한다는 말씀도 믿을 수 없으며, 그들이 죄의 노예로 살아가고 있다는 사실조차 제대로 깨닫지 못하는 무지와 변덕스러움에 놓여 있었습니다. 예수님은 유대인들이 예수님을 그들의 진정한 주님으로 고백하지 않는 한 그들의 거짓된 믿음이 바로 드러나게 해서 그들이 예수님의 참된 제자가 아니라는 사실을 밝히 보이셨습니다.

예수님은 하나님의 말씀을 붙잡고 그 말씀에 거해야 예수님의 제자가 될 수 있다고 하면서 그 말씀은 놀라운 진리의 능력을 갖추고 있다고 했습니다. 32절의 "진리를 알지니 진리가 너희를 자유롭게 하리라."라는 연세대학교 교훈이 될 정도로 그리스도인들에게 참으로 유명한 말씀입니다. 우리는 단지 지적인 탐구를 통해서 진리를 알 수 없으며, 7장 17절에서 "사람이 하나님의 뜻을 행하려 하면 이 교훈이 하나님께로부터 왔는지 내가 스스로 말함인지 알리라."라는 말씀처럼 하나님을 위한 헌신의 삶에서 진리를 알 수 있다고 했습니다. 여기서 "진리"는 예수께서 가르치신 복음의 의미에 가깝습니다. 진리는 예수님과 연결되어 있기 때문에 참된 제자는 단지 예수님의 말씀을 듣는 것만으로는 안 되고, 진리이신 예수님을 믿어야 가능합니다. 진리는 예수님 자신이 진리이시고(14:6), 그것은 말씀이 육신이 되어 은혜와 진리가 충만한 예수님을 가리키고(1:14) 있기 때문에 예수님을 그리스도로 믿을 때 참된 자유를 누리게 된다고 역설하고 있습니다. 예수님을 하나님 아버지께서 말씀하신 하나님의 아들, 인자, 그리스도로 믿을 때 참된 예수님의 제자가 되어 죄와 사망에서 해방된 참된 자유를 누릴 수 있습니다.

적용 우리도 진리이신 예수님을 믿고, 진리의 말씀에 순종하여 자유함을 누리시길 바랍니다.

둘째로 우리는 하나님의 아들이 우리를 자유롭게 해야 자유함을 누릴 수 있습니다 (33~38).

우리 그리스도인의 진정한 자유는 무엇일까요? 누가 우리에게 우리의 자유함을 주는 것일까요? 우리의 자유는 자기 마음대로 살아가는 방종된 삶을 의미하지 않습니다. 본문에서 하나님의 아들 예수께서 우리에게 죄와 사망으로부터 해방된 자유롭게 한 자유를 주신다고 했습니다. 이미 24절에서 우리가 예수 그리스도를 믿지 아니하면 죄 가운데서 자유함을 누리지 못하고 죽는다고 했습니다.

33절에서 "그들이 대답하되 '우리가 아브라함의 자손이라. 남의 종이 된 적이 없거늘 어찌하여 우리가 자유롭게 되리라 하느냐?'"라고 예수께서 자유에 대하여 말씀하시며 유대인들이 지금 노예 상태에 놓여 있다는 것을 전제한 사실에 대하여 유대인들은 예수님의 말씀을 단호하게 거부했습니다. 그 이유는 유대인들은 자신들이 아브라함의 자손인데 어떻게 다른 사람의 노예일 수 있느냐는 것이었습니다. 이러한 반론은 유대인들이 정치적으로 누군가에게 종속된 적이 결코 없었다는 것을 의미하는 것이 아니었습니다. 왜냐하면, 유대인들은 긴 역사 가운데 시대마다 거의 모든 강대국들 즉 애굽, 앗수르, 바벨론, 페르시아, 그리스, 시리아, 로마 제국을 섬겨왔고, 여러 나라에 예속되어 있었으므로 이런 정치적인 의미에서 예속된 적이 없었다고 말하는 것은 터무니없는 말이기 때문입니다. 유대인들은 예수님 당시에 로마의 지배 아래 있었지만, 상당한 자유를 누렸고 특히 종교적으로 독립되어 있었다는 것은 사실이고, 사도 요한이 요한복음을 썼을 당시에도 그런 상황은 계속되었습니다. 그렇지만 유대인들이 로마의 가이사 황제를 섬기고 있었던 것도 사실이었습니다. 여기서 유대인들은 영적이고 내적인 자유와 특권에 대하여 말하고 있을 가능성이 큽니다. 유대인들은 자신들이 이미 자유로우므로 더는 자유가 필요하지 않다고 확신했습니다. 33절 마지막에서 "어찌하여 우리가 자유롭게 되리라 하느냐?"라고 말한 유대인들은 53절에서 "너는 이미 죽은 우리 조상 아브라함보다 크냐? 또 선지자들도 죽었거늘 너는 너를 누구라 하느냐?"라는 독설로 예수님을 더 대적했습니다. 31절의 예수 믿는 유대인들은 이미 자신들의 마음에 맞지 않는 예수님의 말로 인하여 예수님의 가르침에 더 이상 거하고자 하지 않는다는 자신들의 속내를 여기서 드러냈습니다. 유대인들은 아브라함의 자손이라는 특권의식이 너무 강해서 자신들의 부족한 영적인 결핍이나 자신들이 죄의 종이라는 사실을 전혀 인정할 수 없었습니다.

예수님은 무지한 유대인들을 향하여 노예 상태와 자유함이 무엇을 말하는지 34~36절에서 자세하게 설명하고 있습니다. "34. 예수께서 대답하시되 '진실로 진실로 너희에게 이르노니 죄를 범하는 자마다 죄의 종이라. 35. 종은 영원히 집에 거하지 못하되 아들은 영원히 거하나니 36. 그러므로 아들이 너희를 자유롭게 하면 너희가 참으로 자유로우리라.'" 죄를 범하는 자마다 죄의 종이고, 하나님의 아들을 믿는 사람은 그 아들이 그들을 자유롭게 하리라고 했습니다. 예수 믿지 않는 것이 죄이고(16:9), 그런 사람이 죄의 종이라고 했습니다. 그러므로 예수님에게 있어서 궁극적인 속박은 정치적이거나 경제적인 속박이 아니라 도덕적 실패와 창조하신 창조주 하나님을 알지 못하고 반역하여 죄악의 노예 상태에 처해진 것을 말합니다. 우리를 노예로 삼아 폭압을 자행하는 폭군은 로마의 가이사 황제가 아니라, 창조주 하나님을 섬기는 데서 돌아서서 피조물의 노예가 되어 피조물을 섬기며 악을 행하는 자기중심적인 바로 우리 자신이라는 것입니다. 유대인들은 그들 자신을 아브라함의 자손들이라고 주장하고 있지만, 사실은 죄의 노예들이라고 예수께서 말씀했습니다. 유대인들은 자신들이 아브라함의 자손들이라고 확신하였고, 거기에 대한 영적인 자부심을 느끼고 살아왔는데, 예수님이 그들이 예수님을 믿지 않고 하나님을 섬기지 않는 죄의 노예라고 말하자 큰 충격을 받았습니다. 왜냐하면, 노예는 영원히 아버지 집에 거할 수 있는 지위를 갖고 있지 않기 때문입니다.

35절의 "아들"(ho huios; the son)은 요한복음에서 항상 예수 그리스도를 말하는데 아들은 하나님 아버지 집에 거하며, 14장 2~3절에서 아들이 우리를 위하여 아버지 집에 거처를 예비하고, 아들이 바로 아버지 집으로 가는 길이고, 아들이 와서 우리를 영원히 하늘 아버지 집에 영접하여 거하게 하신다고 했습니다. 그러므로 우리가 아들을 믿어야 아들이 우리를 죄의 노예 상태에서 해방하여 영원히 자유롭게 할 수 있다고 했습니다. 예수께서 죄의 폭정으로부터 해방시켜 주신 자들은 참으로 죄와 사망으로부터 자유함을 누립니다. 갈라디아 5장 1절에서 "그리스도께서 우리를 자유롭게 하려고 자유를 주셨으니 그러므로 굳건하게 서서 다시는 종의 멍에를 메지 말라."라고 예수께서 그를 믿는 자들에게 자유롭게 하는 자유를 주셨다고 했습니다. 참된 자유는 우리가 하고 싶은 대로 무엇이든지 우리 마음대로 할 수 있는 것이 아니라, 하나님의 자녀들로 자유롭게 하나님을 섬기며 하나님께서 맡겨주신 사명을 맘껏 감당하는 것입니다. 우리가 맘껏 하나님을 예배하고 하나님께서 맡겨주신 사명을 감당하는 것이 우리에게 큰 기쁨을 가져다준다는 점에서 그것이 진정한 자유입니다.

유대인들이 아브라함의 자손이라는 사실에 대하여 바울은 표면적인 유대인이 유대인이 아니며 오직 이면적인 유대인이 유대인이며 할례는 마음에 해야 한다고 주장했습니다(롬 2:28~29). 예수님은 사실 유대인들의 변덕스러운 군중 심리를 염려했습니다. 유대인들은 예수님의 가르침이 그들의 편견과 충돌하지 않을 때에는 예수님을 믿었지만(30), 예수께서 그들의 전통과 편견에 반하는 말씀을 가르쳤을 때는 갑자기 돌변하여 대적하고 죽이려고 했습니다(37, 59). 이것이 바로 유대인들이 아브라함의 자손이 아니라는 사실을 증명한 것이고, 그들이 순간적으로 가졌던 믿음도 저버려서(31) 그들의 예수님에 대한 믿음이 진정성이 없다는 것을 증명했습니다. 예수님은 이런 사실을 37절에서 "내 말이 너희 안에 있을 곳이 없으므로"라고 핵심적인 이유를 지적하며 이것 때문에 유대인들이 예수님을 죽이려 했다고 지적하셨습니다. 그러므로 유대인들이 "우리의 아버지는 아브라함이라."라고 말한 것은 거짓말이었고, 예수께서 하나님을 "내 아버지"(38)라고 말한 것은 진실이었습니다. 예수님은 아버지에게서 본 것을 말하고 아버지의 뜻대로 그대로 순종하여 행하였습니다. 예수님의 말씀과 행실은 그의 아버지가 하나님이심을 그대로 드러내 보였습니다.

적용 우리는 예수 그리스도가 죄에서 자유롭게 한 자유함을 기쁨으로 누리며 살아가십시다.

셋째로 우리가 진리를 믿어야 예수님의 제자이지만 대적하면 예수님의 제자가 아닙니다(39~41).

유대인들이 강력하게 "우리의 아버지는 아브라함이라."라고 말한 것은 그들이 아직도 예수께서 38절에서 그들의 아버지가 마귀라고 암시하고 있는 사실을 알지 못했다는 것을 말해줍니다. 바울은 창세기 15장 6절의 "아브람이 여호와를 믿으니 여호와께서 이를 그의 의로 여기시고"라는 말씀을 로마서 4장에서 해석하면서 아브라함은 하나님과 하나님의 약속으로 오실 예수 그리스도를 믿어서 구원을 받았다고 놀랍게 해석했습니다. 아브라함은 예수님을 죽은 자 가운데서 살리신 하나님을 믿었다고 했습니다. 아브라함의 자손들은 아브라함과 같이 하나님의 약속 성취로 오신 예수 그리스도를 믿는 사람이 진정한 아브라함의 자손이지만, 예수 그리스도를 믿지 않고 대적하는 사람은 아브라함의 자손이 아닙니다. 만약에 유대인들이 진정한 아브라함의 후손이라면 아브라함과 같이 하나님의 약속 성취로 오신 예수 그리스도를 그들의 주님으로 믿고 그의 말씀을 듣고 순종했을 것이지만, 유대인들은 예수님의 말씀이 그들의 입맛에 맞지 않는다고 반감을 품고 대적했다는 것이 아브라함의 후손이 아니고, 다른 사람 즉 마귀가 그들의 아비라는 사실을 증명합니다.

사랑하는 성도 여러분이여!

우리는 예수께서 가르치신 진리의 말씀을 늘 묵상하며 사랑하며 그 말씀대로 살아가는 예수님의 제자로 살아가야 합니다. 예수 그리스도를 우리의 주님으로 믿어서 예수께서 우리에게 죄와 사망으로부터 자유롭게 한 참된 자유함을 누리며 하나님을 맘껏 섬기며, 기쁨으로 사명을 감당할 수 있기를 바랍니다. 우리는 아브라함과 같이 하나님과 하나님의 약속 성취로 오신 예수 그리스도를 믿어서 의롭다 여김을 받은 진정한 아브라함의 후손으로 진리의 말씀에 거하여 살아가는 모든 성도가 될 수 있기를 소원합니다.

34. 마귀의 자식들과 아브라함의 자손들(8:42~59)

유대인들은 변덕스럽게 흔들리는 믿음이었습니다. 유대인들은 예수께서 행하신 표적을 보고 예수님을 믿었지만, 예수께서 자신들의 주장과 전통에 맞지 않는 말씀을 선포하셨을 때 그들은 예수님의 말씀을 믿지 않고 오히려 예수님을 사마리아인이라고 비방하고, 귀신이 들렸다고 저주하고, 돌을 들어 치려고 했습니다. 그러나 예수님은 자신이 선포하는 하나님의 말씀을 듣고 믿으면 죄와 사망으로부터 자유롭게 되어 죽음을 보지 않을 것이라는 놀라운 말씀을 하셨습니다. 예수님의 말씀을 듣지 않고 대적하는 사람들은 하나님께 속하지 않은 마귀의 자식들이라고 예수께서 단언하셨습니다. 아브라함은 그의 후손 가운데 약속으로 오실 예수님을 믿고 기뻐하며 구원을 받았습니다. 아브라함의 진정한 후손들은 아브라함과 같이 아브라함의 후손으로 오신 예수님을 믿고 기뻐하여 죽음을 보지 않는 영생을 얻은 사람들입니다. '마귀의 자식들과 아브라함의 자손들'이라는 말씀을 들으면서 함께 은혜를 나누고자 합니다.

첫째로 마귀의 자식들은 진리의 말씀을 듣지 않고 예수님을 대적합니다(42~47).

유대인들은 자신들이 혈통적으로 아브라함의 후손이라고 말하며, 하나님이 자신들의 아버지라고 주장했습니다. 예수님은 아브라함의 후손이라면 아브라함과 같이 하나님과 하나님의 약속으로 오신 자신을 믿고(롬 4:20~22), 하나님이 보내신 하나님의 아들을 믿는 사람들이라고 말씀했습니다. 예수님은 유대인들의 아버지가 하나님이 아닌 다른 존재라고 계속해서 암시하여 말하다가 44절에서 드디어 살인자와 거짓말의 아비인 마귀가 그들의 아비라고 단정하여 말씀했습니다. 유대인들은 자신들의 아버지가 아브라함과 하나님이라고 말했지만, 42절을 보면 유대인들의 아버지가 진정으로 하나님이신지 판별할 수 있는 기준은 예수님에 대한 사랑이 있느냐는 것이라고 말씀하고 있습니다. 예수님 자신이 하나님으로부터 왔고, 하나님에 의해서 보내심을 받았기 때문에 유대인들이 하나님의 자녀라면 당연히 예수님을 사랑해야 합니다. 유대인들이 예수님의 말씀을 듣지 않고 예수님을 사랑하지 않는다면, 그 이유는 유대인들이 하나님 아버지를 제대로 알지 못할 뿐만 아니라 하나님이 보내신 예수님도 알지 못하기 때문입니다.

43절에서 유대인들이 예수께서 하나님으로부터 왔고, 하나님에 의해서 보냄을 받아서 왔다고 하는데도 그들은 예수께서 선포하는 말씀을 들을 수 없었다고 했습니다. 유대인들은 자신들의 전통과 주장에 맞지 않는 예수님의 말씀을 듣지 않았고, 받아들이지 않았고, 도무지 깨닫지 못했습니다. 유대인들이 하나님을 알고, 아브라함이 그들의 아버지라면 예수님을 사랑하였을 것이라고 예수께서 말씀했습니다. 유대인들이 예수님의 말씀을 듣지 않고, 예수님을 대적하는 행동을 하는 것은 그들의 아버지가 다른 존재라는 사실에 대하여 38절에서 "너희는 너희 아버지에게서 들은 것을 행하느니라."라고 암시했고, 41절에서 "너희는 너희 아비가 행한 일들을 하는도다."라고 다시 반복하여 암시했습니다.

마침내 44절에서 예수께서 유대인들의 아비가 누구인지 단정하여 밝혔습니다. "너희는 너희 아비 마귀에게서 났으니 너희 아비의 욕심대로 너희도 행하고자 하느니라. 그는 처음부터 살인한 자요, 진리가 그 속에 없으므로 진리에 서지 못하고 거짓을 말할 때마다 제 것으로 말하나니 이는 그가 거짓말쟁이요, 거짓의 아비가 되었음이라." 유대인들의 아버지는 마귀이며, 그들은 마귀에게서 난 마귀의 자식들이라고 예수께서 단정하여 말했습니다. 유대인들은 그들의 아버지 마귀와 너무 유사해서 마귀가 자신의 욕심대로 행하고자 한 것처럼 행한다는 것입니다. 마귀가 원하는 것은 두 가지였다고 본문에서 말합니다. 첫 번째로, "마귀는 처음부터 살인자"였습니다. 이 말은 창세기 2~3장의 마귀가 아담과 하와를 타락시킨 일과 관련된 것이라고 카슨(D. A. Carson) 교수는 해석했습니다. 마귀는 에덴동산에서 혼자 있는 하와에게 접근하여 "너희가 결코 죽지 아니하리라."(3:4)라고 거짓말로 선악과를 먹도록 유혹하여 아담과 하와에게 영적인 생명을 빼앗고, 그들을 통하여 인류 전체에 죽음을 가져다주었습니다. 그래서 마귀는 아담과 하와뿐만 아니라 인류 전체를 죽게 한 살인자입니다. 두 번째로, "마귀는 진리를 버린 자"였습니다. 마귀는 하나님께서 아담과 하와에게 "선악을 알게 하는 나무의 열매는 먹지 말라. 네가 먹는 날에는 반드시 죽으리라."(2:17)라고 하신 말씀을 "너희가 결코 죽지 아니하리라. 너희가 그것을 먹는 날에는 너희 눈이 밝아져 하나님과 같이 되어 선악을 알 줄 하나님이 아심이니라."(3:4~5)라는 교활한 거짓말로 아담과 하와를 죽음에 빠지도록 유혹했습니다. 예수께서 마귀가 거짓을 말할 때마다 제 것으로 말한다고 지적했습니다. 그래서 마귀는 처음부터 살인자요, 거짓말의 아비였고, 유대인들은 마귀의 자식들로 살인자요, 거짓을 말하는 자식들이라고 했습니다.

유대인 당국자들은 산헤드린 공회의 재판을 통해서 아무런 죄도 찾지 못한 예수님을 그들은 악하다고 정죄하고 자신을 하나님의 아들이며 인자로서 하나님과 한 분으로 계신 하나님이라고 주장한 그 진리를 감당하지 못하여 신성 모독 죄목으로 정죄하여 예수님을 십자가에 못 박아 죽인 사단의 자식들입니다.

이스라엘의 가장 악한 왕이라 할 수 있는 아합과 이세벨의 딸 아달랴는 유다의 여호람 왕의 왕비였지만 아들 아하시아 왕이 죽자 그 왕자들을 다 죽이고 스스로 왕위에 올라 여왕이 되어 칠 년을 통치한 잔인한 친정어머니 이세벨의 모습을 드러냄으로 아달랴는 다윗의 혈통을 끊어서 예수님의 탄생을 방해하려고 했던 사단의 자식입니다. 헤롯 왕은 동방박사들로부터 유대인의 왕이 베들레헴에 태어난다는 소식을 듣고서 베들레헴과 그 주변 지역의 두 살 이하의 사내 아이들을 다 죽였는데, 그도 역시 예수님을 대적하여 죽이고자 했던 사단의 자식입니다.

독일의 아돌프 히틀러는 유대인 육백만 명 학살을 비롯하여 소련침공으로 소련인 천만 명을 학살하는 등 2,500만 명을 학살했습니다. 소련의 스탈린이 자기 나라 인구의 1/10인 이천만 명을 학살했고, 중국의 모택동이 문화혁명에서 자기 나라 인구의 1/10인 칠천만 명을 학살했고, 캄보디아의 폴 포트가 이끄는 공산당 무장 조직인 크메르 루주가 자기 나라 인구의 1/4인 이백만 명을 학살하고, 북한 공산당 김일성이 이백만 명을 학살하고, 한국전쟁으로 삼백만 명을 죽게 하고, 김정일 때 아사자가 삼백만 명이 나왔고, 공산당은 그동안 약 일억 명을 학살했습니다. 독재자 히틀러와 공산당 독재자들이 하나님을 대적하고 사람을 학살한 사단의 자식들입니다.

45절에서 "내가 진리를 말하므로 너희가 나를 믿지 아니하는도다."라고 예수께서 진리를 받아들이지 않는 유대인들에게 문제가 있다고 지적하셨습니다. 예수께서 진리를 말하기 때문에, 진리가 그들 속에 없는 유대인들은 예수님을 믿지 않았지만, 하나님의 자녀들은 진리를 사랑하기 때문에 예수님께서 말하는 진리를 받아들이고 예수님을 믿고 따릅니다.

46절에서 "너희 중에 누가 나를 죄로 책잡겠느냐?"라는 수사학적인 질문으로 예수께서 유대인들에게 자신이 죄를 지었다고 생각하느냐는 질문이 아니라, 예수께서 죄를 지었다는 것을 증명할 수 있는 자가 있느냐는 것이었습니다. 5장 18절에서 유대인들은 안식일에 38년 된 중풍 병자를 고쳐주신 사건을 가지고 예수께서 안식일을 범하고 하나님을 자신의 친아버지라고 불러서 신성 모독죄를 저질렀다고 생각했습니다. 46절에서 예수님은 유대인들에게 예수께서 구체적으로 어떤 죄를 지었는지 증명할 수 있느냐고 물었습니다. 이것은 마지막 산헤드린 공회의 재판에서 예수께서 유대인 당국자들에게 "내가 말을 잘못하였으면 그 잘못한 것을 증언하라"(18:23)라고 물었던 질문에서도 자신이 잘못한 것에 대한 증거를 제시하라고 했습니다. 예수님의 질문에서 유대인들은 예수께서 죄를 지었다는 사실을 증명할 수 없다는 말씀입니다. 왜냐하면, 예수께서 아무도 모르게 은밀하게 죄를 지었기 때문이 아니라, 아무런 죄도 짓지 않았기 때문입니다. 바울 사도는 예수께서 죄를 알지도 못하신 분(고후 5:21)이라고 했고, 베드로 사도는 예수께서 죄를 범하지 않았다(벧전 2:22)고 말씀했고, 히브리서 저자는 예수께서 흠이 없으신 분이라(9:14)고 했고, 사도 요한은 예수님에게는 죄가 없으시다(요일 3:5)고 말씀했습니다. 예수께서 유대인들에게 46절 후반절에서 "내가 진리를 말하는데도 어찌하여 나를 믿지 아니하느냐?"라고 단순하게 도전했습니다. 당시 최고의 신학적 지식을 가진 유대인들이 예수님의 주장을 싫어하고, 예수님의 가르침에 이의가 있더라도 재판정에서 예수님에게 죄가 있다는 증거를 제시하지 못했다면, 유대인들은 자신들의 판단에 문제점은 없었는지 자문해보고, 예수께서 혹시 진리를 말씀하고 있는 것은 아닌지, 예수께서 하나님의 말씀을 선포하신 것은 아닌지, 예수께서 혹시 진리를 증거하고 있는 것은 아닌지 정당한 논리로 따져봐야 했습니다. 만약에 예수께서 하나님의 말씀인 진리를 말씀하시는 것을 확인했다면 그들은 예수님의 말씀을 거절하지 말고, 받아들이고 믿어야 했습니다.

47절에서 "하나님께 속한 자는 하나님의 말씀을 듣나니 너희가 듣지 아니함은 하나님께 속하지 아니하였음이로다."라고 유대인들이 예수의 말씀을 믿지 아니한 이유가 하나님께 속하지 아니하기 때문이라는 것이 핵심이었습니다.

적용 우리는 하나님의 말씀을 듣고 순종하는 하나님께 속한 자로 살아가길 바랍니다.

둘째로 아브라함의 진정한 자손들은 진리의 말씀을 듣고 예수님을 믿고 사랑합니다 (48~59).

유대인들은 예수께서 자신들을 마귀의 자식이라고 말하고, 자신들이 하나님께 속하지 아니하여서 하나님의 말씀을 듣지 아니한다고 말씀했을 때, 예수님을 사마리아 사람이라고 무시하고, 귀신이 들렸다고 저주했습니다. 예수님은 자신이 구체적으로 누구신지에 대하여 더 분명하고 명확하게 말씀하면서 자신과 아브라함과의 관계에 대하여 말씀했습니다. 예수님은 자신의 말씀을 지키고 믿으면 영원히 죽음을 보지 않는다는 복음을 선포하셨습니다. 유대인들은 예수님과 신학적인 논쟁에서 전혀 승산이 없자 즉시로 예수님을 향하여 인신공격했습니다.

48절에서 "유대인들이 대답하여 이르되 '우리가 너를 사마리아 사람이라 또는 귀신이 들렸다 하는 말이 옳지 아니하냐?'"라고 하며 유대인들은 예수님을 저주하며 비방했습니다. 유대인들은 예수께서 자신들이 아브라함의 후손도 아니고, 하나님도 그들의 아버지가 아니고, 마귀가 그들의 아비라고 정죄하며 당당하게 선포하자, 예수께서 자신들에게 반기를 들고 대적하여 자신들에게 멸시받는 사마리아 사람들 편에 섰기 때문이라고 생각하며, 예수님을 "사마리아 사람"이라고 비방했습니다. 유대인들이 예수님을 사마리아 사람이라고 비방한 것은 본문이 유일하지만, 그들은 예수께서 유대인들을 "마귀의 자식들"이라고 말한 것은 귀신이 들리지 않고는 도무지 말할 수 없는 무서운 말이라고 하면서, 예수님이 귀신 들렸다고 저주했습니다(7:20, 8:52, 10:20). 예수님은 유대인들이 자신을 향하여 귀신이 들렸다고 말한 것은 잘못된 말이라고 반박했습니다. 예수님의 주장과 말씀은 사마리아인의 사상에 물들어서 한 것도 아니고, 더군다나 귀신이 들려서 한 말은 결코 아니며, 단지 하나님 아버지에 대한 순종의 결과라고 말씀했습니다. 예수님은 아버지께서 자신에게 말하고 행하라고 하신 것들만을 말하고 행함으로써 아버지를 공경한다고 했습니다. 유대인들이 예수님의 말씀을 전혀 듣지 않고, 예수님을 공경하지 않고 대적한 것은 그들이 하나님께 속한 자들이 아니었기 때문이었습니다. 예수님은 자신의 영광을 구하지 않고, 오직 하나님에게서 오는 영광만을 추구했습니다.

51절에서 "진실로 진실로 너희에게 이르노니 사람이 내 말을 지키면 영원히 죽음을 보지 아니하리라."라고 예수님은 자신을 대적하는 유대인들을 향하여 자신이 전한 말씀을 듣고 지키면 구원을 받는다는 말씀으로 응수했습니다.

진실로 진실로 유대인들에게 자신의 말씀을 들어야 할 것을 강조하면서 자신이 전한 말씀을 듣고, 즉 그 말씀을 듣고 믿어서 순종하며 살아가는 사람은 영원히 죽음을 보지 않고 영생을 얻는다고 선언하셨습니다. 예수께서 전하신 복음의 말씀을 믿으면 죄와 죽음에서 자유롭게 되어 영원히 죽음을 보지 않는다는 놀라운 구원의 복음을 선포하셨습니다. 여기서 죽음을 보지 아니하리라는 말씀은 육신의 죽음이 아니라 영혼의 죽음을 말씀하는 것입니다. 예수님의 말씀을 믿는 사람은 영생 즉 부활의 생명을 가지고 사망의 권세가 더 이상 지배할 수 없는 하늘 아버지 집에 들어가 영원히 살게 된다는 것입니다. 유대인들은 영원히 죽음을 보지 아니하리라는 말씀을 문자적으로 이해하여 단순히 육신의 죽음을 죽지 않는 것으로 오해하여 아브라함과 선지자들도 다 죽었는데, 예수께서 자신의 말씀을 지키면 영원히 죽음을 맛보지 아니하리라고 한 말을 도무지 이해하지 못하고 예수님을 귀신 들렸다고 비방하였습니다. 영생에 대한 예수님의 말씀은 11장 25~26절에서 반복되어 "25. 예수께서 이르시되 '나는 부활이요 생명이니 나를 믿는 자는 죽어도 살겠고 26. 무릇 살아서 나를 믿는 자는 영원히 죽지 아니하리니 이것을 네가 믿느냐?'라고 예수님의 말씀을 듣고 믿어서 지키며 살아가는 사람은 영원히 죽음을 맛보지 않고 영생을 얻는다는 놀라운 구원의 말씀입니다.

54절에서 "예수께서 대답하시되 '내가 내게 영광을 돌리면 내 영광이 아무것도 아니거니와 내게 영광을 돌리시는 이는 내 아버지시니 곧 너희가 너희 하나님이라 칭하는 그이시라.'"라고 하나님과 영광의 관계에 대해 말씀합니다. 예수님은 자신에게 영광을 돌리시는 분은 "내 아버지"라고 강조하며 아버지께서 독생자 아들을 영화롭게 하시기 위하여 온 힘을 기울이고 계신다는 사실을 말씀하셨습니다. 아버지께서 아들을 영화롭게 하시는 것은 아들이 십자가에 달려 죽으시고 살아나는 아들의 죽음과 부활을 통하여 아들이 창세 전에 아버지와 누렸던 영광으로 다시 돌아가게 하는 것이었습니다. 하나님 아버지께서 아들의 들림을 통하여 우리를 구원하시고 아들에게는 영광으로 돌아가게 하시는 것이 신비로운 구원의 비밀입니다. 이것은 하나님께 속하지 않은 유대인들로서는 도무지 알 수 없는 비밀입니다.

56~58절에서 "56. '너희 조상 아브라함은 나의 때 볼 것을 즐거워하다가 보고 기뻐하였느니라.' 57. 유대인들이 이르되 '네가 아직 오십 세도 못되었는데 아브라함을 보았느냐?' 58. 예수께서 이르시되 '진실로 진실로 너희에게 이르노니 아브라함이 나기 전부터 내가 있느니라' 하시니"라고 예수님은 아브라함이 나기 전부터 영원히 하나님과 함께 말씀으로 계셨던 하나님이셨고 아브라함은 예수님을 볼 것을 즐거워했습니다. 58절에서도 "예수께서 이르시되 '진실로 진실로 너희에게 이르노니 아브라함이 나기 전부터 내가 있느니라.' 하시니"라고 예수께서 아브라함이 나시기 전부터 존재하신 "하나님이시라"(ego eimi)고 놀랍게 직설적으로 말씀하셨습니다. 24, 28, 58절에서 '에고 에이미'(ego eimi; I am)의 용법을 사용하여 하나님이신 예수님은 "내가 그이다"라고 반복적으로 선포하며 예수님 자신이 하나님이 보내신 그 분이시고, 인자이시고, 그리스도라고 말씀하셨습니다. 그래서 아브라함은 그의 후손 가운데서 하나님의 약속으로 오실 메시아를 보고 기뻐했다고 기록했습니다. 예수님은 아브라함이나 선지자보다 크신 영원히 아버지와 함께 계신 하나님이시라는 사실을 놀랍게 선포하셨습니다. 유대인들은 하나님만이 하실 수 있는 말씀을 예수께서 선포하시자 그 말씀을 도무지 이해하지 못하여서 귀신이 들렸다고 말하며 돌을 들어 예수님을 쳐서 죽이려고 했던 마귀의 자식임을 그대로 드러냈습니다.

사랑하는 성도 여러분이여!

하나님의 말씀을 듣지 않고 예수님을 믿지 않고 대적하며 살아가는 것이 마귀의 자식들이라고 예수께서 말씀했습니다. 유대인들은 혈통을 중시하며 자신들이 혈통적으로 아브라함의 후손으로 구원받은 하나님의 백성이라고 주장했습니다. 그러나 예수님은 자신이 선포한 하나님의 말씀 즉, 진리의 말씀을 믿고 순종하며 살아가는 것이 진정한 아브라함의 후손이라고 말씀하셨습니다. 예수님은 영원 전부터 말씀으로 존재하셨던 하나님이시고, 하나님의 아들이시고, 인자이시고, 그리스도이십니다. 우리 모두가 예수님의 말씀을 듣고 예수님을 주님으로 믿고 사랑하며 살아가고 하나님께 속한 자로 죽음을 보지 않는 영생을 누리게 되시기를 소원합니다.

35. 시각장애인을 고쳐주신 예수님(9:1~41)

제가 32살에 군목에서 전역하여 주문진제일교회의 담임목사였을 때, 두 아이가 초등학교에 다니는 한 가정의 가장이 갑자기 시각장애인이 되어버린 건장한 젊은 집사가 있었습니다. 전봇대를 세우는 일을 할 정도로 건강했는데 갑자기 눈이 보이질 않아서 하던 일도 그만두고 서울의 실로암병원에서 시력 회복을 위한 수술을 받고 처음에는 잠깐 보였으나 끝내 시력을 회복하지 못했습니다. 눈이 보이질 않아도 건강하고 머리가 좋아 남전도회 회장으로 헌신예배 사회도 하고 찬송과 예배순서도 다 외워서 잘 진행했습니다. 한 번은 설악산 등반에 꼭 데려가 달라고 해서 남전도회 회원들끼리 화려한 단풍이 짙게 물들었던 가을에 한계령 서북 능선을 타고 중청봉에 올라갔습니다. 점심 겸 저녁 식사를 중청대피소에서 해결하고 대청봉을 잠시 올라갔다 내려올 때 벌써 해가 기울었습니다. 거기다 비까지 내렸는데 중청대피소에서 후레쉬 두 개를 사서 깜깜한 밤에 희운각 대피소, 양폭 대피소를 거쳐서 천불동 계곡으로 밤새 비를 맞고 내려가 설악산 소공원에 도착했을 때 밤 10시가 넘었습니다. 그분은 지팡이를 잡고 또는 앞 사람 옷을 잡고 따르며 설악산을 등반했는데 낙오하지 않고 잘 내려왔습니다. 우리는 한밤중에 비 맞으며 깜깜해서 아무것도 보질 못하고 내려왔는데 자기는 그 밤에 혼자서 구경을 잘하고 내려왔다고 했습니다. 그분의 굴하지 않는 의지와 집념으로 함께 설악산을 등반하고 내려왔던 추억이 지금도 생생합니다.

2장에서 12장 사이에 7가지의 표적 사건을 통하여 사도 요한은 예수께서 하나님의 아들 그리스도이심을 분명하게 증거했습니다. 5장에서 예수께서 안식일에 38년 된 중풍 병자를 고치시고 하나님을 자신의 친아버지라고 말한 것 때문에 유대인들은 예수님을 죽이려고 했습니다. 8장에서 예수께서 아브라함이 나시기 전부터 자신이 존재했었다고 말했을 때, 유대인들은 예수님을 돌로 치려고 했습니다. 10장 30절에서 예수께서 '하나님 아버지와 자신은 하나이다.'라고 말씀했을 때 유대인들은 다시 돌로 치려고 했습니다. 예수께서 자신을 인자로 믿는 사람은 영생을 얻었다(3:15)고 말씀하셨습니다. 8장 12절에서 예수님 자신은 세상의 빛이라고 분명하게 말씀하셨고, 9장 5절에서 다시 자신이 세상의 빛이라고 말씀하셨습니다. 예수께서 길 가시다가 날 때부터 시각장애인 청년을 보시고 침을 뱉어 진흙을 이겨 그의 눈에 발라 실로암 못에 가서 씻으라고 말씀해서 그의 눈을 떠서 보게 하셨습니다. 예수님의 말씀에 순종하여 눈을 뜬 청년은 예수님이 하나님께로부터 오신 선지자라고 당당하게 증거 하다가(33), 유대인들로부터 출교를 당했습니다. 그때 예수께서 눈 뜬 그 청년을 찾아가셔서 자신이 인자이심을 말하여 믿게 해서(38), 빛 가운데 거하도록 하셨습니다. 예수께서 시각장애인 청년의 눈을 떠서 빛 가운데 거하게 하신 말씀을 몇 가지로 살펴보면서 함께 은혜를 나누고자 합니다.

첫째로 빛이신 예수님은 자기 백성들의 소원을 다 아십니다(1~5).

예수님이 세상의 빛이시라는 사실을 나면서부터 시각장애인 된 청년의 눈을 떠서 보게 하면서 증명하셨습니다. 세상의 빛으로 오신 예수님은 자신이 하나님에게서 보냄을 받으신 분임을 알려주셨습니다. 예수님은 본문에서 시각장애인의 눈을 떠서 보게 함으로 자신이 세상의 빛이심을 드러내셨습니다. 예수님은 사람들이 자신의 말을 듣고, 자신을 인자로 믿고, 하나님 아버지를 섬기게 하여 영생을 얻게 하셨습니다. 이것이 바로 예수님이 세상의 빛으로 낮에 하신 하나님의 일이었습니다. 창조에서 빛은 어두움을 몰아내고, 구원에서 빛은 죄악을 몰아내고 생명을 주었습니다. 아담이 죄를 범함으로 사람은 죄악의 어두움에 빠져 사망의 심판을 받았습니다. 세상의 빛이신 예수는 그를 믿고 따르는 사람들에게 생명과 빛을 주셨습니다. 이 세상의 빛이신 예수님은 자신을 믿는 제자들에게 죄악의 어두움을 몰아내셨고, 생명의 빛을 주셨습니다.

1~3절에서 "1. 예수께서 길을 가실 때에 날 때부터 맹인 된 사람을 보신지라. 2. 제자들이 물어 이르되 '랍비여 이 사람이 맹인으로 난 것이 누구의 죄로 인함이니이까? 자기니이까? 그의 부모니이까?' 3. 예수께서 대답하시되 '이 사람이나 그 부모의 죄로 인한 것이 아니라, 그에게서 하나님이 하시는 일을 나타내고자 하심이라.'"라고 말씀하시는데, 이것은 제자들이 예수님께 시각장애인 청년의 시각장애가 누구의 죄 때문인지에 대하여 우문을 한 것이었으나, 예수님께서는 하나님이 하시고자 하는 일을 나타내시고자 하시는 것이라는 놀라운 답변을 하신 것입니다. 사람들은 어려움을 당한 사람에게서 죄와 고난을 연결해서 해석하기 좋아합니다. 제자들의 견해는 욥의 세 친구가 욥의 고난이 그의 죄 때문이라고 주장했던 견해와도 상통합니다. 대부분의 유대인은 죄의 결과로 질병과 고난이 온다고 믿었습니다. 성경을 전체적으로 봤을 때 질병과 죄는 서로 연결이 되어 있습니다. 예수님의 제자들도 당시의 유대인들과 마찬가지로 길을 가다가 만났던 나면서부터 시각장애인이 된 청년이 그의 시각장애가 그 자신의 죄 때문인지 그 부모의 죄 때문인지 그 원인에 대하여 예수님께 물었습니다. 예수께서 이 어려운 질문에 답하시면서 이 청년이 나면서부터 시각장애인이 된 것은 자신의 죄도 아니고, 부모의 죄도 아니고, 누구의 죄도 아니고, 오직 하나님이 하시고자 하는 일을 나타내고자 함이라는 놀라운 말씀을 주셨습니다. 우리가 질병과 장애와 고난으로 인하여 어려움을 당하는 사람들을 향하여 함부로 그들의 죄 때문이라고 단정하지 말아야 합니다. 이 시각장애인 청년의 눈을 뜨게 하신 표적 사건을 통하여 예수께서 이 청년의 삶 속에 하나님께서 하시고자 하는 놀라운 뜻이 담겨있다고 하신 말씀에 우리는 주목해야 합니다. 사실 인간은 날 때부터 '영적으로 눈 먼 존재'라는 사실을 이 시각장애인 청

년을 통해 우리에게 암시해 주고 있습니다.

4~5절에서 "4. 때가 아직 낮이매 나를 보내신 이의 일을 우리가 하여야 하리라. 밤이 오리니 그 때는 아무도 일할 수 없느니라. 5. 내가 세상에 있는 동안에는 세상의 빛이로라."라고 하시면서 예수께서 자신이 '이 땅에 보냄을 받은 자'라고 말씀하셨습니다. 예수님은 하나님의 보냄을 받은 유일한 독생자이십니다. '때가 아직 낮'이라는 것은 예수께서 제자들과 함께 있을 동안을 말씀하신 것이며 예수님은 이때 해야 할 하나님의 일이 있다고 말씀하셨습니다. 하나님의 백성들이 예수님을 인자로 믿고 섬기게 하는 것이 예수께서 하시고자 했던 하나님의 일이었습니다. 하나님의 일을 위한 질병과 장애와 고난도 있다는 사실을 제자들에게 알게 하셨습니다. 시각장애인이 예수님을 만나서 눈을 뜨고 영안이 열려서 예수님이 하나님에게서 오신 인자이심을 믿게 하는 것이 하나님의 일이었습니다. 예수께서 5절에서 그 자신이 '세상의 빛'이라고 하신 말씀은 8장 12절에서 "나는 세상의 빛이니"(ego eimi …)라고 하나님이신 예수께서 세상의 빛이심을 반복해서 강조하여 말씀하셨습니다. 이것은 예수께서 영광을 받으시는 순간에 이르기까지 이 땅에서 세상을 비추는 빛으로 살아가실 것을 말씀하신 것입니다. 예수님은 공생애를 사시면서 그 자신이 세상을 드러내고, 세상을 심판하고, 세상을 구원하는 빛이셨습니다. 예수님의 말씀을 듣고 예수님이 하나님의 아들이시며 인자라고 믿는 사람들은 빛 가운데 거하게 되었고, 예수님을 보내신 하나님을 아버지로 섬기면서 구원을 받았습니다.

적용 우리 주변에 아직도 예수님과 하나님을 알지 못하는 사람들에게 우리가 복음을 전하여 성령이 영안을 열어서 예수님과 하나님을 아는 영생을 누릴 수 있기를 바랍니다.

둘째로 예수님은 자신의 말씀에 순종하는 사람에게 눈을 떠서 보게 하셨습니다(6~38).
예수님은 나면서부터 시각장애인이 된 청년의 간절한 소원을 아셨습니다. 예수께서 자신이 세상의 빛이라고 말씀하시면서 하나님의 일을 하시기 위해서 이 땅에 오셨다고 제자들과 말씀하시면서 길가의 시각장애인 청년에게 접근하셨습니다. 청각이 누구보다도 예민한 시각장애인은 예수님과 제자들의 대화를 잘 들었습니다. 자신이 시각장애인 된 것이 누구의 죄 때문인지에 대하여 묻는 제자들의 질문과 세상의 빛으로 오셨다는 예수님의 말씀을 다 듣고, 그는 세상의 빛이시라는 예수님의 말씀에 귀를 집중했습니다.

6~7절에서 "6. 이 말씀을 하시고 땅에 침을 뱉어 진흙을 이겨 그의 눈에 바르시고 7. 이르시되 '실로암 못에 가서 씻으라' 하시니 (실로암은 번역하면 보냄을 받았다는 뜻이라), 이에 가서 씻고 밝은 눈으로 왔더라."라고 예수께서 땅에 침을 뱉어서 진흙을 이겨서 그의 눈에 발라주실 때도 거부하거나 반항하는 등의 말을 하지 않고, 묵묵히 예수님의 말씀을 믿고 그대로 순종하여 실로암 못에 가서 씻었더니 마침내 눈을 떠서 세상을 보는 큰 기쁨을 가지고 돌아왔습니다. 요한 칼빈은 예수께서 이 치유의 상징성을 극대화하기 위하여 이 시각장애인의 눈멂이 극심하였다는 사실을 보여주려는 의도로 침을 뱉어 만든 진흙을 눈에 발랐다고 해석했습니다. 이 시각장애인의 눈을 떠서 보게 하신 것은 사람이 영적인 조명 없이는 하나님으로부터 오는 참 빛을 볼 수 없다는 상징성을 보여줍니다. 이 시각장애인은 예수님이 하나님의 보내심을 받은 분임을 분명하게 믿게 되었습니다. 눈을 뜨게 하신 표적 사건을 통하여 예수님은 세상을 비추시는 빛이심을 드러내셨습니다. 시각장애인의 눈을 뜬 치유 표적 사건은 시각장애인이 예수님의 보냄에 그대로 순종하여 '보냄을 받았다'는 뜻의 실로암 못에 내려가서 눈을 씻은 것은 예수께서 하나님의 보내심을 받은 분이심을 믿고 그의 말씀을 그대로 신뢰하고 가서 씻어 눈을 뜬 것으로 하나님의 보내심을 받으신 예수께서 그의 눈을 뜨게 하셨다는 것입니다. 시각장애인 청년이 예수님의 말씀에 그대로 순종한 것이 바로 예수께서 하나님의 보내심을 받으신 분이시고, 세상의 빛이심을 믿고 신뢰했다는 사실을 보여줍니다.

8~12절에서 시각장애인이 할 수 있었던 유일한 일이 구걸하는 일이었는데, 그가 눈을 뜬 후에 유대인들이 '그 사람이다, 아니다, 그 사람과 비슷한 사람이

다.'라고 하면서 그 청년이 어떻게 눈을 뜨게 되었는지 그에게 물었고, 그는 예수라 하는 분이 자신의 눈을 뜨게 해주셨다고 하면서 예수님을 증거 하기 시작했습니다. 나면서부터 눈이 보이지 않았던 시각장애인이 눈을 뜬 사건을 통하여 유대인들과 이 시각장애인과 그의 부모 사이에 예수님이 누구신지에 대한 격렬한 논쟁이 있었습니다. 첫째, 유대인들은 안식일에 대한 율법의 문자적인 의미에 집착하여 예수님이 안식일에 눈을 뜨게 해서 안식일을 범한 죄인이라고 정죄했습니다. 유대인들은 그 시각장애인의 부모에게 물어보고, 또 그 시각장애인에게 두 번이나 물어보면서 대답을 듣고 청년의 눈을 뜨는 표적을 행하신 예수님을 믿어야 했습니다. 그런데 그들은 오히려 예수님을 죄인이라고 정죄하고 예수님을 믿고 따르는 사람들을 유대 사회에서 출교하려고 혈안이 되었습니다. 어떤 유대인은 죄인이 청년의 눈을 뜨게 한 표적을 행할 수 없으며, 또 어떤 사람은 안식일을 지키지 아니하니 하나님께로부터 온 사람이 아니라고 하면서 예수께서 행하신 표적을 부인했습니다(16, 24). 이들은 자신들이 모세의 제자라고 하면서 예수님을 죄인이라고 정죄하며 예수님의 제자 되기를 끝내 거절했습니다. 둘째, 시각장애인의 부모는 자신의 아들의 눈을 뜨게 해서 빛을 주신 분이 예수님이시라는 사실을 분명하게 확인했음에도 유대 사회에서 출교당하는 것을 두려워하여 예수님에 대한 신앙고백을 공개적으로 하지 못했습니다(22). 예수님 당시에 시각장애인의 부모와 같은 사람들이 많았습니다. 12장 42절에서도 "그러나 관리 중에도 그를 믿는 자가 많되 바리새인들 때문에 드러나게 말하지 못하니 이는 출교를 당할까 두려워함이라."라고 하며 유대인 관리들도 출교당하는 것이 두려워서 그들의 믿음을 공개적으로 고백하지 못했음을 말하고 있습니다. 오늘날도 자신의 사회적, 정치적, 경제적 불이익 때문에 교회에 나오질 못하고 신앙 고백하지 못하는 사람들이 많습니다. 셋째, 본문에서 가장 중요한 주인공 시각장애인은 유대 사회의 출교와 박해에도 불구하고 예수님을 처음엔 '예수라 하는 그 사람'이라(11)고 막연히 고백했다가, 나중엔 '선지자'(17)로, '하나님께로부터 오신 분'(33)으로, 마지막에 '인자'로

(38) 분명하게 신앙고백을 해서 영생을 얻었습니다. 더 나아가 청년은 예수님을 인자로 믿고 예배했습니다(38). 예수님을 인자로 믿은 사람은 인자 예수님을 섬기며 예배하는 자리로 나가야 합니다. 이 청년은 머리도 좋고, 예수님을 믿는 믿음도 분명하고, 반대와 출교, 협박에도 조금도 흔들리지 않았습니다. 하나님의 보내심을 받은 예수님을 인자로 믿고 따르는 것이 바로 거듭남이고, 예수님의 제자가 되는 것이고, 영생을 얻은 것입니다. 이 치유 표적 사건을 통하여 하나님의 보내심을 받은 예수님이 바로 세상을 비추는 빛이심을 분명하게 보여주었습니다. 이 눈뜬 시각장애인이 바로 예수님이 찾고 있는 하나님의 백성임을 보여주었고, 이 시각장애인의 눈을 뜨게 하여 예수님을 인자로 믿게 한 것이 바로 예수께서 이 땅에서 하신 하나님의 일이었습니다.

적용　우리도 우리를 반대하고 핍박하고 대적하는 사람들 앞에서도 두려움과 타협 없이 올곧은 신앙고백을 하며 하나님을 섬길 수 있기를 바랍니다.

셋째로 예수님은 자신을 인자로 믿지 못하는 사람이 시각장애인이라고 말씀합니다 (39~41).

39절에서 "39. 예수께서 이르시되 '내가 심판하러 이 세상에 왔으니 보지 못하는 자들은 보게 하고 보는 자들은 맹인이 되게 하려 함이라.' 하시니"라고 부정적인 관점에서 예수님 자신이 온 목적을 말씀합니다. 그것은 예수께서 자신들은 본다고 하면서 예수님을 하나님의 아들과 인자로 믿지 못하는 사람을 시각장애인이 되게 하려 오셨다는 것입니다. 예수님과 눈뜬 시각장애인 청년을 죄인으로 정죄했던 바리새인들이 바로 빛이신 예수님으로 말미암아 진짜 눈먼 시각장애인이 되었습니다. 예수께서 하나님을 모독하는 참람한 자라고 생각하고 십자가에 못 박은 이 바리새인들이야말로 참으로 하나님을 모독한 참람한 자들입니다. 인자 예수님을 믿지 못하는 바리새인들은 예수님을 단순히 나사렛 목수로 생각하고 시각장애인 청년의 눈을 뜨게 한 사실조차도 믿지 않고 그의 능력도 인정하지 않았습니다. 예수께서 인자이심을 믿는 것은 성령께서 복음의 말씀과 함께 우리의 마음에 역사해야 가능합니다. 예수를 인자로 믿지 못하는 사람들은 하나님이 그들의 마음을 그대로 내버려 두고 계시기 때문에 그들의 노력으로 예수님을 인자로 믿는 것은 불가능합니다.

40~41절에서 "40. 바리새인 중에 예수와 함께 있던 자들이 이 말씀을 듣고 이르되 '우리도 맹인인가?' 41. 예수께서 이르시되 '너희가 맹인이 되었더라면 죄가 없으려니와 본다고 하니 너희 죄가 그대로 있느니라.'"라고 예수께서 예수님을 인자로 믿지 않은 것이 죄라고 말씀하셨습니다. 예수를 인자로 믿지 못하는 것이 바로 죄라고 예수께서 41절에서 지적하셨습니다. 예수님은 16장 9절에서도 예수님을 믿지 않는 것이 바로 죄라고 분명하게 지적하셨습니다.

예수님을 인자로 믿지 못하는 사람들은 죄 아래 놓여서 살고 있습니다. 그들이 바로 영적인 시각장애인이라고 이미 예수님에 의해서 심판을 받았습니다. 예수님은 인자로 십자가에 죽으신 우리의 구세주로 심판하는 권세를 하나님께 받았는데(요 5:27) 예수님을 인자로 믿지 않는 모든 죄인들을 다 심판하실 것입니다.

사랑하는 성도 여러분이여!

예수께서 세상의 빛으로 오셔서 어둠에 거하는 자들에게 빛을 주셨습니다. 예수님은 하나님 아버지가 유일한 참 신이고, 자신이 인자이심을 분명하게 알아보는 영안을 열어주셨습니다. 우리가 예수님을 하나님의 아들이시며 인자로 믿는 것이 빛 가운데 거하는 것입니다. 예수님을 믿지 못한다면 그는 아직도 어두움 가운데 거하는 죄인으로 이미 하나님의 심판을 받았습니다(요 3:18~19). 예수님은 아직도 죄악의 어두움에 빠져 예수님을 믿지 못하고 사는 사람들에게 복음을 전하여 성령의 역사로 예수님을 그들의 주님으로 분명하게 신앙고백을 하여 빛 가운데로 나오게 하십니다. 우리는 그 어떤 반대와 핍박에도 굴하지 않고 당당하게 예수님을 믿고 따르는 제자로 살아가야 합니다. 우리

는 빛 가운데서 예수 믿고 하나님을 섬기는 영생을 누리는 그리스도인으로 살
아갈 수 있기를 소원합니다.

36. 선한 목자이신 예수님 (10:1~21)

　인간은 양과 닮은 데가 많습니다. 몽골의 초원에서 양들을 관찰하고 목자들에게 들은 것에 따르면 양은 털이 많아 물에 빠지면 몸이 무거워 스스로 헤엄쳐서 빠져나올 수 없습니다. 이것처럼 인간도 죄악에 빠지면 스스로 빠져나올 수 없습니다. 양이 길을 잃어버리면 눈이 나빠 다시 목자를 찾아 돌아갈 수 없는 것처럼, 길을 잃어버린 인간도 스스로 하나님을 찾아 돌아갈 수 없습니다. 양은 맹수의 공격에 아무런 방어할 무기가 없는 것처럼 인간도 원수 마귀의 공격에 스스로 방어할 아무런 무기가 없습니다. 그러나 양은 그 생명력이 강해서 그 매서운 겨울 추위에도 자신의 털로 자신을 보호하고 그 많은 눈 속에 묻힌 낙엽을 찾아 먹으면서 생명을 유지하는 것처럼 인간도 그 어떤 환경에서 살아남는 강인한 생명력을 가지고 있습니다. 양이 전적으로 목자에게 의존해서 푸른 초원과 맑은 물을 찾아 나서는 것처럼, 인간도 선한 목자이신 예수님께 의존하여 하나님을 찾아갑니다. 팔레스타인의 굴곡이 심하고 경사가 급한 산에서 풀을 찾기는 쉽지 않고, 깊은 계곡과 골짜기에서도 물을 찾기가 어려워서 양들이 목자가 없이는 살아갈 수가 없습니다. 몽골의 초원에서 길을 잃어버린 한 마리의 양도 보았고, 고비 사막에서 물을 찾더라도 목자가 물을 두레박으로 길어서 물통에 부어주어야 양이 물을 먹을 수 있기에 양은 그 어디서나 온전히 목자에게 의존하여 살아갈 수밖에 없습니다.

　구약성경에서 다윗도 시편 23편에서 여호와 하나님이 자신의 목자라고 노래했고, 에스겔 선지자는 에스겔 34장에서 장차 여호와 자신이 선한 목자로 오실 것을 예언했고, 본문에서 예수께서 자신은 양의 문이고, 선한 목자라고 은유적으로 말씀했습니다. 예수께서 본문에서 "나는 양의 문이라."(7), "나는 선한 목자라."(11, 14)라고 '나는 … 이다'(ego eimi …) 용법을 통하여 자신을 하나님이라고 말씀하신 내용이 반복하여 나옵니다. 요한복음에서 예수님은 "나는 세상의 빛이라, 나는 하늘에서 내려온 생명의 떡이라, 나는 길이요 진리요 생명이니, 나는 부활이요 생명이니, 나는 선한 목자라."는 등의 유명한 말씀들을 통하여 예수께서 하나님이신 자신의 정체성을 밝히 드러내어 보여주셨습니다. 본문 말씀에서 어떻게 예수께서 자신을 선한 목자라고 말씀하고 있는지, 선한 목자가 자기 양들을 어떻게 구원하시는지 몇 가지로 살펴보며 은혜를 나누고자 합니다.

첫째로 선한 목자는 자기 양을 알고 인도합니다(3~5, 14~15 상).

여러 해 전 여름에 몽골 고비 사막을 여행하면서 많은 양 떼를 만난 적이 있습니다. 차를 세우고 내려 "음~메 음~메" 하면서 부르면서 양 떼를 따라가 보았습니다. 놀랍게도 모든 양 떼들이 뒤도 돌아보지 않고 더 멀리 도망가 버렸습니다. 아무리 가까이 따라가려 해도 더는 양 떼에게 가까이 다가갈 수 없었습니다. 그런데 고비 사막을 넘어 알타이산맥 끝자락에 있는 골짜기 욜링암에 들렀다 오다가 몽골인들의 천막집 게르에 들어가서 점심을 사서 먹으면서 들으니, 온종일 여러 집의 양 떼들이 높은 알타이산맥 자락에서 함께 섞여서 풀을 뜯다가 저녁때에 산자락에서 내려오는 양 떼들이 자기 목자들이 부르는 음성을 알아듣고서 신기하게도 각기 다 흩어져서 자기 목자를 따라서 돌아간다고 했습니다.

본문 3절에서부터 5절 사이에 보면 "3. … 양은 그의 음성을 듣나니 그가 자기 양의 이름을 각각 불러 인도하여 내느니라. 4. 자기 양을 다 내놓은 후에 앞서 가면 양들이 그의 음성을 아는 고로 따라오되 5. 타인의 음성은 알지 못하는 고로 타인을 따르지 아니하고 도리어 도망하느니라."라고 양들이 타인의 음성은 알지 못하여 따르지 않고 자기 목자의 음성을 듣고 따라간다고 말씀하고 있습니다. 이 목자가 약속된 바로 그 유일한 목자로서 자기 양들을 알고 양들도 목자의 음성을 아는 고로 그를 따라간다고 했습니다. 목자는 자기 양들의 이름을 하나씩 불러서 양 떼들 앞에 가면서 인도합니다. 이 선한 목자의 양들은 하나님이 창세 전에 그리스도 안에서 선택한 하나님의 자녀들입니다(롬 8:33, 엡 1:4). 하나님 아버지께서 선택한 하나님의 백성들을 하나님의 독생자 예수님께 주었다(요 17:2)고 했습니다. 목자는 자기 양의 이름을 부르고, 양은 자기 목자의 음성을 알아듣고서 자기 목자를 따라갑니다. 목자는 자기 목소리로 자기 양들의 이름을 불러서 앞서가며 양 떼를 인도합니다. 그러나 타인이 양들을 부르면 양 떼는 그 음성을 알지 못하는 고로 오히려 도망갑니다.

14절과 15절에서도 "14. 나는 선한 목자라 나는 내 양을 알고 양도 나를 아는 것이 15. 아버지께서 나를 아시고 내가 아버지를 아는 것 같으니 …"라고 선한 목자이신 예수께서 자신의 양을 알고 그의 양이 목자인 그를 아는 것이 아버지께서 자신을 아시고 자신이 아버지를 아는 것 같다고 놀랍게 말씀하셨습니다. 이것은 그의 양인 우리가 목자이신 예수님을 아는 것은 예수께서 아버지를 아는 지식에 기초하고 있다는 것입니다. 예수님과 우리와의 관계는 선한 목자와 양의 관계로서 하나님 아버지와 독생자 예수님과의 관계를 본받아야 한다는 아주 차원 높은 말씀입니다. 먼저 예수께서 아버지를 아는 지식을 살펴보아야 합니다. 첫째, 예수님은 하나님 아버지의 아들로서 분명하게 아버지와 아들의 관계 속에서 사셨습니다. 예수님은 자신을 이 땅에 보내신 하나님을 아버지로, 자신은 하나님의 보냄을 받은 아들로 생각하고 항상 하나님 아버지와의 관계 속에서 사셨습니다. 둘째, 예수님은 아버지께서 자신에게 맡겨주신 뜻에 순종하기 위해서 목숨까지 버리셨습니다. 예수께서 아버지를 아는 지식을 우리가 예수님을 아는 지식에 적용해 보아야 합니다. 우리가 예수님을 안다는 것은 예수님과 분명한 관계를 맺고 그 관계 속에서 살아야 한다는 것입니다. 예수님이 우리의 목자가 되시고, 우리는 그의 양으로 그분이 주신 하나님의 말씀을 듣고 그 말씀에 따라 순종하며 살아야 합니다. 이것은 구체적으로 우리가 예수님을 나의 구주와 주님으로 관계를 맺어 예수님과 한 몸으로 연합하여 살아야 한다는 뜻입니다. 27절에도 예수께서 "내 양은 내 음성을 들으며 나는 그들을 알며 그들은 나를 따르느니라."라고 분명하게 말씀했습니다. 우리는 예수께서 우리에게 맡겨주신 사명을 감당하기 위해서 부단히 기도하며 따라야 합니다. 우리에게 주어진 사명은 복음을 전하여 하나님의 택한 백성을 구원하여 내는 것입니다. 마태복음 28장 19절에 "그러므로 너희는 가서 모든 민족을 제자로 삼아"와 마가복음 16장 15절에 "너희는 온 천하에 다니며 만민에게 복음을 전파하라."는 말씀이 우리들의 사명입니다. 만민에게 복음을 전파해서 생명을 구원하는 일이 우리들의 사명입니다. 우리는 이 사명을 감당하기 위하여 기도하며 부단히 힘써야 합니다.

우리가 예수님을 안다는 것은 더 나아가 예수님의 말씀에 순종하며 살아가는 것입니다. 예수께서 가버나움 회당에 처음으로 들어가셔서 권세 있는 말씀으로 가르치셨을 때 더러운 귀신 들린 사람이 소리를 질렀습니다. "나사렛 예수여! 우리가 당신과 무슨 상관이 있나이까? 우리를 멸하러 왔나이까? 나는 당신이 누구인 줄 아노니 하나님의 거룩한 자니이다."(막 1:24). 귀신은 사람들보다도 예수님을 먼저 알아보았습니다. 그러나 귀신은 예수님께 순종하지 않습니다. 이것은 귀신이 예수님을 진정으로 아는 것이 아니라는 사실을 보여주고 있습니다. 예수님을 진정으로 아는 사람은 예수의 말씀에 순종하는 사람입니다. 예수님의 말씀에 순종하는 사람이 바로 예수님을 아는 사람입니다. 마태복음 7장 22~23절에서 예수님은 "22. 그 날에 많은 사람이 나더러 이르되 '주여! 주여! 우리가 주의 이름으로 선지자 노릇 하며, 주의 이름으로 귀신을 쫓아내며, 주의 이름으로 많은 권능을 행하지 아니하였나이까?' 하리니, 23. 그 때에 내가 그들에게 밝히 말하되 '내가 너희를 도무지 알지 못하니 불법을 행하는 자들아 내게서 떠나가라.' 하리라."라고 말씀하셨습니다. 예수님의 말씀에 순종하며 살아가는 사람이 진정한 예수님의 양들입니다.

적용 자기 양들의 이름을 부르면서 자기 양들을 인도하는 우리 목자이신 예수의 말씀을 듣고 따라가는 예수님의 양들로 살아갈 수 있기를 바랍니다.

둘째로 선한 목자는 자기 양들을 양육합니다(1~2, 7~10).

팔레스타인에 양의 우리들이 있는데 그 양우리에 문이 없는 곳이 많다고 합니다. 주로 도심 가까운 곳에는 양우리에 문이 있는데 외딴 산지의 양우리에는 문이 없다고 합니다. 목자는 외진 산지의 양우리에 자기 양 떼가 다 들어가면 자신은 우리 입구에 길게 일자로 누워서 자면서 자신의 양우리의 문이 된다고 합니다. 양은 자신의 목자를 밟고 밖으로 나가지 않고 이리나 늑대도 양우리 입구에 누워있는 목자를 넘어서 우리 안으로 들어가지 않는다고 합니다. "절도며 강도"는 양의 우리에 들어갈 권한이 없는데도 문이 아닌 곳으로 들어가서 양들을 헤치는 자들입니다. 에스겔 선지자는 당시 자기 백성을 돌아보지 않고 해치는 종교지도자들을 가리켜 절도며 강도라고 했고, 예수님은 자신을 대적하고 제자들을 핍박하는 유대 당국자들을 가리켜 절도며 강도라고 말했습니다. 양의 문인 목자는 양우리 입구에 누워서 자신이 바로 양우리의 문이 되기 때문에 양을 지키는 문이라는 예수의 말씀은 참으로 신기하기도 합니다. 도심의 양우리의 문을 닫아 두고 목자가 떠나는 것보다는 외딴 산지의 양우리에 목자가 그 입구에 누워서 문이 되는 것이 양을 보호하는데 훨씬 더 안전하다는 것입니다.

몽골의 늑대에 관한 특집 다큐멘터리 프로그램을 텔레비전을 통해서 본적이 있습니다. 늑대가 양우리에 문을 다 닫아 놓았는데도 지붕으로 올라가 구멍을 만들어 뚫고 들어가서 우리안의 양들을 다 물어 죽이는 장면이었습니다. 늑대는 먹을 수 있는 양만 죽이는 것이 아니고 양 우리 안의 양들을 모조리 다 물어 죽였습니다. 대낮에 풀을 뜯는 많은 양 떼의 중간을 지나가는 늑대는 그 지나가는 길 양쪽의 양 떼를 모조리 물어 죽이는 습성이 있다고 합니다. 보통 몽골의 목자가 가장 싫어하는 동물이 늑대인데 사람들은 늑대의 굴을 찾아서 그 새끼들을 발견하면 그 새끼들을 살려주지 않고 다 죽인다는 것이었습니다.

본문의 1절에서 6절까지가 하나의 은유적 비유이고, 7절에서 18절은 그 은유적 비유의 확대된 내용입니다. 7절에서 "그러므로 예수께서 다시 이르시되 '내가 진실로 진실로 너희에게 말하노니 나는 양의 문이라.'고 예수께서 양들이 우리로 들어가는 양의 문(the gate for the sheep)이라고 말씀하고 있습니다. 예수님은 양들이 하나님에게로 나아가는 유일한 문입니다. 양들이 들어갈 수 있는 다른 문은 없습니다. 9절에서 "내가 문이니 누구든지 나로 말미암아 들어가면 구원을 받고 또는 들어가며 나오며 꼴을 얻으리라."라고 했고, 10절에서도 "내가 온 것은 양으로 생명을 얻게 하고 더 풍성히 얻게 하려는 것이라."라고 했는데 양의 문이신 예수님은 양들이 구원을 얻고 생명을 얻는 구원과 생명의 문이라는 뜻입니다.

죄라는 물에 빠져서 죽어가는 양을 목자가 그 물에서 건져 올리는 것을 구원이라고 한다면 그리스도께서 우리에게 주신 부활의 생명을 가지고 선한 목자인 그리스도와 함께 영원히 사는 것이 영생입니다. 예수께서 "나는 양의 문이라."라는 말씀은 14장 6절에 나오는 대로 예수께서 하나님께로 나아가는 길이라는 다른 표현이기도 합니다. 베드로 사도는 사도행전 4장 12절에서 "다른 이로써는 구원을 받을 수 없나니, 천하 사람 중에 구원을 받을 만한 다른 이름을 우리에게 주신 일이 없음이라' 하였더라."라고 예수 그리스도의 이름 이외에 구원 얻을 다른 이름을 우리에게 주신 일이 없다고 분명하게 외쳤습니다. 양들이 이 양의 문으로 들어가면 구원을 얻는다(9)고 말씀하고 있습니다. '들어간다.'라는 말은 예수님이 바로 유일한 구원의 문이심을 믿는다는 표현입니다. 예수님이 하나님께로 가는 유일한 구원의 문임을 믿을 때 구원을 얻습니다. 예수 그리스도가 나의 유일한 구주시고 나의 주님이심을 믿어야 구원을 얻습니다. 그런데 믿는 것은 계속되어야 한다는 것이 본문에서 '들어가며 나오며'라는 관용적인 표현을 사용하는 것입니다. 이것은 안전하게 들어가며 나간다는 말입니다. 양의 문을 통하여 양의 우리에 들어가는 양 무리는 안전하다는 말입니다. '들어가며 나오며 꼴을 얻으리라.'라는 말씀은 예수님을 계속해서 믿으면서 믿음이 계속 자라간다는 말입니다. 예수님을 양들이 들어가는 유일한 구원의 문으로 알고 계속해서 믿을 때 예수께서 우리를 양육하시고 키우시고 풍성한 구원의 복을 주십니다. 우리가 계속해서 예수님을 믿을 때에 예수님은 우리를 양육하시고 성장시켜 온전한 구원에 이르게 합니다.

적용 인간이 믿어서 구원 얻을 수 있는 구세주는 예수 그리스도가 유일합니다. 우리는 예수님만이 양이 양우리에 들어가는 유일한 양의 문이고, 하나님께로 나아가는 유일한 생명의 문이심을 믿고 또 계속 믿어서 풍성한 구원을 누릴 수 있기를 바랍니다.

셋째로 선한 목자는 자기 양을 위하여 자기 목숨을 버려 주셨습니다(11~21).

목자가 양 떼를 키우는 데는 여러 가지 유익이 있기 때문입니다. 양들은 유목민들의 양식입니다. 양들은 매일 우유를 주고, 고기를 주고, 많은 양털을 주어서 목자에게 재산도 만들어 줍니다. 목자가 양들을 푸른 초장과 맑은 시냇물가로 인도하면 양들이 알아서 풀을 뜯고 물을 마시며 자랍니다. 양은 온순해서 목자가 돌아보는 데 큰 힘을 들이지 않아도 됩니다.

몽골 서민들의 집들을 찾아다니며 노방전도를 했는데, 한국 가정의 청국장 냄새처럼 이상한 역겨운 냄새들이 집안에서 나서 물었더니, 그게 바로 양 기름 냄새라고 했습니다. 몽골 유목민들에게 양은 식량이고 재산입니다. 그 길고 추운 겨울에 그들은 비교적 싼 양고기를 먹으면서 매서운 추위와 배고픔을 이겨냅니다. 몽골의 두 번째 도시 다르항에서 한 번은 몽골 만두를 사서 먹었는데, 속 안이 양 기름 범벅이었습니다. 입으로 만두를 한 입 베어 먹으면 그만 만두 안에서 기름이 줄 줄 흘러서 바로 옷에 묻히기 일쑤였습니다. 유목민들은 양고기 기름을 좋아합니다. 그 기름을 먹어야 겨울의 매서운 추위를 이길 수 있는 에너지가 생겨나는 것 같았습니다. 목자가 양들을 키우는 것은 목자가 양들을 통하여 우유와 양식을 얻고 살아가는 데 필요한 재산을 얻을 수 있기 때문입니다.

그런데 본문에 나오는 목자는 자기 양을 위해서 자기 목숨을 주시기 위해서 오셨다는 것입니다. 성경은 그를 선한 목자라고 말하고 있습니다. 11절에서 "나는 선한 목자라 선한 목자는 양들을 위하여 목숨을 버리거니와" 그리고 15절 하반절에서 "나는 양을 위하여 목숨을 버리노라."라고 예수께서 자기 양들을 위하여 목숨을 버려 주실 것을 말씀했습니다. 11, 15절에서 예수께서 "목숨을 버리노라."라고 한글 성경이 번역했지만, 영어 성경(KJV, NIV, NASB)에서는 예수께서 '목숨을 내어놓는다'(I lay down My life)고 어감을 부드럽고 사려 깊게 번역했습니다. 본문에서 선한 목자라는 말에서 '선한'이라는 말은 '아름다운', '사랑스러운', '매력적인', '참'이라는 뜻입니다. 이것은 예수님이야말로 선하고 아름답고 매력적인 참 목자라는 말입니다. 18절에서 예수님은 하나님의 아들로서 목숨을 스스로 버릴 권세도 있고, 다시 얻을 권세도 있으신 하나님이시며 동시에 인자라고 했습니다.

27~28절에서 선한 목자의 음성을 듣고 따르는 자기 양들에게 그 목자는 아무도 빼앗을 수 없는 영생을 주시는 하나님이시라고 했습니다. 선한 목자는 30절에서 하나님 아버지와 한 분으로 계시는 성자 예수님이라고 했습니다. 일반적으로 유목민들에게 양들이 목자를 위해서 죽는 것이 정상적인 이치인데도 오히려 예수님은 선한 목자가 양들을 구원하기 위해서 목숨을 버려 주셨다고 말씀합니다. 예수께서 십자가에 달리셔서 "나의 하나님! 나의 하나님! 어찌하여 나를 버리셨나이까?"라고 말씀하시며 고통스럽게 죽어 가시면서 기도하신 모습은 그의 육체적인 아픔 때문이라기보다는 하나님 아버지께 버림당하시는 고통에서 소리치셨던 것입니다. "나의 하나님, 나의 하나님"이라고 부르짖은 것은 버림받음이 절망과 원망이 아니라 순종과 신뢰 관계에서 소리치셨다는 것을 보여줍니다. 그것도 하나님이시며 하나님 아버지와 한 분으로 계시는 목

자 예수님이 자기 양들을 위하여 목숨을 버려 주셨기 때문에 성경은 그를 선한 목자라고 말씀하고 있습니다. 이렇게 말하는 데는 몇 가지 이유가 있습니다. 첫째, 그것은 예수님은 자기 양을 위해서 스스로 목숨을 버려 주셨기 때문입니다. 젊은 사람의 죽음은 가끔 우리를 슬프게 합니다. 예수님의 죽음은 비극이나 슬픔이 아닙니다. 예수님은 자기 목숨을 양들에게 주시기 위해서 이 땅 위에 오셨기 때문입니다. 둘째, 11절과 15절에서 예수님은 자기 양들을(the sheep) 위해서 목숨을 버려 주셨습니다. 하나님은 이 세상을 사랑하셔서 독생자를 이 세상에 보내주셨지만(3:16), 예수님은 자기 양들을 위해서 죽었습니다. 예수님은 자기 양들을 여러 우리에서 인도하여 내어(16) 하나의 양 우리를 만듭니다. 다른 우리라는 말은 유대주의자들의 우리에서 자기 양을 불러내고, 이방인의 우리에서 자기 양을 불러내어 한 우리 안에 거하게 할 것을 말씀하고 있는 것입니다. 셋째, 예수께서 죽으신 것은 그를 보내시고 사랑하시는 아버지의 뜻을 이루기 위해서였습니다(17~18). 예수님이 하나님의 택한 백성을 대신해서 죽으신 것이 하나님의 뜻이었습니다. 예수님은 다시 사시기 위해서 죽으셨습니다(17). 넷째, 자기 양을 위해서 죽으신 예수님은 하나님 아버지와 한 분으로 계시고 영생을 주시는 하나님이십니다.

3장 13~15절에서도 예수님은 거듭남의 핵심을 직접 니고데모에게 "13. 하늘에서 내려온 자 곧 인자 외에는 하늘에 올라간 자가 없느니라. 14. 모세가 광야에서 뱀을 든 것 같이 인자도 들려야 하리니 15. 이는 그를 믿는 자마다 영생을 얻게 하려 하심이니라."라고 말씀해 주셨습니다. 하나님이시며 인자이신 예수의 십자가에 달려 죽으신 것을 믿는 것이 거듭남이며 그 거듭난 믿음으로 영생을 얻는다고 말씀하셨습니다. 마태복음 16장 16절에서 베드로가 예수님을 향하여 "주는 그리스도시요 살아 계신 하나님의 아들이시니이다."라는 놀라운 신앙고백을 했을 때, 예수님은 이를 알게 한 분은 하나님 아버지라고 하시면서 인자 예수께서 이제 예루살렘에 올라가서 장로들과 대제사장들과 서기관들에게 많은 고난을 받고 죽임을 당하고 제삼일에 살아나야 할 것을 제자들에게 비로소 말씀하셨을 때 베드로는 '주여 그리 마옵소서.'라고 만류하였고, 예수님은 '사단아, 내 뒤로 물러가라'라고 베드로를 책망하셨습니다. 여기에 놀라운 비밀은 하나님의 아들이며 인자이신 예수님이 많은 고난을 받고 십자가에 달려 죽으셨다가 제삼일에 살아나신다는 말씀입니다. 그때까지 베드로는 하나님의 아들 예수 그리스도께서 십자가에 달려 죽으신다는 예수님의 말씀을 제대로 이해하지 못했습니다. 이후에 예수께서 변화산과 갈릴리와 마지막으로 여리고성에 들어가시기 전에 인자가 고난 당하시고 죽임당하시고 그리고 사흘 만에 살아나실 것을 반복해서 말씀하셨습니다. 예수님은 가야바 대제사장 앞에서 "네가 하나님의 아들 그리스도인지 우리에게 말하라."라는 신문을 받으셨을 때 "네가 말하였느니라. 그러나 내가 너희에게 이르노니 이 후에 인자가 권능의 우편에 앉아 있는 것과 하늘 구름을 타고 오는 것을 너희가 보리라."(마 26:63~64)라고 인자의 죽으심과 부활과 승천을 더 분명하게 말씀하셨습니다. 제자들은 하나님의 아들이시고 인자이신 예수께서 실제로 십자가를 지시고 골고다로 죽으러 가실 때도 사도 요한 외에는 다 예수님을 버리고 도망가 버렸습니다. 하나님의 아들 예수께서 인자로 자원하여 우리 죄를 대신하여 목숨을 내려놓으시고 십자가에 달려 죽으셨다는 사실을 믿으시기 바랍니다.

예수께서 자신의 양들을 위하여 자기 목숨을 버리신 다윗 가문의 선한 목자라는 놀라운 말씀을 하시자 과격하고 변덕스러운 유대인들은 20절에서 "귀신 들려 미쳤다."라고 비난했습니다. 이 말은 예수께서 귀신이 들려서 미쳤다는 뜻이었습니다. 다른 유대인들은 21절에서 예수님의 말이 모호하기는 하지만 설득력이 있고 은혜로우며 예리하고 건전하다는 결론을 내렸습니다. 그들은 예수님의 말씀이 귀신 들려 미친 사람의 말이 아니고 더군다나 귀신이 시각 장애인의 눈을 뜨게 할 수 있느냐며 귀신 들렸다는 것은 상상할 수도 없는 일이라며 예수님을 귀신 들린 자로 규정할 수 없다고 주장했습니다. 우리를 위하여 자신의 목숨을 버리신 선한 목자이신 예수님의 말씀을 믿어 구원받아야 할 유대인들은 정반대의 주장을 하면서 서로 팽팽하게 맞서며 구원에서 멀어져갔습니다.

사랑하는 성도 여러분이여!

우리가 하나님께로 나아가는 유일한 구원의 문은 바로 선한 목자이신 예수님뿐입니다. 하나님이시며 인자이신 예수께서 바로 나를 위해서 십자가에 달려 죽어주신 선한 목자이십니다. 예수님이 나의 선한 목자이심을 믿고 계속해서 나아가는 사람들에겐 더 풍성한 구원이 있습니다. 선한 목자이신 예수님의 말씀을 듣고 날마다 선한 목자를 따라갈 수 있기를 바랍니다. 우리가 날마다 예수님의 말씀인 성경 말씀을 따라서 살아갈 때 우리에게는 풍성한 영생이 주어집니다. 선한 목자이신 예수님을 나의 주님으로 믿고 그의 음성을 듣고 따라가며 아무도 빼앗을 수 없는 영생을 누리는 우리 모두가 될 수 있기를 소망합니다.

37. 나와 아버지는 하나이니라(10:22~42)

예수께서 38년 된 중풍 병자를 안식일에 고쳐주시고서 "내 아버지께서 이제까지 일하시니 나도 일한다."(5:17)라고 말씀했을 때 유대인들이 예수님을 죽이려고 했습니다. 예수께서 진리가 없는 유대인들을 마귀의 자식들이라고 말하며 "아브라함이 나기 전부터 내가 있느니라."(8:58)라고 말씀했을 때 유대인들이 예수님을 돌로 치려고 하자 예수님은 숨어 성전에서 나가셨습니다. 30절에서 예수께서 "나와 아버지는 하나이니라."라고 말씀했을 때 유대인들이 예수님을 향하여 돌을 들어 치려고 하는데도 예수께서 물러서지 않으시고 계속해서 자신이 하나님의 아들이시라고 그들에게 증거 하셨습니다. 유대인의 추운 겨울 절기인 수전절에 자신을 '귀신 들려 미쳤다.'라고 주장하는 유대인들을 향하여 예수께서 본문에서 자신은 그리스도시며, 하나님의 아들이시라고 차분하고 진지하게 말씀하셨습니다. 예수님은 자신의 말을 믿지 못하고 귀신들려 미쳤다고 말하는 유대인들에게 "너희는 내 양이 아니므로 내 말을 믿지 않는다."라고 하시고, "내 양은 내 음성을 들으며 나는 그들을 알며 그들은 나를 따른다."라고 단호하게 말씀하셨습니다. 예수님은 자신을 선한 목자로 믿는 자신의 양들에게 영생을 주시는 하나님이시며, 아무도 그들을 빼앗아 갈 수 없다고 자신 있게 말씀하셨습니다. 예수께서 본문에서 자신의 말을 믿지 못하고 대적하는 유대인들을 향하여 자신이 행하신 표적들, 자신을 가리켜서 하신 말씀들, 구약 성경의 자신에 관하여 예언한 말씀들, 자신의 다양한 호칭들, 자신과 아버지의 관계를 밝힌 말씀들이 자신을 하나님의 아들 그리스도시라고 증언하신다고 했습니다. 이 내용은 20장 30~31절의 요한복음의 기록한 목적인 주제와도 잘 부합하는 말씀입니다. 이 시간 "나와 아버지는 하나이니라."라고 예수께서 선포하신 놀라운 말씀을 들으면서 함께 은혜를 나누고자 합니다.

첫째로 예수님이 자신을 그리스도라고 말씀하신 것은 진리입니다(22~30).

수전절(the Feast of the Dedication)은 구약성경에서 규정한 절기는 아니지만 맨 나중에 제정된 유대인의 절기입니다. 주전 167년에 수리아의 안티오쿠스 에피파네스가 예루살렘을 짓밟아 예루살렘 성전의 하나님의 제단을 치우고, 거기에 이교의 제단을 세움으로써 예루살렘 성전을 더럽혔습니다. 더 나아가 그는 히브리 성경의 어느 한 구절이라도 소유하고 있는 유대인을 사형에 처하는 등 폭압 통치를 했는데 이에 분개한 많은 유대인이 곳곳에서 봉기했습니다. 마침내 유대인들의 단결된 강력한 저항의 힘은 유다의 마카비우스(Judas Maccabaeus) 지휘 아래 압제자 안티오쿠스 에피파네스를 무너뜨리고, 예루살렘 성전을 탈환해서 주전 164년 기슬월(12월) 25일에 수전절(하누카)을 제정하여 8일간 지켰습니다. 이 때부터 유대인들은 수전절을 종교적인 절기로 지키며 성전에서 자유롭게 하나님을 예배할 수 있는 소중한 권리를 되찾은 날로 기념하고 있습니다.

예수께서 추운 겨울 수전절에 예루살렘 성전의 솔로몬 행각을 거닐고 계셨습니다. 유대인의 다른 절기와 마찬가지로 성전에서 자유롭게 하나님을 예배하는 수전절도 하나님의 아들 예수 그리스도 안에서 성취되었다는 의미를 담고 있습니다. 예수께서 추운 겨울인데도 쌀쌀한 성전 동쪽의 솔로몬 행각에서 거니시며 말씀을 가르치셨다는 것은 유대인들이 차가운 영혼을 가졌다는 영적인 뉘앙스가 내포되어 있습니다.

24절에서 "유대인들이 에워싸고 이르되 '당신이 언제까지나 우리 마음을 의혹하게 하려 하나이까? 그리스도이면 밝히 말씀하소서.' 하니"라는 유대인들의 질문은 "당신은 언제까지 우리를 화나게 하려고 말하느냐? 그리스도라면 분명하게 밝히시라."라는 뜻으로 예수께 물었습니다. 유대인들이 상당히 공격적인 자세로 예수님께 그리스도라는 사실을 밝히라고 몰아세우듯이 질문한 것은 예수님을 공격하기 위한 빌미를 얻어내기 위한 시도였습니다. 그러나 예수님은 이러한 유대인들의 적대적인 요청에 응할 마음이 전혀 없었습니다. 예수님은 적대적인 유대인들에게 자신을 메시아 즉 그리스도라고 밝힌 적이 단 한 번도 없습니다. 유대인들은 당시에 그리스도라는 말을 상당히 정치적이고 군사적인 의미로 잘못 알고 있었기 때문에 예수님은 유대인들에게 자신을 그리스도라고 말하지 않았습니다. 예수께서 자신을 그리스도라고 유대인에게 말했다면 유대인이 자신을 정치적인 그리스도라고 오해할 수 있었기 때문에 자신이 그리스도라고 말하는 것을 의도적으로 피하셨습니다. 예수님은 자신이 구원의 그리스도라는 종교적인 의미로 유대인들에게 말하여도 그들이 믿지 않을 줄을 다 아셨습니다.

그러나 예수님은 자신의 제자들 앞에서는 자신이 그리스도라고 분명하게 말씀하셨습니다. 베드로가 "주는 그리스도시요, 살아 계신 하나님의 아들이시니이다."(마 16:16)라고 고백했을 때, 예수께서 베드로에게 "바요나 시몬아, 네가 복이 있도다. 이를 네게 알게 한 이는 혈육이 아니요, 하늘에 계신 내 아버지시니라."(마 16:17)라고 하늘 아버지께서 베드로에게 자신을 하나님의 아들 그리스도로 알게 하셨다고 축복하셨습니다. 하나님의 아들이시고 인자이신 예수께서 예루살렘에서 장로들과 대제사장들에게 고난을 받고 죽임을 당하고 제삼일에 살아나신다고 예수께서 베드로와 가까운 제자들에게 말씀하셨을 때 그들마저도 혼란스러워하고 거부하며 받아들이지 못했습니다.

25절에서 "예수께서 대답하시되 '내가 너희에게 말하였으되 믿지 아니하는도다. 내가 내 아버지의 이름으로 행하는 일들이 나를 증거하는 것이거늘'"이라고 유대인들의 불신앙을 지적하셨습니다. 예수께서 자신이 그리스도라고 유대인들에게 밝히 말씀하였다면 그들은 예수님을 더 오해하고 대적했을 것입니다. 왜냐하면, 유대인들은 그들이 기대하는 메시아가 그들을 로마 압제로부터 구원해줄 정치적인 메시아를 기대하고 있었는데, 갑자기 "고난받는 종"이라는 뜻의 그리스도라고 직접 말씀했더라면 불한당이자 어리석은 자라고 반발하며 더 대적했을 것이기 때문입니다. 그런데 예수님은 그가 행하신 모든 표적이나, 선포하신 말씀 등의 모든 사역을 통하여 인자의 들림이나, 자신이 떠나가야 한다거나, 자기 양들을 위하여 목숨을 버려주신다는 등의 사역을 통하여 고난받는 그리스도를 지향하며 늘 말씀하셨습니다. 예수께서 38년 된 중풍병자를 일어나 걷도록 고쳐주신 표적이나, 나면서부터 시각장애인이던 청년의 눈을 뜨게 한 일련의 표적도 사실 예수께서 하나님의 아들이시고 그리스도이심을 말씀해주신 것이었습니다.

26절에서 예수님은 유대인들을 향하여 "너희가 내 양이 아니므로 믿지 아니하는도다."라고 말씀하실 정도로 자신의 말을 믿지 않는 유대인들은 자신의 "양"이 아니라고 했습니다. 그들은 하나님 아버지에 의해서 예수님에게 주어진 양들이 아니었습니다. 예수님의 양이 아닌 유대인들은 그의 음성을 듣지 않고, 그의 말을 믿지 않고, 그를 알지 못하며, 그를 따르지 않는다고 했습니다. 27절에서 예수님의 양은 선한 목자의 음성을 듣고 따라간다고 했습니다.

28절에서 "내가 그들에게 영생을 주노니 영원히 멸망하지 아니할 것이요, 또 그들을 내 손에서 빼앗을 자가 없느니라."라고 예수께서 자신의 목숨을 버려주신 자신의 양들이 선한 목자 예수님의 음성을 듣고 따라올 때, 예수께서 그 양들에게 아무도 빼앗아 갈 수 없는 영생을 주신다고 했습니다. 예수께서 자신이 주는 '생명'이 복음서의 물, 떡, 빛, 꼴 등과 같은 비유들 아래에서 숨겨져 있었는데, 이것이 바로 예수께서 주시는 '영생'이라고 분명하게 밝혔습니다. 예수께서 자신의 음성을 듣고 따르는 양들에게 주는 영생의 결과는 바로 그들이 "영원히 멸망하지" 아니한다는 것입니다. 예수께서 자신의 양들에게 주신 영생은 아무도 빼앗아 갈 수 없다는 것입니다. 왜냐하면, 28절의 "그들을 내 손에서 빼앗을 자가 없느니라."라는 말씀과 29절의 "아무도 아버지 손에서 빼앗을 수 없느니라."라는 말씀에서 선한 목자이신 예수께서 자신이 구속하신 양들을 지키실 뿐만 아니라 예수님을 보내신 만물보다 크신 아버지께서도 그 양들을 그의 권능으로 보존하고 계시기 때문에 양들의 영생은 영원히 안전하다는 것입니다. 30절에서 예수께서 "나와 아버지는 하나이니라.' 하신대"라고 예수께서 자신과 아버지가 개입하여 그 양들을 온전히 보전할 것임을 단언하면서 "나와 아버지는 하나이니라."라는 놀라운 말씀을 하신 것은 별로 놀라운 일이 아닙니다. 여기서 "하나"로 번역된 헬라어는 남성형 '헤이스'(heis)가 아니라 중성형 '헨'(hen)입니다. 만약에 본문에서 남성형 헤이스가 사용되었다면 예수님과 아버지는 한 신격이라는 의미가 되어서 1장 1절의 "이 말씀이 하나님과 함께 계셨으니"에서 말씀과 아버지의 구분이 없어지는 것이고, 아버지와 아들의 신격이 서로 다르다는 구분이 없어진다는 것입니다. 그런데 본문에서 "하나"(hen)라는 중성형이 사용되고 동사는 복수 동사 "에스멘"(esmen; 우리는 …이다)이 사용되어 예수님과 아버지는 신격이 다른 두 분이신데 양 떼를 보전하시는 일에 있어서 온전히 하나라고 그 의미를 잘 드러냈습니다. 예수께서 자신의 양떼를 지키시는 일을 아버지께서도 그대로 지키신다는 것이고 그 역도 그대로 성립한다는 것입니다. 예수님은 5장 17절에서 "내 아버지께서 이제까지 일하시니 나도 일한다."라고 하셨고, 14장 9절에서 "나를 본 자는 아버지를 보았거늘"이라고 하셨으며, 17장 10절에서 "내 것은 다 아버지의 것이요 아버지의 것은 내 것이온데"라고 자신과 아버지를 하나라고 여러 곳에서 말씀하셨습니다.

적용 예수님을 그리스도로 믿는 우리가 예수께서 구속해주신 그의 양이심을 믿고 예수께서 주신 영생을 영원히 누릴 수 있기를 바랍니다.

둘째로 예수님이 자신을 하나님의 아들이라고 말씀하신 것도 진리입니다(31~39).

유대인들은 예수께서 자신을 하나님과 동등 됨과 하나 됨을 주장했을 때 더 과격해져서 돌을 들어 예수님을 치려고 했습니다. 유대인들은 사법 판결이 끝났을 때 그 형의 집행에서 돌을 들어 쳤습니다. 유대인들은 하나님께 속하지 않았고(8:47), 예수님의 양들이 아니기(10:26) 때문에 진리이시고 그리스도이신 예수님을 믿지 못하고, 오히려 돌로 쳐서 죽이려고 했던 것입니다. 로마인들은 사형에 해당하는 죄목을 자신들이 관할권을 가지고 판결하여 십자가형으로 처형하는 것을 선호했습니다. 유대인들은 이방인들에 의해서 오랫동안 억눌려 살아왔기 때문에 군중 심리가 한 번 동하면 통제하기 어려운 상황으로 전개되어 판결 없이도 유대인의 방식으로 돌로 쳐 죽이는 일도 실행했습니다.

8장 59절에서 유대인들이 예수님을 향하여 돌을 들어 치려 하자 예수께서 숨어 성전에서 나가셨다고 했는데, 본문 31~32절에서 예수께서 물러나지 않고 한동안 그 자리에서 유대인들과의 논쟁을 이어갔습니다. "내가 아버지로 말미암아 여러 가지 선한 일로 너희에게 보였거늘 그 중에 어떤 일로 나를 돌로 치려 하느냐?"(32) 예수께서 지금까지 자신이 해 온 일이 다 하나님의 선한 일이라며 다시 생각해 보라고 했습니다. 자신이 하나님과 하나이시라는 말씀도 사실이라고 확증하며 유대인들에게 자신을 향하여 돌을 들어 쳐서 죽이려는 일을 재고해보라고 요청했습니다. 그러나 유대인들은 그들의 관점에서 예수님이 자신을 하나님과 하나라고 말하는 말이 신성 모독죄에 해당하며 사람이 되어 자칭 하나님이라고 주장한다고 단정하여 공격했습니다. 사실 예수님은 자칭 하나님이 아니라(33), 그는 영원한 말씀이신 하나님이시며(1:1), 하나님 아버지와 함께 계셨던 말씀이시고(1:2), 말씀이 육신이 되어 이 땅에 오신 예수 그리스도이시고(1:14), 아버지의 품 속에 독생하신 하나님시고(1:18), 아버지께서 행하신 모든 것을 행하는 유일한 아들이십니다(5:19). 말씀이신 하나님이 육신이 되어 이 땅에 오셔서 그 신분에 변화가 있었지만, 그가 성육신하신 것은 아버지의 뜻에 순종하기 위함이었습니다. 예수님은 "말씀"이 육신이 되신 분이시고, "아들"이 사람이 되신 분이시지만 자칭 하나님이 아니라, 진정한 하나님이셨습니다. 유대인들은 진리가 그들 속에 없으므로(8:44), 오히려 예수님을 믿지 못하고 대적하고 죽이려고 했습니다. 여기서 유대인들이 분노가 폭발하기 직전의 상황이었기 때문에 예수께서 34~36절에서 차분하게 신학적인 대화를 이어갈 수 있는 상황이 아니었습니다. 예수께서 자신을 하나님의 아들이라고 말했다고 해서 유대인들이 전혀 격분할 일이 아니라는 것을 성경 본문 시편 82편 6절을 인용해서 유대인의 분노를 잠시 잠재웠습니다. 그 본문에서 예수께서 "아버지께서 거룩하게 하사 세상에 보내신 자"라는 말씀에 자신이 전제되어 있다고 하시면서 유대인들의 폭력을 억제하신 후에 그동안 자신이 행한 말과 행위들이 무엇을 증언하는지 다시 생각해보라고 권면했습니다.

37~38절에서 "37. '만일 내가 내 아버지의 일을 행하지 아니하거든 나를 믿지 말려니와 38. 내가 행하거든 나를 믿지 아니할지라도 그 일은 믿으라. 그러면 너희가 아버지께서 내 안에 계시고 내가 아버지 안에 있음을 깨달아 알리라.' 하시니"라고 예수님은 자신을 대적하는 유대인들에게서 잠시 숨돌릴 시간을 얻어서 그들이 고려해야 할 자신이 하나님의 아들이라는 증거를 제시했습니다. 예수님은 유대인들이 자신의 말을 액면 그대로 받아들이지 않는다고 할지라도 자신이 행하는 일에 아버지께서 행하시는 일이 있다면 자신이 한 말을 믿으라고 했습니다. 예수님은 유대인들이 아무리 하나님에 대하여 무지하다 할지라도 하나님께서 행하시는 일들을 모르지 않을 것 아니냐고 반문했습니다. 유대인들이 예수님을 믿을 수 없다고 할지라도, 예수님의 말씀을 받아들일 수 없다고 할지라도, 예수께서 행하신 "일들"을 아버지의 일로 믿는 것이 마땅하다는 것입니다. 예수께서 유대인들에게 자신이 행한 일들을 숙고해보라고 권한 이유는 "아버지께서 내 안에 계시고 내가 아버지 안에 있음을 깨달아 알라."라는 것이었습니다. 이 말씀은 30절의 "나와 아버지는 하나이니라."라는 말씀의 설명에 제시된 대로 예수님의 신성 모독죄 논쟁을 불러일으켰던 내용입니다. 이 주제는 14장 10~11절과 17장 21절에서 좀 더 자세하게 다루고 있습니다. 아버지와 아들 간에는 "상호 내재"라 부르는 것이 존재한다고 신학자들이 잘 정리했습니다. 아버지와 아들은 서로 안에 존재한다는 것은 놀라운 신비이며 아버지께서 주도하시고 아들은 순종하셨습니다. 유대인들이 예수님을 잡고자 하였으나 7장 30절에 나오는 대로 아직 그의 때가 이르지 아니하였기 때

문에 어떻게 할 수가 없었습니다.

적용　우리는 예수께서 하나님의 일을 하신 하나님의 아들이심을 믿으시길 바랍니다.

셋째로 우리는 세례 요한이 처음 예수님에 대하여 증거한 대로 믿어야 영생을 얻습니다 (40~42).

　예수님은 자신에 대한 유대인들의 적대적인 공격이 점점 고조되는 것을 보고서 예루살렘과 유대 지역을 벗어나 "요단강 저편 세례 요한이 처음으로 세례 베풀던 곳"인 요단강 동편으로 잠시 물러가셨습니다. 예수님은 유대인들의 공격을 피하여 예루살렘을 벗어나 멀리 베뢰아가 아니라 요단강의 북동쪽에 있던 헤롯 빌립의 영지 내의 바타네아(Batanea)라는 곳까지 가셨습니다. 예루살렘의 유대인 당국자들은 그가 전한 말씀에 분노하여 예수님을 붙잡아 죽이고자 혈안이 되어 있었습니다. 그런데 한적한 시골 요단강 동편 바타네아에서 얼마 전에 순교 당한 세례 요한이 사역하던 곳으로 멀리 피신하여 세례 요한에 대한 기억과 그의 증언이 주목할만한 열매로 맺어지는 놀라운 역사가 이루어졌습니다. 많은 사람이 세례 요한이 증언한 말씀을 기억하고 있다가 이제 세례 요한이 증거했던 예수님의 사역에서 많은 능력이 나타나는 것을 보고서 세례 요한의 예수님에 대한 증언이 옳았다는 사실을 알게 되었습니다.

　41~42절에서 "41. 많은 사람이 왔다가 말하되 '요한은 아무 표적도 행하지 아니하였으나 요한이 이 사람을 가리켜 말한 것은 다 참이라.' 하더라. 42. 그리하여 거기서 많은 사람이 예수를 믿으니라."라고 많은 사람이 거기서 세례 요한은 아무 표적도 행하지 않았지만 세례 요한이 전했던 말씀을 기억하고 있었습니다. 세례 요한이 예수님은 흥하여야 하겠고 자신은 쇠하여야 하겠으며 자신은 그의 신발 끈을 풀 자격도 없는 사람이라고 역설한 것이 예수님의 짧은 사역 속에서 그대로 나타나는 것을 사람들은 목격했고, 세례 요한의 예수님에 대한 증언이 사실임을 알게 되었습니다. 세례 요한이 예수님에 대하여 세상 죄를

지고 가는 어린 양이시고, 성령으로 세례를 주시는 분이시고, 하나님의 아들이라고 증언하였는데 처음 두 가지는 아직 이루어지지 않았지만, 예수님이 하나님의 아들이시라는 말씀은 사실이었습니다. 그래서 많은 사람이 예수님에 대한 세례 요한의 증언을 기억하고, 예수님을 하나님의 아들 그리스도로 믿었습니다. 세례 요한의 증언 사역이 참으로 놀랍게 열매 맺는 아름다운 장면입니다. 세례 요한의 진리에 대한 증언이 참이었다(5:33)는 예수님의 증언과 칭찬이 그대로 증명되는 현장이 되었습니다.

사랑하는 성도 여러분이여!

예수님은 유대인들이 자신을 향하여 돌을 들어 치려고 하는데도 자신은 그리스도시고 하나님의 아들이시라고 놀랍게 증언했습니다. 하나님께 속하지 않고 예수님의 양들이 아닌 유대인들은 더욱 예수님을 향하여 신성 모독죄를 범하였다고 더 강력하게 대적했지만, 예수님은 마지막까지 자신을 증언했습니다. 우리도 복음을 들어보지 못 한 사람들에게 복음을 전할 때 반대와 모욕도 다 극복하며 끝까지 복음을 전해야 합니다. 세례 요한은 순교하여 죽었으나 그가 증언한 예수님이 놀라운 사역으로 하나님의 아들이심을 드러내서 많은 사람이 예수님을 하나님의 아들 그리스도로 믿었습니다. 우리가 우리의 사랑하는 사람들에게 전한 복음은 우리가 죽은 다음에라도 놀랍게 성령이 역사하여 믿음으로 구원 얻는 기적의 역사를 이룬다는 사실을 기억하기 바랍니다. 우리는 우리가 사랑하는 사람들에게 예수님이 하나님의 아들 그리스도라는 놀라운 복음을 전하여 우리의 사랑하는 사람들을 반드시 구원하여 낼 수 있기를 소망합니다.

III

/

전환:
삶과 죽음,
왕과 고난 받는 종
(11:1~12:50)

38. 죽은 나사로를 살리신 예수님(11:1~44)

예수께서 죽은 나사로를 살리신 사건은 요한복음에서 마지막 표적 사건입니다. 이 사건은 요한복음의 7가지 표적 중에서 최절정입니다. 예수께서 병들어 죽어가던 나사로를 찾아가서 바로 고쳐주시지 않고, 죽어 무덤에 장사된 지 나흘째 되던 날 나사로의 무덤에 찾아가셔서 "나사로야 나오라."라는 말씀 한마디로 살려주셨습니다. 이 사건은 예수님께서 '자신이 부활과 생명이신 하나님'이심을 드러내고자 함이었습니다. 예수께서 '나는 부활과 생명이라.'라는 말씀은 자신이 마지막 날에 죽은 사람을 다시 살리는 하나님이실 뿐만 아니라 지금 그를 믿는 사람들에게 부활의 생명을 주시는 하나님이심을 보여주셨습니다. 요한복음에 나오는 마지막 표적 사건인 죽은 나사로를 살리신 예수님이라는 말씀을 들으면서 함께 은혜를 나누고자 합니다.

첫째로 예수님은 나사로가 죽은 베다니에 계시지 않은 것을 기뻐하셨습니다(1~16).

나사로가 베다니에서 병들어 죽어가고 있었을 때 예수님은 요단강 건너편 바타네아로 잠시 피하셨을 때였습니다. 그 누이들은 바타네아의 예수님께 사람을 보내서 나사로의 위중함을 알렸습니다. 그런데 4절에서 "예수께서 들으시고 이르시되 '이 병은 죽을 병이 아니라 하나님의 영광을 위함이요, 하나님의 아들이 이로 말미암아 영광을 받게 하려 함이라.' 하시더라."라고 나사로의 병은 죽음으로 끝날 병이 아니라 부활로 이어져서 예수께서 부활의 생명을 주시는 하나님이심을 알리시고자 함이었습니다. 지금 나사로가 병들어 죽어가고 있다는 데도 예수님은 나사로가 죽음으로 끝나는 것이 아니라 부활로 이어질 것이라고 놀랍게 말씀하셨습니다. 예수께서 10장 30절에서 "나와 아버지는 하나이니라."라고 말씀하셨을 때 유대인들은 신성모독이라(33)고 말하며 돌을 들어 예수님을 치려고 했고(10:31), 예수께서 예루살렘에서 요단강 동편 세례 요한이 세례 주던 바타네아로 잠시 피신하셨던 것입니다(10:40).

6절에서 "나사로가 병들었다 함을 들으시고 그 계시던 곳에 이틀을 더 유하시고"라는 그 누이들이 보낸 사람이 베다니에서 예수께서 계신 바타네아에 도착하여 나사로의 병이 매우 위중함을 알렸고 예수님도 그 사실을 다 아셨음을 말해줍니다. 누이들이 보낸 사람이 베다니로 돌아간 후에 바로 나사로는 죽었고, 예수님은 그 상황을 아셨지만, 이틀을 거기서 더 유하셨습니다. 예수께서 요단강 동쪽에서 나사로의 위중함을 듣고서도 이틀이나 더 머무신 데는 두 가지 이유가 있었습니다. 먼저는, 나사로가 무덤에서 살아날 수 없는 확실한 시점에 나사로를 살리심으로 예수께서 "부활과 생명"이신 하나님의 아들이심을 증명해 보이고자 하셨고, 다음은, 예수께서 죽은 자를 살리시는 장면을 목격한 제자들과 베다니의 가족들과 예루살렘에서 온 유대인들이 부활의 신앙을 갖게 하고자 함이었습니다. 예수께서 바타네아에 이틀을 더 머무신 것이 제자들과 베다니의 가족들과 그를 조문하러 온 많은 유대인들이 예수께서 죽은 자를 살리시는 하나님의 아들로 믿게 하는 데 오히려 더 이바지했습니다.

7~14절에서 예수께서 나사로의 죽음을 잠자는 것에 비유하여 '잠자는 우리 친구 나사로를 깨우러 유대로 가자.'라고 제자들에게 말씀했을 때 제자들은 며칠 전에 유대인 당국자들이 예수님에 대하여 극도의 반감을 품고 돌로 치려고 했던 상황을 상기시키며 어떻게 유대로 죽으러 가자고 하느냐며 놀라서 반문했습니다. 제자들은 예수께서 자신의 죽음을 통하여 아버지의 뜻을 이루고자

하는 진정한 뜻을 알지 못했습니다. 당시 사람들은 낮에 일하고 밤에 일을 멈췄습니다. 예수께서 세상의 빛으로 자신이 살아있는 동안이 낮이며 자신이 낮 시간에 아버지께서 맡겨주신 일을 수행해야 했습니다. 그러나 곧 예수께서 세상을 떠나가면 어둠이 찾아올 것이고 제자들이 일할 수 없는 때가 온다는 것입니다. 사도 요한은 11절을 25~26절과 연관 지어서 부활과 생명이신 예수께서 그를 믿고 잠든 자들을 다 깨워주신다는 사실을 강조하고 있습니다.

15절에서 "내가 거기 있지 아니한 것을 너희를 위하여 기뻐하노니 이는 너희로 믿게 하려 함이라. 그러나 그에게로 가자' 하시니"라고 예수께서 사랑하던 나사로가 병들어서 죽어가던 베다니에 계셨더라면 나사로가 죽지 않게 할 수 있었습니다. 그러나 예수께서 죽은 나사로를 다시 살리심으로 자신이 죽은 자를 살리시는 하나님의 아들이심을 드러낼 수 있어서 예수께서 나사로가 죽었던 베다니에 계시지 않은 것을 오히려 더 기뻐하셨습니다. 도마는 의심 많은 제자라기보다는 예수님의 죽음을 제대로 알지 못하고 무조건적인 헌신과 담대함을 가진 제자의 모습을 드러냈습니다.

적용 사도 요한은 우리가 예수께서 죽은 자를 살리시는 하나님이심을 믿기 원하십니다.

둘째로 예수님은 그를 믿는 자들의 부활과 생명이십니다(17~37).

예수께서 베다니에 도착했을 땐 나사로가 무덤에 장사된 지 벌써 나흘이 지났습니다. 예수께서 베다니의 나사로가 병들어 죽어 무덤에 장사된 지 나흘에야 나사로의 무덤에 가신 데에는 분명한 의도가 있었습니다. 예수께서 그 누이들의 요청대로 움직이시는 분이 아니라 하나님의 뜻에 따라 하나님의 시간표대로 움직이시는 분임을 알리셨습니다.

17절에서 나사로가 죽어 무덤에 있은 지 나흘이라는 말에서 '나흘'이라는 기간은 유대 랍비들의 신앙유전에 따르면 죽은 자의 혼이 죽은 자의 몸 위를 처음 사흘 동안 배회하다가 그 몸으로 다시 들어갈 기회를 엿보는 기간이 사흘이며,

나흘은 그 기간이 지났다는 것입니다. 나흘이라는 말속에 나사로의 죽음이 더 이상 뒤집힐 수 없이 확실하며 동시에 표적이 일어날 수 있는 준비 된 상황을 말합니다. 베다니는 예루살렘에서 동쪽으로 3km 떨어진 감람산 언덕 위의 조그만 촌락임에도 불구하고 나사로가 죽었을 때 많은 조문객이 예루살렘에서 찾아왔습니다. 나사로의 집안은 유력하고 사람들에게 많이 알려진 집안이었습니다. 예루살렘에서 베다니 마리아의 집에 조문 온 많은 유대인들은 예수께서 죽은 나사로를 말씀 한마디로 살리셨을 때 그들은 나사로의 부활을 직접 목격한 증인이 되었습니다.

20절에서 마르다는 예수께서 베다니에 오셨다는 소식을 듣고 바로 뛰어나 갔다는 것은 마르다의 성격이 마리아에 비해서 아주 활달하고 적극적임을 보여줍니다. 21~22절에서 마르다가 예수님께 간청하는 말은 예수께서 그들의 오라버니 나사로가 죽기 전에 베다니에 계셨더라면 오라버니가 죽지 않았을 것이라고 아쉬워하는 말이고, 하나님의 아들인 예수님이 아버지께 구하여 뭔가 해결하여 달라는 간청이기도 했습니다. 마르다는 24절에서는 오라버니 나사로가 마지막 날에 살아날 것을 믿었지만, 39절에서 돌을 옮겨 놓으라는 예수님의 말씀을 제대로 믿지 못하여 무덤에 장사한 지가 나흘이나 되었다고 대답하면서 "네 오라비가 다시 살아나리라."(23)라는 말씀의 의미를 제대로 이해하지 못했던 것을 보여줍니다. 마르다와 마리아의 믿음은 오라버니 나사로가 죽기 전에 예수께서 베다니에 계셨더라면 오라비를 치료하여 살려주심을 믿는 수준이었습니다.

25절에서 예수께서 '나는 부활이고 생명이니'에서 "나는 ~이다"(ego eimi…)의 용법으로 예수께서 부활과 생명이신 하나님이심을 다시 분명하게 드러내어 말씀해 주셨습니다. 예수님이 '나는 부활이요 생명이라.'라는 말씀은 그가 주시는 생명에 부활의 의미가 첨가된 영광의 생명을 말씀했습니다. 그것은 예수님을 믿을 때 주시는 생명에다 마지막 날에 주실 부활의 의미를 더해주셨습니다. 지금까지 말씀하신 생명에 죽은 자가 살아나고 살아있는 자들이 영원히 죽지 않는 더 풍성한 부활의 생명을 말씀했습니다. 예수님이 바로 부활과 생명이 시기 때문에 예수님 없는 부활과 생명은 없습니다. 25절 후반부의 "나를 믿는 자는 죽어도 살겠고"라는 말씀은 그리스도인이 비록 죽을지라도 마지막 날의 부활 때에 다시 살아나게 될 것을 보장하고 있고, 26절 전반부의 "무릇 살아서 나를 믿는 자는 영원히 죽지 아니하리니"라는 말씀은 죽음 이전에 이미 부활 생명을 누리고 있는 그리스도인은 어떤 의미에서는 절대 죽지 않을 것을 보장하고 있습니다. 일반적으로 유한한 생명은 언젠가는 사라지고 말지만, 예수께서 그를 믿는 자들에게 주신 생명은 영생의 생명이고 부활의 생명입니다. 이런 의미에서 "살아서 예수 믿는 자"는 절대로 죽지 않고 부활의 생명을 누리며 영원히 살게 될 것입니다. 26절 마지막에서 "이것을 네가 믿느냐?"라는 질문은 예수께서 마르다의 오라버니 나사로를 살리실 것을 믿느냐는 물음이 아니고, 그가 마지막 날에 부활하게 될 것을 객관적으로 믿는 것에서 한 걸음 더 나아가서 부활의 생명을 줄 수 있고, 부활의 영광스러운 변화를 약속할 수 있는 유일한 분인 예수님을 인격적으로 믿고 있느냐고 물으신 것입니다. 마르다는 27절에서 "주여, 그러하외다. 주는 그리스도시요 세상에 오시는 하나님의 아들이신 줄 내가 믿나이다."라고 놀라운 신앙 고백을 했습니다. 마르다의 대답은 신앙 고백을 넘어서 예수께서 그리스도 즉 메시아이자 하나님의 아들이심을 인격적으로 확신하며 고백했음을 보여줍니다. 마르다는 예수께서 하나님이 약속한 메시아이시기 때문에 '부활과 생명'을 주실 수 있는 하나님으로 확신하고 믿었습니다. 39절에서 예수께서 나사로의 무덤 앞에 서서 돌을 옮겨 놓으라고 말씀하셨을 때, 마르다는 '주여! 죽은 지가 나흘이 되었으매 벌써 냄새가 나나이다.'라고 대답하는 불신앙을 드러냈습니다. 마르다는 나사로의 무덤 앞에서 예수께서 지금 죽은 자를 말씀으로 바로 살려내시는 하나님으로 믿지 못했습니다. 마르다의 신앙 고백은 예수께서 죽은 자를 지금 살리시는 하나님으로 믿지 못한 불신앙이었습니다.

마르다가 집 안에 있는 마리아에게 가서 28절에서 '선생님이 오셔서 너를 부르신다.'라고 알려주었을 때 마리아는 그 말을 듣자마자 곧바로 예수께서 계시는 곳으로 나갔습니다. 마리아가 급히 나가자 집 안에 있던 애곡꾼과 문상객들도 마리아가 나사로의 무덤에 곡하러 가는 줄 알고 마리아를 따라 함께 나섰습니다. 32절에서 마리아가 예수님 앞에 나아가 발 앞에 엎드렸다고 했습니다. 마리아가 마르다보다 감정이 더 복받쳐서 울면서 이렇게 예수님의 발 앞에 엎드렸다고 카슨(D. A. Carson) 교수는 해석합니다. 마리아도 예수님의 능력에 공간적인 제한이 있는 것처럼 마르다와 같이 원망하여 대답했습니다. 예수께서 평소에 마리아에게서 마르다보다 자신의 발 앞에서 더 열심히 말씀을 들었기 때문에 더 깊은 신앙심을 기대했지만 마르다와 다른 것이 없어서 실망하셨을 것입니다.

33절에서 "예수께서 그가 우는 것과 또 함께 온 유대인들이 우는 것을 보시고 심령에 비통히 여기시고 불쌍히 여기사"라고 예수께서 마리아가 우는 것과 그와 함께 온 유대인들이 우는 것을 보시고 심령에 비통히 여기셨습니다. 여기서 "우는"(klaio; to cry)이라는 동사는 '소리 내어 슬피 우는' 것을 의미합니다. 카슨(D. A. Carson) 교수의 주장에 따르면 유대인들의 장례 관습은 아무리 가난한 집안이라도 적어도 두 명의 피리 연주자와 한 명의 전문적인 애곡하는 여자를 고용하여 장례를 치렀다고 하는데 베다니의 상당한 부잣집이었던 마리아의 집안에서 애곡꾼들의 숫자는 더 많았습니다. 애곡꾼과 문상객들이 마리아를 따라서 예수님께로 향하여 가서 피리 소리에 맞추어 예수님 앞에서 너무 크게 슬피 울었습니다. 마리아와 그와 함께 따라온 애곡꾼과 문상객들이 죽은 나사로를 생각하며 너무 슬피 소리 내어 우는 장면을 보시고 예수님은 심령에 비통하게 여기셨습니다. 33절, 38절에 나오는 "심령에 비통하게 여기셨다."(enebrimesato; groaned in the spirit)는 '무엇을 강하게 주장하다, 밖으로 화를 드러내다, 마음에 괴로워하며 분노하다.'는 뜻인데 예수님 앞에서 마리아와 그와 함께 유대인들이 오라버니 나사로의 죽음에 대하여 예수께서 아무것도 할 수 없다는 듯이 슬퍼하며 크게 소리 내어 우는 모습이 마치 소망 없는 다른 사람들과 같은(살전 4:13) 슬픈 모습이어서 예수께서 심령에 괴로워하시며 분노하셨습니다. 말로는 예수님을 믿는다고 하면서 실제 행동으로는 예수님의 권능을 믿지 못하는 마리아와 함께 우는 자들과 문상객들에 대하여 예수께서 괴로워하시고 당혹하시며 분노하셨습니다.

34절에서 예수께서 "이르시되 '그를 어디 두었느냐?' 이르되 '주여, 와서 보옵소서.' 하니" 35절에서 "예수께서 눈물을 흘리시더라."라고 했습니다. 여기서 '눈물을 흘리시더라.'(dakryo; to weep)라는 동사는 33, 38절에 눈물을 흘리며 우는(klaio; to cry) 동사와 전혀 다른 뜻인데 '어떤 어려움이나 재난을 앞두고 크게 소리 내지 않고 깊이 탄식하며 눈물 흘리며 우는 모습'을 설명하는 단어입니다. 예수님의 눈물은 죽은 나사로로 인한 마리아와 애곡꾼과 문상객들의 슬픈 감정에 공감하고 절망하고 비통해하는 반응이 아니었습니다. '예수님의 눈물'은 자신이 부활과 생명이라고 말씀하시는 예수님을 이해하지 못하고 믿지 못하는 유대인들, 더욱이 자신이 십자가에 달려 죽어야 할 죽음을 전혀 알지 못하는 사람들을 향한 분노와 비난과 탄식에서 흘리는 눈물이었습니다. 예수께서 나사로의 죽음을 슬퍼하여 유대인들과 같이 절망하여 소리 내 울었다면 33, 38절에서 사용한 '우는'(klaio)이라는 동사를 사용했을 것이지만, 여기서 '눈물 흘리시다'(dakryo)라는 동사를 사용한 것에서 소리 없이 눈물을 흘리셨습니다. 예수님의 눈물은 부활과 생명이신 자신이 죽은 나사로를 살리실 것을 전혀 믿지 못하고 기대하지 않는 사람들과 자신의 대속적인 죽음을 말하는데도 믿지 못하는 불신앙인에 대한 슬픈 눈물이었습니다. 유대인들은 36절에서 예수께서 죽은 나사로를 매우 사랑하셔서 우신 것으로 오해했습니다. 유대인들은 예수님의 눈물을 나사로를 깊이 사랑한 증거로 받아들였지만, 사도 요한은 예수님의 눈물을 유대인 문상객들의 몰이해와 불신앙에 대한 분노와 비난으로 기록했습니다.

37절에서 "그 중 어떤 이는 말하되 '맹인의 눈을 뜨게 한 이 사람이 그 사람은 죽지 않게 할 수 없었더냐?' 하더라."라고 문상객들 중에 나면서부터 시각장애인으로 태어났다가 예수께서 그 눈을 뜨게 했다는 표적 사건을 들은 사람도 있었는데 그들은 시각장애인의 눈을 뜨게 한 예수께서 병들어 죽은 나사로를 죽지 않게 할 수 없었느냐고 의아해하는 반응을 보였습니다. 이들은 예수께서 계시하여 말씀하신 대로 자신이 하나님께로부터 나신 하나님의 아들이시고 하나님께서 보내신 하나님의 아들(17:8)이심을 믿지 못하고 단순히 표적을 행하는 사람으로 이해하며 더 큰 표적을 계속해서 요구했는데, 그들의 믿음은 사실 불신앙에 지나지 않았습니다.

적용 부활과 생명이신 예수께서 그를 믿는 우리에게 지금 부활의 생명을 주셨다고 믿고 부활의 생명을 당당하게 누리며 살아가십시다.

셋째로 예수님은 죽은 자를 다시 살려주시는 하나님이십니다(38~44).

41~42절에서 "41. 돌을 옮겨 놓으니 예수께서 눈을 들어 우러러 보시고 이르시되 '아버지여, 내 말을 들으신 것을 감사하나이다. 42. 항상 내 말을 들으시는 줄을 내가 알았나이다. 그러나 이 말씀 하옵는 것은 둘러선 무리를 위함이니 곧 아버지께서 나를 보내신 것을 그들로 믿게 하려 함이니이다."라고 예수께서 죽은 자를 살리심으로 예수님 자신이 하나님이 보내신 하나님의 아들이심을 분명하게 드러내셨고, 하나님 아버지께서 아들 예수의 말을 항상 들으신 것을 감사하고, 그는 하나님 아버지의 뜻을 따라서 행하시는 하나님의 아들이라는 사실을 사람들에게 드러내셨습니다. 이 죽은 자를 살리신 표적을 통하여 예수께서 하나님 아버지께서 보내신 하나님의 아들이심을 사람들에게 분명하게 알리셨습니다. 43절에서 "이 말씀을 하시고 큰 소리로 '나사로야 나오라' 부르시니"라고 큰 음성으로 죽은 나사로를 나오라고 불렀는데, 44절에서 "죽은 자가 수족을 베로 동인 채로 나오는데 그 얼굴은 수건에 싸였더라. 예수께서 이르시되 '풀어 놓아 다니게 하라' 하시니라."라고 예수께서 권세 있게 말씀하신 대로 놀라운 장면이 연출되어 무덤에 있은 지 나흘이 지난 나사로가 그의 음성

을 들고 수건을 머리에 쓰고 수의를 입은 채로 살아나는 놀라운 기적이 일어났습니다. 나사로가 무덤에 장사 되었을 때 시신의 여러 부분을 묶어 놓았고, 예수께서 나사로를 풀어서 자유롭게 걸어 다닐 수 있게 하라는 말씀에서 죽은 나사로가 살아났지만, 제한이 있었습니다. 예수께서 부활하셨을 때 신령한 몸으로 살아나셨기 때문에 세마포와 수건을 스스로 풀어서 따로 개어놓고 나오셨고, 사방이 닫힌 방에 있었던 제자들에게 바로 찾아 들어갔습니다. 이것이 나사로의 부활과 예수님의 부활의 차이인데 나사로는 부활했다가 다시 죽었지만, 예수님은 신령한 몸으로 부활하여 제자들의 방안에 자유롭게 드나드셨고, 하늘에 올라가셨고, 또 하늘로 올라가심을 본 그대로 다시 오실 것입니다. 나사로의 부활은 예수님의 부활과 다른 것이고, 나사로의 부활은 예수님 부활을 단지 희미하게 예시해 줄 뿐이라고 카슨(D. A. Carson) 교수는 해석했습니다. 이것은 예수께서 죽은 자를 살리신 하나님의 아들이심을 보여주신 마지막 표적 사건입니다. 예수께서 죽은 나사로를 살려주심으로 그가 부활과 생명의 주님이심을 드러내셨습니다. 예수께서 부활과 생명의 주님이 되심에 대한 사람들의 반응은 두 가지로 나타났습니다. 45절에서는 마리아에게 와서 예수께서 나사로를 살리신 표적 사건을 목격한 많은 사람 즉 예루살렘에서 베다니에 조문 온 많은 유대인이 예수님을 하나님의 아들 그리스도로 믿었습니다(45~46). 그러나 53절에서 예수께서 죽은 나사로를 살리셨다는 놀라운 기적의 보고를 들은 산헤드린 공회원들은 예수님을 죽이려고 모의했습니다.

사랑하는 성도 여러분이여!

예수님은 그를 믿는 그리스도인에게 영원한 부활의 생명을 주시는 하나님이십니다. 우리가 죽어 장사 된 무덤에 다시 오실 우리 주님께서 우리의 이름을 부르실 때, 우리는 나사로처럼 그의 음성을 듣고 영광의 부활 몸으로 살아날 것입니다. 죽어 무덤에 장사 된 지 나흘이 지난 나사로를 살리신 생명이신 예수님을 나의 유일한 구원의 주님으로 신앙 고백해서 지금, 이 순간 이곳에서 부활의 생명을 영원토록 누리십시다. 예수께서 죽은 자를 살리시는 부활과 생명의 주님이심을 알지 못하는 사람들에게 우리가 나가서 증거 하여 그들도 우리와 같이 부활과 생명이신 예수님을 믿는 믿음에 이르게 하십시다. 부활과 생명이신 예수님을 나의 주님으로 믿고 증거 하여 영원한 부활의 생명을 풍성하게 누리시길 소망합니다.

39. 유대인들의 살인 음모(11:45~57)

1928년 루마니아에서 태어난 유대인 종군 작가인 엘리 위젤(Eliezer "Elie" Wiesel, 1928~2016)이 쓴 「밤」이란 책 중에 나오는 이야기입니다. 2차세계대전 당시 독일에 살고 있던 유대인들이 나치 정권 아래에서 대량 학살을 당하게 되었을 때, 그 일에 주동자 역할을 한 사람이 독일인이자 오스트리아인인 아이히만(Adolf Eichmann, 1906~1962)이었습니다. 아이히만으로 인해 600만 명의 유대인이 학살당했습니다. 그는 큰 거리에 아치를 세우고 남녀 한 쌍과 한 어린 소년의 목을 아치에 매달아두고 많은 사람을 그 밑으로 지나가게 하며 위협했습니다. 그때 종군기자이며 작가인 엘리 위젤이 한 독일군을 향하여 "하나님이 두렵지 않느냐?"라고 묻자, 능청스러운 독일 군인은 "지금 막 죽어가는 저 소년과 함께 하나님도 죽어가고 있다."라고 대답했습니다. 종전 후 아이히만은 미군 포로로 잡혔다가 도망쳐 독일 시골을 전전하다 자기의 범죄가 너무 두려워서 어디론가 잠적해 버렸습니다. 유대 비밀경찰은 총력을 기울여 아이히만을 찾으려고 노력한 끝에 마침내 1960년 아르헨티나 시골 농장에서 수염을 기르고 머리 모양을 바꾸고 이름까지 개명하여 살던 아이히만을 체포했습니다. 그는 방탄유리 상자에 넣어져서 이스라엘 최고 재판소의 재판을 받고 15가지 죄목으로 1962년 교수형에 처해졌습니다. 엘리 위젤은 본인 책에서 다시 "하나님은 어디 있느냐?"라고 두 번째 질문하며 "하나님은 지금 아이히만을 심판하고 계신다."라고 대답했습니다.

예수께서 병들어 죽어 무덤에 장사 된 나사로를 그 무덤 앞에서 큰 소리로 "나사로야, 나오라."라고 불러서 장사된 지 나흘이나 지나서 살려주셨을 때 많은 사람이 예수님을 믿었고, 몇 사람은 죽은 자를 살리신 예수님께로 많은 유대인이 몰려가는 상황을 우려하여 유대인 당국자들에게 보고했습니다. 당시 대제사장 가야바는 로마제국으로부터 유대 민족을 보호하기 위하여 한 사람이 백성을 위하여 죽는 것이 유대 민족 전체에게 유익하다는 오래 숙고한 자신의 의견을 예언처럼 말했습니다. 결국 대제사장 가야바가 한 말이 하나님의 섭리로 한 사람 예수 그리스도의 대속적인 죽음으로 그를 믿는 모든 사람이 구원받는다는 예언이 되게 하셨습니다. 산헤드린 공회는 나사로를 살린 사건 후에 많은 유대인이 예수님을 믿고 따르자 큰 위기감을 느끼고 예수님을 살인 모의하기로 결의하여 공포해서 예수님을 붙잡으려고 했습니다. 그런데 예수님은 하나님 아버지의 정한 때를 기다리며 유대인 당국자들을 피하여 광야에 가까운 에브라임 동네로 잠시 은신했습니다. 에브라임은 유대인들에게 쉽게 드러나지 않고 유월절에 베다니를 거쳐서 예루살렘에 가기에 적당한 거리에 있었습니다. 예수님을 죽이려는 유대인들의 살인 음모라는 말씀을 들으면서 함께 은혜를 나누고자 합니다.

첫째로 유대인 당국자들이 예수님을 죽이기로 모의하였습니다(45~53).

현대인의 성경 45~46절에서 "45. 마리아를 위로하러 왔다가 이 광경을 본 많은 유대인들이 예수님을 믿게 되었다. 46. 그러나 그들 가운데 몇 사람은 바리새파 사람들에게 가서 예수님이 하신 일을 보고하였다."라고 예수께서 죽은 나사로를 살려주신 표적 사건에서 두 가지 서로 다른 반응에 대해 설명합니다. 예수께서 죽은 나사로를 말씀 한마디로 살려주었을 때 마리아 집에 왔던 애곡꾼과 문상객들은 예수님을 믿었습니다. 이들의 믿음에 대하여 설명이 없어서 정확하게 판단하기는 어렵지만 죽은 자를 살리신 예수님을 하나님의 아들로 믿었습니다. 그런데 몇 명의 유대인들은 이 사건으로 많은 유대인이 예수를 믿고 따른다는 상황을 바리새인들에게 악의적으로 밀고했습니다. 악의적이라고 해석하는 것은 53절에서 증거도 없이 유대인 당국자들이 예수님을 죽이려고 모의하여 결의하는 데서 확인할 수 있습니다. 예수께서 죽은 나사로를 살려주신 영광의 사건이 오히려 예수님을 대적하는 유대인 당국자들의 심기를 건드려서 예수님을 죽이기로 모의하고 결의하도록 재촉하였다고 사도 요한은 기록했습니다. 몇 명의 유대인들이 악의적으로 신고하러 바리새인들에게 찾아갔다는 사실은 예루살렘 성전의 주후 70년 멸망 사건 전에 유대인 당국자들이 예수님에 대하여 적대적이었음을 알려주고 있습니다. 바리새인들 중 대다수는 서기관들과 랍비들과 회당장이었기 때문에 그들은 일반 유대인들과 접촉이 많아서 나사로의 부활을 목격한 사람들이 편하게 바리새인들을 찾아갔습니다.

바리새인들은 독자적으로 결정적인 사법적인 행위를 실행할 수 없었습니다. 유대인들의 최고 사법기관은 산헤드린 공회였는데 로마 당국의 감독 아래 유대인들의 모든 내정을 담당했습니다. 산헤드린 공회는 사법기관이며 동시에 입법기관이고, 대제사장이 주도하는 행정기관이었습니다. 예수님 당시에 산헤드린 공회는 70명 회원이며 대제사장이 의장으로 총 71인이었고 대제사장의 가문에서 선출된 고위 제사장들이 주도했습니다. 공회는 실질적으로 제사장인 사두개인이 주도했고, 소수의 바리새인이 서기관으로 참여했지만, 그 영향력은 상당했으며, 나머지 공회원들은 서로 다른 여러 신학적 견해를 지니고 있었던 지주 귀족계급인 장로들이었습니다. 예수께서 죽은 나사로를 살리신 놀라운 사건 보고를 듣고서 바리새인들은 고위 제사장들과 손잡고 많은 사람들이 예수님에게로 몰려가는 심각한 상황을 타개하기 위하여 예수님 한 사람을 죽이기로 살인 모의하는 안건을 상정하여 결의했습니다. 산헤드린 공회에서 예수님에 대하여 제안된 의견이 현대인의 성경 47절 마지막에서 "그 사람이 많은 기적을 행하고 있으니 어떻게 하면 좋겠소?"라고 예수께서 나면서부터 시각장애인 청년의 눈을 뜨게 했을 때 그 청년을 심문하다가 이미 망신을 당했는데, 예수께서 죽은 나사로를 살리신 사건은 더 많은 목격자들이 현장에서 보았기 때문에 예수께서 행하신 표적을 부정하는 것은 불가능했습니다. 유대인 당국자들은 나사로를 살린 사건 후에 예수님에 대한 대응 자세가 더 적대적으로 과격해졌습니다.

현대인의 성경 48절에서 산헤드린 공회원들은 "이대로 내버려 두면 모두 그를 믿을 것이고 그렇게 되면 로마 사람들이 와서 우리 성전을 파괴하고 우리 민족을 짓밟을 것이오."라고 보통 유대인들이 점차 예수님을 메시아로 믿는 열기가 크게 고조되어서 예수님의 승인 여부와 상관없이 유대인들의 폭동이 일어나게 될 것이며, 결국 이것을 빌미로 하여 로마 정부가 유대인들에 대한 전면적인 개입과 폭력을 예루살렘에 가할 것이라고 우려했습니다. 로마 정부가 전면적으로 유대인들에게 개입하여 예루살렘 성전을 파괴하고 유대 민족을 짓밟는 파국을 맞이하게 될 것이라고 그들은 염려했습니다. 유대인 당국자들이 예수님과 관련된 문제를 냉정하게 객관적으로 조용하게 잘 처리하여 유대 민족의 장래 안위를 염려하기보다는 그들이 이미 누리고 있는 기득권을 빼앗기지 않으려는 데 실제로 몰두하고 있었습니다. 50절에서 "너희에게 유익한"이라는 말이 유대인 당국자들의 기득권 유지에 유익하다는 의미였습니다.

현대인의 성경 49~50절에서 "49. 그러자 그들 중의 한 사람인 그 해의 대제사장 가야바가 이렇게 말하였다. '여러분은 그렇게도 모르시오? 50. 한 사람이 백성을 위해 죽는 것이 민족 전체가 망하는 것보다 여러분에게 유익이 된다는 것을 생각지 못하시오?'"라고 그 해 대제사장 요셉 가야바는 유대 민족 전체가 망하는 것보다 한 사람이 죽는 것이 당국자들에게 유익이 된다고 생각하지 못하느냐고 산헤드린 공회원들에게 물었습니다. 가야바는 주후 18년에 로마 총독 발레리우스 그라투스(Valerius Gratus)에 의해서 대제사장으로 임명되었고 주후 36년 로마의 본디오 빌라도 총독과 함께 해임될 때까지 대제사장이었습니다. 가야바는 무려 18년간이나 대제사장직에 있으면서 오랫동안 끈질기게 권력을 누려왔다는 사실을 "그 해의 대제사장"이었다는 사도 요한의 글에서 엿보게 합니다. 가야바의 장인 안나스는 주후 6~15년까지 대제사장이었다가 물러 났지만 물러난 후에도 오랫동안 그의 영향력은 건재했습니다. 51절에서 가야 바 대제사장이 '그 해'(that year)의 대제사장직에 있으면서 특별히 '그 해'는 '그 운명적인 해' 또는 '그 기억할만한 해'라는 의미로서 예수께서 십자가에 죽으시 고 부활하셨던 그 해 주후 30년을 말했습니다(18:13). 가야바가 18년 동안 대제 사장직에 있으면서 특별히 '그 해'에 유대 민족과 예수님을 위하여 아주 중요한 말을 했는데, 49~50절에서 "너희가 아무 것도 알지 못하는도다. 한 사람이 백 성을 위하여 죽어서 온 민족이 망하지 않게 되는 것이 너희에게 유익한 줄을 생 각하지 아니하는도다."라고 했습니다. 즉 국제관계의 냉엄한 정치 현실 속에서 한 사람 예수님을 처형하는 것이 유대 온 민족을 위한 상책이라고 가야바 대제 사장이 주장했습니다. 사실 이렇게 가야바 의장이 주도한 산헤드린 공회가 살 인 음모 결정으로 예수님을 십자가에 못 박아 죽였지만, 그의 말대로 한 사람 이 죽어서 유대 민족은 번성해야 했는데도 오히려 망했습니다. 그것은 유대 민 족의 멸망은 예수님 때문이 아니라 유대인들 스스로 영적인 갱신이 없이 끊임 없이 정치적인 해법을 추구하며 예수님을 대적하여 죽여서 자신들의 기득권 을 지키고자 했기 때문이었습니다.

현대인의 성경 51~52절에서 "51. 가야바는 이 말을 스스로 한 것이 아니라 그 해의 대제사장으로서 예수님이 유대 민족을 위해, 52. 그리고 유대 민족뿐 만 아니라 흩어진 하나님의 자녀들을 모아 하나 되게 하기 위해 죽으실 것을 예 언한 것이었다."라고 사도 요한은 대제사장 가야바가 한 말은 스스로 한 말이 아니라 오랫동안 자신의 사고방식에서 굳어진 것을 숙고해서 그렇게 말한 것 이었지만, 그가 이 말을 했을 때 하나님께서도 그를 통하여 말씀하셨다고 카슨 (D. A. Carson) 교수는 해석했습니다. 다시 말해서 가야바는 예수님이 유대 민족 을 살리기 위하여 정치적으로 죽어야 한다고 선지자로서 말했지만, 하나님께 서 예수님의 그 해의 죽음이 십자가의 대속적인 죽음을 예언하는 말이 되게 했 습니다. "그 해"가 예수께서 십자가에 죽으신 해였다는 사실에서 대제사장 가야바가 선지자로서 예수께서 유대인을 위하여 죽으실 것을 예언했습니다. 대제사장 가야바는 "예수가 죽으면 유대 민족이 산다."라는 말을 순전히 정치적인 차원에서 유대 민족을 위한답시고 이기적으로 한 말이었지만, 사도 요한은 자신의 독자들에게 가야바가 예언한 말이 예수님의 죽음이 세상 죄를 지고 가는 하나님의 어린 양의 죽음이라(1:29)는 신학적인 의미에서 생각하도록 이끌었습니다. 대제사장 가야바가 선지자로서 자신이 오랫동안 숙고한 바를 정치적인 의미로 말했지만, 사도 요한은 이 말이 오히려 하나님의 섭리로 자기 백성을 위한 예수님의 대속적인 죽음을 예언한 말이 되었다고 해석합니다. 예수님의 대속적인 죽음은 유대 민족뿐만 아니라 "흩어진 하나님의 자녀"까지 구원하여 하나 되게 하는 의미 있는 죽음이었습니다. "흩어진 하나님의 자녀"는 장차 약속의 땅으로 함께 모여 와서 하나님 나라에 동참하게 될 디아스포라 유대인들이나 이방인 그리스도인들을 가리키는 것으로 이해할 수 있습니다. 진정한 하나님의 자녀는 성육신하신 말씀이신 예수님을 주님으로 영접하고 그의 이름을 믿는 자들이고(1:12), 그들이 세상에 흩어져 있다가 예수님의 재림 때에 함께 모이게 될 것이고, 완성될 주님의 교회에서 하나가 될 그리스도인입니다. 예수님은 모든 하나님의 백성들을 구원하여 하나 되게 하려고 자신의 목숨을 내려놓으셨습니다(10:15).

53절에서 "이 날부터는 그들이 예수를 죽이려고 모의하니라."라고 대제사장 가야바의 조언을 받아들여서 산헤드린 공회가 예수님을 살인 모의하기로 결의했습니다. "모의하였다."(booluomai; to take counsel)는 단순히 계획하였다는 뜻이라기보다는 예수님을 죽이기로 결의하였다는 뜻입니다. 산헤드린 공회가 살인 음모를 결의하였기 때문에 이제는 정치적으로 아무런 문제도 없이 어떻게 효과적으로 그 결의를 시행하느냐는 문제만 남았습니다. 다시 말해서 심문을 하여 죄를 밝히기 위해 예수님을 체포하는 것이 아니라, 이미 죄를 확정해 놓은 후에 심문과 재판을 요식적으로 진행한다는 뜻이었습니다. 사도 요한은 산헤드린 공회의 결의가 예수께서 죽은 나사로를 살리는 표적을 행하심으로 유대인들이 예수님의 죽음을 더 빨리 서둘렀다는 사실을 강조했습니다.

적용 가야바가 유대 민족을 위하여 예수께서 죽는 것이 좋다고 말했지만, 이것은 예수님의 대속적 죽음을 예언하는 말이 되었습니다. 예수께서 우리 모두를 위하여 대속적 죽음을 죽으신 것을 믿으시길 바랍니다.

둘째로 예수께서 에브라임 동네로 은신하여 아버지의 정한 뜻에 따르고자 하셨습니다 (54).

54절에서 "그러므로 예수께서 다시 유대인 가운데 드러나게 다니지 아니하시고 거기를 떠나 빈 들 가까운 곳인 에브라임이라는 동네에 가서 제자들과 함께 거기 머무르시니라."라고 예수께서 산헤드린 공회가 예루살렘에서 모여 자신을 죽이기로 결의했다는 소식을 듣고 다시 유대인들에게 자신을 드러내지 않으려고 광야 가까운 에브라임 동네로 제자들과 함께 잠시 피신하였습니다. 산헤드린 공회의 회원이 70명이 되었기 때문에 거기에도 예수님을 동조하는 우호적인 사람인 니고데모와 같은 사람이 있어서 결의 내용의 보안 유지가 어려웠을 것이고, 예수님에게도 결의 소식은 아마 전해졌을 것입니다. 예수님은 예루살렘에서 상당히 떨어진 조용한 광야 가운데 에브라임 동네로 제자들과 함께 잠시 물러나 아버지의 정한 때를 기다렸습니다. 에브라임은 구약성경에 나오는 에브론으로, 오늘날 에트 타이이베라는 지역으로 벧엘 동북쪽 약 6km 지점이고, 예루살렘에서 약 20km 떨어진 거리였습니다. 에브라임은 예수께서 당분간 안전하게 자신을 은신하기에 충분히 예루살렘에서 먼 곳이었고, 하나님 아버지께서 정하신 때 곧 다가올 마지막 유월절 명절에 예루살렘의 성전에 바로 갈 수 있는 곳이었습니다. 예수께서 십자가에 달려 죽으시는 것은 아버지의 뜻에 따라 아버지가 정한 시간에 자원하여 순종하여 이루신 일이었습니다(10:17~18). 산헤드린 공회가 예수님에게 사형판결을 결의하여 모의하였고, 빌라도 총독은 예수님에게 십자가형을 선고하여 집행하라고 군인들에게 명령했지만, 사실은 예수님께서 하나님 아버지의 뜻에 따라 정한 시간에 자원하여 우리를 위하여 십자가에 달려 죽으셨습니다.

적용 유대인 당국자들이 예수님을 죽이기로 결의했지만, 예수님은 하나님 아버지의 정하신 뜻과 정한 시간에 따라서 자신의 목숨을 우리를 위하여 내려놓으셨다는 사실을 믿으시길 바랍니다.

셋째로 마지막 유월절에 유대인들은 예루살렘에서 예수님을 찾았습니다(55~57).

55절에서 "유대인의 유월절이 가까우매 많은 사람이 자기를 성결하게 하기 위하여 유월절 전에 시골에서 예루살렘으로 올라갔더니"라고 여기에 언급되는 유월절은 사도 요한이 언급하는 예수님 공생애의 세 번째 유월절입니다. 첫 번째 유월절은 너희가 성전을 헐라 내가 사흘에 다시 지으리라고 말씀하여 오해를 샀던 때였고(2:13), 두 번째 유월절은 갈릴리 사역의 오병이어의 표적 사건 때였고(6:4), 예수님은 마지막 유월절을 지키기 위하여 에브라임에서 예루살렘으로 아직 올라가지 않았습니다. 본문 55절에서 언급하는 유월절은 예수님의 공생애 사역 기간의 세 번째 유월절 절기이며 주후 30년이었습니다. 예루살렘에 성전이 있었고, 유대 민족의 수도였기 때문에 명절에 유대인들이 방방곡곡에서 예루살렘으로 올라갔습니다. 시신이나 부정한 것을 만진다든지 해서 부정해진 사람들은 "유월절 전에" 정해진 예식을 통해서 자신을 먼저 성결하게 해야 했습니다. 사람들은 유월절이 시작되기 전, 한 주간 동안에 결례 의식을 행했습니다. 예수님은 결례 의식이 전혀 필요 없었기 때문에 12장에서 베다니를 거쳐서 좀 늦게 예루살렘으로 가서도 되었습니다. 결례 의식을 행하기 위하여 미리 시골에서 예루살렘에 올라온 유대인 순례객들은 그 유월절에 유대인 당국자들의 적대감이 고조된 상황에서 과연 예수께서 성전에 오실지에 대하여 '오신다, 오시지 않는다.' 또는 '좋은 사람이다, 나쁜 사람이다.' 등의 많은 논쟁을 하고 있었습니다. 그렇지만 유대인 당국자들은 죽은 나사로를 살리신 사건을 목격한 많은 사람들이 예수님을 믿고 따랐기 때문에 예수님에 대한 시기심과 적개심이 고조되어 있었습니다. 유대인들은 산헤드린 공회의 예수님에 대한 살인 음모 때문에 예수님이 장차 어떻게 될지에 대하여 격렬하고 뜨겁게 논쟁하고 있었습니다. "대제사장들과 바리새인들"은 예수님에 대한 체포령을 이미 공포하였고, 그 소식이 예루살렘에 널리 퍼져 있었기 때문에 예루살렘 주민들과 순례객들은 경각심을 가지고 예수님에 대하여 염려와 기대를 하며 찾고 있었습니다. 공생애의 마지막 유월절이 가까워 오자 예루살렘에서 일어난 이러한 상황이 예수님의 죽음이 임박해왔음을 암시하고 있습니다.

사랑하는 성도 여러분이여!

가야바 대제사장은 한 사람이 죽고 유대 민족이 사는 것이 유대인들에게 유익하다고 자신의 오랜 생각을 말했지만, 사실 이 말은 하나님의 섭리로 예수께서 우리를 위한 대속적 죽음을 죽으실 것을 예언한 말씀이 되었습니다. 유대인 당국자들은 산헤드린 공회에서 예수님을 죽이고자 결의하였지만, 예수님은 자원하여 십자가를 지러 유월절에 예루살렘에 올라가셨습니다. 예수님을 대적했던 사람들은 어느 시대든지 늘 있습니다. 유대인 당국자들의 예수님을 죽이려는 살인 음모도 사실 하나님께서 준비하신 구속 계획을 위한 하나의 수단에 불과했습니다. 예수님은 하나님 아버지의 정하신 뜻과 정한 시간에 따라서 에브라임 동네에서 예루살렘으로 올라가셨습니다. 우리는 예수님을 대적하는 적대자의 편이 아니라 예수님을 믿고 따르는 제자로 살아가다가 예수님처럼 마지막에 하나님의 영광을 높이 드러낼 수 있기를 소망합니다.

40. 진정한 헌신(12:1~11)

자선사업가로 알려진 존 워너메이커(John Wanamaker, 1838~1922)란 사람이 있었습니다. 그가 중국을 여행하던 중, 어느 시골에서 밭 가는 사람들을 보게 되었는데 이상한 것은 멍에를 소와 청년이 같이 메고 뒤에서 나이 많은 노인이 쟁기질을 하고 있는 것이었습니다. 워너메이커는 너무 이상해서 그들 가까이 다가가서 사람이 멍에를 메고 쟁기를 끄는 이유를 물었습니다. 그러자 노인은 이렇게 대답했습니다. "얼마 전까지 소가 두 마리 있어서 쟁기를 끌었는데 지난 주에 한 마리를 팔았소. 저기 보이는 저 예배당을 건축할 때 우리 부자는 헌금할 돈이 없어서 염려했는데 내 아들이 소 한 마리를 팔자고 했소. 자기가 소 대신 일을 하고 소는 팔아서 헌금하자고 하기에 그렇게 했소." 이렇게 놀라운 말을 들은 워너메이커는 감탄하며 말했습니다. "나로 하여금 이 아버지와 아들처럼 기쁨으로 희생하여 섬기게 하여 주옵소서."라고 다짐하며 그는 이 시골 농부에게서 큰 교훈을 얻었다고 합니다.

예수께서 공생애를 마무리하면서 승리의 예루살렘 입성을 앞두고 베다니에서 한 여인에게 나드 향유로 부음을 받은 본문의 내용은 마태복음(26:6~13)과 마가복음(14:3~9)에도 기록되어 있습니다. 마태복음과 마가복음에서는 예수께서 베다니 나병환자 시몬의 집에 가셨다고 했는데, 요한복음에서는 베다니에 가셨다고 했습니다. 마리아가 순전한 나드 향유를 예수님께 부어 예수님의 장사를 준비했다는 공통된 부분이 많지만, 강조점의 차이가 있는 것은 다른 부분입니다. 본문은 예수님이 유월절 엿새 전에 베다니에 가셔서 마르다와 마리아의 헌신과 사랑과 존경을 받으시는 장면과 죽음에서 살아난 나사로 때문에 많은 사람이 예수님을 믿는 장면입니다. 이 시간 마르다와 마리아와 나사로 삼 남매의 신앙과 헌신을 살펴보며 함께 은혜를 나누고자 합니다.

첫째로 마르다는 식사로 예수님을 시중드는 일에 헌신했습니다(1~2).

베다니의 마르다와 마리아 자매는 예수께서 생전에 많이 사랑했던 자매이고 그들의 오라버니 나사로는 예수께서 "우리 친구"(11:11)라고 부를 정도로 친밀한 관계였는데, 그를 죽음에서 살려주셨습니다. 마르다와 마리아 자매는 오라버니 나사로가 죽어 장사까지 지냈는데 예수께서 살려주시는 사건을 통하여 신앙이 크게 성장했습니다. 누가복음 10장 40절에서 마르다는 처음에 공명심을 가지고 열심히 봉사했습니다. 마르다는 바쁘게 음식을 장만하는 자신을 동생 마리아가 부엌에 들어와서 도와주지 않은 것에 대하여 불평했습니다. 누가복음 10장 42절에서 예수님은 마르다에게 자신을 위하여 한 가지만 준비하더라도 족하다고 말씀할 정도였습니다. 11장 20~27절에서 마르다는 부활 때 나사로가 다시 살아날 줄 믿었습니다. 39절에서 마르다는 "주여! 죽은 지가 나흘이나 되었으매 벌써 냄새가 나나이다."라고 대답하며 예수께서 죽은 오라버니를 당장 살리실 것을 믿지 못했습니다.

본문 1절에서 "유월절 엿새 전에"는 목요일 저녁에 시작하는 유월절이 다가오는 엿새 전으로 안식일이 끝난 토요일 저녁을 말하며 예수께서 그날 베다니에 도착하였고, 안식일이 끝났기 때문에 9절에서 "유대인의 큰 무리가" 예수님과 나사로를 보기 위하여 베다니에 모여들었습니다. 그다음 날 일요일 즉 종려주일에 예수께서 예루살렘에 나귀 타고 들어가셨습니다. 2절에서 마르다는

"일을 하고"(현대인의 성경;마르다는 시중을 들고) 있었는데 이는 저녁 식사 음식을 장만하고 시중을 들었다는 것을 의미합니다. 베다니에 찾아오신 예수님을 위하여 마르다는 기쁨으로 베다니 집에서 예수님과 제자들을 위하여 토요일 저녁 식사를 장만하여 정성으로 시중을 들며 대접했습니다. 요한복음에서 베다니의 누구의 집이라는 언급이 없어서 베다니의 누구의 집이라고 단정할 수 없는데, 베다니의 집을 마태복음과 마가복음에서 나병환자 시몬의 집이라고 언급하므로 어떤 주석가는 나병환자 시몬이 나사로와 두 자매의 아버지였고, 그 집의 진짜 주인이 시몬이라고 해석했습니다. 마르다는 이날 동생 마리아가 자신의 저녁 음식 장만하는 것을 도와주지 않은 것에 대하여 전혀 개의치 않았습니다. 아마 이날 저녁에 마르다가 준비한 음식은 예수님과 열두 제자들 최소한 십삼 명, 마르다, 마리아, 나사로, 시몬 등 도합 십칠 명 정도가 함께 먹어야 하는 많은 양의 저녁 식사 음식이었을 것입니다. 이날 저녁 식사는 예수님을 위한 마지막 음식을 장만하는 일이었는데, 마르다는 집에서 예수님과 제자들을 위하여 기쁨으로 음식을 장만하여 시중을 들어 예수께서 앉은 식탁에 가져다 드리며 대접했습니다. 마르다는 예수님과 제자들을 대접하고 시중드는 일을 큰 기쁨으로 알았고, 동생 마리아가 자신이 음식 장만하는 일을 도와주지 않아도 전혀 개의치 않았습니다. 마르다는 예수님과 제자들이 둘러앉은 식탁에 시중을 들면서 예수께서 하시는 말씀도 가까이 들으면서 맛있게 음식을 잡수시는 모습을 보면서 오히려 더 기뻐했습니다. 이날 마르다의 정성과 믿음은 처음보다 여러 가지로 성장했습니다. 마르다는 기쁨으로 베다니에 찾아오신 하나님의 아들 예수님을 위하여 음식을 정성으로 장만하여 시중들며 기쁨으로 대접하는 장성한 신앙으로 자랐습니다. 마르다는 자신을 드러내는 자기중심적인 생각은 버리고 주 예수님을 기쁨으로 대접하고 섬기는 법을 배웠습니다. 마르다는 자신의 주님이신 예수님을 대접하고 섬기는 것 자체가 기쁨임을 알았습니다.

1989년 2월 앨라배마주(Alabama)의 버밍험시(Birmingham)의 프랭크 베이커(Rev. Frank Baker)가 담임으로 있는 브라이어우드장로교회(Briarwood Presbyterian Church)의 제24회 선교대회에 강사로 초청을 받아서 간 적이 있습니다. 현대자동차 공장이 있는 몽고메리시(Montgomery)의 선교대회 하는 여러 교회의 예배에 참석했습니다. 그때 한 은퇴한 노부부가 제 친구 론 엘리스 선교사(Ronald Ron Ellis) 부부와 저희 부부를 그들의 집에 점심 식사에 초대했습니다. 차콜 화로에 소고기 스테이크를 굽고, 거기에 감자도 같이 구워서 한쪽을 갈라서 치즈를 넣고, 간단한 야채 샐러드를 준비했습니다. 그런데 저는 지금도 그 때 먹었던 그 소고기 스테이크 요리와 구운 감자 요리를 잊을 수가 없습니다. 오히려 뉴욕 스테이크보다도 더 맛이 있었습니다. 잘 구운 소고기 스테이크에 감자 요리와 간단한 야채 샐러드였는데 지금도 그 노부부가 우리를 초대해서 정성스럽게 점심을 대접해 주셨던 그 맛난 미국 남부의 스테이크 요리는 아직도 생생합니다.

적용 우리도 마르다처럼 진정한 정성으로 주님을 섬기듯이 사람을 섬기고 대접하며, 나그네 대접하다가 주님을 대접하는 영광을 누릴 수 있기를 바랍니다.

둘째로 마리아는 나드 향유를 예수님께 부어 그의 죽음을 준비하는데 헌신했습니다 (3~8).

누가복음 10장 39절에서 마리아는 "주의 발치에 앉아 그의 말씀을 듣더니"라고 예수님의 말씀에 그의 발 앞에 앉아서 귀 기울여 말씀을 들었던 마리아에 대해 기록하고 있습니다. 11장 32절에서 마리아는 예수님의 발 앞에 엎드리어 "주께서 여기 계셨더라면 내 오라버니가 죽지 아니하였겠나이다."라고 더 감정에 복받쳐서 말했습니다. 마리아는 나사로가 병들었을 때 예수께서 그들과 함께 그 자리에 계셔야 능력을 행할 수 있다고 믿는 예수님의 능력에 대한 제한적인 믿음을 가졌습니다. 1절 본문에서 예수께서 베다니에 오셨을 때 마르다는 예수님의 일행을 위하여 여러 가지 음식으로 저녁 식사를 장만하여 시중을 드느라 분주했습니다.

3절에서 마리아는 지극히 비싼 향유 순전한 나드 한 근(340g)을 가지고 와서 예수님께 붓고 그녀의 머리카락으로 예수님의 발을 닦았는데 그 향유 냄새가 온 집안에 가득했습니다. "나드"(nard)는 "순전한 나드"(NIV)라고도 하는데 아주 비싼 향유를 말했습니다. 당시 식탁에 둘러앉은 사람들은 비스듬히 누운 채로 식사를 하고 있어서 그들의 발이 식탁에서 약간 떨어져 있었기 때문에 그 사람의 몸과 발에 기름을 붓는 것은 쉽게 가능했습니다. 사도 요한은 13장에서 예수께서 제자들의 "발"을 씻겨주신 상징적인 의미를 고려해서 마리아가 예수님의 발에 나드 향유 한 근을 부었다는 것은 예수님에 대한 마리아의 지극한 겸손과 헌신과 사랑을 최고로 보여주었다는 것입니다. "향유 냄새가 집에 가득하였다."라는 것은 차고 넘치는 마리아의 사랑과 헌신을 암시하며 그 헌신과 사랑이 멀리까지 퍼져나갔다는 것을 추정하게 합니다.

4~8절에서 마리아가 순전하고 비싼 나드 한 근을 가난한 사람을 위하여 사용하지 않고 예수님께 부어 낭비했다고 가룟 유다가 마리아를 비난한 것으로 기록하고 있지만, 마태복음은 "제자들"이 마리아를 비난한 것으로 기록했고, 마가복음은 "어떤 사람들"이 마리아를 비난한 것으로 기록하고 있는데, 이것은 제자들이 가룟 유다의 비난에 동조한 것으로 추론할 수 있습니다. 가룟 유다는 얼마 후에 예수님을 은 30에 팔아버린 배신자로 드러났기 때문에 성경 저자들이 가룟 유다를 말할 때 배신자 딱지를 붙여서 배신자가 가난한 자를 생각한 것이 아니고 실제는 돈을 훔쳐 가기 위한 의도로 마리아를 비난했다고 더 거칠게 표현합니다.

5절에서 가룟 유다는 "이 향유를 어찌하여 삼백 데나리온에 팔아 가난한 자들에게 주지 아니하였느냐?"라고 마리아의 예수님을 위한 헌신적인 행동을 비난했습니다. 당시의 품삯과 구매력을 기준하여 보았을 때 삼백 데나리온은 품꾼 노동자의 일 년 동안 일하여 번 돈과 맞먹는 거금인데 가룟 유다는 무조건 차고 넘치게 드리는 헌신에 반대하며 가난한 자들을 구제하고 돕는 데에 다 사용해야 한다는 공리주의적인 주장을 했습니다. 자기 의를 드러내는 경건이 가난한 사람들을 불쌍히 여기고 동정하는 모습으로 위장하는 것과 마찬가지로, 예배와 경배에 대하여 아무것도 알지 못하는 영은 가난한 사람들의 필요를 채우는 사회활동이라는 가면을 쓰고 활동한다는 사실도 꿰뚫어 봐야 합니다. 그런데 가룟 유다의 물질에 대한 개인적인 탐욕이 가난한 사람들을 돕고자 하는 공리주의적 가면을 썼다는 데에 문제의 심각성이 있었습니다. 가룟 유다는 양들을 돌보는 데는 아무런 관심이 없었고, 단지 마리아가 비싼 나드 향유를 그대로 헌금했더라면 그것을 팔아서 착복하는 데 관심을 둔 도둑이었습니다. 마리아는 삼백 데나리온의 비싼 값의 향유를 예수님의 죽음을 위하여 예수님께 정성으로 부어드렸습니다. 사실 마리아는 자신의 전부를 드려서 예수님을 섬기며 그의 죽음을 준비했습니다. 마리아는 예수님의 다가온 죽음을 알고서 나드 향유 한 근을 예수님께 부었습니다. 이것은 그동안 마리아가 예수님의 발아래서 예수님의 말씀을 귀담아듣고서 예수님의 임박한 죽음을 알았던 결과였습니다.

7절에서 "예수께서 이르시되 '그를 가만 두어 나의 장례할 날을 위하여 그것을 간직하게 하라.'"라고 예수님은 마리아가 나드 향유 한 근을 자신의 다가온 장례를 위하여 잘 간직하였다고 마리아를 놀랍게 옹호하며 칭찬했습니다. 당시 장례 문화에서 시신이 부패할 때 나는 악취를 제거하기 위한 목적으로 값비싼 향유를 아낌없이 사용했습니다. 마리아는 예수님을 사랑하였기에 예수님께 헌신하여 섬기며 임박한 죽음을 앞둔 예수님을 위하여 아낌없이 비싼 나드 향유를 그분의 발에 기꺼이 부어드렸습니다. 마리아의 예수님을 위한 놀라운 헌신이었습니다. 예수께서 십자가에 달려 죽으시고 돌무덤에 장사지내실 때 아리마대 사람 요셉과 니고데모가 예수님의 시신에 향품을 부어드렸는데 다 예수님의 장례를 위한 것이었습니다.

8절에서 일반적으로 가난한 사람들은 제자들과 계속 항상 함께 있어서 사람들이 계속해서 구제하고 도울 수 있으나 예수님 자신은 이제 제자들과 계속해서 함께 있지 않을 것을 미리 말씀해 주셨습니다. 이것은 예수께서 구제에 인색하시다는 말씀이 결코 아니고, 예수님이 떠나가시고 난 후에도 계속해서 가난한 사람들을 언제든지 구제할 수 있다는 말씀입니다. 그러나 예수께서 죽으시고 부활하여 승천하고 떠나가신 후에 그들이 예수님을 직접적으로 섬길 기회는 없다는 것입니다. 예수께서 베다니에서 마지막으로 마리아를 통하여 비싼 나드 향유의 부음을 받아 섬김을 받는 것이 마땅하고 귀하다는 사실을 강조했습니다. 예수께서 자신 앞에 가까이 다가온 십자가의 죽음과 장례를 알았기 때문에 하나님 아버지께서 받으시는 공경을 자신이 마리아를 통하여 받으시는 것이 참으로 귀하고 마땅하다는 것입니다.

마가복음 14장 8~9절에서 예수께서 마리아를 칭찬하신 말씀은 더 대단합니다. "그는 힘을 다하여 내 몸에 향유를 부어 내 장례를 미리 준비하였느니라. 내가 진실로 너희에게 이르노니 온 천하에 어디서든지 복음이 전파되는 곳에는 이 여자가 행한 일도 말하여 그를 기억하리라' 하시니라." 제자들은 예수께서 인자로 그들을 대신하여 십자가에 달려 죽으신다는 말씀을 믿지 못하였는데, 마리아는 예수님의 말씀을 예수님의 발 앞에서 듣고 제대로 믿었고, 예수님의 다가온 죽음을 위하여 자신의 전부와 같은 비싼 나드 향유를 예수님께 쏟아 부어서 섬겼습니다. 이 일에 대하여 예수님은 마리아가 예수님의 죽음을 위하여 준비한 최고의 헌신이었다고 칭찬했습니다. 마리아가 분명하게 예수님의 죽음과 장례를 미리 준비하여 예수님의 몸에 향유를 부은 것이라고 예수께서 말씀하셨습니다. 전 세계에 복음이 전파되는 곳에 마리아가 예수님의 죽음을 위하여 비싼 나드 향유를 부어드린 일은 계속해서 전파될 것이라고 놀랍게 칭송했습니다.

적용 우리가 예수님을 예배하고 섬기는 것은 가난한 사람을 구제하고 돕는 일보다 더 중요합니다. 우리도 마리아처럼 예수님을 위하여 가장 소중한 것을 드리며 섬길 수 있기를 바랍니다.

셋째로 나사로는 삶으로 예수님을 증거 했습니다(9~11).

예수께서 죽어 장사된 나사로를 살리신 후에 유대인 당국자들이 예수님을 죽이려고 모의하여 결의하자 벧엘에서 북동쪽으로 6km 정도 떨어진 에브라임 동네로 피신하셨습니다(11:53~54). 거기는 예수께서 당분간 안전하게 은신하기에 좋고 다가올 유월절 절기에 예루살렘에도 참석하기에 적당한 지역이었습니다. 예수께서 죽은 나사로를 무덤에서 살리신 표적은 나사로의 가족들과 애곡꾼들과 조문객들과 제자들 외에는 본 사람이 없었습니다. 에브라임으로 피하셨던 예수께서 잠시 후에 다시 베다니에 돌아오셨다는 소문은 9절의 "유대인의 큰 무리"가 베다니로 모여들게 했습니다. 이들은 예루살렘 주민들이었고, 일부는 유월절이 얼마 남지 않았기 때문에 순례객들도 있었습니다. 죽어 장사한 지 나흘이 지난 나사로가 예수님의 부르시는 말씀 한마디에 즉시로 순종하여 무덤에서 수건을 동인 채로 살아났기 때문에 나사로는 많은 사람의 호기심의 대상이었습니다. 2절에서 나사로가 "예수와 함께 앉은 자 중에 있었다."라고 베다니 시몬의 집에서 나사로가 예수님의 식탁에 함께 앉아 있는 것이 예수께서 죽은 자 가운데서 살리신 나사로 부활의 진정성을 증명하기에 충분했습니다.

11절에서 "나사로 때문에 많은 유대인이 가서 예수를 믿음이러라."라고 나사로가 살아난 것 자체가 사람들이 예수 믿는 믿음의 근거가 되었기 때문에 대제사장들은 나사로까지 죽이려고 했습니다(11:53). 나사로는 예수님과 함께 유대인 당국자들의 음모의 표적이 되었습니다. 나사로는 죽음에서 살아난 자가 되어서 주변의 많은 사람에게 믿음의 근거가 되었기 때문에 유대인 당국자들은 당황했습니다. 표적을 근거로 한 믿음은 예수님의 말씀에 토대를 둔 믿음만큼 순전하고 강력할 수는 없었지만 믿음이 없는 것보다는 훨씬 나았습니다. 많은 유대인이 나사로 때문에 예수를 믿었지만, 그 믿음이 어떠한 믿음이었는지에 대한 설명은 없습니다. 예수님과 나사로 때문에 많은 유대인이 예수님을 믿는 놀라운 역사가 일어났습니다. 나사로는 그가 죽은 자 가운데서 살아난 부활 사건으로 사람들을 예수님을 믿는 믿음에 이르게 했습니다. 우리들도 우리의 신앙의 삶을 통하여 다른 사람들을 예수 믿게 한다면 놀라운 능력이 될 것입니다.

사랑하는 성도 여러분이여!

마르다는 예수님을 대접하는 것 자체에 기쁨을 느끼며 헌신했습니다. 마르다는 예수님과 제자들의 저녁 식사를 장만하여 시중들며 기쁨으로 섬겼습니다. 마리아는 예수님의 다가온 죽음을 위하여 비싼 나드 향유를 예수께 부으며 헌신했습니다. 그 누구도 따라가지 못할 정도로 예수님의 말씀을 잘 듣고 예수님의 임박한 죽음을 그대로 믿었기 때문에 가능했습니다. 마리아는 정성어린 최고의 헌신으로 예수님을 중심으로 섬겼습니다. 나사로는 그의 살아난 삶으로 예수님을 증거 했습니다. 우리도 마르다와 마리아와 나사로처럼 진정한 섬김과 헌신과 삶으로 예수님을 섬겨서 예수님을 기쁘시게 하고 하나님께 영광을 돌리며 사람들에게도 감동을 줄 수 있기를 바랍니다.

41. 나귀 타고 오신 평화와 구원의 왕(12:12~19)

　첫 번째 종려주일에 평화와 구원의 왕 예수께서 어린 나귀 새끼를 타시고 예루살렘 성에 들어오셨습니다. 종려주일에 예수께서 예루살렘에 나귀 타고 들어오신 것은 사복음서에 다 기록되어 있지만, 그 강조점은 조금씩 차이가 있습니다. 유대인 남자인 예수님은 공생애의 마지막 유월절을 예루살렘에서 보내면서 마지막 주간을 세밀한 시간 계획에 따라 움직이셨습니다. 종려주일에 예루살렘에 입성하셨고, 목요일 저녁에 성찬 예식을 제정하셨고, 그 밤에 겟세마네 동산에서 기도하셨고, 금요일에 십자가에 못 박혀 돌아가셨고, 금요일 저녁에 무덤에 장사 되었고, 토요일에 무덤에서 안식하였다가 그다음 주일 새벽에 부활하셨습니다. 예수님은 공생애의 시작부터 유월절 절기에 참여하시면서 유대의 당국자들이 자신을 미워하고 죽이려는 음모를 다 아셨지만, 하나님 아버지의 정하신 때를 따라 그들에게서 자신을 잠시 숨기셨다가 종려주일에 예루살렘에서 드러내셨습니다.

　예수님은 베다니의 나병환자 시몬의 집에서 마르다의 정성스러운 시중으로 토요일 저녁 식사를 대접받으시고, 거기서 마리아에게 비싼 나드 향유의 부음을 받았습니다. 예수께서 베다니에 다시 오셨다는 소문을 들은 많은 사람이 예루살렘에서 베다니로 예수님과 나사로를 보려고 몰려들었습니다. 종려주일에 예수께서 나귀 새끼를 타시고 예루살렘에 들어오셨고, 큰 무리가 오른손에 룰랍(Lulav)을 흔들며 '호산나'를 찬양하며 환호했습니다. 예수님은 스가랴 선지자가 예언한 하나님의 말씀을 그대로 성취하기 위하여 나귀 새끼를 타시고 평화의 왕으로 예루살렘에 오셨다고 사도 요한이 기록하고 있습니다. 예수께서 나귀 타고 평화의 왕으로 예루살렘에 오셨다는 말씀을 들으면서 함께 은혜를 나누고자 합니다.

첫째로 예수님은 평화의 왕 메시아로 나귀 타고 예루살렘에 입성하셨습니다(12~15).

12절의 "그 이튿날"은 수난주간의 일요일 종려주일로 유월절 명절을 지키러 예루살렘에 도착한 "큰 무리" 즉 수많은 순례객들이 만나보고 싶어 했던 예수께서 예루살렘에 오신다는 소식을 들었습니다. 역사학자 요세푸스는 유대 전쟁(주후 66~70년) 직전 유월절에 예루살렘에 모여든 순례객은 이백칠십만 명이나 되었다고 기록했습니다. 요세푸스가 제시한 숫자가 과장이 좀 있다고 해도 큰 무리가 예루살렘에 유월절을 지키러 몰려들었던 것은 사실입니다. 유월절에 예루살렘에 미리 도착한 순례객들이 "예수께서 예루살렘에 오신다."라는 소식을 듣고 마중 나가서 베다니에서 예루살렘 도성으로 내려오는 길에서 예수님을 만났습니다. 이 순례객들 중에 다수는 예수님의 갈릴리 사역에 대하여 알고 있었던 갈릴리 사람들이었습니다. 어떤 사람들은 죽어 장사한 지 나흘이나 지난 나사로를 예수께서 말씀 한마디로 살리셨다는 소문을 듣고서 큰 기대감을 가지고 예수님을 만나보고자 한 사람들이었습니다.

13절에서 "종려나무 가지를 가지고 맞으러 나가 외치되 '호산나, 찬송하리로다. 주의 이름으로 오시는 이, 곧 이스라엘의 왕이시여!' 하더라."라고 했는데, 당시에 예루살렘 주변 곳곳에 종려나무가 많이 자라고 있었기 때문에 큰 무리가 종려나무 가지를 구하는 일은 별로 큰 어려움이 없었습니다. 구약성경에서 유월절에 종려나무 가지를 사용했다는 기록은 나오지 않고, 초막절에 종려나무 가지 등 여러 나뭇가지를 꺾어다 초막을 짓고 그 안에서 이레 동안 거하며 초막절을 지키라(레 23:40)는 말씀은 여러 곳에 있습니다. 당시 종려나무는 유대 민족을 상징하는 나무가 되어 있었습니다.

주전 164년 예루살렘 성전을 새로 정결하게 하여 하나님께 봉헌했을 때 사람들은 종려나무 가지를 흔들었다고 합니다. 주전 141년에 시몬 마카비우스가 안티오쿠스 에피파네스 등의 시리아 세력을 예루살렘 성전에서 몰아냈을 때 사람들은 풍악을 울리며 동시에 종려나무 가지를 흔들며 그를 맞이했습니다. 주후 66~70년에 유대인들이 로마 군인들을 상대로 싸우는 전쟁에서도 유대 독립군들이 주조했다는 동전에 종려나무가 새겨져 있습니다. 유대 전쟁 동안에 로마와 맞서 싸웠을 때도 종려나무가 유대인의 상징으로 사용되었기 때문에 로마인들이 유대 전쟁에서 승리한 후에 자신들의 승리를 자축하며 주조한 동전에서 종려나무를 조롱하여 유대인들을 무시했습니다.

예수님 당시에 사람들이 종려나무 가지를 흔드는 것은 초막절에 국한한 것이 아니었습니다. 유월절이 가까워져 오는 종려주일에 예루살렘에 모여든 큰 무리 유대인들이 종려나무 가지를 흔들며 예수님을 맞이했다는 것은 유대 민족의 해방자 메시아가 등장했다는 유대 민족주의적인 열망을 담은 것이었습니다. 큰 무리가 외친 '지금 구원을 주소서!'라는 뜻의 "호산나"는 찬양하며 박수갈채를 보내며 환호할 때 사용하는 구호였습니다. 유대인이라며 누구나 이 용어가 시편 118편 25절의 "여호와여 구하옵나니 이제 구원하소서. 여호와여! 우리가 구하옵나니 이제 형통하게 하소서."라는 말씀에 나오는 것임을 알고 있었습니다. 시편 118편은 초막절 동안 성전 찬양대가 매일 아침 부르는 '할렐' 시편 찬송 중 하나였고, 그 당시에 수전절과 유월절에도 찬양하는 가사였습니다. 성전 찬양대가 시편 118편 25절의 "지금 구원을 주소서!"라는 뜻의 "호산나"라는 가사를 부를 때 모든 남자와 소년들은 자신의 오른손에 든 종려나무 가지에 버드나무와 화석류 나무가지를 묶은 "룰랍"을 흔들었습니다. "룰랍"을 너무 열렬히 흔들며 "호산나"를 힘차게 찬양했기 때문에 "룰랍"을 "호산나"라고 부르기도 했습니다. "호산나" 뒤에 나오는 가사도 시편 118편 26절의 "여호와의 이름으로 오는 자가 복이 있음이여!"에서 가져왔습니다. 13절의 "찬송하리로다. 주의 이름으로 오시는 이시여!"의 말씀은 본래 예루살렘을 향하여 올라오는 순례객들을 축복하는 말이었습니다. 이 환영과 축복의 말은 본래 다윗 가문의 왕에게 외쳤던 말이라고 알려져 있습니다. 이 시편 118편은 메시아가 예루살렘에 오시는 것을 환영하고 찬양하는 가사가 분명하다고 강력하게 주장합니다. 종려주일에 큰 무리는 메시아가 나귀 타시고 겸손하게 예루살렘에 입성하실 때 룰랍을 흔들어 찬양하여 "호산나, 찬송하리로다. 주의 이름으로 오시는 이, 곧 이스라엘의 왕이시여!"라고 감동적으로 외쳤습니다. 종려주일에 나귀 타고 오시는 예수님을 평화의 왕 메시아로 예루살렘 거리에서 큰 무리가 찬양하며 환영한 것은 참 놀라운 장면입니다. 그러나 이들은 실제로 예수님을 이스라엘의 정치적인 해방자로 기대하며 찬양했던 것입니다.

14~15절에서 "14. 예수는 한 어린 나귀를 보고 타시니 15. 이는 기록된 바 '시온 딸아, 두려워하지 말라. 보라, 너의 왕이 나귀 새끼를 타고 오신다.' 함과 같더라."라고 왕이신 예수께서 나귀 새끼를 타고 예루살렘에 오시는 장면을 공관복음에서 더 자세하게 기록하고 있습니다. 이 말씀은 스가랴 9장 9절에서 "시온의 딸아, 크게 기뻐할지어다. 예루살렘의 딸아, 즐거이 부를지어다. 보라, 네 왕이 네게 임하시나니 그는 공의로우시며 구원을 베푸시며 겸손하여서 나귀를 타시나니 나귀의 작은 것 곧 나귀 새끼니라."라고 스가랴 선지자가 예언한 말씀이 종려주일에 나귀 새끼를 타고 예루살렘에 오신 겸손한 구원의 왕 예수님에게서 그대로 성취되었다고 본문은 해석합니다. 사도 요한은 예수께서 어린 나귀 새끼를 타시고 예루살렘에 오시는 장면을 단순하게 기록했는데 마가는 "아직 아무도 타 보지 않은 나귀 새끼"(11:2)라고 좀 더 구체적으로 기록했습니다. 거룩한 목적을 위하여 구별된 동물은 이전에 사용해 본 적이 없는 것이어야 한다는 모세 오경의 말씀을(민 19:2, 신 21:3) 예수께서 이미 알고 계셨습니다. 본문에서 예수께서 언제 나귀를 타기 시작했는지에 대한 언급이 없지만 아마도 예수님은 치밀한 계획을 세워서 처음에 베다니에서 예루살렘으로 향하여 걸어오시다가 나중에 그의 제자들이 벳바게에서 끌고 온 어린 나귀 새끼를 타시고 예루살렘 성안에 들어오신 것으로 봅니다. 13절에서 큰 무리가 예수님을 향하여 호산나 찬송을 부르고, 14절에서 예수께서 어린 나귀를 타시고 예루

살렘에 들어오셨다고 그 순서를 기록하고 있습니다.

예수께서 평화의 왕으로 어린 나귀 새끼를 타시고 예루살렘에 들어오심으로 말미암아 메시아에 대한 큰 기대와 열망을 가지고 찬송하며 환영하던 큰 무리의 유대 민족주의자들을 약간 누그러뜨리는 효과가 있었습니다. 만약에 예수께서 전쟁용 말을 타시고 당당하고 늠름하게 장군처럼 예루살렘에 입성하셨더라면 큰 무리의 정치적 메시아에 대한 기대와 열망을 고조시켜서 큰 폭동을 일으켰을지도 모를 일이라는 것입니다. 그러나 예수님은 스가랴 선지자가 예언한 대로 "겸손하여서 나귀를 타고" 평강 중에 오시는 구원의 왕으로 겸손하게 큰 무리 앞에 자신을 드러내셨습니다. 여기 스가랴서에서 "시온의 딸"과 "예루살렘의 딸"은 예루살렘 백성을 말하는데 특히 압제 받거나 타락한 하나님의 백성을 표현하는 말입니다. 하나님의 백성들이 나귀 새끼를 타시고 겸손한 평화의 왕으로 예루살렘에 오신 예수님을 기쁘고 즐겁게 찬양하여 맞이했다는 말씀입니다. 창세기 49장 10~11절에서 족장 야곱이 유다 지파에서 메시아가 나실 것을 이미 예언했고, 그 암나귀 새끼가 포도나무에 매여 있을 것이 이미 예언되었는데, 이 말씀이 나귀 타고 오신 예수님에게 성취되었습니다. 구원의 왕이신 예수께서 나귀 타고 예루살렘에 오신 것은 바로 구약성경에서 예언한 유다 지파의 후손으로 오신 왕이심을 분명하게 드러내신 것입니다. 스가랴 9장 10~11절로 이어지면서 평화의 왕이 예루살렘에 오셔서 "10. 내가 에브라임의 병거와 예루살렘의 말을 끊겠고 전쟁하는 활도 끊으리니 그가 이방 사람에게 화평을 전할 것이요, 그의 통치는 바다에서 바다까지 이르고 유브라데 강에서 땅 끝까지 이르리라. 11. 또 너로 말할진대 네 언약의 피로 말미암아 내가 갇힌 자들을 물 없는 구덩이에서 놓았나니"라고 하며 세 가지 약속을 하고 있습니다. 첫 번째로, 겸손한 평화의 왕이 오셔서 전쟁을 그치게 한다고 했습니다. 예수님은 결코 전쟁을 통하여 해방을 가져오게 하는 정치적인 메시아가 아니시고, 십자가로 평화를 가져온다는 것입니다. 두 번째로, 겸손한 평화의 왕의 오심은 열방들에 대한 평화의 선포이고, 땅 끝 즉 전 세계까지 그의 통치가 미친다는 것입니다. 세 번째로, 겸손한 평화의 왕의 오심은 갇힌 자들이 놓이는 효력을 지닌다는 것입니다. 언약의 피인 예수 그리스도의 십자가가 그를 믿는 자들에게 죄에서 놓이게 한다는 놀라운 말씀입니다.

적용　우리는 이 땅에 나귀 새끼를 타고 오신 평화의 왕이시자 구원의 왕이신 예수님을 나의 주님으로 믿어서 평화와 구원을 영원토록 누릴 수 있기를 바랍니다.

둘째로 제자들은 예수께서 영광을 얻으신 후에 구원의 왕으로 오셨음을 알았습니다 (16~19).

현대인의 성경 16절에서 "처음에는 제자들이 이 일을 이해하지 못했다. 그러나 그들은 예수님이 영광을 받으신 후에서야 이 말씀이 예수님께 대한 것이며 또 사람들이 예수님께 그 말씀대로 했다는 것을 깨닫게 되었다."라고 제자들이 예수님에 대한 이해력의 전환이 예수께서 죽은 자 가운데서 살아나신 후에야 이루어졌음에 대해 말씀합니다. 인자의 들림이라는 예수님의 십자가와 부활을 통하여 그를 믿는 사람들에게 비로소 죄 용서와 평화가 이루어졌다는 것입니다.

2장 19절에서 예수께서 "너희가 이 성전을 헐라. 내가 사흘 동안에 일으키리라."라고 말씀하셨을 때, 유대인들은 성전을 예루살렘 성전 건물로 이해했지만, 21절에서 "그러나 예수는 성전된 자기 육체를 가리켜 말씀하신 것이라."라고 하셨고, 22절에서 제자들은 예수께서 부활하신 후에야 예수께서 말씀하신 성전이 예수님의 몸을 가리켜 말씀하신 줄을 깨닫고 믿었다고 했습니다. 제자들의 예수님과 예수님의 말씀에 대한 이해력의 전환이 예수님의 부활이었습니다. 제자들도 종려주일에 나귀 새끼를 타시고 예루살렘에 오신 겸손한 구원의 왕이신 예수께서 죽으셨다가 살아나신 후에야 비로소 전쟁으로 이 땅에 평화가 오는 것이 아니라는 사실을 알았고, 그를 믿는 모든 사람에게 평화와 구원이 찾아온다는 사실을 깨달아 알게 되었다는 것입니다. 여기서도 제자들의 예수님과 예수님의 말씀에 대한 이해력의 전환이 예수께서 죽은 자 가운데서 살아나신 후에 영광을 얻으시고야 제대로 알게 되었습니다. 최초의 제자들은 예수께서 부활하신 후에 예수님을 말씀을 듣고서 예수님의 십자가의 죽음과 부활로 말미암아 진정한 평화와 구원이 그를 믿는 모든 사람에게 찾아온다는 사실을 깨달아 알았습니다. 오순절에 성령 충만으로 이 구원의 비밀을 제대로 깨닫게 되었고, 더 나아가 구원의 복음을 담대하게 증거하게 되었습니다.

17~18절에서 두 "무리"가 나오는데 17절의 첫 번째 무리는 예수께서 "나사로를 무덤에서 불러내어 죽은 자 가운데서 살리실 때 함께 있던 무리"였습니다. 이 무리 가운데 베다니에 살고 있던 사람들, 나사로를 다시 살리실 때 그 무덤 현장에 있던 사람들(11:45), 베다니의 예수님 저녁 식사 자리에 초대되었던 사람들(12:2)이 포함되어 있었습니다. 17절에서 "나사로를 무덤에서 불러내어 죽은 자 가운데서 살리실 때 함께 있던 무리가 증언한지라."라고 죽은 나사로를 살리시는 장면을 목격한 사람들은 유대인 당국자들의 위협에도 굴하지 않고, 자신들이 보았던 죽은 나사로를 살리신 예수님을 사람들에게 당당하게 증언 했습니다. 이들은 진리를 증언하는 전도자들의 진정한 모범이었습니다. 두 번째 무리는 18절에서 죽은 나사로를 살리신 표적에 관한 소문을 듣고 자극이 되어서 예루살렘에 오신 예수님을 만나보기 위하여 12절에 나온 마중 나온 사람들이었습니다.

예수께서 나귀 새끼를 타고 오실 때 큰 무리의 군중이 예수님을 마중하러 예루살렘 거리에 나와 룰랍을 흔들고 '호산나'를 찬양하며 환호했을 때, 19절의 바리새인들은 큰 무리의 군중과 그 환호 소리를 보고 크게 낙담하였습니다. 바리새인들은 사두개인들보다 로마인 상전들에게 덜 영합하는 자들이었지만, 당시에 로마 압제하에서 현상 유지가 지혜로운 길이라고 생각했기 때문에 예수님을 환호하는 놀라운 소리에 그들의 마음은 착잡하고 괴로웠습니다. 산헤드린 공회는 이미 예수님을 붙잡아서 죽이기로 모의하고 결의했지만(11:53), 유월절에 모인 큰 무리를 자극하지 않기 위하여 은밀하게 살인 음모를 진행해야 했습니다. 예수님을 따르는 무리의 숫자는 점점 많아졌고, 정치적 상황은 점점 더 불안해졌기 때문에 바리새인들은 19절에서 "볼지어다. 너희 하는 일이 쓸 데 없다."라고 탄식하고 절망하여 소리쳤습니다. 이어서 바리새인들은 "온 세상이 그를 따르는도다."라고 말했는데 "온 세상"은 "모든 사람" 즉 지중해 주변과 그 너머에서 예루살렘에 온 순례자들을 포함한 예루살렘 지역 내에 있는 사람을 의미합니다. 그런데 요한복음에서 "세상"(코스모스)은 일반적으로 인종이나 지역의 구별 없이 하나님을 알지 못하여 멸망 받을 운명에 처한 모든 사람들을 말합니다. 하나님께서 세상을 사랑하여 독생자를 세상에 보내주신 것은 세상을 구원하기 위함이라(3:16~17)고 했습니다. 나귀 새끼를 타고 오신 예수님을 '평화의 왕, 구원의 왕'이라고 부르며 찬양하고 환호했던 무리들은 장차 구원을 받아 예수님의 영원한 통치를 받게 될 것을 말씀하고 있습니다. 평화의 왕이자 구원의 왕이신 예수님을 대적하고 죽이려고 한 유대인 당국자들은 영원한 심판을 받게 될 것입니다.

사랑하는 성도 여러분이여!

종려주일에 나귀 새끼를 타시고 예루살렘에 오신 예수님은 평화의 왕이시고 구원의 왕이십니다. 나귀 새끼를 타시고 예루살렘에 오신 예수님을 평화와 구원의 왕으로 찬양하며 증언했던 큰 무리는 영원한 평화와 구원을 누리게 될 것입니다. 우리도 이 땅에 평화와 구원의 왕으로 오신 예수님을 나의 주님으로 믿고 찬양하며 높이고 증언합시다. 그래서 우리도 예수께서 주신 진정한 평안과 구원을 영원토록 누리며 또 알지 못하는 사람들에게 평화의 왕 예수님을 증언하며 살아갈 수 있기를 바랍니다.

42. 인자가 들려야 하리라(12:20~36)

예수께서 갈릴리 공생애 사역을 마치시고 예루살렘에 올라가셔서 종려주일이 지난 화요일쯤에 헬라인들의 방문을 받고서 "인자가 영광을 얻을 때가 왔도다!"라고 드디어 자신의 죽음이 가까이 임박했음을 알리고, 고통스러운 그 때를 면하게 해주시라고 기도하며 동시에 그 때를 위하여 왔다고 하며 기도하여 아버지께로부터 응답의 말을 들었습니다. 예수님은 자신이 인자로서 십자가에 달려서 죽어서 모든 사람을 자신에게로 이끌겠다고 구체적으로 말씀하셨습니다. 그런데 예수님의 말씀을 들은 무리가 인자이신 예수께서 죽으신다는 말씀을 이해하지 못하였고, 영원히 계신다는 그리스도가 들려서 죽는다는 말씀을 이해하지 못하여 예수님께 "이 인자는 누구냐?"라고 날카롭게 질문했습니다. 예수님은 한 알의 밀이 땅에 떨어져 죽어서 많은 열매를 거두는 것처럼 인자가 십자가에 달려 죽으심으로 모든 사람을 자신에게로 이끌겠노라는 놀라운 말씀을 하셨습니다. 우리는 "인자가 들려야 한다."라는 말씀을 들으면서 함께 은혜 나누고자 합니다.

첫째로 예수님은 유대인들과 헬라인들에게 인자의 죽음을 예언했습니다(20~26).

20~22절에서 예수님의 마지막 유월절에 예루살렘에 예배하러 온 사람들 중에 헬라인 몇 사람이 있었는데, 그들이 갈릴리 벳새다 사람 제자 빌립에게 찾아가서 예수님을 뵙고자 한다고 간청했습니다. 빌립은 안드레에게 가서 그 말을 전하고 안드레와 빌립이 예수님께 가서 헬라인들이 예수님을 뵙고자 한다

고 전했습니다. 이 때는 예수께서 종려주일이 지나고 마가복음 11장의 성전에서 매매하는 자들과 환전상들의 상과 의자를 뒤엎으시고 성전에서 "내 집은 만민이 기도하는 집이라."라고 말씀을 가르치신 종려주일이 지난 화요일쯤이었습니다. 이 헬라인들은 헬라어를 사용하는 이방인들이었고 갈릴리 북쪽 데가볼리에 가까운 헬라 도시에서 온 사람들이라서 그들과 가까운 벳새다 사람 제자 빌립을 찾아갔습니다. 이 헬라인들에 대해 본문에서 유월절 명절에 예배하러 예루살렘에 왔다고 하는데, 아마도 이들은 유대인 개종자이거나 하나님을 경외하는 사람이었을 것입니다. 제자 안드레는 일찍이 그의 형제 베드로를 전도하여 예수님께 데려간 적이 있을 정도로 열정의 제자였기 때문에 헬라인들의 간청을 듣고 주저함이 없이 예수님께 헬라인들이 예수님을 뵙고 싶어 한다고 그대로 전달했습니다.

예수께서 제자 안드레와 빌립의 전갈을 받고서 23절에서 "예수께서 대답하여 이르시되 '인자가 영광을 얻을 때가 왔도다.'"라고 자신의 죽임이 가까이 다가왔다고 말씀하셨습니다. 예수께서 갈릴리 공생애 사역을 마치시고 제자들과 함께 예루살렘에 올라가서 화요일쯤에 성전에서 자신의 죽음과 영광의 때가 왔다고 말씀하신 것은 확실히 절박한 순간이었습니다. 그리고 목요일 밤에 겟세마네 동산에서 붙잡히시고 금요일에 십자가에 달려 죽으셨습니다. 유대인 당국자들은 예수님을 죽이려고 혈안이 되어 있던 긴박한 상황이었는데, 이방인 헬라인들이 오히려 예수님을 뵙고자 한다는 전갈에 예수님은 자신의 죽음이 가까이 다가왔음을 말씀하셨습니다. 유대인들 가운데 소수의 남은 자들을 제외하고 다 예수님을 배척하는 상황에서 이방인 헬라인들이 예수님을 뵙고자 한다는 요청에 예수께서 자신의 긴박한 죽음을 예고하며 "인자가 영광을 얻을 때가 왔다."라고 오히려 죽음을 영광으로 승화시켜 말씀하셨습니다. 이것은 사실 남은 자를 제외한 유대인들의 배척으로 복음이 이제 이방인에게로 넘어갈 때가 다가온 것을 예고한 말씀입니다. "인자가 영광을 얻을 때가 왔다."라는 말씀은 인자의 죽음의 때가 가까이 다가왔다는 말씀이며 예수님의 최후의 결정적인 '때'가 가까이 왔음을 알리는 신호탄이었다고 카슨(D. A. Carson) 교수는 해석합니다.

본문에서 예수께서 헬라인들을 만나주셨는지, 더 나아가 무슨 말씀을 그들에게 하셨는지에 대한 언급이 전혀 없습니다. 그것은 헬라인들이 예수님을 만났다고 할지라도 그들은 아직 예수님을 제대로 알아볼 수 없었다는 것입니다. 왜냐하면, 헬라인들은 인자의 영광을 얻을 '때'가 지나가고, 다시 말해서 예수께서 땅에서 들려 죽으시고, 영광을 얻으시고 난 후에야 예수님을 제대로 알아볼 수 있었기 때문입니다. 공생애 사역 때까지 예수님의 죽음과 부활과 승천과 영광의 정해진 '때'는 아직 이르지 아니한 미래였습니다(2:4, 7:30, 8:20). 그런데 공생애의 사역이 끝나가고 헬라인들이 예수님을 만나 뵙고자 찾아옴으로 예수께서 "인자가 영광을 얻을 때가 왔도다."라고 말씀하심으로 그 정해진 '때'가 자신의 목전에 가까이 다가온 절박한 현실이 되었음을 확신시켜주었습니다(12:27, 13:1, 17:1). 요한복음에서 예수께서 자신에게 '인자'라는 표현을 사용하신 것은 십자가에 달려 죽으시는 것과 관련해서 사용했고(3:14, 8:28), 공관복음에서 예수님은 '인자'라는 표현을 자신의 고난과 영광을 함께 연결해서 사용했습니다. 23절의 예수님의 말씀에서 예수님의 십자가의 죽음은 필연적으로 그가 영광을 얻게 되는 것으로 이어지면서 그의 죽음과 그의 영광을 함께 연결해서 말씀했습니다.

24절에서 "내가 진실로 진실로 너희에게 이르노니 한 알의 밀이 땅에 떨어져 죽지 아니하면 한 알 그대로 있고 죽으면 많은 열매를 맺느니라."라고 많은 열매를 맺기 위하여 땅에 떨어져 죽는 "한 알의 밀"이라는 관점에서 예수님을 설명하고 있습니다. 농부가 씨를 뿌려서 많은 열매를 맺는 자연현상을 통하여 자신의 죽음이 "내가 진실로 진실로 너희에게 이르노니"라는 강력한 도입부를 사용하여 많은 결실을 가져오는 중요한 의미가 있다고 말씀했습니다. 하나님 아버지에 대한 변함없는 순종은 자신의 목숨을 내어놓는 극적인 장면에서 절정에 달했습니다. 24절에서 '씨'를 모델로 해서 보여준 생명의 원리는 많은 생명이 생겨나기 위하여 필수적으로 한 알의 씨가 땅에 떨어져 죽어야 한다는 것이었습니다. 이것을 예수님의 죽음이 많은 하나님의 백성들을 구원한다는 생명 구원에 적용했습니다.

25절의 "자기의 생명을 사랑하는 자는 잃어버릴 것이요."라는 말씀에서 자기의 생명을 사랑하는 것은 하나님의 주권을 근본적으로 부정하고, 자신의 생명을 최정점에 올려놓고 사랑하는 자기중심의 가치관을 말하는 것입니다. 이것은 결국 자신을 우상 숭배하는 것이고, 모든 죄의 핵심이기 때문에 이런 사람은 결국 자신의 생명을 잃고 멸망당하게 된다는 것입니다. 이와 대조적으로 "이 세상에서 자기의 생명을 미워하는 자는 영생하도록 보전하리라."라는 말씀에서 자기의 생명을 미워하는 자는 자신의 생명을 부인하는 사람이고, 날마다 자기 십자가를 지고 가는 사람이고, 자신의 이익을 추구하는 것이 아니고, 자기중심의 가치관을 거부하며 죽는 쪽을 택하고, 26절에서 예수님을 최고의 가치로 알고 믿고 따르는 하나님 중심의 사람을 말합니다. 자기중심적인 가치관을 거부하고 하나님 중심적인 가치관을 가진 사람은 영생하는 그들의 생명을 보존하고 하나님 아버지께서 그들을 귀하게 여기신다고 합니다.

우리는 우리 자신에게 초점을 맞추고 살아가는 것이 아니라, 하나님의 최고 계시인 예수 그리스도에게 중심 초점을 맞추고 살아가야 예수님과 영원히 함께 사는 영생을 얻고 하나님께 귀하게 여김을 받을 수 있습니다. 예수님은 자신의 죽음을 통하여 아버지께로 나아가고, 예수께서 십자가에 못 박히신 것이 그가 영광을 받게 되는 길입니다. 마찬가지로, 우리가 우리 자신을 부인하여 우리 자아를 죽이고서 예수님을 믿고 따르는 것이 예수님과 함께 사는 영생의 길이고, 하나님 아버지께 귀하게 여김을 받는 비결임을 믿어야 할 것입니다.

적용 우리는 예수님의 십자가의 죽음이 나를 위한 것임을 믿는 신앙 중심의 삶과 하나님 중심의 삶으로 하나님께 존귀하게 여김을 받을 수 있기를 바랍니다.

둘째로 예수께서 자신의 죽음을 앞두고 아버지께 기도하셨고 아버지는 응답하셨습니다 (27~30).

예수님의 제자들이 자신을 부인하고 예수님을 따르기 위해서는 예수께서 먼저 십자가에 죽어 영광을 받으셔야 합니다. 인자가 죽어서 영광을 얻어야 할 '때'는 놀라운 것이지만, 인자의 죽음의 고통은 말로 표현할 수 없을 것입니다. 예수께서 자신의 고통스러운 죽음을 앞두고 아버지께 기도하셨고, 아버지는 놀랍게 응답하셨습니다. 예수께서 십자가의 죽음을 앞두고 마음이 심히 괴로웠고, 두려웠고, 초조했으며 지나가기를 원했습니다. 예수께서 27절의 "지금 내 마음이 괴로우니 무슨 말을 하리요?"라고 숙고의 의문문으로 이어지는 적극적인 기도를 드렸습니다. 27절의 "아버지여, 나를 구원하여 이 때를 면하게 하여 주옵소서."라고 기도하면서 예수님은 자신의 죽음의 고뇌를 충분히 드러냈습니다. 이 기도는 겟세마네 동산에서 "이 잔을 내게서 옮기시옵소서!"(막 14:36)라고 기도한 것과 전적으로 부합합니다. 두 경우에서 다 역접의 접속사 '그러나'가 뒤따라 나옵니다. "그러나 나의 원대로 마시옵고 아버지의 원대로 하옵소서."(막 14:36)라고 나오고, 본문 27절에서 "그러나 내가 이를 위하여 이 때에 왔나이다."라는 말씀이 나옵니다. 예수께서는 '이 때'를 면하게 해 달라거나 이 잔을 옮겨달라고 기도하면서도 곧이어 다시 아버지의 뜻에 따르겠다는 변함없는 확고한 의지를 드러냈습니다. 이것이 바로 예수께서 괴로우셨던 이유입니다. 예수님은 죽음의 공포에도 아버지 뜻에 순종하고자 하는 열정이 함께 있었습니다.

28절에서 예수님은 이어서 "아버지여, 아버지의 이름을 영광스럽게 하옵소서."라고 기도하며, 아버지의 뜻에 기꺼이 죽기까지 순종하여 아버지께 영광을 돌리겠다는 놀라운 결단을 드러냈습니다. 여기서 예수께서 자신의 사역과 삶의 지배 원리를 드러내 보여주었는데 그것은 자기 뜻에 따라 움직이지 않고 자신을 보내신 아버지의 뜻에 따라 십자가에 죽기까지 순종하여 아버지께 영광을 돌리는 것이었습니다. 예수님의 기도의 초점은 단순한 복종을 뛰어넘어서 아버지께 영광을 돌리고자 하는 열렬한 소원으로 이루어진 순종을 드러내고 있습니다.

이번에도 하늘에서 들을 수 있는 음성으로 예수님의 간구에 응답하셨습니다. 이런 일은 예수님의 공생애 사역 동안에 세 번 일어났습니다. 요한복음에서 예수님의 수세 때와 변화산에서 일어난 일에 대하여 언급하지 않고, 오직 공생애 사역 마지막에 예루살렘에서 예수께서 한 기도에 아버지께서 말씀으로 응답하신 것이 기록되었습니다. 28절에서 "내가 이미 영광스럽게 하였고 또 다시 영광스럽게 하리라."고 아버지께서 예수님의 성육신과 지상 사역과 예수께서 행하신 표적에서 이미 영광스럽게 하였고, 다가올 예수님의 죽음과 높아지심을 통하여 영광스럽게 하리라고 말씀해 주셨습니다. 아버지의 응답을 예수님만이 그 음성을 알아듣고 분별하여 제자들에게 알려주었습니다. 29~30절에서 그곳에 함께 서 있던 무리는 하나님의 음성을 알지 못하여서 천둥이 울었다거나, 천사가 말하였다고 말했지만, 예수님은 "이 소리가 난 것은 나를 위한 것이 아니요 너희를 위한 것이니라."라고 그 음성의 내용을 말씀해 주어서 사도 요한이 요한복음에 기록해서 전하고 있습니다. 예수님의 설명을 듣고 아버지의 기도 응답을 통하여 예수님의 십자가의 죽음은 저주와 정죄를 받은 것이 아니라, 그가 영광을 받으시게 된 지점이 되었다는 선언으로 무리가 알아들었습니다. 무리가 예수님의 십자가의 죽음을 이해하는데 하나님께서 응답하신 말씀이 아주 절실하게 필요했습니다.

적용 우리도 하나님 아버지께 하나님의 영광을 위하여 기도하다가 응답을 받고 하나님 아버지의 뜻에 순종하여 아버지께 영광을 돌릴 수 있기를 바랍니다.

셋째로 예수님은 인자의 죽음이 십자가에 달려 죽으심이라고 명확하게 말씀했습니다 (31~36).

예수께서 자신의 죽음의 때가 이제 다가온 것을 23~24, 27~28절에서 말씀했는데, 32~34절에서 예수님의 죽음이 인자가 들려서 죽는 십자가의 죽음으로 좀 더 구체적으로 말씀하고 있습니다. 32절에서 "내가 땅에서 들리면"이라고 하신 말씀은 3장 14절의 "모세가 광야에서 뱀을 든 것 같이 인자도 들려야 하리니"라고 모세가 광야에서 놋뱀을 장대에 매단 것 같이 예수께서 십자가에 달려 죽으시는 죽음을 말씀하신 것을 다시 생각하게 하면서, 33절에서 "자기가 어떠한 죽음으로 죽을 것을 보이심이러라."라는 말씀을 통하여 '인자가 땅에서 들리는 것'이 바로 인자가 십자가에 달려 죽으시는 죽음임을 정확하게 말씀했습니다. 예수께서 '들리다'(hypsoo; to lift up)는 동사는 예수께서 십자가 위에 들리는 것과 예수께서 높아지는 것 두 가지를 다 가리키는데 십자가에 들려 죽으시는 죽음을 강조하기 위하여 33절에서 들리는 것을 죽음이라고 분명하게 말씀했습니다. 예수님의 십자가의 죽음은 그의 영화로 가는 길목이자 그 영화의 구성 부분이라는 것을 계속해서 말씀합니다. 그런데 인자의 십자가의 죽음을 통하여 31절의 "이 세상에 대한 심판"과 "이 세상 임금이 쫓겨나는 심판"이 예수 믿지 않고 배척했던 자들에게 일어날 것입니다. 그러나 예수를 믿고 따랐던 제자들에게는 예수님의 십자가가 그들을 구원과 생명으로 이끌게 될 것입니다.

32절에서 "내가 땅에서 들리면 모든 사람을 내게로 이끌겠노라.' 하시니"라고 예수님의 십자가의 죽음과 높아지심이 가져오는 결과는 예수께서 모든 사람을 자기에게로 이끄신다는 것입니다. 예수님의 십자가와 부활은 자신의 생명을 미워하고 예수님을 믿고 따른 모든 사람 즉 유대인들과 이방인들을 차별 없이 다 자신에게 이끄신다는 것입니다. 31절의 '이제'는 임박한 사건들의 종말론적인 마지막 때가 예수님의 십자가와 죽음과 높아지심에서 시작되었다는 것을 강조합니다. 이제 그 종말의 때가 시작되어 예수님의 재림으로 완성될 것이지만 세상에 대한 심판이 이루어지고, 사탄이 멸망하고, 인자가 영광을 얻어 높아지고, 그 결과로 모든 사람을 땅 끝에서 예수님께로 이끌어오심이 시작되었습니다.

34절에서 "이에 무리가 대답하되 '우리는 율법에서 그리스도가 영원히 계신다 함을 들었거늘 너는 어찌하여 인자가 들려야 하리라 하느냐? 이 인자는 누구냐?"라고 무리가 예수께서 하신 말씀을 받아서 정확하게 이해하지는 못했지만, 예수님께 두 가지 질문을 인용하여 던졌습니다. 다윗의 후손으로 영원한 왕 예수 그리스도는 영원하신 분이신데(삼하 7:12~13, 사 9:7), 어찌하여 인자가 들려서 죽는다고 말씀하느냐고 질문하면서 당시 유대인들이 예수님의 십자가의 죽음을 제대로 이해하지 못하고 있었음을 밝히고 있습니다. 예수님의 공생애 사역이 끝나갈 무렵에 무리는 메시아에 대한 기대감이 고조되어 있었기 때문에 '인자'를 그들이 기다리던 '메시아'로 연결시켜서 이해하고 있었습니다. 무리는 "이 인자는 누구냐?"라고 예수님께 물었습니다. 이것은 예수께서 자신이 인자라고 대답하기를 기대한 것이 아니라, 예수께서 인자가 들려 죽어야 한다고 말씀하고 있는데, 예수께서 생각하시는 인자 즉 메시아가 어떤 메시아인지 설명해 달라고 요청한 것이었습니다. 이 질문은 주후 1세기에 유대인들이 그리스도인이 되기 전에 묻고자 했던 질문이었습니다. 주후 80년 무렵 즉 4복음서가 다 기록된 후에는 그리스도인들이 인자 예수님이 메시아라는데 전혀 모호하지 않았고 분명했습니다. 예수께서 하나님의 아들이시며 인자로 십자가에 달려 죽으시는 죽음을 제대로 이해하기 위해서는 성령의 역사가 있어야 하기 때문에 영원한 메시아를 기대했던 유대인들로서는 물을 수 있었던 질문이었습니다.

예수님은 자신이 세상의 빛이라고 말씀하셨습니다(1:4, 9). 35절에 빛이 있을 동안에 빛 가운데 다니라고 했고, 36절에서는 빛이 있을 때 빛을 믿으라고 하면서 그것이 빛의 자녀로 살아가는 길이라고 예수께서 빛의 길을 정리하여 제자들에게 호소했습니다. 어두움에 다니는 자들은 예수님이 가는 길을 알지 못한다고 말씀하고 있습니다. 사실 바깥 어두움은 하나님이 계시지 않는 심판의 장소를 말합니다. 35절에서 빛 가운데 거하라는 말씀은 빛이신 예수님의 말씀대로 살아가라는 말씀입니다. 예수님의 말씀대로 순종하며 살아가는 것이 바로 빛의 자녀의 길입니다. 36절에서 빛을 믿으라는 말씀은 하나님의 아들이시고 인자이신 예수님을 믿으라는 말씀입니다. 십자가에 달려 죽으신 예수님을 우리의 구원의 주님으로 믿고 그분의 말씀대로 순종하여 살아가라는 예수님의 호소에 그대로 순종하며 살아가야 합니다.

사랑하는 성도 여러분이여!

갈릴리 공생애 사역을 마치신 예수께서 마지막 유월절에 예루살렘 성전에서 자신의 죽음과 영광의 때가 왔다고 말씀하셨습니다. 특별히 예수께서 자신이 인자로 십자가에 달려 죽으실 것을 분명하게 말씀하셨습니다. 자신의 십자가의 죽음과 높아지심은 자기 자신을 부인하고 예수님을 믿고 따르는 제자들을 다 자신에게로 이끌어 구원하는 것이지만 자신의 생명을 사랑하고 예수 그리스도를 믿지 않고 배척하며 살아가는 자들은 심판을 받고 어두움으로 쫓겨나게 된다는 것입니다. 십자가에 달려 죽으신 인자 예수 그리스도가 나의 구주와 주님이심을 믿고 예수님의 말씀대로 순종하는 빛의 자녀로 살아갈 수 있기를 소망합니다.

43. 유대인들의 불신앙(12:37~50)

　미국의 한 방송국에서 이런 통계를 소개했습니다. 미국 뉴욕에 맥스 척스라는 사람은 신앙과 무관하게 불신앙인으로 살았고, 그의 부인도 불신앙인으로 살았습니다. 그런데 세월이 흐른 후 그의 자손 1,026명을 조사해보니, 무서운 죄를 지어 감옥에 갇힌 자가 300명, 창기가 160명, 알코올 중독자가 100명, 극빈자로 정부의 구제를 받아 600만 불의 국고의 손해를 끼쳤다고 합니다. 그런데 조나단 에드워드는 그의 부인과 함께 예수 믿는 믿음이 독실한 그리스도인이었습니다. 그의 자손은 729명 중에 목사가 300명, 대학교수가 65명, 대학 총장이 13명, 저술가가 60명, 국회의원 3명, 그리고 부통령 1명이 배출되었습니다. 예수 믿는 믿음을 가지고 그리스도인으로 살았던 경건한 가정과 믿음 없는 불신앙으로 살았던 가정의 차이가 너무도 현격하다는 사실에 놀랄 뿐입니다. 예수 믿고 하나님을 섬기면서 하나님의 영광을 위하여 살아가다가 하나님의 능력의 손에 우리의 가정이 붙들림을 받을 수 있다면 이것은 최고의 축복입니다.

　본문은 예수님 공생애 사역의 마지막 결론 부분입니다. 예수께서 유대인들 앞에서 많은 표적을 행하였으나 많은 유대인이 예수를 하나님의 아들 그리스도로 믿지 않았습니다. 예수께서 이러한 유대인들의 불신앙은 이사야 선지자가 이미 예언한 말씀의 성취로서 하나님께서 유대인들의 눈을 멀게 하시고, 유대인들의 마음을 완고하게 하심으로 그들이 회심하여 고침을 받지 못하였다고 해석했습니다. 그러나 유대인 지도자 중에 믿는 사람이 많이 있었는데, 세상의 영광을 하나님의 영광보다 더 사랑하고 바리새인들을 두려워하여 당당하게 드러내지 못했다는 우유부단한 신앙도 지적했습니다. 그러면서 사도 요한이 예수 믿는 사람은 구원을 받아 영생을 누리지만 예수 믿지 않는 사람은 심판을 받을 것이라고 말씀했습니다. 예수께서 전하신 말씀은 아버지께서 주신 말씀이었고, 그 말씀대로 순종하여 살아가는 사람은 영생을 얻지만, 순종하지 않는 사람은 그 말씀으로 마지막에 심판을 받는다고 했습니다. 예수께서 공생애 사역의 마지막에 들려주셨던 말씀을 들으면서 함께 은혜를 나누고자 합니다.

첫째로 유대인들은 이사야 선지자의 예언대로 예수님의 표적을 보고도 믿지 않았습니다(37~43).

37절에서 "이렇게 많은 표적을 그들 앞에서 행하셨으나 그를 믿지 아니하니"라고 사도 요한이 2장에서 12장까지 예수님의 공생애 사역을 마무리하여 정리하였습니다. 예수께서 행하신 많은 표적을 보고서도 많은 유대인이 예수님을 믿지 않았습니다. 예수께서 많은 표적을 유대인들 앞에서 행하여 그들에게 자신이 하나님의 아들 그리스도이심을 드러내셨지만, 그들은 예수님이 행하신 표적들을 보고서도 믿지 않았습니다. 표적들을 보고서 갖게 된 믿음은 말씀을 듣고서 이룬 믿음에 미치지는 못하더라도 불신앙보다는 나은 것이었지만 유대인들은 그런 믿음에도 도달하지 못했습니다. 그래서 사도 요한은 많은 유대인의 이러한 파국적인 불신앙에 대하여 38~41절에서 이사야 선지자의 예언을 인용해서 하나님의 예정론으로 잘 정리해서 말씀했습니다. 하나님의 예정론도 인간의 책임을 배제하지 않기 때문에 유대인들이 믿지 않은 책임이 그들 유대인에게 있다는 것입니다. 이것을 사도 바울은 로마서 9장에서 하나님께서 택한 자들을 긍휼히 여기셔서 구원하시고, 하나님께서 유기한 자들을 심판하여 완악하게 내버려 두신다고 정리했습니다. 현대인의 성경 로마서 9장 18

절에서 "그래서 하나님께서는 자기가 원하시는 대로 어떤 사람은 불쌍히 여기시고 어떤 사람은 완고하게 하십니다."라고 하나님께서 주권적으로 택한 백성을 구원하신다고 증거했습니다. 37절에서 유대인이 믿지 아니한 불신앙은 그들의 책임이라는 것입니다. 유대인들은 성령으로 말미암아 인자 예수 그리스도를 믿는 거듭남을 거절하였고(3:5~7, 13~15), 유대인 지도자들은 자신들이 예수 그리스도를 제대로 보지 못한 눈먼 자들이었음에도 어리석게도 자신들은 본다고 생각했습니다(9:39~41). 사도 요한은 본문 38절에서 이사야 53장 1절의 "주여, 우리에게서 들은 바(말씀)를 누가 믿었으며 주의 팔(표적)이 누구에게 나타났나이까?"라는 이사야 선지자가 예언한 말씀을 인용하여서 표적을 행하신 '여호와의 종'(예수 그리스도)이 유대인들에 의해서는 배척을 당했지만, 하나님에 의해서 그가 높임을 받는 것을 보고 열방들이 놀랐다고 했습니다. 이사야 52장 13~15절에서 고난당하였다가 높이 들려서 많은 사람을 놀라게 한 최고의 '여호와의 종'이 바로 나사렛 예수에게서 그대로 성취되었다는 것입니다. 사도 요한은 예수님을 믿지 않는 유대인의 불신앙을 40절에서 이사야서 6장 10절의 예언의 말씀 성취라고 정리했습니다.

현대인의 성경 12장 40절에서 "주께서 그들의 눈을 멀게 하시고, 그들의 마음을 무감각하게 하셨으니 이것은 그들이 눈으로 보고 마음으로 깨닫고 돌아와서 고침을 받지 못하게 하기 위해서였다."라고 유대인들이 예수님의 말씀을 듣고 표적을 보고서도 예수를 믿지 못하는 불신앙을 하나님께서 선택하지 아니한 유기한 자들을 완악한 상태로 그대로 두어 하나님이 심판하신 결과라고 정리했습니다. 유대인들이 예수께서 전하신 말씀을 듣고 행하신 표적을 보면서도 성령께서 그들의 마음에 예수님을 하나님의 아들과 그들의 주님으로 믿지 않은 완악한 상태로 그대로 내버려 두셔서 심판하신 결과라는 것입니다.

이사야 6장에서 이사야 선지자는 보좌에 앉으신 영광스러운 여호와에 대한 환상을 보고 철저하게 자신의 죄를 회개하여 깨끗하게 된 후에 여호와의 사자로서의 말씀을 전하는 사명을 받았습니다. 이사야 선지자가 이런 사명을 가지고 백성들에게 말씀을 전하지만 그들에게서 무시와 멸시와 배척을 당하게 될 것이라는 참담한 경고도 함께 받았습니다. 하나님은 이사야 선지자에게 고난받은 종에 대한 말씀을 전하는 사명을 수행하라고 명령하시지만, 그 결과가 참담할 것임을 알려주었습니다. 실제로 이 백성을 향한 이사야 선지자의 말씀 사역은 그들에게서 부정적인 반응을 초래하게 될 것이라고 미리 알려 주었습니다. 그 이유는 이사야 선지자의 말씀 사역에 하나님께서 이 백성들의 마음을 완악하게 하심으로 그들이 말씀을 믿지 않고 거역한다는 것이었습니다. 하나님께서 그 백성을 심판하여 그들의 마음을 완악하게 하신 결과 때문에 예수님의 말씀 사역이 그들에게 배척을 받고 거절당했습니다.

그렇다면 우리는 이것을 하나님께서 사람을 로봇으로 취급하여 조종한 가혹한 결과라고 쉽게 평가할 수도 있지만, 다음 네 가지를 명심하고 기억해야 합니다. 첫째, 이러한 일들에서 하나님의 절대적 주권은 인간의 책임을 배제하지 않는다는 것입니다. 둘째, 하나님이 사람들을 심판하여 완악하게 만드는 것은 폭군의 자의적인 변덕에 따라 깨끗한 사람들을 저주한 것이 아니라, 정죄받아 마땅한 인간의 죄악에 대한 정죄라는 것입니다. 셋째, 이러한 일들에 있어서 하나님의 절대적 주권은 회개와 용서에 대한 소망의 근거가 될 수 있습니다. 로마서 9장 22절에서 "… 멸하기로 준비된 진노의 그릇을 오래 참으심으로 관용하시고"라고 하나님께서 주권적으로 정죄와 진노를 오래 참아주심으로 죄인들이 회개하고 용서받을 기회를 주신다는 것입니다. 넷째, 하나님께서 이사야 시대에 자신의 절대적 주권으로 백성들을 완악하게 한 것과 아무런 열매가 없는 것을 뻔히 알면서도 이사야에게 사명을 주어 그들 가운데서 사역을 하게 한 것은 특별한 기적 사건을 통해서라도 궁극적인 구속 계획을 이루시고자 하신 하나님의 의도였습니다. 사도 요한은 유대인이 예수님의 말씀을 듣고 표적을 보고서도 믿지 아니한 것은 그들의 불신앙이지만, 결국 하나님께서 그들의 눈을 멀게 하시고, 그들의 마음을 완악하게 하여 그들이 고침을 받지 못하고, 진노의 심판을 받게 하셨다고 하나님의 절대적 주권으로 정리했습니다.

12장에서 가장 난해한 구절은 41절이라고 카슨(D. A. Carson) 교수가 지적했는데 현대인의 성경에서 "이사야는 주님의 영광을 보았기 때문에 예수님을 가리켜 그렇게 말하였다."라고 이사야 선지자가 주님(여호와)을 예수님으로 말씀했고, NIV(Isaiah said this because he saw Jesus' glory and spoke about him.)에서도 이사야 선지자가 예수님의 영광을 보았다고 번역했습니다. 이 말씀은 이사야 선지자가 이사야 6장 1절에서 "높이 들린 보좌에 앉으신 주를 보았다."라고 하신 말씀이나, 3절에서 "만군의 여호와여, 그의 영광이 온 땅에 충만하도다."라고 하신 말씀이나, 5절에서 "만군의 여호와이신 왕을 뵈었음으로다."라고 하신 말씀에서 사도 요한은 본문 41절에서 이사야 선지자가 이사야 6장에서 '보좌에 앉으신 주님 즉 여호와의 영광'을 보았다는 말씀을 인용하면서 '그 주님 즉 여호와는 예수님이시다.'라고 놀랍게 해석했습니다. 다시 말해서 이사야 선지자가 이사야 6장의 환상 속에서 성육신하기 이전의 영광의 예수님이 보좌에 앉으신 것을 보았다고 사도 요한은 해석했습니다. 사도 요한은 예수님을 만군의 주님이시자 전능자이신 여호와시라고 말씀하고 있습니다. 이사야 선지자가 성육신하기 이전의 형태로 영광의 예수님을 보았다고 사도 요한은 해석했습니다. 말씀이신 성자 하나님은 태초부터 하나님 아버지와 함께 계셨고, 말씀이신 하나님이시며, 창조주 하나님 아버지를 대신하여 우주 만물의 창조를 실제로 실행하셨고, 그리고 하나님 아버지는 자신의 말씀이신 성자를 통하여 자신과 자신의 말씀을 사람들에게 계시했습니다. 40절에서 예수님의 말씀을 듣고 예수님의 표적을 보고도 믿지 아니한 유대인의 눈을 멀게 하고 마음을 완악하게 하신 분이 이사야 선지자가 41절의 "주의 영광을 보고"라고 말씀을 인용하여 바로 예수님이시라고 했습니다. 이사야 6장의 주님과 만군의 여호와를 사도 요한은 예수님으로 해석하고, 유대인들의 눈을 멀게 하고 마음을 완악하게 하신 분도 예수님이라고 해석했습니다. 사도 요한은 이사야 선지자가 보좌에 앉으신 하나님의 영광 즉 예수님을 보았고, 그가 바로 높임을 받으신 고난 받으신 종이시라고 놀랍게 증언했습니다.

적용 우리가 복음을 전하는 사람들이 하나님의 아들이시며 인자이신 예수님을 자신의 주님으로 믿을 수 있도록 성령께서 그들의 심령에 역사하시기를 기도하며 전할 수 있기를 바랍니다.

둘째로 예수께서 자신을 믿고 아버지를 섬기는 자들을 구원하러 오셨습니다(44~50).

1장 10~11절의 사도 요한은 자기 땅에 오신 예수님을 영접하지 아니한 유대인들을 전체적으로 고발하여 "10. 그가 세상에 계셨으며 세상은 그로 말미암아 지은 바 되었으되 세상이 그를 알지 못하였고 11. 자기 땅에 오매 자기 백성이 영접하지 아니하였으나"라고 잘 정리했습니다. 그러나 12~13절에서 유대인들 가운데 예외적으로 믿는 사람들이 있었다고 하면서 "12. 영접하는 자 곧 그 이름을 믿는 자들에게는 하나님의 자녀가 되는 권세를 주셨으니 13. 이는 혈통으로나 육정으로나 사람의 뜻으로 나지 아니하고 오직 하나님께로부터 난 자들이니라."라고 놀랍게 언급했습니다. 본문 37~41절에서 믿지 않는 유대인을 고발한 다음에 42~43절에서 일부 예수 믿는 유대인 지도자들에 대하여 "42. 그러나 관리 중에도 그를 믿는 자가 많되 바리새인들 때문에 드러나게 말하지 못하니 이는 출교를 당할까 두려워함이라. 43. 그들은 사람의 영광을 하나님의 영광보다 더 사랑하였더라."라고 하는데 이는 유대인 지도자 중에 믿는 자가 많았다는 사실에서 유대인들 가운데에 더 많은 사람이 믿었다고 쉽게 추정할 수 있습니다. 그런데 유대인 지도자들이 가지고 있었던 믿음은 부적절하고 우유부단하며 쉽게 흔들리고 심지어 가짜 믿음으로 쉽게 변질할 수 있는 믿음이었습니다. 바리새인들을 무서워하여 일정한 거리를 두고 멀리서 예수님을 따르며 회당에서 바리새인들에 의해서 출교당하는 것이 두려워서 예수님과 관련된 어떤 일을 공개적으로 하지 않았습니다. 이런 사람들은 사람의 영광을 하나님의 영광보다 더 사랑했다고 사도 요한이 정리했습니다. 그러나 그들 중에 니고데모와 아리마대 사람 요셉은 평소에 바리새인들을 두려워하던 은밀한 제자였으나 예수께서 십자가에 달려 죽으셨을 때 예수님의 시신을 장사지내게 해달라고 공개적으로 빌라도 총독에게 간청하여 두려움도 없이 예수님의 시신을 십자가에서 내려다가 향품을 바르고 세마포로 싸서 돌무덤에 장사지낼 정도로 당당한 제자로 드러났습니다. 예수를 믿었지만, 세상을 사랑하였던 유대인 그리스도인들은 성령으로 거듭나서 하나님 나라에 들어가는 복음의 놀라운 능력을 알지 못했습니다. 사도 요한은 겁 많은 은밀한 신자들이 예수를 믿고자 하는 간절함이 있었으면서도 주저함과 망설임을 보이며 회당에서 출교당하는 것을 두려워하여 소극적으로 신앙 생활하는 것은 아무 소용이 없다는 사실을 분명하게 알리고자 하는 의도가 있었습니다.

44~50절에서 예수님은 자신을 이 땅에 보내신 아버지께서 배후에 계시며 자신이 공생애 사역에서 선포한 말씀은 아버지께서 주신 말씀이며 그 말씀을 받아들이고 믿은 사람은 구원을 받지만, 그 말씀을 받아들이지 않은 사람은 그 말씀으로 마지막 날에 심판을 받을 것이라고 했습니다. 예수께서 지금까지 선포하셨던 말씀을 다시 정리하며 큰 소리로 말씀하셨는데 현대인의 성경 "44. … '나를 믿는 사람은 나를 믿는 것이 아니라 나를 보내신 분을 믿는 것이며 45. 나를 보는 사람은 나를 보내신 분을 보는 것이다.'"라고 아버지와 아들의 종속 관계에 대하여 말씀했습니다. 하나님의 아들인 예수께서 행하는 모든 것은 아버지가 원하는 것이고, 실제로 아버지가 행하는 것임을 보장한다는 것입니다. 하나님의 아들이신 예수님을 믿는 것은 단지 하나님의 대리인인 인간을 믿는다는 것이 아니라, 아버지의 자기 계시, 성육신한 말씀, 하나님의 아들이자 인자이신 분, 하나님의 유일한 중보자 하나님의 아들을 통하여 하나님 아버지를 믿는다는 것입니다. 이런 믿음이 아닌 믿음은 전혀 믿음이 아니라는 것입니다. 말씀이신 아들은 아버지와 한 분으로 계시기 때문에 예수님을 보는 것은 그를 이 땅에 보내신 하나님 아버지를 보는 것입니다. 예수께서 세상의 빛으로 세상에 오셨기 때문에 예수 믿는 사람은 더 이상 어둠에 거하지 않고 빛 가운데 거하는 사람입니다.

47~48절에서 예수께서 이 땅에 오신 목적은 사람들을 정죄하고 심판하는

것이 아니고, 예수 믿고 따르는 제자들을 구원하시고자 함이라고 사도 요한은 정리했습니다. 예수님의 말씀을 듣고 지키지 않고 순종하지 않아 어둠에 거하는 자들은 예수께서 전한 그 말씀이 마지막 날에 그들을 심판할 것이라고 했습니다. 왜냐하면, 49~50절에서 예수께서 전한 말씀이 예수님을 보내신 아버지의 명령이기 때문이라는 것입니다. 예수님 자신을 통한 계시의 배후에 있는 하나님 아버지의 명령은 영생으로 귀결된다는 것입니다. 예수님에게 있어서 아버지의 명령은 그가 하는 말을 정해주었고, 자신이 하나님의 아들이자 인자라고 제자들에게 알려주었고, 제자들이 그를 주님이라고 고백하고 살아가는데 이것이 영생이라는 것입니다. 이것은 요한복음을 기록한 목적인 20장 31절과 요한1서를 기록한 목적인 5장 13절에서 예수를 하나님의 아들 그리스도로 믿어서 영생을 얻게 하는 것과도 정확히 일치합니다. 사도 요한이 예수님의 공생애 사역을 마무리하면서 예수께서 말씀하신 것들이 아버지께서 그에게 말하라고 명령한 것들이며, 예수님 자신이 하나님의 말씀이심을 보여주셨습니다.

사랑하는 성도 여러분이여!

우리가 하나님의 아들이자 인자이신 예수님을 나의 주님으로 믿는 것은 성령의 역사가 우리 안에 있었다는 사실을 확신하면서 하나님께서 예수 믿는 우리들에게 주신 영생을 누리시기 바랍니다. 우리 주변에 아직도 예수 믿지 못하고 마음이 완악하여 고침을 받지 못하고 살아가는 사람들에게 하나님께서 아직도 그들에게 회개하고 믿음의 자리로 돌아오기를 기다리고 계시다는 사실을 알려주며 계속 증거해야 합니다. 하나님께서 사랑하는 남편에게, 사랑하는 자녀들에게, 사랑하는 부모님들에게, 사랑하는 친구들에게, 그들의 눈과 마음을 열어 예수님을 보고 믿을 수 있도록 기도하며 복음을 전해야 합니다. 우리가 전하는 말씀은 예수님의 말씀이고, 하나님 아버지의 말씀으로 성령이 그 말씀과 함께 역사하여 구원하는 권능이 있습니다. 예수님의 말씀을 전하여 사랑하는 사람을 믿음과 영생으로 이끌 수 있기를 소원합니다.

IV

/

십자가와
승귀를 통한
예수님의 자기 계시
(13:1~20:31)

A. 최후의 만찬(13:1~30)

44. 제자들의 발을 씻겨주신 예수님(13:1~17)

「어린 왕자」라는 많은 사람에게 사랑받는 책을 쓴 생떽쥐페리(Antoine de Saint-Exupéry, 1900~1944)는 나치 독일에 대항해서 전투기 조종사로 전투에 참가했다가 목숨을 잃었습니다. 그는 자기 체험을 바탕으로 해서 「미소」(Le Sourire)라는 단편소설을 썼는데 그중에 이런 이야기가 있습니다.

전투 중에 적에게 포로가 되어서 감방에 갇혔다. 간수들의 경멸적인 시선과 거친 태도로 보아 다음 날 처형될 것이 분명하였다. 나는 극도로 신경이 곤두섰으며 고통을 참기 어려웠다. 나는 담배를 찾아 주머니를 뒤졌다. 다행히 한 개비를 발견했다. 손이 떨려서 그것을 겨우 입으로 가져갔다. 하지만 성냥이 없었다. 그들에게 모두 빼앗겨 버렸기 때문이다. 나는 창살 사이로 간수를 바라보았으나 나에게 곁눈질도 주지 않았다. 이미 죽은 거나 다름없는 나와 눈을 마주치려고 할 사람이 어디 있을 것인가. 나는 그를 불렀다. 그리고 "혹시 불이 있으면 좀 주십시오."하고 말했다. 간수는 나를 쳐다보고는 어깨를 으쓱하고는 가까이 다가와 담뱃불을 붙여 주려 하였다. 성냥을 켜는 사이 나와 그의 시선이 마주쳤다. 왜 그랬는지 모르지만 나는 무심코 그에게 미소를 지어 보였다. 내가 미소를 짓는 그 순간 우리 두 사람의 가슴 속에 불꽃이 점화된 것이다. 나의 미소가 창살을 넘어가 그의 입술에도 미소를 머금게 했던 것이다. 그는 담배에 불을 붙여준 후에도 자리를 떠나지 않고 내 눈을 바라보면서 미소를 지었다. 나 또한 그에게 미소를 지으면서 그가 단지 간수가 아니라 한 사람의 살아있는 인간임을 깨달았다. 나를 바라보는 그의 시선 속에도 그러한 의미가 깃들어 있다는 것을 눈치챌 수 있었다. 그가 나에게 물었다. "당신에게도 자식이 있소?", "그럼요. 있고말고요." 나는 대답하면서 얼른 지갑을 꺼내 나의 가족사진을 보여주었다. 그 사람 역시 자기 아이들의 사진을 꺼내 보여주면서 앞으로의 계획과 자식들에 대한 희망 등을 얘기했다. 나는 눈물을 머금으며 다시는 가족을 만나지 못하게 될 것과 내 자식들이 성장해가는 모습을 지켜보지 못하게 될 것이 두렵다고 말했다. 그의 눈에도 눈물이 어른거리기 시작했다. 그는 갑자기 아무런 말도 없이 일어나 감옥 문을 열었다. 그러고는 조용히 나를 밖으로 이끌어내었다. 말없이 함께 감옥을 빠져나와 뒷길로 해서 마을 밖에까지 그는 나를 안내해 주었다. 그리고는 한마디 말도 남기지 않은 채 뒤돌아서서 마을로 급히 가버렸다. 한 번의 미소가 내 목숨을 구해준 것이었다. 웃으며 쳐다보는 하늘은 언제나 찬란하고 들풀마저 싱그러움을 더해준다. 웃음 가득한 사람을 만나면 즐거움이 더해지고 사는 것이 이런 것이구나! 새삼 깨닫게 된다.

살맛을 더해주는 양념이 웃음입니다. 메마른 삶이라서 짜증 날 때마다 한번 크게 웃으며 마음을 다시 다잡아 보는 것은 어떨까요?

2장에서 11장까지 예수께서 일곱 가지 표적을 행하신 후에 그 표적의 의미를 긴 강화로 설명해주셨습니다. 그런데 13장에서 17장까지 이러한 순서가 바뀌어서 거꾸로 예수께서 십자가를 먼저 긴 강화로 설명하고 나서 십자가에 죽으셨다가 살아나셨습니다. 예수께서 마지막 유월절 전 목요일 오후에 즉 유월절이 시작하는 하루 전 유월절 만찬이 식탁에 차려지던 시간에 그 자리에서 일어나 대야에 물을 떠다가 제자들의 발을 돌아가며 씻어주셨습니다. 그리고 예수께서 제자들과의 최후의 만찬, 고별사, 마지막 기도에 나오는 목적들 가운데 하나인 예수께서 마지막 떠나가시는 사건 즉 자신의 죽음과 장사, 부활, 높아지심, 그리고 성령 강림 등의 의미를 그가 십자가를 지시기 전에 먼저 긴 강화로 13장에서 17장까지 설명하셨습니다. 예수께서 유월절이 시작하는 목요일 저녁 이른 시간에 제자들과 마지막 유월절 만찬을 잡수시는 자리에서 일어나 겉옷을 벗고 수건을 허리에다 두르시고 대야에 물을 떠다가 제자들의 발을 돌아가며 씻어주셨습니다. 예수께서 제자들의 발을 씻어주신 사건은 두 가지 중요한 의미를 담고 있습니다. 예수께서 제자들의 발을 씻겨주신 사건은 먼저 영적으로 깨끗하게 되는 구원의 씻음이라는 상징적인 의미였고, 나중은 서로 겸손한 섬김이라는 모범의 의미였습니다.

첫째로 예수께서 유월절 전에 제자들의 발을 씻어 깨끗하게 해주셨습니다(1~11).

1~3절은 예수께서 제자들의 발을 씻어주신 사건의 서론입니다. 예수께서 지키셨던 마지막 유월절은 당시 유대인 당국자들이 사용했던 음력으로 목요일 저녁 일몰(오후 6시)에서 그다음 날 저녁 일몰까지였는데, 유월절 예비일 저녁 식탁 자리에서 예수께서 제자들의 발을 씻어주는 세족이 있었습니다. 예수님은 "인자가 영광을 얻을 때가 왔도다."(12:23)라고 자신의 영광의 때가 다가옴을 말씀하셨고, 이제 유월절이 다가오자 예수께서 자신이 세상을 떠나 아버지께로 돌아가실 때라고 말씀하셨습니다.

1절의 "세상"이라는 용어가 13장에서 40회가 나오는데 이것은 예수께서 "자기 사람들", "자기 제자들"과 멸망에 처한 많은 사람들을 대비하기 위한 표현입니다. 예수께서 자기 사람들을 "세상"에서 구원하셨지만, 그들은 온전하게 구원받는 날까지 고통과 환난 중인 세상에서 살아갑니다. 하나님께서 세상을 사랑하셨지만(3:16), 그것은 세상에서 자기 백성들을 구원하여 이끌어내기 위함이었습니다. 예수께서 세상에서 복음으로 끌어내신 자기 백성들을 세상과 대비되는 교회라는 공동체로 세우셨고, 그들은 하나님의 백성으로 살아가고 있습니다. 세상은 자기 사람들을 사랑하고 있지만, 예수님은 세상에서 미움을 받는(15:19) 자기 백성들을 사랑하시되 끝까지 사랑하고 계십니다. 그러므로 13장에서 그리스도께서 구속하여 끝까지 사랑하는 사랑의 대상은 장차 멸망 받게 될 세상이 아니라, 새롭게 형성된 하나님의 백성들, 자신의 제자들, 주님의 몸 된 교회, 택함을 받은 자들입니다. 예수께서 사람들을 끝까지 사랑하신다고 했는데, NIV 성경에서는 온전하게 사랑하신다고 했고, 공동번역 성경에서는 극진히 사랑하신다고 했는데, 이것은 예수께서 자신의 생애의 마지막 순간까지 자기 사람들을 극진한 사랑으로 온전하게 사랑하신다는 것입니다. 예수께서 그칠 줄 모르는 사랑으로 자기 사람들을 사랑하신 방식은 자신의 목숨을 주시면서 십자가의 사랑으로 사랑하신 사랑이었습니다. 이것은 예수께서 자신을 종으로 낮추시며 제자들의 발을 씻어주신 사랑의 행위가 바로 그의 십자가 죽음의 사랑을 예감하여 전제하고 있는 것입니다. 15장 13절에서 "사람이 친구를 위하여 자기 목숨을 버리면 이보다 더 큰 사랑이 없나니"라는 말씀도 예수께서 십자가에서 자신의 목숨을 주시면서 우리를 사랑하신 그 최고의 사랑을 말하는 것입니다.

2절에서 마귀가 가룟 유다의 마음에 이미 예수를 팔려는 생각을 넣었다고 했는데, 유월절 만찬이 차려지고 예수께서 대야에 물을 떠다가 제자들의 발을 돌아가며 씻어주시고서, 26~27절의 준비된 저녁 식탁에서 예수께서 떡 한 조각을 적셔다가 가룟 유다에게 주었고, 유다가 그 떡 조각을 받은 후에 사탄이 유다 속에 들어갔고, 30절에서 유다가 그 떡을 받고 보름달이 떠올라 있던 그 밤에 예수님을 팔려고 밖으로 나간 데서 이를 확인할 수 있습니다. 그런데도 예수께서 제자들을 끝까지 사랑하신 사랑이 얼마나 놀라운 것이었는지 자신이 발을 씻겨주신 제자 가운데 자신을 배신할 가룟 유다까지 포함되어 있었다는 것입니다. 2절에서 "마귀가 벌써 시몬의 아들 가룟 유다의 마음에 예수를 팔려는 생각을 넣었더라."라고 마귀가 유다의 마음에 예수를 팔려고 결심하게 함으로 마귀와 유다가 공모하여 예수님을 죽일 계획을 구체화하기 시작했습니다.

1절에서 예수님은 자신이 이 세상을 떠나 아버지께로 돌아갈 때가 이른 줄 알았다고 했는데 3절에서 "아버지께서 모든 것을 자신의 손에 맡기신 것"과 "자기가 하나님께로부터 오셨다가 하나님께로 돌아가실 것을 아셨다"라고 했습니다. 예수께서 이러한 하나님의 아들로서의 지위와 아버지께 받은 놀라운 능력을 가지고 있었기에 당장에 마귀를 멸하시고, 가룟 유다에게 진노하여 심판하실 수 있었지만, 오히려 배신자 유다까지 포함한 제자들의 발을 씻어주시며 사랑하셨습니다. 당시에 발을 씻어주는 행동은 종 중에서도 가장 비천한 종에게 맡겨진 일이었습니다. 동료들 사이에서 서로의 발을 씻어주는 것은 사랑의 큰 증표였지만 거의 행하여지지 않았습니다. 일부 유대인들은 다른 사람의 발을 씻어주는 일은 이방 노예들이나 여자들과 어린아이들과 문도들에게 맡겨진 비천한 일로 간주했습니다.

그런데 예수께서 식탁에서 내려와 제자들의 발을 씻어주시는 비천한 종의 일을 하시겠다고 나섰을 때, 제자들은 부끄럽고 어색하고 용납할 수 없는 남사스러운 일이었습니다. 그러나 예수님은 이 일로 사람들의 발 씻는 역할을 단번에 역전시켰습니다. 예수께서 겸손하게 제자들의 발을 씻어 섬기신 행동은 제자들을 당혹하게 한 행동이었지만 그의 놀라운 사랑을 드러내 보이신 행동이었고(1), 구원의 씻음을 상징하는 행동이었고(6~9), 그리고 그리스도인의 겸손한 행실의 모범(12~17)이었습니다. 제자들은 낮은 식탁 주위에 얇은 방석 위에 비스듬히 왼팔에 의지해 기대어 앉아 있어서, 그들의 발은 식탁 바깥쪽으로 나와 있었고, 예수님은 자신의 방석에서 몸을 일으켜 "겉옷을 벗고 수건을 가져다 허리에 두르시고" 대야에 물을 떠서 제자들의 발을 씻으시고 그 두르신 수건으로 제자들의 발을 닦아 주셨습니다. 예수님의 이러한 자세는 유대인들이나 이방인에게서 천대를 받았던 잡일을 도맡아 하던 영락없는 노예들의 차림새였고, 섬기는 자로 이 땅에 오신 예수님의 모습이었습니다(막 10:45). 그런데 예수께서 바로 그렇게 자신을 낮추신 종의 모습을 이날 제자들의 발을 씻어주신 행동으로 보여주셨습니다. 예수께서 자신을 가장 낮추신 겸손한 모습은 십자가에서 자신의 목숨을 버려서 우리를 사랑해주신 장면에서 절정에 달했습니다. 예수께서 당당하게 십자가로 나아가심으로써 자신을 지극히 낮추어 가장 약한 모습으로 가장 큰 섬김의 모습을 보여주신 바로 그 순간에 성육신한 예수님의 겸손한 모습이 우리에게 잘 드러났습니다.

그런데 다른 제자들은 감히 당혹하여 예수님이 자신들의 발 씻어주심에 어찌할 줄을 알지 못한 채 그냥 순식간에 지나가 버렸지만, 6절에서 베드로의 발을 씻을 차례가 오자 그는 예수님께 놀라서 만류하며 물었습니다. "주님, 주님께서 제 발을 씻어주시렵니까?"(현대인의 성경) 베드로는 늘 그러하듯이 선한 동기에서 예수님을 만류하고 솔직담백하게 물어본 것이었지만 예수님의 숨겨진 의중에 대하여는 완전한 무지를 드러내고 말았습니다. 예수께서 베드로의 발을 씻어주시고자 하신 것을 그가 믿음으로 받아들여서 그대로 순복하기를 기대했습니다. 제자들은 그들이 그리스도로 받들어 섬기는 예수님이 왜 십자가를 져야 하는지에 대하여 이해할 수 없었던 것과 마찬가지로 예수님의 십자가를 예시해주는 의미가 있는 제자들의 발 씻는 행동도 이해할 수 없었습니다. 예수께서 제자들에게 자신이 걸어가시는 십자가의 길이나 자신이 제자들의 발을 씻어주는 행동을 지금은 알지 못하나 후에는 알게 되리라고 말씀하셨습니다. 이것은 제자들이 예수님의 죽음과 부활과 성령 강림 사건 후에 비로소 십자가의 의미와 제자들의 발을 씻어주신 의미를 이해하게 될 것이라는 뜻이었습니다. 실제로 그렇게 되었습니다.

8절에서 "베드로가 이르되 '내 발을 절대로 씻지 못하시리이다.'"라고 자신의 무지를 그대로 드러내며 강력하게 자신의 수준에서 예수님께 거절한다고 말씀드렸습니다. 그렇지만 예수께서 제자들의 발을 씻어주는 행위에는 죄 씻음의 상징성이 담겨 있었기 때문에 "예수께서 대답하시되 '내가 너를 씻어 주지 아니하면 네가 나와 상관이 없느니라.'"라고 예수께서 더 강조하며 말씀하셨습니다. 하나님의 어린 양이 어떤 사람의 죄를 대신 짊어지고 그 사람을 씻어주지 않는다면, 그 사람은 예수님과 아무 상관이 없다는 것입니다. 이것은 구체적으로 예수께서 예비하시는 하늘 아버지 집에 들어가 살 수 없다는 것입니다 (14:1~3).

9절에서 "시몬 베드로가 이르되 '주여, 내 발뿐 아니라 손과 머리도 씻어 주옵소서.'"라고 베드로는 예수님의 말씀을 듣고서 막무가내식으로 자신의 손과 머리까지도 씻어달라고 예수님께 요청했습니다. 예수께서 베드로의 발을 씻어주지 않으면 예수님과 상관이 없게 될 것이라는 단호한 말씀에 절대로 그렇게 되어서는 안 되기 때문에 자신을 씻어주실 수 있는 부분은 다 씻어달라고 막무가내식으로 예수님께 투정했습니다. 그런데 10절에서 "예수께서 이르시되 '이미 목욕한 자는 발밖에 씻을 필요가 없느니라. 온 몸이 깨끗하니라. 너희가 깨끗하나 다는 아니니라.' 하시니"라는 예수님의 말씀은 목욕해서 기본적으로 깨끗한 사람이라도 밖에 나가서 잠깐 걷고 온 경우에 발에 먼지를 제거하기 위해서 발을 씻을 필요가 있지만 그렇다고 해서 다시 목욕할 필요는 없다는 것입니다. 그래서 예수께서 자신의 제자들에게 "너희는 깨끗하니라."라고 말씀하셨습니다. 그런 후에 예수님은 "다는 아니니라."라는 말씀을 덧붙여서 11절에서 "이는 자기를 팔 자가 누구인지 아심이라. 그러므로 다는 깨끗하지 아니하다 하시니라."라고 자신을 배신하여 팔 가룟 유다를 염두에 두고서 말씀하셨습니다. 물론 예수께서 제자들의 발을 씻어주셨을 때 가룟 유다의 발도 씻어주셨습니다. 이것은 예수님의 헤아릴 수 없는 무한한 사랑과 오래 참으심을 잘 증명하는 놀라운 행동이었습니다. 심지어 예수께서 가룟 유다의 발을 씻어주었다고 해서 그가 깨끗함을 얻었다고 말할 수 없다는 것입니다. 왜냐하면, 그것은 6장 64절에서 "그러나 너희 중에 믿지 아니하는 자들이 있느니라.' 하시니 이는 예수께서 믿지 아니하는 자들이 누구며 자기를 팔 자가 누구인지 처음부터 아심이러라.'"라는 말씀에서 가룟 유다가 예수님을 하나님의 아들 그리스도로 믿지 못하여 깨끗하게 되는 죄 사함을 받지 못하였다는 것입니다. 요한복음에서 가룟 유다를 제외한 다른 제자들이 깨끗하다고 말씀하는 구절이 15장 3절에서 "너희는 내가 일러준 말로 이미 깨끗하여졌으니"라는 말씀입니다. 이상을 정리하면 제자들이 진정으로 깨끗하게 되는 것은 예수님의 계시의 말씀과 세족이 의미하는 예수님의 대속적 죽음을 믿음으로 말미암는다는 것입니다. 예수께서 물로 제자들의 발을 씻어주신 세족은 예수 그리스도를 믿는 사람들을 깨끗하게 하는 그리스도의 십자가 사역을 예시한다고 카슨(D. A. Carson) 교수는 해석했습니다.

적용 우리는 예수 그리스도의 십자가가 나를 위한 예수님의 최고의 사랑임을 믿어서 죄 씻음을 받은 거룩한 성도가 될 수 있기를 바랍니다.

둘째로 예수님은 제자들에게 서로의 발을 씻어주며 겸손히 섬기라고 말씀하셨습니다 (12~17).

예수께서 제자들의 발을 씻는 세족을 끝내시고 다시 겉옷을 입은 후에 자신의 자리로 돌아와서 제자들에게 물으셨습니다. 현대인의 성경 12~15절에서 "12. 예수님은 제자들의 발을 씻어 주신 후에 옷을 입으시고 다시 자리에 앉아 제자들에게 말씀하셨다. '내가 지금 너희에게 한 일을 이해하겠느냐? 13. 너희는 나를 '선생' 또는 '주'라고 부르는데 너희 말이 옳다. 나는 그런 사람이다. 14. 내가 너희 주와 선생이 되어 너희 발을 씻어 주었으니 너희도 서로 발을 씻어 주어야 한다. 15. 내가 너희에게 한 일을 너희도 실천하게 하려고 내가 모범을 보였다.'"라고 예수께서 제자들의 발을 씻어주신 것의 또 다른 의미가 서로 섬기라는 제자들의 겸손한 섬김이라고 말씀하셨습니다. 세족과 십자가의 죽음은 공경받아 마땅한 지극히 높으신 메시아가 비천한 종이 되어서 다른 사람의 유익을 위하여 섬기는 역할을 맡아 행한 것이라는 점에서 맥을 같이 합니다. 세족과 십자가가 예수님의 엄청난 사랑(1)에 의해서 이루어진 것이라면 예수님께 속하여 십자가로 깨끗하게 된 자들의 공동체도 사랑으로 서로 섬기면서 (34~35) 살아가는 것을 특징으로 세워져야 한다는 것입니다. 예수께서 제자들의 주님과 선생님이 되시면서도 도무지 생각할 수 없는 가장 낮은 노예들이 하는 발 씻는 겸손한 모범을 보여주었으니 제자들도 예수님의 겸손한 섬김의 모범을 따라서 자신을 낮추는 겸손한 섬김으로 서로를 섬기면서 살아가라는 것입니다. 이것이 예수께서 제자들의 발을 씻겨주신 세족에 담긴 두 번째 깊은 의미입니다.

16~17절에서 "16. 내가 진실로 진실로 너희에게 이르노니 종이 주인보다 크지 못하고 보냄을 받은 자가 보낸 자보다 크지 못하나니 17. 너희가 이것을 알고 행하면 복이 있으리라."라고 예수께서 자신의 공생애 사역 동안에 자주 반복해서 사용하였던 경구를 통하여 자신이 했던 말씀을 다시 한번 강조하고 있습니다. 예수께서 "진실로 진실로"라는 강한 도입문으로 주인과 종, 다른 한 편으로 상전과 사환이라는 서로 다른 두 개의 쌍을 등장시켜서 앞에서 이미 언급한 선생과 제자 간의 대비를 더욱 강화하고 있습니다. 보낸 자는 예수님을 두고서 하신 말씀이고 보냄을 받은 자는 열두 제자를 두고서 사용했던 말씀입니다. "보낸 자"가 기쁨으로 어떤 일들을 행하였는데, "보냄을 받은 자"가 자기는 그 일을 하지 않아도 된다고 생각해서는 안 된다는 것입니다. 노예는 자기 주인이 이미 행한 어떤 일을 미천한 일로 여겨서는 안 된다는 것입니다. 예수께서 최고의 사랑인 십자가로 우리를 사랑하여 구원해 주셨고, 가장 비천한 노예가 하는 발 씻는 일을 솔선수범하여 겸손하게 모범을 보여주신 대로 예수님의 보냄을 받은 우리도 우리 주 예수님의 모범을 따라서 서로 사랑하며 서로 섬기며 살아가야 한다는 것입니다. 우리는 예수께서 가르쳐 주신 진리를 그대로 믿고 그의 모범을 따라서 겸손한 섬김으로 살아가는 예수 믿는 진정한 제자가 되어야 합니다.

사랑하는 성도 여러분이여!

예수께서 최고의 사랑인 십자가로 우리를 사랑하여 구원하여 주셨고, 그의 십자가로 우리를 죄에서 깨끗하게 씻어주셨습니다. 예수 그리스도께서 우리의 주님이신데, 자신을 가장 비천한 종의 모습으로 낮추어서 제자들의 발을 씻어주시는 겸손한 섬김의 모범으로 보여주셨습니다. 예수 그리스도가 하나님의 아들이시며 인자로 나의 주님이심을 믿어서 죄 씻음 받은 하나님의 자녀들로서 예수님의 겸손한 섬김의 모범을 따라서 모든 성도를 사랑하며 섬기며 살아갑시다. 예수님의 제자로서 예수께서 보여주신 겸손한 섬김으로 서로 섬기면서 살아간다면 우리가 바로 진정한 하나님의 자녀들입니다. 예수님의 십자가를 믿어 구원받은 우리들이 겸손한 섬김을 진정으로 실천하며 살아갈 수 있기를 바랍니다.

45. 너희 중 하나가 나를 팔리라(13:18~30)

러시아의 국민 시인이자, 소설가인 알렉산드르 푸시킨(Aleksandr Pushkin, 1799~1837)의 일화(逸話)입니다. 푸시킨이 모스크바 광장에서, 한 시각장애인 걸인을 발견했습니다. 한겨울인데도 걸인은, 얇은 누더기를 걸치고서 광장 구석에 웅크리고 앉아 벌벌 떨고 있다가, 사람들의 발소리가 나면, "한 푼 줍쇼, 얼어 죽게 생겼습니다."라고 하면서 구걸을 하고 있었습니다. 그의 모습은 가련했지만, 모스크바에 그런 걸인은 셀 수 없이 많았기 때문에 그에게 특별히 동정의 눈길을 보내는 사람은 없었습니다. 그러나 푸시킨은 줄곧 그를 주의 깊게 지켜보다가 이렇게 말했습니다. "나 역시 가난한 형편이라, 그대에게 줄 돈은 없소. 대신 글씨 몇 자를 써서 주겠소, 그걸 몸에 붙이고 있으면 좋은 일이 있을 거요." 푸시킨은 종이 한 장에 글씨를 써서 시각장애인 걸인에게 주고 사라졌습니다. 며칠 후 푸시킨은 친구와 함께 다시 모스크바 광장에 나갔는데, 그 시각장애인 걸인이 어떻게 알았는지 불쑥 손을 내밀어 그의 다리를 붙잡았습니다. "선생님, 목소리를 들으니, 며칠 전 제게 글씨를 써준 분이 맞군요. 하나님이 도우셔서 이렇게 좋은 분을 만나게 해 주셨나 봅니다. 그 종이를 붙였더니 그날부터 깡통에 많은 돈이 쌓였답니다." 이 말을 들은 푸시킨은 빙그레 미소를 지었습니다. 그 시각장애인 걸인은 붙잡은 다리를 놓지 않고 물었습니다. "선생님, 그날 써준 글이 도대체 무엇이었나요?", "별거 아닙니다. '겨울이 왔으니, 봄도 멀지 않으리.'라고 썼습니다." 지나가는 사람들은 이 걸인을 보고 느꼈을 것입니다. "지금은 비록 비참한 날들을 보내고 있지만, 희망을 잃지 않은 사람이다. 봄을 기다리는 이 사람은 도와줄 필요가 있다."라고 생각했던 것입니다.

우리의 어렵고 빈궁한 삶! 그런 삶을 그대로 받아들이면서도, 미래의 기쁜 날을 향한 소망을 간직해야 할 것을 일깨워준 일화입니다.

그해 니산월 15일 목요일 밤에 예수께서 제자들의 발을 씻겨주신 후에 유월절 만찬을 제자들과 함께 나누셨습니다. 그런데 예수께서 시편의 말씀을 인용하여 제자 중 한 사람이 자신을 배신할 것이라고 공개적으로 선언하셨습니다. 열두 제자들은 예수께서 제자 중 한 사람이 배신하여 자신이 팔릴 것이라는 증언을 듣고 큰 충격에 빠졌습니다. 제자들은 어떻게 이런 일이 메시아 예수님에게 일어날 수 있단 말인가? 더 나아가 제자 중에 누가 예수님을 감히 배신하여 팔 것인지에 대하여 크게 당황하였습니다. 예수님은 그가 누구인지 알고자 하는 제자들에게 자신이 빵 한 조각을 찍어 적셔다 주는 자가 그 사람이라고 공개적으로 고통스럽게 증언하시며 가룟 유다에게 빵 한 조각을 건네주셨습니다. 가룟 유다는 그 빵을 받고서 예수님을 배반하기로 결심을 굳히고 그 밤에 밖으로 나갔습니다. 예수께서 제자들 앞에서 가룟 유다가 자신을 팔 것이라고 고통스럽게 선언하셨던 말씀을 들으면서 함께 은혜를 나누고자 합니다.

첫째로 예수께서 자신을 배반할 자를 택한 것은 성경 말씀을 이루기 위함이었습니다 (18~20).

18절에서 "내가 너희 모두를 가리켜 말하는 것이 아니니라. 나는 내가 택한 자들이 누구인지 앎이라. 그러나 '내 떡을 먹는 자가 내게 발꿈치를 들었다.' 한 성경을 응하게 하려는 것이니라."라고 예수께서 택한 제자 가운데 한 사람이 자신을 배반할 것이라는 근거를 시편의 말씀을 인용하여 하셨습니다. 시편 41편 9절은 다윗에게 돌려지는 말씀인데 "내가 신뢰하여 내 떡을 나눠 먹던 나의 가까운 친구도 나를 대적하여 그의 발꿈치를 들었나이다."라고 다윗이 자신의 상에서 떡을 함께 나눠 먹던 친구들이 자신을 배신하여 원수들과 한통속이 되어 자신을 대적하여 고통스럽게 하였다는 말씀을 예수께서 18절에서 인용하여 자신이 택하여 자신의 상에서 3년이나 함께 먹었던 제자가 자신을 배신하여 자신을 괴롭게 할 것이라고 했습니다.

예수께서 시편의 말씀을 인용하여 이렇게 말씀하신 데는 두 가지 이유가 있습니다. 첫 번째로 사무엘하 7장 12~16절은 메시아 예언의 말씀인데, 다윗의 후손에서 다윗보다 더 위대한 영원한 왕 메시아가 나신다는 것이었습니다. 이 말씀은 다윗에게 일어난 모든 일이 예수님에게 반영되어야 한다는 것은 아니지만, 다윗의 생애와 관련된 다수의 중요 주제는 예수님에게 반영되어야 한다는 것입니다. 사도행전 2장 25절에서 베드로 사도가 설교하면서 시편 16편 8절의 말씀을 인용하여 "다윗이 항상 내 앞에 계신 주를 뵈었음이여"라고 한 말씀이나 "그가 내 우편에 계시므로 내가 흔들리지 아니하나이다."라는 말씀은 다윗이 자신보다 앞선 주님을 뵈었다고 한 말씀을 예수님께 반영하여 설교한 것입니다. 두 번째로 다윗의 생애 중에서 신약성경에서 반복적으로 가져와서 사용하고 있는 위대한 주제인 그의 고난, 친구들에 의한 배신에 맞춘 초점이 예수님께 그대로 반영할 수 있다는 것입니다. 예를 들자면 시편 22편 1절의 "내 하나님이여, 내 하나님이여, 어찌 나를 버리셨나이까?"라는 말씀은 "예수께서 크게 소리 질러 이르시되 '엘리 엘리 라마 사박다니' 하시니 이는 곧 '나의 하나님, 나의 하나님, 어찌하여 나를 버리셨나이까?' 하는 뜻이라."(마 27:46)라고 예수께서 십자가에 달려서 하나님 아버지를 부르시며 그대로 인용했습니다.

근동의 손님 접대의 예의범절에 따르면 한 상에서 함께 떡을 먹고 있는 사람에 의한 배신은 아주 극악무도한 짓으로 생각했습니다. 그런데 예수께서 자신이 택하여 자신의 상에서 3년간이나 함께 먹었던 제자 가룟 유다에 의하여 배신을 당하여 십자가에 달려 죽으시는 고통이 곧 이루어진다고 말씀했습니다. 다윗이 예언했던 한 상에서 먹었던 가까운 친구의 배신이 제자 가룟 유다의 배은망덕한 배신으로 예수님에게 이루어진다는 것이었습니다. "내 떡을 먹는 자가 내게 발꿈치를 들었다."라는 말씀을 직역하면 "내게 발꿈치를 크게 하였다."
라는 것이고, 이 말씀의 가장 유력한 해석은 "내게 큰 넘어짐을 주었다.", "나를
잔인하게 이용해 먹었다.", "나를 밟고 지나갔다."라는 뜻으로 예수님의 상에서
함께 떡을 함께 먹던 제자가 자신을 비참하게 배신한다는 것이었습니다. 예수
께서 다윗이 예언한 친구의 배신 그대로 자신이 택한 제자에 의해서 고통스러
운 배신을 당하게 될 것이지만, 가룟 유다의 배신조차도 예수님을 비참하게 멸
망시키기보다는 예수께서 이 땅에 보내심을 받은 사명과 관련된 자기 백성을
구속하는 목적을 이루는 도구로 사용한다고 해석했습니다. 예수께서 제자들
에게 택한 제자에 의한 배신을 미리 알려주는 이유는 19절에서 "… 일이 일어
날 때에 내가 그인 줄 너희가 믿게 하려 함이로라."라고 자신이 십자가에 달리
셨을 때 하나님의 아들이심을 믿게 하기 위함이라고 말씀하셨습니다. 제자들
이 조금 후에 하나님의 아들 예수께서 십자가에 달려 죽으시는 사건을 받아들
이기가 너무 어려웠습니다. 만약에 예수께서 이렇게 제자들에게 십자가를 지
시기 전에 미리 말씀하여 준비시켜주시지 않았다면 그들은 결국 예수님의 십
자가 사건을 제대로 받아들이지 못할 수도 있었다는 것입니다. "내가 그인 줄"
은 '에고 에이미'(ego eimi; I am) 용법으로 십자가에 달려 죽으신 예수님이 하나
님의 아들이시라는 사실을 제자들이 믿게 하기 위함이라고 했습니다. 예수께
서 십자가를 지시기 전에 미리 제자들을 준비하여 가룟 유다에 의한 배신으로
십자가에 죽으신다고 말씀해주셨기 때문에 제자들은 예수님의 십자가와 부활
과 승천과 성령 강림의 사건이 일어났을 때, 그들이 그때까지 믿지 못했던 모
든 의문들이 풀려서 하나님의 아들이시며 인자이신 예수께서 십자가에 달려
죽으셔야 하나님의 백성들을 죄에서 구속할 수 있다는 사실을 깨달아 믿게 되
었습니다. 예수께서 십자가 사건이 일어나기 전에 미리 제자들에게 말씀하여
알려주신 것은 제자들이 믿기 어려운 예수님의 십자가와 부활의 사건을 제대
로 알고 믿어서 유대인들과 로마제국의 모진 핍박이라는 환란을 잘 극복하도
록 하기 위함이었습니다.

20절에서 "내가 진실로 진실로 너희에게 이르노니 내가 보낸 자를 영접하는 자는 나를 영접하는 것이요. 나를 영접하는 자는 나를 보내신 이를 영접하는 것이니라."라는 말씀은 마태복음 10장 40절의 "너희를 영접하는 자는 나를 영접하는 것이요. 나를 영접하는 자는 나를 보내신 이를 영접하는 것이니라."라는 말씀과 병행을 이루는 말씀입니다. 이 말씀의 뜻은 예수께서 하나님 아버지의 보내심을 받고 오신 하나님의 아들이심을 분명하게 밝히면서 예수님의 보내심을 받은 제자들에게도 하나님 아버지가 자신을 보내시며 주신 놀라운 권위가 있다는 것을 알게 하는 것이었습니다. 제자들이 예수님에 의해서 보내심을 받은 사명은 하나님 아버지께서 예수님을 보내시며 주신 사명만큼이나 놀라운 권위와 능력을 갖춘다고 제자들에게 알려주었습니다. 예수께서 파송한 제자들의 사명이 이렇게 아버지께서 예수님에게 주신 사명과 병행을 이룰 만큼 놀라운 권위가 있다는 것입니다. 제자들은 예수께서 부활 승천하신 후에야 예수께서 말씀하신 놀라운 사명의 의미를 제대로 깨달아 알았습니다. 제자들은 예수님의 십자가 사건 이전에 예수님의 말씀을 듣고서도 예수께서 자신들을 파송한 사명을 명확하게 붙잡지 못하였지만, 예수님의 부활 승천 사건 이후에 제자들은 예수께서 자신들을 파송하여 주신 사명의 목적과 중요성을 명확하게 알게 되었고, 목숨을 바쳐 그 사명을 감당해야 한다는 것도 알게 되었습니다.

적용 예수님은 제자가 자신을 배신한 것도 하나님의 말씀의 성취로 놀랍게 해석하며 승화했는데, 우리도 모든 것을 하나님 중심으로 이해하고 맡겨주신 사명을 감당할 수 있기를 바랍니다.

둘째로 예수께서 제자 중 가룟 유다가 자신을 배반할 것이라고 증언하셨습니다 (21~30).

21절에서 "예수께서 이 말씀을 하시고 심령이 괴로워 증언하여 이르시되 '내가 진실로 진실로 너희에게 이르노니 너희 중 하나가 나를 팔리라.' 하시니"라고 마침내 예수께서 제자 중에 한 사람이 자신을 배신하여 팔 것이라고 구체적으로 선언했습니다. 이제까지 예수께서는 모호하게 자신이 배신당할 것이라고 말씀해왔습니다. 6장 70절에서 "예수께서 대답하시되 '내가 너희 열둘을 택하지 아니하였느냐? 그러나 너희 중의 한 사람은 마귀니라.' 하시니"라고 예수께서 제자 중의 한 사람은 마귀라고 말씀하셨지만, 그 의미를 명확하게 설명하지 않았습니다. 13장 10절에서 "너희가 깨끗하나 다는 아니니라."라고 모호하게 제자들이 다 깨끗한 것이 아니라고 말씀하셨고, 18절에서도 "내 떡을 먹는 자가 내게 발꿈치를 들었다."라고 함께 떡을 먹는 자가 배신할 것이라고 모호하게 말씀하셨습니다. 그런데 21절에서 구체적으로 "너희 중 하나가 나를 팔리라."라고 제자 중에 한 사람이 자신을 팔 것이라고 분명하게 말씀하셨습니다.

제자들은 메시아이신 선생님께서 자신들을 로마의 압제로부터 구원하실 줄 알고 기대했는데, 기대와 전혀 다르게 예수께서 자신의 죽음을 암시하는 말씀을 계속하시는 것을 듣고서 자신들의 확신과 기대에 심각한 갈등과 혼돈을 겪어야 했습니다. 그런데 이제 예수께서 열두 제자 중에 한 사람이 자신을 배신할 것이라고 구체적으로 말씀하시자 제자들은 무슨 뜻인지 잘 알지 못하여 더 당황했습니다. 어쨌든 예수님을 파는 배신이 일어난다고 할지라도 병든 자를 고치시고, 죽은 자를 살리시고, 풍랑을 잔잔하게 하신 전능하신 예수께서 자신의 제자에 의하여 배신당하는 문제도 잘 해결하실 것이라고 제자들은 막연하게 생각했습니다. 그러나 21절에서 예수께서 "심령이 괴로워 증언하여"라고 제자 중 한 사람이 자신을 배신하는 악행을 괴롭게 공개적으로 증언하였을 때, 제자들도 그 괴로워하시는 모습을 심각하게 받아들였습니다. 제자들은 이렇게 공개적으로 증언하시는 예수님의 말씀을 오해했다기보다는 제자들이 서로의 얼굴을 보며 "누구에게 대하여" 말씀하시는지 알지 못하여 더 당황했습니다. 예수님을 배신하여 팔 배신자는 자신의 정체가 이제 탄로 나게 될 것을 알았기 때문에 즉시로 그 자리에서 뛰쳐나가서 자신의 비열한 배신 음모를 실행해야 할지 아니면 예수님께 자신의 악한 계획을 고하고 용서를 구해야 할지 결정해야 했습니다.

23~25절에서 "23. 예수의 제자 중 하나 곧 그가 사랑하시는 자가 예수의 품에 의지하여 누웠는지라. 24. 시몬 베드로가 머릿짓을 하여 말하되 '말씀하신 자가 누구인지 말하라.' 하니 25. 그가 예수의 가슴에 그대로 의지하여 말하되 '주여 누구니이까?'라고 예수께서 사랑하시는 제자 사도 요한이 예수님의 오른쪽 품에 기대어 있었는데, 곁에 있던 베드로가 자신의 머리를 사도 요한에게 가까이 대면서 말씀하신 그 제자가 누구인지 예수님께 물어보라고 눈짓하자 사도 요한은 "주님, 그가 누구입니까?"라고 예수님께 바로 물어보았습니다. 사도 요한은 자신을 요한복음에서 한 번도 자기 이름을 기록하지 않고 이렇게 "예수께서 사랑하시는 제자"라고 익명으로 기록했는데, 이 의미는 자신이 예수님에게 가장 많은 사랑을 받은 제자라는 오만함을 나타낸 것이 아니라 하나님의 은혜에 가장 빚졌다는 겸손한 의미로 사용했다고 카슨(D. A. Carson) 교수는 해석했습니다. 사도 요한은 이렇게 자신을 예수님 앞에서 은혜를 가장 많이 받은 제자로 소개한 것처럼 우리도 그리스도인으로서 하나님의 은혜를 가장 많이 받았다고 겸손하게 드러내야 합니다. 대부분의 식사는 앉아서 먹는 것이 관례였지만 헬레니즘 문명권에서는 특별한 식사 때에 식탁에 비스듬히 누워서 먹는 관습이 있었습니다. 신약시대에 유대 사회에서도 중요한 연회나 특별한 잔치에서 비스듬히 누워서 먹는 것이 통상적인 관습이 되어 있었습니다. 유대인들이 유월절 만찬의 식사 때도 느긋하게 여유와 자유를 즐기며 비스듬히 누워서 먹는 일반적인 관습이 있었습니다.

예수께서 마지막 유월절 만찬을 제자들과 함께 나누면서 이처럼 식탁 위에 왼손을 올려놓고 머리를 왼쪽으로 기대어 비스듬히 누워서 오른손으로 음식을 가져다가 먹었습니다. 예수께서 열두 제자들과 함께 유월절 만찬을 먹는 중에 제자 중에 한 사람이 자신을 배신하여 팔 것이라는 무서운 말씀을 선언하시자 제자들은 일순간에 놀라 넋이 나간 듯이 얼어붙었고, 식탁엔 무거운 침묵만

흘렀습니다. 26절에서 예수께서 조용한 음성으로 사도 요한에게 "내가 빵 한 조각을 찍어서 주는 바로 그 사람이다."(현대인의 성경)라고 말씀하시면서 예수께서 빵 한 조각을 찢어 적셔다가 왼쪽에 있는 가룟 유다에게 건네주었습니다. 다른 제자들은 예수께서 조용한 음성으로 사도 요한에게 하신 말을 듣지 못했기 때문에 가룟 유다가 그 식탁 자리에서 일어나 밖으로 나가는 이유를 알지 못했습니다. 예수께서 너무나도 엄청난 사실을 사도 요한에게 조용하게 말씀해 주셨을 때 사도 요한은 너무도 놀라서 어떤 말이나 행동도 하지 못하고 넋이 나가버렸습니다. 유월절 만찬에서 잔치의 주인이신 예수께서 빵을 찢어 우리네 조청이나 서양인들의 시럽같이 맛있는 공동으로 찍어 먹는 것에 찍어 적신 후에 공경과 우정의 표시로 가룟 유다에게 건네주었습니다. 예수께서 이렇게 쉽게 빵 한 조각을 가룟 유다에게 건넬 수 있었던 것은 유다가 예수님의 바로 왼편에 앉아있었다는 것입니다. 예수께서 빵 한 조각을 가룟 유다에게 사랑과 호의로 주셨는데, 가룟 유다는 맛난 것을 적신 그 "빵 한 조각"을 받았지만, 예수님의 뜨거운 "사랑과 호의"를 받지 않았습니다. 예수께서 가룟 유다에게 주신 빵 한 조각이 그로 하여금 통회자복하는 대신에 배신할 결심을 더욱 굳게 하였습니다. 사탄은 가룟 유다의 마음에 들어가 그의 마음을 사로잡아버렸습니다. 에베소서 4장 26~27절에서 우리가 분을 내어 품고 있을 때 마귀가 우리 마음에 틈을 탄다고 했는데, 가룟 유다가 예수님을 배신할 생각을 이미 가졌는데, 예수께서 빵 한 조각을 적셔다 주는 사람이 배신할 그 사람이라고 선언하시면서 유다에게 주었을 때 그는 배신할 마음을 굳혔고, 사탄은 유다에게 들어가서 그의 마음을 사로잡았습니다. 그런데 27절에서 예수께서 유다에게 "네가 하는 일을 속히 하라."라고 그가 계획하고 있는 배신의 음모를 빨리 시행하라고 말씀하셨습니다. 유월절 만찬 자리에 함께 앉아있던 다른 제자들은 왜 예수께서 가룟 유다에게 그렇게 말씀하셨는지 알지 못했습니다. 사도 요한은 예수께서 말씀하셨던 빵 한 조각의 의미를 이미 들었기 때문에 무슨 뜻으로 유다에게 속히 하라고 말씀하셨는지 알았습니다. 다른 제자들은 예수께서 가룟 유다에게 하신 말씀이 다가온 무교절 명절에 쓸 물건을 사러 가라고 하신 것이거나 또는 가난한 자들에게 무엇을 나눠주라는 뜻으로 알았다고 했습니다. 가룟 유다가 빵한 조각을 받고 밖으로 나갔을 때가 밤이라(30)고 했는데, 이것은 그 밤이 보름달이 중천에 뜬 밝은 달밤이었지만, 신학적으로 가룟 유다가 "바깥 어두움"의 세력에 이미 삼켜졌다는 의미였고, 예수님에게도 "어둠의 권세의 때"(눅 22:53)였다는 뜻이었습니다.

사랑하는 성도 여러분이여!

예수께서 가룟 유다의 배신까지도 시편의 말씀 성취로 해석하셨습니다. 예수께서 모든 것이 합력하여 선을 이루신다는 말씀처럼 사랑하는 친구의 배신까지도 하나님 중심으로 선하게 해석하며 하나님의 뜻을 이루셨습니다. 예수님은 제자들에게 가룟 유다의 배신을 미리 증언하여 자신이 십자가에서 죽으셨을 때 하나님이 보내신 하나님의 아들이심을 믿게 하셨습니다. 우리는 자신의 질병을 통하여 병든 형제들을 더 잘 위로하고, 고난을 통하여 신앙이 더 성장해가며 고난 당하는 형제를 위로해야 합니다. 예수님은 가룟 유다의 배신을 하나님께서 자신에게 맡겨주신 하나님의 백성들의 구속을 위한 하나님의 뜻으로 알고 묵묵히 사명을 감당하셨습니다. 우리의 시련과 환란과 고난도 하나님 중심으로 해석하여 하나님의 뜻을 이루는 주님의 교회를 위하여 충성하는 성숙한 사명자로 살아갈 수 있기를 바랍니다.

46. 서로 사랑하라(13:31~38)

옛날 노예를 매매하던 시대의 일입니다. 어떤 백인 두 사람이 흑인 노예 모녀를 흥정하는데 어른 여자만 사겠다는 것이었습니다. 그러나 엄마 노예는 차마 어린 아기를 떼어놓고 갈 수가 없어 애통해하며 눈물을 흘리고 있었습니다. 이때 이 광경을 목격한 선교사가 돈을 더 주고 여자아이와 함께 엄마를 사서 둘 다 데리고 집으로 왔습니다. 그 흑인 노예는 선교사의 호의에 감격의 눈물을 흘리며 감사했습니다. 그러던 어느 날 그들 일행이 밀림을 지날 때 갑자기 큰 독사가 숲에서 나와 선교사의 다리를 물어 선교사는 곧 의식을 잃고 쓰러졌습니다. 한참 있다가 선교사가 의식을 회복하여 보니 이번에는 옆에 그 여자 노예가 의식을 잃고 쓰러져 있는데 그녀의 몸과 주변에 피가 낭자해 있었습니다. 그 여자는 그곳 풍습에 익숙한지라 독사가 물면 곧 노끈으로 물린 위쪽을 힘껏 동여매서 독이 몸 위에 퍼지지 못하도록 하고 물린 곳의 피를 빨면서 자신의 허벅지의 살을 베어 주인의 입에 피를 먹이고, 독을 빨다가 그만 의식을 잃고 쓰러진 것이었습니다. 사랑은 귀하지만 받은 사랑에 보답하는 사랑도 아름답습니다.

예수께서 마지막 유월절 만찬석에서 자신은 떠나간다고 하시면서 제자들에게 서로 사랑하라는 새 계명을 주셨습니다. 예수께서 떠나시고 난 후에 사람들이 서로 사랑하는 제자들의 모습을 보고 예수님의 제자인 줄로 알게 된다고 했습니다. 예수께서 말씀하신 우리가 서로 사랑하라는 새 계명은 놀라운 의미를 담고 있습니다. 그런데 제자들은 예수께서 말씀하신 새 계명보다는 그들의 선생님께서 떠나가신다는 말씀에 더 신경을 쓰며 당황했습니다. 가룟 유다가 밖으로 나가서 산헤드린 공회에서 돈을 받고 예수님을 팔려고 했을 때부터 예수님의 십자가의 죽음은 시작되었습니다. 예수님은 자신의 영광을 자신의 죽음으로 말씀하셨는데, 베드로는 무지하게 죽더라도 예수님을 따라가겠다고 장담했고, 예수님은 그 밤 닭 울기 전에 베드로가 자신을 세 번이나 부인할 것을 선언하셨습니다. 서로 사랑하라는 새 계명의 말씀을 들으면서 함께 은혜를 나누고자 합니다.

첫째로 예수께서 인자의 영광을 인자의 십자가의 죽음으로 말씀하셨습니다(31~33).

현대인의 성경 31~32절에서 "31. 유다가 나간 뒤 예수님은 이렇게 말씀하셨다. '이제 내가 영광을 받게 되었고 하나님께서도 나를 통하여 영광을 받으시게 되었다. 32. 하나님께서 나를 통해 영광을 받으시면 하나님도 나에게 자기 영광을 곧 주실 것이다.'"라고 예수님의 영광 받으심에 대해 말씀합니다. 그 밤 유월절 만찬석에서 예수께서 가룟 유다에게 빵 한 조각을 건네주시면서 '내가 주는 빵을 받는 사람이 나를 팔게 될 배신자라.'라고 말씀하셨을 때 유다는 자신의 속내를 들키게 되면서 예수님을 배반하려던 결심을 즉시 실행에 옮기고자 밖으로 나감으로써 예수님의 죽음은 시작되었고, 그 일로 예수님은 이미 영광을 받았고, 하나님께서도 예수님으로 말미암아 영광을 받았습니다. 가룟 유다가 산헤드린 공회로 달려가 돈을 받고 예수님을 팔기로 배신했고, 공회는 예수님을 체포하고 재판하여 처형하고자 했습니다. 인자의 영광은 십자가의 죽음을 통하여 이루어졌습니다. 예수께서 십자가의 죽음으로 하나님의 뜻을 이루어 하나님께 영광을 돌렸고, 하나님께서도 이제 아들에게 영광을 주실 것이라고 말씀했습니다.

3장 14~15절에서 "14. 모세가 광야에서 뱀을 든 것 같이 인자도 들려야 하리니 15. 이는 그를 믿는 자마다 영생을 얻게 하려 하심이니라."라는 말씀에서 인자라는 말의 의미가 죄 없이 우리 대신에 십자가에 달려 죽으신다는 의미로 명확해졌고, 그 인자의 대속적인 죽음을 우리가 믿음으로 영생을 얻게 되었습니다. 31절 후반절에 "하나님도 인자로 말미암아 영광을 받으셨도다."라는 말씀에서 예수님의 십자가의 죽음으로 말미암아 하나님의 구속 사역이라는 하나님의 뜻이 이루어져 아버지는 영광을 받으셨습니다. 인자의 영광은 인자가 십자가의 죽음에서 이루어진다고 말씀합니다. 32절에서 좀 더 분명하게 인자의 영광과 아버지의 영광이 서로 연결되어 있어서 아버지께서 아들의 죽음으로 영광을 받으시고 아버지께서도 아들에게 영광을 주신다고 말씀했습니다. 모든 사람이 인자 예수님을 주님이라고 시인하여 아버지께 영광을 돌리고(빌 2:11), 아버지와 함께 가졌던 영광을 비워놓으셨다가 다시 회복하게 하여 인자를 영화롭게 하셨습니다(17:5). 사도 요한은 32절에서 인자가 영광을 얻으실 것을 말씀하고 있지만, 이것이 마지막 때에 이루어지는 것이 아니라 지금 다가온 인자의 죽음에서 이루어진다고 말씀했습니다. 아버지는 인자의 죽음과 부활과 승천 등이 함께 이어지는 연결된 사건을 통하여 영광을 받으셨습니다. 이러한 사건들을 통하여 우리의 구원은 하나님의 절대적인 주권에 의해서 이루어진다는 것을 잘 보여주고 있습니다.

현대인의 성경 33절에서 "내 자녀들아, 내가 너희와 함께 잠시만 더 있겠다. 너희가 나를 찾겠지만 이미 내가 유대인들에게 말한 대로 내가 가는 곳에는 너희가 올 수 없다."라고 예수께서 이제 자신이 십자가를 지러 떠나가는 것을 제자들이 받아들일 수 있도록 미리 준비시키셨습니다. 예수께서 제자들에게 "내가 너희와 함께 잠시만 더 있겠다."라고 말씀하신 것은 죽음을 염두에 둔 것일 수도 있고, 승천을 염두에 둔 것일 수도 있습니다. 예수께서 자신을 대적했던 유대인 당국자들에게 두 번이나 자신이 떠나지만, 그들은 자신을 찾아도 발견할 수 없을 것이라고 이미 말씀했습니다(7:33~34). 8장 21절에서 "다시 이르시되

'내가 가리니 너희가 나를 찾다가 너희 죄 가운데서 죽겠고 내가 가는 곳에는 너희가 오지 못하리라"라고 예수께서 자신을 대적한 유대인 당국자들을 떠나게 될 때, 그들은 자신을 찾아도 찾지 못하고 사망에 빠져 죽게 될 것이라고 아주 심각하게 말씀했습니다. 그러나 예수께서 자신을 믿는 제자들도 유대인이었지만 자신을 믿고 따랐기 때문에 유대인 당국자들과는 다르게 생명을 누리게 될 것이라고 말씀했습니다. 예수께서 제자들에게 자신이 그들이 영원히 있을 곳을 예비하기 위하여 먼저 떠나가는 것이라(14:1~3)고 말씀하시고서, 14장 19절에서 "조금 있으면 세상은 다시 나를 보지 못할 것이로되 너희는 나를 보리니 이는 내가 살아 있고 너희도 살아 있겠음이라."라고 자신이 "살아 있기" 때문에 제자들도 "살아 있는" 영생을 누리게 될 것이라고 따뜻한 소망의 말씀을 주셨습니다. 예수님을 믿지 않고 대적하는 사람들에게는 심판이 기다리고 있지만, 예수님을 믿고 순종하는 제자들에게는 영생이 있다는 것입니다. 예수께서 떠나가서 십자가의 죽음으로 영광을 받으시는 것은 아버지의 뜻을 이루는 것이고, 이것이 제자들에게는 영생을 주시는 것이었습니다.

적용 우리가 예수님의 십자가의 죽음을 믿음으로 구원을 얻고 하나님께 영광을 돌릴 수 있기를 바랍니다.

둘째로 예수께서 제자들에게 서로 사랑하라고 말씀하셨습니다(34~35).

34절에서 예수께서 제자들에게 "34. 새 계명을 너희에게 주노니 서로 사랑하라. 내가 너희를 사랑한 것 같이 너희도 서로 사랑하라."라고 자신이 떠나가시면서 새 계명을 그들에게 주면서 자신이 제자들을 사랑한 것 같이 제자들도 서로 사랑하라고 말씀하시며, 그들이 세상에서 서로 사랑하면 모든 사람이 그들을 예수님의 제자인 줄로 알게 되리라고 말씀하셨습니다. 예수님은 15장 9~16절에서 다시 한번 서로 사랑하라는 새 계명을 다루고 있지만 여기서 완벽한 의미를 담고 있습니다. 예수께서 제자들에게 자신의 떠남을 알리고서(31)

제자들은 지금 자신과 함께 갈 수 없다고 말씀하신(33) 후에 자신이 떠나 있는 동안에 제자들에게 서로 사랑하라는 새 계명을 주셨습니다. 그럼에도 불구하고 제자들은 예수께서 지금 떠나가신다는 말씀을 이해하지 못했습니다. "서로 사랑하라는 새 계명"은 어린아이도 쉽게 이해할 수 있는 간단하고 쉬운 말이지만, 성숙한 그리스도인조차도 실천에 옮기려고 할 때 제대로 실천하기 어렵다는 사실을 깨달을 정도로 심오한 말씀입니다. "새 계명"은 이 전에 한 번도 얘기한 적이 없는 것을 처음으로 말하기 때문에 새로운 계명이라는 말이 아닙니다. 신명기 6장 5절에서 모세가 "너는 마음을 다하고 뜻을 다하고 힘을 다하여 네 하나님 여호와를 사랑하라."라고 이스라엘 백성들에게 말씀하셨고, 레위기 19장 18절에서도 "원수를 갚지 말며 동포를 원망하지 말며 네 이웃 사랑하기를 네 자신과 같이 사랑하라. 나는 여호와니라."라고 이스라엘 백성들에게 이미 말씀했습니다. 마태복음 22장 37~40절에서 예수께서 모든 율법과 선지자들이 가르치신 내용이 하나님을 사랑하고 이웃을 사랑하라는 두 계명으로 요약이 된다고 가르쳤습니다.

그런데 사도 요한이 구약성경에서 말씀한 두 계명을 본문에서 '새 계명'이라고 말씀하는 데는 특별한 이유가 있습니다. 이 계명의 '새로움'은 예수께서 자신의 피로 구속받아 새롭게 모이게 된 새 언약의 백성들이 예수께서 제자들의 발을 씻어주시며 사랑한 것 같은 새로운 사랑의 기준으로 서로 사랑하게 된 새로운 질서를 말하기 때문에 새 계명이라는 것입니다. 새 계명은 그 기준이 그리스도와 그의 사랑이라는 것을 보여준다는 것에서 그치지 않고, 새 언약의 백성들이 하나님 아버지와 하나님의 아들의 특징인 하나 됨(10:30)을 모델로 서로 사랑하면서 하나 되기 위한 계명이라는 뜻에서 생겨났습니다. 그러므로 새 계명은 하나님께서 자기 백성을 사랑해서 자신의 독생자를 희생 제물로 주셔서 구속하여 새 언약 백성으로 삼아 주신 데 대한 새 언약 백성의 의무이자 특권입니다. 이것이 바로 예수께서 자신의 명령을 35절에서 "너희가 서로 사랑하면 이로써 모든 사람이 너희가 내 제자인 줄 알리라."라는 말씀으로 마무리하는 이유입니다. 새 언약 백성이 된 우리는 예수님의 명령에 그대로 순종하여 서로 사랑하여서 예수님의 제자임을 사람들에게 드러내 보이며 살아야 합니다. 예수께서 제자들 곁을 떠나시고 난 다음에 제자들은 순례의 길을 걸어가는 내내 꾸준히 추구해야 할 사랑의 기준이 예수께서 제자들의 발을 씻기시며 겸손하게 보여주신 사랑임을 깨닫기 시작했습니다.

새 언약 백성의 지체들끼리 "서로 사랑하라."라는 말씀은 마태복음 5장 44절의 "너희 원수를 사랑하라."는 말씀에 나오는 사랑의 기준보다 높지 못하고 편협하고 분파주의적이라고 가혹하게 말하는 사람들이 있는데 이것은 정당하지 않습니다. 요한복음은 하나님께서 세상을 사랑하신다고 말씀하시고(3:16), 예수께서 제자들을 세상에 보내셨고(20:21), 세상은 예수님을 세상의 구주로 알고 고백한다고 했습니다(4:42). 본문에서 예수께서 말씀하신 제자들이 서로 사랑하는 것은 산상수훈에서 제자들이 원수를 사랑하는 것보다 열등한 것이 아니라 강조하는 초점이 다르다는 것입니다. 그리스도인들의 서로 간의 사랑은 하나님의 언약 백성이라는 새로운 신분을 경험하고서 시작된 것이고, 하나님 아버지와 하나님의 아들의 서로 간의 사랑을 나타낸 것이고, 하나님 아버지와 하나님의 아들이 그들에게 보여준 사랑을 본받아 살아가는 것입니다. 반면에, 세상에 대한 그리스도인들의 사랑은 불쌍히 여김과 오래 참음과 복음을 전하여 구원하고자 하는 것으로 이루어진 사랑으로 그리스도인이 빵을 먼저 먹어보고서 빵을 먹어보지 못한 미전도인들에게 빵이 어디에 있는지를 알고 말해주는 그리스도인의 모습 그 이상일 수 없다는 것입니다. 신약성경은 어떤 경우는 제자들 간의 사랑에 또 어떤 때는 세상에 대한 사랑에 초점을 맞추지만 두 가지 사랑 중에서 어느 것이 더 우월하다고 비교하여 말한 적이 없다는 것이 카슨(D. A. Carson) 교수의 주장입니다.

예수께서 보여주시고 명령하신 서로 사랑하라는 사랑의 기준은 우리가 생각하는 것보다 더 높고 깊다는 것을 제자들은 깨달았습니다. 예수께서 명령하신 사랑의 기준의 깊이를 깨닫는 순간에 우리는 우리가 날 때부터 너무 이기적이고 나 중심적이고 신앙생활을 하면 할수록 바로 내가 죄인 중의 괴수라는 사실을 절실하게 깨닫게 된다는 것입니다. 우리가 서로 사랑하지 못하여 예수님의 제자의 모습을 사람들에게 드러내지 못하는 것은 다 성숙하지 못한 우리의 부족함 때문입니다.

적용　우리는 그리스도께서 자신의 목숨을 버려 주시면서 사랑해주시고, 몸소 제자들의 발을 씻겨주시며 겸손하게 사랑해주신 그 사랑으로 우리가 서로 사랑할 수 있기를 바랍니다.

셋째로 예수께서 베드로가 그 밤에 자신을 부인할 것을 말씀하셨습니다(36~38).

열두 제자들은 예수께서 그들에게 명령하신 새 계명보다도 그들의 선생님께서 곧 그들 곁을 떠나시게 될 것이라는 말씀에 더 주목하고 집중했습니다. 반응이 빠른 베드로가 곧바로 예수님께 36절에서 "주여 어디로 가시나이까?"라고 물었습니다. 베드로는 그의 선생님 예수께서 떠나가시는 것이 곧 죽게 될 것을 암시하고 있다는 사실을 적어도 어느 정도 어렴풋이 느끼고 있었습니다. 베드로는 유대인 당국자들과 마찬가지로(7:35) 예수께서 떠나가시는 것에 대한 말씀을 제대로 이해하지 못했습니다. 예수님의 대답은 즉흥적이고 충동적인 말을 자제시키고, 지금은 깨닫지 못하지만, 나중에 가서야 깨닫게 하고자 하는 의도를 가지고 "내가 가는 곳에 네가 지금은 따라올 수 없으나"라고 말씀하신 것은 예수께서 지금은 그가 죽을 때가 아니라는 것이 아니라, 오직 세상 죄를 지고 가는 하나님의 어린 양인 예수님만이 세상 죄를 처리하는 희생 제사를 드릴 수 있다는 것이었습니다. 오직 예수님만이 하나님 아버지를 온전하게 계시하실 수 있고, 그가 창세 전에 아버지와 함께 누렸던 영광으로 다시 영화롭게 될 수 있습니다. 그러나 베드로는 세상 죄를 지고 가는 하나님의 두 번째 어린 양이 될 수 없을 뿐만 아니라, 단지 순교의 죽음으로써 예수님을 따른 후에 영광중에 예수님과 대면하게 될 것이라는 의미에서 "후에 따라오게" 될 것이라고 말씀하셨습니다. 예수님의 말씀을 이해하지 못하는 베드로는 기다리지 않았습니다. "베드로가 이르되 '주여, 내가 지금은 어찌하여 따라갈 수 없나이까?'"(37) 베드로는 이미 시작된 예수님의 십자가 죽음과 희생 제사의 유일무이성에 근본적인 무지를 그대로 드러냈습니다. 예수님만이 우리의 유일한 중보자로서 대속적 죽음을 죽으셔서 우리를 죄에서 구속하실 수 있다는 사실을 베드로는 제대로 깨닫지 못했습니다. 베드로는 예수께서 제자들을 버려두고 떠나가신다는 것에 대하여 분개했다기보다는 그의 선생님을 따라가고자 하는 단순한 마음에서 이렇게 말했습니다. "주를 위하여 내 목숨을 버리겠나이다."(37). 사복음서는 한결같이 베드로가 기꺼이 자신의 목숨을 버려서라도 예수님을 따라가겠다고 항변한 것으로 기록했습니다. 마태복음 26장 33절에서 "베드로가 대답하여 이르되 '모두 주를 버릴지라도 나는 결코 버리지 않겠나이다.'"라고 베드로가 주님을 버리지 않겠다고 장담하여 말한 것은 인간의 연약함에 대한 무지를 드러낸 것이고, 무엇이든지 자신의 힘으로 할 수 있다는 인간의 오만함을 드러낸 것입니다. 이러한 무지하고 오만한 말은 나중에 베드로가 예수님을 부인하게 만드는 씨앗이 되었습니다.

38절에서 "예수께서 대답하시되 '네가 나를 위하여 네 목숨을 버리겠느냐? 내가 진실로 진실로 네게 이르노니 닭 울기 전에 네가 세 번 나를 부인하리라.'"라고 예수께서 반어법으로 베드로에게 말씀하신 데는 여러 가지 의미가 내포되어 있습니다. '지금 내가 너희를 위하여 목숨을 버리려고 하는데, 네가 나를 위하여 목숨을 버린다고 하는 것이냐?'라는 말은 예수님의 질문입니다. 또 다른 의미에서 이 말은 베드로가 자신도 모르게 자신의 미래에 이루어질 진실을 말했다는 것입니다. 왜냐하면, 베드로는 그 당시에는 예수님을 위하여 자신의 목숨을 버릴 수 없었지만, 35년이 지난 후에 로마에서 그가 자신의 목숨을 순교의 제물로 죽게 될 것이기 때문입니다. 그렇게 함으로 베드로는 예수님의 모범을 따라서 그리스도 안에서 형제자매들에 대한 자신의 사랑을 보여주었습니다. 베드로는 유월절 만찬석에서는 큰 소리로 예수님을 버리지 않겠다고 장담했지만, 대제사장의 뜰에서 적대적인 유대인 무리들에 둘러싸여 예수님의 예언대로 닭 울기 전에 예수님을 모른다고 세 번이나 부인해 버리고 말았습니다.

사랑하는 성도 여러분이여!

우리가 구속받은 그리스도의 사랑으로 서로 사랑하는 그리스도인이 될 때, 세상은 우리가 예수님의 제자인 줄을 압니다. 예수께서 자신의 목숨을 버려 주시면서 사랑하신 그 사랑으로 우리가 구원을 받고 그리스도인이 되었습니다. 하나님은 독생자를 우리에게 보내주심으로 우리를 사랑하셨습니다. 하나님과 예수 그리스도께서 사랑으로 한 분으로 계시는 것처럼, 우리 그리스도인들이 사랑으로 그리스도 안에서 하나가 되어야 합니다. 하나님의 사랑과 그리스도의 사랑을 받은 우리가 새 언약의 백성이 되었고 주님의 몸 된 교회의 지체가 되었습니다. 우리가 서로 사랑함으로 새 언약의 백성임을 드러내고 교회의 지체임을 드러내십시다. 사랑은 믿음이고, 용서이고, 자신의 가장 소중한 것을 주는 것이고, 서로가 희생하는 것입니다. 서로 사랑하라는 말씀대로 우리가 서로 사랑하며 주님의 영광스러운 교회를 세워갈 수 있기를 바랍니다.

47. 우리의 영원한 거처(14:1~4)

존스 홉킨스 대학교에서 식물의 형태학을 가르치던 키스 브룩스 교수가 산책을 하고 있었습니다. 길을 가던 도중에 꽃을 좋아하는 한 소녀를 만나 대화를 나누었는데, 어느덧 해가 지고 있었습니다. 교수는 가까운 곳이면 소녀를 데려다주려고 집이 어디냐고 묻자 소녀는 이렇게 대답했습니다. "집이요? 그거야 당연히 엄마가 있는 곳이죠!"

미국의 건축가 버크민스터는 집에 대한 정의를 이렇게 내렸습니다. "나무와 벽돌로 만들어진 곳은 집이라고 할 수 없다. 진짜 집은 엄마와 아빠가 있고, 가족 간의 사랑이 깃들어 있는 곳이다."

잠언도 화목한 가정의 중요성에 대해서 말하고 있고, 탈무드에도 남자의 집은 아내라는 말이 나옵니다. 돌아갈 집이 없는 사람은 참된 행복과 평안을 누릴 수가 없습니다. 어떤 이에게는 엄마가 있는 곳이 집이고, 어떤 이에게는 아내가 있는 곳이 집이듯이, 그리스도인에게는 하나님이 계신 곳이 영원한 거처입니다.

예수께서 제자들에게 떠나간다는 말씀을 성찬식을 제정하시던 날 밤에 여러 번 하셨습니다. 그러나 제자들은 그 마지막 밤에 예수께서 떠나신다는 말의 의미가 무엇인지 어디로 가시는지 알지 못했습니다. 제자들은 예수께서 먼 곳으로 떠나가는 줄 알았고, 유대인 당국자들은 예수께서 자결하는 것으로 알았지만, 사실 예수님은 십자가에 달려 죽으러 가셨습니다. 제자들은 예수께서 그들을 떠나간다는 말씀에 그들이 유대인들의 많은 박해와 핍박 가운데 있는데, 예수께서 그들 곁을 떠나가시면 어떻게 예수님 없이 살아갈 수 있을 것인가 하는 것보다 오히려 그들 자신의 안위 때문에 더 염려하고 근심했습니다. 참으로 어리석은 제자들이었습니다. 그렇지만 예수께서 그 밤에 제자들을 위하여 영원한 처소를 예비하러 가신다고 말씀하시면서 그 처소를 예비하면 다시 와서 제자들을 데리고 그 영원한 처소에 가서 제자들과 영원히 함께 거하신다는 놀라운 위로와 소망의 말씀을 주셨습니다. 예수께서 염려하는 제자들에게 너희는 마음에 근심하지 말고 하나님을 믿으니 또 나를 믿으라고 말씀하시며 새 힘을 주셨습니다. 예수께서 떠나가시면서 제자들에게 주셨던 우리의 영원한 거처에 대한 위로와 소망의 말씀을 들으면서 함께 은혜를 나누고자 합니다.

첫째로 예수께서 제자들에게 자신이 떠나가는 것을 근심하지 말라고 했습니다(1).

1절에서 "너희는 마음에 근심하지 말라. 하나님을 믿으니 또 나를 믿으라."라고 예수께서 떠나가신다고 염려하고 근심하는 제자들을 오히려 위로하고 격려했습니다. 예수께서 떠나가시는 것은 십자가를 지러 가는 것이었습니다. 13장에서 예수께서 제자들에게 자신이 제자들 곁을 떠나 하나님 아버지께로 가야 한다고 반복해서 말씀했습니다. 13장 1절에서 "유월절 전에 예수께서 자기가 세상을 떠나 아버지께로 돌아가실 때가 이른 줄 아시고 … "라고 말씀하셨고, 33절에서 "… 일찍이 내가 유대인들에게 너희는 내가 가는 곳에 올 수 없다라고 말한 것과 같이 지금 너희에게도 이르노라."라고 예수께서 유대인들을 떠나가신다고 말씀하셨고, 이 말씀을 들었던 시몬 베드로가 36절에서 예수님께 어디로 가시는지 물었고, 예수님은 베드로에게 지금은 자신이 가는 곳을 제자들이 따라올 수 없다고 대답하셨습니다. 예수께서 제자들을 떠나 하나님 아버지께로 가는 것이 십자가를 지고 죽으러 가는 길이었고, 13장 21절에서 "예수께서 이 말씀을 하시고 심령이 괴로워 증언하여 이르시되 …"라고 예수님은 자신이 져야 할 십자가를 앞에 놓고 그 심령이 심히 괴로웠습니다. 예수께서 그 밤에 유월절 만찬 석상에서 성만찬 예식을 제정하시고, 그리고 겟세마네 동산에 가서 땀방울이 핏방울처럼 흐르는 마지막 기도를 하는 절박한 순간에도 제자들은 예수님을 위로해야 했는데도 오히려 기도하지 못하고 잠들어버렸고 예수께서 제자들을 위로하셨습니다.

본문 1절에서 예수께서 제자들에게 "너희는 마음에 근심하지 말라."라고 제자들은 예수께서 그들 곁을 떠나가신다고 하니 여간 근심되고 괴로운 것이 아니었습니다. 예수님이 떠나가신다는 말씀이 무엇인지 그 제자들은 알지 못하여 근심하고, 예수께서 떠나가시면 제자들 자신이 혼자 남아서 어떻게 살아야 할지 제대로 알지 못하여 근심했습니다. 이 말씀은 사실상 앞장 13장 마지막에서 베드로의 질문에 대한 예수님의 답변이었습니다. 13장 36~38절에서 예수께서 바로 그날 밤에 자신의 목숨을 버려서 예수님을 따르겠다고 장담하던 베드로가 예수님을 세 번이나 부인하여 넘어지고 다른 제자들도 극도의 혼란에 빠지게 될 것이라고 말씀하셨습니다. 더 나아가서 예수께서 33절에서 유대인들에게 말한 것처럼 예수께서 십자가 지러 가는 그 길을 제자들이 알지 못하여 극심한 혼란에 빠져서 넘어지게 될 것을 말씀했습니다.

예수께서 근심하는 제자들을 안심시키기 위하여 1절 후반부에서 "하나님을 믿으니 또 나를 믿으라."라고 말씀을 해주셨습니다. 여기서 '믿다' (KJV & NASB; ye believe in God, believe also in me. NIV; Trust in God; trust also in me.)라는 두 가지 형태의 동사가 나오는데, 직설법과 명령법에 따라서 세 가지의 번역이 가능합니다. 첫째, 먼저 '믿다'라는 두 동사를 다 직설법으로 해석하여 '너희는 하나님을 믿고 나를 믿는다.'라고 번역하는 것인데, 본문의 제자들이 예수님에 대한 믿음의 결여라는 혼란을 겪고 있는 상황으로 봐서 이 번역은 적절한 번역이 아니라고 해석했습니다. 둘째, 앞의 '믿다'라는 동사를 직설법으로 뒤의 '믿다'라는 동사를 명령법으로 이해하여 '너희는 하나님을 믿으니 또 나를 믿으라.'고 번역하여 그들이 과거의 하나님에 대한 믿음을 예수님에 대한 믿음으로 확장하라는 뜻인데, 지금 제자들이 하나님에 대한 믿음이 흔들리는 마당에 고난당하여 죽으시는 예수님에 대한 믿음으로 나아가기가 어려운 상황이었습니다. 셋째, '믿다'라는 동사를 둘 다 명령법으로 이해하여 '하나님을 믿고 또 나를 믿으라.'라고 번역하는 것인데 가장 본문의 뜻에 부합하는 번역입니다. 위의 세 견해는 다 믿음의 대상으로 예수님을 하나님 아버지에 이어서 함께 연결하고 있습니다. 이것은 1장 1절에서 "태초에 말씀이 계시니라. 이 말씀이 하나님과 함께 계셨으니 이 말씀이 곧 하나님이시니라."라고 말씀이신 예수 그리스도는 하나님과 함께 계셨던 하나님이시고, 10장 30절에서 "나와 아버지는 하나이니라."라고 예수께서 하나님과 한 분으로 계시는 하나님이시기 때문에 하나님 아버지를 믿는 것처럼 예수 그리스도를 주님으로 믿어야 한다는 뜻입니다. 하나님을 믿는 것과 예수 그리스도를 믿는 것은 나누어지지 않고 함께 연결되어 있다는 사실을 예수께서 제자들에게 다시 확인시켜 주셨습니다. 하나님을 믿는 믿음으로 제자들이 유대인 당국자들과 로마 총독관 군인들에게 고난과 핍박을 당하지만, 십자가에 죽으시는 예수님을 주님으로 끝까지 믿으라는 말씀입니다. 하나님 아버지를 믿듯이 반드시 예수님을 믿어야 한다는 것이고, 그 믿음이 어려운 환난의 시절에 염려와 근심을 극복하는 비결이라는 것입니다. 예수께서 제자들에게 근심하지 말라고 말씀하셨는데 그 이유는 2~3절에서 말씀하고 있습니다.

적용   그 어떤 위중한 상황에서도 하나님을 믿고 또 예수님을 믿는 믿음으로 그 모든 어려움도 잘 이겨낼 수 있기를 바랍니다.

둘째로 예수께서 우리의 영원한 거처를 예비하러 가신다고 했습니다(2).

2절에서 "내 아버지 집에 거할 곳이 많도다. 그렇지 않으면 너희에게 일렀으리라. 내가 너희를 위하여 거처를 예비하러 가노니"라고 예수께서 제자들을 떠나가는 것이 제자들을 위한 것이라고 말씀하셨습니다. 예수께서 제자들을 떠나가는 것은 제자들이 장차 거하게 될 영원한 처소를 예비하기 위함이라고 했습니다. 3절에서도 예수께서 그 처소를 예비한 후에 다시 와서 제자들을 거기로 데리고 가서 예수께서 거하시는 곳에 제자들도 영원히 거하게 될 것이라고 했습니다. 예수께서 떠나가심으로 근심하는 제자들에게 참 놀라운 복음의 말씀으로 위로와 소망을 주셨습니다.

예수께서 하나님 아버지 집에 제자들이 영원히 거하게 될 거처가 많다고 했습니다. 여기서 하나님 아버지 집은 하늘을 가리키고, 하늘 아버지 집에 제자들이 영원히 거할 수 있는 많은 거처가 있다고 했습니다.

요한계시록에서 하나님의 장막이라(계 21:3)고 했고, 하늘에서 내려오는 거룩한 성 새 예루살렘이라(계 21:10)고 했고, 사도 바울은 하늘에 있는 영원한 집이라(고후 5:1)고 했고, 그리고 히브리서는 살아계신 하나님의 도성인 하늘의 예루살렘이라(히 12:22)고 했습니다. 그런데 여기서 '거할 곳'을 KJV 성경은 화려한 맨션들(mansions)이라고 번역했고, NIV 성경은 방들(rooms)이라고 번역했고, NASB 성경은 거주하는 장소(dwelling places)라고 번역했는데, 카슨(D. A. Carson) 교수는 하늘 아버지 집의 거할 곳을 하늘 아버지 집의 방들이라고 해석했습니다. 하늘 아버지 집에 장차 제자들이 가서 예수 그리스도와 함께 거할 수 있는 방이 충분하고도 남음이 있을 정도로 넘치게 많다는 것입니다. 그래서 예수께서 제자들에게 근심하지 말고 하나님을 믿고 또 자신을 믿으라고 했습니다. 만약에 하늘 아버지 집의 많은 거처 이외에 다른 거처가 있다면 분명히 예수께서 말씀하셨다는 것입니다. 그런데 예수께서 하늘 아버지 집 외에 다른 거처를 말씀한 적이 없습니다. 하나님의 증언과 성경의 증언과 예수님 자신의 증언과 그가 행한 수많은 표적을 통해서도 예수님은 충분히 믿을만하신 하나님의 아들이십니다.

23절에서 한 번 더 거처가 나오는데 "예수께서 대답하여 이르시되 '사람이 나를 사랑하면 내 말을 지키리니 내 아버지께서 그를 사랑하실 것이요. 우리가 그에게 가서 거처를 그와 함께 하리라.'"라고 하나님 아버지와 예수 그리스도께서 그를 사랑하는 제자들과 함께 하늘 아버지 집의 거처에 거하신다고 했습니다. 16절에서 예수께서 보혜사 성령을 제자들에게 주셔서 제자들과 영원히 함께 거하시게 했기 때문에 삼위일체 하나님께서 제자들과 영원히 함께하십니다. 그런데 2절 후반부에서 "내가 너희를 위하여 거처를 예비하러 가노니"라는 말씀은 그러한 '장소'(거처)가 예수께서 거기에 가시기 전에 이미 존재하고 있다는 사실을 전제하고 있습니다. 예수께서 거기에 가서 비로소 그 처소를 예비하기 시작하는 것이 아닙니다. 예수께서 거처를 예비하는 것은 십자가의 죽음과 부활로 말미암아 하나님 아버지께로 가는 길을 예비하신다는 것입니다.

적용 우리는 예수께서 십자가의 죽음과 부활을 믿음으로 그가 예비하신 하늘 아버지 집의 영원한 처소에서 영원히 살게 될 것을 소망하시길 바랍니다.

셋째로 예수께서 다시 오셔서 우리를 영원한 거처로 인도하신다고 했습니다(3~4).

3절에서 "가서 너희를 위하여 거처를 예비하면 내가 다시 와서 너희를 내게로 영접하여 나 있는 곳에 너희도 있게 하리라."라고 예수께서 '다시 와서' 제자들을 영접하여 예수께서 거하시는 곳에 '함께 있을 것'이라고 했습니다. 이것은 문맥에 따라서 예수께서 다시 제자들에게 오는 때에 대하여 다양한 해석이 가능한 구절입니다. 첫째, 예수께서 부활 후에 제자들에게 다시 오는 것을 말했습니다. 둘째, 예수께서 아버지의 영광으로 높아지신 후에 성령을 통하여 제자들에게 다시 오는 것을 말했습니다. 셋째, 종말에 예수께서 다시 오시는 것을 말했습니다. 18~20절에서 종말을 말씀하고 있다고 주장하기도 하지만, 3절의 '다시 와서'라는 시기는 정확하게 어느 시점을 말한다고 보기 어렵다는 것입니다. 넷째, 재림의 때 다시 오시는 것을 말했습니다. 2절 마지막에 '내가 너희를 위하여 거처를 예비하러 가노니', 3절에서 '가서 너희를 위하여 거처를 예비하면'에서 예수께서 가는 것은 예수의 십자가의 죽음을 말하는 것이고 '내가 다시 와서 너희를 내게로 영접하여 나 있는 곳에 너희도 있게 하리라.'라는 예수께서 제자들에게로 다시 와서 제자들을 데리고 가서 그와 영원히 있게 할 때입니다.

예수께서 제자들에게 자신이 떠나가는 것에 대하여 너무 근심하지 말고 오히려 하나님과 예수님 자신을 믿으라고 했습니다. 예수님 자신이 가서 제자들을 위하여 십자가와 부활을 통하여 하늘에 거주할 처소를 예비하고 재림의 때 다시 와서 제자들을 데리고 가서 제자들이 하늘 아버지 집의 여러 처소에서 아버지와 함께 영원히 거하게 된다는 것입니다. 예수께서 떠나가는 그 고통의 십자가의 죽음과 영광의 부활을 통하여 다시 말해서 죽으러 '가는' 행위 자체가 그의 제자들을 위한 하늘 아버지 집의 영원한 처소를 예비하는 것이었습니다. 예수께서 제자들을 위한 처소를 예비하기 위하여 이 땅에서 온갖 모욕과 괴로움과 고통을 다 겪으셨는데, 예수께서 제자들을 그 거처로 데려가지 않는다는 것은 상상할 수 없는 일입니다. 예수께서 그 모진 십자가의 고통을 다 참아내시고 예비하신 그 영원한 하늘 아버지의 집(처소)으로 그를 믿고 따르던 제자들을 다시 와서 데리고 그 처소로 가서 그들과 함께 영원히 거하게 된다는 것은 제자들에게 놀라운 위로와 소망이었습니다. 예수께서 하나님 아버지와 성령과 한 분으로 함께 계시기 때문에 하늘 아버지 집에 예수님의 인도로 들어간 제자들이 삼위일체 하나님과 함께 영원히 거하게 되는 기쁨과 즐거움을 누리게 될 것입니다.

4절에서 "내가 어디로 가는지 그 길을 너희가 아느니라."라고 예수께서 말씀하셨지만, 5절에서 "도마가 이르되 '주여, 주께서 어디로 가시는지 우리가 알지 못하거늘 그 길을 어찌 알겠사옵나이까?"라고 예수께서 어디로 가시는지 제자들은 알지 못했습니다. 13장 36절에서 베드로도 예수께서 어디로 가시는지 알지 못한다고 이미 고백했습니다. 그러나 예수께서 자신이 어디로 가는지 제자들이 안다는 것은 제자들이 예수님을 알고 믿고 있기 때문에 예수께서 가시는 처소와 길을 안다고 말씀하셨다는 것입니다. 그것은 6절의 말씀과 함께 읽을 때 예수님 자신이 하나님께로 가는 길임을 알게 되어 그 길을 통하여 아버지께로 가게 된다는 것입니다.

사랑하는 성도 여러분이여!

　예수께서 제자들을 떠나가신다는 말씀에 제자들은 먼 곳으로 떠나가시는 것으로 이해하고 크게 근심했습니다. 그러나 예수님은 제자들에게 자신이 떠나가시는 것은 십자가와 죽음과 부활을 통하여 제자들을 위한 영원한 하늘 처소를 예비하러 가신다는 뜻으로 말씀하셨습니다. 하나님을 믿으니 또 예수님 자신을 믿으라고 격려해주셨습니다. 위중한 시절에도 창조주 하나님을 아버지로 믿고, 고난당하시고 십자가에 죽으신 예수님을 주님으로 믿는 믿음이 해답이라는 것입니다. 예수께서 우리를 위하여 예비하신 영원한 처소가 하늘 아버지 집에 있고, 다시 오실 예수께서 우리를 그 영원한 처소로 인도하여 가실 것을 믿으면서 땅에 소망을 두지 말고 하늘 아버지 집 영원한 처소에 소망을 두고 당당하게 살아갈 수 있기를 소원합니다.

48. 생명의 길이신 예수님(14:5~14)

예수께서 우리 성도들이 영원히 살 곳은 하늘의 아버지 집의 영원한 처소라고 하시며 자신이 바로 하나님 아버지께로 가는 유일한 생명의 길이라고 말씀하셨습니다. 도마와 빌립을 비롯한 예수님의 제자들은 예수님의 말씀을 듣고서도 예수께서 가시는 곳과 그 길을 알지 못한다고 하며 하나님 아버지를 보여 달라는 엉뚱한 요청까지 했습니다. 예수님은 진리와 생명이신 자신이 바로 하나님께로 가는 생명의 길이시다고 하시며 자신을 통하지 않고는 아버지께로 갈 수가 없다고 단호하게 말씀하셨습니다. 예수께서 하나님 아버지께로 가는 유일한 생명의 길이시라는 말씀을 들으면서 함께 은혜를 나누고자 합니다.

첫째로 예수 그리스도가 바로 하나님 아버지께로 가는 길입니다(5~6).

5절에서 "도마가 이르되 '주여, 주께서 어디로 가시는지 우리가 알지 못하거늘 그 길을 어찌 알겠사옵나이까?'"라고 예수께서 어디로 가시며 또 그 길이 어디인지에 대하여 도마가 물었습니다. 그때 예수께서 자신이 곧 하나님 아버지께로 가는 길이라고 대답하셨습니다. 도마는 착각과 의심 많은 제자로 요한복음에서 등장하는데, 사실은 충성스럽고 담대한 제자였고 예수님에 대한 최고의 신앙고백을 한 제자였습니다(20:28). 도마는 예수께서 제자들을 떠나 아버지 집으로 가신다는 말씀을 제대로 이해하지 못하는 둔감한 모습을 드러내며 다시 예수님께 가시는 목적지와 그곳으로 가는 길에 대하여 물었습니다. 예수께서 제자들을 떠나서 가는 목적지에 대하여 알지 못했는데, 어떻게 그 길을 알

수 있느냐고 도마가 반문했습니다. 제자들은 예수님을 따라가는 것이 예수님과 같이 죽는 것으로 생각했습니다. 11장 16절에서 "디두모라고도 하는 도마가 다른 제자들에게 말하되 '우리도 주와 함께 죽으러 가자' 하니라."라는 말씀에서 도마는 예수님을 따라가는 것을 죽는 것으로 생각했습니다. 제자들은 예수님을 따라가는 것을 죽는 것으로 잘못 이해하고 있었습니다. 예수께서 베드로에게 13장 36절에서 "내가 가는 곳에 네가 지금은 따라올 수 없으나 후에는 따라오리라."라고 말씀하셨을 때 베드로는 37절에서 "주여, 내가 지금은 어찌하여 따라갈 수 없나이까? 주를 위하여 내 목숨을 버리겠나이다."라고 예수님을 따라가는 것은 목숨을 버려 죽는 것으로 이해했습니다. 사실 예수께서 우리를 위하여 대속적 죽음을 죽으러 십자가를 지러 가는 길은 예수님만이 갈 수 있는 길이었고, 제자들이 함께 따라갈 수 있는 길이 아니었습니다. 예수님은 십자가에서 대속적 죽음을 죽어서 하나님께로 가셔야 했지만, 제자들은 후에 그 십자가를 믿어서 하나님께 나아가야 했습니다.

6절에서 "예수께서 이르시되 '내가 곧 길이요 진리요 생명이니 나로 말미암지 않고는 아버지께로 올 자가 없느니라.'"라고 예수께서 도마의 질문에 다시 자신이 하나님 아버지께로 가는 길이라고 분명하게 대답했습니다. 여기서 예수님의 답변 중에서 '진리'와 '생명'보다 '길'에 좀 더 강조점을 두었습니다. 14장에서 예수께서 떠나가는 목적지와 그곳에 가는 길에 대하여 말씀하시며 병렬적으로 '길'과 '진리'와 '생명'을 나열하셨지만 사실 '길'이 주된 주제이고 '진리'와 '생명'은 길의 성격에 대해 설명하는 역할을 합니다. 이것을 정리하면 예수께서 하나님께로 가는 길인 것은 예수께서 하나님의 진리이고 하나님의 생명이기 때문입니다. 예수님은 하나님의 품 속에서 독생하신 하나님으로 하나님을 최고로 계시하신다(1:18)는 점에서 예수님은 진리이십니다. 예수님은 하나님의 자기 계시이고 육신이 된 말씀입니다. 예수님은 생명이시고 자신 속에 생명을 가지고 계신 분이십니다. 예수님은 부활이고 생명이며 하나님이십니다. 그래서 예수께서 하나님께로 가는 길이시고, 예수님의 제자들이 아버지 집에 있는 많은 거처에 도달하게 하는 길이 될 수 있습니다. 그것은 예수님만이 '진리'이고 '생명'이기 때문입니다. 5절에서 도마가 예수님께 질문했던 내용에 대한 명확한 답변을 예수께서 6절에서 하셨습니다. 예수님은 하나님의 진리와 하나님의 생명을 사람들에게 전해주는 분이기 때문에 하나님께로 가는 길이고, "나로 말미암지 않고는 아버지께로 올 자가 없느니라."라고 말씀하실 수 있는 유일한 분입니다.

우리 인간은 죄로 말미암아 하나님께로 나갈 수 없는 타락하고 부패한 존재가 되었습니다. 진리와 생명이신 예수님이 아니고는 우리 인간이 하나님 아버지께로 나아가는 구원의 길은 없습니다. 예수님은 죄인이 하나님께로 나아가는 구원의 길이고, 소외된 인간이 하나님과 화해하는 중보의 길입니다. 예수님은 우리 인생이 하나님께로 나아가는 유일한 길이고, 믿어야 할 유일한 진리이고, 하나님과 함께 살 수 있는 영원한 생명입니다. 진리와 생명이신 예수님을 통하지 않고는 우리 인생이 하나님 아버지께로 갈 수 있는 길은 없습니다. 예수님은 우리 인생이 걸어가야 할 유일한 구원의 길이고 화해의 길인데, 그 길은 인자 예수께서 십자가에서 죽으시고 부활하셔서 만들어진 새로운 생명의 길입니다. 예수께서 십자가에서 죽으셨을 때 성전 휘장이 위에서 아래로 찢어져서 성도들이 지성소의 하나님께로 나아가는 새로운 생명의 길이 되셨습니다. 히브리서 10장 20절에서 "그 길은 우리를 위하여 휘장 가운데로 열어 놓으신 새로운 살 길이요 휘장은 곧 그의 육체니라."라고 예수님의 십자가의 죽으심이 새로운 살 길, 즉 새로운 생명의 길이라(NASB; a new and living way, 현대인의 성경; 새로운 생명의 길)고 했습니다. 우리는 예수께서 열어주신 이 새로운 생명의 길을 통하여 우리가 그를 믿음으로 하나님께로 나아갈 수 있게 되었습니다.

적용　우리는 유일한 새로운 생명의 길이신 예수님을 믿어서 하나님께로 나아갈 수 있기를 바랍니다.

둘째로 예수께서 아버지 안에 거하시고 아버지께서 예수 안에 거하십니다(7~11).

7~8절에서 "7. '너희가 나를 알았더라면 내 아버지도 알았으리로다. 이제부터는 너희가 그를 알았고 또 보았느니라.' 8. 빌립이 이르되 '주여, 아버지를 우리에게 보여 주옵소서. 그리하면 족하겠나이다.'"라고 빌립이 예수께서 가시는 목적지와 가는 그 길을 질문했을 때, 예수께서 자신이 바로 하나님께로 가는 길이라고 말씀하시면서 동시에 '너희가 나를 알았더라면 내 아버지도 알았으리로다.'라고 답변해주셨습니다. 이어서 빌립은 아직도 예수님에 대한 무지를 드러내며 영광의 하나님을 보여달라는 감각적인 질문을 예수님께 했습니다. 예수께서 빌립에게 하신 말씀은 예수님을 아는 지식이 하나님 아버지를 아는 참된 지식의 시작이라는 것입니다. 예수님은 하나님 아버지께서 하라고 주신 일을 하시면서 하나님 아버지를 이미 많이 계시했습니다. 빌립을 비롯한 제자들이 3년간의 공생애 기간에 예수님과 동행하면서 그의 많은 말씀을 듣고서도 예수님을 제대로 알지 못했습니다. 제자들은 예수께서 아버지의 뜻을 이루고 계시며, 예수 안에서 하나님 아버지께서 자신을 계시해왔다는 것을 깨닫지 못하고 있었습니다. 그래서 빌립은 예수님께 아버지를 보여 달라고 감각적인 요청을 했던 것입니다. 빌립은 영광의 광채를 발하시며 시내산에서 모세와 이스라엘 백성들에게 우레와 같은 소리로 말씀하셨던 영광의 하나님을 보여 달라고 했습니다. 모세도 한 때 출애굽기 33장 18절에서 "원하건대 주의 영광을 내게 보이소서."라고 하나님께 요청했지만, 하나님께서 모세에게 하나님의 얼굴을 보고 살 자가 없다(20)고 말씀하시면서 하나님의 영광 뒷모습을 보여주셨습니다(23). 빌립의 요청에 대답하시는 예수님의 말씀에서 슬픔이 묻어납니다.

9절에서 "예수께서 이르시되 '빌립아, 내가 이렇게 오래 너희와 함께 있으되 네가 나를 알지 못하느냐? 나를 본 자는 아버지를 보았거늘 어찌하여 아버지를 보이라 하느냐?'"라고 유대인들이 예수님의 말씀을 듣지 않았기 때문에 알지 못했던 것과 달리 제자들이 3년 동안 예수님과 함께 동행하며 예수님의 말씀을 들었고 예수께서 행하신 많은 표적을 보았음에도 아직도 예수님을 잘 알지 못하는 것에 대하여 슬퍼하셨습니다. 20장 29절에서 예수께서 도마에게 예수님을 보고 믿는 자보다 보지 못하고 말씀을 통하여 믿는 자가 복되다고 말씀하셨습니다. 7절의 '이제부터는'이라는 말은 예수님의 십자가의 죽음과 부활의 때를 가리킵니다. 예수님의 십자가의 죽음과 부활을 통하여 하나님 아버지를 더 잘 알고 보게 될 것이라고 말씀하셨습니다. 예수님은 하나님 아버지의 뜻을 따라서 십자가를 지시고 죽으러 가시는데도 제자들은 그 사실을 제대로 알지 못했습니다. 예수님은 말씀과 하시는 모든 일을 통하여 하나님 아버지를 드러내셨고, 십자가와 부활을 통하여 하나님 아버지를 더 잘 계시했습니다.

10~11절에서 "10. 내가 아버지 안에 거하고 아버지는 내 안에 계신 것을 네가 믿지 아니하느냐? 내가 너희에게 이르는 말은 스스로 하는 것이 아니라 아버지께서 내 안에 계셔서 그의 일을 하시는 것이라. 11. 내가 아버지 안에 거하고 아버지께서 내 안에 계심을 믿으라. 그렇지 못하겠거든 행하는 그 일로 말미암아 나를 믿으라."라고 하신 예수님의 말씀은 모든 제자들이 예수께서 아버지 안에 거하고 아버지께서 예수 안에 거한다는 것을 반드시 믿어야 한다는 것을 반복하고 있습니다. 이러한 예수님과 하나님 아버지의 서로 안에 상호 내주에 대한 주장은 10장 30절에서 "나와 아버지는 하나이니라."라고 확인한 말씀에 이어서 예수님과 하나님 아버지의 온전한 하나 됨(In the unity)을 말씀하신 것입니다. 예수께서 하신 말씀과 예수께서 행하신 일들은 하나님 아버지에 의해서 예수님에게 주어졌고, 하나님 아버지와 한 본체와 한 능력과 한 영원성을 가지고 계시는 성자 예수께서 하나님 아버지에게서 들으신 그대로 말씀하셨고, 하나님 아버지께서 하라고 주신 일을 그대로 행하셨습니다. 예수께서 하나님 아버지와 한 분으로 계시고, 아버지께서 예수 안에 계시기 때문에 그가 하나님 아버지의 말씀을 하시고, 하나님 아버지가 하라고 주신 일을 하셨습니다. 요한복음에서 하나님 아버지께서 놀라운 영광으로 예수 안에서 자신을 나타내게 될 최고의 계시 사건이자 하나님 아버지가 아들 안에서 지극히 큰 능력으로 영광을 받으시게 될 때가 이제 곧 닥쳐올 예수님의 십자가 죽음과 영광의 부

활 승천 사건입니다. 예수님의 제자들이 희미하게 알고 있는 진리를 마침내 분명하게 깨달아 온전하게 알게 되는 때는 바로 예수님의 죽음과 영광으로 인하여 성령을 제자들에게 부어주시는 때입니다. 11절 마지막에서 "그렇지 못하겠거든 행하는 그 일로 말미암아 나를 믿으라."라는 말씀은 예수께서 하신 말씀을 깨닫기가 어렵다고 느낀다면 예수께서 행하신 표적들로 말미암아 사람들을 구원하는 하나님의 역사가 표적들 속에서 나타났다는 것을 믿으라고 했습니다. 이러한 이적들은 예수께서 말씀을 사용하지 않고 하나님을 나타내신 증거들입니다. 사도행전 20장 28절에서 "하나님이 자기 피로 사신 교회를 보살피게 하셨느니라."라고 말씀하셨는데 하나님이 예수 그리스도 안에서 자기 피로 (NASB; His own blood) 교회를 사셨다고 말씀하신 것입니다. 다시 말해서 하나님께서 예수님의 십자가 죽음에 주도적으로 그의 뜻대로 주도하셔서 교회를 세우셨다는 것입니다.

적용　하나님 아버지께서 예수님의 십자가와 부활에서 그의 뜻대로 주도적으로 역사하셨다는 사실을 믿으시길 바랍니다.

셋째로 예수를 믿는 자들은 예수께서 하신 일보다 더 큰 일을 합니다(12~14).

12절에서 "내가 진실로 진실로 너희에게 이르노니 나를 믿는 자는 내가 하는 일을 그도 할 것이요. 또한 그보다 큰 일도 하리니 이는 내가 아버지께로 감이라."라고 예수께서 제자들에게 믿음을 호소하며 예수 믿는 제자들이 예수께서 이 땅에서 행하신 일보도 더 큰 일을 행할 것이라는 놀라운 말씀을 하셨습니다. 12절의 "나를 믿는 자"는 예수님의 열두 제자뿐만 아니라 모든 믿는 성도를 포함하는 말인데 그들이 예수께서 지금까지 해 온 일보다 '더 큰 일'을 할 것이라고 말씀했습니다. 이것은 예수를 믿는 자들이 예수보다 더 크기 때문이 아니라 예수께서 아버지께로 가시기 때문이라고 했습니다. 이 말씀은 진지하고 세심한 해석이 필요한 말씀입니다.

예수께서 지금까지 해오신 일들보다 더 큰 일이라는 말을 해석하기 위해서는 두 가지를 고려해야 한다고 카슨(D. A. Carson) 교수는 지적했습니다. 하나는 12절 마지막의 "이는 내가 아버지께로 감이라."라는 표현이고, 다른 하나는 5장 20절의 말씀 즉 "아버지께서 아들을 사랑하사 자기가 행하시는 것을 다 아들에게 보이시고 또 그보다 더 큰 일을 보이사 너희로 놀랍게 여기게 하시리라."라는 말씀에서 그 의미를 참고해야 한다는 것입니다. '예수께서 아버지께로 가는 것'이 예수 믿는 성도들이 더 큰 일을 행하게 되는 토대가 된다는 것입니다. 예수께서 아버지께로 가심으로써 새로운 질서가 열리게 될 것이기 때문에 그들은 '더 큰 일'을 하게 된다는 것입니다. 이 내용과 비슷하게 5장 20절의 문맥에서 아버지가 아들에게 보여 주시고 거기서 아들이 자기를 따르는 자들에게 보여 주게 될 '더 큰 일'은 부활과 심판이 실현됨을 말합니다. 구체적으로 5장 24~26절에 나오는 데로 예수를 믿는 성도는 심판에 이르지 아니하고 사망에서 생명으로 옮겨져 영생을 누리는 것을 말씀했습니다.

제자들이 예수께서 부활하신 후에 행하게 될 일들은 예수께서 자신이 죽음 이전에 행하셨던 일들보다 '더 큰 일들'이 될 수 있습니다. 제자들은 예수께서 살아생전보다 예수님의 부활과 승천 후에 받게 될 성령으로 부활과 심판 등의 진리의 말씀을 더 분명하게 깨닫고 성령의 능력을 충만하게 경험하게 된다는 것입니다. 예수께서 선포하신 말씀을 예수께서 십자가에 달리실 때까지 제자들은 희미하게 깨달아 알았지만, 예수께서 아버지께로 가서서 영광을 얻으신 다음에 제자들은 예수님이 누구신지 예수께서 행하신 모든 일들의 의미가 무엇인지 인자의 심판하는 권세가 무엇인지 제대로 알게 된다는 것입니다. 2장 19~22절에서 예수께서 생전에 "너희가 이 성전을 헐라. 내가 사흘 동안에 일으키리라."라고 하신 말씀은 예수께서 성전 된 자기 육체를 가리켜서 하신 말씀이었는데, 제자들은 예수께서 부활하신 후에야 그 말씀의 뜻을 제대로 깨달아 믿게 되었습니다. 예수께서 공생애 기간에 행하셨던 표적들과 여러 가지 일들은 그가 부활 승천하신 후에 그 참된 의미와 목적이 분명하게 밝혀졌습니다.

이것이 '더 큰 일들'이었습니다. 제자들이 예수께서 승천하여 보내신 성령을 충만하게 받고 성령의 능력으로 행하게 될 것들이 '더 큰 일들'이었습니다. 그래서 오순절 이후에 성령 충만으로 복음 전파에 능력이 나타나 수많은 사람이 회개하고 예수님의 십자가와 부활을 믿고 세례받아 교회로 들어오게 되었습니다. 복음은 예수께서 살아생전에 제자들이 이스라엘 집의 잃어버린 양들에게 가서 전파했는데, 오순절 후에 유대인들을 넘어서서 사마리아와 온 유대와 땅 끝까지 가서 놀랍게 전파하는 복음의 '더 큰 일들'이 일어났습니다. 마태복음 11장 11절에서 "여자가 낳은 자 중에 세례 요한보다 큰 이가 일어남이 없도다. 그러나 천국에서는 극히 작은 자라도 그보다 크니라."라고 예수께서 말씀하신 것도 본문 12절의 말씀과 같이 세례 요한은 구약의 선지자 중에 마지막 선지자로 예수님을 직접 만났다는 의미에서 가장 큰 선지자이지만, 예수님의 죽음과 부활을 목격했거나 분명하게 이것을 믿은 성도들이 천국에서 세례 요한보다 더 큰 자라는 뜻입니다.

13~14절에서 "13. 너희가 내 이름으로 무엇을 구하든지 내가 행하리니 이는 아버지로 하여금 아들로 말미암아 영광을 받으시게 하려 함이라. 14. 내 이름으로 무엇이든지 내게 구하면 내가 행하리라."라고 예수께서 아버지께로 가시면 제자들이 예수께서 행하신 일들보다 더 큰 일을 행할 수 있다는 이유가 분명해집니다. 그것은 예수 믿는 성도들이 예수의 이름으로 기도하고 예수께서 그들의 기도를 들어 응답해주시기 때문이라는 것입니다. 성도들의 기도가 예수님의 이름으로 하면 예수께서 그 기도에 응답해주신다는 것입니다. 12절의 대비는 여기서 예수께서 이 땅에 계실 동안에 행하신 일들보다는 예수께서 죽으시고 높아지신 후에 자신의 제자들을 통하여 행하실 일들이 더 크다는 것입니다. 예수께서 부활 승천하여 높아지신 후에는 더 이상 인성의 제약을 받지 않고 예수님의 구속은 계속 성취되고, 하나님 나라는 놀랍게 확장된다는 것입니다. 부활 승천 후에 예수님의 이름으로 하는 기도에 예수께서 놀랍게 응답해주시고, 하나님 아버지는 그로 말미암아 영광을 받으신다는 것입니다. 예수님의

이름을 믿고 기도하는 자들은 하나님께로 나아가는 유일한 길이 예수님뿐이라는 믿음 속에서 기도하는 성도들입니다. 예수께서 십자가를 지시고 아버지께로 가시면서 자신의 사명을 완성하고자 했을 때, 그것은 아들로 하여금 최고의 영광을 얻는 수단이기도 했지만, 그 목적은 아버지께 영광을 돌리기 위함이었습니다. 이제 영광을 얻어 높아지신 예수님의 목적은 여전히 자신을 믿는 성도들에게 능력을 주어서 '더 큰 일들'을 하게 하고자 하심이고, 그것은 결국 하나님 아버지께 영광을 돌리기 위함입니다.

사랑하는 성도 여러분이여!

진리와 생명이신 예수님만이 하나님께로 가는 유일한 생명의 길이고 구원의 길입니다. 예수님을 나의 주님으로 믿어서 새로운 생명의 길을 통하여 하나님께로 나아갈 수 있기를 바랍니다. 예수님은 아버지와 한 분으로 거하시는 하나님이심을 믿으시길 바랍니다. 예수님의 이름으로 기도하여 예수님께 응답을 받아 예수께서 보내주신 성령으로 더 큰 일들을 행하여 하나님 아버지께 영광을 돌릴 수 있기를 소원합니다.

49. 예수께서 가셔야 성령이 오신다(14:15~31)

예수께서 제자들 곁을 떠나간다는 의미를 제자들이 제대로 알았더라면 제자들은 오히려 더 기뻐했을 것입니다. 예수께서 제자들을 떠나가심으로 인하여 제자들이 기뻐해야 하는 이유는 많았습니다. 예수님의 떠나가심은 그의 십자가의 죽음과 부활이 이루어지고, 아버지의 뜻이 이루어지고, 하늘 아버지 집에 우리의 거처와 가는 길이 마련되고, 예수께서 그 영광에 들어가시게 되고, 성령을 우리에게 보내주시고, 다시 오셔서 우리를 아버지 집으로 영접하시고, 그리고 진리의 성령을 제자들에게 보내주시고, 제자들은 성령으로 예수께서 선포한 말씀들을 제대로 깨달아 알고 증거하게 되었습니다. 예수께서 떠나가심으로 예수께서 보내시는 성령이 제자들과 함께 또는 제자들 안에 거하시기 때문에 오히려 제자들은 근심하지 말고 기뻐하라고 했습니다. 예수께서 가셔야 성령께서 오신다는 제목의 말씀을 들으면서 함께 은혜를 나누고자 합니다.

첫째로 예수께서 자신을 사랑하는 제자들에게 성령을 보내 그들과 함께 거하게 했습니다(15~21).

15절에서 "너희가 나를 사랑하면 나의 계명을 지키리라."라고 제자들의 예수님 사랑은 예수님의 말씀에 대한 순종이라고 예수께서 말씀했습니다. 이것은 21절에서도 "나의 계명을 지키는 자라야 나를 사랑하는 자니"라고 예수님의 말씀에 순종하는 자가 예수님을 사랑하는 자라고 사랑과 순종을 연결해서 말씀했습니다. 23절에서 "예수께서 대답하여 이르시되, 사람이 나를 사랑하면 내 말을 지키리니"라고 예수님을 사랑하는 제자는 예수님의 말씀에 순종하는 것이라고 반복해서 말씀했습니다. 예수님을 사랑하는 제자는 예수께서 선포하신 계시의 말씀들을 그대로 순종하여 살아갑니다. 24절에서 "나를 사랑하지 아니하는 자는 내 말을 지키지 아니하나니"라고 예수님을 사랑하지 아니하는 것은 예수님께 순종하지 아니하는 것이라고 반대도 일치한다고 했습니다. 그렇다면 예수께서 본문에서 말씀하신 계명은 무엇일까요? 15절에서 "나의 계명"이라고 했고, 21절에서 "나의 계명"이라고 했고, 23절에서 "내 말"이라고 했고, 24절에서 "내 말"이며 '하나님 아버지의 말씀'이라고 했습니다. 예수님의 계명은 윤리적인 명령 이상이며 하나님 아버지의 계시 말씀을 말한다고 카슨(D. A. Carson) 교수는 정리했습니다.

16~17절에서 "16. 내가 아버지께 구하겠으니 그가 또 다른 보혜사를 너희에게 주사 영원토록 너희와 함께 있게 하리니 17. 그는 진리의 영이라. 세상은 능히 그를 받지 못하나니 이는 그를 보지도 못하고 알지도 못함이라. 그러나 너희는 그를 아나니 그는 너희와 함께 거하심이요 또 너희 속에 계시겠음이라."라고 예수께서 자신을 사랑하고 자신의 말씀에 순종하는 제자들에게 하나님 아버지께서 진리의 성령을 그들에게 보내서 그들과 영원히 함께 거하도록 기도하겠다고 약속했습니다. 예수님을 사랑하고 순종하며 따르는 제자들에게 아들이 구하면 무엇이든지 들어주시는 아버지께 "또 다른 보혜사"를 그들에게 보내서 그들과 영원토록 함께 거하게 해달라고 예수께서 간구하시겠다고 했습니다. 16절에서 예수님의 요청에 의해서 아버지께서 또 다른 보혜사를 보내신다고 했고, 26절에서 예수님의 이름으로 아버지께서 보혜사를 보내신다고 했고, 15장 26절에서 예수께서 아버지로부터 보혜사를 제자들에게 보내신다고 하며 보혜사는 아버지로부터 나오신다고 했고, 16장 7절에서 예수께서 아버지께로 가서 보혜사를 제자들에게 보내신다고 했습니다. 보혜사 성령이 제자들에게 오는 것을 사도 요한은 다양하게 말씀하며 서로 보완하게 했습니다. 웨스트민스터 신앙고백서 삼위일체 하나님에서 '성령은 아버지와 아들로부터

영원히 나오신다.'(the Holy Ghost eternally proceeding from the Father and the Son.) 라고 잘 정리했습니다. 하나님 아버지께서 예수님의 이름으로 보혜사를 우리에게 보내시고, 예수 그리스도께서 아버지로부터 보혜사를 받아서 우리에게 보내주신다고 했습니다. 성령을 사모하며 기도하며 기다리는 제자들에게 하나님께서 성령을 예수의 이름으로 보내주시고, 예수께서 아버지로부터 성령을 받아서 우리에게 보내주십니다.

보혜사(parakletos; advocate, comforter)는 '곁에서 돕기 위해 부름 받은 자'라는 뜻으로 조언자, 위로자, 상담자(NIV; Counselor)라는 '법률적인 조력자, 변호사'를 말하며 변호사로, 증인으로, 대리인으로 법정에서 다른 사람을 돕는 사람을 말합니다. 보혜사는 다른 사람 곁에서 적극적으로 나서서 대변해주는 사람을 말하지만, 법률적인 면으로 제한할 필요는 없습니다. 보혜사는 위로자(KJV; Comforter)라고 라틴어(confortare)에서 유래하여 격려하고 도움을 준다는 의미로서 나쁜 번역은 아닙니다. 영어에서 이 말은 푹신한 솜이불이나 몽상주의자를 연상시키는 의미가 있기 때문에 영어권에서 사용하지 않습니다. 보혜사를 조력자(NASB; Helper)라고 번역하는 것은 나쁜 번역은 아니지만, 종속적이고 열등하다는 뉘앙스를 지니고 있어서, 요한복음 14~16장의 보혜사에 그런 뉘앙스는 없다는 것입니다. 예수님이 하나님 아버지께 다른 보혜사를 보내 달라고 기도한 분이신데 "다른 보혜사"라는 말은 이제 곧 떠나게 될 보혜사가 있었다는 의미가 함축되어 있는데, 그 분은 요한1서 2장 1절에서 "만일 누가 죄를 범하여도 아버지 앞에서 우리에게 대언자가 있으니 곧 의로우신 예수 그리스도시라." 라고 말씀하신 대언자 보혜사는 제자들 곁에서 도우셨던 예수 그리스도십니다. 14장에서 예수께서 그의 공생애 중에 제자들에게 힘을 주시고 그들을 도왔던 '보혜사'로서 자신의 역할을 그동안 수행해왔다는 의미가 함축되어 있습니다. 제자들을 계속해서 돕고 힘을 주실 역할을 수행하기 위하여 "다른 보혜사"를 예수께서 아버지께 요청하였습니다.

"다른 보혜사"의 정체가 17절에서 구체적으로 "진리의 영"(NASB; the Spirit of

truth)이라고 밝혔는데, 이 명칭은 15장 26절과 16장 13절에서 "진리의 성령"이라고 분명하게 말씀했습니다. 진리의 영을 성령이라고 말하는 것은 악한 영인 악령과 대조하고 병행해서 사용하는 거룩하고 진실한 영이라는 의미에서 성령입니다. "진리의 영"이라는 표현은 예수께서 14장 6절에서 자신을 "진리"라고 선언한 이후에 이어서 등장한다는 점을 고려하면 부분적으로는 보혜사는 진리이신 예수님을 증언하는 진리의 영으로 정의할 수 있습니다. 진리의 영은 이미 한량 없이 예수님에게 주어졌고(3:34), 제자들과 함께 거하여 있었고, 예수께서 그들을 떠나가서 영광을 얻은 후에는 그가 진리의 성령을 그들에게 보내서 그들 안에 영원히 내주하게 하시겠다는 것입니다. 그러므로 제자들은 진리의 영을 알고 있었습니다. 예수께서 아버지께로 가서 영광을 받으신 후에 제자들에게 진리의 영을 보내실 때, 그들은 성령을 더 친밀하게 잘 알게 될 것입니다.

18~20절에서 "18. 내가 너희를 고아와 같이 버려두지 아니하고 너희에게로 오리라. 19. 조금 있으면 세상은 다시 나를 보지 못할 것이로되 너희는 나를 보리니 이는 내가 살아 있고 너희도 살아 있겠음이라. 20. 그 날에는 내가 아버지 안에, 너희가 내 안에, 내가 너희 안에 있는 것을 너희가 알리라."라고 제자들은 예수께서 떠나신다고 하니 자신들이 고아와 같이 버림을 받았다고 생각했습니다. 그런데 예수께서 제자들을 고아와 같이 버려두지 않고 그들에게로 다시 오리라고 약속했습니다. 예수께서 다시 오신다는 말씀은 세 가지로 해석이 가능합니다. 예수의 다시 오심은 먼저 예수의 부활이고, 그다음은 성령의 강림이고, 마지막은 재림의 오심입니다. 여기서 "조금 있으면"은 예수께서 그의 십자가의 죽음을 통해 제자들을 떠났다가 부활 후에 다시 돌아오게 될 것을 말했습니다. "그 날"은 제자들이 예수께서 아버지 안에 있고, 아버지가 예수 안에 있다는 것을 깨닫게 되는 때로서 예수께서 죽은 자 가운데서 다시 살아나는 그 날이라는 것입니다. 예수께서 이것을 염두에 두고서 자신이 다시 "오리라"고 말씀하셨습니다. 예수께서 죽은 자 가운데서 다시 살아난 결과는 제자들이 새로운 삶, 즉 부활의 생명으로 살게 된다는 것입니다. 예수의 죽음과 부활은 보혜

사 성령의 오심의 토대가 되기 때문에 성령의 오심이라는 16~17절과 25~26절의 사이에서 예수의 죽음과 부활을 말하고 있습니다. 예수께서 죽은 자 가운데서 다시 살아나지 않는다면, 다시 말해서 그가 머지않아 죽음을 통한 "떠남" 후에 다시 제자들에게 "오지" 않는다면 "다른 보혜사"를 보내달라고 아버지께 기도할 수 없다는 것입니다. 그래서 예수께서 제자들을 떠나가야 한다고 여러 번 말씀하셨습니다. 예수께서 자신을 사랑하는 제자들에게 아버지께 다른 보혜사를 보내달라고 기도하여 제자들과 영원토록 함께 거하게 해주겠다고 약속했습니다. 제자들은 예수께서 떠나가시지만 믿음으로 담대해야 합니다. 그것은 예수님의 기도대로 아버지께서 다른 보혜사를 그들에게 보내서 그들과 함께 거할 뿐만 아니라 그들 안에 내주하게 될 것이기 때문입니다. 예수께서 그들을 고아와 같이 버려두지 않고 반드시 그들에게로 다시 오신다고 했습니다. 예수님을 사랑하고 순종하는 제자들에게 21절에서 "나도 그를 사랑하여 그에게 나를 나타내리라."라고 예수께서 부활하신 몸을 사랑하는 제자들에게 나타내실 것을 말씀하셨고, 그 말씀대로 부활하신 예수님은 방 안에 숨어있는 제자들을 찾아가셔서 여러 차례 자신을 나타내셨습니다.

적용 우리는 예수께서 아버지로부터 성령을 우리에게 계속해서 충만하게 부어주시기를 사모하다가 성령의 충만함을 받아 살아갈 수 있기를 바랍니다.

둘째로 예수께서 보내신 성령은 그가 가르친 말씀을 생각나게 했습니다(22~26).

가룟 유다가 아닌 유다는 "야고보의 유다"로 야고보의 아들 유다를 말합니다 (눅 6:16; 행 1:13). 유다는 예수께서 다시 오실 때 제자들은 그를 보고 알아보겠지만, 세상은 왜 알아보지 못하는지 그 말씀의 의미가 무엇인지를 예수께 물었습니다. 유다는 하나님 나라가 누구도 부인하거나 거역할 수 없도록 모든 사람이 보는 데서 영광 가운데 임하게 될 것이라는 자신의 신앙과 상충하는 내용을 예수께서 말씀하셨기 때문에 예수님께 물었습니다. 예수께서 부활하셔서 자신을 대적하는 세상이 아니라 사랑하는 제자들에게만 자신을 나타내셨습니다. 23절에서 "예수께서 대답하여 이르시되 '사람이 나를 사랑하면 내 말을 지키리니 내 아버지께서 그를 사랑하실 것이요. 우리가 그에게 가서 거처를 그와 함께 하리라.'"라고 하나님은 예수를 사랑하고 예수께 순종하는 제자들을 사랑하셔서 그들과 거처를 함께 하실 것이라고 약속하셨습니다. 예수께서 자신이 떠나가서 하늘 아버지 집에 거처를 마련하신다고 하셨는데, 자신을 사랑하는 제자들에게 아버지께서 그들을 사랑하셔서 그들과 거처를 함께 해 주실 것임을 말씀하셨습니다. 예수께서 제자들을 잠시 떠나지만, 다시 아버지와 함께 와서 제자들 안에 자신의 거처를 마련하여 그들과 함께 거할 것을 말씀하셨습니다. 아버지와 아들이 이렇게 예수를 사랑하고 순종하는 제자들의 삶 속에 자신들을 나타내는 것은 성령을 통해서입니다. 신약성경의 다른 본문에서 제자들 안에 예수 그리스도의 내주하심을 말씀하시지만, 아버지와 아들이 함께 제자들 안에 거하신다는 말씀(23)은 본문이 유일합니다. 하나님 아버지와 하나님의 아들이 제자들 안에서 오직 성령을 통해서 임재해 계신다고 생각하는 사람은 이 구절에서 제자들 안에 아버지와 아들의 내주하심은 성령의 내주하심을 가리키는 것이라고 봅니다.

25절에서 예수께서 "내가 아직 너희와 함께 있어서"라는 말은 요한복음 14장의 주요 주제인 예수님의 떠남이 임박했음을 강조하는 말씀일 뿐만 아니라 보혜사 성령의 오심을 약속하는 두 번째 본문의 도입부 역할을 해주고 있습니다. 26절에서 아버지께서 예수의 이름으로 성령을 보내실 것이라는 말씀은 16절에서 아버지께서 예수의 기도에 대한 응답으로 성령을 보내실 것이라는 말씀입니다. 26절에서 "보혜사 곧 아버지께서 내 이름으로 보내실 성령 그가 너희에게 모든 것을 가르치고 내가 너희에게 말한 모든 것을 생각나게 하리라."라는 말씀은 16~17절의 말씀을 뛰어넘어 보혜사 성령이 제자들에게 예수의 말씀을 상기시키고 생각나게 하고 깨닫게 하는 역할을 한다고 했습니다. 예수께서 제자들과 함께 계셨을 때 제자들은 예수께서 하신 말씀을 제대로 이해하지 못했습니다. 사도 요한은 요한복음에서 예수께서 하셨던 말씀을 제자들이 부활 이후에 깨달았다고 했습니다. 2장 19~22절에서 "너희가 이 성전을 헐라. 내가 사흘 동안에 일으키리라."라는 말씀을 제자들은 처음에 예루살렘 성전 건물을 두고 말씀하신 줄 알았는데 예수께서 부활하신 후에 예수께서 죽으셨다가 사흘 만에 다시 살아나실 것을 말씀하신 줄을 깨닫게 되었습니다. 12장 15~16절에서 "15. 이는 기록 된 바 '시온 딸아, 두려워하지 말라. 보라 너의 왕이 나귀 새끼를 타고 오신다.' 함과 같더라. 16. 제자들은 처음에 이 일을 깨닫지 못하였다가 예수께서 영광을 얻으신 후에야 이것이 예수께 대하여 기록된 것임과 사람들이 예수께 이같이 한 것임이 생각났더라."라고 종려주일에 스가랴 9장 9절의 말씀대로 예수께서 영원한 왕으로서 나귀 새끼를 타고 예루살렘에 입성하셨고, 예수님은 그 말씀대로 나귀 새끼를 타고 그대로 실행하셨다는 것을 예수께서 영광을 받으신 후에 제자들이 깨달아 알았습니다. 20장 8~9절에서도 "8. 그 때에야 무덤에 먼저 갔던 그 다른 제자도 들어가 보고 믿더라. 9. (그들은 성경에 그가 죽은 자 가운데서 다시 살아나야 하리라 하신 말씀을 아직 알지 못하더라.)"라고 예수께서 부활의 이른 새벽에 부활하셨을 때 베드로가 빈 무덤에 들어갔음에도 예수께서 부활하심을 믿지 못하였지만, 사도 요한은 무덤에 들어가 제자 가운데 처음으로 부활을 믿었습니다. 예수께서 생전에 사흘 만에 다시 살아나실 것을 여러 번 말씀하셨는데도 부활의 아침까지도 제자들은 믿지 못했습니다.

26절의 약속은 이후의 모든 제자가 아니라 예수님의 1세대 제자들에 대한 성령의 역할을 염두에 둔 말씀입니다. 1세기 말 주후 80년에 기록된 이 말씀의 목적은 주후 1세기 말의 독자들에게 1세대 제자들인 최초의 증인들이 어떻게 해서 예수 그리스도의 진리를 정확하고 온전하게 깨닫게 되었는가를 설명하고 있습니다. 보혜사 성령의 사역은 질적으로 새로운 계시를 주는 것이 아니라, 예수께서 주셨던 계시의 말씀을 생각나고 깨닫게 하여 완성하고 보완하는 것이었습니다.

우리는 아버지께서 보내신 진리의 성령을 통하여 진리의 말씀을 잘 깨달아 알 수 있기를 바랍니다.

셋째로 예수께서 자신을 사랑하는 제자들에게 자신의 평안을 주셨습니다(27~31).

27절에서 "평안을 너희에게 끼치노니 곧 나의 평안을 너희에게 주노라. 내가 너희에게 주는 것은 세상이 주는 것과 같지 아니하니라. 너희는 마음에 근심하지도 말고 두려워하지도 말라."라고 예수께서 제자들을 떠나가시는 작별을 하면서 제자들에게 자신의 평안을 주면서 자신이 떠나감을 인하여 근심하지 말라고 했습니다. 예수님의 평안의 개념은 메시아적이고 종말론적인 것입니다. 이 평안은 괴로움과 근심 가운데서 평정심을 잃지 않고 두려움을 없애주고 하나님과 참된 화목을 유지하게 하는 것입니다. 예수께서 떠나가심으로 다시 말해서 십자가의 죽음과 부활로 인하여 메시아적인 평안을 우리에게 주셨습니다. 예수께서 주신 평안은 죄 용서와 심판에서 구원과 부활의 생명으로 하늘 아버지 집에서 하나님과 함께 영원히 사는 평안이고, 원수들을 두려워하지 않고 담대하게 살아가는 것이고, 우리 안에 성령을 주셔서 영원토록 예수의 사랑과 예수의 기쁨을 누리며 살아가는 것입니다.

28절에서 "내가 갔다가 너희에게로 온다 하는 말을 너희가 들었나니 나를 사랑하였더라면 내가 아버지께로 감을 기뻐하였으리라. 아버지는 나보다 크심이라."라고 제자들이 예수님을 진정으로 사랑했으면 예수께서 아버지께로 감을 기뻐했으리라는 것입니다. 왜냐하면, 예수께서 아버지께로 가심으로 인하여 아버지께서 맡겨주신 일을 완성하여 그의 영광을 회복하고, 제자들이 아버지 집으로 가는 길과 아버지 집에 거할 거처가 마련되고, 보혜사 성령을 보내서 제자들 가운데 영원토록 거하게 하시고, 진리의 성령으로 예수께서 주셨던 계시의 말씀을 깨닫게 하여 증거하게 하실 것이기 때문입니다. 예수께서 떠나가심으로 제자들이 기뻐해야 할 또 한 가지 이유는 아버지께서 아들보다 크시기 때문이라는 것입니다. 아버지는 아들을 보내시는 분이시고, 아들은 아버지의 보냄을 받아 왔다는 의미에서 아버지가 아들보다 크시다는 것이지, 그 존재에 있어서 아버지가 아들보다 크다는 것은 결코 아닙니다. 이 본문에 근거하여 예수께서 하나님이 아니라거나 하나님보다 열등하다는 의미로 이해하는 것은 아리우스 이단과 여호와의 증인의 주장으로 이단적인 주장입니다. 사도 요한은 예수님이 하나님이시다고 요한복음에서 여러 번 증언했습니다(1:1, 18; 20:28). 마귀는 "이 세상의 임금"을 통하여 예수를 죽음으로 내몰면 자신이 승리할 것으로 알았지만, 예수님의 죽음으로 말미암아 오히려 마귀는 무너졌습니다. 오히려 예수님은 자신의 죽음을 통하여 영광에 들어가셨습니다. 예수께서 떠나가시며 자신의 목숨을 버림은 31절의 예수께서 아버지에 대한 사랑과 순종이 최고로 드러난 것입니다. 31절 마지막에 "일어나라 여기를 떠나자."라는 말씀은 고난의 죽음과 영광의 부활을 향하여 가자는 예수님의 결단의 말씀입니다. 예수께서 기꺼이 자원하여 고난과 영광의 길을 가셨습니다.

사랑하는 성도 여러분이여!

예수께서 떠나가셔야 성령께서 오십니다. 예수님의 떠나가심은 십자가의 죽음과 부활로 아버지의 뜻을 이루는 것이고, 아버지께서 진리의 성령을 우리에게 보내주시는 것이고, 예수께서 아버지로부터 성령을 받아서 우리에게 보내주신 것입니다. 진리의 성령을 통하여 우리는 예수의 말씀을 깨달아 알게 되고, 예수님에 대한 담대한 증인이 될 수 있습니다. 예수께서 떠나가심으로 우리에게 주신 예수님의 진정한 평안을 누리시길 바랍니다. 예수님의 떠나가심을 오히려 기뻐하며, 그가 영광을 회복하시고, 우리에게 보내주신 진리의 성령을 사모하다가 충만하게 받아 능력 있는 제자의 삶을 살아갈 수 있기를 바랍니다.

50. 보혜사 성령을 사모하라(14:16~17, 25~26)

예수께서 13장 31절 이후에 자신이 세상을 떠나간다고 하시면서 제자들을 고아와 같이 버려두지 아니하고 그들에게 다시 오신다고 말씀하셨습니다. 그것은 예수께서 제자들에게 성령을 보내주시겠다는 것으로 14장, 15장, 16장에서 여러 차례에 걸쳐서 말씀했습니다. 14장 16절에서 예수께서 다른 보혜사를 제자들에게 보내서 그들과 영원히 함께하겠다고 했습니다. 예수께서 아버지께 기도한 다른 보혜사를 아버지께서 예수의 이름으로 보내시는데, 그분이 바로 성령이라고 했습니다. 14장 26절에서 아버지께서 예수님의 이름으로 보혜사 성령을 제자들에게 보내서 예수께서 전하신 말씀을 가르쳐주시고 생각나게 하시겠다고 했습니다. 우리를 돕고 격려하고 상담해주시는 보혜사는 진리의 성령이신데 아버지께로부터 나오시는 분이시고, 예수께서 아버지께 기도하여 아버지께서 예수의 이름으로 보내신 분이시고, 예수께서 아버지로부터 받아서 제자들에게 보내주신 분이시라고 했습니다. 보혜사 성령을 사모하라는 제목으로 말씀을 들으면서 함께 은혜를 나누고자 합니다.

첫째로 보혜사 성령이 우리에게 임하여 우리를 돕고 강하고 담대하게 합니다(16~17).

16절의 보혜사(parakletos)는 위로 자(KJV; comforter), 상담자(NIV, NLT; Counselor), 돕는 자(NASB; Helper), 보호자(현대인의 성경), 보혜사(개역개정, 새번역), 협조자(공동번역)로 번역했습니다. 보혜사는 '옆에 불러서 격려하고 권면하시는 분'입니다. 통속 헬라어에서 보혜사는 법률적인 조력자, 변호사로서 법정에서 다른 사람을 돕는 분, 법적인 상담자, 위로자라는 뜻입니다. 보혜사는 다른 사람 앞에서 어떤 사람을 적극적으로 나서서 대변해 주고, 상담해주고, 격려해주고, 돕는 분을 말합니다. 16절에서 "다른 보혜사"라는 말씀은 공생애 기간에 예수께서 제자들 곁에 함께 거하면서 그들에게 힘을 주시며 격려하고 그들을 돕는 "보혜사"로서 자신이 역할을 수행해 왔다는 사실을 함축합니다. 예수께서 제자들을 떠나가시면서 아버지께 제자들을 돕는 다른 보혜사를 요청하여 기도할 것이고(16), 아버지는 그 기도에 응답하여 예수의 이름으로 다른 보혜사를 보내신다(26)고 했습니다. 그 다른 보혜사는 "진리의 영"(14:17)이시고, "성령"(26)이라고 했습니다. 다른 보혜사 즉 진리의 영은 진리의 말씀을 가르치고, 예수께서 전한 말씀을 생각나게 하고(26), 예수님을 증언하게(15:26) 합니다.

17절에서 진리의 영이라는 표현은 예수께서 14장 6절에서 예수께서 자신을 진리라고 선언한 이후에 얼마 되지 않아 등장한다는 점을 고려하면 보혜사 즉 진리의 영은 진리이신 예수를 증언하는 진리의 영이라고 정의할 수 있습니다. 진리의 영을 성령이라고 말하는 것은 악한 영인 악령과 대조해서 사용하는 거룩하고 진실한 영이라서 성령입니다. 진리의 영은 진리를 가르치고, 예수께서 전한 말씀을 생각나게 하고 증언합니다. 예수께서 아버지로부터 받아서 우리에게 부어주신 보혜사 성령은 16절에서 영원히 우리와 함께하시고, 우리 속에 거하신다(17)고 놀랍게 말씀했습니다. 예수님에게 한량 없이 임재하여 놀라운 능력을 행하고 하나님의 말씀을 선포하게 하셨던 성령(3:34)이 제자들에게 임했다는 것은 놀라운 하나님의 은혜였습니다. 신학적으로 이것을 성령의 비하라고 말합니다. 말씀이신 하나님이 성육신하여 이 땅에 오심으로 성자 예수님의 비하가 이루어진 것처럼, 성령이 우리에게 임하시면서 성령의 비하가 이루어졌습니다. 보혜사 성령이 우리에게 임하여 우리와 함께하신다는 것은 말할 수 없는 하나님의 은혜이고 우리에게는 놀라운 축복입니다.

18~19절에서 제자들은 예수께서 떠나신다고 하니 고아와 같이 버림을 받았다고 근심하고 염려했습니다. 그런데 예수께서 제자들을 고아와 같이 버려두

지 않고 그들에게로 다시 오리라고 하면서 그들이 다시 예수님을 보리라고 말씀했습니다. 1절에서도 예수께서 제자들에게 마음에 근심하지 말고 하나님을 믿으니 자신을 믿으라고 염려하는 제자들을 격려했습니다. 예수께서 다시 오신다는 말씀을 카슨(D. A. Carson) 교수는 세 가지로 해석했습니다. 예수님의 다시 오심은 먼저 예수의 부활이고, 그다음은 성령의 강림이고, 마지막은 마지막 재림의 오심이라는 것입니다. 여기서 "조금 있으면"은 예수께서 그의 십자가의 죽음을 통해 제자들을 떠났다가 부활 후에 또는 성령 강림으로 다시 오심을 말한다는 것입니다. 예수께서 자신을 사랑하는 제자들을 위하여 아버지께 다른 보혜사를 보내 달라고 기도하여 아버지께서 보내실 보혜사가 영원히 제자들과 함께하시겠다고 말씀했습니다. 예수께서 제자들을 떠나가시지만, 보혜사 성령을 그들에게 보내서 그들과 함께하시겠다는 말씀에 그들은 염려하거나 근심하지 말고 담대하라는 것이었습니다. 왜냐하면, 그것은 예수께서 제자들을 위하여 기도하신 대로 아버지께서 다른 보혜사를 제자들에게 보내서 그들과 함께 거하게 하실 뿐만 아니라 그들 안에 내주하게 하실 것이기 때문입니다. 예수께서 제자들을 고아와 같이 버려두지 않고 반드시 그들에게로 다시 오신다는 약속은 근심하는 제자들에게는 놀라운 소식이었습니다.

23절에서 "예수께서 대답하여 이르시되 '사람이 나를 사랑하면 내 말을 지키리니 내 아버지께서 그를 사랑하실 것이요. 우리가 그에게 가서 거처를 그와 함께하리라.'"고 성령께서 제자들과 함께 거하실 때 예수님을 사랑하고, 그에게 순종하는 제자들을 아버지께서 사랑하시며, 하나님 아버지와 하나님의 아들 예수께서 그들과 함께 거하신다고 놀랍게 약속하셨습니다. 예수께서 자신이 떠나가서 하늘 아버지 집에 우리의 거처를 마련하신다고 하셨는데, 자신을 사랑하는 제자들에게 아버지와 함께 그들에게 와서 그들과 거처를 함께 해주신다고 말씀하셨습니다. 예수께서 제자들을 잠시 떠나지만, 성령이 제자들에게 오셔서 함께 하실 때 하나님께서 그들의 아버지로, 예수께서 그들의 주님으로 그들과 함께 그들 안에 함께 거하신다는 약속입니다. 하나님 아버지와 하나님의 아들이 이렇게 예수님을 사랑하고 순종하는 제자들의 삶 속에 함께 하시는 것은 성령을 통해서입니다. 신약성경의 다른 본문에서 제자들 안에 예수 그리스도께서 내주하신다고 말씀하시지만, 하나님 아버지와 하나님의 아들이 함께 제자들 안에 거하신다는 말씀(23)은 본문이 유일합니다. 하나님 아버지와 하나님의 아들이 제자들 안에서 오직 성령을 통해서 임재하여 계신다고 믿는 사람은 이 구절에서 그들 안에 하나님 아버지와 하나님의 아들이 함께 계시는 것은 바로 성령의 내주하심을 가리키는 것입니다.

27절에서 "평안을 너희에게 끼치노니 곧 나의 평안을 너희에게 주노라. 내가 너희에게 주는 것은 세상이 주는 것과 같지 아니하니라. 너희는 마음에 근심하지도 말고 두려워하지도 말라."고 예수께서 제자들을 떠나가시는 작별을 하면서 제자들에게 자신의 평안을 주신다면서 자신이 떠나감을 인하여 근심하지도 두려워하지도 말라고 했습니다. 예수님의 평안의 개념은 메시아적이고 종말론적인 구원으로 말미암아 찾아오는 평안입니다. 이 평안은 괴로움과 근심 가운데서 평정심을 잃지 않고 두려움을 없애주고 하나님과 참된 화목인 구원의 감격을 유지하는 것입니다. 예수께서 떠나가시면서 또 성령을 보내주셔서 제자들에게 참된 평안을 주셨습니다. 예수 그리스도께서 십자가로 말미암아 주신 참된 구원의 평안으로 우리는 죽음도 뛰어넘어 승리하는 것입니다.

나면서부터 시각장애인이었던 청년은 예수님을 죄인이라고 정죄하는 유대인 당국자들을 두려워하지 않고 자신의 눈을 뜨게 해주신 분이 하나님께로부터 오신 그리스도라고 당당하게 말하여 유대인 회당에서 출교를 당했지만, 예수께서 찾아오셔서 자신이 인자라고 말했을 때, 예수께서 인자이심을 믿고 예배하여 구원을 받았습니다. 성령께서 이 청년에게 예수님의 말씀을 듣고 그대로 순종하여 눈을 뜨고 예수를 그리스도로 믿고 거듭나는 믿음을 주셨습니다(9장).

유대의 산헤드린 공회원 니고데모와 아리마대 사람 요셉은 성령의 역사로 유대인 당국자들의 출교 처분도 두려워하지 않고 십자가에 못 박혀 죽으신 예수님의 시신을 빌라도 총독의 허락을 받아서 십자가에서 내려서 피를 씻어내고 향품을 바르고 세마포로 싸서 새 돌무덤에 장사지내는 담대함이 있었습니다(19장).

적용 예수께서 떠나가시면서 진리의 성령을 우리에게 보내주셔서 거듭난 믿음과 강한 담대함과 참 평안을 주셨습니다. 우리도 성령 충만으로 당당한 그리스도인으로 살아가길 바랍니다.

둘째로 보혜사 성령은 예수님의 말씀을 가르쳐주시고 생각나게 합니다(26).

열두 제자들은 성령을 충만하게 받기 전에 하나님의 아들인 예수께서 인자로 많은 고난을 받으시고 십자가에 달려 죽으시고 사흘 만에 다시 살아나신다는 것을 예수께서 세 차례 이상 미리 가르쳐 주셨는데도 하나님의 아들이 어떻게 십자가에 달려 죽으셔야 하는지를 도무지 믿질 못했습니다. 예수께서 마지막 겟세마네 동산에서 땀방울을 핏방울처럼 흘리며 기도하신 것도, 인자가 빌라도 총독에 의해서 채찍에 맞고 고난을 당하여 십자가에 달려 죽으시는 의미도 그들은 전혀 깨닫지 못했습니다. 그래서 마가복음 14장 50절에서 요한 마가는 "제자들이 다 예수를 버리고 도망하니라."라고 예수께서 유대인 당국자들에게 붙잡히셨을 때 제자들은 그 의미를 알지 못하고 예수님을 버리고 도망가버리고 말았습니다.

26절에서 "보혜사 곧 아버지께서 내 이름으로 보내실 성령 그가 너희에게 모든 것을 가르치고 내가 너희에게 말한 모든 것을 생각나게 하리라."고 성령이 제자들에게 임하여 예수께서 생전에 전해 주셨던 말씀을 가르쳐주시고 생각나게 하실 것이라고 했습니다. 제자들은 십자가 사건 이전에 예수께서 가르쳐주신 말씀인 하나님의 아들이시며 인자이신 예수께서 많은 고난을 받고 십자가에 달려 죽으신다는 것을 깨닫지 못했습니다. 예수께서 제자들을 떠나가신다고 했을 때 베드로는 예수께서 어디로 가시는지, 자신이 왜 지금 예수님을 따라갈 수 없는지, 예수님을 위하여 목숨을 버리겠다고 장담하고서도 세 번이나 부인했습니다. 예수께서 영광을 받으신 후 성령의 주된 일 중의 하나는 예수께서 제자들에게 전한 모든 말씀을 가르쳐주시고, 생각나게 했습니다. 성령은 부활 이후에 제자들이 예수의 십자가와 부활의 의미를 깨닫게 하고, 그 말씀을 생각나게 하고, 기억하게 했습니다. 실제로 복음서 기록자들은 부활 이후에야 비로소 예수께서 전하신 말씀들을 깨닫고, 생각이 났습니다. 예수께서 제자들과 함께 계셨을 때 그들은 예수께서 전하신 말씀을 제대로 이해하지 못했지만, 예수께서 떠나가시고 성령을 그들에게 보내주셔서 성령이 역사함으로 그 말씀을 제대로 깨닫게 되었습니다.

첫째, 2장 19~22절에서 "너희가 이 성전을 헐라. 내가 사흘 동안에 일으키리라."는 말씀을 제자들은 처음에 예루살렘 성전 건물을 말씀하신 줄 알았는데, 예수께서 부활하신 후에 예수께서 죽으셨다가 사흘 만에 다시 살아나신 그의 몸을 가리키신 줄을 깨달았습니다. 둘째, 12장 15~16절에서 종려주일에 스가랴 9장 9절의 말씀대로 예수께서 영원한 왕으로서 나귀 새끼를 타고 예루살렘에 입성하셨는데, 예수께서 영광을 받으신 후에 제자들이 예수께서 정치적인 메시아가 아니라 겸손한 구원의 왕으로 오심을 깨달아 알았습니다. 셋째, 20장 8~9절에서도 "8. 그 때에야 무덤에 먼저 갔던 그 다른 제자도 들어가 보고 믿더라. 9. (그들은 성경에 그가 죽은 자 가운데서 다시 살아나야 하리라 하신 말씀을 아직 알지 못하더라.)"라고 예수께서 부활하신 이른 새벽에 베드로가 그 빈 무덤을 보았음에도 예수께서 살아나셨다는 사실을 믿지 못하였지만, 사도 요한은 비로소 제자 가운데 처음으로 예수께서 부활하셨다는 사실을 믿었습니다. 넷째, 도마는 부활하신 예수님을 만나서 성령의 역사로 비로소 그분이 자신의 주님이시고 자신의 하나님이시라고 믿고 고백했습니다.

특히 26절 이후의 약속은 모든 그리스도인이 아니라 열두 제자들에게 성령이 역사하여 예수께서 전한 말씀을 가르쳐주시고 기억하게 하였다고 했습니다. 오순절 성령 사건 이전에 구약시대와 같이 성령이 제자들에게 개인적으로 임하여 역사하여 예수님의 말씀을 생각나게 하고 깨닫게 해주셨습니다. 이 주제를 기록한 사도 요한의 목적은 1세기 말의 독자들에게 최초의 열두 제자들이 성령의 역사로 예수 그리스도께서 가르쳐주신 진리를 온전하게 깨달아 알게 된 것을 설명하고 있습니다.

진리의 성령이 제자들에게 임해서 예수께서 전한 진리의 말씀을 그대로 생각나게 하고 깨닫게 해서 알게 했습니다. 성령의 사역은 질적으로 새로운 계시를 주는 것이 아니라 예수께서 주셨던 계시를 완성하고 보완하는 것이었습니다. 예수님의 가장 사랑을 많이 받았던 제자 사도 요한은 변화산에도 예수님을 따라서 올라가 영광의 모습을 목격했고, 겟세마네 동산에서 기도하시며 고통스러워하시던 예수님을 가까이서 보았고, 골고다 언덕의 십자가에 달리신 예수님 곁에도 유일하게 함께 따라갔는데, 부활의 첫새벽에 빈 무덤에 들어가서 예수께서 그가 말씀하셨던 대로 부활하셨다는 사실을 가장 먼저 믿었고, 디베랴 호숫가에서 배 오른편에 그물을 던져서 많은 물고기를 잡도록 말씀하신 분이 주님이시다고 가장 먼저 알아보고 베드로에게 증언했습니다. 성령이 사도 요한에게 역사하여 예수께서 전한 모든 말씀을 깨닫게 하고 생각나게 해서 그가 요한복음을 기록하게 했습니다. 성경 저자들은 성령의 충만함으로 예수께서 전하셨던 하나님의 말씀을 깨닫고 성경으로 완성할 수 있었습니다. 제자들이 성령을 받고서 예수께서 전한 예수의 십자가와 부활의 계시의 말씀을 깨닫고 예수께서 하나님이시며 동시에 인자이심을 정확하게 믿게 되었습니다. 성령은 장차 이루어질 일들까지도 성경 저자들에게 계시하여 성경으로 기록하여 신약성경을 완성하게 했습니다.

사랑하는 성도 여러분이여!

보혜사는 진리의 영이십니다. 보혜사는 하나님 아버지께서 예수의 이름으로 보내신 성령이며, 동시에 예수가 아버지로부터 받아서 우리에게 부어주신 진리의 성령입니다. 보혜사 성령이 우리 안에 우리와 함께 충만하게 거하시기를 늘 사모하고 기도합시다. 진리의 성령이 우리 안에 충만하게 거하여 하나님이 우리의 아버지로, 예수께서 우리의 주님으로 우리 안에 거하여 우리에게 참된 평안과 강하고 담대한 믿음을 주셔서 살아가게 하심을 확신하며 살아갑시다. 성령의 충만함으로 하나님의 말씀을 깨닫고 기억하고 순종하며 살아갈 수 있기를 바랍니다.

C. 고별 설교: 2부(15:1~16:33)

51. 예수님은 포도나무요 우리는 가지라(15:1~8)

청교도들이 신앙의 자유를 찾아 대서양을 건너 신대륙 미국에 도착했을 때 가장 힘들었던 것 중의 하나가 물 공급이었습니다. 깨끗한 물을 찾기도 힘들었고, 물갈이가 심해 그 물을 먹고 심한 복통을 호소했는데, 이 문제 해결을 위해 사과주스를 만들어 먹었다는 것입니다. 사과주스가 확실히 도움이 된다는 것을 깨달은 한 남자는 개척 시대 평생을 바쳐 전국을 돌아다니며 사과 씨앗을 심었습니다. 숨이 멈출 때까지 개척 시대의 미국을 돌아다니며 사과 씨앗을 심다가 죽은 이 남자의 바람은 단 하나, '후손들이 정착하는 데 조금이라도 도움이 되는 것'이었습니다. 이 남자의 여행은 많은 미국인의 귀감이 되었고, 사람들은 그를 '조니 애플시드'(Johnny Appleseed)라고 불렀습니다. 이후 사과는 미국의 특별한 상징이 되었는데, 매우 가치 있거나 멋진 일을 할 때는 '마치 애플파이 같군!'이라는 말을 쓰기도 하며, 대도시인 뉴욕을 표현할 때도 '커다란 사과'라는 표현을 쓰기도 하고, 세계적인 기업 애플도 사과 한 입 베어먹은 것을 상표로 사용합니다. 열악한 환경에서 자신의 안위를 찾기보다는 후손을 위해 평생을 헌신한 존 채프먼(John Chapman, 1774~1845)의 삶은 분명 가치 있는 삶이었습니다.

예수께서 "나는 참포도나무요 내 아버지는 농부라."(1). "나는 포도나무요 너희는 가지라."(5)라고 말씀하신 본문은 하나님이신 자신을 나타내는 '나는 …이다'(ego eimi)의 7번째 비유의 마지막 말씀입니다. 첫 번째가 예수께서 "나는 생명의 떡이다."(6:35), 두 번째가 "나는 세상의 빛이다."(8:12), 세 번째가 "나는 양의 문이라."(10:7), 네 번째가 "나는 선한 목자라."(10:11), 다섯 번째가 "나는 부활이요 생명이다."(11:25), 여섯 번째가 "나는 길이요 진리요 생명이다."(14:6)이고, 마지막 일곱 번째가 오늘 본문입니다. 그런데 내 아버지는 농부라고 첨가한 것이 지금까지의 '나는 …이다'(ego eimi)의 용법과 다른 유일한 부분입니다. 지금까지 예수님 중심으로 기록되었지만, 본문은 하나님 아버지께서 포도나무 가지를 깨끗이 하시고, 죽은 가지를 잘라내시는 아버지 중심으로 말씀하고 있습니다. 예수님은 포도나무시고, 우리 그리스도인은 그 포도나무 가지라고 말씀하시면서 농부이신 하나님께서 그 포도나무 가지를 깨끗하게 잘 전지해서 많은 포도 열매를 맺히게 하신다는 것입니다.

이사야 5장에서 포도나무는 이스라엘 백성이었습니다(7). 하나님께서 극상품 포도나무를 애굽에서 가져다가 심었는데 그들은 들포도 열매를 맺었다(2)고 했습니다. 이것은 이스라엘 백성들이 하나님을 섬기는 데 실패하고, 다른 신들을 섬겨서 부패하고 타락한 삶을 살다가 심판받은 백성이 되었음을 말합니다. 역사적으로 이스라엘이 좋은 포도나무의 열매를 맺는 데 실패해서 하나님의 심판이 이스라엘 위에 임했다는 경고가 담겨있습니다.

본문에서 예수님은 자신이 참포도나무라고 말하면서 예수 그리스도를 믿는 사람들은 그 가지이며 그들이 열매 맺는다고 말씀하고 있습니다. 이것은 예수께서 구약의 성전을 자신의 몸이라고 바꾸어 말씀하신 것과 같이 포도나무도 이스라엘 백성에서 그리스도와 연합된 새 언약의 백성인 그리스도인으로 바꾸어 말씀하신 것입니다. 참포도나무의 가지는 바로 주님의 교회입니다. 예수 그리스도와 하나로 연합되어 있어서 그리스도로부터 생명을 받아 그 말씀대로 순종하는 성도들이 바로 좋은 열매를 맺는다는 것입니다. 좋은 열매를 맺고자 하는 성도는 반드시 그리스도와 하나로 연합된 가지로 붙어있어야 하고, 그리스도의 말씀에 순종해야 한다는 것입니다. 열매를 맺지 아니하는 포도나무 가지나 죽은 가지는 농부이신 하나님께서 깨끗하게 잘라 버리신다는 것입니다. 그렇다면 열매를 더 많이 맺는 그리스도인이 되려면 우리가 어떻게 살아야 하는지 본문의 말씀을 들으면서 함께 은혜를 나누고자 합니다.

첫째로 가지는 예수 그리스도에게 붙어 있어야 열매를 많이 맺을 수 있습니다(1~3).

1절에서 "나는 참포도나무요 내 아버지는 농부라."라고 예수님은 자신을 참 포도나무라고 말씀하고 있는 것으로 봐서 참포도나무가 아닌 들포도나무도 있다는 것입니다. 이사야 5장에서 하나님께서 극상품 포도나무를 애굽에서 가져와서 가나안 땅에 옮겨 심으셨으나 들포도 열매를 맺었습니다. 여기서 포도 나무 가지는 이스라엘 백성들을 말하고, 들포도 열매는 하나님께 불순종하고 우상 숭배하여 망한 이스라엘 백성들을 말합니다. 시편 80편에서도 하나님께서 가나안 원주민을 쫓아내시고 애굽에 거주하는 이스라엘 백성을 가나안 땅으로 이주시켜 그곳에 거주하여 좋은 열매를 맺도록 심고 가꾼 농부임을 말씀하고 있습니다(80:8).

하나님은 구속의 역사를 이루시기 위하여 이 땅에 참포도나무인 예수 그리스도를 보내셨습니다. 참포도나무는 아무런 열매를 맺지 못하거나 썩은 열매를 맺었던 이스라엘이라는 포도나무와 구별하기 위하여 열매 맺는 포도나무를 말합니다. 예수님은 진정으로 하나님이 기뻐하시는 포도나무이시고, 그리스도인들이 그 포도나무의 가지로 예수님과 연합되어 열매를 맺습니다. 이미 14장 20절에서 예수께서 "너희가 내 안에, 내가 너희 안에 있는 것"이라고 그리스도인과 예수님의 상호 내재에 대해 말씀하셨습니다. 15장에서 그 동일한 개념을 포도나무와 그 가지의 이미지를 통하여 다시 분명하게 하나 된 연합을 말씀하고 있습니다. 포도나무와 가지가 하나로 연합되어서 가지들은 포도나무로부터 생명을 얻고, 포도나무는 가지를 통해서 열매를 맺습니다. 참포도나무 가지의 특권을 누리고자 한다면 먼저 자신이 예수 그리스도를 믿어 올바른 관계를 맺는 새 언약 백성이 되어야 합니다. 예수님은 자신을 거역한 이스라엘 백성들과 달리 예수 그리스도를 주님으로 믿는 그리스도인이 되어야 참포도나무의 가지가 될 수 있다고 했습니다. 가지가 참포도나무인 예수 그리스도에게 붙어 있을 때에 참포도나무 열매를 맺을 수가 있습니다.

예수님은 자기 자신이 참포도나무요 그를 믿는 그리스도인이 그 포도나무에 붙어있는 가지라고 말씀하셨습니다. 이것은 예수 그리스도를 자신의 주님으로 고백하여 한 몸으로 연합해 있어서 예수님과 한 몸이 된 그리스도인을 가리켰습니다. 가지는 포도나무에 붙어 있어야 포도나무로부터 생명을 얻고, 포도나무는 그 가지에 열매를 맺게 합니다. 우리 그리스도인은 예수 그리스도를 주님으로 고백해서 하나로 연합된 관계를 맺어 그리스도로부터 생명을 얻어야 열매를 맺을 수 있습니다.

"내 아버지는 농부라."고 예수께서 자신을 참포도나무로 세우신 분이 농부이신 하나님 아버지시라고 말씀하시며 하나님 아버지와 자신의 종속관계를 반영했습니다. 내 아버지는 농부라고 농부이신 하나님 아버지가 포도나무에 많은 열매 맺기를 기대하시고 포도나무 가지를 가꾸는 일은 크게 두 가지입니다. 첫째, 모든 포도나무 가지가 열매를 많이 맺을 수 있도록 가지치기로 깨끗하게 잘 다듬습니다. 열매 맺게 잘 다듬어서 더 많은 열매가 맺히도록 합니다. 하나님 아버지가 가지를 깨끗하게 다듬는 목적은 사랑이고, 죽은 가지에 영향을 받지 않고, 모든 가지가 열매를 잘 맺도록 하는 데 있습니다. 하나님 아버지가 가지를 잘 가다듬어서 포도나무 가지가 열매를 많이 맺게 하는 과정은 고통스럽습니다. 하나님 아버지가 포도나무 가지를 깨끗하게 하는 것은 죽거나 썩은 가지를 잘라내고 다듬는 것을 말합니다. 다시 말해서 가지가 깨끗해야 성도들이 거룩함을 유지할 수 있고, 거룩함을 위하여 죄악에 물들지 않도록 성도들을 훈련하고 징계하는 것을 말합니다. 3절에서 "너희는 내가 일러준 말로 이미 깨끗하여졌으니"라고 예수님의 말씀이 가지를 자르는 도구라는 것입니다. 하나님의 말씀이 죄를 책망하고, 거룩함을 불어넣어 주고, 영적인 성장을 촉진시켜 줍니다. 하나님의 말씀으로 깨끗해지는 것은 사실 칭의 또는 중생을 말하는 것입니다. 둘째, 아버지는 열매 맺지 않는 모든 가지를 전지하여 다 잘라내십니다. 죽은 가지를 잘라내서 살아있는 가지가 더 넓은 공간에서 열매를 잘 맺게 합니다. 여기서 죽은 가지는 예수를 믿지 않고 거절한 유대인이고, 배교한 그리스도인입니다. 죽은 포도나무 가지는 열매 맺지 못하기 때문에 다른 산 가지들이 열매 맺도록 농부가 그 죽은 가지를 잘라 버립니다. 그래야 건실한 포도나무 가지를 보호하고 더 많은 열매를 맺게 할 수 있습니다. 열매 맺지 못하는 가지가 포도나무인 그리스도에게 붙어있다고 말하는 것 자체가 불가능합니다. 하나님 아버지는 열매 맺는 가지를 만들기 위해서 가지를 깨끗하게 전지하여 자르는데, 제자들은 예수님의 말씀으로 깨끗해집니다. 예수님의 말씀은 어떤 마술적인 능력이 아니라 예수님이 누구시고, 예수님이 무엇을 하셨는지 가르쳐 주어서 성도들이 예수님을 자신의 주님으로 믿어 깨끗해지고, 포도나무인 예수님과 한 몸으로 연합하여 깨끗해집니다. 가지를 깨끗하게 하는 예수님의 말씀은 가지를 살아 움직이게 하고, 포도나무의 생명을 가지가 유지하게 해서 열매 맺게 합니다.

적용 우리도 예수 그리스도를 나의 주님이라고 고백하고 그 말씀에 순종하여 예수님과 한 몸이 되어 열매 맺는 가지가 될 수 있기를 바랍니다.

둘째로 가지는 예수 그리스도 안에 거해야 많은 열매를 맺을 수 있습니다(4~6).

5절에서 '나는 포도나무요 너희는 가지라.'라는 예수님의 말씀이 예수 그리스도와 성도들을 한 몸으로 연합되게 합니다. 그리스도와 우리 그리스도인들과의 신비적인 연합은 하나님에게서 시작되었고, 그리스도의 대속적인 죽음과 부활에서 확인되었고, 그리스도인들의 순종과 사랑에서 완성이 된다는 것입니다. 4절의 "내 안에 거하라. 나도 너희 안에 거하리라."에서 "~ 안에 거한다."(새번역; 머물다. 현대인의 성경; 산다.)는 뜻은 새 언약 신학과 결부되어 있다고 카슨(D. A. Carson) 교수는 해석했습니다. 이를 정리하면 새 언약의 백성 안에 새로워진 마음 또는 성령의 임재가 이루어져서 그리스도인들이 하나님의 말씀에 순종하여 살게 된다는 것입니다. 하나님은 성령으로 자기 백성들을 새롭게 하고, 자신의 임재를 그들 가운데 알게 함으로써 그들 안에 거하신다는 것입니다. 이것은 예수 그리스도를 자신의 구주와 주님으로 믿어 고백하고, 예수님의 말씀에 청종하여 예수 그리스도께 복종하는 것을 가리킵니다. 이것은 그리스도인이 주 예수 그리스도 안에서 그의 말씀에 순종하여 살아가는 것을 말합니다. 이것은 15장 26절에서 말씀하는 보혜사 성령의 역사로 말미암아 우리 그리스도인이 그리스도와 하나로 신비롭게 연합하여 하나님의 말씀을 통하여 하나님과 그리스도를 알고 섬기는 것을 말합니다. 우리 그리스도인이 예수 그리스도의 말씀에 순종하여 살아가는 것이 우리가 예수 그리스도 안에 거하는 것이고, 예수 그리스도께서 우리 안에 거하는 것입니다. 그러면 예수 그리스도 안에 있는 우리들에게 비로소 참포도나무 열매가 열리게 될 것입니다. 열매가 열리는 것이 참포도나무의 표시이고 진정한 그리스도인의 표시입니다. 생명이 없는 가지는 열매를 맺지 못함으로 잘라 버려집니다. 가지가 포도나무에 연합되어 붙어 있을 때 생명이 있고 열매가 맺힙니다. 가지가 열매를 맺기 위해서는 포도나무에 붙어 있어야 하고, 그리스도인이 열매를 맺기 위해서는 예수 그리스도 안에 있어야 합니다. 그래야 포도나무 가지가 포도 열매를 맺습니다. 가지가 포도나무에 붙어 있어서 생명을 받아 열매를 맺는다는 것은 성도가 예수 그리스도 안에 있고, 예수 그리스도께서 성도 안에 있어서 성도가 예수 그리스도와 하나로 연합되어 생명을 공급받아 살아가는 것을 말합니다. 가지가 열매를 맺는 것은 예수님의 구속의 결과이고, 아들이 보낸 성령으로 그리스도와 하나로 연합된 결과이고, 그리스도인이 구원받아 살아 있는 결과입니다. 그러나 사람들이 예수 그리스도를 자신의 주님으로 믿지 않거나, 예수님의 말씀에 순종하지 아니할 때, 가지처럼 밖에 버려져 마르고, 그러면 농부는 그 가지를 자르고(2), 사람들이 그 마른 가지를 모아다가 불에 던져 사른다는 것입니다(6). 예수 그리스도를 자신의 주님으로 믿지 않거나, 예수 그리스도의 말씀에 순종하지 않아서 열매 맺지 못하는 사람은 하나님의 심판을 받게 된다는 사실을 두렵고 떨림으로 받아들여야 합니다. 죽은 가지의 잘린 가장 좋은 실례가 가룟 유다입니다.

적용 우리는 성령으로 예수 그리스도 안에 거하여서 그의 말씀에 순종하여 살아가면서 많은 열매를 맺을 수 있기를 바랍니다.

셋째로 우리는 열매 맺는 가지로 기도 응답을 받아 아버지께 영광을 돌려야 합니다 (7~8).

7~8절에서 "7. 너희가 내 안에 거하고 내 말이 너희 안에 거하면 무엇이든지 원하는 대로 구하라. 그리하면 이루리라. 8. 너희가 열매를 많이 맺으면 내 아버지께서 영광을 받으실 것이요, 너희가 내 제자가 되리라."라고 예수님의 말씀에 순종하여 열매를 많이 맺으면 하나님께서 영광을 받으신다고 했습니다. "열매를 맺는다"는 것은 그리스도의 말씀에 순종하여 기도하여 응답을 받는다는 것입니다. 가지가 열매를 맺는다는 것은 기도하여 응답을 받는 것이고(7), 하나님 아버지께 영광을 돌리는 예수님의 제자가 되는 것이라(8)고 했습니다. 10절에서 열매는 예수님의 계명에 순종하는 것이고, 11절에서 예수님의 기쁨을 경험하는 것이고, 12절에서 제자들이 서로 사랑하는 것이고, 16절과 27절에서 예수님을 세상에 증언하는 것이라고 했습니다. 2절에서 열매 맺는 가지를 더 열매 맺게 하려 한다고 했고, 5, 8절에서 열매를 많이 맺게 한다고 해서 하나님은 점층적으로 그리스도인들에 대한 기대가 더 많다는 사실을 강조하고 있습니다. 열매는 가지가 포도나무에 오랫동안 붙어 있어야 하고, 말씀 순종은 믿음으로 사는 그리스도인들의 삶의 결과로 이루어지는 것입니다. 반대로 제자들이 예수님의 이름으로 아버지께 기도한 결과는 하나님의 말씀에 더 잘 순종하고, 가지가 열매를 더 많이 맺게 됩니다. 기도와 말씀 순종이 함께 더불어

이루어지고 더 많은 열매 맺는 놀라운 결과를 가져온다는 것입니다. 우리가 예수 그리스도를 나의 주님으로 믿고, 예수님의 말씀에 순종할 때 열매가 맺혀서 기도 응답을 받고, 하나님 아버지께 영광을 돌리는 예수님의 제자가 된다는 것입니다.

적용　우리들이 예수 그리스도의 말씀에 더 잘 순종하여 더 많은 열매를 맺고, 기도에 응답을 받아 하나님께 영광을 돌리며 살아갈 수 있기를 바랍니다.

사랑하는 성도 여러분이여!

우리가 믿음으로 예수 그리스도와 연합되어 있어서 그리스도 없이는 아무것도 할 수 없습니다. 농부이신 하나님이 마른 가지나 열매 맺지 못하는 가지를 잘라서 불에 던져 사른다는 말씀이 우리를 두렵고 떨리게 합니다. 우리가 예수 그리스도를 믿지 아니하거나, 예수 그리스도 안에 거하지 않거나, 예수 그리스도의 말씀에 순종하지 않아서 열매 맺지 못한다면 하나님이 그 가지를 전지하여 잘라 불에 던져 사른다는 말씀을 기억해야 합니다. 우리가 믿음으로 예수 안에 거하여, 그의 말씀에 순종하여 살아가다가 열매 맺을 수 있기를 바랍니다. 그래서 기도 응답을 받고, 영광을 하나님께 돌리며 살아가는 예수님의 제자로 살아갈 수 있기를 바랍니다.

52. 열매 맺는 그리스도인(15:9~17)

어느 의료 선교사의 간증입니다. 그는 의사이며 선교사로서 동남아시아에서 사역하는 분입니다. 그분이 예수 믿게 된 동기에 대하여 다음과 같은 이야기를 들려주었습니다. "제가 의과대학 공부에 몹시 지쳐서 피곤한 몸을 이끌고 학교 식당에 들어간 어느 날, 그 식당의 한구석에 평소 존경하던 교수님 한 분이 앉아계신 것을 봤습니다. 그분은 식사하기 전에 먼저 기도를 하고 계셨는데, 그 모습이 그렇게 평안해 보일 수가 없었습니다. 그리고 그분이 가지고 있는 평안함이 그렇게 부러워 보일 수가 없었습니다. 또 그분이 가진 청결한 삶의 모습이 제게 얼마나 감동적이었는지 모릅니다. 문득 저도 그 교수님처럼 예수님을 믿고 싶다는 생각이 들었습니다. 그래서 그 교수님께 다가가서 신앙에 관해 이야기를 들었습니다. 결국, 저는 그 교수님을 통해 전도를 받아 예수님을 믿게 되었으며, 열심히 신앙생활을 하던 중 교수님이 베풀어주신 사랑의 빚을 갚기 위해서 의료 선교사로 지원하게 되었습니다. 만약 그 교수님이 그리스도를 증거하는 행동을 삶으로 드러내지 않고 감추었더라면 저는 지금과 같은 열매를 맺을 수 없었을 것입니다."

15장에서 예수님은 포도나무요, 제자는 그 포도나무의 가지이고, 하나님 아버지는 농부신데 포도나무 가지를 깨끗하게 다듬어서 가지들이 많은 열매를 맺기를 바라신다는 비유로 말씀했습니다. 제자가 그리스도 안에 거하여 그리스도에게 붙어 있을 때 열매를 많이 맺을 것이고, 그러면 하나님은 제자를 통하여 영광을 받으신다고 했습니다. 그리스도인이 예수님께 순종하는 제자가 되어야 하고, 더 나아가 서로 사랑하는 제자가 되어야 합니다. 그러면 우리가 포도나무에 붙어 있는 가지로 열매를 맺게 되고, 우리가 미전도인들에게 가서 복음을 전하여 회심자를 얻는다는 것입니다. 우리가 회심자를 얻는 열매 맺는 제자가 될 때, 우리의 기도가 응답을 받는 능력 있는 제자가 됩니다. 열매 맺는 제자는 예수님께 순종하고 서로 사랑하며 살아가는 진정한 그리스도인입니다. 본문에서 예수께서 말씀하신 열매 맺는 그리스도인이 되기 위하여 어떻게 해야 하는지 함께 말씀을 들으면서 은혜를 나누고자 합니다.

첫째로 우리는 예수님께 순종하는 제자로 살아야 합니다(9～11).

9절에서 "아버지께서 나를 사랑하신 것 같이 나도 너희를 사랑하였으니 나의 사랑 안에 거하라."라고 예수께서 우리 그리스도인에게 하나님의 사랑 안에 거하라고 말씀하셨습니다. 우리를 향하신 하나님의 사랑은 세 가지가 있습니다. 첫째, 16절에 나오는 것처럼 하나님이 창세 전에 우리를 그리스도 안에서 하나님의 백성으로 선택해 주신 사랑입니다. 신명기 7장 6~8절에서 "6. 너는 여호와 네 하나님의 성민이라. 네 하나님 여호와께서 지상 만민 중에서 너를 자기 기업의 백성으로 택하셨나니 7. 여호와께서 너희를 기뻐하시고 너희를 택하심은 너희가 다른 민족보다 수효가 많기 때문이 아니니라. 너희는 오히려 모든 민족 중에 가장 적으니라. 8. 여호와께서 다만 너희를 사랑하심으로 말미암아, 또는 너희의 조상들에게 하신 맹세를 지키려 하심으로 말미암아 자기의 권능의 손으로 너희를 인도하여 내시되 너희를 그 종 되었던 집에서 애굽 왕 바로의 손에서 속량하셨나니"라고 하나님께서 지상 만민 중에서 이스라엘 백성을 자기 백성으로 사랑으로 택하셨다고 모세가 말씀했습니다. 더 나아가 하나님께서 사랑으로 자기 백성을 속량하여 애굽에서 인도하여 내셨다고 했습니다. 우리는 하나님께서 나 같이 허물과 죄로 죽었던 죄인을 하나님의 백성으로 선택하여 주신 하나님의 사랑에 거해야 합니다. 둘째, 말씀이신 하나님이 하나님의 영광을 비우시고 이 땅에 성육신한 인간으로 오신 것은 우리를 하나님의 자녀로 삼아 주시기 위한 하나님의 사랑이었습니다. 셋째, 예수께서 인자로 오셔서 우리를 구원하기 위하여 자신의 생명을 십자가에서 버려주신 사랑이 가장 놀라운 사랑입니다(13). 십자가에서 죽으신 예수님의 죽음은 우리를 구속하시기 위한 우리 구세주의 최고 사랑입니다. 이 하나님의 사랑 안에 거하며 그 사랑에 감격하여 살아갈 때 우리가 열매를 많이 맺는다는 것입니다.

10절에서 "내가 아버지의 계명을 지켜 그의 사랑 안에 거하는 것 같이 너희도 내 계명을 지키면 내 사랑 안에 거하리라."라고 우리가 예수님의 계명을 지키는 것이 예수님의 사랑 안에 거하는 것이라고 했습니다. 이것은 우리가 예수님께 순종하여 살아가는 것입니다. 예수께서 아버지의 계명을 지키시며 하나님의 사랑 안에 거하신 것처럼 우리들이 예수님의 계명을 지키며 예수님께 순종하는 것이 바로 예수님의 사랑 안에 거하는 것입니다. 하나님의 사랑이 우리에게 계속해서 임하는 최소한의 조건이 바로 우리가 예수님께 순종하는 것입니다. 우리가 예수께 순종하여 살아갈 때 하나님의 사랑은 우리에게 계속해서 임합니다.

11절에서 "내가 이것을 너희에게 이름은 내 기쁨이 너희 안에 있어 너희 기쁨을 충만하게 하려 함이라."라고 예수님의 기쁨이 우리 안에 있을 때 우리가 예수님의 제자가 되어 기쁨으로 예수님을 따라갈 수 있고 기쁨이 충만한 그리스도인이 될 수 있습니다. 예수님의 기쁨은 하나님 아버지의 뜻을 이루는 것이었습니다. 예수님은 하나님의 뜻에 순종하시며 기뻐하셨습니다. 이 기쁨은 우리가 고난도 기꺼이 감당하여 예수님의 말씀에 순종하며 누리는 기쁨입니다. 그것이 바로 우리가 예수님의 말씀에 순종하며 누리는 기쁨으로 예수님을 따라가며 열매 맺는 제자가 되어야 하는 이유입니다. 제자들이 하나님 아버지의 계명을 따르기 위하여 기꺼이 죽음도 마다하지 않고 예수님께 순종하게 될 때 예수님의 기쁨은 제자들에게도 충만하게 넘친다는 것입니다.

적용 우리도 하나님의 놀라운 사랑 안에 거하면서 예수님의 말씀에 순종하여 예수님의 기쁨
을 누리는 제자들이 될 수 있기를 바랍니다.

둘째로 우리는 서로 사랑하는 제자로 살아야 합니다(12~14).

12절에서 "내 계명은 곧 내가 너희를 사랑한 것 같이 너희도 서로 사랑하라
하는 이것이니라."라고 예수께서 제자들을 사랑한 것 같이 제자들도 서로 사
랑하라는 것입니다. 서로 사랑하라는 계명은 당시 제자들 사이에 상존했던 시
기와 질투 그리고 공명심에 대한 우려와 책망을 뜻하는 것입니다. 서로 사랑하
라는 당부는 하나님에 대한 지나친 열심 때문에 공동체의 일원인 형제와 자매
들에 대한 자신의 관심과 사랑 부족을 정당화시키는 경향에 대한 쐐기를 박는
것입니다. 제자들은 예수님이 주신 계명대로 하나님의 사랑에 거하면서(10, 12,
17), 제자들끼리도 서로 사랑하는 수준으로 나아가야 한다고 명령합니다. 제자
들이 서로 사랑하는 것은 제자도의 본질이고, 사람들에게 제자의 지위를 굳건
하게 하고 상승시키는 효과가 있습니다.

13~14절에서 "13. 사람이 친구를 위하여 자기 목숨을 버리면 이보다 더 큰
사랑이 없나니 14. 너희는 내가 명하는 대로 행하면 곧 나의 친구라."라고 예수
께서 제자들을 위하여 자신의 목숨을 버려서 큰 사랑으로 희생할 것을 가리킨
말씀입니다. 예수께서 제자들을 친구라고 말씀하신 것은 죄인들이었던 제자
들을 속죄의 사랑으로 사랑해주신다는 뜻이었습니다. 예수님은 자기 친구들
을 위하여 자기 목숨을 버려주신 이들 중에 최고의 모델이었습니다. 제자들이
죄악의 종노릇하며 진노의 자식으로 살았던 과거와 달리 서로 사랑하며 살아
갈 때, 그들은 진정으로 예수님의 사랑을 받은 친구가 된다는 것입니다. 친구
는 주인의 계획을 알고서 주인의 명령에 기쁨으로 순종하는 사람입니다. 그러
나 종은 주의 명령을 맹목적으로 하달 받고 그대로 맹종하는 사람입니다. 친구
와 종은 삶의 태도에 있어서 분명하게 구별이 됩니다. 서로 사랑하라는 새 계
명은 제자들에게 참으로 놀라운 모습과 특권을 가져다주었습니다. 그것은 그

들이 서로 사랑하며 예수님의 진정한 제자의 모습을 가지게 되었고, 동시에 예수께서 그들의 친구가 되어주셨습니다. 예수께서 죽은 나사로의 무덤에서 "우리 친구 나사로가 잠들었도다."(11:11)라고 말씀하시며 나사로의 친구가 되어주셨고, 지금은 우리들의 친구가 되어 주셨습니다. 우리 제자들이 서로 사랑할 때 우리는 예수님의 친구로 인정받게 될 것입니다. 제자들이 서로 사랑하는 것은 하나님의 사랑 안에 거하는 것이고, 예수님의 말씀에 순종하는 예수님의 친구로 살아가게 되는 것입니다. 13절에서 사람이 친구를 위하여 자기 목숨을 버리는 사랑보다 더 큰 사랑이 없다는 말씀은 예수께서 십자가에서 우리를 위하여 목숨을 버려주신 큰 사랑이 우리를 진노와 죽음에서 살려주셨다는 것입니다. 우리가 서로 사랑하라는 예수님의 말씀대로 서로 사랑하며 살아갈 때 우리가 예수님의 제자이고 친구입니다. 하나님의 사랑에 거하는 그리스도인들이 사람을 서로 사랑하며 살아가는 것이 열매 맺는 것입니다. 열매 맺는 성도가 바로 예수님의 친구입니다.

사랑의 사도 요한은 그리스도인들에게 예수님의 친구로 서로 사랑하며 살아가라고 말씀하셨습니다. 본문에서 사도 요한은 우리가 열매 맺는 비결을 하나님의 사랑 안에 거하면서 우리가 서로 사랑하는 것이라고 말씀하고 있습니다. 사도 요한은 열두 제자 중에서 예수님의 사랑을 가장 많이 받은 제자로서 (13:23), 골고다 언덕에서 예수께서 십자가에 달려 죽으셨을 때, 예수님의 모친 마리아와 함께 그 현장에서 죽어가시던 장면을 다 목격했고(19:26~27), 네 어머니라고 예수님으로부터 모친을 위탁받았습니다. 사도 요한은 첫 번째 부활의 새벽에 예수님의 빈 무덤에 들어가 남겨진 세마포를 보고서 예수님의 부활을 처음으로 믿었던 제자이기도 합니다(20:8). 사도 요한은 베드로의 배신과 회복의 자리에도 유일하게 함께 했습니다. 사도 요한은 무엇보다도 90세가 다 되도록 살면서 하나님의 심오한 구원 계획, 천상의 하늘 보좌, 그 위의 영광의 하나님을 보았고, 새 하늘과 새 땅과 새 예루살렘, 그곳의 마지막 종말의 구원을 요한계시록에 기록할 정도로 하나님의 사랑을 가장 많이 받았던 사랑의 사도였습니다. 사랑의 사도인 사도 요한이 우리에게 하나님의 사랑에 거하는 것이 예수님께 순종하는 것이라고 하면서 예수님께 순종하는 제자가 되라고 말씀했습니다.

적용 우리도 그리스도의 사랑으로 서로 사랑하며 예수님의 제자와 친구로 살아갈 수 있기를 바랍니다.

셋째로 우리는 가서 복음을 전하여 회심자를 얻는 열매를 맺어야 합니다(15~17).

15절에서 "이제부터는 너희를 종이라 하지 아니하리니 종은 주인이 하는 것을 알지 못함이라. 너희를 친구라 하였노니 내가 내 아버지께 들은 것을 다 너희에게 알게 하였음이라."라고 예수께서 아버지께 들었던 인자 예수의 대속적 구속의 진리를 제자들에게 알게 했습니다. 예수께서 인자의 떠남과 인자의 영광과 성령의 오심 등을 제자들에게 다 알려주었지만, 제자들은 제대로 알지 못했습니다. 하나님은 아브라함을 친구라고 불러주셨고(약 2:23), 모세를 친구처럼 대하셨고, 예수님도 나사로를 우리 친구라(11:11) 불러주셨습니다. 하나님은 아브라함에게 하나님의 마음을 열어서 자기 뜻을 알려주셨고, 소돔과 고모라를 심판할 계획도 알려주셨습니다. 친구에게는 자기가 하고자 하는 일과 소망을 다 드러내서 말해줍니다. 하나님께서 친구 아브라함에게 자기의 뜻과 계획을 알려주셨습니다. 하나님이 모세를 직접적으로 친구라고 칭하지는 않았지만 "사람이 자기의 친구와 이야기함 같이 여호와께서는 모세와 대면하여 말씀하시며"(출 33:11)라고 하나님께서 모세와 대면하는 모습이 마치 친구와 대면하여 이야기하는 것 같았다고 했습니다. 모세는 하나님과 이스라엘 백성 사이의 중재자로서 살았고, 하나님은 모세에게 이스라엘 백성의 구원 계획을 알려주셨고, 모세는 하나님의 명령대로 순종하여 살아가면서 예수 그리스도의 모형이 되기도 했습니다. 예수님은 나사로를 가리켜 "우리 친구"라고 불러주셨는데, 이것은 나사로의 가족이 예수님께 대한 모범적인 믿음과 사랑과 순종을 가졌기 때문이었습니다. 예수님은 나사로 가족에게 "나는 부활이요 생명이라."라고 말씀하시며 죽지 않고 영원히 사는 부활의 진정한 의미에 대해서 명확하게 알려 주었습니다(11:25~26). 예수님은 제자들에게 하나님 아버지께서 자신을 통하여 하시고자 하는 일들을 다 드러내서 말씀해 주셨습니다. 예수님은 십자가, 부활, 승천, 성령 강림, 그리고 재림 등을 제자들에게 다 말씀해 주셨습니다. 그래서 제자들은 자신들이 예수님의 사랑받는 친구라는 사실을 알게 되었습니다.

16절에서 "너희가 나를 택한 것이 아니요. 내가 너희를 택하여 세웠나니, 이는 너희로 가서 열매를 맺게 하고 또 너희 열매가 항상 있게 하여 내 이름으로 아버지께 무엇을 구하든지 다 받게 하려 함이라."라고 그리스도인들이 먼저 예수님을 선택한 것이 아니고, 하나님이 먼저 그들을 선택해서 제자로 삼아 주셨고, 그 선택하신 목적은 제자들이 가서 열매를 많이 맺게 하려 함이라(2, 5, 8)고 했습니다. 농부이신 하나님은 포도나무 가지인 우리 그리스도인들이 많은 열매 맺기를 원하십니다. 그 열매는 16절에서 제자들이 미전도인들에게 가서 복음을 전파하여 회심자를 얻는 것이라고 카슨(D. A. Carson) 교수는 해석했습니다. 예수께서 포도나무 비유를 마무리하면서 우리 그리스도인이 맺어야 할 열매의 핵심은 복음 전도와 선교에 있으며 반드시 열매를 맺어야 한다는 것이었습니다. 이것은 사도 요한이 요한복음을 기록할 당시나 지금이나 변함없이 동일한 예수님의 명령이고 우리가 반드시 맺어야 할 열매입니다.

예수께서 자신의 생명을 버려서 제자들을 친구 삼아 주신 것이 진정한 친구의 모습을 보여주신 것입니다. 우리가 예수 그리스도와 친구 된 우정은 전적인 하나님의 선택과 그리스도의 구속에 근거하고 있습니다. 우리는 이것을 전적인 하나님의 은혜로 이루어진 일이라고 말합니다. 허물과 죄로 죽었던 죄인이었던 우리를 예수께서 자신의 목숨을 우리를 위하여 버려주셔서 우리를 친구 삼아 주셨다는 사실이 참으로 놀랍습니다. 그러므로 우리는 예수께서 우리를 친구 삼아 주신 데 대하여 감사하며 열매 맺기 위하여 부단히 힘써야 합니다.

16절 후반부에서 우리가 가서 열매를 맺고 열매가 항상 있어야 우리가 예수님의 이름으로 하나님 아버지께 기도하여 응답받는 것이라고 했습니다. 예수님의 말씀에 순종하여 미전도인에게 가서 복음을 전하여 회심자를 얻어서 열매를 맺고 또 열매가 항상 있을 때 기도 응답을 받는다고 했습니다. 복음 전도와 선교에서 우리가 열매를 맺는 비결은 예수님의 이름으로 기도하고 예수를 증언하여 구원자를 얻는 것이 열매를 맺는 것이라고 말씀하고 있습니다.

다시 17절에서 예수님은 "내가 이것을 너희에게 명함은 너희로 서로 사랑하게 하려 함이라."라고 예수께서 우리를 사랑하신 것은 우리가 서로 사랑하게 하려 함이라고 12절에서 하셨던 말씀을 다시 반복해서 말씀하고 있습니다. 사랑은 서로를 위해서 기도하게 합니다. 사랑은 친구가 어려울 때 더 가까워지게 합니다. 사랑은 먼저 친구를 위해 자신을 주는 것입니다. 서로 사랑하고, 자신을 친구에게 주면 우리가 그리스도의 제자가 되고, 주 안에서 우리가 예수님의 친구가 될 것입니다. 우리가 하나님의 사랑에 거하여 살면서 열매를 맺는 삶이 바로 제자의 삶입니다.

사랑하는 성도 여러분이여!

하나님은 포도나무에 붙어있는 가지인 우리 그리스도인들이 많은 열매를 맺기를 원하십니다. 그러기 위하여 하나님의 사랑 안에 풍성하게 거하십시다. 하나님의 놀라운 사랑을 받은 우리들이 미전도인들에게 가서 복음을 전하여 구원자를 얻는 열매를 많이 맺어야 합니다. 그것이 바로 하나님께 영광을 돌리며 예수님의 친구로 살아가는 비결입니다. 예수님의 친구는 예수님의 명령대로 순종하여 서로 사랑하며 살아가는 제자들입니다. 우리는 예수께서 우리를 친구 삼아 주신 데 대한 무한한 감사와 놀라운 은혜를 느끼면서 서로 사랑해야 합니다. 전도와 선교의 현장에서 창조주 하나님과 우리 주님 예수 그리스도를 증언하여 열매 맺는 그리스도인으로 살아갈 때 우리의 놀라운 기도에 응답도 받을 것입니다. 우리의 능력 있는 기도가 더 많은 열매를 맺히게 합니다. 하나님의 놀라운 사랑에 감격하여 미전도인들에게 가서 창조주 하나님과 우리 주님 예수 그리스도를 증언하여 회심자를 얻어 더 많은 열매를 맺는 제자가 될 수 있기를 소원합니다.

53. 교회는 왜 세상의 미움을 받는가?(15:18~27)

미국의 발명가 토머스 에디슨(Thomas Alva Edison, 1847~1931)은 인내의 사람이었습니다. 그는 일정한 전압에 견디는 필라멘트를 연구하는 일을 13개월 동안이나 계속 실패하는 바람에 몹시 지쳐 있었습니다. 설상가상 재정 후원자도 더는 도와주지 못하겠다고 하차했습니다. 그래도 에디슨은 포기하지 않고 여러 날 밤을 새우며 연구에 몰두했습니다. 결국, 에디슨은 천연 탄화 섬유를 진공 밀폐된 전구 속으로 삽입하는 데 성공했습니다. 에디슨의 제자는 그가 전류를 통하게 한 그 놀라운 순간을 이렇게 설명했습니다. "우리가 그토록 오랫동안 보고 싶었던 광경을 드디어 보게 되었습니다." 가장 열악한 상황 속에서 에디슨은 무려 11만 번이나 실패를 거듭했습니다. 어느 날 제자가 "선생님, 11만 번이나 실패하셨군요!"라고 말하자. 에디슨은 "아니라네, 이렇게 하면 안 된다는 11만 가지 방법을 알아낸 것이지."라고 대답했습니다. 마침내 에디슨은 불굴의 인내력으로 백열전구와 상업화한 전등을 발명해서 우리의 삶을 더 밝게 해주었습니다.

교회는 예수 그리스도와 하나로 연합된 유기체입니다. 15장에서 예수님은 포도나무고 우리 그리스도인은 그 가지라고 해서 우리가 예수님과 하나로 연합되어 있다고 말씀하셨습니다. 바울은 고린도전서 12장에서 예수께서 우리의 머리이시고 우리 그리스도인은 그 지체로 우리가 그리스도와 한 몸으로 연합되었다고 했습니다. 세상은 예수님을 알지 못하지만, 예수께서 교회를 택하여 따로 세워서 세상은 교회와 소속이 다르기 때문에 교회를 미워한다고 알려주셨습니다. 세상은 먼저 예수님을 미워하고 배척하였다가 나중에 예수님을 따르는 교회를 미워하고 배척하고 있습니다. 예수님을 따르는 교회는 세상의 무서운 미움과 박해에도 불구하고 기꺼이 예수님을 따르고자 하는 참된 결단과 회심으로 따라가고 있습니다. 예수님은 교회가 세상의 미움과 박해를 이겨내며 예수님을 증언할 수 있도록 보혜사 성령을 보내주셨습니다. 성령을 받은 그리스도인들은 세상의 미움과 박해에도 자신의 신앙을 지키면서 예수 그리스도를 담대하게 증언하며 살아갑니다. 교회는 세상의 미움과 박해에도 실족하지 않고 세상을 이겨내야 합니다. 교회가 세상의 미움과 박해를 받을 때 어떻게 이겨내야 하는지 본문 말씀을 들으면서 함께 은혜를 나누고자 합니다.

첫째로 교회는 예수님의 이름 때문에 세상의 미움을 받습니다(18~25).

18~19절에서 "18. 세상이 너희를 미워하면 너희보다 먼저 나를 미워한 줄을 알라. 19. 너희가 세상에 속하였으면 세상이 자기의 것을 사랑할 것이나 너희는 세상에 속한 자가 아니요 도리어 내가 너희를 세상에서 택하였기 때문에 세상이 너희를 미워하느니라."라고 예수께서 교회가 세상의 미움을 받을 때 이상하게 여기고 놀라지 말라(요일 3:13)고 말씀했습니다.

18~25절에서 세상이 예수님과 교회를 '미워한다'는 말이 7번이나 나옵니다. 세상이 교회를 미워하는 이유에 대해 몇 가지로 정리할 수 있습니다.

첫째, 교회가 세상에 속하지 않았기 때문입니다. 예수께서 교회를 세상에서 택하였고, 교회는 세상에서 나와서 예수님과 한 몸을 이루어 연합하고 있기 때문에 교회는 세상과 그 소속이 다르다는 것입니다. 교회는 소속이 다른 세상에 여전히 몸을 담고 있으면서, 그 다름으로 인하여 세상에서 미움과 배척을 당한다고 했습니다. 요한복음에서 '세상은 하나님을 대적하여 반역 중에 있는 도덕 질서'를 말하며 그것은 대표적으로 예수님을 대적했던 유대인들이었습니다. 요한일서 3장 13절에서 "형제들아, 세상이 너희를 미워하여도 이상히 여기지 말라."라고 말하고, 18절에서 "세상이 너희를 미워하면 너희보다 먼저 나를 미워한 줄 알라."라고 세상이 교회를 미워하는 것은 세상이 예수님을 미워하기 때문이라고 했습니다.

둘째, 세상이 예수님을 미워하는 근본적인 이유가 7장 7절 나오는 대로 예수께서 '세상을 악하다'라고 책망한 것에 기인하고, 더 나아가 8장 44절에서 '세상을 살인자와 거짓말의 아비인 마귀의 자식들이라'라고 정죄한 것에 기인합니다. 그런데 예수를 따르는 교회가 세상에서 미움을 받는 이유도 세상이 격렬하게 미워하는 예수님과 그들이 하나로 연합되어 있기 때문이라는 것입니다.

셋째, 교회가 예수님을 사랑하고 예수님의 말씀에 순종하며 살아가는 의인이기 때문에 세상은 교회를 미워하고 대적한다는 것입니다. 교회가 세상에서 미움을 받는 것은 세상이 미워하는 예수님 때문이라는 것입니다. 세상은 자신을 사랑하는 자신들과 다른 예수님을 사랑하는 교회를 미워하지만, 세상에 속한 자기 사람들을 사랑한다는 것입니다.

넷째, 교회는 천국을 소망하며 살아가고 있지만, 세상은 이 땅을 전부로 알고 살아가고 있습니다. 세상은 하나님을 반역한 자들이기에 자신들이 반역하고 대적한 예수님과 연합하여 예수님을 사랑하고 예수님의 말씀에 순종한 교회를 도무지 용납하지 못하고 미워하는 것입니다. 교회가 세상에 속하지 않는 것은 원래부터 세상에 속한 적이 없기 때문이 아니라 예수께서 교회를 세상에서 택하여 구원하여 내셨기 때문입니다. 그리스도인들도 원래는 반역한 죄인이었는데, 하나님의 은혜를 입어서 예수님을 주님으로 믿고 사랑하며 그 말씀에 순종하여 살아가고 있기 때문에 하나님께 반역한 세상과 하나로 연합할 수가 없는 것입니다. 교회는 세상보다 우월한 것도 아니고 본래 진노의 자식들이었는데(엡 2:3), 주 예수 그리스도의 구속함을 받아서 예수님을 사랑하기 때문에 세상에서 따돌림을 당하고 미움을 받게 되었습니다.

20~21절에서 "20. 내가 너희에게 종이 주인보다 더 크지 못하다 한 말을 기억하라. 사람들이 나를 박해하였은즉 너희도 박해할 것이요, 내 말을 지켰은즉

너희 말도 지킬 것이라. 21. 그러나 사람들이 내 이름으로 말미암아 이 모든 일을 너희에게 하리니 이는 나를 보내신 이를 알지 못함이라."라고 세상이 예수님을 박해하였다면 예수님을 따르는 교회도 계속 박해한다는 것입니다. 더 나아가 20절 마지막에 "그들이 내 말을 지켰은즉"이라는 말은 사실 세상이 예수님의 말씀에 순종하지 않았다는 것을 말하는 것이고, 이어서 "너희 말도 지킬 것이다"는 말은 사실 세상이 교회가 전하는 복음의 말씀을 순종하지 않을 것이라는 예수님의 예언입니다. 세상이 교회를 박해하는 것은 세상이 예수님을 알지 못해서 박해했던 것과 같이 교회를 박해하는 것이라고 했습니다. 더 나아가 세상이 예수님을 박해하는 것은 하나님을 알지 못해서 박해하는 것이라고 예수께서 더 근본적으로 말씀하셨습니다. 왜냐하면, 예수님과 하나님은 한 분으로 계시고, 예수님 안에 하나님 아버지께서 계시기 때문에 예수님을 미워하고 박해하는 것은 하나님을 미워하고 박해하는 것입니다. 세상이 교회를 미워하고 박해하는 것은 다 '예수님의 이름 때문이라'고 했는데 이것은 다 '예수님 때문이라'는 것입니다. 예수께서 이 모든 근본 원인이 '세상이 예수님을 보내신 하나님을 알지 못하기 때문이라'고 했습니다. 그 이유는 예수님 안에 하나님 아버지께서 계시하여 주신 말씀을 예수께서 말씀하셨고, 아버지께서 하라고 주신 일들을 예수께서 행하셨는데, 그 일들을 세상이 알지 못한다는 것입니다. 그러므로 세상이 예수님을 알지 못한 것은 세상이 무엇이라고 항변할지라도 결국 세상은 예수님 안에 계신 하나님을 알지 못한 것 때문이라고 예수께서 말씀하셨습니다.

다섯째, 22~24절에서 예수님이 더 분명하게 말씀하셨는데 예수께서 세상에 오셔서 자신이 세상의 빛이시고 하나님의 아들이시고 인자시라고 분명하게 말씀했는데도 세상은 예수님의 말씀을 믿지 않아 예수님을 미워하고 배척하여 빛보다 어둠을 더 좋아한 죄에서 기인합니다. 세상이 빛보다 어둠을 좋아하는 죄가 예수님의 말씀에 의해서 분명하게 드러났습니다. 24절에서 예수께서 "아무도 못한 일을 세상에서 행하였다"라는 것은 그들 가운데서 예수께서 많은 표적을 행하였는데도 불구하고 세상은 예수님을 믿지 않았다(12:37)는 것입니다. 예수님의 행하신 표적을 보고서 많은 사람이 예수님을 하나님의 아들과 인자로 믿었음에도 세상은 믿지 않았고 오히려 예수님을 미워하고 대적하는 죄악에 빠졌습니다. 세상은 예수님의 말씀에서 하나님의 말씀을 들어야 했고, 세상은 예수께서 행하신 표적 속에서 하나님의 일을 보고 하나님을 믿었어야 함에도 믿지 못했습니다. 세상은 예수님 안에 거하시는 하나님을 보아야 했습니다. 예수님은 하나님 아버지의 품 속에서 말씀하시는 하나님이십니다(1:18). 세상이 예수님을 미워한 것은 결국 하나님을 미워한 것이었습니다. 예수를 믿지 않고, 하나님을 믿지 않는 것이 죄라고 예수께서 알려주셨기 때문에 세상은 더 이상 변명할 말이 없고 핑계할 수도 없습니다. 예수께서 이 땅에 오셔서 최고의 계시를 분명하게 말씀하셨음에도 세상은 예수를 믿지 않고 하나님을 알지 못하였기 때문에 더 이상 아무런 핑계도 할 수 없게 되었습니다. 그래서 세상은 교회를 미워하고 예수님을 미워하며 죄에서 구원받는 것도 부정해버렸습니다.

적용 교회가 예수님을 사랑하는 것 때문에 세상의 미움과 배척을 받고 있다는 사실을 알고 우리는 세상의 미움과 배척을 다 극복하고 이겨낼 수 있기를 바랍니다.

둘째로 교회는 세상의 반대에도 보혜사 성령으로 예수님을 증언해야 합니다(26~27).

26~27절에서 "26. 내가 아버지께로부터 너희에게 보낼 보혜사 곧 아버지께로부터 나오시는 진리의 성령이 오실 때에 그가 나를 증언하실 것이요. 27. 너희도 처음부터 나와 함께 있었으므로 증언하느니라."라고 예수께서 아버지로부터 받아 제자들에게 보내신 보혜사 성령이 교회에 임하여서 예수님을 증언하실 터인데 제자들도 예수님을 증언해야 한다고 했습니다. 26절에서 "내가 아버지께로부터 너희에게 보낼 보혜사"라고 했고, "성령이 아버지께로부터 나오신다."라고 했습니다. 성령이 아버지께로부터 '나오신다'(proceed; KJV, NASB)라

는 동사를 사용하였기 때문에 성령의 발현이 아버지로부터라는 동방교회의 주장과 예수께서 보내셨으니 성령의 발현이 아버지와 아들로부터라는 서방교회 주장 사이에 큰 논쟁이 있었습니다. "성령이 아버지로부터 나오신다."라는 표현은 성령의 존재론적인 발현과 아버지와의 관계에 대하여 말씀합니다. 동방교회는 26절 본문에 근거하여 성령은 하나님 아버지로부터 나오신다고 믿고 있습니다. 그런데 서방교회는 '예수께서 아버지로부터 보혜사 성령을 너희에게 보내신다'라는 말씀에 근거하여 "아버지 '그리고 아들'"이라는 어구를 첨가하여 "성령이 아버지와 아들로부터 나오신다."로 정의했는데(니케아 신조, 웨스트민스터 신앙고백서), 카슨(D. A. Carson) 교수도 서방교회 주장을 강력하게 옹호하고 있습니다. 아들은 태초부터 아버지와 함께 계셨던 말씀이신 하나님이신데 그분이 육신이 되어 이 땅에 오신 예수 그리스도시고, 제자들은 그분을 하나님이라(20:28)고 신앙 고백했고, 그분이 제자들을 떠나서 아버지께로 가서서 성령을 우리에게 보내시는 아버지와 한 분으로 계신 하나님입니다. 26절에서도 예수께서 "내가 아버지께로부터 너희에게 보낼 보혜사"라고 해서 전후 문맥에서 성령이 아버지로부터 나오시는데 아들이 아버지로부터 받아서 파송하여 보내신다는 말씀을 종합하여 아버지와 아들이 성령을 파송하여 보내신다고 말씀하고 있으므로 성령은 아버지와 아들로부터 파송을 받아 나오신다고 명확하게 정리했다고 하며 서방교회가 주장하는 초기의 신조가 더 성경적으로 타당하게 옹호돼야 한다는 사실에 저도 전적으로 따릅니다.

26절에서 "진리의 성령이 오실 때에 그가 나를 증언하실 것이요."라고 성령이 오셔서 예수님을 증언하실 것이라고 했습니다. 성령은 예수께서 아버지께로부터 받아서 우리에게 보내주신다고도 말씀했습니다. 하나님 아버지께서 세상을 사랑하사 독생자 예수님을 우리에게 보내주셨듯이 예수께서 아버지께로 다시 돌아가서 성령을 아버지로부터 받아서 우리에게 보내주셨습니다. 하나님 아버지와 하나님의 아들 예수님과 동일한 본체와 능력과 영원성을 가지신 성령께서 진리의 성령으로 제자들에게 오셔서 하나님 아버지와 하나님의 아들을 가장 잘 증언합니다. 진리의 성령이 진리이신 예수님을 증언하신다고 했습니다. 진리의 성령은 교회가 세상의 미움과 박해를 받는 중에도 예수님을 사람들이 당당하게 증언하게 합니다. 성령은 복음을 듣는 사람들이 예수 그리스도를 그들의 주님으로 믿어 고백하게 하고, 하나님을 우리의 아버지로 알게 합니다. 진리의 성령은 예수님이 가르친 진리의 말씀을 제자들이 깨닫고 증언하게 합니다.

27절의 "너희도 처음부터 나와 함께 있었으므로 증언하느니라."라고 했는데, 현대인의 성경은 "너희도 처음부터 나와 함께 있었으니 나를 증거해야 한다."라고 번역했습니다. 제자들은 처음부터 예수님과 함께 있었기 때문에 예수님을 증언해야 한다는 것입니다. 여기서 '처음부터'는 창조의 시작이 아니라 예수님의 공생애 사역의 시작을 뜻하는 것으로 본문 말씀은 공생애의 마지막 때에 하신 말씀입니다. 공생애 시작 때부터 예수님과 동행했던 제자들의 예수님에 대한 증언은 후대의 제자들에게 예수님에 대한 증언의 모델이었습니다. 제자들의 증언의 내용은 언제나 "예수님에 대한"(about me) 것이었습니다. 그것은 구체적으로 예수 그리스도 안에서의 하나님의 계시, 곧 그의 말씀과 표적들, 예수님의 죽음과 부활 안에서의 하나님의 계시, 그리고 여기에 수반되는 복과 심판인데 제자들은 세상에 그대로 증언했습니다. 예수님에 대하여 제자들이 성령의 충만함으로 증언할 때 세상은 둘로 나누어졌습니다. 예수님을 주님으로 영접하여 믿는 사람과 믿지 않고 대적하는 사람들로 나누어졌습니다. 15장 27절 하반절의 말씀은 성령이 예수님의 공생애 처음부터 제자들을 능력 있는 예수님의 증인 되게 했다는 것입니다. 예수님에 대한 증언은 성령의 능력을 받아야 가능하다는 것입니다. 진리의 성령을 오순절에 충만하게 받은 베드로 사도가 예수님의 십자가와 부활을 증언하여 삼천 명이 회개하고 예수를 믿어 세례를 받았습니다. 예수께서 보내신 성령을 충만하게 받은 제자들이 예수님의 십자가와 부활을 담대하게 증언하여 수많은 사람이 예수님을 주님으로 믿었습니다. 우리도 진리의 성령을 받아서 세상의 미움을 극복하고 예수님을 증언해야 합니다.

사랑하는 성도 여러분이여!

여러 가지 이유로 교회는 세상으로부터 많은 미움과 박해를 당하고 있습니다. 이 땅에 있는 교회의 숫자는 그 어떤 종교 처소보다도 많고 교회는 주일마다 예배당에 모여서 예배해야 하는 근본적인 이유가 있다는 사실을 세상은 잘 이해하지 못합니다. 교회는 세상과 그 소속과 가치관과 본향이 다릅니다. 교회의 주인은 예수님과 하나님이시기 때문에 두세 사람이 함께 모여 하나님을 예배해야 합니다. 세상은 교회가 함께 모여 하나님을 예배하는 것을 미워하지만, 우리는 뱀같이 지혜롭게 하나님을 당당하게 예배해야 합니다. 교회는 예수께서 아버지로부터 받아서 우리에게 보내주신 성령을 충만하게 받아서 예수님을 우리의 주님이라고 당당하게 증언해야 합니다. 우리는 성령 충만함으로 세상의 미움과 박해를 극복하고 하나님을 더 잘 예배하고 예수님을 더 잘 증언하며 살아갈 수 있기를 소원합니다.

54. 성령께서 하시는 일(16:1~15)

1871년 가을 시카고 대화재의 해에 전도자 무디(Dwight L. Moody, 1837~99)가 뉴욕 브루클린에서 18번째 순회 집회를 하다가 중간에 설교를 중단했습니다. 무디가 그 일로 자신의 실패를 자책하며 괴로워하고 있었는데, 집회가 끝난 후 한 여인이 그에게 찾아와 이렇게 말했습니다. "브루클린에서 우리는 목사님의 설교를 들었습니다. 목사님이 우리에게 성경 말씀을 들려주신다면 우리에게는 더 없는 축복이 될 것입니다." 이 말 한마디에 무디는 지금까지 자신이 사용했던 무익한 방법들을 바꾸는 계기가 되었습니다. 그 여인을 만난 다음 날 전도자 무디는 성경을 읽으면서 하나님의 말씀을 전했습니다. 대전도자 무디는 성경 말씀만으로 달콤하고 황홀한 성령의 불이 그 자리에 즉시 임하는 것을 느꼈습니다. 무디는 그날 하나님의 말씀의 승리를 놀랍게 경험했습니다.

예수께서 '지금' 제자들을 떠나간다고 하면서 제자들이 맞이할 최악의 사태에 대하여 미리 알려주셨고, 동시에 자신이 떠나가면 성령을 그들에게 보내실 것도 함께 말씀했습니다. 예수께서 아버지께로 떠나간다는 것은 십자가에 달려 죽었다가 다시 살아나셔서 영광으로 아버지께로 돌아가시는 것이었습니다. 예수께서 아버지께로 떠나가시는 것이 제자들에게 유익하다(7)고 하시면서 그가 떠나가면 성령을 제자들에게 보내서 그들을 실족하지 않게 하고, 죄와 의와 심판에 대하여 깨우쳐 주고, 그들을 진리 가운데로 인도하겠다고 말씀했습니다. 그러나 제자들은 예수께서 부활하실 때까지 말씀의 의미를 알지 못했습니다. 예수께서 보내신 진리의 성령이 제자들에게 임하여 구체적으로 무슨 일을 하게 하시는지 본문의 말씀을 들으면서 함께 은혜를 나누고자 합니다.

첫째로 보혜사 성령은 세상에서 핍박당하는 제자들을 실족하지 않게 하십니다(1~4).

유대인 당국자들이 예수께서 떠나신 후에 제자들을 핍박한 가장 큰 위협은 그들을 죽음에 이르게 하는 것이 아니라 유대인 회당에서 그들을 율법을 더럽힌 자들이라고 폭력적으로 추방하여 출교에 이르게 하는 것이었습니다.

2절의 "때가 이르면"의 "때"는 예수의 죽음과 부활에 결부되어 있습니다. 세상의 적대적 핍박이 예수께서 십자가에 달리는 죽음의 때를 기점으로 예수님에게서 제자들에게로 옮겨가는 전환점이 되었습니다. 제자들에 대한 치명적인 핍박과 배척이 유대인들로부터 생겨났는데, 그것은 교회가 유대교로부터 생겨났고, 최초의 교회의 구성원들도 모두 유대인이었기 때문입니다. 바울 사도가 유대인 회당에서 40에 하나 감한 매를 다섯 번이나 맞았다고 고백할 정도로 유대인 당국자들은 독특한 방식으로 그리스도인들을 핍박하고 박해했습니다. 유대인의 구전 율법인 미쉬나(Mishnah)의 기록에 의하면 유대인 회당의 랍비들은 이단들을 죽이는 것이 하나님을 섬기는 일이라고 생각했다는 것입니다. 유대교인들은 그리스도인들을 이단이나 이교도라고 매도하며 그리스도인들을 죽이는 것이 하나님을 섬기는 일이라고 잘못 믿었습니다. 2절 마지막에서 사도 요한은 "… 무릇 너희를 죽이는 자가 생각하기를 이것이 하나님을 섬기는 일이라 하리라."라고 유대인 당국자들은 장차 그리스도인들을 박해하면서 그것이 "하나님을 섬기는 일"이라고 생각한다는 것입니다. 유대인들의 핍박과 박해를 받아서 그리스도인들이 자신의 신앙을 지키다가 순교의 죽음을 죽는다면 그것이야말로 진정으로 하나님을 섬기는 일이었습니다.

3절에서 "그들이 이런 일을 할 것은 아버지와 나를 알지 못함이라."라고 제자들을 핍박하는 유대인 당국자들의 박해 원인은 아버지와 아들을 알지 못하는 신앙적인 무지 때문이라고 예수께서 지적하셨습니다. 14장 7절에서 아들을 아는 사람은 아버지를 알게 된다고 했고, 17장 3절에서 참 하나님 아버지와 하나님의 아들을 아는 것이 영생이라고 했습니다. 예수께서 유대인들이 하나님을 알지 못하는 무지가 하나님을 아는 그리스도인들에 대한 적대감을 불러일으켰다는 것입니다. 예수께서 제자들에게 이런 험한 핍박과 박해에 대하여 미리 알려주시는 이유는 나중에 이런 신앙적인 박해가 일어났을 때, 제자들이 그것을 의외의 놀라운 일로 여기고 기겁해서 배교의 유혹을 받게 되는 것을 미연에 방지하고자 하는 의도였습니다. 예수께서 제자들에게 미리 말씀해주셨기 때문에 이제 그들이 박해 중에라도 예수께서 일러주신 말씀을 기억하고서 더욱 강한 믿음을 가지고 성령을 의지하여 박해를 이겨내라는 것이었습니다.

4절의 "그 때를 당하면"이라는 말씀은 예수님의 십자가의 때와 그 뒤에 이어지는 제자들이 박해받는 때를 말합니다. 예수께서 십자가의 죽음에서 최고의 패배를 당한 것처럼 보이는 그 순간이 바로 예수께서 부활로 사망을 정복하고 최고의 승리를 거두는 때였고, 유대인 당국자들이 예수님을 십자가에 죽이고서 최고의 승리를 거두었다고 생각하는 그 순간이 그들이 가장 비참한 패배를 당하는 순간이었습니다. 예수께서 이전에 제자들이 당할 핍박과 박해의 위험에 대하여 자세하게 말해주시지 않은 것은 자신이 제자들과 함께 있어서 그들의 방패막이가 되었기 때문입니다. 이제 예수께서 제자들을 떠나가시면서 세상의 위협과 핍박을 받는 제자들에게 그들이 실족하지 않도록 그들에게 성령을 보내서 그들의 입으로 무엇을 어떻게 말할지 알려주시며 당당하게 그들의 믿음을 지키게 하고 보호하신다고 했습니다(막 13:11). 그래서 예수께서 아버지께로 떠나가시면서 제자들이 핍박과 배척을 당하여도 근심하지 말고 성령으로 실족하지 않게 하라고 했습니다.

적용 우리는 보혜사 성령으로 어려움도 다 이겨내며 더 뜨겁게 예배할 수 있기를 바랍니다.

둘째로 보혜사 성령은 세상을 책망하십니다(5~11).

예수께서 자신을 보내신 하나님 아버지께로 떠나가시는데 제자들이 어디로 가시는지 묻는 자도 없다고(5) 했습니다. 이선에 베드로(13:36)와 도마(14:5)가 어디로 가시는지 예수님께 물었지만, 제자들은 진정으로 진지하게 예수께서 어디로 가시는지를 묻지 않았다는 것입니다. 예수께서 지금 떠나가신다고 했을 때 제자들은 근심했습니다(6). 예수께서 자신이 아버지께로 가는 것을 제자들이 오히려 기뻐하라고 말씀하셨고(14:28), 자신이 아버지께로 가는 것이 제자들에게 유익하다고 7절에서 말씀하셨습니다. "그러나 내가 너희에게 실상을 말하노니 내가 떠나가는 것이 너희에게 유익이라. 내가 떠나가지 아니하면 보혜사가 너희에게로 오시지 아니할 것이요, 가면 내가 그를 너희에게로 보내리니"라고 예수께서 떠나가야 제자들에게 보혜사 성령을 보내주시기 때문에 지금 떠나가는 것이 제자들에게 유익하다고 말씀했습니다. 그 이유는 예수께서 아버지께로 가야 아버지로부터 보혜사 성령을 받아 제자들에게 보내주시기 때문이라고 했습니다. 예수께서 제자들과 함께 계셨을 때 시간과 장소의 제약이 있었지만, 성령은 제약이 없이 모든 제자들과 함께 거하여 세상 끝날까지 제자들에게 능력을 주셔서 교회를 계속해서 세우게 하신다는 것입니다.

예수님을 알지 못하여 영접하지 않고 대적했던 세상에 보혜사 성령께서 오셔서 세상의 죄와 의와 심판에 대하여 깨달아 알게 해주었습니다. 8절에서 "그가 와서 죄에 대하여, 의에 대하여, 심판에 대하여 세상을 책망하시리라."라고 성령이 죄와 의와 심판에 대하여 세상을 '책망하시리라'고 했는데 이것은 죄와 의와 심판에 대하여 세상을 '깨우쳐 알게 하러 오신다.'(convince; NLT) 또는 죄와 의와 심판에 대하여 세상을 '확증하러 오신다'(convict; NIV & NASB)는 뜻입니다. 여기서 세상을 '책망하시리라'라는 것은 세상이 잘못 알고 있는 것을 '깨우쳐 주는 것이다', 또는 '드러내어 확증해주는 것이다'라는 뜻입니다. 여기서 세상을 '책망하시리라'라는 뜻은 세상에게 그의 유죄를 깨닫게 해서 부끄럽게 만들어 회개로 이끄는 방식으로 죄를 확신하게 해준다는 의미입니다. 세상은 죄가 무엇인지 관심조차 없었는데, 성령께서 오셔서 세상의 죄와 의와 심판을 깨닫고 회개하도록 죄를 확증하여 알게 해준다는 것입니다.

9절에서 "죄에 대하여라 함은 그들이 나를 믿지 아니함이요."라고 했습니다. 모세가 모세오경에서 진짜 강조했던 것은 모세와 같은 선지자가 오셨을 때 유대인들이 그 선지자의 말을 듣는 것이 모세오경의 핵심이었습니다. 유대인들이 율법을 의식적이고 문자적으로 경직되게 해석하여 오히려 세상에 오시리라던 그 선지자 예수께서 세상에 오셨는데도 그들은 믿지 않고 오히려 참람한 자라고 정죄하고 대적했습니다. 예수께서 자신이 하나님의 아들이며 인자시라고 자주 증거 하셨는데도 그들은 믿지 못하였습니다. 예수께서 자기 땅에 자기 백성을 구원하시려고 그리스도로 오셨지만(3:16~17), 사람들은 그를 구세주 메시아로 믿지 않고 오히려 참람한 죄인이라고 배척했습니다. 9절에서 성령이 오셔서 예수님을 하나님의 아들, 인자, 그리스도로 믿지 않은 것이 죄라는 사실을 세상이 깨달아 알게 해주었습니다. 보혜사 성령이 와서 세상의 죄가 바로 사람들이 예수님을 믿지 않는 것이라고 깨달아 알게 하셨습니다. 15장 21~22절에서 예수께서 이 땅에 오셔서 자신을 보내신 하나님 아버지를 증거 했는데(3:16, 5:24)도 사람들이 하나님을 알지 못하는 것이 죄라고 알렸습니다. 성령이 오셔서 바로 예수 그리스도를 믿지 않고, 하나님을 알지 못하는 것이 세상의 죄라고 확증해주셨습니다. 병의 원인을 알면 그 병을 치료할 수 있는 것처럼 사람이 자신의 죄를 알게 되면 그 죄를 고백하여 그 죄를 용서받는 구원의 길도 열리는 법입니다.

10절에서 "의에 대하여라 함은 내가 아버지께로 가니 너희가 다시 나를 보지 못함이요."라고 했습니다. 예수께서 죽은 자 가운데서 살아나셔서 아버지께로 가신 것이 그가 의인이심을 드러내신 확실한 증거입니다. 십자가에 달려 죽어가는 예수님을 끝까지 지켜보았던 로마의 백부장은 "이 사람은 정녕 의인이었도다."(눅 23:47)라고 증언하였습니다. 유대인들은 예수님을 참람한 죄인이라고 정죄했지만, 요한1서 2장 1절에서 "의로우신 예수 그리스도시라"라고 사도 요한이 예수님을 의인이라고 말씀했습니다. 베드로전서 3장 18절에서 예수께서 "의인으로서 불의한 자를 대신하셨으니"라고 의인으로 십자가에서 대속적 죽음을 죽으셨다고 했습니다. 로마서 1상에서 "오직 의인은 믿음으로 말미암아 살리라"(17)는 말씀처럼 하나님의 아들 우리 주 예수 그리스도라는 복음을 믿는 사람이 의인이라(2~4, 17)고 했습니다. 바울은 로마서 4장에서 아브라함이 하나님과 하나님의 약속으로 오실 예수 그리스도를 믿어서 의인이 되었다(18~22)고 했습니다. 성령은 우리가 예수 믿지 않는 것이 죄라고 알게 하시고, 하나님을 알고 예수 그리스도를 믿는 것이 바로 의라고 알려주었습니다. 사람들이 하나님과 예수를 알지 못한 죄를 회개하고, 예수 그리스도를 주로 믿어서 의인 되어 하나님께로 나아가는 것이 바로 의라고 성령께서 알려주었습니다.

11절에서 "심판에 대하여라 함은 이 세상 임금이 심판을 받았음이라."라고 했는데 현대인의 성경에서 "심판에 대하여라고 한 것은 이 세상 임금인 사탄이 이미 심판을 받았기 때문이다."라고 번역했습니다. 예수 그리스도께서 죽은 자 가운데서 살아나심으로 말미암아 세상의 주관자인 사탄이 심판을 받았습니다. 예수님을 주님으로 믿는 제자들에게서 사탄은 이미 쫓겨났고, 제자들에게 다시 들어오지 못합니다. 유대인들은 자신들이 세상을 심판한다고 생각하여 그들이 예수님을 재판하여 참람한 자로 정죄해 사형판결을 내려서 빌라도 총독에게 넘겨 십자가에 못 박아 죽였고, 그들은 예수를 심판하여 자신들이 승리한 줄 알았습니다. 그런데 하나님께서 예수님을 죽은 자 가운데서 살리셔서 하늘 보좌에 들어가게 하시고, 예수님을 주라 부르게 하여 영광을 하나님께 돌리셨습니다. 예수 그리스도를 알지 못하여 하나님을 대적하고 제자들을 핍박했던 세상은 이미 하나님의 심판 아래 놓여 있습니다. 이 세상이 예수께서 살아나심으로 이미 심판을 받았고, 장차 영원한 심판을 받아 유황 불못에 던져질 것입니다. 5장 27절에서 "인자됨으로 말미암아 심판하는 권한을 주셨느니라."라고 하나님께서 십자가에 죽으시고 부활하신 예수님께 세상을 심판하는 권세를 주셨습니다. 우리의 주 예수께서 심판의 주가 되셔서 세상을 심판하신다는 말씀이 우리에겐 큰 위로와 소망입니다. 우리는 세상을 두려워하지 말고, 세상의 심판주이신 우리 주 예수 그리스도를 믿는 의인으로 하나님께로 나아가야 합니다.

적용 보혜사 성령이 오셔서 우리에게 예수 믿지 않는 것이 죄이고, 예수 믿는 것이 의이며, 죄인으로 살아가면 반드시 심판을 받는다는 사실을 알려주었습니다. 우리는 우리 주 예수님을 믿는 의인으로 하나님 아버지께로 나아갈 수 있기를 바랍니다.

셋째로 진리의 성령은 제자들을 진리 가운데로 인도합니다(12~15).

12절에서 "내가 아직도 너희에게 이를 것이 많으나 지금은 너희가 감당하지 못하리라."라고 예수께서 제자들에게 전한 말씀을 그들은 그때까지 무슨 뜻인지 깨달아 알지 못했고, 다 알 수도 없었습니다.

13절에서 "그러나 진리의 성령이 오시면 그가 너희를 모든 진리 가운데로 인도하시리니 …"라고 진리의 성령이 오셔서 자의로 말하지 않고 하나님 아버지께서 알게 하셨고, 예수께서 전하셨던 모든 진리 가운데로 제자들을 인도하신다고 했습니다. 여기서 모든 진리는 진리의 성령께서 제자들을 그들의 사명과 관련된 진리 가운데로 인도하시겠다는 뜻입니다. 예수님 자신이 진리이시고, 진리의 성령이 예수 그리스도와 본질적으로 결부되어 있기 때문에 성령은 진리 가운데로 제자들을 인도하신다는 것입니다. 성령은 날마다 우리가 예수님의 다스림을 받고 성경 말씀에 순종하는 삶을 살게 하십니다. 하나님께서 이스라엘 백성을 구름 기둥과 불 기둥으로 광야의 길을 인도하셨듯이 성령께서 제자들을 진리 가운데로 인도하신다는 것입니다.

예수께서 보내신 성령의 주된 일들을 살펴보면 다섯 가지로 분류할 수 있습니다. 첫째, 예수께서 전한 모든 진리를 생각나게 하고(14:26), 둘째, 제자들이 예수님에 대하여 증언하게 하고(15:26~27), 셋째, 제자들을 진리 가운데로 인도하는 것이었습니다(16:13). 성령은 제자들에게 새로운 계시를 깨닫게 하는 것이 아니라 예수께서 이미 전하신 계시의 말씀을 제자들이 정확하게 깨닫게 하고, 기록하고, 그리고 증언하게 합니다. 예수께서 말씀하신 계시의 최고 정점은 예수께서 하신 말씀을 기록한 성경 말씀입니다. 성경 외에 새로운 구속의 계시는 없습니다. 성령의 사역은 질적으로 새로운 계시를 주는 것이 아니라 예수께서 제자들에게 전하셨던 말씀을 깨달아 알게 하고, 예수께서 전하셨던 말씀을 성령께서 생각나게 하시고, 성령께서 장래 일을 알게 하시는 것이었습니다. 제자들은 성령 충만으로 예수님의 지상명령에 따라 담대한 증인이 되어 예루살렘에서부터 시작하여 온 유대와 사마리아와 땅 끝까지 이르러 예수께서 구원의 주님이심을 증거 해서 수많은 교회를 세우고, 하나님 나라를 확장합니다.

넷째, 13절 마지막에서 "그러나 진리의 성령이 오시면 … 장래 일을 너희에게 알리시리라."라고 성령이 '장래 일'을 알게 하신다고 했습니다. 현대인의 성경에서 "그분은 … 앞으로 일어날 일도 너희에게 말씀해 주실 것이다."라고 성령께서 앞으로 일어날 '장래 일'을 제자들에게 알게 해주셨습니다. 카슨(D. A. Carson) 교수는 본문에서 '장래 일'을 요한계시록과 같은 종말론적 마지막 미래 계시를 말하는 것이 아니라 예수님의 죽음과 부활, 그리고 승천과 결부된 시기에 생겨나는 모든 일을 말한다고 해석했습니다. 이러한 예수의 죽음과 부활과 승천을 포함해서 구원 사역의 완성에 이르기까지 장래 일을 성령께서 제자들에게 알게 하신다고 했습니다. 진리의 성령께서 제자들에게 오셔서 제자들이 예수님의 십자가와 부활로 생겨나는 구원을 알고 증언하게 하시고, 교회의 직분자들에게 은사를 주시고, 교회를 온전하게 세우며 살아가게 합니다.

다섯째, 14절에서 "그가 내 영광을 나타내리니 내 것을 가지고 너희에게 알리시겠음이라."라고 성령이 제자들에게 오셔서 예수님의 사역을 계승하고 확장하여 그를 파송하여 보내신 예수님을 영화롭게 하였습니다. 하늘에서 성부 하나님께서 부활 승천하신 예수님을 보좌의 우편에 앉게 하여 이전 영광을 회복하셨고, 이 땅에 오신 성령께서 사람들이 성경 말씀을 듣고 예수님을 주님이라고 고백하게 하여 예수님을 높여(빌 2:11) 하나님 아버지께 영광을 돌리게 했습니다. 성령께서 하시는 모든 일은 그리스도의 것이고, 하나님 아버지께서 그리스도에게 맡겨주신 일입니다.

사랑하는 성도 여러분이여!

보혜사 성령은 우리가 핍박당할 때 실족하지 않게 하고 당당하게 합니다. 진리의 성령이 세상에 하나님과 예수님을 알지 못하는 것이 죄이고, 우리가 주 예수를 믿음으로 하나님께로 나아가는 것이 의라는 사실을 알게 합니다. 성령은 우리가 예수 그리스도를 나의 주님으로 믿고 창조주 하나님을 나의 아버지로 섬기며 살아가게 합니다. 성령은 원수 마귀가 이미 심판을 받았고, 장차 영원한 심판을 받는다는 사실도 알려 주어 세상을 두려워하지 않게 하셨습니다. 마지막 심판자가 우리 주님 예수 그리스도라는 사실이 우리에게는 큰 위로와 소망입니다. 성령으로 예수 믿지 않는 것이 죄라는 사실을 깨닫고, 예수님을 나의 주님으로 믿어서 하나님께로 나아가는 의인으로 살아갈 수 있기를 바랍니다. 진리의 성령은 우리를 모든 진리 가운데로 인도하십니다. 우리는 성령으로 예수 그리스도를 믿는 의인으로 날마다 하나님께로 나아갈 수 있기를 바랍니다.

55. 조금 있으면 너희의 슬픔이 기쁨이 되리라
(16:16~33)

「돈키호테」(Don Quixote)의 작가 스페인의 세르반테스(M. de Cervantes, 1547~1616)는 가난한 집에서 태어나 13번을 이사하느라 정상 교육을 받지 못했습니다. 24세 때 전쟁에 참여해 왼쪽 팔에 부상을 입어 장애인이 되었습니다. 28세에 전쟁의 포로가 되어 5년간 포로생활을 했습니다. 38세에 희극저술의 실패로 생활고에 시달려 세금 징수원으로 취업하여 여러 지방을 다니며 고생했고, 영수증을 잘못 발행하여 투옥되었습니다. 그가 「돈키호테」를 쓴 것은 58세 때 옥중에서였고, 그것도 수감 동료들에게 무엇인가 기쁨을 주고자 쓴 글이 우리에게 재밌게 읽히는 불후의 명작이 되었습니다. 그의 역경이 불후의 명작을 저술하게 하였고, 그는 68세에 세상을 떠났습니다. 2002년 스웨덴의 노벨 연구소는 세르반테스의 「돈키호테」를 문학사상 가장 위대한 소설로 선정하였고, 많은 사람이 그의 희곡을 셰익스피어의 소설에 견주기도 합니다. 역경에도 절망하지 않고 용기를 가지면 반드시 기쁨의 날이 온다는 것입니다.

예수님은 제자들이 조금 있으면 슬퍼하겠으나 조금 있으면 기뻐할 것이라고 했습니다. 예수님은 자신이 제자들을 떠나서 아버지께로 가신다고 말씀하셨으나 제자들은 무슨 말인지 제대로 알아듣지 못했습니다. 제자들은 예수께서 부활하여 다시 오셨을 때, 예수님을 부활의 주님으로 알아보고 기뻐했습니다. 제자들은 예수께서 보내신 성령을 받고서 예수님의 말씀을 제대로 깨달아 알게 되면서 더 기뻐했습니다. 부활의 주 예수님과 성령을 통하여 예수께서 하나님 아버지께로부터 오셨다가 아버지께로 다시 가셨다는 사실을 제자들이 믿었을 때 하나님은 제자들을 사랑하셨습니다. 그러나 제자들은 예수께서 십자가에 못 박혀 죽으셨을 때 모두 다 예수님을 떠나서 흩어졌습니다. 예수님은 제자들이 넘어졌다가 다시 일어설 수 있도록 자신 안에 있는 평안을 그들에게 주셨습니다. 제자들에게 예수님 안에 있는 평안으로 시험을 이길 수 있는 능력도 주셨습니다. 예수님의 떠남으로 제자들이 슬퍼하였으나 예수님의 돌아옴으로 제자들이 기뻐하였다고 했는데, 슬픔이 변하여 기쁨이 되는 놀라운 말씀을 함께 들으면서 은혜를 나누고자 합니다.

첫째로 예수께서 제자들의 슬픔이 기쁨으로 변할 것이라고 말씀했습니다(16~24).

16~18절에서 "16. '조금 있으면 너희가 나를 보지 못하겠고 또 조금 있으면 나를 보리라' 하시니, 17. 제자 중에서 서로 말하되 '우리에게 말씀하신 바 조금 있으면 나를 보지 못하겠고 또 조금 있으면 나를 보리라 하시며 또 내가 아버지께로 감이라 하신 것이 무슨 말씀이냐?' 하고 18. 또 말하되 '조금 있으면이라 하신 말씀이 무슨 말씀이냐? 무엇을 말씀하시는지 알지 못하노라.' 하거늘"에서 예수께서 '조금 있으면' 제자들이 자신을 보지 못하겠고 또 '조금 있으면' 제자들이 자신을 다시 보리라고 말씀했습니다. 그런데 제자들은 예수님의 말씀을 듣고 혼란스럽고 당황하여 예수께서 '조금 있으면' 그를 보지 못하겠고 '조금 있으면' 그를 다시 본다는 말씀이 무슨 뜻이냐고 서로 수군거리고 있었는데, 예수께서 찾아오셔서 제자들이 혼란스러워 당황하는 그 말의 뜻을 설명해주셨습니다. 본문의 16절에서 19절까지 '조금 있으면'이라는 구절이 7번이나 언급되고 있습니다. '조금 있으면'은 예수께서 제자들을 떠나가는 시간이고, 더 나아가 예수께서 부활하여 제자들에게로 다시 오는 시간으로서 제자들의 슬픔이 변하여 기쁨이 되는 소망의 시간을 말합니다. 예수께서 제자들을 떠남과 돌아옴이 어떤 떠남과 돌아옴을 말하는 것인지, 더 나아가 '조금 있으면'이

라는 말의 뜻은 무엇인지에 대하여 주석가들의 설명이 다양합니다. 박윤선 박사는 예수님의 떠남은 그의 십자가의 죽음이고, 예수님의 돌아옴은 성령의 강림이라고 해석했습니다. 주석가 메튜 헨리는 예수님의 떠남은 그의 십자가 죽음, 승천이고, 예수님의 돌아옴은 그의 부활, 성령의 강림, 예수의 재림이라고 설명했습니다. 카슨(D. A. Carson) 교수는 첫째, 예수님의 떠남은 그의 십자가의 죽음이고, 둘째, 예수님의 돌아옴은 그의 부활이라고 보는 것이 가장 설득력이 있다고 명쾌하게 정리했습니다.

'조금 있으면'이라는 말에 대하여 예수님은 자신을 더 이상 보지 못하게 되리라는 것으로 이미 유대인들(7:33)과 제자들에게(13:33) 언급했습니다. '조금 있으면' 예수께서 곧 죽으신다는 것이고, '조금 있으면' 제자들은 예수님을 다시 보게 된다는 것입니다. 그것은 예수께서 죽은 자 가운데서 다시 살아나실 것이기 때문입니다. 예수께서 죽은 후에 죽은 자 가운데서 부활해야 하고, 예수께서 아버지께로 떠나가셔서 '보혜사 성령'을 보내야 하기 때문에 그가 떠나가는 것이 제자들에게 유익하다는 말씀은 제자들의 이해 범주를 벗어나는 말씀이었습니다. 예수님의 떠남과 돌아옴에 대하여 당황하는 제자들에 대한 예수님의 평가는 이미 12절에서 "지금은 너희가 감당하지 못하리라."라는 말씀에 나타납니다. 예수께서 16절에서 제자들이 조금 있으면 예수님을 보지 못하겠고 또 조금 있으면 예수님을 보리라고 두 번에 걸쳐서 '조금 있으면'을 말씀하셨는데, 17절에서 제자들이 "조금 있으면 나를 보지 못하겠고 또 조금 있으면 나를 보리라 하시며 또 내가 아버지께로 감이라 하신 것이 무슨 말씀이냐?"라고 하며, 예수께서 제자들이 자신을 보지 못하리라고 하신 말씀과 예수께서 아버지께로 가는 것을 연결시키면서 그 말씀이 무슨 뜻인지 도무지 알지 못하여 당황하고 있습니다. 18절에서도 "조금 있으면이라 하신 말씀이 무슨 말씀이냐 무엇을 말씀하시는지 알지 못하노라"라고 다시 한 번 예수께서 말씀하시는 것에 대하여 제자들이 알지 못하여 당황하며 수근거리는 모습을 확인할 수 있습니다. 예수님은 제자들이 당황하는 내용을 정확하게 아시고서 16절에서 자신이 한 말을 반복하면서 제자들이 알고자 하는 질문의 내용을 19절에서 확인하고 있습니다. "예수께서 그 묻고자 함을 아시고 이르시되, '내 말이 조금 있으면 나를 보지 못하겠고 또 조금 있으면 나를 보리라 하므로 서로 문의하느냐?" 예수께서 '조금 있으면' 제자들을 떠났다가 '조금 있으면' 다시 돌아오게 될 것이라고 정리하면서 조금 있으면 예수님의 떠남과 돌아옴이 16장의 가장 중요한 주제임을 확증해주고 있습니다.

20절에서 "내가 진실로 진실로 너희에게 이르노니 너희는 곡하고 애통하겠으나 세상은 기뻐하리라. 너희는 근심하겠으나 너희 근심이 도리어 기쁨이 되리라."라고 예수께서 고난을 받아 십자가에 죽으셨을 때, 제자들은 슬퍼하겠으나 세상 즉 유대인 산헤드린 공회가 자신들이 사형판결을 내려서 로마의 빌라도 총독의 손을 빌려서 십자가에 못 박아 죽인 예수로 인하여 기뻐하게 될 것을 말씀하셨습니다. 제자들이 부활하신 예수님을 다시 보게 되었을 때에 그들의 슬픔이 기쁨으로 변하게 될 것도 말씀하셨습니다. 20장 19~20절에서 "19. 이 날 곧 안식 후 첫날 저녁 때에 제자들이 유대인들을 두려워하여 모인 곳의 문들을 닫았더니 예수께서 오사 가운데 서서 이르시되 '너희에게 평강이 있을지어다.' 20. 이 말씀을 하시고 손과 옆구리를 보이시니 제자들이 주를 보고 기뻐하더라."라고 예수께서 십자가에 달려 죽으셨을 때 제자들은 슬퍼하며 유대인들을 두려워하여 방문을 닫고 숨어 있었는데, 부활하신 예수께서 방안에 들어오셔서 못 자국과 창 자국을 보여주시며 평강을 빌어주셨을 때 제자들은 기뻐했다고 기록하고 있습니다. 제자들의 슬픔은 예수님의 죽음으로 말미암아 왔지만, 제자들의 기쁨은 예수님의 부활로 말미암아 찾아왔습니다. 제자들의 슬픔이 예수님의 부활 때문에 기쁨으로 놀랍게 전환되었습니다.

21절에서 "여자가 해산하게 되면 그 때가 이르렀으므로 근심하나 아기를 낳으면 세상에 사람 난 기쁨으로 말미암아 그 고통을 다시 기억하지 아니하느니라."라고 예수께서 자신이 떠남으로 인하여 제자들이 당하는 슬픔의 고통을 해산하는 여인의 감당하기 어려운 산고에 비유하면서 설명했습니다. 지금까지

'조금 있으면'이라는 말을 계속해서 사용했는데 갑자기 22절에서 '지금은'이라고 바꿔서 사용하며 예수님의 죽음이 가까이 임박했음을 알렸습니다. 해산한 여인이 태어난 아기로 인하여 얻는 기쁨은 해산하며 겪었던 고통까지 잊어버리게 되는 큰 기쁨으로서 제자들이 부활하신 예수님을 보고서 누릴 기쁨을 해산한 여인이 아기를 안고서 기뻐하는 기쁨에 비유해서 말씀하셨습니다. 제자들이 부활하신 예수님을 보고서 누리게 될 기쁨은 22절에서도 계속 이어지고 있는데, 예수께서 먼저 제자들을 찾아가면서 누리게 될 것이고 제자들이 찾아오신 예수님을 보고서 기뻐하는 그 기쁨은 아무도 빼앗아 갈 수 없는 놀라운 기쁨이 될 것이라고 했습니다. 왜냐하면, 예수님의 부활은 단지 일회성 사건이 아니라 종말이 시작되었음을 알리는 신호탄이자, 보혜사 시대가 시작될 것임을 알리는 전조이기 때문입니다.

23절에서 "그 날에는"이라는 말씀은 예수께서 승천하여 성령을 제자들에게 보내주신 후에 "너희가 아무 것도 내게 묻지 아니하리라."라고 예수께서 보내신 성령으로 인하여 제자들이 진리의 말씀을 분명하게 깨달아 알게 될 것을 말씀한 것입니다. 제자들뿐만 아니라 우리도 예수께서 보내신 성령으로 인하여 진리의 말씀을 깨달아 알게 되고, 하나님 아버지와 예수 그리스도와의 관계에 대해서도 명확하게 알게 되어서 더 이상 예수님께 질문하지 않아도 알게 되었습니다. 제자들의 기쁨은 놀라운 기쁨으로 승화되었습니다. 23절에서 "내가 진실로 진실로 너희에게 이르노니 너희가 무엇이든지 아버지께 구하는 것을 내 이름으로 주시리라."라고 제자들이 예수님의 이름으로 하나님 아버지께 구하게 되고 아버지께서 기도한 제자들에게 주시게 될 것임을 말씀했습니다. 제자들이 예수님의 공생애 기간에 예수님께 구했지만, 예수께서 부활 승천하신 후에 제자들이 아버지께 구하게 될 것이라고 구하는 대상의 차이에 대하여 말씀했습니다. 중보자 예수 그리스도에 의한 구속 사역이 완성되어서 예수 그리스도의 이름으로 아버지께 기도할 수 있는 상황이 이루어졌다는 것입니다. 이것은 제자들이 예수님의 이름으로 아버지께 한 기도 응답의 결과로 성령을 받아서 진리의 말씀을 명확하게 깨달아 알게 돼서 더 크게 기뻐할 것을 말합니다.

적용 우리는 절망적 상황에서도 부활하신 예수님을 믿음으로 기뻐하며 극복하고 이겨낼 수 있기를 바랍니다.

둘째로 제자들은 하나님 아버지께로부터 나오신 예수님을 믿어서 기뻐했습니다 (25~30).

25절에서 "이것을 비유로 너희에게 일렀거니와 때가 이르면 다시는 비유로 너희에게 이르지 않고 아버지에 대한 것을 밝히 이르리라."라고 예수께서 하나님 아버지에 대한 것을 수수께끼 같은 비유로 말씀하지 않고 명백한 표현으로 밝히 알게 해주시겠다는 것입니다. 십자가의 죽음에서 살아나신 예수님을 도마가 보고서 곧바로 "예수님은 나의 주님이시요, 나의 하나님이십니다."라고 최고의 신앙고백을 했습니다. 예수께서 십자가의 죽음에서 살아나셔서 승천하여 성령을 보내셨을 때 제자들이 그 성령을 받고 그 성령으로 하나님과 예수님에 대하여 밝히 깨달아 알게 되었습니다. 예수께서 부활하신 후에 직설적으로 말씀하셨고, 제자들은 예수님의 말씀을 깨달아 알았습니다. 진리의 성령이 제자들에게 와서 진리의 말씀을 제대로 생각나게 하고 깨달아 알게 하셨습니다. 예수께서 공생애 기간에 제자들에게 자신이 인자로 예루살렘에 올라가서 유대인들에게 고난을 받아 죽임을 당하게 될 것을 말씀하셨지만, 제자 중에 아무도 그 말씀을 이해하지 못했습니다. 심지어 베드로 사도는 '그리하지 마옵소서.'라고 예수님에게 십자가를 지지 말라고 말씀드렸다가 예수님으로부터 '사탄아 내 뒤로 물러가라.'라는 책망을 들었습니다. 예수께서 제자들에게 자신의 고난과 죽음을 여러 차례 반복해서 말씀했는데도 제자들은 아무도 그 말의 뜻을 이해하지 못했습니다. 제자들은 하나님의 아들 그리스도 예수께서 로마 정부로부터 이스라엘 나라를 정치적으로 해방시켜 새로운 나라를 세울 것으로 이해하고 그 나라에서 예수님의 오른쪽과 왼쪽이라는 높은 자리에 앉는 것에 관심을 가졌습니다. 제자들은 예수님의 십자가와 부활과 승천이라는 말의 뜻을 죽은 자 가운데서 살아나신 후에, 성령을 받은 후에야 명백하게 알게 되었습니다.

베드로 사도가 오순절에 성령을 받고서 설교하신 말씀을 보면 유대인들이 로마인들의 손을 빌려 예수님을 십자가에 못 박아 죽게 하였으나 하나님이 그를 살리시고 높이시매 예수께서 아버지로부터 성령을 받아 제자들에게 보내주셨다고 했습니다. 하나님께서 십자가에 못 박은 예수님을 살리셔서 주와 그리스도가 되게 하셨다고 놀랍게 설교했습니다. 에베소서 1장 17절에서 "우리 주 예수 그리스도의 하나님, 영광의 아버지께서 지혜와 계시의 영을 너희에게 주사 하나님을 알게 하시고"라는 말씀에서 성령께서 우리에게 하나님 아버지를 알게 하신다고 했습니다. 고린도전서 12장 3절에서 "또 성령으로 아니하고는 누구든지 예수를 주시라 할 수 없느니라."라고 말씀했습니다. 사도행전 9장 17절에서 사울이 아나니아의 안수기도로 성령을 충만하게 받았고, 18절에서 자신이 대적하고 핍박하던 예수님을 주님으로 믿어 세례를 받았습니다. 그 성령이 사울에게 예수님을 하나님의 아들 그리스도로 믿게 하고, 다메섹의 회당에서 사람들에게 그 진리를 담대하게 증거하여 유대인들을 당황하게 했습니다(행 9:20, 22). 하나님께서 제자들의 예수님과 하나님에 대한 믿음을 보시고 제자들을 사랑하셨습니다.

28절에서 "내가 아버지에게서 나와 세상에 왔고 다시 세상을 떠나 아버지께로 가노라' 하시니"라고 예수께서 자신이 성부에게서 나심과 성육신하신 것과 성부에게로 다시 돌아감을 말씀했습니다. 25절에서 제자들이 제대로 이해하지 못하자 예수께서 비유로 말씀하시지 않고 명백하게 말씀하실 때가 올 것이라고 역설했습니다.

그런데 29절에서 제자들이 '지금은 밝히 말씀하시고 아무 비유로도 하지 아니하시니' 라고 명백하게 말합니다. 제자들은 30절에서 "우리가 지금에야 주께서 모든 것을 아시고 또 사람의 물음을 기다리시지 않는 줄 아나이다. 이로써 하나님께로부터 나오심을 우리가 믿사옵나이다."라고 제자들은 예수께서 하나님께로부터 나오심을 그대로 믿었습니다. 예수께서 모든 것을 다 아시고 하나님 아버지와의 관계에 대하여 말씀하심을 제자들이 듣고 예수님이 하나님께로부터 나오신 하나님의 아들이심을 믿게 되었다는 놀라운 결론입니다.

적용 우리도 예수께서 보내신 성령의 충만함으로 예수님이 아버지께로부터 나오신 하나님의 아들이심을 믿어서 하나님의 사랑을 받는 제자가 될 수 있기를 바랍니다.

셋째로 예수께서 제자들에게 시험당할 때 세상을 이기는 평안을 주셨습니다(31~33).

31~32절에서 "31. 예수께서 대답하시되 '이제는 너희가 믿느냐? 32. 보라, 너희가 다 각각 제 곳으로 흩어지고 나를 혼자 둘 때가 오나니 벌써 왔도다. 그러나 내가 혼자 있는 것이 아니라 아버지께서 나와 함께 계시느니라.'"라고 예수께서 제자들에게 '이제 너희가 믿는구나!'라고 말씀하시면서 제자들이 말로는 믿는다고 하였지만 실제로 곧 닥치게 될 시험에서 모두가 다 예수님을 버리고 떠나서 흩어지는 부족함을 드러내게 될 것을 말씀하셨습니다. 예수님은 자신이 혼자 있는 것이 아니라 하나님 아버지께서 자신과 함께 계신다고 분명하게 말했습니다. 13장 38절에서 예수님은 베드로에게 그 밤 닭 울기 전에 자신을 세 번이나 부인할 것을 경고했습니다. 이제 예수께서 모든 제자들이 자신을 떠나 각기 제 곳으로 흩어지고 예수님을 혼자 두는 때가 왔다고 했을 때 제자들은 두려움에 직면할 수밖에 없었습니다. 제자들이 예수님을 버리고 떠나는 변절의 때가 왔을 때도 하나님 아버지는 예수님과 함께 계신다고 했습니다. 여기서 제자들이 다 흩어졌다고 했는데, 사랑하는 제자 사도 요한은 예수님의 십자가를 따라서 골고다 언덕까지 갔고, 예수께서 '네 어머니라.'고 말씀하시면서 자신의 어머니를 사도 요한에게 맡기기까지 했는데 어떻게 모두 다 흩어졌다는 말씀과 서로 조화할 수 있느냐 생각할 수 있는데, 여기에 대하여 사랑하는 제

자 사도 요한이 예수님을 조롱했던 무리들 속에 섞여서 골고다 십자가 언덕에 가긴 했으나 예수님을 옹호하여 함께 체포되거나 고난을 함께 받지 않았다는 것과 디베랴 호숫가에서 베드로를 비롯한 제자들이 고기 잡으러 갔을 때 사도 요한도 함께 동승하여 간 것을 보면 그가 온전히 마음을 다하여 예수님을 따랐다고 보기 어렵다는 것입니다. 그러므로 예수께서 모든 제자들이 다 흩어진다고 한 말은 옳다는 것입니다.

33절에서 "이것을 너희에게 이르는 것은 너희로 내 안에서 평안을 누리게 하려 함이라. 세상에서는 너희가 환난을 당하나 담대하라. 내가 세상을 이기었노라."라고 예수께서 모든 제자들의 변절을 예고하면서도 그 시험 너머에 그들의 진정한 회복과 승리를 고대하며 제자들을 격려하면서 16장을 마쳤습니다. '이것'은 예수님의 14~16장의 긴 강화설교를 말하며 강화설교의 목적은 제자들이 시험 가운데서도 예수께서 주시는 평안을 누리게 하기 위함이었습니다. 그리스도인들은 하나님 나라와 이 세상이라는 두 영역에 속해 있습니다. 그리스도인들은 세상에서 핍박과 박해라는 환난에 직면하여 살아가고 있지만 예수 그리스도 안에서 평안을 누리고 있습니다. 우리들이 그리스도 안에 있을 때 평안을 누릴 수가 있습니다. 예수님은 부활로 이 세상을 이기셨고, 성령이 함께 역사하는 말씀의 능력으로 우리가 세상을 이기게 하셨습니다.

사랑하는 성도 여러분이여!

예수 그리스도의 십자가와 부활을 믿는 믿음으로 우리의 슬픔이 변하여 기쁨이 되는 신앙의 능력을 경험하길 바랍니다. 십자가에 죽으시고 부활하신 우리 주 예수님을 믿어서 하나님의 말씀을 명확하게 깨달아 알게 되었습니다. 예수님의 이름으로 하나님 아버지께 기도하여 성령을 충만하게 받아서 예수께서 가르쳐주신 말씀들이 생각나고 깨달아지고 알게 되는 놀라운 은혜를 경험하길 바랍니다. 예수님은 하나님 아버지에게서 나셨는데 이 땅에 육신이 되어 오셨다가 부활 승천하여 하나님 아버지께로 가셨고 다시 이 땅에 오실 것입니다. 예수 그리스도 안에 있는 참 평안으로 세상의 환난을 다 이겨낼 수 있기를 바랍니다. 예수님의 십자가와 부활을 믿는 기쁨으로 세상에서 승리하며 살아갈 수 있기를 소망합니다.

56. 하나님의 영광을 위하여(17:1~5)

17장은 14~16장에서 예수께서 고별 설교를 하신 후에 하신 고별 기도입니다. "예수께서 이 말씀을 하시고"(1)에서 '이 말씀'은 바로 14~16장의 예수님의 고별 설교의 말씀입니다. 예수께서 14장에서 제자들에게 염려하지 말라고 하시면서 자신이 하나님 아버지께로 가는 길이시고, 15장에서 자신은 포도나무시고 제자들은 그 가지고 하나님 아버지는 농부시고, 16장에서 떠나가서서 보혜사 성령을 제자들에게 보내 그들을 진리 가운데로 인도하시겠다는 긴 고별 설교를 하셨습니다. 17장은 예수께서 고별 설교 후에 하신 고별 기도입니다. 어떤 의미에서 17장의 예수님의 고별 기도는 요한복음 전체의 요약이기도 합니다. 그것은 예수님이 자신을 이 땅에 보내신 하나님 아버지께 순종 즉 그의 죽음과 부활을 통하여 아버지를 영화롭게 하는 것이었습니다. 예수께서 14~16장에서 자신의 수난과 죽음에 대해서 계속해서 말씀하시다가, 18~20장에서 예수님의 수난과 죽음의 최고 절정에 이르렀는데 바로 그 중간 길목이 17장입니다. 17장의 예수님의 고별 기도는 예수님의 간구이고, 말씀 선포이고, 심지어 계시입니다. 예수님은 17장에서 자기 자신을 위하여 기도하고, 제자들을 위하여 기도하고, 교회를 위하여 기도하셨습니다. 예수께서 아버지께 순종하여 자신을 영화롭게 하여 아버지를 영화롭게 하는 것이 예수님의 마지막 목표였습니다. 하나님 아버지를 영화롭게 하는 것이 예수님의 목표였고, 우리들

삶의 목표여야 한다는 말씀을 들으면서 함께 은혜를 나누고자 합니다.

첫째로 하나님의 영광은 우리 기도의 목적입니다(1, 4).

17장에서 "하나님", "아버지", "그가" 등 하나님을 하나님, 또는 아버지라고 예수께서 42회나 언급하고 있습니다. 예수님은 자신을 "그가 보내신 자", "예수", "그리스도", "아들", "내가", "나" 등으로 64회나 말씀하고 있습니다. 그리고 하나님 아버지와 예수님 자신이 한 분으로 계시다는 뜻으로 "우리"를 3회나 언급했습니다. 예수님은 아버지의 보내심을 받고 이 땅에 오셔서 철저하게 자신을 보내신 하나님 아버지 중심이었습니다. 예수님은 아버지께서 맡겨주신 일을 이 땅에서 이루는 것이 자신을 영화롭게 하는 것이고, 더 나아가 아버지를 영화롭게 하는 것이라고 하셨습니다.

1절에서 "예수께서 이 말씀을 하시고 눈을 들어 하늘을 우러러 이르시되 '아버지여, 때가 이르렀사오니 아들을 영화롭게 하사 아들로 아버지를 영화롭게 하게 하옵소서.'"라고 예수께서 아버지의 영광을 위하여 기도하며 그것은 바로 아들을 영화롭게 하는 것이라고 했습니다. 아버지의 영광이 아들의 영광과 연결되어 있습니다. 그런데 아들을 영화롭게 하사 아들로 아버지를 영화롭게 하는 것은 구체적으로 4절에서 "아버지께서 내게 하라고 주신 일을 내가 이루어 아버지를 이 세상에서 영화롭게 하였사오니"라고 예수께서 아버지가 자신에게 맡겨주신 자들을 위하여 십자가에 달려 죽는 것이었습니다. 그것이 바로 아버지를 영화롭게 하는 것이었습니다. 19장 30절에서 "예수께서 신 포도주를 받으신 후에 이르시되 '다 이루었다.' 하시고 머리를 숙이니 영혼이 떠나가시니라."라고 예수께서 십자가에 달려 대속적 죽음을 죽는 것이 아버지께서 아들에게 하라고 주신 일이었습니다. 십자가의 죽으심이 바로 예수님을 영화롭게 하는 것이고, 바로 아버지를 영화롭게 하는 것이었습니다.

예수님 당시 십자가는 폭력, 저주, 고통, 형벌의 상징이었습니다. 그런데 하나님의 아들 예수님께서 이 십자가에 달려 죽으시면서 이 십자가의 의미를 영광으로 바꾸셨습니다. 십자가에서 우리를 향한 하나님의 사랑(3:16)과 인자 예수님의 자발적인 순종이 최고로 드러났습니다. 13장 31절에서 "그(가룟 유다)가 나간 후에 예수께서 이르시되 '지금 인자가 영광을 받았고 하나님도 인자로 말미암아 영광을 받으셨도다.'"라고 예수께서 제자들과 더불어 성찬의 떡을 떼어 주시며 가룟 유다가 자신을 팔 것이라고 지적했을 때에 가룟 유다가 이를 실행하기 위해서 그 자리를 나가는 순간에 벌써 예수님은 영광을 얻었고, 하나님도 예수를 통하여 영광을 얻으셨다고 했습니다. 십자가가 예수님을 영화롭게 하는 것이고, 하나님 아버지를 영화롭게 하는 것이었습니다.

적용 우리도 예수님처럼 하나님이 맡겨주신 일에 순종하여 하나님을 영화롭게 할 수 있기를 바랍니다.

둘째로 하나님의 백성들이 하나님과 예수님을 아는 것이 하나님의 영광입니다(2~3).

2~3절에서 "2. 아버지께서 아들에게 주신 모든 사람에게 영생을 주게 하시려고 만민을 다스리는 권세를 아들에게 주셨음이로소이다. 3. 영생은 곧 유일하신 참 하나님과 그가 보내신 자 예수 그리스도를 아는 것이니이다."라고 예수님은 아버지께서 자신에게 주신 모든 사람에게 영생을 주게 할 목적으로 만민을 다스리는 권세를 자신에게 주셨다고 했습니다. 예수님은 아버지께서 만민을 다스리는 권세를 자신에게 주신 것으로 아버지를 유일하신 참 하나님이시라고 증거하셨습니다. 그리고 하나님이 보내신 자 예수 그리스도를 하나님의 아들이라고 증거했습니다. 영생은 하나님 아버지를 유일한 참 신으로 알고 하나님이 보내신 예수 그리스도를 하나님의 아들로 아는 것입니다. 17장 6절에서 "세상 중에서 내게 주신 사람들에게 내가 아버지의 이름을 나타내었나이다 …", 8절에서도 "나는 아버지께서 내게 주신 말씀들을 그들에게 주었사오며 그들은 이것을 받고 내가 아버지께로부터 나온 줄을 참으로 아오며 아버지께서 나를 보내신 줄도 믿었사옵나이다."라고 예수께서 아버지를 자신에게 주

신 사람들에게 나타냈고, 아버지의 말씀을 그들에게 주었고, 그들은 예수님의 말씀을 받아서 예수께서 아버지에게서 나오고 아버지께서 예수님을 보냈다고 알고 믿었다고 했습니다. 5장 24절에서도 "내가 진실로 진실로 너희에게 이르노니 내 말을 듣고 또 나 보내신 이를 믿는 자는 영생을 얻었고 심판에 이르지 아니하나니 사망에서 생명으로 옮겼느니라."라고 예수님의 말씀을 듣고 이 땅에 자신을 보내신 하나님 아버지를 믿은 자가 영생을 얻는다고 증거했습니다.

요한복음에는 하나님 아버지께서 아들에게 주신 만민을 다스리는 권세를 가지고 예수께서 행하신 7가지 표적이 잘 기록되어 있습니다. 첫째, 예수께서 가나의 혼인 잔치에서 물이 변하여 포도주가 되게 하셨고, 둘째, 예수께서 가버나움에서 왕의 신하의 아들을 고치셨고, 셋째, 예수께서 베데스다 연못가에서 38년 된 병자를 고치셨고, 넷째, 예수께서 벳새다 언덕에서 오병이어로 5천 명을 먹이셨고, 다섯째, 예수께서 베드로를 물 위로 걸어오게 하시고 또 풍랑을 잔잔하게 하셨고, 여섯째, 예수께서 나면서부터 시각장애인인 청년의 눈을 뜨게 하셨고, 그리고 일곱째, 예수께서 죽은 나사로를 다시 살리시는 권능을 행하시면서 자신이 하나님의 아들이심을 드러내셨습니다. 예수님은 아버지께서 주신 만민을 다스리는 권세를 가지시고 많은 표적을 행하시면서 자신이 하나님의 아들이심을 나타내셨고, 제자들이 그를 하나님의 아들 그리스도로 믿게 했습니다. 20장 31절에서 "오직 이것을 기록함은 너희로 예수께서 하나님의 아들 그리스도이심을 믿게 하려 함이요 또 너희로 믿고 그 이름을 힘입어 생명을 얻게 하려 함이니라."라고 많은 사람이 예수께서 행하신 표적들을 보고 예수님을 하나님의 아들 그리스도로 믿어서 영생을 얻게 하고자 하셨습니다. 영생은 3장 15절에서 "이는 그를 믿는 자마다 영생을 얻게 하려 하심이니라."라는 말씀처럼 인자의 십자가의 죽으심을 믿는 것입니다. 십자가에 달려 죽으신 예수님을 나의 주님으로 믿는 것이 바로 영생입니다. 그런데 예수님을 믿는 것과 하나님 아버지를 아는 것이 함께 연결되어 있습니다. 14장 7절에서 "너희가 나를 알았더라면 내 아버지도 알았으리로다. 이제부터는 너희가 그를 알았고 또 보았느니라."라고 예수 그리스도를 나의 주님으로 믿게 될 때 예수님을 우리에게 보내주신 하나님 아버지도 알게 된다고 했습니다. 시 케이 바레트(C. K. Barett) 교수는 우리가 예수를 알면 하나님 아버지도 알 수 있다고 했습니다.

안다는 의미의 가장 중요한 뜻은 누가복음 1장 34절에서 마리아가 '나는 남자를 알지 못하니'라는 말씀에서 아는 것은 관계를 맺는다는 것입니다. 우리가 하나님과 예수 그리스도를 안다는 것은 하나님을 나의 아버지로 나는 하나님의 자녀로 관계가 맺어지는 것이고, 역사적인 나사렛 예수를 나의 주님으로 믿고 섬기는 것을 말합니다. 유일하신 참 하나님이 나의 아버지가 되고, 나는 하나님의 자녀가 되고, 하나님이 보내신 예수 그리스도는 나의 주님이 되고, 우리는 예수 그리스도의 제자가 되는 것이 아는 것입니다.

예수님은 17장 3절에서 '영생은 곧 유일하신 참 하나님과 그가 보내신 자 예수 그리스도를 아는 것'이라고 강조했습니다. 하나님과 예수를 말하면서 두 분과의 관계 속에서 설명하고 있음을 주목해야 합니다. 하나님은 그 아들 예수를 보내신 분이시고, 하나님의 아들 예수 그리스도는 하나님 아버지의 보냄을 받으신 분입니다. 그러나 유일하신 참 하나님은 그의 아들이 최고로 계시했고 (1:18), 하나님을 아는 것은 하나님이 보내신 아들 예수 그리스도를 아는 것과 분리될 수 없습니다. 실제로 하나님이 보내신 예수 그리스도를 아는 것은 하나님을 아는 것으로 나아가는 길입니다.

1장 1절에서 말씀이신 예수님은 태초부터 하나님과 함께 계신 하나님이시고, 1장 18절에서 하나님 아버지의 품 속에 독생하신 하나님이시고, 10장 30절에서는 '나와 아버지는 하나이니라.'라고 했고, 17장 11, 21, 22절에서 '우리'라며 한 분으로 계시다고 했는데, 하나님 아버지와 하나님의 아들은 한 분으로 계신 하나님이십니다. 유일하신 참 하나님 아버지와 하나님의 아들 예수 그리스도는 함께 계시고 한 분으로 계시고 우리로 계셔서 결코 서로 나누어질 수 없는 분이십니다. 우리들이 예수 그리스도를 하나님 아버지와의 관계 속에서 하나님의 아들로 알아야 한다는 말입니다. 하나님은 유일한 참 신이시고, 모든 우주 만물의 창조자이시고, 살아계셔서 계속해서 다스리시는 섭리자이십니다. 창조자 하나님을 유일하시고 살아계신 참 신으로 알아야 하고, 더 나아가 하나님의 아들 예수 그리스도가 하나님이시면서 우리와 같은 인간의 몸이 되셔서 이 땅 위에 오셔서 십자가에 달리신 인자로 알아야 합니다. 우리가 알아야 할 대상은 하나님 아버지와 예수 그리스도이십니다. 두 분은 아버지와 아들의 관계이시고 서로 나누어질 수 없는 한 분으로 계시는 하나님이십니다. 카슨(D. A. Carson) 교수는 그의 요한복음 강해설교의 강의에서 3절의 하나님과 예수 그리스도를 아는 것이 바로 최고로 강력한 복음 전도적인 주제(최고 복음)라고 강조했습니다. 우리가 하나님 아버지와 예수 그리스도와의 인격적인 관계를 계속해서 유지하며 교제와 신뢰와 믿음을 가지고 살아가는 것이 영생입니다.

적용　우리는 하나님을 나의 아버지로 예수님을 나의 주님으로 아는 영생을 누리길 바랍니다.

셋째로 예수께서 창조 전의 영광을 다시 회복하는 것이 하나님의 영광입니다(5).

5절에서 "아버지여 창세 전에 내가 아버지와 함께 가졌던 영화로써 지금도 아버지와 함께 나를 영화롭게 하옵소서."라고 예수께서 아버지의 뜻을 다 이루었으므로 창세 전에 아버지와 함께 가졌던 영광을 다시 회복하게 해달라고 기도했습니다. 예수님은 자신의 지상 사역 동안에 아버지의 영광을 위하여 살았습니다. 예수님은 아버지의 영광을 드러내서 많은 사람이 아버지를 찬양하게 했습니다. 4~5절을 연결하여 봤을 때, 예수께서 십자가에서 아버지께서 맡겨주신 일을 다 이루어서 아버지를 영화롭게 하였사오니 창세 전에 아버지와 함께 가졌던 영광으로 다시 돌아가게 해달라고 기도했습니다. 이것은 예수께서 창세 전의 영광으로 돌아가기 위하여 탈 성육신을 말하는 것은 아닙니다. 예수께서 부활하심으로 영광을 받으셨을 때 자신의 몸을 돌무덤에 남겨놓으신 것이 아니라, 영광의 부활 몸으로 변화되어 하늘로 올라 승천하여 하늘 보좌의 우편에 앉으셨습니다. 20장 17절에서 "예수께서 이르시되 '나를 붙들지 말라 내가 아직 아버지께로 올라가지 아니하였노라. 너는 내 형제들에게 가서 이르되 내가 내 아버지 곧 너희 아버지, 내 하나님 곧 너희 하나님께로 올라간다 하라.' 하시니"라고 예수께서 부활의 몸으로 하나님 아버지께로 올라간다고 말씀하셨습니다. 예수께서 부활의 몸으로 창세 전의 영광으로 돌아가셨습니다.

빌립보서 2장 8~11절에서 "8. 사람의 모양으로 나타나사 자기를 낮추시고 죽기까지 복종하셨으니 곧 십자가에 죽으심이라. 9. 이러므로 하나님이 그를 지극히 높여 모든 이름 위에 뛰어난 이름을 주사 10. 하늘에 있는 자들과 땅에 있는 자들과 땅 아래에 있는 자들로 모든 무릎을 예수의 이름에 꿇게 하시고 11. 모든 입으로 예수 그리스도를 주라 시인하여 하나님 아버지께 영광을 돌리게 하셨느니라."라고 십자가에 죽기까지 자신을 낮추신 예수님을 하나님이 지극히 높여주셨습니다. 모든 피조물이 예수의 이름에 무릎을 꿇게 하시고 예수님을 주라 부르게 했습니다. 스데반이 부활의 주님을 증거하다가 순교 직전에 주께서 하늘 보좌의 우편에 서 계신 것을 보았고, 사도 요한도 그리스도께서 오른손에 일곱 별을 붙잡고 일곱 금 촛대 사이로 다니시는 모습과 하늘 보좌 우편에 일찍 죽임당하신 어린 양으로 계시는 것을 보았습니다. 하나님께서 예수 그리스도를 보좌에 앉히셨다는 것은 영광을 회복하셨다(요 17:5)는 것이고, 구속 사역을 완성하셨다(요 19:30)는 것이고, 만물의 통치자시라(엡 1:21~22)는 것이고, 성령을 부어주시는 하나님으로 높이셨다(행 2:33)는 것입니다. 예수 그리스도께서 주라는 말씀은 그가 하나님이시라는 말씀이고 최고의 통치자시라는 것입니다. 도마가 부활하신 예수님은 '나의 주님이시요 나의 하나님이시니이다.'(요 20:28)라고 예수님을 자신의 주님과 하나님으로 분명하게 고백했습니다. 우리가 예수님을 주라고 부르는 것이 하나님께 영광을 돌리는 것입니다.

사랑하는 성도 여러분이여!

우리도 예수님처럼 하나님 아버지의 영광을 기도하며 살아갑시다. 우리도 예수님처럼 하나님을 유일한 참 신이시고 예수 그리스도를 하나님의 아들이시라고 믿고 담대하게 증거합시다. 그래서 우리가 하나님과 예수님을 더 잘 알아가는 지식으로 영생을 누릴 수 있기를 바랍니다.

57. 최고 지식(17:3)

17장 3절의 "영생은 곧 유일하신 참 하나님과 그가 보내신 자 예수 그리스도를 아는 것이니이다."라는 본문은 예수께서 직접 제자들에게 하신 마지막 고별 기도의 내용으로 영생은 하나님과 예수님을 아는 지식이라는 놀라운 말씀입니다. 인간이 유일한 참 신이신 하나님과 하나님께서 보내신 예수 그리스도를 아는 것은 최고의 지식입니다. 말씀이신 하나님이 육신이 되신 분이 바로 나사렛 예수님이시고 인자시고 하나님의 독생자시라고 하며 인자 예수님의 들림과 독생자를 그리스도로 믿는 자가 영생을 얻는다고 했습니다. 인간이 영생을 얻는다는 것은 최고의 기쁨이고 최고의 행복인데, 하나님과 예수님을 알아서 최고의 행복을 누리는 지식이 바로 최고 지식입니다. 우리는 지식을 어떤 대상에 대한 내용이나 실천을 통한 인식이나 정보로 이해하지만, 본문이 말씀하는 최고 지식은 하나님을 아버지로 예수님을 유일한 구원자로 믿는 인격적인 관계를 의미합니다. 그러므로 인간이 하나님과 예수 그리스도를 아는 것은 인간의 노력으로 가능한 것이 아니고 반드시 성령으로 거듭나야 가능합니다.

저는 고든코넬신학교의 총장이었던 구약 신학자 월터 카이저 주니어(Walter C. Kaizer, Jr.) 교수가 '구약 신학'을 강의하면서 본문을 신구약 성경 최고의 복음이라고 정리하는데 큰 도전을 받았습니다. 최고의 요한복음 주석의 저자 카슨(D. A. Carson) 교수가 '요한복음 강해설교'를 강의하면서 본문을 신구약 성경 최고의 복음이라고 하였을 때도 저는 무릎을 탁 쳤습니다. 저는 본문 17장 3절을 신구약 성경의 최고 복음 구절로 보고 "당신은 하나님을 아는 축복을 누리고 계십니까?"라는 전도지를 이 본문에서 고안하여 12개 국어로 출판할 정도로 이 본문에 오랫동안 집중했습니다. 본문을 중심으로 최고 지식이라는 제목의 말씀을 들으면서 함께 은혜를 나누고자 합니다.

첫째로 최고 지식은 하나님과 예수 그리스도를 아는 것입니다.

영생은 단순히 영원히 사는 것이 아니라 유일한 참 하나님과 예수 그리스도를 아는 지식입니다. 영생은 하나님과 예수 그리스도를 인격적으로 관계를 맺는 지식입니다. 3장 15절에서 "이는 그를 믿는 자마다 영생을 얻게 하려 하심이니라."라고 영생(joe aionios; eternal life)이라는 단어가 요한복음에서 처음으로 사용되었는데, 인자 예수님의 십자가의 죽으심을 믿는 자가 영생을 얻는다고 했습니다. 3장 16절에서도 "하나님이 세상을 이처럼 사랑하사 독생자를 주셨으니 이는 그를 믿는 자마다 멸망하지 않고 영생을 얻게 하려 하심이라."라고 하나님께서 보내주신 독생자를 그리스도로 믿는 자가 영생을 얻는다고 했습니다. 인자 예수님의 들림을 믿고 하나님의 독생자 예수님을 믿는 자가 영생을 얻는다고 했습니다. 10장 11, 15절에서 자기 양을 위하며 목숨을 버려주신 선한 목자이신 예수께서 27~28절에서 자신의 음성을 듣고 따르는 자신의 양들에게 아무도 빼앗을 수 없는 영생을 주신다고 했습니다. 본문에서 유일한 참 하나님과 예수 그리스도를 아는 지식이 영생이라고 놀랍게 말씀했습니다.

본문에서 하나님과 예수 그리스도를 아는 것이 영생이라고 '안다'(ginoskosin; know)라는 동사를 강조하고 있습니다. '안다', '믿는다', '영접하다'라는 동사가 요한복음에서 거의 같은 뜻으로 사용되고 있지만 약간의 차이도 있습니다. 1장 12절에서 "영접하는 자 곧 그 이름을 믿는 자들에게는 하나님의 자녀가 되는 권세를 주셨으니"라고 '영접하다'와 '믿는다'를 병행해서 같은 뜻으로 사용했습니다. 영접하는 것은 하나님의 아들 예수를 마음에 모셔 들이는 자세를 말하고 '믿는다'(요 3:15, 16)는 마음으로 '받아들이고 신뢰하다'라는 뜻입니다. 6장 69절에서 "우리가 주는 하나님의 거룩하신 자이신 줄 믿고 알았사옵나이다."라고

'안다'와 '믿는다'가 병행해서 같은 뜻으로 사용되었는데(17:8), 믿는다는 것이 순간적인 동작을 의미한다면 안다는 것은 믿는 것을 포함하여 계속된 동작 즉 관계적인 앎을 포함합니다. 안다는 것은 구체적으로 체험적인 지식을 가지는 것을 말하고, 하나님과 예수 그리스도를 안다는 것은 하나님과 예수 그리스도를 인격적으로 경험하여 그분과 관계를 맺고, 그분에게 순종하는 것을 말합니다. 안다는 것에 대해서 웨인 그루뎀(Wayne Grudem) 교수는 그의 조직신학 책에서 어떤 사람을 '안다'고 말하는 것은 "어떤 사람을 만났고, 그와 얘기를 나누었고, 그와 어느 정도 관계를 유지하고 있는 것이다."라고 정의했습니다.

'안다'라는 동사는 성경에서 다섯 가지 뜻으로 사용되고 있습니다. 첫째, 안다는 말은 관계를 맺는다는 뜻입니다. 누가복음 1장 34절에서 마리아가 '나는 남자를 알지 못하니'라는 말에서 알지 못한다는 것은 마리아가 남자와 관계를 맺은 적이 없다는 것으로 우리가 하나님을 아는 것은 하나님을 나의 아버지로 나는 하나님의 자녀로 인격적인 관계가 맺어지는 것입니다. 우리가 예수님을 아는 것도 역사적인 예수님을 나의 구주와 주님으로 인격적인 관계가 맺어지는 것입니다. 이것은 하나님이 나의 아버지가 되고, 나는 하나님의 자녀가 되고, 예수님은 나의 주님이 되고, 나는 예수님의 제자가 되는 것입니다. 둘째, 안다는 말은 연합한다는 뜻입니다. 15장 5절에서 예수님은 "나는 포도나무요 너희는 가지라. 그가 내 안에, 내가 그 안에 거하면 사람이 열매를 많이 맺나니 나를 떠나서는 너희가 아무 것도 할 수 없음이라."라고 포도나무 가지가 포도나무와 하나로 연합한 것처럼 우리가 예수 그리스도를 주님으로 믿어 예수께서 나의 머리가 되고 나는 그의 몸이 되어 하나로 연합하는 것을 말합니다. 셋째, 안다는 말은 순종한다는 뜻입니다. 하나님을 알고 예수님을 안다는 것은 하나님의 말씀과 예수님의 말씀에 순종하는 것을 말합니다. 아브라함과 기생 라합은 하나님을 믿음으로 하나님의 말씀에 그대로 순종했습니다. 넷째, 안다는 말은 경외한다는 뜻입니다. 잠언 1장 7절에서 '여호와를 경외하는 것이 지식의 근본(첫걸음; 현대인의 성경, the beginning of knowledge; NASB)이거늘'이라는 말씀에서 하나님을 경외하는 것이 하나님을 아는 지식의 시작이라고 했습니다. 다섯째, 안다는 말은 사랑한다는 뜻입니다. 요한1서 4장 7~8절에서 "7. 사랑하는 자들아, 우리가 서로 사랑하자. 사랑은 하나님께 속한 것이니 사랑하는 자마다 하나님께로부터 나서 하나님을 알고, 8. 사랑하지 아니하는 자는 하나님을 알지 못하나니 이는 하나님은 사랑이심이라."라고 말씀하신 것처럼 하나님을 아는 사람은 하나님을 사랑하는 사람입니다. 이상을 종합하면 우리가 하나님과 예수 그리스도를 안다는 것은 우리가 하나님과 예수님과 인격적인 관계를 맺고 하나님을 아버지로 예수님을 구주로 믿음으로 영생을 얻어서, 하나님과 예수님의 말씀에 순종하고, 하나님과 예수님을 섬기며 사랑하며 살아가는 것을 의미합니다.

하나님을 아는 것은 계속되어야 합니다. 하나님을 아는(ginoskosin; know, 3인칭 복수 현재 능동태) 것은 한 번으로 끝나는 것이 아니라 계속되는 행위를 말합니다. 17장 26절에 의하면 예수께서 이 땅에 오셔서 하신 일이 하나님의 이름을 과거부터 지금까지 알게 하였고, 앞으로도 계속해서 알게 할 것이라고 해서 아는 것이 계속되는 것을 말씀합니다. 바울 사도는 고린도전서 13장 12절에서 "우리가 지금은 거울로 보는 것 같이 희미하나 그 때에는 얼굴과 얼굴을 대하여 볼 것이요, 지금은 내가 부분적으로 아나 그 때에는 주께서 나를 아신 것 같이 내가 온전히 알리라."라고 우리가 주님을 더 잘 알아가서 마침내 온전하게 알게 될 것이라고 말씀합니다. 우리가 하나님과 예수 그리스도를 알고 그 앎의 관계에서 계속해 자라 가는 것이 정상적인 신앙생활입니다. 마침내 주님이 우리를 아신 것처럼 우리가 주님을 온전히 알게 되는 것이 구원의 완성입니다.

적용 우리는 하나님을 나의 아버지로 예수 그리스도를 나의 주님으로 인격적으로 관계가 맺어져서 날마다 더 잘 알아가며 그 관계가 더 깊어지길 바랍니다.

둘째로 최고 지식은 하나님 아버지와 예수 그리스도를 그 관계 속에서 아는 것입니다.

요한복음은 하나님과 하나님의 아들 인자 예수님과의 관계에 대하여 태초부터 함께 계셨다고 말씀합니다. 본문에서 하나님을 유일하신 참 하나님으로 말씀하고, 예수 그리스도를 하나님 아버지께서 보내신 자라고 하면서, 영생을 유일한 참 하나님과 하나님께서 보내신 예수 그리스도를 보내신 분과 보냄을 받은 자라는 신격관계 속에서 아는 것이라고 말씀합니다. 하나님은 유일하신 참 신이시고, 그 아들 예수 그리스도를 세상에 보내신 분이시고, 하나님의 아들 예수 그리스도는 하나님 아버지의 보냄을 받아 이 땅에 오신 인자시고 독생자십니다. 17장 8절에서도 예수님은 아버지께서 자신에게 주신 말씀을 제자들에게 들려주었을 때, 제자들은 예수님은 하나님 아버지께로부터 오신 분이시고, 하나님 아버지께서 예수님을 보내신 분이시라고 믿었습니다. 우리가 예수 그리스도께서 하나님 아버지에게서 나시고 아버지에게 보냄을 받고 오신 아들로 알게 될 때, 하나님 아버지가 예수께서 나신 근원이 되신 분이고 보내신 분임을 알게 되면서 아버지와 아들과의 관계를 통하여 하나님과 예수 그리스도를 더 잘 알게 되고 제대로 알게 되는 것입니다.

요한복음은 우리가 알고 믿어야 할 대상에 대하여 몇 가지로 기록하고 있습니다. 첫째, 하나님이 세상을 사랑하여 보내신 독생자 예수 그리스도를 믿어야 영생을 얻는다고 했습니다. 3장 16절에서 "하나님이 세상을 이처럼 사랑하사 독생자를 주셨으니 이는 그를 믿는 자마다 멸망하지 않고 영생을 얻게 하려 하심이라."라고 독생자를 믿어야 영생을 얻는다고 했습니다. 둘째, 예수님을 우리에게 보내주신 하나님을 믿어야 영생을 얻는다고 했습니다. 5장 24절에서 "내가 진실로 진실로 너희에게 이르노니 내 말을 듣고 또 나 보내신 이를 믿는 자는 영생을 얻었고, 심판에 이르지 아니하나니 사망에서 생명으로 옮겼느니라."라고 예수님의 말씀을 듣고 예수님을 보내주신 하나님을 믿는 자가 영생을 얻는다고 했습니다. 셋째, 하나님과 예수 그리스도와의 바른 관계를 함께 믿어야 영생을 얻는다는 말씀도 여러 곳에서 나옵니다. 본문에서 영생은 유일하신 참 하나님과 그가 보내신 자 예수 그리스도를 함께 아는 것이라고 했습니다.

14장 1절에서 "너희는 마음에 근심하지 말라. 하나님을 믿으니 또 나를 믿으라."라고 하나님을 믿는 사람은 예수님도 함께 믿으라고 했습니다. 14장 7절에서도 "너희가 나를 알았더라면 내 아버지도 알았으리로다. 이제부터는 너희가 그를 알았고 또 보았느니라."라고 예수님을 아는 것이 바로 하나님 아버지를 아는 것이고, 그래서 예수님을 본 사람은 하나님을 보았다는 것입니다. 유일하신 참 하나님은 그의 아들 안에서 최고로 계시되었고(1:18), 하나님을 아는 것은 하나님께서 보내신 하나님의 독생자 예수 그리스도를 아는 것과 분리될 수 없습니다. 실제로 하나님께서 보내신 예수 그리스도를 아는 것은 하나님을 아는 것으로 나아가는 궁극적인 길입니다. 넷째, 하나님과 예수 그리스도가 함께 계시고, 한 분으로 계심을 믿는 것이 영생입니다. 1장 1절에서 "태초에 말씀이 계시니라. 이 말씀이 하나님과 함께 계셨으니 이 말씀은 곧 하나님이시니라."라고 말씀이신 예수님은 태초부터 하나님 아버지와 함께 계셨습니다(1:1, 16:32). 1장 18절에서 "본래 하나님을 본 사람이 없으되 아버지 품 속에 있는 독생하신 하나님이 나타내셨느니라."라고 독생자 예수님은 하나님 아버지 품 속에 계시며 아버지와 함께 계신다고 했습니다. 14장 11절에서 "내(예수)가 아버지 안에 거하고 아버지께서 내 안에 계심을 믿으라."라고 예수께서 아버지 안에 아버지께서 예수 안에 상호 내주하여 계신다고 했습니다(17:21). 10장 30절에서는 "나와 아버지는 하나이니라."라고 하고, 17장 11, 21, 22절에서 아버지와 아들을 '우리'라고 하며 하나님 아버지와 하나님의 아들은 한 분으로 계신다고 했습니다. 예수 그리스도와 하나님 아버지는 함께 계시고 한 분으로 계셔서 결코 서로 나누어질 수 없는 한 분으로 계십니다. 웨스트민스터 신앙고백에서 삼위 하나님이 한 분으로 계시는데, 하나님을 한 분(unity)이라고 복수의 의미가 포함된 단일성으로 정의했습니다. 삼위일체 하나님 즉 성부 하나님, 성자 하나님, 성령 하나님이 각각 완전한 하나님이신데 한 분 안에 삼위로 계십니다. 성부 하나님과 성자 하나님과 성령 하나님 즉 삼위 하나님이 한 분으로 존재하신다는 것을 믿는 것이 영생이고 최고 지식입니다. 하나님은 삼위일체 하나님으로 거하신다는 말씀을 이해하는 것이 아니고 그대로 믿는 것입니다. 그런데도 우리는 자꾸 하나님과 예수 그리스도를 분리해서 생각하는데, 이것은 조직신학적인 구성 때문일 것입니다. 우리가 예수 그리스도를 하나님께서 보내신 독생자, 인자, 그리고 그리스도로 알게 될 때 그를 보내신 하나님 아버지를 유일하신 참 하나님으로 알게 되는데, 이것이 최고 지식이고 최고의 행복이며 아무도 빼앗아 갈 수 없는 영생입니다.

적용　우리가 유일하신 참 하나님과 그가 보내신 하나님의 아들 예수 그리스도를 그 관계 속에서 더 잘 알아서 더 사랑하며 더 잘 섬길 수 있기를 바랍니다.

셋째로 최고 지식은 삼위일체 하나님이 우리를 구원해주신 것을 아는 것입니다.

성부 하나님은 자신이 택한 모든 백성을 구원하기 위하여 성자 예수님께 주셨습니다. 17장 2절에서 "아버지께서 아들에게 주신 모든 사람에게 영생을 주게 하시려고 만민을 다스리는 권세를 아들에게 주셨음이로소이다."라고 창세전에 아버지께서 택한 모든 백성을 아들 예수님께 주어서 영생을 주게 하시려고 만민을 다스리는 권세를 아들에게 주셨다고 했습니다. 하나님 아버지께서 선택한 모든 백성을 예수께 맡겨서 예수께서 그들을 구속하여 영생을 주시려고 하셨습니다. 17장 6절에서 아버지께서 아들에게 주신 모든 사람은 아버지의 사람들이었는데 아들에게 주셨다고 했습니다. 하나님 아버지께서 하나님의 모든 백성을 택하셔서 하나님의 아들 예수님께 주셨습니다. 17장 4절에서 "아버지께서 내게 하라고 주신 일을 내가 이루어 아버지를 이 세상에서 영화롭게 하였사오니"라고 예수님은 아버지께서 택하여 자신에게 주신 모든 백성을 구원하여 영생을 주는 일을 아버지로부터 받았습니다. 그 일은 인자 예수님의 십자가의 대속적 죽음이었고, 그 일을 이루어 하나님 아버지를 영화롭게 하는 것이었습니다.

성자 예수님은 아버지께서 택하여 주신 백성을 구원하기 위해 십자가에 달려서 죽으셨습니다. 인자 예수께서 아버지께서 자신에게 하라고 맡겨주신 일은 3장 14절에서 "모세가 광야에서 뱀을 든 것 같이 인자도 들려야 하리니"라는 말씀처럼 인자의 들림이었고, 12장 32~33절에서 인자 예수님의 땅에서 들림은 인자 예수님이 십자가에 달려서 죽는 죽음이었습니다. 이것이 바로 하나님 아버지께서 하나님의 아들 인자 예수님에게 맡겨주신 일 즉 하나님의 택한 모든 백성을 구속하는 일이었습니다. 10장 11절, 15절에서 선한 목자이신 예수님은 아버지께서 택하여 자신에게 맡겨주신 자기 양들을 위하여 목숨을 버려주셨습니다. 이것이 바로 하나님 아버지께서 선한 목자이신 예수님에게 맡겨주신 일이었습니다. 12장 23절에서 "예수께서 대답하여 이르시되 '인자가 영광을 얻을 때가 왔도다.'"라고 말씀하신 것은 예수님이 십자가에 달려서 죽는 대속적 죽음으로 아버지께서 아들에게 맡겨주신 일을 이룰 때가 왔다는 것입니다. 19장 30절에서 예수께서 십자가 위에서 마지막 숨을 거두시면서 "다 이루었다."고 말씀하신 것은 아버지께서 아들에게 맡겨주신 일, 인자의 들림 즉 인자 예수님이 십자가의 대속적 죽음을 다 이루었다는 것입니다.

성령 하나님께서는 성부께서 택하시고 성자께서 구속한 백성을 거듭나게 하셨습니다. 예수께서 니고데모에게 하늘에서 나신 인자 예수님의 들림을 믿는 것 즉 인자 예수님의 십자가의 대속적 죽음을 믿는 것이 성령으로 거듭나는 것이라고 말씀하셨습니다. 하나님에게서 나신 인자 예수님의 십자가의 죽음을 우리가 믿는 것은 반드시 성령으로 거듭나야 가능합니다. 하나님의 독생자를 그리스도로 믿는 것도 성령으로 거듭나야 가능합니다. 성령으로 거듭난 사람이 영생을 얻고 하나님 나라에 들어갑니다. 말씀이신 하나님이 나사렛 예수님으로 이 땅에 오신 것을 믿는 사람이 바로 하나님에 의해서 난 사람이고, 성령으로 거듭난 사람이고, 하나님의 자녀가 된 사람입니다. 하나님 아버지께서 선한 목자에게 자신이 택한 양들을 맡겨주셨는데, 선한 목자는 바로 아버지께서 자신에게 맡겨주신 자기 양들을 위하여 목숨을 버려주셨고, 그 선한 목자이신 예수님의 음성을 듣고 따라가는 것이 성령의 거듭남입니다. 14장 6절에서 진리와 생명이신 예수께서 십자가에 달려 죽음으로 하나님 아버지께로 가는 생명의 길이 열렸는데, 우리는 인자 예수님의 들림을 믿음으로 그 생명의 길을 통하여 하늘 아버지 집의 영원한 거처로 가고 있습니다. 이것이 바로 성령에 의해서 거듭나야 가능한 것이고, 하늘 아버지 집의 영원한 거처에 사는 것이 바로 영생입니다. 20장 29절의 말씀처럼 우리는 예수님을 보는 것이나 사람들의 간증이 아니라 기록된 성경 말씀을 듣고 그 말씀과 함께 역사하신 성령의 거듭남으로 영생을 얻고 하나님 나라에 들어간다는 사실입니다. 우리는 하나님 아버지의 선택을 받은 백성으로 아버지께서 아들에게 맡겨주셨는데 그 아들 인자가 십자가의 죽으심으로 우리를 구속해주셨고, 성령께서 거듭나게 하심으로 우리가 영생을 얻었습니다. 6장 37절에서 아버지께서 택하여 아들에게 주신 백성들이 다 아들에게로 나온다고 예수께서 말씀하셨습니다. 성부 하나님이 선택하신 백성을 성자 하나님이 구속하시고, 성령 하나님이 거듭나게 하심이 정확하게 일치하는데 삼위일체 하나님의 신비입니다.

사랑하는 성도 여러분이여!

우리의 최고 지식은 창조자 하나님을 유일한 참 신이신데 나의 아버지로 알고, 하나님이 보내신 예수 그리스도가 하나님의 아들이시며 인자이신데 나의 주님으로 인격적으로 아는 것입니다. 하나님 아버지께서 나를 하나님의 백성으로 선택해주셨고, 인자 예수께서 나를 죄에서 구속해주셨고, 그리고 성령께서 나를 거듭나게 하여 이 모든 일을 믿게 하심으로 영생을 얻었습니다. 우리가 유일한 참 하나님과 하나님께서 보내신 인자 예수님을 더 잘 알아가게 되면서 하나님과 예수 그리스도와의 관계가 더 깊어지고 행복하게 됩니다. 우리는 날마다 삼위일체 하나님을 아는 최고의 지식으로 영생을 온전하게 누리길 간절히 소망합니다.

58. 예수님의 말씀을 듣는 제자(17:6~10)

예수께서 17장 1~5절에서 먼저 자신을 위하여 기도하되 자신의 영광과 아버지의 영광을 위하여 기도했습니다. 예수께서 6~19절에서 자신의 제자들을 위하여 기도하셨고, 이어서 20~26절에서 교회를 위하여 즉 교회의 하나 되게 함과 온전해 짐을 위하여 기도하셨습니다. 본문에서 예수님은 하나님 아버지께서 자신에게 주신 말씀들을 제자들에게 전파했습니다. 제자들은 예수께서 전하신 말씀을 하나님의 말씀으로 받아서 예수님의 말씀에 순종하고, 참으로 예수님을 하나님에게서 오신 분으로 알고, 믿었습니다. 제자들은 무엇보다도 예수께서 전하신 말씀을 하나님의 말씀으로 받아들여서 예수께서 아버지에게서 나온 줄과 아버지께서 예수님을 보내신 줄을 믿었습니다. 제자들은 먼저 아버지의 것이었는데 아버지께서 예수님에게 주었고 그들은 예수께서 전하신 말씀을 잘 듣고, 그 말씀이 아버지의 말씀인 줄 알고 잘 지켰습니다. 예수께서 제자들을 위하여 기도하였고, 예수님은 제자들이 증거하는 말로 인하여 영광을 받으십니다. 제자는 먼저 예수께서 전하는 말씀을 하나님의 말씀으로 잘 듣고, 지킨다는 말씀을 들으면서 함께 은혜를 나누고자 합니다.

첫째로 제자는 예수께서 가르친 말씀을 받아들이고 지켰습니다(6~8상반절).

6절에서 "세상 중에서 내게 주신 사람들에게 내가 아버지의 이름을 나타내었나이다. 그들은 아버지의 것이었는데 내게 주셨으며 그들은 아버지의 말씀을 지키었나이다."라고 예수께서 아버지께서 자신에게 주신 사람들에게 '하나님의 이름을 나타냈다'라고 하며 그들은 아버지의 말씀을 지켰다고 했습니다. "나타냈다"(ephanerosa; I have revealed or I have manifested)라는 동사의 의미는 '내가 계시하였다', '내가 분명하게 하였다', '내가 알렸다'라는 뜻입니다. 하나님의 '이름'은 하나님이 누구인지를 나타내는 것이기 때문에 예수께서 하나님의 이름을 계시하였다는 것은 하나님이 누구신지를 알게 하였다는 것입니다. 예수께서 하나님의 이름을 나타낸 것은 그가 눈에 보이지 않는 하나님에 대하여 유일하신 창조주시고 참 신이시라고 계시하였다는 것입니다. 예수께서 하나님의 이름을 그의 모든 말씀과 모든 사역을 통하여 나타내 계시하셨습니다. 구약 성경에서도 하나님의 이름을 말할 때 하나님의 특성을 드러내면서 말씀했습니다. 14~16장 마지막 고별 설교는 예수께서 다락방에서 제자들과 함께 성찬식을 제정하시면서 말씀하셨는데 하나님의 이름을 나타내 계시하셨습니다. 예수께서 17장의 고별 기도에서도 하나님 아버지를 42회를 언급하고 하나님의 아들 그리스도를 64회나 언급하며 아버지와 아들을 두 분의 관계 속에서 나타내셨습니다. 그런데 가룟 유다는 예수님의 가르침을 받아들이지 않아서 예수님을 하나님의 아들과 인자로 믿지 못했습니다. 13장 21절에서 예수께서 "너희 중 하나가 나를 팔리라."라고 제자들에게 말씀하셨을 때 사도 요한이 예수님께 "주여, 누구니이까?"(25)라고 물었고, 예수께서 26절에서 "내가 떡 한 조각을 적셔다 주는 자가 그니라."라고 말씀하시면서 가룟 유다에게 떡 한 조각을 주셨습니다. 27절에서 "조각을 받은 후 곧 사탄이 그 속에 들어간지라. 이에 예수께서 유다에게 이르시되 '네가 하는 일을 속히 하라.' 하시니"라고 말씀했습니다. 가룟 유다는 예수께서 공생애 시작 때부터 마지막 고별 설교의 말씀까지 들었고, 예수께서 행하신 많은 이적을 보았음에도 예수님을 믿지 못하고 예수께서 전하는 말씀을 받아들이지 않고 지키지 않았습니다. 하나님의 말씀을 받아들이지 못한 가룟 유다는 제자가 되지 못하였고, 예수님을 대적하는 자가 되었습니다. 많은 유대인들도 예수님의 말씀을 듣고도 어렵다고 하면서 믿지 못하고 예수님을 떠나가 버렸습니다(6:66). 예수님의 말씀을 듣고도 믿지 못하면 제자가 되지 못하고 대적하는 자가 될 수 있습니다.

그런데 2절에서 "아버지께서 아들에게 주신 모든 사람에게", 6절에서 "세상 중에서 내게 주신 사람들에게", "그들은 아버지의 것이었는데 내게 주셨으며", 9절에서 "내게 주신 자들을"이라고 말한 이 사람들에 대하여 박윤선 박사와 카슨(D. A. Carson) 교수는 '하나님께서 택하신 백성'이라고 해석했습니다. 아버지께서 세상 중에서 빼내어 택하여 예수님에게 주셨습니다. 아버지께서 이 사람들을 세상에서 택하여 아들에게 준 것은 그들에게 그럴만한 자격이 있어서가 아니라 아버지께서 무조건적으로 택하여 예수님께 주셨습니다. 예수께서 지금 기도하고 있는 제자들은 하나님 아버지께서 자기 백성으로 택하여 아들에게 주셔서 제자가 된 자들이었고, 예수님은 그들에게 하나님의 이름을 나타내었습니다. 이 제자들은 예수님의 말씀을 받아들여서 하나님의 말씀으로 믿었고(7), 그 말씀을 지켰습니다(6). 6절 하반절에서 "그들은 아버지의 말씀을 지키었나이다."라고 했는데, 이 말씀은 예수께서 전하신 말씀과 예수님 자신(말씀이 육신이 됨)을 믿고 순종했다는 것입니다. 제자들이 예수께서 전하신 말씀을 듣고 그 말씀과 예수님 자신에게 순종했다는 것입니다. 제자들이 말씀을 지켰다는 말은 하나님을 아버지로 알고 믿었다는 의미도 있습니다.

이것을 8절에서 명확하게 잘 설명하고 있습니다. "나는 아버지께서 내게 주신 말씀들을 그들에게 주었사오며 그들은 이것을 받고 …"라고 6절에 했던 말씀을 좀 더 구체적으로 확대해서 정리하고 있습니다. '말씀들'은 예수님의 가르침 전체 또는 예수께서 전하셨던 말씀들과 발언들을 가리킵니다. 이러한 말씀들이 하나님에 의해 예수님께 주어졌기 때문에 아들은 아버지께서 자신에게 말하라고 그에게 준 것들만을 말씀했습니다. 그런데 제자들은 예수께서 전하신 말씀들을 하나님의 말씀과 진리의 말씀으로 '받았다'라고 했습니다. 당시 제자들은 예수께서 전하신 말씀들을 다 깨달아 알 수 있었던 것은 아니지만 예수님께 헌신 되어 있었기 때문에 예수께서 전하신 말씀들을 하나님으로부터 온 참된 계시로 받아들였습니다. 8장 47절에서도 "하나님께 속한 자는 하나님의 말씀을 듣나니 …"라고 하나님의 말씀을 듣는 제자는 하나님께 속한 자라고 했습니다. 예수께서 부활 승천하시기 전까지 제자들은 좀 불안했지만, 성령이 충만하게 임하므로 온전하게 깨닫고 당당하게 믿고 순종하게 되었습니다. 이러한 말씀들이 하나님에 의해서 예수님께 주어졌기 때문에, 하나님의 아들은 아버지께서 말하라고 자신에게 준 것들만을 말씀하였습니다. 예수님의 말씀을 하나님의 말씀으로 받아들여서 믿고 순종하여 예수님 곁에 있었던 제자들이 교회의 핵심 구성원이 되었습니다.

7절에서 제자들은 예수께서 가르치신 말씀이 다 하나님 아버지의 말씀이라는 사실을 확실하게 알았고 예수님이 하나님께서 보내신 분이시고, 하나님께 의존되어 계시는 하나님의 아들이심을 알았습니다. 제자들은 예수께서 가르치신 모든 것이 하나님의 진리라는 사실에 깊은 확신에 도달해 있었습니다. 6장 68~69절에서 "68. 시몬 베드로가 대답하되 '주여 영생의 말씀이 주께 있사오니 우리가 누구에게로 가오리이까? 69. 우리가 주는 하나님의 거룩하신 자이신 줄 믿고 알았사옵나이다."라고 고백하며 제자들은 생명의 위협이 있었음에도 예수님과 함께하는 것을 선택했습니다. 제자들은 예수님의 부활 전에 여러 가지로 부족함이 있었음에도 하나님의 말씀을 지키고 믿고 순종했습니다. 제자들은 예수님의 수난 직전에 생명의 위협을 느끼면서도 예수께서 설교하시는 말씀을 제대로 다 믿고 이해하지 못했지만, 예수께서 전하신 말씀을 다 하나님의 말씀으로 받아들였고, 참으로 확신하여 알았고, 믿었습니다.

적용 우리도 하나님의 말씀을 잘 받아들여서 믿고 순종하는 제자가 될 수 있기를 바랍니다.

둘째로 제자는 예수께서 아버지에게서 나와서 아버지의 보냄을 받은 줄도 믿었습니다 (8하반절).

2절에서 "아버지께서 아들에게 주신 모든 사람", 6절에서 "세상 중에서 내게 주신 사람들", 9절에서 "내게 주신 자들"이라고 말한 이 사람들은 아버지께서 세상 중에서 택하여 예수님에게 주셨는데 예수님은 그들에게 하나님의 이름을 나타내었고, 그들은 그 말씀을 받아들이고(8) 믿어서 제자가 되었습니다. 이 제자들은 예수님의 말씀을 듣고 하나님의 말씀으로 믿었고(7) 그 말씀을 지켰습니다(6). 2, 6절에서 아버지께서 택하여 예수님에게 주신 사람들 즉 제자들은 예정론이 강하게 나타나 있었지만, 이 제자들은 예수님의 말씀을 받아들였고(8), 예수님의 말씀에 순종하였다(6)는 것을 강조하고 있습니다. 제자들은 예수님의 말씀을 받아들여서 순종하고 믿었다는 것이 탁월합니다. 이것은 제자의 아름다운 모습입니다.

8절 하반절에 "내가 아버지께로부터 나온 줄을 참으로 아오며 아버지께서 나를 보내신 줄도 믿었사옵나이다."라고 하나님의 아들 예수께서 하나님 아버지에게서 나왔고, 하나님 아버지가 아들을 보냈다고 하나님 아버지와 하나님의 아들의 관계 속에서 제자들은 예수님을 알고 믿었다는 놀라운 특징이 있습니다. 제자들은 예수님의 말씀들을 언제나 깨달을 수 있었던 것은 아니었지만, 예수님께 헌신 되어 있었기 때문에 예수님의 말씀들을 하나님께로부터 온 참된 계시로 받아들였습니다. 웨스트민스터 신앙고백서의 삼위일체 하나님에서 '성부는 아무에게서 유래하지 아니하시고, 나지 아니하셨고, 나오지도 아니하신다.'(the Father is of none, neither begotten, nor proceeding.)라고 했고, '성자는 영원히 성부에게서(of) 나셨고, 성령은 영원히 성부와 성자로부터(from) 나오신다.'(the Son is eternally begotten of the Father: the Holy Ghost eternally proceeding from the Father and the Son.)는 것으로 정의했습니다. 제자들은 예수께서 하나님 아버지께로부터 오신 분이시고, 하나님 아버지께서 예수님을 보내신 줄도 믿었습니다. 여기에 성령의 거듭남이 제자들에게 나타나서 하나님께서 믿게 한 것으로 볼 수 있습니다. 제자는 하나님 아버지와 하나님의 아들 예수를 그 관계 속에서 함께 믿어야 합니다. 제자의 지식과 믿음의 핵심이 예수님이 하나님께서 나오시고 하나님 아버지께서 예수님을 이 땅에 보내셨다고 아버지와 아들의 관계 속에서 알고 믿어야 합니다. '하나님 아버지와 하나님의 아들 예수 그리스도를 아는 것이 영생이다.'라는 말씀은 진리이고 복음의 핵심입니다. 14장 6~10절에서 "6. 예수께서 이르시되 '내가 곧 길이요 진리요 생명이니 나로 말미암지 않고는 아버지께로 올 자가 없느니라. 7. 너희가 나를 알았더라면 내 아버지도 알았으리로다. 이제부터는 너희가 그를 알았고 또 보았느니라.' 8. 빌립이 이르되 '주여, 아버지를 우리에게 보여 주옵소서. 그리하면 족하겠나이다.' 9. 예수께서 이르시되, '빌립아, 내가 이렇게 오래 너희와 함께 있으되 네가 나를 알지 못하느냐? 나를 본 자는 아버지를 보았거늘 어찌하여 아버지를 보이라 하느냐? 10. 내가 아버지 안에 거하고, 아버지는 내 안에 계신 것을 네가 믿지 아니하느냐? 내가 너희에게 이르는 말은 스스로 하는 것이 아니라 아버지께서 내 안에 계셔서 그의 일을 하시는 것이라."라고 예수님을 통하여 아버지께로 나아가고, 예수께서 아버지 안에 거하시고 아버지께서 예수 안에 거하셔서 아들을 본 사람은 아버지를 보았다는 신비한 관계를 아는 것이 성령에 의한 거듭남이고 이것이 바로 영생입니다.

적용 우리도 예수님의 말씀을 듣고 받아들여서 예수께서 아버지에게서 나온 줄과 아버지께서 아들을 보낸 줄을 믿어서 영생을 누리길 바랍니다.

셋째로 제자들은 예수님의 기도 때문에 예수님께 영광을 돌리며 살아갑니다(9~10).

9~10절에서 "9. 내가 그들을 위하여 비옵나니 내가 비옵는 것은 세상을 위함이 아니요 내게 주신 자들을 위함이니이다. 그들은 아버지의 것이로소이다. 10. 내 것은 다 아버지의 것이요 아버지의 것은 내 것이온데 내가 그들로 말미암아 영광을 받았나이다."라고 예수께서 제자들을 위하여 기도했습니다. 3장 16절에서 하나님이 세상을 이처럼 사랑하여 독생자를 주셨다고 말씀했고, 4장 42절에서 예수님을 세상의 구주라고 고백하기도 했습니다. 그러나 예수께서 마지막 고별 기도에서 세상이 아니라 제자들을 위하여 기도하고 있습니다. 왜냐하면, 제자들은 예수께서 전하신 말씀을 듣고 받아들여서 순종하고 믿었기

때문에 영생을 누리는 아버지의 것이고 아들의 것이 되었기 때문입니다. 아버지가 아들에게 제자들을 주었을 때 이미 그들은 아버지에게 속해 있었습니다. "그들은 아버지의 것이었는데"(6), 아버지가 그들을 아들에게 주었기 때문에 그들은 아들의 것이기도 합니다(2, 6). 장차 제자들의 복음 전파로 말미암아 사람들에게 예수 믿고 하나님을 섬기는 구원의 역사가 일어나게 될 것이고, 그래서 제자들이 예수님께 영광을 돌리게 될 것입니다. 20절에서 "내가 비옵는 것은 이 사람들만 위함이 아니요 또 그들의 말로 말미암아 나를 믿는 사람들도 위함이니"라고 제자들의 복음 전파로 믿게 될 제자들을 위해서도 기도하고 있다고 분명하게 말씀하고 있습니다. 제자들이 아직 불안전한 믿음을 가지고 때론 흔들렸지만 예수님께 헌신하며 순종하고 믿는 제자들을 위하여 예수께서 기도했습니다. 얼마 후에 대제사장 가야바의 뜰에서 베드로가 예수님을 부인하고, 다른 제자들도 예수께서 골고다 언덕에서 십자가에 매달려 죽으러 가고 있을 때 흩어져 숨어버리고 말았습니다. 제자들은 예수님의 기도 때문에 다시 부활의 주님을 만나서 더 온전한 믿음의 자리로 나왔습니다. 제자들은 오순절에 성령의 충만함을 받고 복음을 전파하여 많은 사람들이 예수를 주로 믿고 하나님을 아버지로 섬기는 기적의 역사를 일으켰습니다. 예수님은 오늘도 우리를 위하여 기도하고 계십니다. 예수님의 기도가 제자들을 넘어짐에서 다시 일어서게 했습니다. 예수님의 기도가 제자들을 능력 있는 복음 전파자가 되게 했습니다. 그래서 예수님은 제자들로 인하여 영광을 받았습니다.

사랑하는 성도 여러분이여!

우리는 예수께서 전한 말씀을 하나님의 말씀으로 듣고 받아들여서 믿고 지키는 예수님의 제자가 되어야 합니다. 우리는 예수께서 하나님 아버지에게서 나온 줄과 하나님 아버지께서 예수님을 보낸 줄을 믿어서 영생을 누립시다. 우리는 하나님과 예수님의 소유된 백성으로 예수님의 말씀에 그대로 순종하며 살아가야 합니다. 우리를 위하여 지금도 기도하시는 예수님의 기도 때문에 우리는 전도자와 설교자와 헌신된 직분자로 살아갈 수 있습니다. 그래서 우리는 계속하여 하나님의 말씀을 잘 듣고 믿고 순종하고 증거하여 더 크게 하나님께 영광을 돌리며 살아갈 수 있기를 바랍니다.

59. 제자는 세상에서 거룩하게 보전되어야(17:11~19)

결혼을 약속한 젊은 연인이 있었습니다. 결혼을 앞두고 남자는 아파트 한 채를 미리 사두었고, 여자는 아파트 규모에 맞게 가구와 가전제품을 미리 봐두었습니다. 그런데 갑자기 여자의 아버지가 사업 실패로 하루아침에 어렵게 되었습니다. 그 충격으로 여자의 아버지는 쓰러져 병원 신세까지 지게 되었습니다. 결혼을 한 달여 앞둔 날, 남자가 여자의 두 손을 꼭 잡고 말했습니다. "혜원 씨, 사실 아파트는 내 것이 아니에요." 그러자 여자도 "괜찮아요. 전 이제 그 집을 채울 살림살이를 하나도 준비할 수 없는걸요." 그리하여 두 사람은 단칸 전세방에서 신혼살림을 시작했습니다. 일 년 뒤 여자의 아버지는 다행히 쾌차하여 사업을 다시 일으켰습니다. 그러자 여자는 조금씩 자신이 불행하다는 생각을 하기 시작했습니다. 이제 크고 좋은 가구들은 얼마든지 살 수 있게 되었는데 남자에게 집이 없었기 때문입니다. 그러다 보니 결혼 전에 남자가 자기를 속였던 사실이 떠올랐고 억울하다는 생각마저 들었습니다. 여자는 친정어머니에게 자신의 불만을 털어놓았습니다. 그러자 어머니가 눈물을 흘리며 말했습니다. "사실은 김 서방이 아무 말 하지 말라고 했는데 이제는 털어놓아야겠구나." 남편은 아파트를 팔아 아버지의 빚을 갚았고 일부는 아버지의 병원비로 썼던 것입니다. 부인은 남편의 깊은 사랑에 크게 감동하였습니다.

17장의 제자는 하나님 아버지께서 택하여 예수 그리스도께 맡겼고, 예수님은 3년간의 공생애를 통하여 훈련하여 세상으로 파송한 예수님의 제자입니다.

제자는 창조주 하나님을 아버지로 알고, 하나님이 보내신 예수 그리스도를 자신의 주님으로 알아 영생을 얻은 그리스도인입니다. 제자는 세상에 속하지 않고 하나님과 예수 그리스도에게 속하여 하나님을 위하여 구별된 거룩한 성도입니다. 본문에서 예수 그리스도께서 이제 세상을 떠나 아버지께로 가시면서 제자들이 세상에서 보전되고, 자신의 기쁨으로 충만하고, 세상에서 거룩해지기를 기도하셨습니다. 제자가 세상에 속하지 아니하여 세상에서 미움을 받을 때도 오히려 제자는 악에 빠지지 않고 하나도 잃어버리지 않고 보전되기를 위하여 예수께서 기도하셨습니다. 제자가 세상에서 진리의 말씀으로 거룩하게 되어 하나님을 위하여 쓰임을 받을 수 있도록 예수께서 기도하셨습니다. 제자가 세상에서 예수 그리스도처럼 하나님 아버지의 뜻을 위하여 순종하며 그 사명을 감당할 때 기쁨이 있고 거룩한 성도가 될 수 있습니다. 예수께서 십자가를 져야 하는 그 결정적인 순간에 앞서 제자들이 세상에서 거룩하게 보전되기를 위하여 기도하셨습니다. 이것은 우리도 세상에서 거룩하게 보전되어야 한다는 말씀인데 함께 들으면서 은혜를 나누고자 합니다.

첫째로 제자는 세상에서 보전되어야 합니다(11~16).

11~12절 상에서 "11. 나는 세상에 더 있지 아니하오나 그들은 세상에 있사옵고 나는 아버지께로 가옵나니, 거룩하신 아버지여, 내게 주신 아버지의 이름으로 그들을 보전하사(keep them in Your name) 우리와 같이 그들도 하나가 되게 하옵소서. 12. 내가 그들과 함께 있을 때에 내게 주신 아버지의 이름으로 그들을 보전하고 지키었나이다."라고 예수께서 세상을 떠나가시면서 거룩하신 하나님 아버지께서 제자들을 세상에서 보전하여 달라고 기도하셨습니다. 예수께서 하나님을 "거룩하신 아버지"라고 말씀하며 자신의 거룩함과 제자들의 거룩함의 뿌리가 하나님 아버지시고 하나님을 아버지로 섬기고 예수님의 말씀에 순종하며 관계를 유지하며 살아갈 때 거룩해진다는 것입니다. 예수님은 세상을 떠나가시면서 하나님 아버지의 이름으로 아버지께서 자신에게 주신 제자

들을 세상에서 보전하고자 기도하셨습니다. 하나님 아버지의 이름은 여기서 하나님의 능력을 말하며 전능하신 창조주 하나님 아버지의 이름의 능력으로 제자를 보전해달라고 기도하셨습니다.

세상은 사탄의 세력들이 지배하며 하나님을 대적하여 하나님의 진노로 사망과 멸망으로 치닫고 있는 곳입니다. 시편 54편 1절에서 "하나님이여, 주의 이름으로 나를 구원하시고 주의 힘으로 나를 변호하소서."라고 하나님의 이름이 하나님의 능력이 있다는 것을 나타내고 있습니다. '내게 주신 이름'은 하나님 아버지께서 예수님께 주신 이름의 능력(당신의 이름의 능력으로 보호하소서; NIV)을 말하며, 하나님 아버지께서 예수님에게 주신 주의 이름의 능력을 사용해서 제자들을 세상에서 보전하려고 기도하셨습니다. 예수의 이름이 귀신을 복종하게 하고, 병든 자를 고치시고, 죽은 자를 살리시고, 풍랑을 잠잠하게 하는 능력이 있었습니다. 예수께서 하나님 아버지의 이름의 능력과 자신의 이름의 능력으로 제자를 세상에서 보전하도록 기도하셨습니다. 하나님은 예수 안에서 자신을 최고로 계시하셨습니다. 예수께서는 그가 전한 계시의 말씀을 붙잡고 살아가는 제자들을 세상에서 보전하시기를 기도하셨습니다. 예수님이 하나님 아버지께 제자들을 지켜달라고 이렇게 기도하는 목적은 "우리와 같이 그들도 하나가 되게"(11) 하고자 함이었습니다. 제자들의 하나가 됨은 하나님이 제자들을 세상에서 보전하는 목적입니다. 하나님 아버지와 예수께서 제자들을 세상에서 보전하지 않는다면 제자는 하나님 아버지와 예수님이 한 분이신 것같이 하나가 될 수 없습니다. 제자는 모두가 하나님을 아버지라 부르고, 예수님을 주님이라 부르면서 예수께서 주신 계시의 말씀에 순종하고 살아가는 데 있어서 하나입니다. 하나님 아버지와 예수께서 제자들을 세상에서 지켜주시지 않는다면 제자는 하나님 아버지와 예수께서 한 분이신 것같이 결단코 하나가 될 수 없습니다. 예수님은 제자들이 하나 되어 세상의 악에서 보전되기를 기도했습니다.

히브리서 7장 25절에서 "그러므로 자기를 힘입어 하나님께 나아가는 자들을 온전히 구원하실 수 있으니 이는 그가 항상 살아 계셔서 그들을 위하여 간구하심이라."라고 예수께서 십자가 지시기 전에도 제자들을 위하여 기도하셨고, 지금도 하늘 보좌의 우편에서 제자인 우리가 세상에서 보전되어 온전한 구원을 이루도록 기도하고 계십니다. 예수께서 자신의 사역 내내 하나님 아버지께서 자신에게 주신 이름으로 제자들을 안전하게 보전하셨습니다. 우리 제자들이 세상의 죄악에서 넘어지지 않고 보전되는 것은 하나님 아버지의 이름의 능력과 우리 주 예수 그리스도의 이름의 능력 때문입니다. 우리가 하나님 아버지의 이름과 예수 그리스도의 이름 안에서 영생 얻은 자로 살아가며 세상을 지배하는 사탄의 세력과 싸울 때도 하나님과 예수님께서 우리로 싸워서 승리하게 합니다.

그러나 12절 마지막에서 "그 중의 하나도 멸망하지 않고 다만 멸망의 자식뿐이오니 이는 성경을 응하게 함이니이다."라고 예수님이 제자 가운데 가룟 유다는 제외하셨습니다. 만약에 가룟 유다가 보전에서 배제되지 않았다면 예수께서 자신에게 맡겨진 제자를 보전하는 책임을 다하지 못했다는 결론에 도달했을 것입니다. 가룟 유다가 보전되지 못한 것은 예수님의 기도가 응답되지 못한 것이 아니라 그가 멸망의 자식이었기 때문입니다. 멸망의 자식이라는 말은 종말론적인 멸망의 자식과 동일한 족속에 속하는 사람이라는 말입니다. 유다가 이미 성경에 예언한 대로 배신자로 변절되어 실패했기 때문에 보전되지 못한 것입니다. 이것은 예수님의 실패가 아니고 변절자 가룟 유다의 실패였습니다.

13~14절에서 "13. 지금 내가 아버지께로 가오니 내가 세상에서 이 말을 하옵는 것은 그들로 내 기쁨을 그들 안에 충만히 가지게 하려 함이니이다. 14. 내가 아버지의 말씀을 그들에게 주었사오매 세상이 그들을 미워하였사오니 이는 내가 세상에 속하지 아니함 같이 그들도 세상에 속하지 아니함으로 인함이니이다."라고 예수께서 십자가에 달려 죽으심으로 세상을 떠나 아버지께로 가는 인간적인 슬픔 가운데서도 제자들에게 자신의 기쁨을 충만하게 가지도록 기도하셨습니다. 예수님의 기쁨은 15장 11절에서 "내 기쁨이 너희 안에 있어

너희 기쁨을 충만하게 하려 함이라."라는 말씀대로 예수님의 기쁨은 아버지의 사랑 안에 거하여 아버지에 대한 순종으로 이어지는 것이었습니다. 예수님은 아버지께서 제자들을 보전해주시기를 기도하셨는데 그것은 그들이 아버지의 사랑 안에 거하고 아버지에게 순종하며 예수께서 가르쳐주신 말씀을 진심으로 붙잡고 살아가는 것이었습니다. 제자들이 아버지의 사랑에 거하는 것은 아버지께서 세상을 사랑하여 보내주신 독생자 예수님을 믿는 것이고, 예수님처럼 아버지의 뜻에 순종하며 살아가는 것입니다. 예수님은 하나님 아버지의 말씀을 제자들에게 주셨는데(8, 14), 제자들이 아버지의 말씀을 지킴으로(6) 인하여 다시 말해서 제자의 사명을 감당하면서 기쁨이 충만해지도록 기도했습니다. 예수님은 하나님 아버지께서 하라고 자신에게 맡겨 주신 사명에 그대로 순종하여 아버지의 뜻을 다 이루었을 때 크게 기뻐하셨습니다. 우리들이 예수께서 우리에게 주신 하나님 아버지의 말씀을 듣고 아버지의 사랑에 거하여 독생자 예수님을 믿고 아버지의 말씀에 순종하면서 우리의 기쁨이 충만해져야 합니다. 우리가 하나님의 말씀에 순종하여 살아갈 때 세상에서 보전되면서 오히려 우리의 기쁨도 충만해집니다. 15절에서도 "내가 비옵는 것은 그들을 세상에서 데려가시기를 위함이 아니요, 다만 악에 빠지지 않게 보전하시기를 위함이니이다."라고 예수께서 제자들이 세상의 악에 빠지지 않고 보전되기를 위하여 기도하셨습니다. 하나님 아버지의 이름의 능력과 예수의 이름의 능력이 제자들을 세상의 악에서 승리하게 하고(10:28~29), 하나님의 말씀에 순종하는 제자들을 세상에서 보전하여 주시고자 했습니다.

적용 우리는 삼위일체 하나님의 이름의 능력으로 세상에서 보전되어 제자로 살아갈 수 있기를 바랍니다.

둘째로 제자는 세상에서 하나님을 위하여 거룩하게 구별되어야 합니다(17~19).
17~19절에서 "17. 그들을 진리로 거룩하게 하옵소서(Sanctify them in the

truth), 아버지의 말씀은 진리니이다. 18. 아버지께서 나를 세상에 보내신 것 같이 나도 그들을 세상에 보내었고 19. 또 그들을 위하여 내가 나를 거룩하게 하오니 이는 그들도 진리로 거룩함을 얻게 하려 함이니이다."라고 예수께서 진리로 제자들을 거룩하게 해달라고 기도하셨습니다. '거룩함'은 하나님을 위하여 세상에서 구별되는 것을 말합니다. 창조주 하나님은 자신의 피조물들로부터 분리되어 따로 존재하는 초월적인 존재이기 때문에 천사들은 항상 하나님 앞에서 "거룩, 거룩, 거룩"이라고 끊임없이 외치며 찬양합니다. 구약성경에서 하나님을 위하여 구별된 사람들과 물건들은 거룩한 것이라 불렸습니다. 구약의 성전 안에 있던 제단의 향로, 금 촛대, 대제사장으로 구별된 사람 등을 거룩한 것이라 했습니다. 선지자 예레미야, 대제사장 아론과 그의 아들들은 다 거룩하게 성별되었습니다. 이들은 오직 하나님을 위한 거룩한 직무를 위하여 구별되었습니다. 어떤 사람이 오직 하나님과 하나님의 목적을 위하여 구별되었다면, 그 사람은 거룩한 사람입니다. 그들은 하나님이 원하시는 것들만을 행하고, 하나님이 미워하는 모든 것을 미워하며 살아갑니다. 이것을 우리는 거룩한 것이라고 부르며 거룩한 것의 의미라고 말합니다.

예수 그리스도는 하나님 아버지에게서 나신 독생자로 "구별해서" 세상에 보내신 거룩한 분입니다. 하나님 아버지께서 예수님을 세상에 보내어 자신이 명령한 일을 하게 하기 위한 목적으로 아들을 거룩하게 구별하셨습니다. 하나님은 하나님의 아들 예수를 하나님의 뜻을 위하여 거룩하게 구별하셨습니다. 예수 그리스도는 하나님 아버지께서 그에게 맡겨 주신 그 일을 위하여 자신을 거룩하게 구별하셨습니다. 예수님은 하나님 아버지께서 택하여 자신에게 맡겨 주신 하나님의 백성들을 구속하기 위하여 십자가에서 죽으셨다가 사흘 만에 살아나셨고, 승천하여 자기 백성을 구원하시기 위하여 다시 이 땅에 오실 거룩한 분이십니다. 본문 17절 이하에서 예수께서 제자들을 세상에 보내서 하나님을 위하여 진리로 거룩하게 구별되기를 기도하셨습니다. 예수께서 보혜사 성령을 보내서 제자들을 진리 가운데로 인도하여 제자들이 진리 가운데 거하게 하여 진리로 그들을 거룩하게 하셨습니다. 제자는 진리인 하나님의 말씀과 예수 그리스도에게 순종하여 살아가면서 세상에서 거룩하게 구별됩니다. 제자는 하나님의 뜻대로 살아가고 하나님의 말씀대로 순종하여 거룩하게 구별된 제자로 살아갑니다. 제자는 자기 자신을 위하여 살아가는 사람이 아니라 하나님의 영광을 위하여 살아가는 거룩한 사람들입니다.

그러나 하나님과 하나님의 말씀을 알지 못하는 사람들은 하나님을 위하여 성별 되거나 거룩하게 구별되지 못합니다. 그들은 세상에 속하여 하나님을 알지 못하여 하나님의 말씀을 배척하고 대적합니다. 세상에 속한 사람은 거룩한 제자의 삶을 살지 못하고, 자기를 위하고, 정욕을 위하고, 세상을 위하여 살아갑니다. 그들은 하나님께 속한 제자와 정반대인 세상을 위하여 살아가는 사람들입니다.

독일에 한 조각가가 있었습니다. 그는 예수님의 초상을 조각할 마음이 생겨 작업을 시작한 지 4년 만에 작품을 완성했습니다. 그는 만족하여 주일학교 학생을 불러서 자기가 조각한 것을 보여주며, "이것이 누구와 같으냐?"고 물었습니다. 그 학생은 "어떤 유명한 사람과 같아요."라고 대답했습니다. 그러나 그는 다시 작업에 들어가 6년 만에 예수님의 초상을 조각한 후에 그 학생을 불러다 다시 물어보았습니다. 그러자 그 학생은 놀라며 "예수님입니다."라고 소리쳤습니다. 그제야 그는 만족하였습니다. 그 후 이 소식을 들은 프랑스에서 국신(國神)인 비너스의 조각을 요청해 왔습니다. 그러나 그는 "내 손은 예수님을 조각한 거룩한 손이므로 당신의 나라의 더러운 신의 초상을 조각할 수 없소!"라고 단호하게 거절하였다고 합니다.

사랑하는 성도 여러분이여!

우리는 하나님 아버지와 예수 그리스도를 아는 영생의 지식을 가지고 살아가면서 하나님의 사랑에 거하여 말씀대로 순종하는 참된 기쁨이 우리 심령에 충만하기를 바랍니다. 우리는 하나님의 이름의 능력으로 세상의 악에서 보전되어야 합니다. 우리는 진리의 말씀인 성경의 말씀에 순종하여 거룩한 제자로 살아가면서 하나님이 우리에게 맡겨 주신 사명을 제대로 감당할 수 있기를 바랍니다. 이것이 바로 거룩한 제자의 모습입니다. 세상에 속하지 않고 하나님께 속한 제자로 죄악 된 세상에서 구별된 성도로 하나님의 영광을 위하여 날마다 살아갈 수 있기를 소망합니다.

60. 제자는 하나 되어야(17:20~23)

어느 동산에 두 그루의 나무가 있었습니다. 한 그루는 크고 나뭇잎도 무성했으나, 그 옆에 있는 나무는 나약했습니다. 키가 작은 나무는 "저 키가 큰 나무 때문에 햇빛을 못 받아서 내 키는 자라지 않는 거야. 저 나무가 없다면 크게 자랄 수 있었을 텐데. 저 나무는 키만 크지, 쓸모가 없고 나에겐 해만 되는구나." 라고 불평했습니다. 그러던 어느 날 나무꾼이 그곳을 지나가게 되자, 작은 나무는 그에게 도끼로 큰 나무를 찍어 가져가 달라고 부탁했습니다. 큰 나무가 나무꾼의 도끼에 찍혀 넘어져 버리자 작은 나무는 기뻐하면서 '나는 이제 멋지고 크게 자랄 수 있겠지!'라고 생각했습니다. 하지만 작은 나무에 그늘이 되어 주고 바람막이가 되어주던 큰 나무가 없어지자, 뜨거운 햇빛과 세찬 바람에 작은 나무는 견딜 수 없어서 끝내 쓰러져 버렸습니다.

사실 우리 주위에 있는 모든 것들을 우리는 너무도 당연하게 여기면서 감사하지 않고 불평하는 경우가 많습니다. 그러나 막상 없어지면 그 귀함을 그때야 알게 됩니다. 그러므로 우리는 주님의 몸 된 교회의 지체로서 귀하게 여기고 서로 도와가며 함께 더불어 주님의 교회를 세워가야 합니다.

예수께서 성찬식을 제정하는 자리에서 가룟 유다가 나간 후에 이미 영광을 받으시고, 14장에서 16장까지의 긴 고별 설교를 제자들에게 하셨고, 17장에서 예수께서 고별 기도를 하셨습니다. 17장의 예수님의 고별 기도는 요한복음 전체의 요약입니다. 그것은 예수님이 자신을 이 땅에 보내신 아버지의 뜻에 순종하여 다시 말해서 그의 십자가 죽음과 부활을 통하여 아버지를 영화롭게 하는 것이었습니다. 1절의 '아버지여, 아들을 영화롭게 하사 아들로 아버지를 영화롭게 하옵소서', 3절의 '영생은 곧 유일하신 참 하나님과 그가 보내신 자 예수 그리스도를 아는 것이니이다.', 21절의 '아버지여, 아버지께서 내 안에, 내가 아버지 안에 있는 것 같이 그들도 다 하나가 되게 하소서'와 같이 예수께서 아버지께 순종하여 아버지께 영광을 돌리게 해달라는 기도와 모든 제자가 하나 되게 해달라고 기도하셨습니다. 본문 21절에 나오는 대로 '제자는 하나 되어야'라는 제목의 말씀을 들으면서 함께 놀라운 은혜를 나누고자 합니다.

첫째로 모든 제자는 아버지와 아들이 한 분이신 것 같이 하나 되어야 합니다(20~21).

20~21절에서 "20. 내가 비옵는 것은 이 사람들만 위함이 아니요. 또 그들의 말로 말미암아 나를 믿는 사람들도 위함이니 21. 아버지여, 아버지께서 내 안에, 내가 아버지 안에 있는 것 같이 그들도 다 하나가 되어 우리 안에 있게 하사, 세상으로 아버지께서 나를 보내신 것을 믿게 하옵소서."라고 예수께서 최초의 제자들(these)과 그들의 증언을 통하여 믿게 될 다른 제자들(those)이 하나님 아버지와 아들이 하나인 것 같이 하나 되게 해달라고 기도하셨습니다. 최초 제자들의 증언을 통하여 장차 계속 믿게 될 제자들이 생겨난다는 것은 제자들의 증언이 일정한 정도의 효과적인 능력이 나타나게 된다는 것을 전제하고 있습니다. 에베소서 6장 17절에서 "성령의 검 곧 하나님의 말씀을 가지라."고 제자들이 증언하는 복음의 말씀이 사람들 속에서 성령의 검이 되어 놀랍게 역사하여 계속해서 믿는 제자들이 생겨난다는 것은 너무도 당연한 귀결입니다. 성령께서 말씀과 함께 거듭나게 하시는 것입니다. 예수께서 장래 믿게 될 제자들을 위하여 기도한 것은 그들이 "다 하나가 되게" 해달라는 것이었습니다. 예수님은 최초의 제자들을 위하여 기도하셨고, 그들의 증언하는 말로 장차 믿게 될 제자들을 위하여도 반복해서 기도하셨습니다. 예수께서 기도하신 제자들의 하나 됨은 단순히 사랑의 하나 됨이 아니라, 아버지께서 아들을 통하여 최초의

제자들에게 전한 계시의 말씀이며, 최초의 제자들이 전한 계시의 말씀을 듣고 믿은 믿음을 토대로 한 하나 됨입니다. "아버지께서 내 안에, 내가 아버지 안에 있다."라는 말씀으로 표현된 예수께서 아버지와 함께 온전한 하나 됨과 아버지께서 아들을 주도하고, 아들은 아버지에게 의존되어 있음을 말합니다. 14장 10절에서도 "내가 아버지 안에 거하고 아버지는 내 안에 계신 것을 네가 믿지 아니하느냐? 내가 너희에게 이르는 말은 스스로 하는 것이 아니라 아버지께서 내 안에 계셔서 그의 일을 하시는 것이라."라고 말씀하고 있을 정도로 아버지께서 예수 안에 계셔서 아버지의 일을 하고 계신다고 예수께서 말씀했습니다. 예수님은 온전히 아버지께서 주장하시는 삶을 사셨다는 것입니다. 반면에 아들이 아버지 안에 있다는 것은 예수께서 하나님 아버지에 대한 철저한 의존관계와 순종 속에서 아버지께서 아들에게 맡겨 준 자들의 구속과 보전과 관련해서 하나님 아버지와 전적으로 한마음과 한뜻으로 행하고 계신다는 것입니다. 아들은 아버지의 말씀을 하시고 아버지가 행한 일을 행하셨는데 아버지와 아들은 신격이 다르고 구별이 되지만, 그런데도 아버지와 아들은 한 분(10:30)이기에 가능한 일입니다.

하나님 아버지께서 선택하고 예정하신 그들을 17장 2절에 나오는 대로 예수 그리스도에게 다 주셨는데, 예수님은 아버지께서 자신에게 주신 모든 백성들을 십자가에서 구속하셨습니다. 하나님 아버지께서 하나님의 아들들로 택하여 구원하시기로 예정하신 백성을 예수께서 구속하셨는데, 성령께서 그들을 거듭나게 하셔서 하나님을 아버지라 부르게 하시고, 예수 그리스도를 주님이라 부르게 하셨습니다. 하나님 아버지는 성령으로 거듭나서 신앙 고백하는 자들을 의롭다 하셨습니다. 하나님 아버지께서 십자가에 죽으셨다가 부활하신 인자 예수님께 심판하는 권세를 주셨고, 마지막 날에 재림하실 예수께서 그들에게 부활의 생명을 주실 것입니다. 부활한 성도들은 하늘 아버지 집의 영원한 거처에서 하나님을 아버지로 부르며, 예수님을 주님이라 부르며 얼굴과 얼굴을 대하여 보며 예배하며 섬길 것입니다. 아들은 아버지와 함께 계셨으며 아들은 정확하게 아버지의 뜻을 아시고 그대로 이루실 수 있기에 아버지는 아들을 세상에 보내셨습니다.

21절에서 "그들도 다 하나가 되어 우리 안에 있게 하사"라고 모든 제자는 다 아버지와 아들 안에 있어 하나가 되게 해달라고 예수께서 기도하셨습니다. "그들"은 누구인가 하니 20절에서 "이 사람들"은 예수님 당시의 최초 제자들을 말하고, 그 최초 제자들의 증언을 통하여 장차 예수 그리스도를 믿게 될 다른 제자들이 다 함께 하나 되기를 위하여 기도했습니다. 11절 마지막에도 예수께서 "… 우리와 같이 그들도 하나가 되게 하옵소서."라고 예수께서 자신을 보내신 하나님 아버지의 말씀과 뜻에 그대로 순종하여 사신 것처럼 시대를 뛰어넘어 모든 제자들이 하나님의 말씀과 뜻에 순종하며 하나 되게 해달라고 기도했습니다. 모든 제자의 하나 됨은 사도적인 복음을 지키고, 그리스도의 사랑으로 기쁘게 사랑하고, 제자의 맡겨진 사명에 두려움 없이 헌신하고, 생명을 얻고 열매 맺는 삶을 위하여 자원하여 하나님을 의지할 때 이루어집니다. 세상이 하나님 말씀과 뜻에 대한 예수님의 순종을 보고서 예수님을 하나님 아버지께서 이 땅에 보내신 하나님의 아들이시고 그리스도이시라고 믿게 되었습니다.

적용 우리는 나이 차이가 있고, 성별 차이가 있고, 직분 차이가 있고, 신앙 연조 차이도 있지만, 하나님을 아버지로 믿고, 예수님을 주님으로 믿는 믿음 때문에 하나 된 제자로 살아갈 수 있기를 바랍니다.

둘째로 제자는 아버지께서 아들에게 주신 영광으로 하나 되어야 합니다(22).

현대인의 성경 22절에서 "아버지께서 내게 주신 영광을 내가 그들에게 준 것은 아버지와 내가 하나인 것처럼 그들도 하나가 되게 하기 위해서입니다."라고 예수님은 하나님께서 예수님 자신에게 주신 영광으로 제자들이 하나 되게 해달라고 기도했습니다. 요한복음에서 예수님의 영광은 먼저 겸손의 영광입니다. 말씀으로 계셨던 하나님이 먼저 육신이 되신 성육신의 겸손한 영광입니다.

하나님의 아들이 사람의 아들 인자로 이 땅에 오셔서 우리 대신에 고난당하시고 십자가에서 죽음으로 사람이 친구를 위하여 목숨을 버려주신(15:13) 최고의 사랑과 겸손의 극치를 보여주셨습니다. 예수님은 십자가에서 죽으신 겸손과 순종을 통하여 부활과 승천으로 이어지는 영광으로 나아가셨습니다. 13장 30~31절에서 "30. 유다가 그 조각을 받고 곧 나가니 밤이러라. 31. 그가 나간 후에 예수께서 이르시되 '지금 인자가 영광을 받았고 하나님도 인자로 말미암아 영광을 받으셨도다.'"라고 가룟 유다가 예수님을 배반하고 팔기 위하여 성찬식 자리에서 나갔을 때, 예수께서 영광을 받았고, 하나님 아버지도 인자로 말미암아 영광을 받았다고 했습니다. 하나님 아버지께서 예수님께 주신 영광은 십자가를 지시는 영광입니다. 그래서 하나님께서 십자가를 지신 예수님을 높이시는 승귀의 영광을 주셨습니다. 십자가는 예수님에게 최고의 고통이고 겸손이고 순종의 순간이었는데, 그 순간을 바로 하나님께서 그를 높이시는 최고 영광의 순간으로 바꿔주셨습니다. 하나님께서 예수님을 죽은 자 가운데서 살리셨고, 보좌의 우편에 앉게 하셨고, 장차 심판주로 이 땅을 심판하는 권세를 주셨습니다. 모든 제자는 하나님의 아들 예수의 겸손과 존귀의 영광을 보고서 기뻐하고 즐기며 배웁니다.

예수 그리스도의 영광은 제자들에게 어떤 의미에서 자신을 낮추고 하나님께 순종하는 십자가의 길입니다. 모든 제자는 하나님의 말씀에 순종하는 이 고난의 십자가의 길을 걸어가는 사람입니다. 진정한 주님의 제자는 모든 고난과 환난을 참으며 십자가의 길을 걸어가는 사람입니다. 제자는 교회의 충성스러운 직분자이며 주님의 몸된 교회를 위하여 헌신하는 사람입니다. 모든 제자들은 겸손의 영광으로 하나 되어 하나님의 영광을 높이 드러내야 합니다.

구전(口傳)에 의하면 예수님의 아버지 요셉은 로마 사람들이 주문한 십자가를 제작하는 전문 목수였다고 합니다. 예수님도 어릴 때부터 아버지 요셉을 도와 열심히 목수의 일을 하셨으므로 십자가를 제작하는 전문가이셨습니다. 예수님은 십자가 제작 전문가이셔서 지금도 모든 그리스도인들에게 적절한 십자가를 친히 제작해 주십니다. 그리고 이렇게 말씀하십니다. "누구든지 나를 따라오려거든 자기를 부인하고 자기 십자가를 지고 나를 따를 것이니라."(마 16:24)

유대인들에게 이런 이야기도 전해지고 있습니다. "만일 어떤 주인에게 두 마리의 소가 있는데 한 마리는 약하고 힘이 없고, 또 다른 한 마리는 강하고 힘이 세다면 어느 소에 무거운 짐을 지울까요?" 물론 강하고 힘이 센 소에게 무거운 짐을 지웁니다. 나의 십자가가 유난히 무겁다고 느낀다면 그것은 내가 질만한 힘이 있기 때문이라고 믿으십시다. 예수님은 직접 우리의 십자가를 제작해 주시는 분입니다. 그리고 우리가 그 십자가를 지고 간다는 것은 우리가 그리스도인이 되었다는 증거이기도 합니다. 우리에게 주어진 그 십자가를 기쁨으로 지고서 하나님의 말씀대로 순종하며 묵묵히 걸어갈 수 있다면 그것은 축복입니다.

적용 우리는 예수님께서 걸어가신 십자가의 길을 걸어가고 있습니다. 우리는 십자가의 길이 바로 영광의 길임도 압니다. 예수님의 십자가가 예수님에게 최고 영광이었던 것처럼 우리도 십자가의 길로 묵묵히 걸어갈 수 있기를 바랍니다.

셋째로 제자는 말과 사랑의 온전함으로 세상이 하나님을 알게 해야 합니다(23).

현대인의 성경 23절에서 "나는 그들 안에 있고 아버지는 내 안에 계십니다. 그들이 완전히 하나가 되게 하셔서 아버지께서 나를 보내신 것과 또 나를 사랑하신 것처럼 아버지께서 그들도 사랑하신 것을 세상이 알게 하소서."라고 예수께서 제자들 안에 있고 아버지께서 예수 안에 계셔서 제자들이 온전히 하나 되게 하려 함에 대해 기도하셨습니다. 그래서 세상이 하나님께서 예수님을 보내시고 사랑하신 것같이 하나님께서 제자들도 사랑하신 것을 세상으로 알게 하고자 함이었습니다. 예수께서 제자들 안에 거하실 때 모든 제자가 믿음으로 하나가 되는 것을 이미 말씀했습니다. 모든 제자들이 하나님 아버지와 아들을 연결하는 목적의 하나 됨과 사랑의 부요함을 풍성하게 공유함으로써 온전히 하나 되게 해달라고 예수께서 기도하셨습니다. 아버지와 아들은 택한 백성을 예수님의 십자가로 구원하기 위한 목적에서 하나입니다. 아버지께서 세상을 사랑하여 독생자를 보내셨고, 그가 세상을 구원하기 위하여 자신의 목숨을 십자가에서 버리며 사랑하셨습니다. 모든 제자는 아버지의 뜻에 순종하는데 하나 되어야 하고, 사랑의 부요함을 풍성하게 공유하여 나타내는데 하나 되어야 합니다. 그 목적은 21절에 나오는 대로 세상이 아버지께서 예수님을 보내신 것을 믿게 하기 위함에다, 23절에서 아버지께서 아들을 사랑하심 같이 제자들도 사랑하신 것을 세상으로 알게 하기 위한 것이라는 목적이 추가되었습니다. 모든 제자는 하나님의 뜻에 순종하는데 하나 되어야 하고, 사랑하는데 하나 되어야 합니다. 제자의 하나 됨의 목표는 "온전함"에 도달하는 것이고, 그래서 세상은 제자들의 순종과 사랑을 보고서 하나님을 알게 된다는 것입니다. 하나님께서 모든 제자를 사랑하신 놀라운 사랑을 이미 주셨는데, 그 받은 사랑을 나누어주는 사랑의 삶을 통하여 세상이 하나님을 알게 하라고 했습니다. 제자는 복음의 말씀으로 하나님과 예수님을 증언하고, 사랑을 삶으로 나타내서 하나님을 증거해야 합니다. 그러면 세상은 제자들 때문에 하나님을 믿게 된다는 것입니다.

사랑하는 성도 여러분이여!

예수께서 아버지와 아들을 "우리"라고 말씀하시며 한 분으로 계시고 제자에게 하나 되라고 하셨습니다. 우리는 하나님을 아버지로 믿고 예수 그리스도를 주님으로 믿는 믿음 안에서 하나 되어야 합니다. 모든 제자는 하나님과 예수님을 증언하는 말과 삶에 있어서 하나 되어야 하고 온전함에 이르러야 합니다. 제자의 영광은 십자가입니다. 제자는 십자가의 길 즉 겸손의 길과 섬김의 길을 묵묵히 걸어가야 영광의 길이 열립니다. 하나님과 예수 그리스도를 미전도인들에게 증언하는 것은 참 어렵지만, 그 증언하는 말씀과 함께 성령이 역사하며 계속 믿는 제자들이 생겨난다는 것이 고무적입니다. 복음을 증언하는 말과 사랑의 삶으로 온전함을 이루어가며 증언하여 구원받는 제자들이 계속 생겨날 수 있기를 소원합니다.

61. 제자는 온전해져야(17:24~26)

어느 날 하루살이와 메뚜기가 함께 놀고 있었습니다. 저녁 무렵에 메뚜기가 하루살이에게 "오늘은 그만 놀고 내일 만나자."라고 말했습니다. 하루살이는 "내일이 뭔데?"라고 물었고, "캄캄한 밤이 지나면 밝은 날이 오는데 그게 내일이야!"라고 메뚜기는 대답했습니다. 하루살이는 메뚜기의 말을 듣고도 이해하지 못했습니다. 메뚜기는 어느 날 개구리와 함께 놀았습니다. 개구리는 "날씨가 추워지니 그만 놀고 내년에 만나자!"라고 말했습니다. "내년이 뭔데?"라고 묻는 메뚜기에게 개구리가 말했습니다. "내년은 겨울이 끝난 후 날이 따뜻해지려고 할 때 오는 거야!" 그러나 메뚜기는 개구리의 말을 알아듣지 못했습니다. 예수 믿는 제자들은 영생을 누리지만 예수님을 알지 못하는 세상은 "영생이 뭔데?"라고 말합니다.

14~16장에서 예수께서 제자들에게 긴 고별 설교를 하시며 자신이 떠나가야 성령이 오신다고 말씀하신 후 성령을 사모하라고 하셨습니다. 17장은 두 부분으로 나뉘는데 하나는 예수께서 하나님의 영광 받으심을 위한 기도이고 또 다른 하나는 제자들이 하나 되고 온전해지는 것을 위한 기도입니다. 17장 고별 기도의 마지막 부분에서 예수께서 제자들의 온전함을 위하여 기도하셨습니다. 제자들이 장차 온전함은 제자들이 하늘 아버지의 집에서 예수께서 회복하신 그의 처음 영광을 보는 것이었습니다. 제자들이 하나님 아버지를 더 잘 알아야 할 것은 하나님께서 그 아들을 우리에게 보내셨다는 것이고, 앎의 목표는

하나님의 사랑이 제자들 안에 거하여서 사랑하는 제자로 성장해가는 것입니다. 예수님의 마지막 기도 제목인 제자들이 온전함을 보여주는 17장 마지막 세 구절을 살펴보면서 함께 은혜를 나누고자 합니다.

첫째로 예수께서 제자들이 자신의 처음 영광을 온전히 보게 되기를 기도하셨습니다 (24).

예수께서 변화산 위에서 사랑하는 세 제자에게 모세와 엘리야와 더불어 십자가와 부활에 대해 얘기하시는 모습을 통하여 다시 회복될 영광을 하얀 광채로 미리 보여주셨습니다. 예수께서 스데반이 자신의 십자가와 부활을 증거하다 돌에 맞아 순교하면서도 성령이 충만하여 자신이 하나님 우편에 영광의 모습으로 서 계시는 장면을 보여주시며 격려하셨습니다. 예수께서 자신을 믿고 증언하는 믿음 때문에 노구를 이끌고 밧모섬에서 유배된 사도 요한을 성령으로 이끌어 하늘로 올려서 일곱 금 촛대 사이에 거하시며 오른손에 일곱별을 붙잡고 계시는데, 그 얼굴은 해 같이 빛나고, 발에 끌리는 옷을 입고, 가슴에 금띠를 띠고, 그 머리털이 흰 양털과 눈 같고, 그의 눈은 불꽃 같으며, 그의 발은 빛난 주석 같고, 그리고 그의 음성은 많은 물소리 같은 영광스러운 자신의 모습을 보여주시며 격려하셨습니다. 예수께서 사랑하는 제자들에게 자신의 회복할 영광의 모습을 미리 보여주시고 격려하며 기대하게 하셨습니다.

현대인의 성경 24절에서 "아버지, 아버지께서 내게 주신 사람들이 내가 있는 곳에 나와 함께 있게 하소서. 그래서 세상이 생기기 전부터 아버지께서 나를 사랑하셨기 때문에 내게 주신 내 영광을 그들이 보게 하소서."라고 예수님은 제자들이 장차 하나님 아버지의 집에서 예수님과 함께 있어 하나님 아버지께서 아들에게 주신 그의 영광을 보게 되기를 기도하셨습니다. 하나님께서 선택하여 자신에게 맡겨주신 하나님의 택한 백성들이 예수께서 계신 하늘 하나님 아버지 집에 예수님과 함께 있어서 자신의 회복하실 영광을 보게 되길 기도하셨습니다. 제자들은 예수님의 최초의 열두 제자들과 그들이 전하는 말씀을 통하여 믿게 될 성도들을 다 포함합니다. 예수께서 제자들이 보기 원하는 영광은 하나님께서 창세 전에 예수님을 사랑하심으로 그에게 주셨던 그의 영광입니다. 5절에서 예수님은 이 영광에 대하여 "아버지여, 창세 전에 내가 아버지와 함께 가졌던 영화"를 회복하게 해달라고 기도하시는데, 그것은 부활 승천 이후에 회복하실 영광이었습니다. 1장 14절에서 "말씀이 육신이 되어 우리 가운데 거하시매 우리가 그의 영광을 보니 아버지의 독생자의 영광이요 은혜와 진리가 충만하더라."라고 기록하고 있는데 이는 최초의 제자들은 예수님에게서 하나님의 독생자의 영광을 보았다는 것입니다. 제자들은 예수님의 십자가의 죽음과 부활을 통하여 그의 영광을 뚜렷하게 보았습니다. 이것은 도마가 부활하신 예수님을 보고서 부활하신 예수님은 나의 주님이시며 나의 하나님이시라(20:28)는 신앙고백을 통해 부활하신 예수님에게서 하나님의 영광을 보았던 것을 보여줍니다. 그렇지만 열두 제자는 예수님의 영광을 가려지지 않는 그대로의 모습 즉 비우셨다가 다시 회복하실 예수님의 영광을 그때까지 직접 목격하지 못했습니다. 제자들은 예수님에게서 하나님의 아들의 영광을 성경 여러 곳에서 보았지만, 하늘 아버지 집에서 보게 될 예수님의 회복하실 완전한 영광은 제자들도 장차 영광의 부활의 몸으로 변화되어야 제대로 얼굴과 얼굴을 대하여 보게 될 것입니다. 요한1서 3장 2절에서 "… 그가 나타나시면 우리가 그와 같을 줄을 아는 것은 그의 참모습 그대로 볼 것이기 때문이니"라고 주 예수께서 회복하신 영광의 모습으로 재림하실 때 제자들도 부활의 몸으로 그의 회복하신 영광의 참모습을 볼 것이라고 했습니다. 모든 제자들이 장차 보게 될 예수님의 회복하신 완전한 영광은 하나님의 아들로서의 그의 영광이고, 아들에 대한 아버지의 사랑으로 인하여 그가 보내심을 받기 전에 그가 하늘에서 누렸던 영광입니다. 예수님의 그 영광의 회복은 아들의 아버지에 대한 순종과 아들에 대한 아버지의 사랑에 의해서 이루어졌습니다. 23절에서 "… 아버지께서 나를 보내신 것과 또 나를 사랑하심 같이 그들도 사랑하신 것"이라는 예수님의 말씀처럼 하나님 아버지로부터 사랑받는 기쁨에 그 아들과 함께 제자들도 참여하게 된다는 것입니다. 예수님이 십자가의 죽음과 부활로 높아지심을 통한 그의 승리의 결과로서 회복하게 된 그의 놀라운 영광을 제자들이 함께 보게 됩니다. 이 영광은 14장 2~3절에서 예수께서 예비하셨고 영원히 거하시는 하늘 아버지 집에 장차 제자들도 영광의 부활 몸으로 들어가게 되면서 예수님의 회복된 영광을 보게 된다는 것이었습니다.

적용 우리가 온전한 제자가 되어 예수께서 회복하신 영광의 참모습을 하늘 아버지 집에서 눈으로 보게 될 것을 소망하며 살아갈 수 있기를 바랍니다.

둘째로 예수께서 제자들이 하나님과 자신을 더 잘 알게 되기를 기도하셨습니다(25~26 상반절).

25~26상반절에서 "25. 의로우신 아버지여, 세상이 아버지를 알지 못하여도 나는 아버지를 알았사옵고 그들도 아버지께서 나를 보내신 줄 알았사옵나이다. 26. 내가 아버지의 이름을 그들에게 알게 하였고 또 알게 하리니 …"라고 세상은 아버지를 알지 못하여도 예수께서 제자들에게 아버지를 알게 하였고 또 앞으로도 알게 하여 제자들은 아버지께서 예수님을 보내신 줄을 알게 되었다고 했습니다. 예수께서 하나님을 의로우신 아버지라고 부른 것은 하나님을 알지 못하는 세상이 장차 그들의 하나님을 알지 못하는 무지와 불신앙에 대하여 하나님 아버지로부터 의로운 정죄를 받게 될 것을 알려주려는 의도였습니다. 동시에 아버지와 아들을 아는 제자들이 아버지로부터 의롭다 인정을 받아 영생을 얻게 될 것을 알려주려는 의도였습니다. 예수께서 하나님 아버지를 제자들에게 나타내서 알게 했던 제자들이 하나님을 알고 하나님이 보내신 자신을 아는 것으로 인하여 예수께서 제자들을 파송한 일이 실패가 아니라는 사실도 알려주고 있습니다. 제자들이 계속해서 하나님과 하나님의 아들 예수님을 증언하고 또 증언해서 하나님과 예수님을 알아가는 것은 성령의 거듭남으로 가능한 것이고 하나님께서 이루시는 일입니다. "세상이 아버지를 알지 못하여도"

라고 예수께서 제자들에게 아버지를 알게 하였고 또 알게 한다고 했습니다. 예수님은 이 땅에 오시기 전에 아버지와 함께 계셨지만(1:1), 이 땅에 오셨어도 아버지와 함께 거하셨고(16:32), 이 땅에 오셨어도 아버지의 품 속에 계셨고(1:18), 아버지께서 자신 안에 자신이 아버지 안에 거하셨으며, 아버지와 한 분으로 거하시기 때문에 본질적으로 아버지를 제대로 알고, 아버지를 제대로 알게 하실 수 있는 유일한 분이셨습니다. 예수님은 제자들에게 하나님 아버지를 알게 하였기 때문에 제자들은 하나님을 알았고, 아버지께서 그 아들 예수님을 보내셨다는 것을 알게 되었습니다. 예수께서 제자들에게 앞으로 계속 알게 할 것이라는 말씀은 예수께서 보내신 성령을 통하여 알게 하실 것이라는 말씀입니다.

그러므로 예수님이 하나님 아버지를 인간에게 명확하게 알게 할 수 있는 분입니다. 예수님은 아버지께서 자신에게 맡겨주신 택한 백성들에게 아버지를 정확하게 나타내셨고, 그들로 아버지의 이름을 알게 했습니다. 예수님은 아버지에게서 났고, 아버지에게서 보냄을 받았기 때문에 자신을 보내신 아버지는 자신보다 크다고 말씀하셨습니다. 예수님은 자신을 보내신 아버지를 아는 자에게 영생이 있다고 하시며 더 나아가 아들을 아는 자는 아버지를 알게 된다고 말씀하셨습니다. 예수님은 하나님이시기 때문에 아버지께서 택하여 자신에게 주신 택한 백성들이 누구인지 알고 계시고, 그들에게 아버지를 나타내서 알게 하였고, 예수께서 보내신 성령은 그들을 거듭나게 하셔서 그들이 예수님의 대속적 죽음을 믿어서 영생을 얻게 하셨습니다. 인간이 하나님을 알기 위해서는 하나님이 보내신 예수님이 누구신지를 먼저 알아야 합니다. 하나님 아버지와 그 아들 예수 그리스도는 한 분이시기 때문에 아들을 알면 아버지도 알게 된다고 했습니다. 하나님을 알게 하는 예수님의 계속적인 사역은 예수께서 보내신 성령에 의해서 계속 이루어지고 있습니다. 약속하신 진리의 성령은 예수께서 아버지께로부터 받아서 제자들에게 부어주신 것으로 성령이 충만하게 임하는 사람들에게 하나님 아버지와 예수 그리스도를 알게 하는 거듭남의 역사가 계속 일어납니다. 우리가 복음의 말씀을 듣게 될 때 성령이 말씀과 함께 우리 안에 역사해서 예수님이 그리스도라는 사실을 알게 하고, 우리 안에 하나님의 사랑이 거하게 합니다. 예수께서 보내신 성령이 예수님과 아버지를 더 잘 알게 하면서 우리와 하나님과의 관계도 점점 더 깊어지게 합니다. 우리가 마지막에 영광의 부활 몸으로 변화될 때 벽옥, 홍보석, 녹보석 같이 영광스러운 모습으로 거하시는 하나님 아버지와 어린 양 되신 예수 그리스도와 어린 양의 일곱 눈으로 거하시는 성령을 온전하게 알게 될 것입니다. 그때 그리스도께서 우리를 온전히 아시는 것처럼 우리가 삼위일체 하나님을 온전히 알게 될 것입니다(고전 13:12). 하나님을 온전히 알게 되는 것은 우리가 영광의 부활 몸으로 삼위일체 하나님으로 존재하시는 그 신비한 하나님을 눈으로 보면서 온전히 알게 되며 기뻐하는 것입니다.

적용 우리는 성령으로 하나님과 하나님의 아들 예수님을 계속 더 잘 알아가서 하나님과의 관계가 계속 더 깊어지는 온전한 제자가 될 수 있기를 바랍니다.

셋째로 예수께서 하나님의 사랑이 제자들 안에 있기를 기도하셨습니다(26하반절).

26절 하반절에서 "… 이는 나를 사랑하신 사랑이 그들 안에 있고 나도 그들 안에 있게 하려 함이니이다."라고 말씀한 것은 예수께서 제자들에게 하나님을 계속 알게 하는 첫 번째 목적은 아버지께서 아들을 사랑하시는 사랑이 제자들 안에 있게 하기 위함입니다. "그들 안에" 사랑은 제자들 사이의 사랑 즉 제자들 상호 간의 사랑을 의미하고, 제자들 안에 사랑은 즉 제자 개개인의 형제 사랑을 의미합니다. 제자 개개인이 사랑하는 사람이 되지 않고는 제자들 가운데 사랑이 있을 수 없다는 것입니다. 이 본문에서 중요한 것은 예수님을 따르는 제자들이 단지 하나님 사랑의 대상이라고 말하는 것이 아니라 하나님께서 끊임없이 그들에게 하나님을 알게 함으로써 그들이 변화되어 독생자를 보내주신 하나님 아버지의 사랑이 제자들의 사랑이 될 것이라는 약속입니다. 제자들이 삼위일체 하나님을 알게 되면서 삼위일체 하나님의 서로 사랑하는 사랑을 알아 사랑하는 법을 배우게 된다는 것입니다. 예수께서 자신을 따르는 제자들에게 계속해서 아버지를 알게 하는 두 번째 목적은 "나도 그들 안에 있게" 하기 위함이라고 단언했습니다. '제자들 안에'는 예수께서 '제자들 안에' 거하기 위함이라는 의미입니다. 이 의미는 하나님의 사랑이 제자들 가운데 거하게 될 때 예수께서 제자들 가운데 즉 자기 백성들 가운데 거하신다는 것입니다.

3장 16절에서 "하나님이 세상을 이처럼 사랑하사 독생자를 주셨으니 이는 그를 믿는 자마다 멸망하지 않고 영생을 얻게 하려 하심이라."라는 말씀에서 하나님의 사랑을 하나님께서 세상에 독생자를 주신 사랑이라고 했습니다. 15장 13~14절에서 "13. 사람이 친구를 위하여 자기 목숨을 버리면 이보다 더 큰 사랑이 없나니 14. 너희는 내가 명하는 대로 행하면 곧 나의 친구라."에서 하나님의 사랑을 친구를 위하여 자기 목숨을 버리신 예수님의 사랑이라고 했습니다. 하나님의 이러한 놀라운 사랑이 제자들 안에 있어야 제자라고 좀 더 분명하게 설명해줍니다. 요한1서 4장 11절에서 "사랑하는 자들아, 하나님이 이같이 우리를 사랑하셨은즉 우리도 서로 사랑하는 것이 마땅하도다."라고 하여 하나님의 사랑을 받아 구원받은 제자들은 서로 사랑해야 한다고 확실하게 말씀했습니다. 하나님께서 독생자를 보내신 사랑과 예수께서 자신의 목숨을 버리신 사랑을 받아서 구원받은 제자들이 서로 사랑하는 사랑이 그들 가운데 있을 때 예수께서 그들 가운데 거하신다고 했습니다. 우리는 하나님의 사랑으로 예수님과 하나님을 알게 되었습니다. 제자들이 하나님의 사랑을 받아 제자가 되었는데, 제자들이 서로 사랑하는 사람이 될 때, 예수께서 제자들 안에 거하시고 그들은 예수님의 제자가 됩니다.

사랑하는 성도 여러분이여!

예수께서 우리가 온전한 예수님의 제자가 되기를 기도하셨습니다. 우리는 장차 재림하실 예수님의 인도를 받아 하늘 아버지의 집의 영원한 거처에서 그의 회복된 영광을 보며 영원히 살게 될 것을 소망합시다. 우리가 예수님의 말씀을 듣고 하나님과 그분이 보내신 예수님을 더 잘 알아가게 되면서 하나님과의 관계가 깊어지는 것이 온전해지는 비결입니다. 우리가 하나님의 사랑으로 서로를 사랑하는 제자가 될 때 예수께서 우리 안에 거하게 됩니다. 하나님의 사랑을 받은 우리가 그 사랑으로 서로 사랑하며 살아갈 수 있기를 소망합니다. 성령으로 하나님을 더 잘 알아가고, 형제를 더 사랑하는 온전한 제자로 날마다 성장해갈 수 있기를 소원합니다.

62. 무리에게 결박당하신 예수님(18:1~12)

유명한 프랑스 화가 르누아르(Pierre-Auguste Renoir, 1841~1919)가 백발이 되었을 때 그는 심각한 손목 통증을 앓고 있었습니다. 오랜 세월 너무 정열적으로 그림을 그리다 생긴 관절염이었습니다. 그러나 르누아르는 '고통'에 지지 않고 계속 '자기 세계'를 아름다운 화법으로 표현했습니다. 그는 심한 통증으로 고통스러워하면서도 붓을 놓지 않고 그림을 계속 그렸습니다. 이 모습을 본 친구가 "왜 그런 극심한 고통을 참아가며 그림을 그리는가?"라고 물었을 때 그는 이렇게 대답했습니다. "고통은 금방 지나가 버리지. 그러나 오래 남을 수 있는 게 더 소중하지 않겠나!" 인간에게는 행복한 안일과 즐거움만 있는 것이 아닙니다. 아무 고통도 없이 그저 지내는 사람은 아무런 발전도 없습니다. 위대한 지도자들은 대개 고난과 역경 속에서 꾸준히 인격이 성숙되고 연단 받은 사람들입니다.

예수님은 다락방에서 긴 고별 설교와 고별 기도를 마치시고 고난의 잔을 마시기 전에 기드론 시내를 건너 겟세마네 동산으로 기도하러 가셨습니다. 겟세마네 동산은 유월절 기간에 예수께서 제자들과 함께 기도하며 보냈던 익숙한 장소였고, 가룟 유다도 이미 알고 있었던 장소였습니다. 예수께서 그의 생애의 절정인 십자가 죽음을 위하여 마지막 밤에 그 동산으로 제자들과 함께 기도하러 가셨습니다. 예수님은 아버지의 뜻대로 순종하여 자신이 잡히실 때를 아시고 제자들과 함께 겟세마네 동산으로 기도하러 가셨던 것입니다. 산헤드린 공회는 로마의 총독에게 예수님을 위험한 인물이라고 이미 신고하였고, 로마의 총독은 천부장과 군대를 보내서 예수님을 체포해 오라고 영장을 발부했습니다. 예수님은 기도를 마치시고 자신을 붙잡으러 온 무리 앞에 나와서 그들에게 "너희가 누구를 찾느냐?"라고 물으셨고, 그들이 "나사렛 예수라"고 말했을 때에 "그가 바로 나다."라고 당당하게 대답하시며 자신을 드러내셨습니다. 그 무리는 하나님이신 우리 주님 예수님의 말씀을 듣자 놀라운 그의 권능 앞에서 뒤로 물러나며 엎드러졌습니다. 예수님은 그곳에 함께 있던 제자들을 고난의 자리에서 피하도록 말씀하시며 그들을 지켜내셨습니다. 하나님이신 예수께서 겟세마네 동산에서 그 무리에게 자원하여 붙잡혀 결박당하시는 장면의 말씀을 들으면서 함께 은혜를 나누고자 합니다.

첫째로 예수님은 자신의 고난 때를 아신 하나님이십니다(1~6).

1~2절에서 "1. 예수께서 이 말씀을 하시고 제자들과 함께 기드론 시내 건너편으로 나가시니 그 곳에 동산이 있는데 제자들과 함께 들어가시니라. 2. 그 곳은 가끔 예수께서 제자들과 모이시는 곳이므로 예수를 파는 유다도 그 곳을 알더라."라고 '예수께서 이 말씀을 하시고'에서 이 말씀은 14~16장의 다락방에서 제자들에게 하신 긴 고별 설교와 17장의 고별 기도를 말하며, 이후에 기드론 시내를 건너서 겟세마네 동산으로 가셨습니다. 7장 30절에서 "그들이 예수를 잡고자 하나 손을 대는 자가 없으니 이는 그의 때가 아직 이르지 아니하였음이러라."라고 유대인들이 예수님을 잡고자 했으나 아직 예수님을 잡아야 할 때가 이르지 아니하였다고 그의 때를 예수님의 고난의 때를 염두에 두고 말했습니다. 예수께서 다락방에서 나와서 기드론 시내를 건너서 나가셨다는 것은 예루살렘 도성을 떠나 나가셨다는 의미입니다. 기드론 시내는 우기에는 물이 많이 흐르고 건기에는 물이 말라버리는 간헐천으로 예수님은 제자들과 함께 예

루살렘 성전 남쪽 뜰 아래에 난 길을 따라서 기드론 시내를 건너서 겟세마네 동산 감람나무 숲으로 가셨습니다. 사람들은 그 숲을 겟세마네(기름 짜는 곳) 동산이라 불렀는데 그 숲은 담으로 둘러싸여 있었는데 예수께서 제자들과 함께 그 숲으로 들어가시곤 하셨습니다. 유대인의 율법에 의하면 유월절 밤에 유대인들이 예루살렘 도성으로부터 일정한 거리 내에 머물러 있어야 했는데, 겟세마네 동산은 그 거리에 포함되었지만, 베다니는 감람산을 넘어가야 했기 때문에 제외되어 있었습니다. 아마도 겟세마네 동산의 담이 둘러싸여 있는 감람나무 숲은 어떤 부유한 후원자가 예수님과 그의 제자들이 사용할 수 있도록 배려해 주었을 것입니다. 감람나무 숲은 유월절 주간에 예수께서 제자들과 함께 모여서 밤을 보내던 장소였고, 가룟 유다도 그 곳을 이미 익숙히 알고 있었습니다. 예수께서 유월절에 겟세마네 동산 감람나무 숲으로 제자들과 함께 가셨다는 것은 자신이 붙잡혀 수난당하시는 것을 피하지 않고 수난의 때가 다가온 것을 아시고 자원하여 그 수난을 준비하셨다는 의미입니다. 가룟 유다도 예수님을 그 무리에게 넘겨줄 최적의 때가 사람이 없는 조용한 곳에서(눅 22:6) 그것도 밤에 사람이 잘 볼 수 없는 시간임을 알고 있었습니다. 그 밤에 예수께서 겟세마네 동산 감람나무 숲에 가신 그 시간이 유다의 생각에도 예수님을 붙잡을 수 있는 최적의 때였습니다. 예수님은 대제사장적인 죽음을 죽으시러 의도적으로 가룟 유다가 금방 찾을 수 있는 겟세마네 동산 감람나무 숲으로 가셨던 것입니다. 예수님은 자신이 고난의 잔을 마셔야 할 때를 정확하게 아셨습니다.

3절에서 "유다가 군대와 대제사장들과 바리새인들에게서 얻은 아랫사람들을 데리고 등과 햇불과 무기를 가지고 그리로 오는지라."라고 사도 요한은 가룟 유다가 로마의 천부장이 지휘하는 로마 군대를 이끌고서 왔다고 했는데, 이것은 당시 예수님이라는 가장 유명한 인물을 체포하면서 혹시 발생하게 될 폭동을 대비하여 무기까지 치밀하게 준비한 것으로 봅니다. 그리고 대제사장과 바리새인들에게서 얻은 아랫사람들은 예수님을 체포하는 일차적인 소임을 맡았던 예루살렘 성전 경비병이었습니다. 여기서 대제사장들은 산헤드린 공회의 주도적인 제사장단이었고, 바리새인들은 산헤드린 공회원들이었는데 본문 이후에 언급이 없습니다. 예수님의 체포 과정에서 유대 당국자들과 로마 당국자들이 이렇게 한마음으로 연합한 것은 사실 성경이 온 세상을 고발한다는 말씀에 응한 것입니다. 예수께서 빌라도 법정으로 끌려가기 전에 이미 그의 체포가 임박했다는 정보가 로마의 빌라도 총독에게 전달되었을 가능성이 크다는 것을 예수님의 체포 순간에 로마의 군대 지휘관 천부장과 로마 군인들이 동원되었다는 사실에서 추론할 수 있습니다. 이때는 유월절이라서 보름달이 떠 있었지만, 그 무리가 "등과 햇불과 무기"를 함께 준비해서 갔다는 것은 겟세마네 동산으로 예수님을 체포하러 가면서 그들이 얼마나 치밀하고 철저히 예수님을 결박하기 위하여 준비하였는가를 잘 보여줍니다.

4~5절에서 "4. 예수께서 그 당할 일을 다 아시고 나아가 이르시되 '너희가 누구를 찾느냐?' 5. 대답하되 '나사렛 예수라' 하거늘 이르시되 '내가 그니라'(ego eimi; I am that I am) 하시니라. 그를 파는 유다도 그들과 함께 섰더라."라는 말씀에서 예수님은 자신의 고난의 때를 정확하게 아시고 겟세마네 동산 숲에 들어가셔서 먼저 아버지께 고뇌에 찬 기도를 피땀 흘려가며 하셨습니다. 예수님은 하늘에서 자신을 도울 여러 군단의 천사들도 불러올 수 있고, 목숨을 버릴 권세와 목숨을 얻을 권세도 있으신 하나님이셨지만 자원하여 아버지의 뜻에 순종하셨습니다. 가룟 유다가 이끄는 무리가 겟세마네 동산에 가까이 다가오자 예수께서 먼저 감람나무 숲에서 나오셔서 그들에게 다가가 '너희가 누구를 찾느냐?'라고 물으시면서 자신이 고난의 잔을 마셔야 할 때를 정확하게 아시고 자신을 그들에게 드러내셨습니다. 예수님이 베다니의 죽은 나사로가 죽기 전에 가서 살려주시지 않고 죽어 무덤에 장사 된 지 나흘이 되었을 때, 그 무덤에 가셔서 "나사로야 나오너라."라고 말씀하시며 살려주신 것은 사람들이 예수님을 부활의 주님으로 믿도록 하기 위한 세밀한 계획에 의한 것이었습니다. 이 시점에서 공관복음은 가룟 유다가 예수님에게 다가와서 입 맞추었다고 했지만, 사도 요한은 그 내용을 생략하고 예수의 '너희가 누구를 찾느냐?'는 질문을

명확하게 부각해서 그들이 '나사렛 예수'라고 대답하는 말을 통하여 그 결정적인 장면을 질문과 대답으로 자신을 더 명확하게 드러내신 것으로 정리했습니다.

6절에서 "예수께서 그들에게 '내가 그니라'고 하실 때에 그들이 물러가서 땅에 엎드러지는지라."라고 놀라운 장면을 묘사했는데, 예수님은 '내가 그니라'고 당당하게 하나님이신 자신의 정체성을 밝히며 자신을 분명하게 드러내셨습니다. 예수께서 '내가 바로 하나님의 아들 예수다.'라고 대답하였을 때 무리들은 놀라 뒤로 물러서서 땅에 엎드러져 버렸다고 했습니다. 참으로 놀라운 하나님이신 예수님의 권세가 드러났습니다. 7장 45~46절에서도 "45. 아랫사람들이 대제사장들과 바리새인들에게로 오니 그들이 묻되 '어찌하여 잡아오지 아니하였느냐?' 46. 아랫사람들이 대답하되 '그 사람이 말하는 것처럼 말한 사람은 이때까지 없었나이다.' 하니"라고 예수께서 성전에서 거침없는 화법으로 놀라운 말씀의 권세를 가지시고 선포하시는 말씀을 듣고 예수님에 대한 경외심을 가졌던 사람들이 이 밤에 겟세마네 동산으로 예수님을 결박하러 온 무리 가운데 섞여서 거침없이 자신의 정체를 드러내시는 예수님의 모습을 다시 보고서 비틀거리며 뒤로 물러가서 엎드러졌다는 것입니다. 그들 중 일부 유대인들이 예수께서 '하나님의 아들인 예수가 바로 나다.'라고 말씀하시는 말을 듣고서 이사야서의 예언에서 나오는 하나님의 자기 계시를 연상했다면 무리가 뒤로 물러서며 엎드러지는 것은 충분히 가능했다는 것입니다. 뒤로 물러서며 엎드러졌던 무리가 자신을 추스르고 다시 일어서서 겁을 잔뜩 먹고 주춤거리는 모습은 그 무리가 예수님에 대하여 알고 있었던 것 이상의 놀라운 권세자 예수님의 모습을 보고서 놀랐다는 것입니다.

적용 우리는 예수께서 자신이 고난당해야 할 때를 정확하게 아셨던 하나님이심을 믿으시길 바랍니다.

둘째로 예수님은 자기 백성들을 하나도 잃어버리지 않고 다 구원하십니다(7~9).

7~8절에서 "7. 이에 다시 '누구를 찾느냐?'고 물으신대 그들이 말하되 '나사렛 예수라' 하거늘 8. 예수께서 대답하시되 '너희에게 내가 그니라 하였으니 나를 찾거든 이 사람들이 가는 것은 용납하라' 하시니"라고 예수께서 앞에 나왔던 질문을 반복하여 물으시고 대답하시면서 자신이 그리스도시라는 정체를 드러내셨고 자신의 제자들이 체포당하지 않고 갈 수 있도록 조치도 취했습니다. 이것은 성경의 권위 있는 예언의 말씀을 성취하는 일이며 동시에 "천지는 없어지겠으나 내 말은 없어지지 아니하리라."(막 13:31)라는 예수님 자신의 말씀 성취이기도 했습니다.

9절에서 "이는 '아버지께서 내게 주신 자 중에서 하나도 잃지 아니하였사옵나이다.' 하신 말씀을 응하게 하려 함이러라."라고 이미 앞서 언급했던 말씀을 다시 반복해서 요약하고 있습니다. 6장 39절에서 "나를 보내신 이의 뜻은 내게 주신 자 중에 내가 하나도 잃어버리지 아니하고 마지막 날에 다시 살리는 이것이니라."라고 아버지의 뜻은 아버지께서 예수님 자신에게 주신 하나님의 택한 백성들을 하나도 잃어버리지 아니하는 것이라고 했습니다. 10장 28절에서 "내가 그들에게 영생을 주노니 영원히 멸망하지 아니할 것이요 또 그들을 내 손에서 빼앗을 자가 없느니라."라고 예수께서 아버지께서 자신에게 주신 양들에게 영생을 주셨고, 아무도 그들을 그의 손에서 빼앗아 갈 수 없다고 말씀하셨습니다. 17장 12절에서도 "내가 그들과 함께 있을 때에 내게 주신 아버지의 이름으로 그들을 보전하고 지키었나이다. 그 중의 하나도 멸망하지 않고 다만 멸망의 자식뿐이오니 이는 성경을 응하게 함이니이다."라고 아버지께서 아들에게 주신 하나님의 백성들은 예수께서 보존하고 지켜서 하나도 멸망하지 않게 하시겠다고 했습니다. 여기서 예수님을 따르는 제자들에게 그들이 영원히 구원받을 것임을 말씀하신 것은 그 밤에 제자들이 그 무리에게 체포되어 죽임을 당하지 않게 하시겠다는 말씀이었습니다. 예수께서 그 무리에게 붙잡혀 결박을 당하심으로 이제 제자들의 안전은 확보되었습니다. 그렇다고 제자들의 영원한 구원이 육신적인 안전으로 대체되는 것은 아니었습니다. 예수께서 아버지께서 자신에게 주신 하나님의 백성을 하나도 잃어버리지 않고 보전하여 지키신다는 말씀은 성도의 영원한 구원의 약속이자 성도의 궁극적인 구원을 말한 것입니다. 예수께서 우리 하나님의 백성들의 궁극적인 구원을 말씀해주신 것 때문에 우리들 구원의 확신이 분명해졌습니다. 하나님 아버지께서 택하여 아들에게 주신 하나님의 백성들을 예수께서 구속하셨고, 성령께서 거듭나게 하셔서 구원하셨습니다. 우리는 예수께서 그들 중에 한 사람도 잃어버리지 않겠다는 말씀을 붙잡고 확신을 가지고 신앙 생활해야 합니다. 바울 사도는 로마서 8장 38~39절에서 "38. 내가 확신하노니 사망이나 생명이나 천사들이나 권세자들이나 현재 일이나 장래 일이나 능력이나 39. 높음이나 깊음이나 다른 어떤 피조물이라도 우리를 우리 주 그리스도 예수 안에 있는 하나님의 사랑에서 끊을 수 없으리라."라고 그 어떤 것들도 우리를 예수 그리스도 안에 있는 하나님의 사랑에서 끊을 수 없다고 확신하고 외쳤습니다. 하나님의 백성을 한 사람도 잃어버리지 않겠다는 예수님의 말씀을 굳게 믿으시기 바랍니다.

적용　우리는 예수께서 하나님의 백성들을 하나도 잃어버리지 않고 다 구원하신다는 말씀을 믿고 당당하게 살아갈 수 있기를 바랍니다.

셋째로 예수님은 아버지께서 주신 고난의 잔을 마시기 위해서 결박당하셨습니다 (10~12).

10~11절에서 "10. 이에 시몬 베드로가 칼을 가졌는데 그것을 빼어 대제사장의 종을 쳐서 오른편 귀를 베어버리니 그 종의 이름은 말고라. 11. 예수께서 베드로더러 이르시되 '칼을 칼집에 꽂으라. 아버지께서 주신 잔을 내가 마시지 아니하겠느냐?' 하시니라."라고 성격이 급한 시몬 베드로가 맨 앞에 가룟 유다가 앞장서서 반역자 무리 앞에 서서 예수님을 체포하려고 하는데 격분하여 서투른 칼을 휘둘러 대제사장의 종 말고의 오른쪽 귀를 베어버렸습니다. 만약에 그

밤에 베드로가 말고의 목을 쳤더라면 제자들은 한 사람도 살아남지 못했을 것이라고 주석가 메튜 헨리는 지적했습니다. 그때 예수님은 베드로에게 칼을 칼집에 꽂으라고 말씀하셨는데 공관복음은 예수께서 그 귀를 만져 치료해주셨다고 말씀했습니다. 예수께서 말고의 귀를 치료해주셨기 때문에 그 무리가 시몬 베드로를 체포할 이유가 없어져 버렸습니다. 그 밤에 그 무리의 체포 작전의 목적은 오직 예수님이었습니다.

사도 요한은 여기서 예수님의 말씀인 "아버지께서 주신 잔을 마시지 않겠느냐?"에 초점을 맞추고 있습니다. 현대인의 성경에서 "아버지께서 내게 주신 고난의 잔을 내가 마시지 않겠느냐?"라고 번역했습니다. 베드로의 이런 무모한 행동은 예수께서 하시고자 했던 인자가 예루살렘에서 고난을 받아 십자가에 죽임을 당하여야 한다는 말씀을 전혀 이해하지 못한 무지에서 온 망동이었습니다. 예수님은 아버지께서 자신을 위하여 준비한 고난의 잔을 아버지의 뜻대로 그대로 순종하여 마시고자 겟세마네 동산에서 피땀을 흘리며 기도하셨는데, 베드로는 예수님의 고난을 전혀 이해하지 못했습니다.

12절에서 "이에 군대와 천부장과 유대인의 아랫사람들이 예수를 잡아 결박하여"라고 맨 먼저 군대와 천부장이 언급되었는데 베드로의 칼을 뽑아 휘두른 사건에 로마 군인들이 전면에 나서서 이 상황을 주도적으로 평정하여 예수님을 체포했다는 것입니다. 유대 관리들은 예수님의 체포를 맡은 주된 담당자들로서 로마 군인들이 붙잡은 예수님을 먼저 안나스 대제사장에게로 끌고 갔다가 나중에 가야바 대제사장에게로 끌고 간 데서 확인할 수 있습니다. 로마 군인들과 천부장은 갑작스러운 소란한 상황을 평정하고 치안상의 문제 방지 역할을 맡고 있었기 때문에 예수님의 체포가 끝난 다음에 천부장의 막사로 돌아갔습니다. 예수님은 제자들을 먼저 그 동산에서 돌아가게 하였고, 그 무리에게 조용히 나아가 그들의 죄수로 붙잡혀 결박을 당하였습니다. 예수님의 몸에 손을 대서 결박한 사람은 몇 사람에 불과했지만, 그 주변의 모든 무리가 돕고 함께 소리치며 동참했기 때문에 그 모든 무리가 다 주범이었습니다. 사도 요한만이 12절에서 그 무리가 예수님을 결박했다는 장면을 기록했습니다.

전승이라고 하면서 주석가 메튜 헨리에 의하면 그 무리들이 예수님을 붙잡자 움직이지 못하도록 단단히 결박했다고 했는데, 그들이 얼마나 예수님을 난폭하게 묶었던지 예수님의 손가락 끝마디에 피가 터져 흘렸고, 예수님의 손을 모아서 등에 묶고 쇠사슬로 그의 목을 묶고 그 끈을 잡아끌고 갔다고 했습니다. 이것은 그 무리가 처음부터 예수님께 고통과 모욕과 수치를 주고자 했던 것이고, 더 나아가 예수님이 도망가지 못하도록 행악자 죄수를 묶듯이 잔인하게 단단하게 묶었다는 것입니다. 그런데 더 놀라운 사실은 가룟 유다가 예수님의 도주를 막기 위하여 예수님을 더 단단히 묶으라고 소리쳤다는 것입니다. 이 극악한 무리가 재판과 판결도 하기 전에 예수님을 사형 죄수처럼 단단히 의도적으로 묶었다는 것입니다. 그러나 그들은 전능하신 하나님이신 예수님을 쇠사슬과 밧줄로 묶을 수는 없습니다. 하나님의 아들이신 예수님은 우리의 죄를 대신 지시고 자원하여 우리 대신 고난과 수난을 당하시고 십자가에 달려 죽으셨습니다.

사랑하는 성도 여러분이여!

예수님은 자신이 고난의 잔을 마셔야 할 때를 정확하게 아셨던 하나님의 아들이십니다. 예수님은 아버지께서 택하여 자신에 맡겨주신 하나님의 백성들을 하나도 잃어버리지 않고 온전히 다 구속하여 주셨습니다. 예수님은 우리를 구원하시기 위하여 우리 대신 고난의 잔을 마시고 모진 결박을 당하여 고통을 당하셨습니다. 우리 대신 죄 없으신 하나님의 아들 예수께서 아버지의 뜻대로 자원하여 모진 고난의 결박을 당하여 수난을 당하였기 때문에 우리가 나음을 얻고, 고침을 받고, 구원을 받았습니다. 우리 대신 모진 고난의 결박을 당하신 우리 주님 예수님을 다시 한번 묵상하며 감사하고 경배하고 찬양하며 높이는 우리 모두가 될 수 있기를 소원합니다.

63. 대제사장에게 재판받으신 예수님(18:12~27)

에이브러햄 링컨(Abraham Lincoln, 1809~1865)은 미국의 제16대 대통령이었습니다. 그러나 링컨은 한때 세상에서 가장 불행한 사람으로 여겨졌습니다. 그의 어머니는 사생아로 손가락질을 당했습니다. 링컨은 네 살 때 동생의 죽음을 보았습니다. 링컨은 아홉 살 때 어머니, 열여덟 살 때 사랑하는 여동생의 죽음을 보았습니다. 그의 아내는 거의 정신이상자였으며, 두 아들도 그의 품에서 죽었습니다. 링컨은 전쟁에 참전하여 많은 전우의 죽음을 무수히 목도했습니다. 링컨은 정치에 나섰으나 연속 낙선의 고통을 겪었으며 그의 인생은 온통 실패의 연속이었습니다. 그러나 고난의 세월을 통해 생명의 소중함과 인간의 존엄성을 깨달았습니다. 링컨은 항상 청중을 향해 이렇게 말했습니다. "나는 노예가 되고 싶지 않다. 또한 주인이 되고 싶지도 않다. 인간은 누구나 평등한 존재다." 링컨은 고난과 아픔을 인생의 귀중한 자산으로 삼아 미국에서 가장 존경받는 지도자로 우뚝 서 있습니다. 링컨 대통령은 남북전쟁의 위기에서 연방제를 지켜내고 마침내 노예제도를 폐지했습니다. 뜨거운 햇볕이 과일의 단맛을 내게 하듯이 역경은 인생의 단맛을 만들어냅니다.

예수님은 겟세마네 동산에서 목요일 밤에 그 무리에게 붙잡혀 무섭게 결박당하여 끌려가 유대인들에 의한 재판과 로마인들에 의한 재판을 받으시면서 치욕의 수난을 당하셨습니다. 유대인에 의한 재판은 대제사장 안나스에게서 재판을 받았고, 다시 대제사장 가야바에게서 재판을 받았습니다. 예수께서 목요일 밤에 체포되어 금요일에 처형당하여 안식일인 유월절이 시작하기 전에 매장까지 마치기 위해서 유대인들은 이 모든 재판을 신속하게 진행했습니다. 목요일 밤에 대제사장 안나스와 가야바를 거쳐 신성 모독죄로 사형판결을 받았고, 다시 로마의 빌라도 총독에게 넘겨져 동틀 때부터 오전까지만 일하는 시간에 사형판결을 받아 안식일 전에 사형집행과 장례까지 마치기 위하여 유대 당국자들은 밤을 새워서 예수님 재판을 신속히 마무리했습니다. 예수께서 대제사장 안나스의 뜰에서 재판을 받는 중에 제자 베드로에게 세 번이나 모른다는 배신의 수난을 당하셨습니다. 영원한 왕이시고 주님이시고 영원한 대제사장이신 예수께서 대제사장 안나스에게 불법 재판을 받으면서 수난을 당하시고, 동시에 제자 베드로에게 배신당한 수난의 장면을 함께 살펴보며 예수님의 수난 속에 담긴 은혜를 나누어보고자 합니다.

첫째로 예수께서 대제사장 안나스에게서 재판받는 수난을 당하셨습니다(12~14, 19~24).

유대인 아랫사람들 즉 성전 경비병들이 목요일 밤에 겟세마네 동산에서 예수님을 붙잡아 결박하여 끌고 가서 대제사장 안나스의 심문을 받게 했습니다. 유대인 당국자들은 산헤드린 대제사장 중심의 공회원들의 지시하에 있었습니다. 유대인들은 신학적으로 봤을 때, 18~19장에서 율법의 사소한 부분들까지 철저하게 지킨다고 하면서 율법의 말씀이 메시아 예수님을 가리키고 있다는 사실을 깨닫지 못하고 있었습니다. 유대인들은 예수님에 대하여 율법을 어긴 자로 처벌하려고 했지만, 그들이 율법의 내용을 제대로 알았더라면, 그들도 예수님의 제자가 되었을 것입니다.

본문에서 대제사장 안나스와 가야바의 관계에 대해서 언급하는 구절을 제대로 살펴봐야 예수님의 심문 내용을 이해할 수 있습니다. 13절에서 "먼저 안나스에게로 끌고 가니 안나스는 그 해의 대제사장인 가야바의 장인이라."고 하며 예수께서 유대인 관리들에 의해서 먼저 대제사장 안나스에게 끌려갔고, 19

절에서 대제사장 안나스가 예수님을 심문했고, 24절에서 대제사장 안나스가 예수님을 대제사장 가야바에게 보냈다고 했습니다. 요한복음에서 예수님을 심문한 대제사장이 안나스라고 했고, 가야바라는 이름은 나오지만 가야바 대제사장의 심문 내용은 없습니다. 주후 1세기에 안나스가 빌라도의 전임자 발레리우스 그라투스(Valerius Gratus) 총독에 의해 해임될 때까지 주후 6년부터 15년까지 10년간 대제사장직에 있었습니다. 하지만 안나스는 대제사장의 영향력을 계속해서 유지했는데 유대인들이 종신직인 대제사장을 로마 총독이 강제로 해임한 것에 대하여 분노하였고, 안나스 대제사장을 계속 그리워했습니다. 그뿐만 아니라 안나스의 아들들 중에 다섯 명과 그의 사위 가야바가 계속해서 대제사장직을 맡고 있었기 때문에 안나스의 영향력은 그대로 유지되었고, 안나스는 그야말로 대제사장 가문의 대부였습니다. 가야바가 로마인의 후광을 입고 대제사장이 되었지만, 많은 유대인은 안나스를 여전히 진정한 대제사장으로 여기고 있었습니다. 그래서 예수님이 결박을 당한 채 대제사장 안나스에게 먼저 끌려간 것이 전혀 이상하지 않았습니다. 대제사장 안나스에게 먼저 재판을 받는 것이 이미 내부적으로 결정이 되어 있었고, 안나스가 대제사장 가야바의 배후의 진정한 실세였습니다. 19절에서 예수님을 심문한 대제사장은 안나스였고, 가야바는 24절 이후에 등장합니다. 14절에서 "가야바는 유대인들에게 '한 사람이 백성을 위하여 죽는 것이 유익하다'고 권고하던 자라."라고 한 말은 이미 11장 49~50절에서 그 해 가야바 대제사장이 언급한 말이었습니다. 사실 이 말은 하나님 아버지의 뜻에 따라서 예수께서 죽으실 것을 예언한 말씀으로 유대인 산헤드린 공회의 재판 판결대로 그대로 이루어졌습니다. 대제사장 안나스는 대제사장 가야바가 했던 말대로 예수님을 이미 정해진 결론대로 심문하여 사형판결을 내리려고 의도했습니다.

19절에서 대제사장 안나스는 증인들을 심문해서 재판을 해야 함에도 예수님께 직접 두 가지 질문을 했습니다. "대제사장이 예수에게 그의 제자들과 그의 교훈에 대하여 물으니"라고 예수님의 제자 수의 규모와 예수님 교훈의 내용을 물었습니다. 안나스는 먼저 예수님 곁에 많은 사람이 따랐는데 실제 그의 제자들의 숫자가 얼마나 되며 그들이 연합하여 뭔가 공모하여 어떤 일을 꾸밀 수 있는지를 확인하고자 했습니다. 더 나아가 안나스는 예수님의 말씀 가운데 로마 정부에 대항하는 정치적인 이슈가 무엇인지 알아서 빌라도 총독에게 그럴듯한 고소 내용을 만들고자 했습니다. 그들은 예수님이 하나님의 아들이라고 주장하는 신학적인 내용을 실제로 확인하고자 했습니다.

주후 1세기에 유대인의 법정에서 심문과 관련하여 재판장이 피고인에게 묻는 것은 불법이었습니다. 재판장은 두세 사람의 증인들의 증언에 무게를 두고 재판을 진행했습니다. 유대인들이 2세기 말에 편찬한 유대인의 구전 율법인 미쉬나(Mishnah)에 수록되어 있는 산헤드린 편에서 사형에 해당하는 사건은 밤에 재판이 열려서는 안 되고, 재판절차는 적어도 이틀 연속으로 진행되어야 한다고 규정했습니다. 그 목요일 밤에 유대인들은 예수님에 대한 재판을 목요일 밤에 갑작스럽게 일시에 불법적으로 진행했고, 증인에 대한 심문도 없이 재판장이 피고인 예수님에 대한 직접 심문으로 불법 재판을 진행했습니다. 유대인들은 거기다가 예수님을 결박하여 심문을 하고 유대인 관리가 그의 손바닥으로 예수님의 뺨을 때리는 폭력을 행사하여 불법 폭력적인 재판을 진행했습니다. 신명기 17장 6절에서 "죽일 자를 두 사람이나 세 사람의 증언으로 죽일 것이요, 한 사람의 증언으로는 죽이지 말 것이며", 현대인의 성경 민수기 35장 30절에서 "고의로 사람을 죽인 살인자는 반드시 처형되어야 하지만 두 사람 이상의 증인이 있어야 한다. 한 사람의 증인으로서는 살인자를 처형할 수가 없다."라고 두 사람 이상의 증인의 증언이 없이는 살인자에게도 사형판결을 할 수 없다고 명시했습니다. 18장에서 예수께서 대제사장 안나스에게 재판을 받으셨을 때, 증인은 한 사람도 없었습니다. 산헤드린 공회에서 대제사장 가야바의 주도로 재판이 이루어져야 함에도 전직 대제사장 안나스의 집에서 그의 주도로 증인도 한 사람도 없이 밤중에 재판이 일시에 진행되었고, 유대인 관리가 폭력을 행사하며 진행한 재판은 그 모든 재판 전체가 다 불법이고 무효였습니다.

예수님은 자신의 제자들을 끝까지 보호하시고자 결심했기 때문에 제자들에 대해선 더 이상 아무 말씀도 하지 않으셨습니다. 예수님은 많은 사람 앞에서 또는 유대인의 회당에서 또는 예루살렘 성전에서 항상 공개적으로 말씀하셨고 은밀하게 아무것도 말하지 아니하였다고 증언했습니다. 예수께서 자신의 제자들에게 또는 친밀한 무리들에게 은밀하게 말씀하신 것이 있었지만, 그것은 자신이 가르친 말씀을 더 풀어서 설명해주고 자신을 따르는 제자들이 깨닫고 순종하도록 가르치신 것이었습니다. 예수께서 제자들에게 가르쳐주신 말씀도 공개적으로 많은 사람들 앞에서 가르친 말씀에 다 포함되어 있습니다. 그래서 예수님의 가르치신 말씀은 예수님의 제자들을 따로 심문할 필요가 없었고, 예수님의 말씀을 공개적으로 들은 사람에게 물어보면 알 수 있었습니다. 안나스의 집에서 재판이 적법하고 공정하게 진행이 되었다면 예수님의 말씀을 들은 증인에게 물어보아야 할 것이었습니다.

21절에서 예수님은 안나스에게 당당하게 "어찌하여 내게 묻느냐? 내가 무슨 말을 하였는지 들은 자들에게 물어 보라. 그들이 내가 하던 말을 아느니라."라고 더 설득력 있게 대답하셨습니다. 유대인 하급관리가 예수께서 대제사장 안나스에게 당당하게 항변하는 말을 듣고 발끈해서 그의 손바닥으로 예수님의 얼굴을 세게 쳤습니다. 결박을 당하신 채 예수님은 물러서지 않고 "대제사장에 대한 나의 대응이 불법이거나 부적절했다면 거기에 상응하는 법정모독죄를 내게 물으면 될 것이다. 내가 무엇을 잘못 했는지 그 잘못한 것에 대하여 증언해봐라. 하지만 내가 참된 것을 말하였다면, 특히 불법적으로 피고인을 심문한 것에 대하여 적법한 항변이라면, 네가 나를 친 이유가 무엇이냐?"고 항변했습니다. 예수께서 안나스에게 공정한 재판을 요청했지만, 안나스와 유대인 관리들은 정당한 재판을 통해서는 이 재판을 신속하게 승리할 수 없다는 것을 알고 있었기 때문에 온갖 불법과 폭력과 반칙을 사용해서라도 서둘러 정해진 사형판결을 이끌어내고자 했습니다.

24절에서 "안나스가 예수를 결박한 그대로 대제사장 가야바에게 보내니라."

라고 안나스는 대제사장의 대부로서 예수님에게서 아무것도 얻어 낼 수 없다는 것을 알고서 예수님을 결박한 채 자신의 사위인 대제사장 가야바에게로 보냈습니다. 유대인 당국자들이 예수님을 빌라도 총독에게 최종적으로 고발하고자 했다면 당연히 대제사장 가야바가 산헤드린 공회의 의장 자격으로 예수님을 마지막 법적인 절차를 진행해야 옳았습니다. 공관복음에서 대제사장 가야바는 증인들에게 원하는 대답을 얻지 못하자 교활하게 예수님을 향하여 "네가 하나님의 아들 그리스도인지 우리에게 말하라"(마 26:63)라고 직접 질문하여 예수님이 "네가 말하였느니라. 그러나 내가 너희에게 이르노니 이 후에 인자가 권능의 우편에 앉아 있는 것과 하늘 구름을 타고 오는 것을 너희가 보리라."(64)고 놀라운 진리로 대답하였을 때 대제사장 가야바는 예수님이 신성 모독하는 말을 했다고 규정하여 사형판결을 내린 후에 결박한 채 빌라도 총독에게로 끌고 가서 넘겨주었습니다.

적용   예수님은 대제사장 안나스와 가야바에게 불법 폭력 재판으로 모진 수난을 당하셨지만, 나의 허물과 죄악 때문에 고난을 당하셨다는 사실을 믿으시길 바랍니다.

둘째로 예수께서 제자 베드로에게 배신당하는 수난을 당하셨습니다(15~18, 25~27).

시몬 베드로가 일찍이 예수님을 향하여 '주를 위하여 내 목숨을 버리겠나이다'(13:37)라고 장담하여 말했을 때 예수께서 '닭 울기 전에 네가 세 번 나를 부인하리라'(13:38)라고 예언하셨습니다. 그런데도 베드로는 예수님의 말씀을 심각하게 받아들이지 못했고, 겟세마네 동산에서도 진지하게 기도하지 못하고 기도하시는 예수님 곁에서 졸았고, 갑자기 예수님을 붙잡으러 온 무리 앞에 가룟 유다를 보고서 흥분하여 칼로 대제사장의 종 말고의 귀를 베어버렸습니다. 예수께서 베드로가 벤 말고의 귀를 만져서 고쳐주시고 제자들이 동산에서 떠나가는 것을 용납하게 해달라고 유대인들에게 요청하신 다음에 무섭게 결박을 당하여 대제사장 안나스 집으로 끌려가셨습니다. 그때 사도 요한과 시몬 베드로가 대제사장 안나스 집까지 따라가 사도 요한은 집 안으로 들어갔지만, 베드로는 문밖에 서서 들어가지 못했습니다. 베드로와 친밀했던 사도 요한이 문지기 여종에게 말하여 베드로를 집 안으로 들어가게 했습니다. 여기서 '그 다른 제자'가 아리마대 사람 요셉이나 니고데모라고 해석하는 사람도 있지만, 대부분은 사랑하는 제자 사도 요한이라고 해석합니다. 여기에서 여종이 대제사장의 집 문을 지키고 있었던 것으로 봐서 당시 산헤드린 공회의 의장인 대제사장 가야바의 집은 남자들만이 문지기가 될 수 있었기 때문에 안나스 대제사장의 집으로 봐야 한다는 것입니다.

베드로가 처음으로 예수님을 부인하는데 맞닥뜨린 사람은 문지기 여종이었습니다. 이 여종은 '그 다른 제자'를 잘 알고 있어서 통과시켰는데, 베드로가 예수님의 제자라는 사실도 알고 있었기 때문에 그에게 "너도 이 사람의 제자 중 하나가 아니냐?"(17)고 조심스럽게 단언하며 약간 무시하는 투로 물었습니다. 베드로는 "나는 아니라"라고 겁을 먹고 부끄럽게 더 위협을 느끼면서 기어들어가는 목소리로 대답했습니다. 베드로가 예수님의 제자로 당당하게 예수님 곁에 서서 예수님께 우호적인 당당한 증인이 되어야 했음에도 예수님과 너무 멀리 떨어져서 유대인 종들과 관리들 곁에 서서 불을 쬐며 자신이 제자임을 숨기려다가 몰락의 길로 떨어지게 되었습니다. 예수님과 너무 멀리 떨어지는 거리를 둔 것은 대제사장의 집에 들어가기 위한 통과의례로 여겨졌지만, 유대인들 틈에 끼어서 자신이 제자가 아닌 것처럼 감추고자 하다가 예수님을 부인하는 것은 너무 쉬웠고, 더 깊은 나락으로 떨어져 버린 결과를 가져왔습니다.

예수님에 대한 재판이 밤에 불법적으로 진행하는 관계로 유대인 종들이 마당에서 숯불을 피우는 것은 불가피했습니다. 베드로가 모닥불 곁에서 불을 쬐고 있었을 때 예수님은 위쪽에서 대제사장 안나스의 질문에 아무것도 부인하지 않고 당당하게 말씀하고 있었는데, 베드로는 아래 마당에서 함께 모닥불을 쬐던 유대인이 "너도 예수의 제자 중 하나가 아니냐?"고 물었을 때 잔뜩 겁을 먹고 아니라고 부인해버렸습니다. 대제사장의 질문에 아무것도 부인하지 않고 당당하게 말씀하시는 예수님의 모습과 모닥불을 쬐던 유대인의 질문에 겁을 먹고 제자가 아니라고 부인하는 베드로의 모습은 너무나도 대조적입니다. 마태복음 10장 33절에서 예수께서 "누구든지 사람 앞에서 나를 부인하면 나도 하늘에 계신 내 아버지 앞에서 그를 부인하리라."라고 놀랍게 말씀하셨는데, 이 말씀에 비춰보면 베드로는 너무 비참합니다. 베드로에게 마지막 세 번째로 질문을 한 사람은 대제사장의 종, 말고의 친척으로 베드로가 말고의 귀를 베었을 때 그곳 현장에 함께 있었던 사람이었습니다. "네가 그 사람과 함께 동산에 있는 것을 내가 보지 아니하였느냐?"(26) 이렇게 대제사장의 권속에 대하여 속속들이 알고 있다는 것은 '사랑하는 제자'가 다름 아닌 '그 다른 제자' 사도 요한이었음을 보여주는 대단히 설득력 있는 증거입니다. 밤이었지만, 모닥불이 활활 타오를 때 불 주위에 서 있는 베드로의 얼굴을 확실히 보고서 그 사람은 베드로에게 주목했던 것입니다. 베드로가 세 번째로 예수님의 제자가 아니라고 또 부인해버렸습니다. "이에 베드로가 또 부인하니 곧 닭이 울더라"(27). 사도 요한은 베드로가 세 번째로 예수님을 부인하여 배신할 때 "저주하며 맹세하되"(막 14:71)라는 말을 언급하지 않았고, 닭이 울고 나서 베드로가 통곡한 것(72)에 대해서도 언급하지 않습니다. 예수님은 대제사장에게 모욕적인 심문을 받으시면서 마당에서 베드로가 자신의 제자가 아니라고 세 번이나 부인하는 배신의 말을 다 들었습니다. 예수께서 가장 친밀하게 사랑하고 아꼈던 베드로에게 이런 부인과 배신을 당하셨을 때 외롭고 더 고통스러우셨을 것입니다. 베드로가 자신은 제자가 아니라는 부인과 배신을 통하여 예수께서 베드로에게 하신 "네가 지금은 따라올 수 없으니 후에는 따라오리라."라는 말씀과 "닭 울기 전에 네가 세 번 나를 부인하리라."라는 말씀이 그대로 성취되었습니다. 사도 요한은 예수님을 부인한 베드로에게 부활하신 예수께서 다시 찾아가 만나주시고 네가 나를 사랑하느냐고 세 번이나 물으시며 용서하시고 회복하여 주셔서 초대교회를 세우는 최고의 설교자로 세워주신 내용을 21장에서 계속 기록하고 있습니다. 베드로처럼 예수님을 세 번이나 부인한 사람에게도 예수께서 찾아가

서서 새로운 회복의 소망을 주신다는 사실을 기억해야 합니다.

사랑하는 성도 여러분이여!

예수님은 유대인들에게 불법 재판을 받으시며 치욕의 수난을 당하셨습니다. 예수님은 사랑하는 제자 베드로에게 부인과 배신을 당하시며 더 수난을 당하셨습니다. 실상은 예수께서 자원하여 우리의 허물과 죄악을 대신하여 수난을 당하시고 십자가에서 죽으셨습니다. 베드로와 같이 세 번이나 예수님을 부인하고 배신한 제자를 예수님은 다시 찾아가서서 만나주시고 말씀해주시고 용서하여 회복시켜 주시기도 했습니다. 우리의 허물과 부족함과 죄악도 예수님은 다 용서해주시고 구원해 주셨습니다. 우리를 위하여 수난을 당하시고 십자가에 죽으셨다가 부활 승천하시고 다시 오실 예수님을 믿고 의지하여 베드로처럼 새롭게 변화되는 제자로 살아갈 수 있기를 소원합니다.

64. 빌라도 총독에게 재판받으신 예수님(18:28~40)

정이삭 감독의 영화「미나리」는 1980년대 아메리칸드림을 품고 미국으로 이주한 한국인 가족 이야기입니다. 제93회 아카데미 시상식의 6개 부분 후보에 올랐고, 윤여정 씨가 여우조연상을 수상해서 더 유명해진 영화입니다. 젊은 부부가 캘리포니아에 병아리 감별사로 10년을 일하여 모은 돈으로 아칸소라는 시골에 농장을 사서 채소를 심으며 이민의 꿈을 키우며 어린 두 남매를 데리고 티격태격 다퉈가며 시련을 이겨내며 정착해가는 한인 이민자들의 미국 정착 이야기입니다. 제일 재미있는 이야기는 할머니와 손자의 이야기입니다. 할머니가 한국에서 미국 딸네 집에 가면서 바리바리 싸다가 주는 장면은 우리네 정서 그대로입니다. 할머니가 심장병을 앓는 손자를 위하여 한약을 지어 가서 다려서 막대기로 짜서 손자에게 먹이는데 손자가 쓰다고 안 먹으려고 할머니와 티격태격하는 장면도 재미있습니다. 그런데 할머니가 안 볼 때 손자가 그 한약을 그냥 세면대에 버려버리고, 할머니가 손자에게 물을 좀 떠 가지고 오라고 하는데, 손자가 물 대신에 자신의 오줌을 물그릇에 담아 가서 할머니에게 드리는데, 할머니가 그걸 마시다가 '아이고 요놈아!'하고 소리치고, 손자는 밖으로 도망가는 장면은 압권입니다. 농장 일이 너무 힘이 드니 부부가 자주 싸우는데, 한 번은 아버지가 아들에게 화가 나서 밖에 가서 회초리 하나 꺾어오라고 소리치자, 아들이 이것저것 꺾어서 등 뒤에 숨겨 가져와서 아버지에게 드리는데 그것은 나무 회초리가 아니라 풀 한 줄기를 꺾어온 것이었습니다. 그때 할머니가 손자에게 '네가 이겼다!'라고 소리치는 장면도 우리네 옛날 모습 그대로입니다. 미나리는 아무 데나 물가에 심어놓으면 잘 자라서 부자나 가난한 사람이나 가릴 것 없이 맛있는 먹거리가 된다는 것으로 한국인들은 어디서나 생명력과 끈기 있다는 것을 상징하는 영화입니다.

예수께서 그 목요일 밤에 대제사장 가야바가 주도한 산헤드린 공회에서 불법 폭력 재판을 받으시고 유대인 당국자들에 끌려 빌라도 총독의 관저로 총독의 재판을 받으러 가셨습니다. 요한복음에서 대제사장 가야바에 의한 산헤드린 공회에서 사형판결을 받는 재판은 전제하고 있는 반면에 빌라도 총독에게 재판받는 내용은 공관복음을 다 합친 것보다 더 세밀합니다. 유대인 당국자들은 사형집행권을 가진 빌라도 총독의 관저로 그 금요일 새벽에 예수님을 결박한 채 끌고 가서 행악자라는 죄목으로 고발했습니다. 유대인 당국자들은 예수님을 로마 실정법에 의한 합법적인 판결로 처형하여 백성들의 소란을 최소화하려는 의도로 치밀하고 교활하게 제소했습니다. 유대인들은 예수님에게 행악자라는 반역 죄목으로 로마인의 가장 불명예스러운 십자가형을 강요했습니다. 놀랍게도 빌라도 총독이 예수님을 심문하여 그에게서 아무 죄도 찾지 못했다고 선언하며 예수님의 의로움과 유대인들의 불의함을 함께 드러냈습니다. 예수께서 우리의 죄를 대신 지시고 십자가에 우리 대신 달려 죽으시러 빌라도 총독에게 재판받으신 본문의 말씀을 들으면서 함께 은혜를 나누고자 합니다.

첫째로 예수님은 자신의 예언한 죽음을 위하여 빌라도 총독에게 고발되었습니다 (28~32).

28절에서 "그들이 예수를 가야바에게서 관정으로 끌고 가니 새벽이라. 그들은 더럽힘을 받지 아니하고 유월절 잔치를 먹고자 하여 관정에 들어가지 아니하더라."라고 유대인 당국자들이 할례받지 아니한 이방인 로마 총독의 관정(관저)에 들어가지 아니하고 밖에 서서 예수님을 행악자라고 빌라도 총독에게 고발했습니다. 이것은 유월절 음식을 먹기 위하여 이방인의 뜰에 들어가 자신들을 더럽히는 누를 범하지 아니하려는 위선이었습니다. 유월절 어린 양이신 예수님을 믿지 않으면서도 유월절 음식을 먹기 위하여 이방인 총독의 관저에 들어가는 부정을 저지르지 않으려는 것은 하루살이는 걸러내고 낙타를 삼키는 것과 같습니다. 많은 로마 관리들은 새벽에 업무를 시작해서 오전 10시나 11에 마쳤기 때문에 유대인들이 오전 6시 이전에 빌라도 총독 관저로 갔습니다. 유대인 당국자들이 관정 밖에서 예수님을 빌라도 총독(주후 26년 티베리우스 황제에 의해서 임명되어 37년까지 총독직을 수행함)에게 고소하자 총독은 친절하게도 유대인의 종교적 관습을 존중하여 관정 밖으로 나가서 29절에서 유대인들에게 "너희가 무슨 일로 이 사람을 고발하느냐?"고 물으면서 심문을 시작했습니다. 피고인에 대한 고소는 명확한 증거가 있어야 심문을 시작해 죄에 대한 선고를 할 수 있었습니다. 유대인 당국자들은 예수님에게 증거도 없이 행악자라는 막연한 누명을 씌워서 총독에게 극형에 처해달라고 사전에 협의한 대로 무리한 요청을 강요했습니다. 빌라도 총독이 심문을 시작하자 유대인들은 심기가 불편하여 30절에서 "이 사람이 행악자가 아니었더라면 우리가 당신에게 넘기지 아니하였겠나이다."라고 불평했습니다. 사실 예수님은 자신을 보내신 유일한 참 신이신 하나님을 증거하고(5:24, 17:3), 자신은 길과 진리와 생명이라(14:6)고 증언하며 수많은 병자들을 고치시고, 죽은 자를 살려내시고, 오병이어로 오천 명을 먹이시고, 선한 일들로 많은 사람에게 은혜를 베풀었음에도 유대인들은 예수님을 행악자라고 누명을 씌워 빌라도 총독에게 고발했습니다. 빌라도 총독은 오만방자한 유대인 당국자들의 말과 예수에 대한 무모한 고소 내용을 듣고서, 그들에게 더 큰 굴욕을 안겨주고자 31절에서 "너희가 그를 데려다가 너희 법대로 재판하라."라고 응수하며 예수님을 다시 유대인의 법정으로 돌려보내려고 했습니다. 유대인 당국자들은 자신의 법으로 죄수를 회당에서 채찍질과 같은 태형을 가할 수 있지만, 그들은 예수님을 저주받은 자로 죽이는(신 21:23) 십자가형에 처하고자 했습니다. "우리에게는 사람을 죽이는 권한이 없나이다."라는 유대인 당국자들의 대답에서 빌라도 총독이 예수님에게 행악자라는 죄목을 씌워 사형에 처해주기를 바라는 속내를 그대로 드러냈습니다. 빌라도 총독은 사법 정의를 세우고자 함이 아니라 예수님 재판을 빌미로 유대 당국자들을 자신의 권위 아래 굴복시켜 자신의 자존심을 세우고자 함도 있었습니다. 빌라도 총독과 유대인 당국자 사이의 예수님에 대한 재판과 처형은 결국 예수께서 이미 말씀하신 대로 이루어지는 것이었습니다.

32절에서 "이는 예수께서 자기가 어떠한 죽음으로 죽을 것을 가리켜 하신 말씀을 응하게 하려 함이러라."라고 예수님의 죽음은 유대인들의 재판이나 빌라도 총독의 재판에 따른 것이라기보다는 결국 '하나님의 뜻대로' 다시 말해서 '예수께서 말씀하신 대로' 그대로 이루어졌습니다. 예수께서 자신의 죽음에 대하여 하셨던 말씀은 첫째로 예수께서 이방인의 손에 넘겨지겠다는 것이었고(마 20:19), 둘째로 예수께서 '들려서'(3:14, 8:28, 12:32) 처형되는(마 26:2) 것이었습니다. 십자가형은 로마인들의 처형법이었기 때문에 예수님은 반드시 로마인 법률에 따라서 십자가에 저주받은 자로 처형되어야 했습니다. 예수님은 우리 대신에 저주를 받으시고 나무에 달려 죽으신다(신 21:22~23, 갈 3:13)는 말씀대로 빌라도 총독의 재판을 받아서 우리 대신 십자가에 달려 죽으심으로 이 말씀은 그대로 성취되었습니다.

적용 예수님은 로마에 반역한 행악자로 유대인 당국자들에게 고발되었지만, 사실은 하나님의 뜻대로 우리들의 죄를 대신하여 십자가에 죽으셨다는 사실을 믿으시길 바랍니다.

둘째로 예수님은 빌라도 총독에게 진리를 증언하는 하늘나라의 왕이라고 증언했습니다 (33~38).

예수님은 자신이 이방인 빌라도 총독에게 넘겨져 재판을 받아 골고다 언덕에서 십자가에 못 박혀 죽으셔야 한다는 사실을 잘 알고 있었습니다. 예수님은 우리의 죄와 형벌을 대신 담당하여 수난을 당하시고 죽으실 것을 잘 아셨습니다. 예수님은 우리가 하나님의 심판을 받지 않게 하시려고 빌라도 총독에게 우리 대신 심판을 받으셨습니다. 예수님은 빌라도 총독의 심문에 당당하게 자신이 누구신지, 자신이 무슨 일을 했는지 대답하셨습니다. 33절에서 "이에 빌라도가 다시 관정에 들어가 예수를 불러 이르되 '네가 유대인의 왕이냐?'"고 예수님께 물었습니다. 빌라도 총독은 예수님에게 로마 제국과 가이사 황제에 대하여 기소할만한 죄명을 찾고자 '네가 유대인의 왕이냐?'고 단도직입적으로 물었습니다. 예수님은 빌라도 총독의 질문에 대답하지 않은 채 빌라도 총독의 질문이 스스로 한 말인지 다른 사람이 한 말인지 34절에서 분명하게 물었습니다. 로마의 총독으로서 유대인 당국자들의 고소 내용에 대하여 로마 정부를 보호할 책무를 가진 총독으로서 빌라도는 예수님에게서 로마 제국이 위협이나 손실을 보았다고 볼만한 증거를 찾고자 했지만, 예수님은 세속적인 권세와 재산에 아무런 관심도 없었고 반역적인 언행도 없었습니다. 유대인 당국자들이 예수께서 로마 제국에 반역했다는 누명을 씌워서 빌라도 총독을 격노시켜 죽이려고 고발했다면 정의를 실현해야 하는 로마 총독의 입장에서는 그 고소 건을 신중하게 처리해야 했습니다. 빌라도 총독은 예수께서 자신의 질문에 명확하게 답변하지 않는 것을 마땅치 않게 여기며 35절에서 "내가 유대인이냐?" 즉 "네가 무엇을 하였느냐?"고 예수님께 되물었습니다. 빌라도 총독은 유대인 당국자들이 예수님을 행악자라고 모함하여 고소한 음모에 대하여 유대인도 아닌 자신도 함께 가담한 것으로 의심하느냐고 예수님께 되물었습니다. 빌라도 총독은 유대인들과 달리 예수가 메시아라는 주장과 하나님의 아들이라는 주장에 대하여 전혀 관심이 없었습니다. 빌라도 총독은 예수님과 같은 동족인 유대인 당국자들의 예수님에 대한 고발 내용도 마땅히 존중되어야 하며 그들의 고발 내용에 따라 예수님을 심문하면서 "네가 무엇을 하였느냐?"고 예수님께 물었습니다. 빌라도 총독의 예수님에 대한 질문은 두 가지였는데 "네가 유대인의 왕이냐?"는 질문에 예수께서 대답하지 않았으므로 이제 "네가 무엇을 하였느냐?"고 다시 물었습니다. 너희 동족 특히 대제사장들에게 네가 무슨 나쁜 일을 하였기에 '저들이 너를 행악자라고 고소하였는가? 도대체 어찌 된 일인가?'고 물었습니다.

36절에서 예수님은 첫 번째 질문에 대해 구체적이고 완벽한 답변을 하셨습니다. "내 나라는 이 세상에 속한 것이 아니니라. 만일 내 나라가 이 세상에 속한 것이었더라면 내 종들이 싸워 나로 유대인들에게 넘겨지지 않게 하였으리라. 이제 내 나라는 여기에 속한 것이 아니니라."라고 예수님은 자신의 나라가 로마 정권을 위협하는 세속적인 나라가 아니고, 하늘에 속한 하늘나라라고 말씀하셨습니다. 예수님의 나라가 로마 정권과 같은 세상 나라였다면 그의 제자들도 무기를 들고 로마 군인들과 더불어 싸워서 예수님을 유대인들에게 넘겨주지 않았다는 것입니다. 예수님은 오히려 자신이 하나님 나라의 왕이시라고 주장했습니다. 예수님은 세상 나라의 권세자들을 조금도 두려워하지 않는 자세로 거침없이 대답했습니다.

37절에서 빌라도 총독은 예수님께 "그러면 네가 왕이 아니냐?"고 물었고 예수께서 "네 말과 같이 내가 왕이니라. 내가 이를 위하여 태어났으며 이를 위하여 세상에 왔나니 곧 진리에 대하여 증언하려 함이로라. 무릇 진리에 속한 자는 내 음성을 듣느니라."라고 대답하셨습니다. 예수님은 자신이 진리를 증언하는 하나님 나라의 왕으로 태어났다고 분명하게 대답했습니다. 이것은 예수께서 빌라도 총독이 말하는 세상 나라와 본질적으로 다른 나라의 왕이지만 분명히 자신은 그 나라의 왕이라고 대답한 것입니다. 예수님은 그 나라 왕으로 나신 것은 진리를 증언하여 진리로 그의 나라를 세우시고 보존하시고자 함이라고 주장했습니다. 그 나라의 백성들은 예수님이 전하는 진리를 들어서 믿고 진리를 따라 순종하며 살아가는 진리에 속한 사람들이라고 했습니다. 예수께서 빌라도 총독에게 자신은 진리를 선포하여 진리로 하나님 나라를 세우시며 자신은 그 나라의 왕이시니 그 왕이 전하는 진리를 듣고 따르라고 말씀했을 때 빌라도 총독은 세 번째로 "진리가 무엇이냐?"고 예수님께 냉소적으로 물었습니다. 이것은 빌라도 총독이 더 이상 예수님의 말씀을 듣지 않겠다고 중단시키는 질문입니다. 예수님은 자신이 진리라(14:6)고 분명하게 말씀하셨습니다. 많은 사람은 진리를 인내와 끈기로 꾸준히 추구하며 살아가야 함에도 마음뿐이지 진리를 듣지 않고 살아가고 있다는 것입니다. 많은 사람이 진리이신 그리스도에 대하여 알고 순종하는 바른 자세를 가지고 살아가야 하지만, 빌라도 총독처럼 냉소적으로 '진리가 무엇이냐?'고 호기심으로 묻는 것처럼 하면서 진리를 거절해 버렸습니다. 예수님은 빌라도 총독의 진리에 대한 냉소적 질문에 더 이상 대답하지 않았지만, 진리를 듣고자 하는 자신의 제자들에게는 진리를 많이 말씀하셨습니다. 빌라도 총독은 예수님을 심문하고 나서 행악자라는 고소에 대하여 아무런 증거도 찾지 못하고 오히려 "나는 그에게서 아무 죄도 찾지 못하였노라."라고 유대인 당국자들 앞에서 놀랍게 무죄 선언을 했습니다. 빌라도 총독은 예수님의 증언을 듣고 나서 유대인들이 고발한 로마 제국을 정치적으로 대적하는 행악자라는 증거를 전혀 찾을 수 없었습니다. 빌라도 총독의 무죄 선언은 예수님이 의로우신 분이시라는 사실을 증명했습니다. 예수님의 죽음은 자신의 죄 때문이 결코 아니고 우리의 죄 때문에 우리 대신 죽으셨음을 분명하게 드러내셨습니다. 이사야 선지자가 53장 9절에서 예언한 대로 예수님은 "강포(폭력)를 행하지 아니하였고 그의 입에 거짓이 없었던" 분입니다. 빌라도 총독의 예수님에 대한 무죄 선언은 오히려 그를 고발한 유대인 당국자들의 죄를 명백하게 드러냈습니다.

적용 우리는 예수께서 이 땅에 오셔서 진리를 증언하여 하나님 나라를 세우신 하나님의 나라의 왕이심을 믿으시길 바랍니다.

셋째로 예수님의 증언을 들은 사람들의 반응은 항상 두 가지로 나누어집니다(39~40).

빌라도 총독에 의한 예수님에 대한 재판이 무죄판결이라는 선고가 내려졌으면 죄수 석방이 정상입니다. 재판장의 무죄 선고가 내려지고, 재판장이 특별한 호의를 베풀었다고 의심할만한 사항이 없다면 고발자들도 죄수의 석방에 동의하는 것이 일반적인 관례였습니다. 예수님이 무죄 판결로 죄가 없음이

판명되었음에도 유대인들은 계속해서 예수님을 죽이고자 더 크게 소리쳤습니다. 39~40절에서 "39. '유월절이면 내가 너희에게 한 사람을 놓아 주는 전례가 있으니 그러면 너희는 내가 유대인의 왕을 너희에게 놓아 주기를 원하느냐?' 하니 40. 그들이 또 소리 질러 이르되 '이 사람이 아니라 바라바라' 하니 바라바는 강도였더라."라고 빌라도 총독이 전례에 따라 유대인의 왕 예수를 놓아주기를 원하느냐는 제안에 유대인들은 예수님 대신에 강도 바라바를 석방해달라고 강요하며 소리쳤습니다. 빌라도 총독은 무죄판결을 내리고 나서 예수님을 석방하기 위한 한 가지 방안을 제시하여 유월절에 한 사람을 놓아주는 전례에 따라서 유대인의 왕이신 예수님을 석방하려고 군중들에게 선의로 제안했습니다. 이 유대인 군중들은 종려주일에 예수께서 예루살렘에 나귀 타고 입성하실 때 '호산나, 찬송하리로다. 다윗의 후손으로 오시는 이여!'라고 찬송을 부르며 환호하던 사람들이어서 그들은 예수님의 석방을 좋아할 것으로 빌라도 총독은 믿었습니다. 유대인 군중들이 강하게 요청하면 예수님을 고소한 유대인 당국자들도 마지못해서 예수님에 대하여 무리한 요구를 하지 않을 것이라고 빌라도 총독은 쉽게 생각했습니다. 빌라도 총독은 유대인의 해방 기념일인 유월절에 예수님을 석방하고자 군중에게 탁월한 제안을 했던 것입니다. 빌라도 총독이 예수님의 증언을 듣고서 무죄판결을 선고했으면 바로 석방하는 결단을 내렸어야 했습니다. 빌라도 총독은 교묘하게 무죄한 예수님을 강도인 바라바(Jesus Barabbas)와 비교하여 둘 중에 누구를 석방하느냐고 군중을 향하여 물어봄으로써 대제사장들과 군중들 양쪽을 다 만족시키려는 꼼수를 썼습니다. 빌라도 총독은 무죄판결을 선고하고도 예수님을 석방하지 못한 결단력 없는 무기력한 지도자의 모습을 드러냈습니다. 놀랍게도 유대인 군중들은 아무 죄도 없는 무죄한 예수님이 아니라 로마에 대항하여 무장봉기를 일으켜 살인죄를 저지른 강도 바라바를 놓아달라고 크게 소리쳤습니다. 유대인 당국자들은 군중을 선동하여 "예수를 놓으면 가이사의 충신이 아니다"(19:12)고 강압적으로 외치고 협박하여 "그를 십자가에 못 박으라"(19:15)고 소리쳤습니다.

사랑하는 성도 여러분이여!

　예수님은 유대 당국자들에게 불법적으로 사형판결을 받고 로마의 빌라도 총독에게 로마에 대항한 행악자라고 고발되었지만, 사실은 이 땅에 오셔서 진리를 선포하여 하나님 나라를 세우신 하나님 나라의 왕이십니다. 빌라도 총독은 예수님을 심문하고 재판하여 아무 죄가 없다고 유대인 당국자들 앞에서 선언하여 유대인 당국자들의 불의함을 그대로 드러냈습니다. 예수님은 아무 죄가 없음에도 우리 죄를 대신하여 십자가에 달려죽으신 우리의 구주와 주님이심을 믿고서 사람들에게 예수님을 구원의 주님이라고 담대하게 증언하여 하나님 나라를 더 굳게 세워가는 우리들이 될 수 있기를 소원합니다.

65. 십자가형을 선고받으신 예수님(19:1~16)

　이탈리아의 작가 지오반니 파피니(Giovanni Papini, 1881~1956)의 이야기입니다. 본시 그는 철저한 무신론자였습니다. 그러던 어느 날 그는 무서운 병에 걸리고 말았습니다. 그의 소식을 들은 어떤 사람이 믿음이 독실한 그의 어머니에게 인육(人肉)을 먹여보라고 일렀습니다. 그의 어머니는 칼로 자기의 허벅지 살을 잘라 요리해 아들에게 먹였습니다. 병이 차츰 낫기 시작하자 그는 그 고기를 또 한 번 먹기 원했습니다. 그래서 어머니는 아들 몰래 자기의 살을 베려다가 그만 동맥을 잘라 정신을 잃고 말았습니다. 외출에서 돌아온 그는 충격적인 광경을 보고는 오열하기 시작했습니다. "어머니, 지난번에 먹은 고기도 어머니의 살이었군요!" 어머니는 그의 목소리를 듣고 간신히 정신을 차렸습니다. 그리고는 마지막으로 이렇게 당부했습니다. "나는 죄 많은 몸으로 너를 구했지만, 예수님은 죄 없는 몸으로 우리를 위해서 살을 찢기시고 피 흘리셨단다. 그러니 너는 반드시 예수님을 믿어야 한다." 그 후 지오반니 파피니는 '그리스도의 일대기', '떡과 포도주' 등의 저술로 남은 삶을 복음을 전파하며 살았습니다.
　말씀이신 하나님께서는 죄와 사망 가운데 있는 우리를 긍휼히 여기시고 영원한 멸망 가운데서 건져주시기 위해 하늘 보좌를 버리시고 인자로 이 땅에 오셨습니다. 그분이 바로 예수님이십니다. 예수님이 나의 죄를 대신하여 십자가에서 자신의 살과 피를 아낌없이 주셨습니다.

　하나님의 아들이자 하나님의 나라의 영원한 왕이신 예수께서 산헤드린 공회에서 재판을 받으시고, 그 공회에서 정치적 반역과 신성모독이라는 죄목으로 판결을 받고 다시 빌라도 총독에게 피소되어 총독의 관저에서 재판을 받으셨습니다. 죄가 없으시고(요일 3:5), 죄를 짓지도 않으시고(벧전 2:22), 죄를 알지도 못하신(고후 5:21) 하나님의 아들이시고, 장차 모든 피조물의 재판장이신 예수께서 불법 폭력 재판으로 십자가형을 선고받는 장면이 본문입니다. 본문은 유대인 당국자들에 의해 행악자라고 피소된 예수께서 빌라도 총독의 관저에서 총독에 의해서 유대인들 앞에서 재판의 심문에서 아무 죄도 찾지 못하여 유월절 특사로 석방하고자 한다는 공포에도 불구하고 유대인들의 강압으로 십자가형을 최종 선고받는 장면입니다. 빌라도 총독은 예수가 유대인의 율법에 관한 것 때문에 유대인 당국자들에게 피소당한 것이지 정치적인 반역자가 아님을 금방 알아차렸습니다. 대제사장들을 비롯한 유대인 당국자들은 예수님을 '십자가에 못 박으라'고 소리치며 만약에 반역자를 석방하면 가이사의 충신이 아니라고 총독을 협박하면서 민란을 일으키려는 움직임마저 보였습니다. 빌라도 총독은 비겁하지만 마지못해 예수님에게 십자가형을 선고하여 로마 군인들에게 넘겨주었습니다. 예수님은 산헤드린 공회의 불법적이고 폭력적인 재판에 의한 정치적인 죄목으로 고발을 당하여 빌라도 총독에게 넘겨져 유대인들의 정치적인 강압에 의하여 십자가형을 선고받아 해골이라는 골고다 언덕에서 금요일에 십자가에 달려 죽으셨습니다. 죄 없으신 하나님의 아들 예수께서 빌라도 총독에 의해서 불법적이고 폭력적인 재판을 받아 십자가형을 선고받으신 장면을 몇 가지로 살펴보면서 함께 은혜를 나누고자 합니다.

첫째로 예수님은 우리를 위하여 잔인하게 고난을 당하셨습니다(1~3).

1절에서 "이에 빌라도가 예수를 데려다가 채찍질하더라."라고 빌라도 총독은 예수님에게 아무 죄도 없다(18:38, 19:4, 6)는 사실을 알고 가볍게 채찍질하여 유월절 특사로 석방하려고 했습니다. 빌라도 총독이 예수님을 채찍질하면 그를 벌해달라던 유대인들의 요구를 어느 정도 만족시키고 동시에 그에 대한 그들의 동정심을 유발하여 '그를 십자가에 못 박으라'는 그들의 아우성이 수그러들 것으로 가볍게 생각했습니다. 누가복음 23장 13~16절에서 빌라도 총독이 유대인 당국자들에게 "그가 행한 일에는 죽일 일이 없느니라."라고 말하고서 "그러므로 때려서 놓겠노라."라는 결론까지 내려서 공포했습니다.

로마의 채찍질에는 세 가지가 있습니다. 하나는 난동 같은 가벼운 범죄를 저지른 자들에게 덜 혹독한 매질로 엄중한 경고가 수반되는 채찍질이고, 다른 하나는 더 심각한 범죄를 저지른 죄수에게 시행되는 잔인한 채찍질입니다. 마지막으로 끔찍한 채찍질인데 십자가형 같은 다른 형벌과 결부되어서 시행되는 가장 무서운 채찍질입니다. 마지막 채찍질은 가죽에 뼛조각이나 쇳조각을 박은 채찍으로 죄수의 옷을 벗기고 기둥에 묶은 다음에 형집행자들이 돌아가면서 그들의 힘이 다할 때까지, 또는 형집행관이 그만두라고 할 때까지 죄수들을 세게 때려서 살이 찢어지고 뼈가 보이는 초주검을 당하게 하는 채찍질이었습니다. 예수님은 이날 빌라도 총독의 재판정에서 처음에 가벼운 채찍질도 당하고, 십자가형을 선고를 받고, 다시 가장 혹독한 채찍질까지 당하는 수난을 당하셨습니다. 그래서 예수께서 십자가를 지시고 슬픔의 거리를 걸어가시다가 넘어지고 또 넘어져서 아리마대 사람이 대신 십자가를 지고 가야 했고, 십자가에서 빨리 운명하셨습니다. 혹독한 채찍질은 너무 야만적이어서 죄수가 죽는 일도 있었습니다.

2~3절에서 "2. 군인들이 가시나무로 관을 엮어 그의 머리에 씌우고 자색 옷을 입히고 3. 앞에 가서 이르되 '유대인의 왕이여, 평안할지어다.' 하며 손으로 때리더라."라고 로마 군인들이 예수님의 머리에 가시 면류관을 엮어서 씌우고 자색 옷을 입혀 "유대인의 왕이여! 평안할지어다."라고 소리치면서 손바닥으로 피가 흘러내리는 예수님의 뺨을 잔인하게 때렸습니다. "가시나무 관"은 대추야자 나무의 가지들을 한데 엮어서 만든 동방의 왕들이 썼던 면류관 형태의 관인데, 가시관이 예수님의 머리에 씌워지면서 야자나무의 긴 가시들이 그의 머리를 찔러 피가 흘러내리고 고통을 더했습니다. "자색 옷"은 군인들이 입었

던 겉옷으로써 그들은 그 겉옷을 예수님의 어깨에 걸쳐서 내려뜨림으로 마치 그가 왕의 옷을 입은 것처럼 보이게 했습니다. 그런 후에 그들은 예수님 앞에 충성을 맹세하기 위하여 정렬하였고, 무릎을 굽히고 "유대인의 왕이여, 평안할지어다."라고 소리치면서 그들의 손바닥으로 그의 얼굴을 세게 때리며 모욕했습니다. 예수님은 빌라도 총독과 로마 군인들과 유대인 당국자들의 모진 모욕과 조롱과 채찍질에도 다 참으시고 견뎌내셨습니다. 예수께서 우리를 구원하시기 위하여 자원하여 이러한 모진 고통과 수난을 다 당하셨습니다.

적용 하나님께서 죄 없으신 하나님의 아들 예수 그리스도에게 우리의 죄악을 담당시키셨습니다. 예수 그리스도는 우리 대신에 모진 고난과 치욕을 당하셨다는 사실을 믿으시길 바랍니다.

둘째로 예수님에게 아무 죄도 찾지 못하였다는 총독의 말에 유대인들은 분노했습니다 (4~6).

4절에서 "빌라도가 다시 밖에 나가 말하되 '보라, 이 사람을 데리고 너희에게 나오나니 이는 내가 그에게서 아무 죄도 찾지 못한 것을 너희로 알게 하려 함이로라.' 하더라."라고 빌라도가 관저 밖으로 걸어 나와서 심문 결과를 유대인들에게 공포했습니다. 빌라도 총독은 산헤드린 공회가 소송을 제기한 나사렛 예수 그리스도에 대해서 '하나님의 아들'이라고 하는 것이나 '유대인의 왕'이라고 하는 것에 대하여 심문했으나 정치적으로 로마 정부에 해를 끼칠 행악자가 아니었기에, "내가 그에게서 아무 죄도 찾지 못한 것을 너희로 알게 하려 함이로라."(4)라고 발표하고, "너희가 친히 데려다가 십자가에 못 박으라. 나는 그에게서 죄를 찾지 못하였노라."(6)고 반복해서 무죄를 공포했습니다. 총독이 심문 결과를 유대인들에게 공포하고서 로마 군인들로 하여금 머리엔 가시 면류관을 쓰고 어깨엔 자색 옷이 걸쳐진 채로 예수님을 관저 밖으로 끌고 나오게 하여 이미 머리가 상하여 퉁퉁 부은 데다가 그 상처에서 피가 얼굴에 흘러내리는 참으로 우스꽝스러운 몰골을 유대인들 앞에 드러내게 했습니다. 빌라도는 유월절 특별 사면 대상자를 최종 결정하는 결정권자였기에 예수님이 초라하고 무력한 존재라는 것을 그들에게 보여줌으로써 그들이 예수님을 사면 대상자로 동정적으로라도 선택할 수 있게 하고자 했습니다. 5절에서 "보라, 이 사람이로다."라고 말하면서 빌라도 총독은 유월절 특별 사면 대상자가 예수님이라고 유대인들을 설득했습니다.

6절에서 "대제사장들과 아랫사람들이 예수를 보고 소리 질러 이르되 '십자가에 못 박으소서. 십자가에 못 박으소서.' 하는지라. 빌라도가 이르되 '너희가 친히 데려다가 십자가에 못 박으라. 나는 그에게서 죄를 찾지 못하였노라."라고 빌라도는 말했습니다. 그러나 대제사장들과 유대인 당국자들의 분노는 총독의 제안에도 쉽게 가라앉혀질 수 있는 것이 아니었습니다. 유대인 당국자들의 분노는 그동안에 쌓였던 예수님에 대한 적대감 때문이었고, 더 나아가 빌라도 총독이 유대인 당국자들을 조롱하는 술수 때문에 더 참을 수가 없었습니다. 유대인 당국자들은 예수의 죽음 이외의 어떤 것으로도 만족할 수가 없었습니다. 그들은 자신들이 총독에게 고발한 예수님의 반역죄가 유죄로 판결될 경우 로마 시민이 아닌 사람의 경우에 오직 십자가형뿐이었습니다. 그래서 유대인 당국자들은 총독을 향하여 "십자가에 못 박으소서. 십자가에 못 박으소서."라고 강압적으로 소리쳤던 것입니다. 빌라도는 자신의 전략이 실패했다는 것을 알고서 화가 나서 역겹다는 듯이 자신은 이제 모르겠으니 너희 마음대로 하라는 식으로 반응했습니다. "너희가 친히 데려다가 십자가에 못 박으라. 나는 그에게서 죄를 찾지 못하였노라."(6). 이 말은 빌라도가 자신의 재판 권한을 유대인 당국자들에게 넘겼다는 것이 아니고, 약간의 비아냥거리는 비웃음이었습니다. '너희가 재판해달라고 내게 그를 데려와 놓고서도 나의 판결을 도무지 받아들이려고 하지 않는구나.'

예수님의 생애는 처음부터 고난의 연속이었고, 고난의 절정은 십자가였습니다. 그리스도는 우리를 대신하여 처음부터 고난당하시고, 마지막에 십자가의 죽음을 당하셨습니다. 7절에서 유대인 당국자들이 예수께서 자신을 "하나님의 아들이라"라고 주장했다는 것도 사실은 예수께서 죄가 없으신(요일 3:5) 하나님의 아들이심을 증명하는 말씀이기도 합니다.

적용   예수께서 죄 없는 하나님의 아들이심을 빌라도 총독의 증언을 통하여 다시 한번 확인하시고 그가 죄 없는 의인으로 우리를 대신하여 십자가에서 죽으셨음을 믿으시길 바랍니다.

셋째로 예수님은 빌라도 총독에게 십자가형을 선고받고 로마 군인들에게 넘겨졌습니다 (7~16).

유대인 당국자들이 처음에 빌라도 총독에게 예수님이 로마를 대적한 행악자(18:30)라고 고발했는데, 총독이 행악자라는 죄목의 심문을 하고서 아무 죄가 없다는 심문 결과를 공포하자(18:38) 유대인 당국자들이 당황하여 7절에서 이제 하나님의 아들 참칭이라는 신성 모독 죄목을 들이밀며 그들의 속마음을 드러냈습니다. 빌라도는 유대의 율법에 관한 종교적인 문제로 판단하기에는 너무 복잡하고 예루살렘의 치안도 유지해야 하므로 예수님에 대한 유대인들의 고발을 무죄로 방면하기는 어려웠습니다. 유대인 당국자들은 자신들의 율법이 있다고 하면서 예수님이 자신을 하나님의 아들이라고 참칭한 것은 레위기 24장 16절, "여호와의 이름을 모독하면 그를 반드시 죽일지니 온 회중이 돌로 그를 칠 것이니라."에 의하면 신성 모독죄로 이는 사형이라고 상기시켰습니다.

8절에서 빌라도는 유대인 당국자들이 예수님을 처음에 고소한 죄목을 행악자에서 이제 하나님의 아들 참칭 죄목으로 변경하는 말을 듣고서 더욱 두려운 생각이 들었습니다. 빌라도는 유대인 당국자들의 하나님의 아들 참칭이라는 말을 듣고서 예수가 신적인 놀라운 능력을 갖춘 '신적인 인간'일 수 있다는 생각에서 자신이 조금 전에 그에게 가한 채찍질이 생각나서 순간적으로 큰 두려움을 느꼈을 것입니다.

9절에서 빌라도가 관저로 다시 들어가서 예수님께 묻기를 "너는 어디로부터 냐?"(너는 어디서 왔느냐?; 현대인의 성경, Where are You from?; NASB)라고 예수님의 기원에 대하여 물었지만, 예수님은 아무 대답도 해주지 않았습니다. 빌라도는 예수께서 진리를 증언하러 왔다고 말씀했을 때도 전혀 관심이 없었고(18:37~38), 정의보다는 정치적인 술수에 관심이 더 많았고, 인간의 권력에 집착하였고, 반대자들을 위협하는데 집중하였던 사람이었는데 갑자기 예수님의 기원에 대하여 고상한 척 물었을 때 예수님은 대답할 필요를 전혀 느끼지 못했습니다. 예수님의 침묵에 빌라도는 오히려 초조했습니다.

10~11절에서 예수님은 빌라도가 주장하는 총독의 권한도 위에 계신 하나님의 절대적인 주권 아래 있다고 당당하게 말씀했습니다. 예수님의 십자가와 부활을 통한 우리의 구원은 가룟 유다의 배신이나 산헤드린 공회 판결이나 빌라도 총독의 사형 선고에 의해서 이루어진 것이 아니고, 하나님께서 주권적으로 계획하시고 섭리하셔서 하나님의 놀라운 지혜가 이룬 구속 사건이라는 것입니다. 그렇다고 해서 그들 인간의 책임과 죄책이 없어지는 것이 결코 아니라는 것입니다.

11절 마지막에서 "그러므로 나를 네게 넘겨 준 자의 죄는 더 크다.' 하시니라."는 말씀은 예수님을 빌라도에게 주도적으로 넘겨주며 고소하고 십자가형을 선고하라고 주도적인 역할을 한 대제사장 가야바의 죄는 빌라도 총독의 죄보다 크다는 것입니다.

12절에서 "이러하므로 빌라도가 예수를 놓으려고 힘썼으나"라고 빌라도 총독이 11절의 예수님의 대답을 듣고서 그를 놓으려고 힘을 썼다고 했습니다. 그것은 구체적으로 빌라도가 예수님 재판 사건을 기각하려고 했는지, 아니면 그를 특별 사면하려고 했는지 본문에서 알 수가 없습니다. 빌라도 총독은 예수님이 사형 선고받을 만한 반역죄를 짓지도 않았고, 추가적인 신성 모독죄도 빌라도의 눈에는 사형 선고를 할 만한 죄가 되지 못했다는 것입니다. 이에 유대인 당국자들은 12절에서 "유대인들이 소리 질러 이르되 '이 사람을 놓으면 가이사의 충신이 아니니이다. 무릇 자기를 왕이라 하는 자는 가이사를 반역하는 것이니이다.”라고 아주 민감한 새로운 정치적인 문제를 제기했습니다. 당시 로마의 디베리우스 황제는 걸핏하면 자신의 신하를 의심하는 편집증 증세가 있었기 때문에 유대인들이 로마 황제에게 거짓 상소문이라도 전달하는 날이면 빌라도는 자신의 총독 지위를 보존하는 것도 위태로울 수 있었습니다. 유대의 최고 법정인 산헤드린 공회가 로마 황제에게 반역한 행악자를 총독에게 고발했는데 유죄 판결을 내려서 사형을 집행하기는커녕 무죄 석방을 해주었다는 상소문이 만약에 황제에게 전달된다면 빌라도는 아주 난처한 처지에 빠질 수 있었습니다. 유대인들이 빌라도 총독의 이러한 약점을 잡고 예수님에게 십자가형을 선고하도록 협박하는데 총독은 더 이상 어떻게 할 수가 없었습니다.

13절에서 “빌라도가 이 말을 듣고 예수를 끌고 나가서 돌을 깐 뜰(히브리 말로 가바다)에 있는 재판석에 앉아 있더라.”라고 빌라도가 유대인 당국자들의 압력에 마침내 굴복하여 그들의 요청을 받아들였음을 보여줍니다. 빌라도는 산헤드린 공회의 예수님에 대한 반역죄와 신성 모독죄 고소 사건에 대하여 예수님에게 판결을 선고하러 재판석에 앉았습니다.

14절의 “유월절 준비일”은 유월절 주간의 금요일을 말하는데 여기서 특별히 “유월절”이라고 말한 것은 예수께서 도살당한 참된 유월절 어린 양이시라는 것을 상징적으로 보여주는 것입니다. “유월절 준비일 제육시”(정오쯤) 즉 유월절 어린 양을 도살하는 시간에 맞추어서 예수님에 대한 총독의 선고가 이루어졌습니다. 마가복음에서 제삼시에 예수께서 십자가에 못 박혔다(막 15:25)고 기록하고 있는데 당시에 시계가 없었던 시기라서 해가 하늘에 떠오른 것을 보고서 어떤 사람은 제삼시라고 하고 어떤 사람은 제육시라고 기록한 데서 착오가 생겨났다는 것입니다. 예수님 재판 사건에서 빌라도 총독이 심문을 통하여 세 차례나 아무 죄가 없다(18:38, 19:4, 6)고 공포한 대로 예수님은 무죄로 석방되는 것이 정당한데도 유대인 당국자들의 악, 빌라도의 악, 하나님의 어린 양이 그들의 죄를 짊어지고 죽어야 했던 자들의 악으로 이루어진 더러운 탁류가 거침없이 몰려와서 예수님을 십자가에서 죽게 한 것이 분명합니다. 14절 마지막에서 빌라도가 자신이 만약에 예수를 놓으면 정치적으로 가이사의 충신이 아니라고 압박했던 유대인들을 향하여 제대로 "보라, 너희 왕이로다."라고 조롱하며 반어법을 써서 반격했습니다. 예수님이야말로 유대인들이 오랫동안 기다려왔던 진정한 왕이시고 메시아였는데 그들은 눈이 멀어 알아보지 못했습니다.

15절 현대인의 성경에서 "그들은 큰 소리로 '죽여 버리시오! 십자가에 못박으시오!' 하며 외쳤다. 빌라도가 그들에게 '당신들의 왕을 십자가에 못박으란 말이오?' 하자 대제사장들이 '로마 황제 외에는 우리에게 왕이 없습니다.' 하고 대답하였다."라고 유대인 당국자들은 빌라도의 말에 더 분노하여 '예수를 죽이시오. 십자가에 못 박으시오'라고 더 크게 소리쳤습니다. 빌라도가 내가 "당신들의 왕을 십자가에 못박으란 말이오?"라고 유대인들에게 물은 것은 유대인 당국자들이 신성 모독죄를 범하도록 교묘하게 유도한 질문이었습니다. 사도 요한은 유대인의 참된 왕이신 예수께서 유대인 당국자들에 의해서 철저하게 배신당하고 정죄되었다는 사실을 밝히 기록하고 있습니다.

16절에서 빌라도가 예수를 십자가에 못 박도록 그들에게(로마 군인들; NIV) 넘겨주었고, 재판석에 앉고(13), 패를 써서 십자가 위에 붙이라(19~22)라고 했다는 말에서 빌라도가 예수님에게 십자가형을 선고한 것으로 봅니다.

사랑하는 성도 여러분이여!

예수 그리스도는 하나님의 아들이시고 영원한 왕이시고 모든 피조물의 재판장이신데, 우리를 대신하여 재판을 받고 십자가형을 선고받고 십자가에 달려 죽으셨습니다. 예수님은 빌라도 총독의 불법 재판과 산헤드린 공회의 폭력적인 재판과 강압에 의하여 십자가형을 선고받으시고 십자가에 달리셨습니다. 예수 그리스도는 마지막까지 하나님의 아들로서 하나님의 뜻에 온전히 순종하여 우리를 죄에서 구속하시기 위하여 자원하여 십자가에 달려 죽으셨습니다. 예수께서 우리 위하여 재판을 받으시고 십자가형의 선고를 받아 자원하

여 십자가에 달려 죽으신 그 은혜와 사랑에 깊이 감사하고 찬양하는 우리들이
될 수 있기를 소원합니다.

66. 십자가에 못 박혀 죽으신 예수님(19:17~30)

십자가 처형은 인간이 만든 그 어떤 처형 방법보다도 잔인한 사형법입니다. 요세푸스(Josephus Flavius)는 하스모니안 시대에 알렉산더 얀네우스(Alexander Jannaeus, 주전 103~76년)가 주전 88년에 감람산에서 약 800명의 바리새인들을 십자가에 처형했다고 기록하고 있습니다. 십자가 처형을 당하는 죄수는 보통 질식을 당하여서 숨을 쉬지 못해 아주 서서히 고통 속에서 죽어갑니다. 죄수의 양팔을 펴서 십자가의 수평 기둥에다 팔목을 대고 못을 박고, 죄수의 양 발목을 십자가 수직 기둥의 양쪽으로 벌려서 못을 박았습니다. 그때 두 팔목과 두 발목이 온몸의 모든 중력을 온전히 다 감당하니 그 고통은 감당하기 어려웠습니다. 이때 죄수의 폐는 숨을 들이고 내쉬기가 어려워지고, 산소가 부족해 견딜 수 없어서 십자가에 못 박혀 있는 양발로 자신의 몸을 위로 밀어 올려서 폐가 좀 더 정상적으로 수축하여 숨을 쉬도록 도와야 하고, 죄수는 잠시 질식을 면하지만, 몸무게를 양 발목에 박힌 못에 실어야 하고, 팔꿈치를 굽혀 힘을 줄 때 못 박힌 발목을 위로 끌어 올리게 되기 때문에 그 고통은 말로 표현할 수 없었습니다. 죄수가 숨을 한 번 쉬려고 할 때마다 말할 수 없는 고통이 수반되고, 죄수는 숨을 억지로 쉬다가 마침내 기절하여 죽어갔습니다. 주후 1세기 중엽의 로마의 대표적 지성이었고 네로 황제의 스승이었던 세네카는 십자가 처형을 당한 사람에 관해 말하기를 '오랜 고통 속에서 생명의 숨을 쉬다 죽어간 사람이다.'라고 기록했습니다.

본문은 예수께서 빌라도 총독에게서 십자가형을 선고받으시고 로마 군인들에게 넘겨져 골고다에서 십자가에 못 박혀 죽으시는 장면입니다. 빌라도 총독은 아무 죄가 없는 예수님을 채찍질하여 놓으려고 했으나, 놓으면 가이사의 충신이 아니라는 유대인 당국자들의 끈질긴 강압에 굴복하여 십자가형을 선고하여 로마 군인들에게 내주었습니다. 로마 군인들은 예수님을 빌라도 총독에게서 넘겨받아 십자가를 지워서 슬픔의 거리(Via Dolorosa)를 거쳐서 갈보리 산 골고다 언덕으로 끌고 가서 두 강도와 함께 십자가에 못 박아 죽였습니다. 로마 군인들은 예수님을 십자가에 못 박고서 예수님의 옷을 취하여 제비 뽑아 나누어 가지며 조롱했지만, 믿음의 여인들은 마지막까지 십자가에 달리신 예수님 곁을 지켰고, 예수님은 '다 이루었다.'라고 말씀하시고 숨을 거두셨습니다. 십자가에 못 박혀 죽으신 예수님이라는 제목의 말씀으로 그의 십자가 죽음에 대하여 들으면서 함께 은혜를 나누고자 합니다.

첫째로 예수님은 우리 대신에 십자가에 못 박혀 죽으셨습니다(17~22).

빌라도 총독은 유대인 당국자들이 처음에 행악자라고 고발하였다가 나중에 신성 모독죄로 고발한 사건에 대하여 예수님에게 아무 죄가 없다는 사실을 알고 가벼운 채찍질을 하여 석방하려고 했습니다. 빌라도는 유대인 당국자들의 끈질긴 강압에 굴복하여 예수님에게 십자가형을 선고하여 로마 군인들에게 넘겨주었고, 군인들은 가장 혹독한 채찍질을 예수님에게 가했습니다. 예수께서 십자가에 못 박히신 죄목은 반역죄였는데 디베리우스 가이사 황제가 유일한 왕인데 자신을 유대인의 왕이라고 하여 로마 제국에 반역했다는 것입니다. 예수님은 혹독한 채찍에 맞고서 털 깎는 자 앞에 선 어린 양처럼 순하게 로마 군인들에게 이끌려 자기 십자가를 지시고(17) 해골이라는 골고다 언덕으로 가셨습니다. 로마법에 의하면 사형수가 지고 가는 십자가는 십자가의 수평 기둥이었습니다. 사형수는 자기 십자가의 수평 기둥을 어깨에 메고서 십자가의 수직 기둥이 이미 땅에 박혀 있는 처형장까지 걸어갔습니다. 그런 후에 사형수는 땅에 등을 대고 두 팔을 벌린 채 누웠고, 사형집행인은 사형수의 두 팔목을 수평 기둥에다 못 박아서 그 기둥을 사형수와 함께 들어 올려 수직 기둥에 고정시키고, 이어 사형수의 발목을 수직 기둥 양쪽에 못 박았습니다.

공관복음은 슬픔의 거리에서 로마 군인들이 구레네 사람 시몬을 징발해서 억지로 예수의 십자가를 대신 지고 골고다 언덕까지 가게 했다고 기록하고 있습니다. 요한복음에서는 구레네 시몬이 등장하지 않지만, 요한복음과 공관복음을 함께 연결하여 조화시킨 설명은 사실에 부합합니다. 예수님은 로마 군인들에 의한 가벼운 채찍질과 함께 혹독한 채찍질에 맞아서 십자가의 수평 기둥을 지고 성문을 거쳐 슬픔의 거리를 걸어가다가 채찍질에 이미 피를 많이 흘리고 그 상처와 고통 때문에 기진하여 쓰러지고 또 쓰러졌고, 로마 군인들은 제5지점에서 억지로 구레네 시몬에게 그 십자가를 대신 지워서 골고다 언덕으로 갔다는 주장은 합리적입니다. 사도 요한이 구레네 시몬 사건을 생략한 것은 예수님의 십자가라는 중심 주제를 전개하는 데 도움이 되지 않고 산만하여 생략했다고 카슨(D. A. Carson) 교수는 정리했습니다.

예수님의 죽음은 그 자신의 결단이었고, 아버지의 뜻에 따른 자발적인 순종이었습니다. 이 모든 일정은 하나님 아버지의 계획에 따라 이루어졌습니다. 사도 요한은 예수님의 고난에 대하여 많은 내용을 말하지 않고 아버지의 주권적인 구원 계획과 아들의 자발적인 순종을 크게 강조했습니다. 그래서 17절에서 사도 요한은 "예수께서 자기의 십자가를 지시고"라고 사실 그대로 기록했습니다.

골고다(Golgotha)는 해당 헬라어를 영어로 음역한 것이고, 그 헬라어 '해골'을 의미하는 아람어 골고타의 음역입니다. "해골이라 하는 곳"은 그곳의 외관이 해골처럼 생겼다고 해서 생겨난 말이고, 예루살렘 성 북쪽 성벽 바로 바깥에 있고 도로에서 멀지 않은 지금의 성묘교회 근방에 위치했습니다. 모든 사람이 예수님을 볼 수 있는 골고다 언덕 위 그 공개적인 장소에서 군인들이 두 명의 다른 강도들과 함께 "예수를 십자가에 못 박았다."고 했습니다(18). 로마 군인들은 골고다라는 저주받은 곳에서 예수님을 십자가에 못 박아서 사람들을 치욕과 공포로 몰아넣었습니다. 이 십자가형은 너무 잔혹했기 때문에 황제의 재가가 없이는 로마 시민을 십자가형에 처할 수 없었습니다. 사형수는 발가벗겨지고 채찍으로 맞아 피투성이가 된 처참한 몰골로 몇 시간 동안, 심지어 여러 날 동안 뜨거운 햇볕 아래에서 십자가에 매달려 고통스럽게 죽어갔습니다. 숨을 쉬기 위해서는 계속해서 발을 밀어 올리고, 팔을 끌어당겨서 흉곽을 개방시켜 심장이 작동될 수 있게 해야 했습니다. 끔찍한 근육 경련이 살아있는 온몸에 극심한 고통을 안겨주지만, 사형수가 긴장이 풀려서 몸이 축 늘어지게 되면 질식한 것이기 때문에, 온몸의 긴장이 잠시 계속되다가 마침내 질식하여 숨을 거두었습니다. 사형수는 보통 십자가 위에서 말할 수 없는 고통 속에서 기력을 다하고 서서히 죽어갔습니다.

사복음서에서 예수께서 다른 두 사람과 함께 십자가에 못 박혔다고 기록하고 있습니다. 마태와 마가는 그들이 유격대원들이라고 했고, 누가는 그들 중한 사람이 회개했다고 기록하고 있습니다. 요한은 예수께서 강도들과 함께 십자가에 못 박혀 죽으심으로 고통과 치욕으로 저주받은 죽음을 죽으셨다고 기록하고 있습니다. 예수께서 행악자들과 함께 십자가에 못 박히심으로 예수님이 죄인 중 한 사람같이 여긴 바 되었다(사 53:12)는 말씀이 이루어졌습니다. 예수님은 모세가 나무에 단 놋 뱀처럼 십자가에 높이 들려서 저주받은 죽음을 죽으셨습니다.

19절에서 빌라도가 "나사렛 예수 유대인의 왕"이라는 패를 써서 십자가 위에 부착했습니다. 예수님이 십자가에 못 박히신 이유를 공표하기 위하여 빌라도 총독은 십자가 상단에 히브리어(아람어; 유대인의 언어)와 헬라어(제국의 공용어)와 라틴어(군대의 공식 언어)로 기록한 패를 부착했습니다. 빌라도 총독은 예수님을 로마 제국에 반역한 행악자라고 여러 언어로 모두에게 의도적으로 드러내서 경고하고자 하는 의미를 담았습니다. 예수님은 자신이 세상에 속하지 아니한 하늘나라의 왕이시라(18:36~37)고 분명하게 말씀했고, 빌라도는 예수님에게서 아무 죄도 찾지 못했다(18:38, 19:4, 6)고 이미 공개적으로 공포했습니다. 하나님께서 이 패를 통하여 예수님의 명예를 드러내시고자 하는 숨은 뜻이 있었습니다. 이 패가 세 나라의 언어로 십자가 위에 부착되었고 골고다 언덕이 예루살렘 성 바로 바깥이라서 많은 사람이 그 패를 읽을 수 있었고, 나사렛 예수님이 유대인의 왕이시며 기다리던 메시아이시며 모든 민족의 구세주이심을 알아보게 했습니다. 유대인 당국자들은 빌라도 총독이 쓴 패에 자칭 유대인의 왕이라 쓰라고 강요했지만, 빌라도 총독은 자신이 쓸 것을 썼다고 하며 단호하게 거절했습니다. 빌라도 총독은 유대인 당국자들이 예수님을 행악자와 신성 모독자라고 고발한 것은 사실이 아니라고 단호하게 거절한 것이며, 동시에 예수님을 유대인의 왕이라고 인정한 것이기도 합니다. 주 예수는 진정한 "유대인의 왕"이었고, 십자가는 예수님을 높이시기 위한 수단이자, 그가 영광을 얻기 위한 방식이었습니다. 세 나라 언어의 죄 패조차도 예수님의 왕권을 온 세상에 전파한 것에 대한 상징이었습니다. 이렇게 해서 빌라도 총독이 '주 예수께서 왕이시라는 사실을 온 세상에 선포하였다'라고 주석가들은 해석합니다. 예수님께 십자가형을 선고한 대제사장 가야바와 빌라도 총독은 하나님의 구속계획을 이루는 수단이었고, 오히려 자신들이 처형한 예수님이 유대인의 왕이라는 사실을 알리는 선지자의 임무를 수행했습니다. 브루스(F. F. Bruce) 박사는 "십자가에 못 박힌 예수님은 참된 왕이자 모든 왕 중에서 가장 왕 다운 왕이시다. 그는 친히 십자가 위에서 죽음으로써 처참한 고문의 도구를 영광의 보좌로 바꾸어서 그 십자가로부터 다스리고 계신다."고 해석했습니다.

적용 예수께서 아무 죄도 없으신데 우리 대신에 십자가에서 죽으셨다는 사실을 믿으시기를 바랍니다.

둘째로 예수님은 십자가에 못 박혀 우리를 위하여 대속적인 죽임을 당하셨습니다 (23~30).

예수님을 골고다 언덕 위 십자가에 못 박고, 그 위에 "나사렛 예수 유대인의 왕"이라는 패를 부착하고, 그 십자가를 세우는데 로마 군인 네 명이 동원되었습니다. 당시 처형된 죄수의 옷은 사형집행인들이 자신들의 부수입으로 삼는 것이 관례였습니다. 당시 유대인들은 속옷을 입고, 그 위에 법복이나 관복 같은 겉옷을 입었습니다. 로마 군인들이 예수님을 십자가에 못 박고 예수께서 극심한 고통으로 죽어가고 있는 동안에 예수님의 겉옷을 네 등분으로 나누어서 한 깃씩 나누어 가졌습니다. 이 겉옷은 이은 자리를 따라 네 부분으로 쉽게 나누어졌습니다. 겉옷을 복수형으로 말하고 있는 것으로 봐서 혁대, 신발, 모자 등을 포함한 예수님의 의복과 관련된 모든 것을 말합니다. 로마 군인들이 이 세 가지에 겉옷을 더하여 각각 하나씩 더 나누어 가졌습니다. 이제 남은 것은 예수님의 속옷뿐이었습니다. 예수님의 속옷은 "호지 아니하고 위에서부터 통으로 짠 것으로"라고 군인들이 그것을 해체하기가 아까워서 나누지 않고 제비 뽑아 당첨되는 한 사람이 다 갖자고 했습니다. 예수님은 지금 고통 속에 십자가 위에서 죽어가고 있는데 로마 군인들은 희희낙락하며 부수입을 챙기기 위하여 예수님의 속옷을 통째로 한 사람이 갖고자 제비 뽑기를 하였습니다. 로마 군인들이 이렇게 제비 뽑기로 한 것은 시편 22편 18편의 "내 겉옷을 나누며 속옷을 제비 뽑나이다."라고 예언한 말씀을 성취하기 위함이었습니다. 예수님에 대한 구약 예언은 어느 것 하나 어김이 없이 다 성취되었습니다. 이것은 군인들이 의도적으로 성경의 예언을 성취하고자 한 것은 아니었지만, 하나님의 신비한 절대주권이 이 일에 역사하여 말씀이 그대로 성취되게 했다는 것입니다. 사도 요한은 예수님의 십자가 수난에 더 가까이 다가갈수록 24, 28절의 "성경이 응하게 하려"라는 표현을 더 많이 사용했습니다. 다시 말해서 예수님의 십자가 죽음은 성경 말씀의 예언 성취이고, 아버지의 뜻이 이루어짐이고, 그리고 예수께서 자원한 순종임을 분명하게 드러내고자 함이었습니다.

사도 요한은 자기 부수입에 집착한 잔인하고 이기적인 로마의 군인들과 예수님을 믿음으로 순수하게 따른 믿음의 여인들을 대조해서 소개하고 있습니다. 25절에서 "예수의 십자가 곁에는 그 어머니와 이모와 글로바의 아내 마리아와 막달라 마리아가 섰는지라."라고 예수께서 십자가에 못 박혀서 죽어가는 마지막 순간에도 이 여인들이 그 곁에 끝까지 함께 있었습니다. 카슨(D. A. Carson) 교수는 예수님의 이모가 사도 요한의 어머니일 수 있다고 해석했습니다. 예수께서 자신의 어머니를 조카인 사도 요한에게 의탁했다는 설명이 충분히 가능하다는 것입니다. 예수님의 열두 제자 가운데 사도 요한이 예수님 곁에 끝까지 함께 갔고, 예수님의 어머니 마리아와 동행한 여인들은 마지막까지 예수님의 십자가 곁에 있었습니다. 예수께서 십자가에 못 박혀 죽어가실 때 예수님의 어머니 마리아의 심정은 예수님의 고통을 같이 느끼면서 죽어가는 비통한 심정이었습니다. 누가복음 2장 35절의 "칼이 네 마음을 찌르듯 하리니"라는 시므온이 아기 예수님을 가슴에 안고 한 예언이 골고다 언덕에서 마리아에게 그대로 이루어졌습니다. 자신의 아들 나사렛 예수님을 주님으로 섬겼던 마리아는 하나님의 은혜로 아들 예수님이 십자가에서 죽어가는 고통과 아픔을 다 겪으면서 부활의 소망으로 이겨냈습니다.

26절에서 십자가에 달리신 예수님께서 자신의 어머니 마리아를 향하여 "여자여, 보소서. 아들이니이다."라고 주님 예수께서 어머니를 향하여 '여자여'라고 불렀고, 이어서 인자 예수께서 '아들이니이다.'라고 말하며 나사렛 예수께서 말씀이신 하나님이 육신이 되신 인자이심을 그대로 드러내셨습니다. 예수님은 그 곁에 서 있는 사도 요한을 향하여 "보라, 네 어머니라."고 가장 사랑하는 제자에게 신뢰를 보내며 자신의 어머니를 사도 요한에게 위탁했습니다. 예수께서 공생애 시작 전에 가족의 생계를 책임지시고 사셨는데 이제 십자가를 지고 가시면서 예루살렘에 계신 어머니를 생각하고 배려하여 가버나움에 사는 믿음이 없는 동생들보다는 사랑하는 제자 요한에게 어머니를 돌봐드릴 것을 부탁했습니다. 예수께서 자신의 어머니에 대한 자신의 사랑과 배려의 표현으로서 그가 어머니의 가장 어려운 시기에 가장 필요한 것들을 사려 깊게 마련해 준 것이라고 보는 것이 자연스럽습니다. 사도 요한은 예수님의 어머니를 돌아볼 수 있는 가장 신뢰받는 믿음의 제자로 선택받았는데 십자가에 달리는 순간까지 예수님의 신뢰를 받은 것은 그에게 무한한 영광이었습니다.

27절의 "그 때부터"는 예수님의 죽음과 높아지심의 "때"로부터 예수님의 어머님을 사랑하는 "그 제자가 자기 집에 모시니라."라는 말씀 그대로 이루어졌습니다. 교회사에 의하면 예수님의 모친 마리아는 예루살렘에서 사도 요한의 집에서 함께 11년간을 거주하다가 돌아가셨다고 알려지기도 하고, 다른 자료에 의하면 예수님의 모친 마리아는 사도 요한이 에베소로 이주하면서 함께 모시고 가서 살았다고 알려지기도 합니다.

28~29절에서 예수님은 자신의 십자가에 관한 예언이 완성된 줄 아시고 그가 고통 중에 마실 것이라고 예언된 성경을 응하게 하려고 "내가 목마르다."고 말씀하셨습니다. 예수님은 십자가에 못 박혀 죽어 가시는 고통 속에서 목마른 갈증을 느끼셨습니다. 예수님은 심한 채찍질을 당하여 피를 많이 흘린 후 뜨거운 근동의 햇볕 아래서 십자가에 못 박혀 매달려서 극심한 탈수 증세와 타는 목마름 속에서 고통스럽게 죽어가셨습니다. 예수께서 목마르실 때 그에게 마실 신 포도주가 주어지리라고 시편 69편 21절에서 예언되었는데, 그 십자가 곁에 신 포도주가 가득히 담긴 그릇이 있었고, 군인들은 신 포도주를 담은 그릇에 해면을 적셔서 우슬초 가지에 매달아 예수님의 입술에 대주었습니다. 이로써 예수님은 마지막까지 "우리가 신 포도를 먹었으므로 그의 이가 시었다."는 말씀도 성취하셨습니다. 여기서 신 포도주를 진정제인 몰약을 탄 포도주(막 15:23)와 혼동해서는 안 됩니다. 예수님은 이미 몰약을 탄 포도주 마시기를 거절하셨습니다. 왜냐하면, 예수님은 아버지께서 그에게 정해준 고난의 잔을 맨정신으로 다 마시기로 작정하였기 때문입니다.

30절에서 "예수께서 신 포도주를 받으신 후에 이르시되 '다 이루었다.' 하시고 머리를 숙이니 영혼이 떠나가시니라."라고 예수께서 십자가 위에서 "다 이루었다"(It is finished!; KJV & NIV & NASB)고 말씀하시고, 마지막 숨을 거두시고 영혼이 떠나가신 죽음을 묘사했는데, 그의 목숨을 누가 그에게서 빼앗은 것이 아니라 자신의 목숨을 내어줄 권세로 자신이 스스로 목숨을 내주셨습니다 (10:17~18). 예수께서 다 이루었다고 하신 말씀의 의미를 카슨(D. A. Carson) 교수는 예수께서 자신의 십자가에 관한 성경 말씀을 다 성취한 것이고, 아버지의 뜻을 다 순종하여 행한 것이고(14:31), 자신의 사명을 다 완수한 것이라고 해석했습니다. 아무 죄가 없으신 예수께서 십자가에 죽으신 것은 우리를 위한 구속 사역을 다 이루신 것입니다.

사랑하는 성도 여러분이여!

빌라도 총독은 예수님에게 십자가형을 선고하여 그를 십자가에 못 박아 죽였지만, 예수님은 아무 죄도 없는 하나님의 아들로 우리를 대신하여 십자가에 못 박혀 죽으셨습니다. 예수님은 로마의 치욕의 십자가에 자신이 못 박혀 죽으시면서 영광의 십자가로 바꾸셨습니다. 예수께서 십자가에 못 박혀 죽은 것은 성경 말씀대로 하나님 아버지의 구속 계획을 완성하시기 위하여 자원하여 아버지의 뜻에 순종하여 이루신 것입니다. 그러므로 예수 그리스도의 대속적인 죽음을 믿는 사람은 죄를 용서받은 의인이 되었습니다. 예수 그리스도께서 우리를 대신하여 십자가에 못 박혀 죽으신 나의 주님이심을 믿어서 구원받는 의인으로 살아갈 수 있기를 소원합니다.

67. 새 무덤에 장사 되신 예수님(19:31~42)

예수께서 십자가에 달려서 "다 이루었다"라고 말씀하시고 운명하셨지만, 유대인 당국자들은 안식일이 다가오기 전에 예수님의 시신의 다리를 꺾어 십자가에서 치워달라고 빌라도에게 요청했습니다. 유대인들은 안식일 전에 예수님을 반역죄인으로 다리까지 꺾어서 모욕한 다음에 범죄자들의 공동묘지에다 매장하려고 했습니다. 로마 군인들은 예수께서 이미 죽으신 것을 확인하고서 다리를 꺾지 않고 창으로 예수님의 옆구리를 찔렀고 거기서 피와 물이 쏟아졌습니다. 예수님의 피는 우리의 모든 죄를 깨끗하게 하신다(요일 1:7)는 놀라운 의미를 드러냈고, 물은 우리에게 영생을 주신다(4:14)는 의미를 상징했습니다. 예수께서 이미 십자가에서 죽으신 것이 너무나도 분명하게 확인된 결정적인 순간에 아리마대 사람 요셉이 니고데모와 함께 제자의 모습을 드러내며 빌라도에게 요청하여 예수님의 시신을 십자가에서 내려 장사하는 것을 허락받았습니다. 빌라도 총독은 유대인 당국자들에 의한 예수님 반역죄 고소 사건에 대하여 전혀 죄가 없다고 반증이라도 하듯이 예수님의 시신을 산헤드린 공회원 요셉에게 내어주라고 허락했습니다. 반역죄인은 보통 십자가 위에서 독수리의 밥이 되거나 성 밖 죄인들의 공동묘지에 매장되는 것이 일반적인 관례였지만, 예수님은 골고다 언덕의 동산에 돌을 판 새 무덤에 많은 향품을 바르고 세마포로 감싸서 마치 왕처럼 장사 되었습니다. 빌라도 총독이 예수님의 장례를 허락하면서 예수님은 반역죄인이 아니라는 사실을 분명하게 드러냈고, 예수님은 왕처럼 돌로 판 부자의 새 무덤에 장사 되었습니다. 새 무덤에 장사 되신 예수님이라는 제목의 말씀을 들으면서 함께 은혜를 나누고자 합니다.

첫째로 예수님은 죽어서도 창으로 옆구리를 찔려서 피와 물을 쏟으셨습니다(31~37).

31절에서 예수께서 십자가에 못 박혀 죽으신 날이 안식일 전날 준비일 즉 금요일이었습니다. 유대인의 계산법에 의하면 안식일은 금요일 저녁 해 질 녘부터 시작되는데, 이 안식일은 특별한 안식일로서 유월절 절기 동안에 맞이하는 안식일이었기 때문에 이 안식일과 겹치는 유월절의 둘째 날에 곡식단을 흔드는 '요제'라는 중요한 행사가 예정되어 있었습니다. 로마의 통상적인 관행은 십자가형으로 처형받은 중죄인들은 십자가 위에 그대로 방치하여 그 시체가 독수리나 까마귀의 밥이 되게 했습니다. 죄수들의 죽음을 재촉해야 하는 특별한 이유가 있는 경우에 군인들은 쇠망치로 죄수의 두 다리를 부수거나 꺾었습니다. 그러면 죄수가 충격을 받고 더 많은 피를 흘려서 더는 가슴을 열어 숨을 쉬기 위하여 다리를 올리는 운동을 할 수 없어서 결국 질식하여 죽게 했습니다. 신명기 21장 22~23절에서 "사람이 만일 죽을 죄를 범하므로 네가 그를 죽여 나무 위에 달거든 그 시체를 나무 위에 밤새도록 두지 말고 그 날에 장사하여 네 하나님 여호와께서 네게 기업으로 주시는 땅을 더럽히지 말라. 나무에 달린 자는 하나님께 저주를 받았음이니라."라고 분명하게 십자가 위에 달린 죄수의 시신을 밤새도록 그대로 내버려 두지 말고 내려서 장사하라고 했습니다. 유대인 당국자들은 예수님의 시신의 다리를 꺾어서 안식일 전에 십자가에서 치워달라(31)고 빌라도에게 강하게 요청했습니다. 유대인들은 그다음 날이 유월절인 특별한 안식일이었기 때문에 예수님의 시신을 십자가에 그대로 두면 말씀을 어기고, 안식일을 범하는 이중의 죄가 된다고 생각했습니다. 유대인 당국자들은 로마 군인들이 예수님의 다리를 꺾어서 십자가에서 치워주면 그가 하나님께로부터 저주와 버림을 받은 자라고 사람들에게 각인시킬 수 있을 것으로 기대했습니다. 로마 군인들은 다리 꺾는 일을 양쪽 두 사람의 죄수에게서 시작하였습니다. 사도 요한은 18절에서 이미 예수께서 두 사람 가운데서 십자가에 못 박혔다고 설명했습니다. 군인들은 예수께서 이미 죽은 것을 확인하고서 "다리를 꺾지 아니하였는데"(33), 이렇게 일찍 십자가 위에서 빠르게 죽은 것은 총독의 관저에서 로마 군인들에게 가벼운 채찍과 가장 혹독한 채찍을 두 번이나 모질게 맞은 것 때문이라고 카슨(D. A. Carson) 교수는 해석했습니다. 36절에서 "이 일이 일어난 것은 '그 뼈가 하나도 꺾이지 아니하리라' 한 성경을 응하게 하려 함이라."라는 말씀으로도 잘 설명하고 있습니다.

34절에서 "그 중 한 군인이 창으로 옆구리를 찌르니 곧 피와 물이 나오더라."(현대인의 성경; 한 군인이 창으로 예수님의 옆구리를 찔렀다. 그러자 곧 피와 물이 쏟아져 나왔다.)라고 로마 군인이 예수께서 십자가 위에서 실제로 살았는지 죽었는지를 확인하기 위하여 예수님의 다리를 꺾는 대신에 창으로 예수님의 옆구리를 찔렀는데, 예수님의 몸에서 곧 피와 물이 쏟아져 나왔다고 했습니다. 의학 전문가들은 창이 예수님의 옆구리 깊이 관통하였다고 하면서 그 옆구리가 어느 부위인지에 대하여 두 가지로 설명했습니다. 하나는 창이 예수님의 심장을 관통하였고, 심장에서 나온 피와 심장을 감싸고 있던 주머니에서 나온 액체가 서로 뒤섞여서 "피와 물"이 쏟아져 나왔다고 해석했습니다. 다른 하나는 심장을 감싸고 있는 주머니에 있는 액체가 몸에서 쉽게 빠져나올 수 없다는 점에서 폐 주위의 흉곽을 찔러서 거기 흉곽을 채우고 있던 액체가 창이 찌른 상처에서 흘러나온 것이라고 해석했습니다. 다시 말해서 흉곽의 아랫부분을 창으로 찔렀다면 피와 물이 다 흘러나왔을 것이라고 주장합니다. 사도 요한이 군인이 창으로 예수님의 옆구리를 찔렀더니 그 몸에서 곧 피와 물이 쏟아져 나왔다고 한 것은 나사렛 예수의 죽음은 추호도 의심할 여지가 없는 실제 죽음이라는 사실을 강조하고 있다는 것입니다. 요한복음이 기록된 주후 80년 당시에 예수님의 가현설이 사람들에게 큰 영향력을 끼치고 있었습니다. 가현설을 신봉하는 사람들은 그리스도가 진정으로 나사렛 예수라는 사람이 되었다는 사실을 부인하고 단지 인간의 형태를 지닌 것처럼 "보인" 것일 뿐이라고 주장했습니다. 더 나아가 예수라는 사람의 형태를 지닌 그리스도는 십자가 위에서 죽은 것처럼 보이지만 실제로 죽지 않았고, 단지 그렇게 "보인" 것뿐이라고 주장했습니다. 그래서 사도 요한은 당시에 유대와 헬라의 많은 사상의 조류들에서는 인간의 몸은 "피와 물"로 이루어져 있다고 생각했기 때문에 예수님의 옆구리에서 "곧 피와물이 쏟아져 나왔다"(현대인의 성경)고 기록함으로써 가현설의 주장이 전혀 사실이 아니고 예수께서 진정으로 십자가 위에서 죽으셨다는 사실을 강조하고 있다고 카슨(D. A. Carson) 교수는 주장합니다. 예수님의 옆구리에서 "피와 물"이 쏟아져 나왔다는 것은 예수님의 죽음으로부터 흘러나오는 생명(life)과 깨끗하게 함(cleansing)의 "표징"일 수 있다고 다드 교수(Dodd)는 주장합니다. 다시 말해서 예수 그리스도의 "피", 즉 그의 대속적인 죽음이 성도들이 얻게 되는 영생의 토대이고(6:53~54), 우리를 모든 죄에서 깨끗하게 하는 것인 반면에(요일 1:7, 히 9:14), "물"은 깨끗하게 하는 것(3:5), 생명(4:14), 그리고 성령(7:38, 39)을 상징한다는 것입니다. 예수님의 피와 물에서 죄 용서와 죄를 깨끗하게 함이 이루어지고, 영생과 성령은 예수 그리스도의 죽음을 믿음으로 생겨났습니다. 죄 용서와 죄를 깨끗하게 함, 영생과 성령은 인자의 "들림"이라는 예수님의 죽음으로부터 "흘러나온다."라는 것입니다.

현대인의 성경 35절에서 "이것을 직접 본 사람이 증거하였으니 그의 증거는 참된 것이다. 그는 자기가 진실을 말하고 있음을 알고 여러분이 믿도록 하려고 증거한다."라고 34절의 예수님의 옆구리에서 피와 물이 쏟아져 나온 것을 직접 목격한 사람이 그대로 증언하였기 때문에 그의 몸에서 물과 피가 흘러나온 것은 참이고, 우리가 그 사실을 믿도록 하기 위함이라고 했습니다. 세례 요한이 예수께서 하나님의 아들이라는 사실을 "보고" 증언하였던 것처럼(1:34), 34절의 기록대로 예수님의 몸에서 "피와 물"이 쏟아져 나오는 것을 직접 목격하고 증언한 것이고, 그 증언은 참된 것이라는 증언자는 요한복음 전체에 책임 있는 인물이었던 "사랑하는 제자" 사도 요한이었다는 것이 일반적인 견해인데, 카슨 (D. A. Carson) 교수도 이 견해가 옳다고 했습니다. 여기서 목격자와 요한복음의 기록자는 동일한 사람이고, 우리가 이미 요한복음 전체에서 보아온 대로 가장 설득력 있는 전제의 그는 "사랑하는 제자"였습니다. 이 증언자가 사랑하는 제자 사도 요한이었다는 사실은 21장 24절에서도 "이 일들을 증언하고 이 일들을 기록한 제자가 이 사람이라. 우리는 그의 증언이 참된 줄 아노라."라는 말씀에서도 다시 확인됩니다. 1장 14절에서 "우리가 그의 영광을 보니"라는 말씀에서 그 아들의 영광이 타락한 세상을 찬란하게 비추는 곳은 십자가의 수치와 고난이었는데 목격자가 그 십자가의 현장에 있지 않았다면, 14절의 서문을 쓸 수 없었다는 것입니다. 이렇게 예수님의 십자가 죽음의 현장 목격자의 증언이라는 주제는 1장 14절과 21장 24절만이 아니고 19장 35절과도 서로 연결된다는 것입니다. 왜냐하면, 인자의 십자가의 죽음의 때가 바로 "인자가 영광을 얻을 때"(12:23)였기 때문입니다. 목격자의 십자가 죽음의 증언을 기록한 목적은 "너희로 믿게 하려 함이니라."라는 것 즉 예수님의 십자가의 죽음을 믿어서 구원의 믿음으로 끌어내기 위함이라는 요한복음을 기록한 목적(20:31)과 정확하게 일치합니다.

적용 예수께서 십자가에 달려서 피와 물을 쏟아내시고 죽으셨습니다. 우리는 그의 죽음을 믿음으로 죄 용서와 영생을 얻었고, 성령도 받았습니다. 예수님의 십자가의 죽음이 나를 죄에서 구원하기 위한 것임을 믿으시길 바랍니다.

둘째로 예수님은 새 무덤에 장사 되었습니다(38~42).

38절에서 "아리마대 사람 요셉은 예수의 제자이나 유대인이 두려워 그것을 숨기더니 이 일 후에 빌라도에게 예수의 시체를 가져가기를 구하매 빌라도가 허락하는지라. 이에 가서 예수의 시체를 가져가니라."라고 아리마대 사람 요셉은 복음서에서 예수님의 시신을 장례 하는 데서 등장합니다. 공관복음의 저자들은 요셉이 산헤드린 공회원이었고, 부자였으며, 하나님 나라를 기다리고 있던 사람이라고 알려주고 있습니다. 마태와 사도 요한은 요셉은 예수의 제자였다고 말하지만, 사도 요한은 그가 "유대인이 두려워" 제자인 사실을 숨겼다고 했습니다. 유대인 당국자들이 제자를 출교시키는 것에 대한 두려움 때문에 잠시 제자임을 숨긴 요셉의 행동은 사도 요한의 눈에 책망받을 만한 행동이었지만(12:42~43), 마지막 예수님의 장례에서 유대인들에 대한 두려움을 떨쳐버리고 빌라도의 허락까지 받아 용감하게 예수님의 시신을 십자가에서 내려다 장사하는 행동을 함으로써 이전의 비겁한 행동을 상쇄시키기에 충분했다는 것입니다. 요셉은 예수께서 묵묵히 십자가에 못 박혀 죽으시는 것을 목격하고서 유대인들을 두려워한 비겁한 행동을 부끄러워하였다는 듯이 "빌라도에게 예수의 시체를 가져가기를 구하였다."(38)고 했습니다. 로마법에서 처형당한 죄수들의 시체를 통상적으로 가까운 가족들에게 넘겨졌지만, 반란죄 등으로 십자가형에 처형된 죄수들의 경우는 예외였습니다. 유대인 당국자들이 십자가에 못 박혀 죽으신 예수님의 시신을 치워달라고 빌라도에게 요청한(31) 것은 그 시신을 죄수들의 공동묘지에 매장하는 것을 전제한 것이었습니다. 유대인들은 십자가형에 처한 죄수의 시신을 가족 묘지에 매장하는 것은 이미 매장된 사람들을 부정하게 한다고 생각해서 보통 성문 밖 죄수들의 공동묘지에 매장했습니다. 로마법은 처형당한 반역죄와 같은 중죄인의 시신은 십자가에 매단 채 그대로 두어서 독수리와 까마귀의 밥이 되게 함으로써 최대한의 모욕을 당하게 했습니다. 요셉이 산헤드린 공회원의 신분을 이용하여 유대인 당국자들을 두려워하지 않고 빌라도에게 십자가 위의 예수님의 시신을 내어 달라고 요청한 것은 너무도 당당한 제자의 모습이었습니다. 예수님의 동생들은 유대인 당국자들과 로마인들이 두려워서 반역죄로 십자가형에 처한 예수님의 시신에 접근조차 할 수 없었고, 그들이 요청했더라도 아마 거부되었을 것입니다. 요셉이 빌라도에게 예수님의 시신을 장례 하겠다고 요청한 사건은 산헤드린 공회원들은 물론이고 유대인 당국자들에게도 큰 미움과 배척을 예상할 수 있었습니다. 요셉은 이미 그러한 결과를 다 예상하면서도 용감하고 담대하게 믿음으로 행동했습니다. 빌라도가 요셉의 요청을 받아들여서 예수님의 시신을 내어주었다는 사실 속에는 예수님이 실제로 반역자가 아니며 그에 대한 고발은 증거가 없다는 사실을 유대인 당국자들에게 분명하게 드러내고자 했다는 의도가 깔려 있었습니다. 요셉이 예수님의 시신을 십자가에서 내려다가 아무도 장사 지낸 적이 없는 부자들의 돌무덤인 새 무덤에 장사했다는 것에서 예수께서 죄인이 아니라는 의미가 내포되어 있습니다.

39~40절에서 "39. 일찍이 예수께 밤에 찾아왔던 니고데모도 몰약과 침향 섞은 것을 백 리트라쯤 가지고 온지라. 40. 이에 예수의 시체를 가져다가 유대인의 장례 법대로 그 향품과 함께 세마포로 쌌더라."라고 예수님의 장례 준비에 대해 말씀했습니다. 산헤드린 공회원(3:1)이며 부자인 니고데모가 몰약과 침향 섞은 것 100리트라(65파운드, 약 30kg)를 가져와서 예수님의 시신에 향품을 충분히 발라서 장사지낼 준비를 했습니다. 요셉은 예수님의 장례에 있어서 빌라도의 허락을 받고 세마포를 사서 가져왔고(막 15:43, 46), 니고데모는 향품을 가져와서 예수님의 시신에 넉넉하게 발라 장사 지내는 일에 함께했습니다. 니고데모에 대하여 오직 사도 요한이 언급을 하고 있는데, 39절의 "일찍이 예수께 밤에 찾아왔던" 사람이었다(3:2)고 소개한 것으로 봐서 유대인 당국자들을 두려워하지 않고 당당하게 예수님의 시신에 향품을 충분히 발라 장사 지내는 모습은 어둠에서 빛으로 나온 거듭난 제자 니고데모임을 드러냈습니다. 예수님의 시신에 발랐던 몰약과 침향 섞은 것은 애굽인들이 사용한 방부처리용이 아니라, 시신의 부패를 일시적으로 막고 향내가 나게 하는 향품이었습니다. 요셉과 니고데모는 합력하여 예수님의 시신을 십자가에서 내려다가 우선 그 몸에 향품을 바르고 "여러 겹 세마포"에 향품을 골고루 넣고, 시신 아래엔 더 많은 향품을 넣고, 그런 후에 예수님의 시신을 그 세마포로 싸고, 향품을 무덤 위에 뿌려서 장례 했습니다. 니고데모는 부자였는데 유대 왕의 장례에 많은 향품이 사용된다는 유대인의 관습에 익숙해 있어서 예수님의 시신을 왕의 시신처럼 온통 향품과 세마포로 싸서 정성스럽게 장례 했습니다.

현대인의 성경 41~42절에서 "41. 예수님이 십자가에 못박히신 곳에는 동산이 있고 동산 안에는 아직 사람을 매장한 일이 없는 새 무덤 하나가 있었다. 42.

그 날은 유대인이 유월절을 준비하는 날인 데다가 무덤도 가까이 있었으므로 그들은 예수님의 시체를 거기에 모셨다."라고 오직 사도 요한은 예수께서 "십자가에 못 박히신 곳에 동산이 있었다."라고 설명하면서 거기 동산의 돌을 파서 만든 새 무덤이 있었다고 알려주고 있습니다. 이제 곧 금요일 저녁에 해가 지면 안식일이 시작되고, 그러면 모든 일을 멈춰야 했기 때문에 무덤이 그곳에 가까이 있었다는 것은 짧은 시간에 새 무덤에 장사지내는 데 도움이 되었을 것입니다. 사도 요한은 그 무덤이 새 무덤이었는데 아직 "사람을 매장한 일이 없었다."라는 사실을 강조하고 있습니다. 예수께서 범죄자들의 무덤이 아니라 하나님의 거룩하신 자에게 어울리는 새 무덤에 많은 향품을 충분히 발라서 왕처럼 장사 되었습니다. 그 새 무덤은 부활의 아침에 생명의 주님이 죽음을 정복하고 승리하는 모습을 보여준 명백한 증거가 되었습니다. 사도 요한이 동산에 새 무덤이라는 사실을 강조하는 것은 20장에서 제삼일에 동산에 새 무덤이 비어 오직 한 사람의 시신이 사라진 것이 되었고, 그 한 사람이 부활한 것이 될 수 있게 했습니다. 예수께서 장사 된 골고다 언덕 위 동산의 새 무덤은 예수께서 부활하신 바로 그 무덤이 되었습니다.

사랑하는 성도 여러분이여!

예수께서 십자가에서 이미 죽으셨는데 창으로 그 옆구리를 찔러서 피와 물을 쏟아지게 하여 그 죽음이 확실하게 증명되었습니다. 예수님의 죽음은 돌로 판 새 무덤에 많은 향품을 그 시신에 발라서 장례 되면서 반역죄인이 아니라 영광의 왕의 모습을 드러냈습니다. 예수님의 장례에 숨겨진 제자들인 아리마대 사람 요셉과 니고데모가 예수님의 십자가 죽음 앞에서 유대인 당국자들의 출교도 두려워하지 않는 헌신된 제자들의 당당한 모습을 보였습니다. 새 무덤에 장사되신 예수님은 부활의 이른 아침에 영광의 부활의 주님이 되셨습니다. 예수께서 죄 없으신 하나님의 아들로서 우리를 위하여 십자가에서 대속적인 죽음을 죽으심으로 그를 믿는 우리에게 죄 용서와 영생과 성령을 주셨습니다. 예수님의 십자가의 죽음이 나를 구원하기 위한 것임을 분명하게 믿어서 성령이 충만한 제자로 당당하게 살아갈 수 있기를 바랍니다.

68. 예수님, 부활하셨네(20:1~23)

　　본문 20장에서 안식 후 첫날 새벽에 예수께서 장사된 무덤을 막았던 입구 돌이 옮겨지고, 무덤은 비어있고, 세마포와 수건이 무덤에 남겨진 사건들을 통하여 사도 요한은 예수께서 부활하셨다고 증언했습니다. 사도 요한은 예수께서 안장된 무덤이 비어있고, 그 무덤에 세마포와 수건이 가지런히 놓여있음을 보고서 예수께서 부활하셨음을 가장 먼저 믿었습니다. 사도 요한은 부활하신 예수께서 무덤에 맨 먼저 찾아간 막달라 마리아에게 "마리아야!"라고 부르시며 만나주셨다고 기록하고 있습니다. 사도 요한은 부활하신 예수께서 안식 후 첫날 저녁에 문을 잠그고 방안에서 모여 두려움에 떨고 있었던 제자들에게 나타나셔서 "너희에게 평강이 있을지어다."라고 말씀하시며 자신의 손과 옆구리를 보여주시고 드러내시니 제자들이 부활하신 주님을 보고서 기뻐했다고 기록했습니다. 예수께서 제자들에게 "아버지께서 나를 보내신 것 같이 나도 너희를 보내노라."라고 말씀하시며 성령을 부어주실 것을 예시적으로 말씀하셨는데, 사도 요한은 이러한 사실을 통하여 예수께서 부활하셨다고 증언합니다. 안식 후 첫날에 예수께서 부활하셨다고 사도 요한이 증언하는 여러 상황과 말씀을 들으면서 함께 은혜를 나누고자 합니다.

첫째로 안식 후 첫날 새벽에 예수님은 부활하셨습니다(1~9).

예수께서 십자가에 못 박히신 후 "제삼일"이 아니라 "안식 후 첫날 일찍이"라고 예수님의 부활 기사를 사도 요한이 시작하고 있습니다. 이것은 예수님의 십자가와 부활의 약속이 이루어져 새 언약의 시대가 시작되었다는 사실을 드러내고자 하는 사도 요한의 의도가 담겨 있습니다. 사도 요한은 1절에서 막달라 마리아가 안식 후 첫날(주일 새벽) 일찍이 아직 어두울 때에 무덤에 갔다고 기록하고 있습니다. 막달라 마리아가 그 주일 새벽에 처음엔 혼자 먼저 무덤에 갔고, 다시 다른 여인들과 함께 무덤에 갔습니다. 막달라 마리아의 예수님에 대한 슬픔이 겁도 없이 오히려 담대함을 갖게 하여 그 이른 새벽에 예수님의 무덤으로 향하게 했습니다. 사도 요한은 안식 후 첫날 이른 새벽에 막달라 마리아가 예수님의 무덤에 가서 무덤 앞 돌이 굴려져서 무덤이 열린 것을 확인하고 놀라서 베드로와 요한에게 달려가서 무덤 앞 돌이 굴려진 사실을 알렸고, 두 제자가 무덤을 향하여 달려갔을 때 마리아는 뒤따라 다른 여인들과 함께 무덤으로 다시 갔다고 증언합니다.

사도 베드로와 사도 요한은 예수님의 무덤 입구를 막았던 돌이 옮겨지고 예수님의 시신을 사람들이 옮겨갔다는 말에 바로 골고다 언덕의 무덤을 향하여 달려갔는데, 젊은 사도 요한이 먼저 무덤에 달려가서 허리를 구부려서 무덤 안에 세마포를 보고서 무덤 안으로 들어가지 않았으나 성격이 급한 사도 베드로는 나중에 왔으면서도 곧바로 무덤 안으로 들어갔습니다. 예수님의 시신을 쌌던 세마포와 수건이 돌무덤에 가지런히 그대로 놓여있었습니다. 이것은 사람들이 예수님의 무덤에서 예수님의 시신을 옮겨간 것이 아니라는 증거로 충분했습니다. 만약에 도둑들이 와서 예수님의 시신을 몰래 가져갔다면 비싼 세마포와 수건과 향품을 그대로 놓아두고 갔을 리가 없었습니다. 사도 베드로가 무덤에 들어가서 세마포와 수건을 보고서도 예수께서 부활하셨다는 사실을 믿지 못하고 무덤에서 벌어진 상황에 놀라며 의아하게 여기고 있었습니다(눅 24:12). 사도 요한은 먼저 무덤에 도착했음에도 나중에 무덤 안으로 사도 베드로를 따라 들어가서 무덤의 위아래에 가지런히 놓인 세마포와 수건을 확인했습니다. 몸을 쌌던 세마포는 가지런히 아래쪽에 놓였고, 머리를 쌌던 수건은 머리 모양을 유지한 채 위쪽에 놓여있었습니다. 사도 요한은 이런 것들을 예수께서 부활하신 증거들로 기록했습니다. 여기서 한 가지 중요한 것은 예수님의 부활은 나사로의 부활과 상당히 대조적이라는 것입니다. 죽은 나사로가 죽은 지 나흘 만에 예수님의 "나오라"라는 말씀을 듣고 살아났을 때 수의를 몸에 입고 수건은 머리에 쓴 채 그대로 무덤에서 걸어 나왔지만 예수님은 세마포와 수건을 그대로 다 벗어놓고 돌무덤에서 나오셨다는 것입니다.

8절에서 "그 때에야 무덤에 먼저 갔던 그 다른 제자도 들어가 보고 믿더라." 라고 했습니다. 사도 요한은 사도 베드로가 무덤에 들어가는 것을 보고서 나중에 들어갔는데, 무덤에 들어가서 세마포와 머리 모양의 수건이 가지런히 놓여있는 것을 보고서 예수께서 그가 하시던 말씀대로 살아나셨다는 것을 먼저 믿었습니다. 사도 베드로와 사도 요한, 두 제자가 돌무덤에서 세마포와 수건이 무덤에 가지런히 놓여있고, 예수님이 무덤에서 보이질 않는다는 증언은 예수님의 부활에 대한 증언으로 유대 법정에서 효력이 있었습니다. 사도 요한의 믿음은 부활하신 예수님을 보지도 않고서도 믿었다니 참으로 놀랍습니다. 29절에서 예수님은 다시 '보는 것'과 '믿는 것'을 놀랍게 정리하여 보지 못하고 말씀을 통하여 믿는 것이 복이 있다고 말씀하셨는데, 사도 요한은 무덤에 남겨진 몸을 감쌌던 수의 세마포와 머리에 썼던 수건을 보고서 예수님의 부활을 믿었습니다. 그런데도 사도 요한이 예수님의 부활을 다른 제자들에게 증언하지 못한 것은 그 부활에 대한 확증이 아직 없었기 때문입니다. 제자들은 예수께서 부활하신 그 새벽까지도 예수님의 부활에 대한 "그가 죽은 자 가운데서 다시 살아나야 하리라"는 성경의 말씀을 제대로 깨닫지 못하고 있었다고 9절에서 알려주고 있습니다.

적용　우리는 사도 요한처럼 부활하신 예수님을 보지 않고서도 성경 말씀을 통하여 예수님의 부활을 그대로 믿을 수 있기를 바랍니다.

둘째로 부활하신 예수님은 먼저 막달라 마리아를 만나주셨습니다(10～18).

막달라 마리아를 20장에서 사도 요한이 맨 먼저 언급하는 것은 부활하신 예수님을 가장 먼저 봤던 첫 목격자였다는 사실을 강조하고자 하는 의도가 있습니다. 마리아는 예수님의 죽음에 대한 큰 슬픔 때문에 안식 후 첫날 이른 새벽에 겁도 없이 담대하게 예수님의 무덤으로 가서 무덤 입구의 돌이 무덤에서 옮겨진 것을 보았습니다. 마리아가 무덤 안을 들여다보았다는 언급이 없어서 확실하지는 않지만 실제로 무덤 안을 들여다보았더라도 이른 새벽이라서 돌무덤 안이 어두웠기 때문에 아무것도 볼 수 없었을 것입니다. 사도 베드로와 사도 요한이 무덤에서 나와서 자기들의 집으로 돌아간 사이에 마리아는 무덤 밖에서 서성이며 예수님의 시신을 찾지 못하자 울다가 어떻게 해서든지 예수님의 시신을 찾기 위하여 허리를 구부려 처음으로 무덤 안을 들여다보았습니다. 마리아는 흰옷 입은 두 천사가 예수님의 돌무덤의 머리 편에 한 사람이 발 편에 또 한 사람이 앉아있는 것을 보았습니다. 마리아의 시선은 무덤에 놓인 세마포와 수건이 아니라 흰옷 입은 천사들에게 꽂혔습니다. 요한복음과 공관복음에 등장하는 흰옷과 찬란한 옷을 입은 사람은 하늘로부터 온 자들의 상징이었습니다. 안식 후 첫날 이른 새벽에 예수님의 무덤에 나타난 흰옷을 입은 사람의 정체는 단순한 천사가 아니고 하나님께서 친히 맡겨주신 일을 감당한 특별한 천사였습니다. 사도 요한이 말하고자 하는 핵심은 예수님의 무덤은 약탈자들이 와서 예수님의 시신을 옮겨간 것이 아니고 천사들이 무덤을 막았던 돌을 굴려내고 무덤 안의 여러 일들을 하나님의 뜻대로 정리했다는 것이었습니다.

막달라 마리아가 무덤 밖에서 서서 울고 있었을 때 부활하신 예수님께서 가장 먼저 마리아 뒤에서 조용하게 다가가셨을 때 혼자였다는 사실에서 다른 여인들과도 떨어져서 있었습니다.

13절에서 "천사들이 이르되 '여자여, 어찌하여 우느냐?' 이르되 '사람들이 내

주님을 옮겨다가 어디 두었는지 내가 알지 못함이니이다."라고 천사들은 마리아가 울고 있을 때가 아니라고 온건하게 책망하며 마리아가 부활하신 주님을 만나야 할 때라고 알려주었습니다. 마리아는 무덤 가까이에서 다른 사람의 인기척을 갑자기 느끼고 혹시 그 사람이 예수님의 시신에 대하여 뭔가 말해줄 수 있는지 모르겠다는 생각에 뒤돌아보았습니다. 그 당시에 부활하신 예수님을 만나고서도 바로 알아보지 못 한 사람들은 많았습니다. 누가복음에서 엠마오 도상의 두 제자가 예수님과 함께 길을 걸어가면서도 알아보지 못했습니다(눅 24:16). 마가복음에서 "그 후에 그들 중 두 사람이 걸어서 시골로 갈 때에 예수께서 다른 모양으로 그들에게 나타나시니"(막 16:12)라고 처음에 그들이 예수님을 알아보지 못했습니다. 디베랴 호숫가에서 배 오른편에 그물을 던지라고 말씀하시는 분이 예수님이신 줄을 제자들도 처음엔 알아보지 못했습니다(21:4).

14절에서 마리아도 자신의 뒤에 계신 부활하신 예수님을 보고서도 처음엔 알아보지 못했습니다. 예수님의 부활하신 몸은 손으로 만질 수 있었고(27), 죽음 이전의 못 자국과 창 자국의 흔적이 그대로 남아 있었고(20, 25, 27), 물고기를 요리하셨고(21:9), 생선을 잡수셨고(눅 24:41~43), 세마포 수의와 머릿수건에서 그냥 빠져나왔고(20:6~8), 잠긴 방안에도 나타나셨고(19, 26), 함께 있다가 사라지기도 하셨고(눅 24:31), 그리고 사람들이 처음에 잘 알아보지 못하는 몸이었습니다. 부활하신 예수님의 얼굴은 십자가 위에서 마지막에 상한 얼굴과 상당히 달라져 있었습니다. 방 안에 숨어있던 제자들도 예수님의 몸에 창 자국과 손의 못 자국을 보고 확인하라는 말씀에서 부활하신 예수님의 몸에 상처의 흔적이 그대로 있었지만, 영광의 모습으로 변화되어 있어서 알아보질 못했습니다. 바울은 고린도전서 15장 42~44절에서 부활의 몸에 대하여 썩지 아니하는 영광의 몸으로, 강하고 신령하고 영광스러운 몸이라고 했습니다.

예수님은 15절에서 마리아에게 "여자여, 어찌하여 울며 누구를 찾느냐?"고 물었습니다. 이것은 마리아가 기대하고 찾던 메시아가 어떤 메시아였는지에 대한 질문입니다. 마리아는 부활하신 예수님으로부터 놀라운 질문을 받고서 질문의 내용을 제대로 깨닫지 못했습니다. 마리아는 그가 단순히 동산지기인 줄 알고 "주여, 당신이 옮겼거든 어디 두었는지 내게 이르소서. 그리하면 내가 가져가리이다."라고 그가 안식일이 지나자 예수님의 시신을 돌무덤에서 옮기는 데 뭔가 관여한 사람인 줄 알고서 옮겨놓은 곳을 알려준다면 제대로 예수님의 장례를 치르겠다고 제안했습니다. 여기서 "주"(kyrie)는 신앙고백이 아니라 존칭이었습니다. 마리아가 자신이 제대로 예수님의 장례를 치르겠다는 말에서 상대한 재력과 사회적 지위를 가진 여자임을 짐작하게 합니다.

16절에서 "예수께서 '마리아야!' 하시거늘 마리아가 돌이켜 히브리 말로 '랍오니' 하니(이는 선생님이라는 말이라)"라고 부활하신 예수께서 "마리아야" 부르는 한 마디에 갑자기 놀라운 상황의 반전이 일어났습니다. 마리아가 처음에 예수님의 얼굴을 보고서도 알아보지 못했는데, 예수께서 "마리아야!"라고 부르는 음성을 듣고 예수께서 살아생전에 마리아를 평소에 불렀던 그 음성이었기 때문에 마리아는 바로 예수님을 알아보았습니다. 마리아의 큰 슬픔은 예수님의 음성을 듣는 순간에 놀라운 기쁨으로 순식간에 바뀌었습니다. 마리아가 평소에 예수님을 다정하게 불렀던 그 아람어 명칭으로 "랍오니!"(선생님!)라고 예수님을 반갑게 다시 불렀습니다. 마리아가 예수님을 선생님이라고 부른 것은 최고의 신앙고백은 아니었지만, 제자의 자리로 돌아온 것을 보여주는 말입니다.

17~18절에서 예수께서 마리아에게 해야 할 두 가지 일을 알려주셨는데 첫째는 "나를 붙들지 말라."는 것이었고, 둘째는 제자들에게 가서 "내가 주를 보았다며 부활과 승천의 소식을 전하라."는 것이었습니다. 예수님은 마리아에게 자신을 붙들지 말라(현대인의 성경; 만지지 말아라, NASB; 매달리는 것을 중단하라)고 말씀하셨습니다. 이것은 부활하신 예수께서 막달라 마리아가 예수님께 매달려 인간적으로 친밀한 감정을 나누고자 하는 기대를 거절했다는 것입니다. 마리아는 예수께서 십자가에 못 박혀 죽으시고 돌무덤에 장사 되었을 때 크게 슬퍼했습니다. 마리아가 부활하신 주님을 다시 만나 너무 기뻐서 예수께서 아버지께

로 가서 영광을 회복하셔야 한다는 사실도 다 잊어버리고 예수님을 얼싸안고 기쁨을 나누려고 했지만, 예수님은 그것을 거절하셨다는 것입니다. 예수님은 아버지께로 가서서 영광을 회복하셔야 하는데 마리아는 그 사실을 알지 못하고 예수님을 붙잡으려고 했기 때문에 거절하셨던 것입니다. 마리아는 예수께서 부활하신 것을 믿었지만, 그가 곧 떠나가야 하고, 또한 떠나가시게 될 것을 이해하지 못했습니다. 예수께서 부활하시고서 승천하기까지 제자들에게 여러 번 나타나셨지만 죽음 이전의 공생애 때와 같이 제자들과 함께 계속해서 거하시지 않았습니다. 예수님의 처소는 이제 더 이상 땅이 아니었고, 더는 속박을 받지도 않았고, 이미 영광을 얻었습니다. 사도 요한은 예수께서 부활하시고 나서 승천하시기까지 아버지께로 올라가고 있는 중의 상황으로 설명했습니다. 예수께서 이제 떠나서 승천하셔야 하기 때문에 마리아에게 숨어있는 제자들에게 가서 자신의 부활과 승천의 소식을 속히 전하라고 당부했습니다. 예수께서 자신의 제자들을 "내 형제들"이라고 말씀하시며 끝까지 사랑하셨습니다. 막달라 마리아는 예수께서 골고다 언덕에서 십자가에 못 박히시는 곳도 따라갔고, 안식 후 첫날 이른 새벽에 예수님의 무덤에 다시 갔고, 두 제자에게 열린 무덤 소식을 전하였고, 제자들이 무덤에 달려가서 무덤을 확인하도록 헌신하였기에 예수께서 그녀를 부활의 첫 번째 메시지 전달자로 삼아주셨습니다. 막달라 마리아는 방 안에 숨어있는 제자들에게 가서 예수께서 부활하셨고, 부활하신 예수께서 자신을 만나주셨고, 자신을 제자들에게 보내셨고, 부활과 승천의 메시지도 전달하라고 하셨다고 했습니다. 우리가 예수님의 십자가와 부활과 높아지심을 믿어서 예수님의 아버지가 우리의 아버지가 되시고 우리가 하나님 아버지의 아들들이 되어서 교제와 섬김의 삶에 참여할 수 있게 되었습니다. 막달라 마리아는 부활하신 주님이 자신에게 다가와 만나주심으로 주님을 보았고, 자신을 제자들에게 부활의 증언자로 보내셨다는 사실을 제자들에게 전했습니다.

적용 우리도 막달라 마리아처럼 부활의 주님을 만났다는 사실을 알지 못하는 사람들에게 증언하는 부활의 증인으로 살아갈 수 있기를 바랍니다.

셋째로 부활하신 예수님은 첫날 저녁에 숨어있던 제자들에게 나타나셨습니다(19~23).

가룟 유다와 도마가 빠진 열 명의 제자들이 유대인 당국자들을 두려워하여 방문을 잠그고 방 안에 숨어있었습니다. 유대인 당국자들은 예수님을 십자가에 못 박아 죽였으니 마음만 먹으면 제자들을 얼마든지 잡아 처형할 수 있었기 때문에 제자들은 유대인들을 두려워했습니다. 예수께서 자신의 몸을 감쌌던 세마포와 머리에 둘렀던 수건을 자유롭게 통과하여 빠져나오셨던 것처럼 잠근 방문도 그대로 통과하여 방 안의 제자들에게 나타나셨습니다. 안식 후 첫날 저녁 다시 말해서 첫 번째 주일 저녁에 예수께서 제자들에게 나타나셔서 "너희에게 평강이 있을지어다!"(Shalom alekem)라고 유대인들의 일상 인사말로 인사하며 찾아오셨습니다. 예수께서 생전에 14장 27절에서 "평안을 너희에게 끼치노니 곧 나의 평안을 너희에게 주노라."고 약속하신 대로 예수님의 십자가와 부활을 통하여 하나님으로부터의 화해와 생명의 평강을 그들에게 주었습니다. 예수께서 영광의 부활의 몸으로 숨어있던 제자들을 찾아가서서 자신이 십자가에 못 박혀 죽었던 예수님이 틀림없다는 사실로 손과 옆구리를 그들에게 보여주셨고, 제자들은 부활의 주님을 눈으로 확인하고서 놀랍게 기뻐했습니다. 부활의 주님은 제자들의 슬픔을 기쁨으로 바꾸어주셨습니다.

21절에서 "아버지께서 나를 보내신 것 같이 나도 너희를 보내노라."라고 예수께서 자신을 버리고 떠났던 제자들에게 자기 백성을 구원하여 교회를 세우는 복음 전도자로 다시 파송해주셨습니다. 하나님 아버지께서 선택하시고 하나님의 아들이 구속하신 하나님의 백성들에게 복음을 전해서 구원하여 교회를 세우는 제자의 사명을 맡겨주셨습니다. 이것은 우리 모두가 감당해야 할 제자의 사명입니다. 예수께서 제자들에게 사명을 주시고 22절에서 그들이 사명을 감당할 수 있도록 그들을 향하여 숨을 내쉬며 이르시되 "성령을 받으라."라고 성령을 부어주셨습니다. 예수님의 생명의 호흡은 그가 참으로 살아나셨음을 제자들에게 보여주신 것이고, 더 나아가 제자들이 오순절에 예수님에게서 성령 받을 것을 예시적으로 보여 준 것이라고 카슨(D. A. Carson) 교수는 해석했습니다. 이러한 놀라운 성령의 능력은 제자들이 전도자의 사명을 감당할 수 있는 능력이었습니다. 제자들이 예수께서 맡겨주신 제자의 사명을 감당하려고 할 때, 예수께서 그들에게 성령을 부어 능력을 주셔서 그들을 도우시겠다는 확실한 약속이었습니다. 성령이 충만한 제자들이 나가서 복음을 전할 때 능력이 나타나 회개와 믿음의 역사가 일어나고, 죄 용서와 구원이 일어나지만, 믿지 않은 사람들은 심판을 받게 될 것입니다. 전도자들의 복음 전파와 성령의 역사로 구원과 심판이 일어나게 된다는 것입니다. 참으로 놀라운 복음 전파의 역사가 성령 충만한 제자들에 의하여 일어나게 될 것을 예언하신 대로 오순절과 그 이후에 사도 베드로와 여러 사도의 성령 충만한 설교로 수많은 사람이 구원받았습니다.

사랑하는 성도 여러분이여!

나사렛 예수님은 안식일 후 첫날 새벽에 성경대로 부활하셨습니다. 예수님 무덤 입구의 굴려진 돌, 예수님의 몸을 쌌던 세마포와 머리에 썼던 수건과 몸에 발랐던 향품, 그리고 빈 무덤이 예수께서 부활하셨음을 증거합니다. 사도 요한이 무덤에서 가장 먼저 성경대로 예수님의 부활을 믿었습니다. 헌신적인 막달라 마리아가 부활하신 예수님을 가장 먼저 만났고, 예수님의 부활과 승천의 소식을 제자들에게 전했습니다. 예수님은 자신의 십자가와 부활을 증언하는 제자들에게 성령을 충만하게 부어주십니다. 예수님의 제자는 반드시 복음의 증언자가 되어야 합니다. 우리들이 예수님의 십자가와 부활을 성령의 능력으로 우리 주변의 미전도인들에게 전하여 구원 얻는 기적의 역사를 계속해서 일으켜 교회를 더 튼튼하게 세워갈 수 있기를 바랍니다.

69. 예수님은 누구신가?(20:24~29)

도마가 첫 번째 부활주일 저녁에 열 명 제자들이 방안에서 부활하신 예수님을 보았다는 증언을 듣고서도 믿지 못하다가 그다음 주일에 예수님을 직접 만나고 나서 예수님을 자신의 주님이시며 하나님이시라는 최고의 신앙고백을 했습니다. 예수님 당시에 사람들의 예수님에 대한 잘못된 반응은 대체로 두 가지였습니다. 하나는 예수님을 인간으로만 보고 그가 행하시는 이적들을 신성 모독한 것이라고 비하하고 대적한 유대인 당국자들의 적대적인 자세입니다. 유대인 당국자들은 하나님의 아들이신 예수님을 대적하여 결국 십자가에 못 박아 죽였습니다. 다른 하나는 예수를 너무 높여서 하나님의 아들로만 바라보고 십자가에 죽으시는 인자의 들림을 믿지 못했던 제자들의 편협한 자세입니다. 예수님은 하나님의 아들이시기 때문에 고난을 당하여 십자가를 질 수 없다고 생각했고, 예수께서 붙잡혔을 때 제자들은 인자 예수님을 믿지 못하고 다 버리고 떠나갔습니다. 이 두 가지 자세는 다 예수님을 제대로 바라보고 믿는 데 있어서 문제가 있습니다.

본문에서 쌍둥이라는 뜻의 디두모라는 별명을 가진 도마는 예수님의 열두 제자 중의 한 사람으로 예수님이 유대인 당국자들에게 붙잡혔을 때 예수님을 버리고 떠나갔습니다. 안식 후 첫날 저녁에 부활하신 예수께서 방안에 모여 있는 제자들을 찾아가 만나주셨을 때 그 제자들과 함께하지 못한 도마가 부활하신 예수님을 만났다는 제자들의 증언을 믿지 못하겠다고 말했습니다. 도마는 두 번째 주일에 부활하신 예수님이 제자들 가운데 찾아오셨을 때 그 손의 못 자국을 보고서 예수님을 믿었습니다. 도마는 십자가에 달려 죽으셨다가 부활하신 예수님을 자신의 주님이시고 자신의 하나님이시라고 놀라운 신앙고백을 했습니다. 부활하신 예수님을 만나지 못하여서 의심했던 도마가 어떻게 부활하신 예수님을 만나서 최고의 신앙 고백을 하는 제자가 되었을까요? 도마가 부활하신 예수님을 만나 자신의 주님이고 자신의 하나님이라고 신앙 고백한 본문 말씀을 살펴보면서 우리 자신도 성경 말씀을 통하여 도마와 같이 예수님을 제대로 신앙 고백하고 믿고 따르는 제자가 되는 은혜를 함께 나누고자 합니다.

첫째로 인간은 누구나 십자가에 죽으셨다가 부활하신 예수님을 만나야 합니다 (24~27).

열두 제자 가운데 안식 후 첫날 저녁에 방 안에 숨어 있던 열 제자들에게 부활하신 예수께서 찾아가셨고 제자들이 그를 보았을 때 도마가 왜 그 자리에 함께 동석하지 못했는지에 대한 언급이 없습니다. 다른 열 명의 제자들이 도마에게 부활하신 예수님이 방안으로 찾아와서 만났다고 말했을 때, 도마는 예수님의 못 자국을 만져보고 창 자국에 손을 넣어보지 않고는 믿지 아니하겠노라고 아주 진지하게 대답했습니다. 도마의 이런 대답에 대하여 의심이 많은 제자라고 찬송가의 가사에까지 나왔지만, 이 말은 합당하지 않고 도마는 충성스럽지만 약간 비관적이고 둔한 제자의 모습이 있었다고 카슨(D. A. Carson) 교수는 정리했습니다. 그 이유는 예수께서 다른 제자들에게 찾아오셨을 때 도마가 그 자리에 있었다면 그도 틀림없이 믿었을 것이기 때문입니다. 도마는 부활하신 예수님을 보았다고 이구동성으로 말하는 다른 제자들의 증언을 여전히 믿지 못한 채 부활의 주님을 확인할 수 있는 확실하고 구체적인 증표를 요구했습니다. 그다음 안식 후 첫날 주일에 도마는 방 안에 숨어 있는 제자들을 다시 찾아오신 부활의 예수님을 만나고서 부활하신 예수님이심을 단번에 알아보았습니다. 도마의 성품을 짐작할 수 있는 성경 구절이 두 곳 있는데 11장 16절에서 "디두모라고도 하는 도마가 다른 제자들에게 말하되 '우리도 주와 함께 죽으러 가자'

하니라."라고 요단강 가에 계셨던 예수께서 죽은 나사로를 살리기 위해서 예루살렘에 가까운 베다니로 가는 것에 대해 유대인들의 핍박이 심한 곳으로 죽으러 가자고 솔직하게 자신의 감정을 드러냈습니다. 14장 5절에서 예수께서 제자들을 위하여 하늘 하나님 아버지의 집에 처소를 예비하러 갔다가 다시 와서 제자들에게 그 처소로 인도하시겠다고 말했을 때 도마는 바로 예수님께 어디로 가시는지를 물었습니다. "도마가 이르되 '주여 주께서 어디로 가시는지 우리가 알지 못하거늘 그 길을 어찌 알겠사옵나이까?" 도마의 질문을 받으신 예수님께서 그 유명한 "나는 길이요 진리요 생명이니 나로 말미암지 않고는 아버지께로 올 자가 없느니라."라는 말씀을 했는데, 도마는 평소에도 솔직하고 분명하고 확실한 성격을 가지고 살았음을 보여주고 있습니다. 도마는 쌍둥이라는 뜻의 디두모라는 다른 별명도 있었습니다.

예수께서 부활하셨던 첫 번째 부활 주일 저녁에 부활하신 예수께서 제자들이 문을 닫고 숨었던 아마 마가의 다락방으로 추정되는 방 안에 찾아가서서 제자들을 만나주셨습니다. 사도 요한이 안식 후 첫날 저녁에 예수께서 제자들에게 찾아가셨고, 다시 팔 일이 지난 두 번째 안식 후 첫날에 예수께서 제자들을 찾아가셨다고 반복해서 안식 후 첫날을 기록하고 있는 것은 초대교회에서 제자들이 주일에 모여서 하나님을 예배했다는 주일예배의 역사적 근거를 의도적으로 제시하는 내용입니다. 부활의 주님을 보았다고 증언하는 제자들에게 도마는 예수님의 못 박힌 손을 만져보고 창에 찔린 허리에 손가락을 넣어보고서야 믿겠다고 말했습니다. 도마가 부활하신 예수님을 분명하게 만나 확인하고서 예수를 믿겠다는 분명한 성격을 보여주고 있습니다.

26절의 "여드레를 지나서"라는 말은 첫날과 마지막 날을 포함한 것으로 그 다음 두 번째 주일에 도마를 포함한 제자들이 함께 방안에 문을 닫고 함께 모여 있었을 때 예수께서 그들 가운데 찾아가서서 "너희에게 평강이 있을지어다."라고 말씀했습니다. 제자들이 아직도 유대 당국자들을 두려워하고 있었고, 예수님의 죽음이 제자들에게는 절망이고 슬픔이었지만 예수님의 부활은 제자들에게 영원한 평안과 기쁨을 가져다주었습니다.

27절에서 예수께서 제자들 가운데서 도마를 지목하여 "네 손가락을 이리 내밀어 내 손을 보고 네 손을 내밀어 내 옆구리에 넣어 보라. 그리하여 믿음 없는 자가 되지 말고 믿는 자가 되라."고 말씀하신 것은 예수님을 만나 확인하고서 믿겠다던 도마의 말에 도전하신 것이었습니다. 이 말의 뜻은 예수께서 도마에게 "불신하는 것을 멈추고, 네 자신이 믿는 자가 되어라."는 것입니다. 더 나아가 예수님은 제자들의 불신앙의 원인까지도 다 제거하여 믿게 해주시는 분이십니다. 예수님은 도마에게 부활하신 자신을 보고서 부활의 주님을 믿으라고 말씀하셨습니다. 도마는 이 시점까지 충성스러운 예수님의 제자였지만 아직 믿는 자는 아니었습니다. 도마가 예수님 손의 못 자국이나 옆구리의 창 자국에 손을 직접 넣어보았는지에 대한 성경의 언급은 없습니다. 우리가 앞뒤의 문맥을 통하여 받는 인상은 도마가 예수님의 상처 자국들을 보는 것만으로도 이미 부활하신 예수님을 충분히 확인했기 때문에 바로 이어서 그가 부활하신 예수님을 믿고 신앙고백을 했다는 것입니다.

적용 우리도 십자가에 죽으시고 부활하신 예수님을 개인적으로 만나 믿을 수 있기를 바랍니다.

둘째로 인간은 부활하신 예수님을 나의 주님과 나의 하나님으로 신앙 고백해야 합니다 (28).

현대인의 성경 28절에서 "그러자 도마는 '나의 주님이시며 나의 하나님이십니다!' 하고 대답하였다."라고 번역했습니다. 우리가 예수를 어떻게 믿느냐는 신앙의 본질적인 아주 중요한 문제입니다. 부활하신 예수님을 자신과 연관시킨 것이 바로 도마의 신앙고백인 "나의 주님이시며 나의 하나님이십니다."라는 놀라운 고백입니다. 이 신앙고백이 예수님을 부르는 말로써 예수님이 나의 주님이시며 나의 하나님이시라는 도마 개인의 신앙고백입니다. 부활하신 예수님이 바로 부활의 주님이시고 영원하신 하나님이시라는 것입니다. 25절에서 도마가 열 제자들의 증언에도 비합리적인 완악함이라고 할 정도로 믿지 못했고, 27절에서 예수께서 도마를 공개적으로 책망했는데, 28절에서 도마가 놀라운 신앙고백을 했고, 29절에서 예수님은 도마의 신앙고백을 칭찬하셨습니다. 도마가 예수님을 나의 주님이시요 나의 하나님이시라고 한 것은 그의 솔직담백한 성품이 그대로 배어있는 신앙고백입니다. 도마가 비관적인 불신앙에서 부활하신 예수님을 만나고서 놀랍게 기뻐하며 신앙 고백하는 상황 전환은 일반적인 다른 증인들의 경험과 일치합니다. 도마의 신앙고백은 성경에 나오는 우리 모든 제자들의 신앙고백으로 이어져야 한다고 카슨(D. A. Carson) 교수가 지적했습니다. 도마는 부활하신 예수님이 바로 그의 마음에 계시는 그의 주님이시고 그의 하나님이라고 고백했습니다. '주'(kyrios; the Lord)는 일반적인 존칭이자 하나님을 부르는 호칭으로 사용되었습니다. 주는 부활 후의 예수님의 칭호였고(롬 10:9, 13; 고전 12:3; 빌 2:9~11), 하나님의 호칭으로 사용되었습니다. 하나님의 아들이시며 인자이신 예수께서 십자가에 달려 죽으셨다가 다시 살아나셔서 그 방에 찾아가셔서 도마를 만났는데, 그는 부활하신 예수님을 자신의 주님이시며 자신의 하나님이시라고 놀랍게 신앙고백 했습니다. 도마가 예수님을 자신의 주님과 자신의 하나님으로 고백한 것은 인자이시며 하나님의 아들이신 예수님을 제대로 신앙 고백한 것입니다.

예수님은 이 땅에 오시기 전에 말씀으로 계셨던 하나님이셨습니다(1:1). 말씀이신 하나님이 우리 가운데 육신이 되어 인자로 이 땅에 오신 분이 바로 예수님이신데, 그의 영광은 아버지의 독생자의 영광이요 은혜와 진리가 충만하신 분이십니다(1:14). 예수님은 이 땅 위에서 하나님 아버지의 품 속에 독생하신 하나님으로 자기가 본 그대로 사람들에게 하나님을 나타내셨습니다(1:18). 그리고 죄로 죽어 가는 인간을 구원하시기 위해서 죄 없으신 예수께서 인간이 받아야 할 죄와 심판을 대신 지시고 십자가에 달려 죽으셨습니다. 예수께서 가야바 대제사장의 질문에 자신이 인자로 보좌의 우편에 앉으셨다가 심판하러 다시 오실 것을 말씀했습니다. 이것은 인자로 이 땅에 오신 예수님이 완전히 하나님이시라는 것입니다. 도마가 예수님을 나의 주님이시며 나의 하나님이시라고 고백한 신앙고백은 가장 성경적이고 최고의 고백입니다. 도마는 하나님이신 예수님이 자신의 죄를 대신하여 십자가에 죽으셨다가 다시 살아나신 자신의 하나님이시고 자신의 주님이시라고 신앙 고백했습니다. 도마와 같은 신앙고백을 하는 사람이 죄와 심판에서 구원을 받고 하나님과 함께 영원히 사는 영생을 얻습니다. 도마의 신앙고백에는 하나님 아버지를 공경하는 것 같이 그 아들 예수님을 공경해야 한다는 것입니다. 하나님의 아들 예수께서 하나님 아버지의 뜻을 이루시는 아들이시며 아버지와 한 분으로 계시지만 아들이심을 분명하게 드러냈습니다. 사도 요한은 요한복음의 독자들이 성경 말씀을 듣고 도마의 신앙고백과 같은 신앙고백을 통하여 믿음에 이르러야 한다는 것을 알려주고 있습니다.

믿음과 회개는 함께 연결되어 있습니다. 예수님을 믿음으로 신앙고백 하는 것이 영접과 믿음으로 나타나기도 하고, 때로 죄에 대한 회개로 나타나기도 합니다. 로마서 10장 9절에서 "네가 만일 네 입으로 예수를 주로 시인하며 또 하나님께서 그를 죽은 자 가운데서 살리신 것을 네 마음에 믿으면 구원을 받으리라."라고 해서 우리가 우리의 입으로 예수님을 주로 시인하고 또 마음으로 예수님의 십자가와 부활을 믿는 사람은 구원을 받는다고 했습니다. 요한1서 1장 9절에 "만일 우리가 우리 죄를 자백하면 그는 미쁘시고 의로우사 우리 죄를 사하시며 우리를 모든 불의에서 깨끗하게 하실 것이요"라고 해서 우리가 우리의 죄를 자백하여 회개하고 예수님을 주님으로 믿으면 모든 죄가 깨끗하게 용서받게 된다고 말씀했습니다.

적용 우리도 도마와 같이 십자가에 죽으셨다가 다시 살아나신 예수님을 나의 주님과 나의 하나님이라고 마음으로 믿고 입으로 시인하는 신앙고백을 통하여 영생 얻을 수 있기를 바랍니다.

셋째로 성경 말씀을 통하여 예수를 믿는 사람이 복이 있습니다(29).

29절에서 "예수께서 이르시되 '너는 나를 본 고로 믿느냐? 보지 못하고 믿는 자들은 복되도다.' 하시니라."라고 하셨는데 앞 문장은 예수께서 도마의 믿음을 확인하는 서술문으로 해석하고, 뒷 문장은 축복문으로 해석합니다. '복되도다'는 보지 못하고 믿는 자들은 행복하다는 뜻이라기보다는 하나님이 받아 들여주신다는 것입니다. 도마는 부활하신 예수님을 직접 만나서 믿었던 제자들과 마찬가지로 부활하신 예수님을 직접 보고서 믿었지만, 부활하신 예수님을 보지 못하고 성경 말씀을 듣고 믿는 자가 복이 있다고 했습니다. 사도 요한은 부활하신 예수님을 보지 못하고 빈 무덤의 상황을 보고 예수님의 말씀을 기억하고서 부활하신 예수님을 믿었습니다. 사도 요한은 본문에서 성경 말씀을 듣고 예수님을 믿는 사람이 복이 있다고 했습니다. 부활하신 예수께서 승천하신 후에 사람들은 부활의 예수님을 보지 않고 믿게 되리라는 것입니다. 오늘 우리들도 예수님을 보고 믿는 것이 아니라 성경 말씀을 듣고 예수님을 믿게 된다는 것입니다. 그렇다고 우리의 믿음과 기쁨은 조금도 반감되지 않는다는 것입니다. 베드로전서 1장 8~9절에도 "8. 예수를 너희가 보지 못하였으나 사랑하는도다. 이제도 보지 못하나 믿고 말할 수 없는 영광스러운 즐거움으로 기뻐하니 9. 믿음의 결국 곧 영혼의 구원을 받음이라."라고 했습니다. 예수님을 보지 못하였으나 성경 말씀을 듣고 예수를 믿어 구원을 받아 말할 수 없이 기뻐한다는 것입니다. 로마서 10장 17절에서 "믿음은 들음에서 나며 들음은 그리스도의 말씀으로 말미암았느니라."라고 했습니다. 예수님을 믿는 진정한 믿음은 하나님의 말씀인 성경을 들을 때 생겨납니다. 성경을 읽으면서 묵상하면서 들을 수도 있고, 성경을 상고하면서 들을 수도 있고, 설교의 말씀을 들으면서 들을 수도 있습니다. 하나님의 말씀은 성령의 검(엡 6:17)이라고 성령이 하나님의 말씀과 함께 말씀을 듣는 사람에게 역사해서 하나님의 말씀을 믿게 한다는 것입니다. 성경을 기록한 것은 예수를 하나님의 아들 그리스도로 믿어 영생을 얻도록 하기 위해서 기록하였다(20:31)고 했습니다. 성령은 사모하는 마음으로 하나님의 말씀을 듣는 우리의 심령 속에 뜨겁게 역사합니다. 우리가 로마의 백부장 고넬료처럼 하나님의 말씀을 사모하는 마음으로 들을 때에 성령은 우리의 마음속에도 충만하게 역사해서 예수님을 나의 주님과 나의 하나님으로 믿게 합니다.

사랑하는 성도 여러분이여!

인간이 이 땅에 사는 동안에 한 번은 십자가에 죽으셨다가 부활하신 예수님을 개인적으로 만나야 합니다. 인간은 바로 하나님의 아들이시며 인자이신 예수님을 나의 주님과 나의 하나님으로 믿고 신앙고백 하는 결단을 해야 합니다. 사람이 마음으로 믿고 입으로 시인하는 신앙고백을 해야 구원을 받습니다. 말씀이신 하나님이 우리를 구원하시기 위해서 이 땅에 사람의 아들인 인자로 오셨다는 복음은 그 어떤 종교에도 없는 기독교만의 비밀이고 사랑이며 은혜입니다. 하나님의 말씀인 성경 말씀을 듣고서 부활하신 예수님을 나의 주님과 나의 하나님으로 믿고 신앙 고백하여 구원받은 성도로 살아갈 수 있기를 소원합니다.

70. 요한복음의 기록 목적(20:30~31)

1871년 10월 8일에서 10일까지 3일에 걸쳐 시카고 시내의 대화재로 삼백 명이 사망하고 십만 명의 이재민이 발생했습니다. 그때 시카고 시내 한복판의 디엘 무디(Dwight L. Moody, 1837~1899)가 설립한 예배당도 완전히 불탔습니다. 많은 기자가 화재 현장의 무디 곁으로 다가가 "살아계신 하나님은 항상 전지전능하셔서 무엇이든지 원하기만 하면 이루어주신다고 설교하셨는데 왜 하나님은 자신의 거룩한 성전인 예배당이 불에 타 없어지는 것을 가만두셨습니까?"라고 빈정거리며 질문하자, 무디는 "나는 몇 달 전부터 하나님께 큰 예배당을 달라고 기도해왔소. 우리가 큰 예배당을 짓기 위해서 현 예배당을 헐고 새 예배당을 다시 세워야 하는데 하나님께서 건물을 허는 비용을 들지 않게 하신 것이지요."라는 말에 기자들은 어이없어했습니다. 왜냐하면, 무디는 밤중의 화재로 잠옷 바람으로 겨우 목숨만 건진 상태였기 때문입니다. 기자들은 "그럼 큰 예배당을 건축할 돈은 가지고 있습니까?"라고 묻자, 무디는 옆구리에 낀 낡은 성경책을 꺼내놓으며 "나는 수표와 돈을 가지고 나오지 못했지만 아무리 써도 바닥이 나지 않는 하나님의 금고인 성경책을 가지고 나왔지요. 그러므로 여러분은 얼마 안 가서 불탄 예배당보다 더 훌륭한 예배당을 보게 될 것이요." 무디는 시카고 시가지를 재정비하기 전 1873~6년까지 3년간 영국에 건너가 영국을 뒤흔드는 큰 부흥을 일으켰고, 영국에서 무디의 새 예배당 건축을 위한 많은 헌금을 해주어서 그 헌금으로 무디는 화재로 불탄 그 자리에 불탄 것보다 훨씬 크고 아름다운 예배당을 건축했습니다. 전도자 무디는 1899년에 천국에 대한 놀라운 간증을 하고 하늘나라로 갔습니다. 현 무디기념교회당은 1925년에 새로 건축했는데, 삼천팔백 석을 가진 2층 대형교회당이고 저는 이 교회에 유학 중에 6개월간 주일예배에 출석하여 예배했습니다.

사도 요한은 에베소에서 주후 80년에 75세에 요한복음을 기록하면서 예수님을 처음부터 하나님이시라고 증언했습니다. 사도 요한이 본문에서 요한복음의 기록 목적을 십자가에 죽으시고 부활하신 예수님을 하나님의 아들과 그리스도로 믿어 영생을 얻게 하기 위함이라고 했습니다. 사도 요한의 스승 세례 요한은 일찍이 예수님을 세상 죄를 지고 가는 어린 양이시고, 성령으로 세례를 주시는 분이시고, 하나님의 아들이시라고 증언했습니다. 예수님의 제자들도 예수님의 말씀과 그가 행하신 표적을 통하여 예수께서 하나님의 아들과 그리스도라고 증언했습니다. 도마는 부활하신 예수님을 만나 자신의 주님과 자신의 하나님이라고 신앙고백 했습니다. 부활하신 예수께서 이미 승천하여 볼 수 없기 때문에 십자가에 죽으셨다가 부활하신 예수님을 증언하는 성경 말씀을 듣고 믿는 자들이 복이 있다고 예수께서 말씀하셨습니다. 예수님도 자신이 세상의 정치적인 그리스도가 아니라 하늘에 속한 왕이시며 구원의 그리스도라고 분명하게 증언했습니다. 본문의 두 구절은 사도 요한이 예수께서 하나님의 아들과 그리스도이심을 믿어서 생명을 얻게 하려고 기록했다는 결론의 말씀입니다. 카슨(D. A. Carson) 교수는 '누가 그리스도인가?'에 관심을 가진 유대인과 이방인 모두를 위하여 복음을 명확하게 전하고자 요한복음에서 많은 표적을 행하신 예수님이 하나님의 아들과 그리스도라고 기록했다고 주장합니다. 본문의 요한복음의 기록 목적이라는 말씀을 통하여 인자 예수님을 하나님의 아들과 그리스도라고 믿어서 생명을 누리는 은혜를 함께 나누고자 합니다.

첫째로 예수께서 행하신 표적이 예수님을 하나님의 아들과 그리스도라고 증언합니다 (30).

한글 성경에는 나오지 않지만, 30절이 영어 성경에서는 "그러므로"(NASB; therefore)로 시작하고 있는데, 이것은 헬라어 문장(men un)의 의미를 잘 번역한 것이며, 이것을 앞 절과 연결하여 "부활한 그리스도를 보지 못하였지만 믿는 자들은 복이 있다. 그러므로 이 책은 너희로 하여금 믿게 하기 위한 목적으로 씌어졌다"라고 '그러므로'로 문장을 시작하는 것이 좋으며, 31절도 헬라어 문장 (de)의 의미를 30절과 연결하여 "그러나"(NASB; But)로 시작해야 한다고 카슨(D. A. Carson) 교수는 정리했습니다. 30~31절을 다시 정리하면 "한편으로는, 예수 께서 여기에 기록되지 않은 훨씬 더 많은 표적들을 행하였다는 것은 의심의 여 지가 없지만, 다른 한편으로는 예수께서 행하신 표적 중에 일부를 여기에 기록 한 것은 너희로 하여금 믿게 하기 위함이다."라고 정리할 수 있습니다. 예수께 서 제자들 앞에서 수많은 표적을 행했으나 요한복음은 표적 중에 일부를 기록 했습니다. 그래서 21장 25절에서 예수께서 행하신 일이 낱낱이 기록되었다면 이 세상이라도 이 기록된 책을 두기에 부족하다고 증언했습니다.

2장 1~12절에서 예수께서 가나의 혼인 잔치에 가서서 물이 포도주로 변화 되는 표적을 행하셨고, 열두 제자가 이 표적 사건을 통하여 예수께서 하나님의 아들 그리스도이심을 믿었습니다(11). 4장 46~54절에서 왕의 신하의 아들이 가 버나움에서 병들었다는 소식을 듣고 예수께서 왕의 신하에게 "가라 네 아들이 살아있다"(50)고 말씀했고 그 신하는 예수님의 말씀을 그대로 믿고 집을 향하여 가다가 그 종들로부터 그 아들이 살아났다는 소식을 듣고서 '왕의 신하와 온 집 안이 다 예수님을 하나님의 아들로 믿었습니다'(53). 5장 1~15절에서 예수께서 베데스다 연못가의 38년 된 병자를 고쳐주셨고 이 사람은 자기를 고쳐주신 분 이 하나님의 아들 예수라(15)고 증언했습니다. 6장 5~15절에서 예수님은 오병 이어로 오천 명을 먹이시는 기적을 행하셨고 자신이 영생을 주시는 하늘에서 내려온 생명의 떡이라고 증언했습니다. 9장 1~7절에서 예수께서 나면서 시각장애인 된 청년을 고쳐주었고 눈을 뜬 그 청년은 예수님을 하나님의 아들과 인자로 믿고 섬겼습니다. 11장 1~46절에서 예수님이 죽은 지 나흘이나 된 나사로를 살려주었고 이를 본 많은 유대인들이 예수님을 하나님의 아들과 그리스도로 믿었습니다. 21장 1~14절에서 부활하신 예수께서 디베랴 호숫가에서 밤새 물고기 한 마리도 잡지 못한 제자들에게 배 오른편에 그물을 던지라고 말씀하여 베드로를 비롯한 제자들이 153마리의 많은 물고기를 잡게 하는 기적을 행하셨고, 제자들은 다시 예수님을 주님으로 믿었습니다(12). 최고의 표적은 말씀이신 하나님이 육신이 되어 독생자의 영광을 가지신 예수님으로 나신 사건이고, 인자 예수가 하나님의 아들로서 말씀하시던 대로 우리를 위하여 대속적 죽음을 죽으신 것이고, 그분이 말씀하시던 대로 죽은 자 가운데서 부활하신 것이고, 부활하신 예수께서 승천하심으로 하나님의 아들과 그리스도이심을 나타내신 것입니다.

사도 요한은 요한복음에서 기록한 표적들을 통하여 예수께서 하나님의 아들과 그리스도이심을 증언했습니다. 예수께서 행하신 표적을 목격한 제자들은 예수님을 하나님의 아들과 그리스도로 믿고 따랐습니다. 하나님의 백성들은 기록된 성경 말씀을 듣고서 예수께서 하나님의 아들과 그리스도라고 믿게 되었습니다.

적용 우리도 성경 말씀에서 기록된 여러 표적과 말씀이 육신이 되신 예수께서 죽으셨다가 부활 승천하신 놀라운 이적을 통하여 예수님을 하나님의 아들과 그리스도로 믿으시길 바랍니다.

둘째로 우리는 인자이신 예수님을 하나님의 아들과 그리스도로 믿어야 합니다(31상반절).

"그러나(NASB; but)"라는 접속사로 시작한 31절은 "그러나 예수께서 행하신 표적들을 기록할 수 있는 것들이 많이 있지만, 오직 너희가 믿을 수 있도록 이것만을 기록했다."라는 의미입니다. 31절에서 "너희로 믿게 하려 함이요"라는 말씀은 이미 예수께서 하나님의 아들이시며 그리스도이심을 믿는 유대인 그리스도인들이 계속해서 더 잘 믿도록 하기 위함이라고 좁게 해석하기도 하지만 카슨(D. A. Carson) 교수는 모든 사람에게 믿도록 하기 위함이라고 넓게 해석했습니다. 더 나아가 표적을 선별하여 기록한 것은 요한복음을 기록한 목적만이 아니라 사도 요한이 신학을 기록한 목적이라고 봐야 한다는 것입니다(Mathew Black). 그러므로 사도 요한이 기록한 요한복음은 너희로 즉 유대인과 이방인 모두가 십자가에 죽으시고 부활하신 예수님을 하나님의 아들과 그리스도로 믿게 하기 위한 목적으로 썼다는 사실을 밝히고 있습니다. 5장 39절에서도 "너희가 성경에서 영생을 얻는 줄 생각하고 성경을 연구하거니와 이 성경이 곧 내게 대하여 증언하는 것이니라."라고 예수께서 성경이 예수님을 증언하여 사람들로 영생을 얻게 한다고 말씀했습니다. 사도 요한이 요한복음을 기록한 목적은 십자가에 못 박혀 죽으시고 부활하신 예수님을 하나님의 아들과 그리스도로 계속해서 잘 믿고 또 새로 믿어서 생명을 얻도록 하기 위함이라고 했습니다. 꼭 필요한 여러 표적의 증거가 예수님을 하나님의 아들과 그리스도로 믿도록 하는데 조금도 부족함이나 어려움이 없다는 것입니다.

이것을 위하여 예수님의 고별 설교가 조심스럽게 진행되었는데 세 가지로 정리되었습니다. 첫 번째로 말씀이신 하나님이 성육신(成肉身)했다는 사실이 예수께서 그리스도이심을 증언합니다. 바울 사도는 빌립보서 2장 7~8절에서 예수님은 근본 하나님의 본체시나 자기를 비워 종의 형체를 가지사 사람들과 같이 되어 사람의 모양으로 나타나셨고, 죽기까지 복종하셨다고 했습니다. 누가복음에서는 마리아에게 성령으로 아기 예수가 잉태되어 나셨을 때 말씀이신 하나님이 바로 인자로 나셨다고 했습니다. 그 잉태한 인자 예수님을 엘리사벳과 마리아는 자신의 주님이라고 찬양하고 고백했습니다. 두 번째로 예수께서 인자와 선한 목자로 자기 백성을 구원하시기 위하여 그들의 죄를 대신하여 십자가에서 죽으셨다가 그들을 의롭다 하시기 위하여 죽음에서 부활하셨는데 그분이 바로 구원의 주님이십니다. 예수님은 목숨을 버릴 권세도 있으시고 다시 얻을 권세도 있으신 하나님이신데 자기 백성을 구원하시기 위하여 자원하여 십자가에서 죽으셨습니다. 세 번째로 예수께서 부활하시고 승천하셨다는 사실이 예수께서 하나님이심을 잘 증거 합니다. 예수님은 사흘 만에 스스로 살아나셨고, 그뿐만 아니라 사도행전 1장 11절에서 "예수는 하늘로 가심을 본 그대로 오시리라"고 하신 말씀처럼 하늘로 올라가셨고, 올라가신 그대로 다시 오실 분이신데 이것이 예수께서 하나님이심을 증언하는 분명한 증거입니다. 더나아가 예수님은 하나님 보좌의 우편에 앉으셨고, 심판하는 권세를 가지셨고, 그리고 약속하신 성령을 우리에게 보내주셨다는 사실도 바로 예수께서 하나님이심을 증거 합니다.

사도 요한은 요한복음에서 여러 전도자 개인이 예수께서 하나님의 아들과 그리스도라고 증언하는 내용을 잘 기록하고 있습니다. 첫 번째로 사도 요한은 요한복음의 서론이라고 할 수 있는 1장 1, 14절에서 태초부터 말씀이신 하나님이 하나님 아버지와 함께 계셨는데 그 말씀이 육신이 되어 우리 가운데 거하셨고 그 영광이 하나님의 독생자의 영광이고 하나님 아버지의 품 속에 독생하신 하나님이시라고 했습니다. 말씀이신 하나님이 그 영광을 비우시고 이 땅에 하나님의 독생자와 인자로 오셨다는 것입니다. 두 번째로 세례 요한은 예수님을 요단강에서 세례 주면서 성령이 그 위에 머무는 것을 보고서 예수님을 세상 죄를 지고 가는 어린 양이시고, 성령으로 세례를 주시는 분이시고, 하나님의 아들이라(1:29, 33, 34)고 증언했습니다. 세 번째로 나다나엘은 예수님을 하나님의 아들이시고 이스라엘의 임금이시라(1:49)고 증언했습니다. 네 번째로 안드레는 그의 형제 시몬 베드로에게 예수님을 그리스도(1:41)라고 증언했습니다. 다섯 번째로 수가성 여인은 자신의 모든 과거를 다 아시고 네 남편을 데려오라고 말씀하며 회개를 촉구하시는 예수님을 자신이 기다리던 그리스도라고 자기 동네 수가성 사람들에게 증언했습니다(4:29). 여섯 번째로 예수께서 자신을 밤중에 찾아온 니고데모에게 '하늘에서 내려온 인자가 십자가에 달려 죽으실 분

(3:13~15)으로 믿어야 영생을 얻는다.'고 증언했습니다. 예수님 자신은 하늘에서 내려온 생명의 떡인데 자신의 살과 피를 먹어야 영생을 얻는다(6:51)고 분명하게 증언했습니다. 예수님은 하나님 아버지께서 자신에게 주신 양들을 위하여 목숨을 버려주신 '선한 목자이고 양의 문이라'고 하시면서 양의 문으로 들어오는 자가 구원을 얻는다고 증언했습니다.

적용 성경 말씀 특히 요한복음에 기록한 대로 말씀이 육신이 된 인자 예수님을 십자가에 죽으시고 부활하신 하나님의 아들과 그리스도로 우리가 믿어 영생을 얻을 수 있기를 바랍니다.

셋째로 우리는 예수님을 하나님의 아들과 그리스도로 믿어 생명을 얻어야 합니다(31하반절).

31하반절에서 "… 너희로 믿고 그 이름을 힘입어 생명을 얻게 하려 함이니라."라고 했습니다. 요한복음을 기록한 목적이 유대인들과 이방인들이 예수님을 하나님의 아들과 그리스도로 믿어 생명을 얻게 할 전도 목적이라고 했습니다. 너희 즉 유대인 그리스도인들의 신앙생활을 계속 더 강화하게 하는 목적과 유대인과 이방인 미전도인들이 새로 예수님을 믿어 생명을 얻게 할 목적으로 요한복음을 기록했습니다. 여기 생명(zoe; life)은 영원한 생명을 말하며 이것은 하나님의 아들이시며 메시아 즉 그리스도가 바로 예수님이라고 믿는 사람에게 주어지는 예수 그리스도 안에서만 주어지는 생명입니다. 3장 15절에 의하면 생명은 인자 예수의 십자가의 죽으심을 믿어서 얻는 영생을 말합니다. 하나님 나라에 들어가는 것은 하나님의 나라에서 하나님을 섬겨 하나님의 다스림을 받는 하나님의 백성으로 살아가는 것입니다. 이 생명은 천국에서 어린 양의 혼인 잔치에 정결한 그리스도의 신부로 참여하여 그리스도와 더불어 기뻐하고 즐거워하는 삶입니다. 영생은 예수께서 주신 부활의 생명을 가지고 하늘 아버지 집의 영원한 거처에서 삼위 하나님과 함께 영원히 사는 삶을 말합니다. 성령에 의해서 거듭난 사람이 성령이 우리에게 주신 새 생명을 가지고 날마다 하나님과 함께 살아가는 삶을 말합니다. 성령에 의해 거듭난 사람은 예수님을 주님으로 믿고 하나님을 아버지로 섬기는 하나님의 자녀로 살아갑니다. 영생을 얻은 성도는 멸망에 이르는 심판을 받지 않고 온전히 영생을 누리게 됩니다.

구원은 죄라는 물에 빠져서 죽어가던 사람이 그 죄악에서 건짐을 받아 하나님의 자녀로 살아가는 것을 말합니다. 구원받은 성도는 성령의 충만함으로 교회를 세우기 위하여 충성하며 성화의 삶을 살아가는 성도들입니다. 구원받은 그리스도인은 하나님을 사랑하여 예배하는 데 집중합니다. 구원받은 그리스도인은 그리스도의 재림을 소망하며 하늘나라에 소망을 두고 살아가는 사람들입니다. 구원받은 그리스도인은 부활의 생명을 가지고 삼위일체 하나님과 하늘 아버지 집에서 영원히 사는 사람들입니다. 구원받은 그리스도인은 우리 하나님과 우리 주님 예수님과 성령이 심령에 내재하는 풍성한 삶을 살아가는 사람들입니다. 그리스도께서 우리 안에서 사랑의 줄로 온전히 구원받도록 지키시고 보호하십니다. 구원은 재림하실 그리스도께서 우리에게 부활의 생명을 주셔서 새 하늘과 새 땅으로 인도하여 하나님의 장막에서 영원히 사는 것입니다.

사랑하는 성도 여러분이여!

사도 요한은 예수께서 행하신 표적들이 예수께서 하나님의 아들이심을 증언한다고 했습니다. 사도 요한은 요한복음에서 말씀이 육신이 되신 인자 예수께서 십자가에 죽으시고 부활하는 놀라운 이적을 통하여 그를 믿는 자들을 구원하는 이적을 행하셨다고 기록했습니다. 이렇게 기록한 성경을 정확 무오한 하나님의 말씀으로 믿고서 하나님의 아들 예수 그리스도를 나의 주님으로 믿고 고백하는 성도가 영생을 얻습니다. 예수 그리스도를 나의 주님으로 믿어 영원한 생명을 가진 그리스도인으로 성경 말씀을 잘 듣고 잘 믿으며 살아갈 수 있기를 바랍니다. 예수님을 하나님의 아들과 그리스도로 믿어 영생을 얻어서 하늘 아버지 집의 영원한 거처에서 영원히 살아갈 수 있기를 소원합니다.

V
/
결문
(21:1~25)

71. 디베랴 호숫가의 제자들에게 나타나신 예수님 (21:1~14)

20장 31절에서 "오직 이것을 기록함은 너희로 예수께서 하나님의 아들 그리스도이심을 믿게 하려 함이요. 또 너희로 믿고 그 이름을 힘입어 생명을 얻게 하려 함이니라."라고 요한복음을 기록한 목적이 예수께서 하나님의 아들 그리스도이심을 믿게 하여 영생을 얻게 하기 위함이라고 마지막 마무리를 했습니다. 21장은 처음에 기록된 요한복음의 일부가 아니고 나중에 첨부된 것이라고 주장하는 극단적인 사람들도 있습니다. 요한복음 사본 중에서 1장에서 20장까지만 기록된 사본이 발견된 것은 하나도 없고, 모든 사본에서 1장에서 21장까지 원래부터 다 기록되어 있다는 것은 21장이 요한복음의 마지막 장이라는 것입니다. 1장 1~18절까지가 서론 부분이고, 1장 19절에서 20장 31절까지 본론이며, 20장 30~31절은 요한복음 본론의 결론 부분이고, 21장은 요한복음 결론의 적용 부분인 선교의 장입니다. 예수님을 하나님의 아들 그리스도로 믿는 사람은 나가서 그 영생의 복음을 전해야 한다는 선교의 장이 요한복음을 마무리하는 마지막 21장입니다. 21장은 마태복음 28장 19~20절의 지상명령, 마가복음 16장 15~18절, 그리고 누가복음 24장 47~49절의 마지막 선교의 장들과도 잘 조화를 이루고 있습니다.

21장에서 예수님을 부인하고 좌절하여 디베랴 호숫가에서 배를 타고 고기 잡으러 나간 사도 베드로와 제자들을 예수께서 찾아가셔서 배 오른편에 그물을 던지라고 말씀하여 많은 물고기를 잡게 하셨습니다. 예수께서 낙심한 베드로에게 다가와 질문하자 베드로가 겸손하게 대답하면서 그를 용서하시고 제자로 다시 세워주셨습니다. 사도 베드로가 예수님의 십자가와 부활을 증거하는 복음 전도자로 나서는 장면을 복음의 마지막 후기와 같이 21장에 기록하고 있는 것은 요한복음의 정상적이고 새로운 반전의 마무리입니다. 디베랴 호숫가의 제자들에게 나타나신 예수님이라는 제목의 말씀을 들으면서 함께 은혜를 나누고자 합니다.

첫째로 부활하신 예수께서 디베랴 호숫가의 제자들에게 나타나셨습니다(1~6).

1절의 "그 후에"는 유월절의 한 주간 동안 계속된 무교절이 지나고 나서 며칠 후에 제자들이 두세 사람씩 짝을 지어 예루살렘을 떠나 갈릴리로 돌아온 때로, 부활하신 예수께서 제자들에게 자신을 다시 나타내셨는데 그곳은 갈릴리의 디베랴 호숫가였습니다. 디베랴 호숫가는 갈릴리 호수를 부르는 다른 이름으로 신약성경에서 오직 요한복음에만 등장합니다. 예수께서 부활하신 몸을 디베랴 호숫가에서 제자들에게 나타내셨습니다. 디베랴 호숫가에 일곱 명의 제자들이 있었다고 2절에서 언급하면서 그들 중에 "시몬 베드로"가 가장 먼저 언급되고 있는 것은 그가 비공식적인 리더였던 것으로 보입니다. 3절에서도 시몬 베드로가 가장 먼저 언급되고 있는 것은 그 밤에 갈릴리 호수로 제자들이 그물을 가지고 물고기를 잡으러 나가는데 그가 주도적인 역할을 한 것으로 봅니다. "도마"는 여기에서 그의 디두모라는 아람어 이름과 헬라식 이름을 동시에 사용해서 소개하고 있습니다. "나다나엘"(바돌로매)은 빌립이 나사렛 예수님을 소개하면서 등장하였다가(1:45), 한동안 언급되지 않았는데 본문 2절에서 예수께서 처음 두 가지 표적을 행했던 "가나"(2:1, 4:46) 출신으로 소개합니다. "세베대의 아들들"은 요한복음의 앞부분에서 이렇게 소개한 적이 없었는데, 공관복음에서는 베드로와 세베대의 두 아들인 야고보와 요한을 예수께서 사랑하는 제자 삼총사로 묘사했다는 점에서 요한복음의 침묵은 "그 사랑하시는 제자"(20) 사도 요한을 드러내지 않고자 하는 저자인 사도 요한의 의도로 볼 수 있습니다. 마지막 "또 다른 제자 둘"은 익명으로 언급하고 있어서 구체적으로 누구인지 알 수가 없습니다.

3절에서 베드로와 다른 제자들이 그 밤에 그물을 가지고 갈릴리 호수로 물고기를 잡으로 간 행동이 책망을 받아야 할 일인지에 대하여 견해가 여러 가지로 나누어집니다. 첫째, 사람을 낚는 어부로 부르신 예수님의 부르심에 완벽하게 배교하여 이전의 어부로 돌아가 버렸다고 해석하는 사람들이 있습니다. 20장 21~22절에서 "아버지께서 나를 보내신 것 같이 나도 너희를 보내노라.' 이 말씀을 하시고 그들을 향하여 숨을 내쉬며 이르시되 '성령을 받으라.'"라고 놀라운 복음 전도의 사명을 주셨는데 배신하여 물고기 잡는 어부로 돌아갔다는 것입니다. 둘째, 어떤 사람은 절망적인 상태에서 아무런 생각 없이 한 행동이라고 해석합니다. 셋째, 브루스(F. F. Bruce) 박사는 베드로가 복음 전도자의 사명을 포기하고 물고기 잡는 어부로 되돌아간 증거는 전혀 없으며 빈둥거리며 지내기보다는 자신의 시간을 유용하게 사용하여 물고기 잡으러 간 것은 잘한 일이라고 했습니다. 베드로와 제자들은 그 밤에 물고기를 잡아서 배고픈 식사 문제를 해결하고자 했다는 것입니다. 넷째, 카슨(D. A. Carson) 교수는 베드로와 제자들이 갈릴리 호수로 물고기 잡으러 간 행동을 예수님을 배신한 것으로 해석하기보다는 오히려 부활하신 예수님을 만나러 갈릴리에 왔지만, 그 시간이 언제인지 정확하게 알 수가 없어 잠시 짬을 내어 그 밤에 그들의 먹는 문제를 해결하고자 한 선한 행동으로 해석했습니다. 베드로와 제자들이 갈릴리로 간 것이 물고기 잡는 어부로 돌아가기 위함이 아니라 마가복음 16장 7절에 나오는 대로 "예수께서 너희보다 먼저 갈릴리로 가시나니 전에 너희에게 말씀하신 대로 너희가 거기서 뵈오리라."라는 말씀을 기억하고 제자들이 갈릴리에서 예수님을 뵈오려고 갔다고 해석하는 것이 정당하다는 것입니다. 그 아침에 베드로가 디베랴 호숫가에서 배 오른편에 그물을 던지라고 전문가처럼 말씀하시던 그분이 예수님이시라는 사실이 확인되자마자 예수님을 뵙고자 그가 곧 물로 뛰어들어 예수께서 계시는 호숫가로 헤엄쳐 갔다는 사실에서 이를 알 수 있습니다. 베드로의 이런 예수님을 만나고자 한 행동은 부활의 주님을 피해서 멀리 옛날의 어부로 되돌아가고자 한 행동이 아니라는 것입니다. 베드로와 제자들은 예수님을 배신하지도 않았고, 절망에 빠져있지도 않았고, 단지 예수님을 만나 뵐 시간을 정확히 알 수 없어 유용하게 시간을 쪼개어 물고기를 잡으러 갔다는 것입니다.

베드로와 제자들이 그 밤에 물고기를 잡으러 간 행동은 그 전 주일 저녁에 예수께서 제자들에게 찾아가서서 숨을 내쉬며 "성령을 받으라"라고 말씀하셨을 때 성령을 받고서 복음 전도에 나선 제자들의 행동이 아니라고 해석하는 사람들도 있습니다. 사도행전 2장의 오순절에 성령을 충만하게 받은 베드로의 행동은 놀랍게 변화된 능력의 사도의 모습이었는데 그 밤에 갈릴리 호수에 물고기 잡으러 간 베드로의 모습은 능력 있는 사도의 모습이라기보다는 사실 초라했습니다. 우리가 20장 22절에서 예수께서 숨을 내쉬며 제자들에게 성령을 받으라고 말씀하신 것은 그 순간에 성령이 바로 제자들에게 임한 것이라기보다는 오순절 성령 강림을 미리 예시적으로 보여준 것이라는 해석이 옳습니다. 그 아침에 디베랴 호숫가에 부활하신 예수께서 서 계셨는데 제자들이 바로 알아보지 못한 것은 이른 아침이라 아직 희미하고 어두워서 호숫가에 서 계신 분을 약간 거리가 있는 배에서 제대로 알아보기가 어려웠다는 것입니다.

현대인의 성경 5~6절에서 "5. 예수님이 제자들에게 '얘들아, 고기를 좀 잡았느냐?' 하고 물으시자 그들은 '한 마리도 잡지 못했습니다.' 하고 대답하였다. 6. 예수님은 제자들에게 '배 오른편에 그물을 던져라. 그러면 고기가 잡힐 것이다.' 하고 말씀하셨다. 그래서 제자들이 말씀대로 했더니 고기가 너무 많이 잡혀 그물을 끌어올릴 수가 없었다."라고 제자들은 갈릴리 호수에 그물을 던져서 물고기를 잡고자 밤새도록 반복하여 그물을 던졌으나 신기하게도 한 마리도 잡지 못했습니다. 그런데 어떤 전문 어부 같은 분이 멀리서 "얘들아" 부르시면서 "배 오른편에 그물을 던져라. 그러면 물고기를 잡을 것이다."고 말씀하시는데 상당한 권위가 있고 물고기가 어디에 있는지 다 알고 있는 것처럼 말씀하셨기 때문에 어부였던 제자들마저도 그 밤에 한 마리도 잡지 못하여 아무런 대꾸도 하지 못하고 그 권위에 그대로 순종하여 그물을 배 오른편에 던졌습니다. "얘들"(boys, guys)이라는 말은 친구들을 허물없이 부르는 일반적인 말이고 "물고기"는 빵에 곁들어 먹는 반찬과도 같은 물고기를 말합니다. 7절에서 제자들이 배 오른편에 던진 그물에 엄청난 양의 물고기가 걸려들었을 때 성경대로 부활하신 예수님을 가장 먼저 믿었던 사도 요한이 사려 깊게 판단하여 베드로에게 "주님이시다"라고 먼저 소리쳤습니다. 복음 전도자는 가장 먼저 예수 그리스도께서 주님이심을 믿어야 합니다.

적용 우리도 부활하신 예수님을 나의 주님으로 믿으면서 증거할 수 있기를 바랍니다.

둘째로 부활하신 예수님은 제자들의 필요를 공급해주셨습니다(7~14).

7절에서 "예수께서 사랑하시는 그 제자가 베드로에게 이르되 '주님이시라!' 하니 시몬 베드로가 벗고 있다가 '주님이라' 하는 말을 듣고 겉옷을 두른 후에 바다로 뛰어 내리더라."라고 예수께서 사랑하는 제자 사도 요한이 "주님이시라"고 배에서 소리치자 시몬 베드로가 이 말을 듣자마자 "겉옷을 두른 후에 바다로 뛰어 내리더라."라고 했습니다. 요한과 베드로 두 제자의 성격이 그대로 드러났는데 요한은 빠른 통찰력을 가지고 있었고, 베드로는 빠른 행동을 보여주었습니다. 베드로가 웃옷을 벗고 그물을 호수에 던지는 힘든 작업을 하다가 요한이 배 오른편에 그물을 던지라고 말씀하신 그분이 주님이시라고 소리치는 말을 듣고 벗어두었던 겉옷을 몸에 걸치고 바로 호수로 뛰어내렸습니다. 성격이 급한 베드로는 호수로 뛰어내려 헤엄을 쳐서 호숫가의 예수님에게로 더 빨리 가서 만나 뵈려고 했고, 다른 제자들은 많은 물고기가 가득 걸린 그물을 잡고 호숫가로 끌고 갔습니다. 배에서 디베랴 호숫가까지의 거리는 대략 이백 규빗(90m)쯤 되었습니다.

현대인의 성경 9~10절에서 "9. 제자들이 육지에 올라와 보니 숯불 위에 생선이 놓여 있었고 빵도 준비되어 있었다. 10. 예수님은 제자들에게 '지금 잡아 온 고기를 좀 가져오너라.' 하고 말씀하셨다."라고 제자들이 배에 물고기가 가득 잡힌 그물을 끌고 디베랴 호숫가에 도착했을 때 예수께서 숯불을 피워서 그 위에 생선과 빵을 굽고 계셨습니다. 그리고 예수께서 제자들에게 지금 잡은 생선을 좀 가져오라고 말씀하셨습니다. 예수께서 잡히시기 전날 밤에도 제자들의 발을 씻어주셨는데(13:1~17), 배에서 물고기 잡느라고 밤새도록 수고하여 지친 제자들을 위하여 따뜻한 아침 식사를 준비해서 맞아주셨습니다. 예수께서 제자들이 방금 잡은 물고기를 손질하여 굽는 동안에 제자들은 예수께서 이미 준비하여 차려놓은 조반 음식들을 먹을 수 있었습니다. 베드로는 물로 뛰어 내려가서 헤엄을 쳐서 호숫가에 먼저 올라가서 배 안의 제자들이 끌고 온 그물과 물고기를 호숫가로 끌어올리는데 육지에서 제대로 한몫을 했습니다. 베드로는 어부로서 힘이 센 사람이고 물고기와 그물을 잘 다루는 사람이라는 것을 보여주는 행동이었습니다. 그물에 잡힌 물고기가 너무 많아서 제자들이 나누기 위해서였든지 아니면 팔기 위해서였든지 그 숫자를 조심스럽게 세었는데 자그마치 그 물고기 숫자가 153마리나 되었습니다. 물고기 숫자가 153마리라는 사실에 대하여 여러 가지 상징적인 의미를 부여하며 해석하기도 하지만 근거가 있는 특별한 의미는 없다고 신학자들은 정리합니다.

12~13절에서 "12. 예수께서 이르시되 '와서 조반을 먹으라' 하시니 제자들이 주님이신 줄 아는 고로 '당신이 누구냐?' 감히 묻는 자가 없더라. 13. 예수께서 가셔서 떡(빵; 현대인의 성경)을 가져다가 그들에게 주시고 생선도 그와 같이 하시니라."라고 제자들은 갈릴리에서 예수님을 뵙길 기대하며 예수님의 말씀대로 (막 16:7) 갈릴리로 갔다가 부활하신 예수님을 디베랴 호숫가에서 만났음에도 선뜻 가까이 다가가지 못하고 주저했습니다. 예수께서 제자들을 위하여 이미 숯불을 피워 물고기와 빵 등 아침 조반을 준비해놓고서 "와서 조반을 먹으라." 라고 제자들을 부르셨습니다. 디베랴의 제자들은 그들을 부르신 분이 "부활하신 주님이신 줄 알았다면" 당연히 주님께 "당신이 누구시냐?"고 물을 필요가 없

었기 때문에 "묻는 자가 없었던" 것인데, 본문은 마치 물어야 했던 질문이 있었던 것처럼 말하고 있는 것에 대하여 약간의 의문을 가질 수 있습니다. 그러나 사도 요한은 단지 그렇게 묻지 않았다고 말하는 것이 아니라, 그들이 "주님이신 줄 알고서 감히 그에게 묻지 않았다."라고 설명하고 있습니다. 이 상황은 엠마오로 가던 두 제자가 주님이신 줄 알지 못했기 때문에 그런 질문을 하지 않았던 것과는 다른 것이었습니다. 여기서 제자들은 디베랴 호숫가에서 많은 물고기를 잡게 하신 그분이 부활하신 주님이신 줄 알고 있었지만, 아직도 부활과 관련된 일이 불확실하고, 잘 알 수 없었던 불안감이 있어서, 사실은 "당신이 정말 부활하신 주님이십니까?"라고 묻고 싶은 마음이 굴뚝 같았으면서도 여전히 주저하면서 머뭇거리며 "감히" 주님께 그렇게 묻지 못했습니다. 20장에서 제자들은 이미 부활하신 예수님을 만났고, 그분의 못 자국과 창 자국도 보았고, 도마의 놀라운 신앙고백도 있었기 때문에 부활하신 예수님을 확실히 믿었고, 그들의 주님이라고 신앙고백도 했습니다. 그러나 제자들에게 부활이라는 사실 자체가 아직은 낯설었고, 답답함이 있어서 불안감도 있었습니다. 디베랴의 제자들은 그들 앞에 계시며 조반을 먹으라고 부르신 분이 부활하신 예수님이실 수밖에 없다는 것을 알고 있었기 때문에 부활에 대한 자신들의 여러 의문을 자제해야 했습니다. 예수께서 숯불에 빵과 물고기를 구어서 제자들에게 조반을 먹으라고 말씀해 주셨지만 예수께서 친히 잡수셨다는 말씀이 본문에 없습니다. 그러나 누가복음 24장 42~43절에서 제자들이 구운 생선 한 토막을 예수님께 드리니 예수께서 잡수셨다고 했는데 이것은 예수님의 생명 연장을 위한 것이 아니라 제자들의 믿음을 견고하게 하기 위함이었습니다. 디베랴 호숫가의 예수님은 불안해하는 제자들을 안심시키고 그들의 배고픈 형편을 아시고 미리 아침 조반을 준비해서 육신적인 필요를 해결해주시며 섬겨주셨습니다. 예수님은 제자들에게 새로운 시대에 땅 끝까지 이르는 선교의 사명을 주시면서 그들이 당당하게 선교의 사명을 수행할 때 성령의 능력을 주시며 그들의 필요한 것들을 해결해주시며 그들과 함께 해주시겠다는 약속이었습니다.

14절에서 "이것은 예수께서 죽은 자 가운데서 살아나신 후에 세 번째로 제자들에게 나타나신 것이라."라고 정리하고 있는데, 맨 처음 막달라 마리아에게 나타나신 것은 제자들에게 나타나신 것이 아니기 때문에 제외로 하고, 도마가 없었을 때 부활하신 예수께서 방 안에 숨어 있던 열 명의 제자들에게 나타나신 것이 첫 번째였고(20:19), 그로부터 여드레가 지난 후에 도마가 포함된 열 한 명의 제자들이 방 안에 있었을 때 예수께서 나타나신 것이 두 번째였고(20:26), 디베랴 호숫가의 제자들에게 나타나신 것이 세 번째였습니다. 신약성경에서 부활하신 예수님이 나타나신 것을 연대기적으로 나열하는 것은 어려운 일이지만 적어도 요한복음에 나오는 세 경우는 순서대로 정리하는 것이 가능합니다.

사랑하는 성도 여러분이여!

부활하신 예수님은 성경대로 살아나셨습니다. 부활하신 예수님은 자신의 말씀대로 갈릴리 디베랴 호숫가의 제자들에게 나타나셨습니다. 부활하신 예수님은 디베랴의 제자들에게 많은 물고기를 잡게 하시고, 조반을 미리 준비해서 밤새도록 그물을 던져 고기 잡느라 배고파하던 제자들의 육신적인 필요를 채워주셨습니다. 부활하신 예수님은 제자들을 땅 끝까지 선교하는 제자들로 파송해주시면서 놀라운 성령의 능력을 주시고, 먹고 마시고 입는 필요한 것들도 다 해결해주시겠다는 약속이었습니다. 예수님의 십자가와 부활을 믿는 제자들을 복음을 전하는 전도자로 파송해주시면서 성령의 능력과 필요한 것들도 주시겠다는 약속입니다. 우리가 예수님의 십자가와 부활을 믿는 제자로 복음을 믿지 않는 우리 가족과 이웃들에게 전하여 성령의 능력으로 그들을 구원해내는 전도자들이 될 수 있기를 소원합니다.

72. 예수님을 사랑하는 제자입니까?(21:15~19)

주 예수께서 가야바 대제사장의 뜰에서 유대인의 최고 법정인 산헤드린 공회의 재판을 받던 그날 밤에 시몬 베드로는 뜰 아래 모닥불 주위에 모여 있는 여러 사람 앞에서 공개적으로 예수님을 세 번이나 모른다고 비참하게 부인했습니다. 베드로는 예수님을 배반한 일로 크게 낙심하고 좌절하여 예수님을 떠나 숨어버렸습니다. 본문은 부활하신 예수께서 제자들에게 갈릴리 호수에서 만나자고 말씀하신 대로(막 16:7) 디베랴 호숫가의 제자들을 찾아가셔서 밤새도록 배에서 물고기 잡느라 수고했지만, 한 마리도 잡지 못한 그들을 향하여 '배 오른편에 그물을 던지라'라고 말씀하여 많은 물고기를 잡게 하시면서 자신을 그들에게 다시 나타내셨습니다. 예수께서 제자들을 위하여 준비하신 아침 식사를 함께하신 후에 좌절과 절망에 빠져있었던 베드로에게 "요한의 아들 시몬아, 네가 나를 사랑하느냐?"고 세 번이나 반복하여 물으셨고(15, 16, 17), "주님, 제가 주님을 사랑하는 줄 주께서 아시나이다."라고 세 번을 똑같이 대답하는 베드로의 진지한 답변을 들으셨습니다. 사실 우리들도 베드로처럼 장담하다가 넘어지고, 때론 주님을 부인하고 떠나기도 합니다. 예수께서 우리에게 찾아오셔서 이렇게 "네가 나를 사랑하느냐?"고 물어주시는 사랑이 담긴 질문에 우리도 베드로처럼 "주님, 제가 주님을 사랑하는 줄을 주께서 아시나이다."라고 겸손하게 우리가 마음 중심으로 주님을 사랑하는 것을 주님께서 아신다고 대답하여서 주님으로부터 베드로처럼 다시 제자로 인정을 받아 당당하게 살아가길 바라며 말씀을 듣고자 합니다.

첫째로 예수님은 우리가 주님을 변함없이 사랑하는 제자가 되길 원하십니다(15~17).

예수께서 부활하신 후에 좌절하여 방 안에 숨어 있는 제자들을 두 번이나 찾아가셨습니다. 예수님은 갈릴리 호수로 고기 잡으러 간 일곱 명의 제자들을 세 번째로 그 새벽에 찾아가셨습니다. 밤새도록 배에서 갈릴리 호수로 그물을 던져서 물고기를 잡으려고 수고했지만, 한 마리도 잡지 못하여 낙심하고 돌아오는 제자들에게 예수께서 '배 오른편에 그물을 던지라. 그리하면 잡으리라.'라고 말씀해주셨고, 제자들은 그 말대로 그물을 배 오른편에 던져 153마리라는 많은 물고기를 잡았습니다. 사도 요한은 베드로에게 조금 전에 배 오른편에 그물을 던져 많은 물고기를 잡도록 말씀하신 분이 바로 "주님이시라"라고 알렸습니다. 예수께서 밤새도록 물고기를 잡으려고 그물을 던져서 끌어올리기를 반복하며 수고한 제자들을 위하여 모닥불에 빵과 물고기를 구워서 아침 조반을 준비하셨습니다. 배고픈 제자들이 아침 식사를 하는 동안에 예수께서 아침에 잡은 물고기 몇 마리를 달라고 하여 손질하여 모닥불에 구워서 제자들과 함께 아침 식사를 하셨습니다.

그리고 예수께서 디베랴 호숫가 모래사장을 베드로와 함께 걸어가시면서 본문 15~17절에 나오는 질문을 하자 베드로가 조심스럽게 대답했는데 사도 요한은 그 뒤에 따라가면서 두 사람의 대화를 다 들었습니다. 예수께서 "요한의 아들 시몬아, 네가 이 사람들보다 나를 더 사랑하느냐?"고 베드로에게 진지하게 물으셨습니다. 이 질문의 "이 사람들보다"(these)를 세 가지로 해석합니다. 첫째, '네가 이 제자들을 사랑하는 것보다 나를 더 사랑하느냐?'고 해석할 수 있지만 예수님과 제자들을 비교하는 해석은 요한복음의 어떤 주제와도 연결되지 않는다는 것입니다. 둘째, '네가 이 물고기 잡는 어구들을(these) 사랑하는 것보다 나를 더 사랑하느냐?'는 해석은 가능은 하지만 유독 베드로에게만 과거 어부의 직업에 빗대어 이렇게 질문한다는 것이 상식에 맞지 않는다는 것입니다. 셋째, '다른 제자들이 나를 사랑하는 것보다 네가 나를 더 사랑하느냐?'는 해석은 다른 여섯 명의 제자들이 함께 거기에 있었기 때문에 일리 있는 해석이라는 것입니다.

베드로는 성격이 급하고 자부심이 강하여 보통 다른 제자들보다 빠르게 앞장서서 장담하며 예수님 앞에서 여러 차례 먼저 말하고 행동했습니다. 예수께서 잡히시던 날 밤에 성찬식을 제정하는 자리에서도 베드로는 다른 제자들 앞에서 "내가 주를 위하여 목숨을 버리겠나이다"(13:37)라고 먼저 큰 소리로 장담하여 말했습니다. 베드로가 겟세마네 동산에서 대제사장의 종 말고의 귀를 칼로 베어버릴 때도 가장 먼저 행동했습니다(18:10). 그 밤에 마태복음 26장 33절에서 "베드로가 대답하여 이르되 모두 주를 버릴지라도 나는 결코 버리지 않겠나이다."라고 제자들 앞에서 먼저 장담하고 자신하며 말했습니다. 그런데 베드로가 행동만 빠른 것이 아니고 생각과 말로도 예수께서 가야바 대제사장의 집에서 재판받던 날 밤에 가야바 대제사장의 뜰에서 예수님을 세 번이나 모른다고 부인해 버렸습니다. 그러므로 베드로가 제자의 지위를 다시 회복하기 위해서는 예수님으로부터 용서와 회복이 필요하고, 제자들 사이에도 복권이 필요했습니다.

예수께서 부활하셨던 새벽에 예언하신 대로 베드로의 제자 회복을 위하여 갈릴리 호수로 고기 잡으러 간 베드로 사도를 찾아 디베랴 호숫가에 가셨습니다. 예수께서 준비한 아침 식사를 마친 다음에 베드로와 함께 모래사장을 걸어가고 그 뒤에 사도 요한이 따라오고 있었는데 "요한의 아들 시몬아, 네가 이 사람들보다 나를 더 사랑하느냐?"고 베드로에게 진지하게 물으셨습니다. 베드로는 예수님의 반복되는 진지한 질문에 "주님, 그러하나이다. 내가 주를 사랑하는 줄 주께서 아시나이다."라고 겸손하고 진지하게 똑같이 대답했습니다. 베드로는 세 번이나 동일한 질문으로 물으시는 예수님의 질문에 마지막에 근심하며 대답했다고 했는데, 이것은 '사랑하다'는 동사가 아가파오에서 필레오로 바뀐 것 때문이 아니라 동일한 질문을 세 번이나 반복하여 물었기 때문이라는 것입니다. 베드로가 예수님을 세 번이나 부인했기 때문에 예수님은 베드로에게 진지하고 변함없는 다짐을 위하여 세 번이나 물으셨습니다. 예수님은 베드로의 세 번에 걸친 자신의 주님에 대한 사랑을 주님께서 아신다는 대답을 조금도 의심 없이 믿어주시고 공개적으로 용서하시고 '내 어린 양을 먹이라', '내 양을 치라'고 제자의 사명을 다시 맡겨주셨습니다. 베드로는 예수께서 자신의 양을 먹이고 치라고 맡겨주신 섬김의 사명을 훗날 제대로 성취했다(벧전 5:1~4)고 고백했습니다. 예수님은 공개적으로 제자들 앞에서 베드로를 용서하시고 제자로 회복시켜주셨습니다. 예수께서 베드로에게 세 번이나 반복하여 물으신 것은 베드로가 예수님을 세 번이나 부인한 것을 거울삼아 흔들림 없이 맡겨주신 사명을 끝까지 감당하라는 의도였습니다.

이전에 예수님 앞에서 장담하다가 실수하여 좌절과 절망의 옛날로 돌아가 버린 사도 베드로는 부활하신 예수님으로부터 "네가 이 사람들보다 나를 더 사랑하느냐?"는 희생적인 사랑으로 주를 사랑하느냐는 심각한 질문을 반복하여 받고 "주님, 그러하나이다. 내가 주님을 사랑하는 줄을 주님께서 아시나이다." 라고 근심하며 더 진지하게 주저함이 없이 대답했습니다. 베드로가 자신의 예수님에 대한 헌신적인 사랑으로 사랑하는 것을 주님께서 다 아신다는 진솔한 대답을 통하여 예수님이 주님이심을 믿고 희생적인 사랑으로 헌신하는 제자가 되었습니다.

적용 우리도 베드로처럼 "제가 주님을 사랑하는 줄을 주께서 아십니다."라고 희생적인 사랑으로 주님을 사랑하는 제자로 살아갈 수 있기를 바랍니다.

둘째로 예수님은 우리가 희생적인 사랑으로 주님을 사랑하는 제자가 되길 원하십니다 (15~17).

예수께서 좌절하고 절망한 베드로에게 세 번에 걸쳐서 반복하여 "요한의 아들 시몬아! 네가 이 사람들보다 나를 더 사랑하느냐?"고 진지하게 물었습니다. 베드로는 "주님, 그러하나이다. 내가 주님을 사랑하는 줄 주께서 아시나이다." 라고 똑같은 대답을 반복했습니다. 베드로가 넘어지기 전이라면 '제가 이 사람들보다 주님을 더 사랑합니다.'라고 장담하여 말했을 것입니다. 그런데 베드로가 넘어지고 난 후에 그렇게 감히 말하지 못하고 "제가 주님을 사랑하는 줄 주께서 아시나이다."라고 겸손하게 대답할 뿐이었습니다. 예수님의 세 번에 걸친 반복된 질문에 대한 베드로의 대답은 자신이 말을 앞세웠다가 넘어져 버린 연약한 존재임을 예수님이 다 알고 계신다고 솔직하게 고백하면서 전능하신 주 예수님께 모든 것을 다 맡기는 겸손함을 보여주고 있습니다.

본문에 '사랑하다'라는 동사가 두 개가 나오는데 예수님은 처음 두 번의 질문에서 "아가파오(agapao)"라는 좀 더 강한 사랑으로 사랑하느냐고 물으셨는데 베드로는 "필레오(phileo)"라는 좀 더 약한 의미의 사랑으로 사랑한다고 대답했다는 것입니다. 이에 대해서 네 가지로 해석할 수 있습니다.

첫째, 전통적인 해석은 베드로가 그 밤에 예수님을 세 번이나 모른다고 부인하고 난 후에 자만심이 많이 제거되어 신중하고 겸손해져서 감히 강하게 사랑한다고 말할 수 없어서 좀 더 약한 필레오의 사랑으로 사랑한다고 대답했다는 것입니다. 예수께서 베드로에게 세 번째 물으셨을 때 약한 사랑의 필레오로 물었고 베드로도 약한 사랑의 필레오로 대답했다는 것입니다. 카슨(D. A. Carson) 교수는 이 전통적인 해석이 바른 해석이 아니라고 정리하며 그 이유를 다음 네 가지로 설명했습니다. 1) 복음서에서 강하게 '사랑하다(agapao)'와 약하게 '사랑하다'(phileo)가 번갈아 가며 사용된 경우가 여러 곳에 있다는 것입니다. "예수께서 사랑하시던 그 다른 제자"(20:2; phileo), "아버지께서 아들을 사랑하사"(3:35; agapao), "아버지께서 아들을 사랑하사"(5:20; phileo)라고 기록하고 있는데 여기에서 두 동사가 함께 교차로 사용됐다는 것입니다. 2) 신약성경에서 사랑하다(agapao)가 언제나 선한 대상에 적극적인 사랑으로 사용된 것이 아니라는 것입니다. "데마는 이 세상을 사랑하여 나를 버리고"(딤후 4:10; agapao)라고 했을 때도 아가파오가 사용된 데서 아가파오(agapao)가 꼭 적극적이고 고상한 사랑을 의미하는 것이 아니라는 것입니다. 3) 이 아가파오(agapao)가 인류애적이고 이타적인 적극적인 사랑과 기독교의 고차원적인 사랑을 말하고, 필레오(phileo)가

감정적이고 애착적인 사랑과 인간적인 사랑을 말한다고 하면서 '사랑하다'라는 동사의 의미를 아가파오(agapao)와 필레오(phileo)로 구별하여 해석해야 한다는 견해는 학자들 사이의 해석도 일치하지 않는다는 것입니다. 4) 복음서 저자들이 자신들만의 문체로 약간씩 차이가 나는 단어들을 서로 바꾸어가며 사용했다는 것이 정설이라는 것입니다.

둘째, 예수님께서 가야바 대제사장이 주재하는 재판 자리에서 재판을 받으시면서 베드로를 지켜보고 계시는 가운데 마당의 모닥불가에 둘러선 많은 사람 앞에서 예수님을 세 번이나 부인한 베드로는 사실 예수님 앞에서 제대로 얼굴을 들 수 없었습니다. 그래서 베드로 사도가 예수께서 맡겨주신 제자의 사명을 다시 감당하기 위해서는 예수님으로부터 공개적인 용서와 회복이 필요했습니다. "요한의 아들 시몬아, 네가 이 사람들보다 나를 더 사랑하느냐?"는 질문은 사실 베드로를 용서하여 제자로 회복해주시기 위한 예수님의 사랑에서 나온 질문이었습니다. 예수님은 이 질문을 베드로에게 세 번이나 반복하여 "네가 나를 사랑하느냐?"고 물으셨고, 베드로는 마지막에 근심하고 슬퍼하며 진지하게 모든 것을 예수님께 맡기고 의지하며 자신이 주님을 사랑하는 줄 주께서 아신다고 진지하고 겸손하게 대답하고서 예수님께 용서받았습니다.

셋째, 예수님은 베드로에게 헌신적인 사랑으로 자신을 사랑하느냐고 그의 결심을 물었습니다. 예수님은 베드로에게 헌신적인 사랑으로 예수님을 진정으로 사랑하느냐고 물으셨습니다. 3장 16절에서 "하나님이 세상을 이처럼 사랑하사 독생자를 주셨으니 ~라고 하나님의 사랑은 하나님의 가장 소중한 독생자를 우리에게 보내주시는 것이라고 말씀하셨습니다. 15장 13절에서 "사람이 친구를 위하여 자기 목숨을 버리면 이보다 더 큰 사랑이 없나니"라고 예수께서 말씀하신 최고의 사랑은 사실 자신의 목숨까지도 아끼지 않고 친구를 위하여 희생해주시는 자기희생적 사랑이라고 말했습니다. 이것은 좀 더 구체적으로 10장 15절에서 "나는 양을 위하여 목숨을 버리노라."라고 독생자 예수께서 자신의 양을 위하여 자신의 가장 소중한 목숨을 내려놓으시며 희생하여 사랑해주신 사랑으로 사랑하신다고 정의했습니다. 예수께서 베드로에게 그의 소중한 목숨까지라도 아끼지 아니하고 희생하며 예수님을 사랑하겠느냐고 물으셨고, 베드로는 심각하게 그 질문의 의미를 이해하고 진지하게 자신의 목숨까지라도 아끼지 않고 예수님을 사랑하는 것을 주님께서 아신다고 대답했습니다. 예수께서 베드로가 가장 소중한 목숨까지 아끼지 않고 예수님을 사랑하는 것을 주께서 아신다는 진지한 대답을 들으시고 그를 용서해주시며 자신의 제자임을 확인해주시고 주의 양을 먹이고 치는 제자의 사명을 맡겨주셨습니다. 주님은 베드로에게 네 양이 아니라 '내 양'이라고 말씀하시면서 자신의 양을 먹이고 치는 제자의 사명을 맡겨주셨습니다.

넷째, 베드로는 자신의 연약함을 인정하고 다른 제자들보다 예수님을 더 사랑한다고 감히 말하지 않고, 자신이 가장 소중한 것까지 희생하여 예수님을 사랑하는 줄을 주께서 다 아신다고 말하며 주님의 주권에 다 맡기는 겸손한 자세를 드러냈습니다. 예수님은 이러한 베드로의 헌신적인 사랑과 겸손한 자세를 받아들였습니다. 그리고 예수께서 베드로를 용서하여 제자로 회복시켜 주시고 베드로에게 사명을 맡겨주셨습니다. "내 어린 양을 먹이라"는 말씀을 전하는 설교자의 사명을 주셨고, "내 양을 치라"는 양들을 돌아보는 목회자의 사명도 주셨습니다. 베드로는 예수님을 헌신적인 사랑으로 사랑한다는 대답을 통하여 자신의 실수를 용서받고 제자로 회복되었습니다.

적용 우리도 베드로처럼 헌신적인 사랑으로 주님을 사랑하는 제자로 살아가길 바랍니다.

셋째로 예수님은 우리가 제자의 사명을 죽도록 충성하며 감당하길 원하십니다 (18~19).

18~19절에서 예수께서 베드로의 순교를 예언하여 "18. '내가 진실로 진실로 네게 이르노니 네가 젊어서는 스스로 띠 띠고 원하는 곳으로 다녔거니와 늙어서는 네 팔을 벌리리니 남이 네게 띠 띠우고 원하지 아니하는 곳으로 데려가리

라.' 19. 이 말씀을 하심은 베드로가 어떠한 죽음으로 하나님께 영광을 돌릴 것을 가리키심이러라. 이 말씀을 하시고 베드로에게 이르시되 '나를 따르라' 하시니"라고 말씀하신 것을 사도 요한이 뒤따라가며 듣고 본문에 기록했습니다. 예수께서 베드로 사도가 예수님께 대한 헌신적인 사랑으로 겸손하게 맡겨주신 복음 전도의 사명을 감당하되 하나님의 뜻과 주님의 명령을 따라 죽도록 충성하다가 마지막에 순교할 것을 예언했습니다. 사도 베드로가 젊었을 땐 원하는 대로 자유롭게 다녔지만, 노년엔 하나님의 뜻을 따라 온전하게 복음을 전파하는 사도의 사명을 감당하다 순교의 죽음을 죽을 것이라고 예수께서 예언했습니다. "네 팔을 벌리리니"도 복음 전파의 사명을 감당하다가 감옥에서 손이 벽에 매달리거나, 또는 나중엔 십자가에 달려 죽을 것이라는 뜻으로 해석했습니다.

18절에서 예수께서 "늙어서는 네 팔을 벌리리니 남이 네게 띠 띠우고 원하지 아니하는 곳으로 데려가리라"라고 베드로의 순교의 죽음을 예언했는데, 베드로후서 1장 13~14절에서 순교 직전에 베드로 사도가 간증하기를 "13. 내가 이 장막에 있을 동안에 너희를 일깨워 생각나게 함이 옳은 줄로 여기노니 14. 이는 우리 주 예수 그리스도께서 내게 지시하신 것 같이 나도 나의 장막을 벗어날 것이 임박한 줄을 앎이라."라고 예수께서 예언하신 그대로 자신이 순교하여 세상을 떠날 날이 임박했다고 고백했습니다. 사도 베드로는 예수께서 맡겨주신 제자의 사명을 헌신적인 사랑으로 감당하다가 예수께서 예언하신 그대로 순교의 죽음을 죽음으로 그리스도를 본받아 하나님께 영광을 돌렸다고 고백했습니다.

베드로는 예수께서 디베랴 호숫가에서 예언하신 후 35년을 더 살면서 복음 전파와 목회의 사명을 감당하다가 65년경에 네로 황제 핍박 때 로마에서 십자가에 거꾸로 매달려 순교한 것으로 전해지고 있습니다. 주후 80년 에베소에서 사도 요한이 요한복음을 기록했는데, 그땐 베드로 사도는 네로 황제 치하에서 예수님의 예언대로 로마에서 이미 순교하여 하나님께 영광을 돌리고 난 후였습니다. 주후 96년 로마의 클레멘트는 베드로의 순교를 언급하지만 어떻게 순교했는지에 대하여 언급하지 않았습니다. 주후 212년 터툴리안도 베드로가 누군가에 의해 띠로 묶여서 십자가에서 순교 당했다고 기록하고 있습니다. 베드로 사도는 자신이 주님처럼 십자가에 못 박힐 자격이 없다고 하면서 십자가에 거꾸로 매달아 달라고 요구하였다는 후대의 기사들은 시기적으로 너무 오랜 후에 생겨났고, 전설적인 요소들이 첨가되어서 신빙성을 확인할 수 없다고 카슨(D. A. Carson) 교수는 정리했습니다.

베드로가 공개적으로 주님을 세 번이나 모른다고 부인한 것 때문에 지울 수 없었던 치욕을 예수님에 대한 헌신적인 사랑으로 용서받았고, 그 이후에 그가 대답한 대로 헌신적인 사랑으로 주님을 사랑하며 하나님의 뜻대로 열매 맺은 목회 사역을 통해 치욕이 완전히 극복되었다는 것을 우리는 기억할 필요가 있습니다. 19절 마지막의 예수께서 "나를 따르라"라는 말씀은 베드로에게 그가 순교할 때까지 변함없이 반석의 제자도를 보이라는 말씀일 뿐만 아니라, 오늘 우리에게도 예수님의 제자가 되어 일평생 변함없이 헌신적인 사랑으로 예수님을 사랑하며 따르라는 말씀입니다. 베드로 사도가 부끄러운 자신의 치욕을 딛고 일어서서 예수님을 헌신적으로 사랑하는 교회의 반석인 제자가 되어 마지막까지 사명을 감당하다가 자신의 소중한 목숨까지도 희생하여 순교하며 하나님께 영광을 돌렸습니다.

사랑하는 성도 여러분이여!

우리는 말과 생각과 행동으로 예수님을 부인하고 베드로 사도보다 더 자주 넘어지는 연약한 사람입니다. 예수께서 자신을 세 번이나 모른다고 부인하여 넘어져서 좌절에 빠졌던 베드로를 디베랴 호숫가까지 찾아가셔서 "네가 이 사람들보다 나를 더 사랑하느냐?"라고 세 번이나 물으시고 "제가 주님을 사랑하는 줄을 주께서 아신다."라는 진지한 대답을 들으시고 용서하시고, 다시 교회의 반석인 제자의 사명을 맡겨주셨습니다. 우리는 우리의 연약함과 부족함을 겸손하게 인정하고, 전능하신 우리 주님의 절대적인 주권에 모든 것을 겸손하게 맡기고 마지막까지 변함없이 우리 주님을 헌신적으로 사랑하면서 주님의 제자로 충성하며 살아갈 수 있기를 소원합니다.

73. 예수께서 사랑한 그 제자(21:20~25)

1776년 겨울, 미국 조지 워싱턴(George Washington, 1732~1799) 장군의 군대가 펜실베이니아(Pensylvania)주 포지(Forge) 계곡에 주둔하고 있었습니다. 그해 겨울은 몹시도 추웠고, 전염병에 식량은 바닥났고 옷은 찢어지고 헤어졌습니다. 군인들이 혼란스러워했는데 그때 조지 워싱턴 장군은 일어나 비장한 연설을 했습니다. "여름철의 군인, 햇빛 날 때의 애국자는 아무 일도 하지 못한다. 고통의 겨울과 역경의 밤을 극복한 사람들만이 이 민족을 구원할 수 있다. 희생의 피를 흘린 사람만이 새로운 역사를 써나갈 수 있다. 오늘 여러분의 고통과 눈물이 새 창조의 원동력이 될 것이다." 워싱턴의 연설에 도전받은 군인들은 마음을 추스르고 전투에 나서 대승을 거두었습니다. 고난과 역경을 극복하고 이겨낸 사람이 창조적인 일을 할 수 있습니다.

7절과 20절에서 예수께서 사랑한 그 제자는 24절의 이 일들을 증언하고 기록한 사도 요한입니다. 요한은 요한복음에서 자신의 이름을 직접 밝히지 않았지만 우리는 그가 사도 요한이라는 사실을 여러 정황에서 알 수 있습니다. 이것은 우리 자신의 이름을 밝히지 않고 예수께서 맡겨주신 사명을 위하여 살아갈 수 있다면 참으로 복된 삶이라는 사실을 보여주고 있습니다.

예수께서 디베랴 모래사장에서 앞서 걸어가시며 베드로에게 '나를 따르라'고 하시고 진지한 질문과 진솔한 대답으로 베드로를 다시 제자로 당당하게 세워주셨을 때 예수께서 사랑한 그 제자가 바로 뒤따랐습니다. 베드로는 자신이 장차 순교의 삶을 살 것이라는 예수님의 말씀을 듣고서 요한의 앞날에 대하여 예수님께 물었습니다. 예수님은 베드로에게 '사도 요한을 재림 때까지 내가 머물게 할지라도 네게 무슨 상관이 있냐?'고 냉정하게 말씀하시면서 '너는 나를 따르라'고 베드로에게 그 자신의 삶에 집중하라고 하셨습니다. 이것은 부활의 주님을 만난 예수님의 제자들이 어떻게 살아가야 할 것인가를 말씀하시는 내용입니다. 우리는 다른 제자의 삶보다는 자신의 삶에 집중하여 주님을 따르라는 말씀을 들으며 함께 은혜를 나누고자 합니다.

첫째로 예수께서 제자들에게 남의 일이 아니라 자신의 일에 충성하라고 말씀합니다 (20~23).

예수께서 사랑한 그 제자는 요한복음에서 자신의 이름을 기록하지 않고 예수의 그 제자라고 기록했습니다. 20절에서 "예수께서 사랑하시는 그 제자"는 "예수께서 사랑했던 그 제자"(the disciple whom Jesus loved)로 사도 요한입니다. 7절에서 "예수께서 사랑하시는 그 제자가 베드로에게 이르되 '주님이시라' 하니 시몬 베드로가 벗고 있다가 사도 요한이 '주님이시다'하는 말을 듣고 겉옷을 두른 후에 바다로 뛰어 내리더라."라고 예수께서 사랑하시는 그 제자 요한이 베드로에게 많은 물고기를 잡도록 배 오른편에 그물을 던지라고 말씀하신 분이 주님이시라고 베드로에게 증언했습니다. 예수께서 사랑한 그 제자가 가장 먼저 등장한 곳은 세례 요한의 두 제자를 언급한 1장 35~37절입니다. "35. 또 이튿날 요한이 자기 제자 중 두 사람과 함께 섰다가 36. 예수께서 거니심을 보고 말하되 '보라, 하나님의 어린 양이로다.' 37. 두 제자가 그의 말을 듣고 예수를 따르거늘"이라고 했는데 세례 요한의 두 제자 중에 한 사람은 안드레(1:40)이고 다른 한 사람의 이름이 언급되지 않았는데 사도 요한입니다. 예수께서 성찬식을 제정하실 때 13장 23절에서 "예수의 제자 중 하나 곧 그가 사랑하시는 자가 예수의 품에 의지하여 누웠는지라."라고 사도 요한이 예수님의 품에 기대서 베드로의 질문을 중재해서 예수님을 팔 자가 누구인지에 대하여 '주여, 누구니이까?'라고 예수님께 물었습니다. 사도 요한이 예수님의 십자가 앞에서 다시 나오는데 19장 26~27절에서 "예수께서 자기의 어머니와 사랑하시는 제자가 곁에 서 있는 것을 보시고 자기 어머니께 말씀하시되 '여자여, 보소서 아들이니이다.' 하시고 또 그 제자에게 이르시되 '보라, 네 어머니라' 하신대 그 때부터 그 제자가 자기 집에 모시니라."고 예수께서 사랑한 그 제자 사도 요한이 예수께서 십자가에서 죽으신 후에 예수님의 모친 마리아를 자신의 집에 모셔다가 섬겼습니다. 부활의 이른 아침에 예수님의 무덤에 예수님의 시신이 보이지 않는다는 막달라 마리아의 증언을 듣고서 베드로와 요한이 함께 무덤에 달려갔는데 20장 2~4절에서 "2. 시몬 베드로와 예수께서 사랑하시던 그 다른 제자에게 달려가서 말하되 '사람들이 주님을 무덤에서 가져다가 어디 두었는지 우리가 알지 못하겠다.' 하니 3. 베드로와 그 다른 제자가 나가서 무덤으로 갈새 4. 둘이 같이 달음질하더니 그 다른 제자가 베드로보다 더 빨리 달려가서 먼저 무덤에 이르러"라고 베드로보다도 젊은 그 다른 제자 요한이 먼저 무덤에 달려갔다고 했습니다. 그런데 베드로가 무덤 안으로 들어가 먼저 빈 무덤에서 세마포를 확인했고, 그 다른 제자 요한이 나중에 무덤에 들어갔으나 8절에서 "그 때에야 무덤에 먼저 갔던 그 다른 제자도 들어가 보고 믿더라."고 그 다른 제자 요한이 빈 무덤에서 예수의 부활을 먼저 믿었다고 기록했습니다. 사도 요한은 요한복음에서 자신의 이름이 간직될만한 가치가 없다고 생각하고 중요한 순간에도 자신의 이름을 말하지 않고 '예수께서 사랑하시는 그 제자'라고만 말하고 오직 나사렛 예수께서 하나님의 아들 그리스도라는 사실을 중심으로 기록하며 예수 그리스도에게 집중했습니다. 예수 그리스도가 하나님의 아들 그리스도이심을 믿어 영생을 얻게 하려고 요한복음을 기록하면서도 자신의 이름을 감추는 놀라운 그리스도인의 모습을 보여주었습니다. 참으로 위대한 예수님의 제자입니다. 자신의 이름은 감추고, 예수 그리스도만을 드러내는 제자의 모습은 바로 우리들의 모습이어야 한다는 것입니다.

사도 베드로가 예수님 제자의 사명을 다시 회복하고서 21~22절에서 사도 요한의 장래에 대하여 궁금하여 예수님께 물었는데 예수님은 베드로에게 요한에 대하여 상관하지 말고 오직 순교할 때까지 자신을 따르라고 말씀하셨습니다. "21. 이에 베드로가 그를 보고 예수께 여짜오되 '주님, 이 사람은 어떻게 되겠사옵나이까?' 22. 예수께서 이르시되 '내가 올 때까지 그를 머물게 하고자 할지라도 네게 무슨 상관이냐? 너는 나를 따르라.' 하시더라." 베드로는 자신의 장래가 장차 순교라는 어두운 결과로 말씀하여 주셨는데 자신과 가까우며 자신의 뒤에 따라오는 요한의 장래도 어두울 것이라고 예상하며 예수님께 요한의 장래에 대하여 물었습니다. 그러나 예수님은 베드로에게 요한의 장래는 네가 상관할 일이 아니라고 말씀하셨습니다. 예수님은 베드로에게 요한의 장래에 관심을 두지 말고 베드로 네 자신이나 묵묵히 하나님께 순종하여 순교를 각오하고 자신을 따르라고 했습니다.

23절에서 "이 말씀이 형제들에게 나가서 '그 제자는 죽지 아니하겠다.' 하였으나 예수의 말씀은 '그가 죽지 않겠다.' 하신 것이 아니라 '내가 올 때까지 그를 머물게 하고자 할지라도 네게 무슨 상관이냐?' 하신 것이러라."라고 했습니다. 예수님은 베드로에게 요한이 예수께서 재림할 때까지 머물게 둔다고 할지라도 그와 아무 상관이 없다는 것입니다. 재림 때까지를 예루살렘 멸망 때까지 사도 요한이 죽지 않는다는 것으로 해석하기도 했습니다. 다른 모든 사도들은 주후 70년 예루살렘 멸망 이전에 다 죽었으나 사도 요한은 예루살렘 멸망 후에도 더 오래도록 살았습니다. 하나님께서 사도 중에 한 사람을 그토록 오래 살게 하셔서 신약성경을 완성하게 하셨고, 예수 그리스도를 부인하는 영지주의자들을 적그리스도라고 지적하며 이단자들의 허구와 모략을 제대로 대처하여 알리게 하셨습니다. "이 말씀이 형제들에게 나가서 '그 제자는 죽지 아니하겠다.' 하였으나"라는 교회가 예수 그리스도의 말씀을 오해하여 예수께서 사랑한 그 제자 요한이 죽지 않겠다고 이해하였다는 것입니다. 이 말씀은 성경 말씀보다 사도적인 전설이나 인간적인 전설의 불확실성이 교회 안에 있다는 사실을 말해주고 있습니다. 인간적인 전설의 불확실성 위에 신앙의 모래성을 쌓아 올리는 어리석음이 교회 안에 있다는 것입니다. 그것은 일반적이고 공공연한 허구이지만 사람들이 그것을 신앙이라고 믿고 살아간다는 것입니다. 우리의 신앙은 박윤선 박사가 강조한 계시 의존신앙이어야 합니다. 정확하게 하나님의 말씀에 근거하고 개혁주의 신학 해석학에 따라서 말씀을 해석하여 믿어야 합니다. 그 말씀이 우리의 신앙의 기준이 되어야 합니다. 예수께서 베드로에게 '예수께서 사랑한 그 제자'가 죽지 않을 것이라고 말씀하시지 않았습니다. 예수께서 베드로에게 "만일 내가 올 때까지 그(예수께서 사랑한 제자 요한)를 머물게 하고자 할지라도 네게 무슨 상관이냐?"라고 말씀하셨으며 그 이상은 말씀하지 않았습니다. 우리는 요한계시록 22장 18~19절에 말씀하신 대로 성경 말씀에 더하지도 말고 제하지도 말아야 합니다. 이것이 성경 해석의 원칙입니다. 그래서 성경 말씀을 외우는 것이 하나님의 말씀을 정확하게 믿게 하는 데 큰 도움이 됩니다.

적용   우리는 남의 일에 주제넘게 상관하지 말고 묵묵히 자신의 사명과 직분에 충성하며 살아갈 수 있기를 바랍니다.

둘째로 예수께서 사랑한 그 제자는 예수님의 일을 증언하고 기록했습니다(24~25).

24절에서 "이 일들을 증언하고 이 일들을 기록한 제자가 이 사람이라. 우리는 그의 증언이 참된 줄 아노라"라고 부활하신 예수님을 증언하고 그의 일을 기록한 제자는 바로 예수께서 사랑한 그 제자이며 20~23절에서 베드로가 예수님께 물었던 사도 요한입니다. "이 일들"(these things)은 21장만이 아니고 요한복음 전체를 말한다고 카슨(D. A. Carson) 교수는 해석했습니다. 예수께서 사랑하는 그 제자가 오래 살면서 예수님을 따르다가 "이 일들을 증언하고 이 일들을 기록한" 성경 저자가 되었습니다. 사도 베드로가 복음 설교자이며 목회자의 일에 충성했다면 사도 요한은 복음을 증언하고 그것을 기록하는 성경 저자의 일에 충성하였습니다. 예수께서 골고다 언덕에서 십자가에 달리셨을 때 물과 피가 예수님의 옆구리에서 흘러나오는 것(19:34)을 보았던 목격자가 십자가 곁을 지켰던 예수께서 사랑한 그 제자를 사도 요한으로 보는 것이 당연합니다. 본문에 나오는 사랑받는 제자는 세베대의 아들 야고보와 요한 중에서 사도 요한입니다. 왜냐하면, 야고보 사도는 이미 주후 41~44년 헤롯 아그립바 왕 때 사도 중에 가장 먼저 칼로 순교 당했기 때문에 23절에서 그가 죽지 않을 것이라고 잘못 소문이 난 인물은 바로 가장 오래 살았던 사도 요한입니다. 사도 요한은 네로 황제 때 끓는 대야 속에 던져졌지만, 기적적으로 살아났고, 80년에 에베소에서 요한복음을 기록했고, 그 후에 85~95년 사이에 에베소에서 요한1, 2, 3서를 기록했고, 도미티안 황제에 의해서 밧모섬의 탄광에 유배되어 주후 95년에 요한계시록을 기록했고, 주후 96년 트라얀 황제 때 로마 원로원에 의해 석방되어 에베소의 감독으로 돌아와 침상에서 편안하게 숨을 거두었다고 알려져 있습니다. 사도 요한은 열두 제자 가운데 순교자로 죽지 않은 유일한 제자였습니다. 사도 요한은 골고다의 십자가에 예수께서 달리셨을 때도 예수님 곁에 있었고, 예수님의 어머니 마리아까지 대신 맡아서 돌아본 예수께서 가장 사랑한 그 제자였습니다. 사도 요한은 부활의 아침에 무덤에서도, 디베랴 호숫가에서도 가장 먼저 예수님을 알아보고 증언했습니다. 사도 요한은 예수께서 가장 사랑하셨던 세 명의 제자 그룹에 항상 포함되었었고, 공관복음서와 사도행전에서 베드로와 가장 가깝게 우정을 공유한 경험을 가진 제자였습니다. 사도 요한은 주후 80년 나이가 무르익었을 때 요한복음을 기록하며 자신의 이름을 밝히지 않았고, 예수께서 사랑한 그 제자라고 기록한 것도 성경의 권위를 드러내기 위함이었습니다.

사도 요한은 예수께서 디베랴 모래사장에서 조반 후에 베드로를 불러서 자신을 따르라며 말씀하시고서 그와 더불어 나누는 대화를 뒤따르며 듣고 성경에 정확하게 기록할 정도로 예수님의 말씀에 집중했습니다. 사도 요한은 제자로 부름을 받고서 결정적으로 중요한 순간과 이적의 현장에 항상 예수님 곁에 있고자 했습니다. 변화산 위에서도, 성찬식 제정할 때도, 겟세마네 동산에서 기도하실 때도, 가야바 대제사장의 뜰에서 예수께서 사형 판결을 받았을 때도, 골고다 언덕에서 십자가에 달리셨을 때도, 부활의 이른 아침에 돌무덤에서도, 디베랴 모래사장에서 예수께서 베드로와 질문과 대답을 하실 때도 예수님의 말씀을 다 들었고, '예수께서 사랑한 그 제자'는 예수님 곁에서 주요 사건을 다 목격했습니다. 사도 요한은 예수께서 가장 사랑한 그 제자였습니다. 사도 요한은 충성스러운 종이었고 하나님의 은혜를 저버린 적이 없는 제자였습니다. 사도 요한은 예수께서 다락방에서 고별 설교하시고 또 고별 기도하셨던 내용도 가장 정확하게 기록했습니다. 사도 요한은 예수께서 하신 말씀에 대하여 누구보다도 정확하게 잘 기록했습니다.

24절의 "우리는 그의 증언이 참된 줄 아노라."는 사도 요한이 기록한 요한복음의 증언이 우리는 확실하고 신뢰하기에 진실하다고 하면서 '우리'를 에베소 교회와 아시아의 교회 사역자들이라고 매튜 헨리(Matthew Henry) 주석가는 해석했습니다.

만약에 예수께서 밤이 맞도록 기도하셨던 내용이나, 예수께서 행하신 표적이나, 예수께서 하셨던 설교 말씀이나, 병 고친 사건들을 다 기록했다면 그 책을 이 세상에다 다 둘 수도 없고, 우리가 다 읽을 수도 없을 것입니다. 요한복음은 예수께서 하나님의 아들이시고 인자이시고 그리스도이심을 증언한 말씀을 중심으로 기록했습니다. 요한복음은 예수 그리스도를 나의 주님으로 믿어서 영생을 얻게 할 목적으로 기록했기 때문에 그렇습니다.

사랑하는 성도 여러분이여!

예수께서 베드로의 순교를 예언하시며 자신을 따르라고 말씀하셨습니다. 그런데 베드로가 자신을 뒤따라오는 사도 요한의 장래에 대하여 예수님께 물었을 때 예수님은 그에게 요한의 장래보다는 자신의 장래를 염려하며 예수님을 따르라고 했습니다. 우리는 남의 일에 의외로 관심이 많습니다. 사도 베드로가 설교자와 목회자로 헌신했다면, 사도 요한은 예수의 증언자와 성경 저자로 헌신하여 요한복음, 요한1, 2, 3서, 요한계시록을 저술했습니다. 사도 베드로와 사도 요한의 사명이 서로 달랐습니다. 하나님은 우리에게 다양한 은사와 사명을 맡겨주셨습니다. 다른 사람들의 직분과 사명에 주제넘게 상관하지 말고 묵묵히 자신에게 맡겨주신 사명과 직분에 충성합시다. 사도 요한처럼 자신의 이름을 드러내지 않고 오직 예수께서 하나님의 아들 그리스도이시라고 미전도인들에게 증언하는 삶을 살아가야 합니다. 우리의 복음 증언으로 미전도인들이 예수님을 하나님의 아들 그리스도로 믿어 영생 얻는 삶을 살아갈 수 있기를 간절히 소원합니다.